AGENTIC AI

행동하는 인공지능의 탄생

에이전틱 AI

『에이전틱 AI』의 주요 기여자들

이 책은 기술과 비즈니스를 빠르게 재편하고 있는 에이전틱 AI 분야의 뛰어난 전문가들이 모여 만든 특별한 결과물이다. AI 연구자부터 기업의 경영진, 고급 개발자, 그리고 전 세계 여러 산업에 걸쳐 AI 에이전트를 직접 구현해온 실무 컨설턴트까지 이들은 각기 다양한 경력과 전문성을 갖추고 있다. 깊은 기술 지식, 실제 구현 경험, 전략적 비즈니스 통찰력을 아우르는 이들의 전문성은 이 책의 깊이와 비전을 형성하는 데 핵심적인 역할을 했다. 아래는 이들의 이름을 알파벳 순으로 정리한 것이다.

- 이안 바킨 Ian Barkin
- 피에르 루이 부샤르 Pierre Louis Bouchard
- 니콜라스 크라비노 Nicholas Cravino
- 다나 다허 Dana Daher
- 사이먼 엘리스 Simon Ellis
- 앤디 패닝 Andy Fanning
- 올리비에 고메즈 Olivier Gomez
- 키어런 길머레이 Kieran Gilmurray
- 막심 이오페 Maxim Ioffe
- 모신 칸 Mohsin Khan

- 캐시 코지르코프 Cassie Kozyrkov
- 난단 물라카라 Nandan Mullakara
- 아르노 모르방 Arnaud Morvan
- 람나스 나타라잔 Ramnath Natarajan
- 얀 오버하우저 Jan Oberhauser
- 라세 린돔 Lasse Rindom
- 토란 브루스 리처즈 Toran Bruce Richards
- 샤브스 샤아야 Sharbs Shaaya
- 푸자 순드 Pooja Sund

이들 한명 한명의 특별한 관점, 기술적 깊이, 실무적 지식 덕분에 AI 에이전트가 무엇인지는 물론, 실제 환경에서 에이전트가 어떻게 구축, 배포, 확장되는지에 대한 심도 있는 탐구가 가능했다. 모든 분께 진심으로 감사의 뜻을 표한다.

AGENTIC AI

파스칼 보넷

요헨 비르츠 | 토마스 데이븐포트 | 데이비드 드 크레머 | 브라이언 에버그린 | 필 퍼쉬트 | 라케쉬 고헬 | 샤일 키야라

행동하는 인공지능의 탄생

에이전틱 AI

AI 에이전트를 이용해 비즈니스와 일, 삶을 혁신하는 법

정미진 옮김 | 김재필 감수

전공자가 아니어도 쉽게 이해하고 활용할 수 있는 에이전틱 AI에 대한 가장 완벽한 바이블!

한스미디어 |  World Scientific

AI 에이전트는 명령어 입력에서
아이콘 클릭으로 전환된 이후
컴퓨팅에 가장 큰 혁명을 일으키고 있다.

_ 빌 게이츠

에이전틱 AI의 시대가 왔다.

_ 젠슨 황

AI 에이전트는 우리가 미래에
컴퓨터와 상호작용하는 주된 방법이 될 것이다.

_ 사티아 나델라

이 책을 우리의 아이들과
세상의 모든 아이들에게 바친다.
우리는 이들에게
최고의 미래를 선사할 책임이 있다.

인간의 잠재력을 향한 여정

우리가 일하고, 생활하고, 가치를 창출하는 방식에 중대한 변화가 일어나고 있다. 많은 사람이 이를 단순한 기술 혁명으로 보지만, 우리는 훨씬 더 의미 있는 것을 본다. 바로 인간 고유의 특성을 더욱 강화하는 방식으로 인간과 기계 사이의 관계를 재정립할 기회다.

우리는 비즈니스, 학계, 프로그래밍, 연구 분야를 포괄하는 27명의 다양한 전문가로 구성된 팀으로, 기술이 인류를 위해 어떻게 이바지할 수 있는지에 대한 공동의 비전으로 뭉쳐 있다. 우리의 배경은 기업을 대상으로 한 자동화 시스템 구현부터 선구적 인공지능AI 연구, 《포춘》 500대 기업 컨설팅, 기술 발전의 사회적 영향에 관한 연구까지 다양하다. 우리를 하나로 모으는 것은 단순한 전문성이 아니라, 기술이 인간의 잠재력을 대체하기보다 강화해야 한다는 공통된 신념이다.

이 책이 나오기까지의 여정은 수년 전에 시작되었지만, 당시 우리는 그 사실을 알지 못했다. 우리 중 다수는 전 세계 주요 기업들을 대상으로 지능형 자동화 시스템intelligent automation system을 최초로 구현한 경험이 있는 사람들이다. 우리는 인공지능과 로봇 프로세스 자동화robotic process automation, RPA를 결합하는 접근 방식을 개척해 점점 더 복잡해지는 엔드 투 엔드 비즈니스 프로세스end-to-end business processes(처음부터 끝까지의 전 업무 과정–옮긴이)를 처리할 수 있는 시스템을 만들었다. 이 작업을 계기로 우리 중 일부는 2020년에 전 세계적인 베스트셀러가 된 『지능형 자동화Intelligent Automation』[1]를 공동 저술하여 기업들이 디지털 전환에 대한 접근 방식을 재고하는 데 도움을 주었다.

그때는 우리가 더 혁신적인 무언가를 위한 기반을 다지고 있다는 사실을 깨닫지 못했지만, 지난 15년 동안 그렇게 우리가 구축한 지능형 자동화 시스템(프로세스 자동화와 인공지능을 결합하여 구조화된 워크플로우를 처리하는 시스템)은 오늘날 에이전틱 시스템의 기반이 되었다. 이는 자연스러운 흐름이다. 시스템이 에이전트처럼 자율적으로 작동하기 위해서는 먼저 프로세스 실행, 데이터 처리, 정해진 조건 안에서 의사결정을 내리는 기본 역량을 갖춰야 하기 때문이다. 우리는 바로 이러한 역량을 수년간 지능형 자동화 시스템에서 정교하게 다듬어왔다.

이러한 기반은 최근 생성형 AI의 획기적 발전이 현대 에이전틱 시스템의 문을 열었을 때 우리에게 특별한 이점이 되었다. 우리는 이미 복잡한 프로세스를 안정적으로 자동화하는 법, 예외를 적절하게 처리하는 법, 기존 시스템과 통합하는 법, 그리고 결정적으로 이러한 기술을 인간의 능력을 대체하는 것이 아닌 강화하는 방식으로 구현하는 법 등 여러 근본적 과제에 대한 경험을 쌓은 상태였다. 몇 년 전 기업들이 에이전틱 시스템을 검토하기 시작했을 때, 많은 경우 그들은 기존의 지능형 자동화 플랫폼을 기반으로 삼아 그 위에 더 정교하고 자율적인 기능을 구축해나갔다.

그러나 우리는 이 주제에 겸손하게 접근한다. 우리의 집단적 경험에도 불구하고, 혹은 어쩌면 그 경험 때문에 우리는 모두 여전히 배우는 중임을 인식하고 있다. 이 분야는 빠르게 발전하고 있고, 거의 매일 새로운 가능성이 생겨난다. 우리의 기여가 특별한 것은 단순히 기술적·사업적 전문성 때문만이 아니라, 우리가 이러한 기술을 인간의 번영에 도움이 되는 방식으로 구현하는 법을 알고 있기 때문이다.

목표는 단지 새로운 기술을 설명하는 것이 아니다. 우리는 사람과 기업에 더 나은 세상을 만들기 위한 도구를 제공하고자 한다. 그러니까, 근로자가 더 의미 있는 일을 하고 더 나은 일과 삶의 균형을 누리는 세상, 기업이 더 효율적으로 운영되면서도 탁월한 고객 경험을 제공하는 세상, 의료 시스템이 더 스마트한 치료 조정을 통해 더 많은 생명을 구하는 세상, 학교가 모든 학생에게 개인 맞춤형으로 효과적인 학습을 제공하는 세상, 지역 사회가 더 지능적으로 자원을 활용하여 복잡한 문제를 해결할 수 있는 세상 말이다. AI는 단순한 자동화를 넘어, 가장 중요한 곳에 실질적인 영향을 미치는 데 그 의미가 있다.

이 책은 앞으로 다가올 변화의 규모를 직감하고 이를 헤쳐나갈 방법을 알고 싶어 하는 리더와 전문가, 기업가, 그리고 호기심 많은 사람들을 위해 쓰였다. 따라서 여러분이 조직을 혁신하려는 경영진이든, 앞으로의 커리어를 고민하는 전문가든, 혹은 단순히 기술이 세상을 어떻게 재편할 것인가에 대해 관심이 많은 사람이든 이 책은 여러분을 위한 것이다.

우리는 지금 역사의 중요한 순간에 서 있다. 이러한 기술을 어떻게 구현하고 통제할 것인지에 관해 우리가 지금 내리는 결정은 앞으로 여러 세대에 걸쳐 큰 영향을 미칠 것이다.

이 책에서 우리는 성공과 실패를 통해 얻은 교훈, 여러 산업에서 관찰한 패턴, 그리고 이 새로운 시대의 번영에 중요하다고 믿는 원칙들을 공유할 것이다.

단순한 기술적 가능성이 아닌, 기술이 우리를 어떤 존재로 변화시킬 수 있는지에 대한 비전을 따라 함께 이 탐험을 시작해보자.

- 저자 일동

부록 참고 자료

우리는 생성형 AI의 핵심을 놓치고 있는 것일까?

상상해보라. 경쟁사가 여러분 회사의 5분의 1 규모로 회사 전체를 운영한다고 막 발표했는데, 성장 속도는 여러분의 회사보다 두 배나 빠르다. 비결이 뭘까? 그들은 고객 서비스부터 운영까지 모든 업무를 자율적으로 처리하는 AI 에이전트를 도입해, 여러분의 팀이 몇 주씩 걸려 하는 일을 단 몇 시간 만에 해낸다.

믿기지 않는가? 이런 일은 지금 이 순간에도 일어나고 있다. 조금 도발적으로 말하자면, 대다수 기업이 여전히 이메일 작성과 챗봇 제작에 챗GPT를 어떻게 활용할지 고민하는 동안, 새로운 유형의 조직은 AI로 가능한 것을 근본적으로 재해석하고 있다. 이들은 단순히 작업을 자동화하는 데 그치지 않고, 쉽게 확장되고, 끊임없이 적응하며, 잠들지 않는 자동 운영 비즈니스를 만들고 있다.

하지만 여기에 많은 조직의 발목을 잡는 역설이 있다. 우리는 사고 능력은 뛰어나지만 실제로는 아무것도 하지 못하는 생성형 AI 시스템을 만들었다. 이 시스템은 복잡한 데이터를 몇 초 만에 분석하고, 설득력 있는 발표 자료를 작성하며, 어떤 주제에 대해서도 훌륭한 인사이트를 제공할 수 있다. 하지만 이들은 버튼을 누르지도, 이메일을 보내지도, 간단한 예약도 하나 할 수 없다. 우리는 손 하나 까닥하지 않는 똑똑한 조언자들의 세상을 만들었다.

이러한 상황은 비효율적인 것을 넘어 실제로 해롭기까지 하다. 산업 전반의 업무 현장 곳곳에서 우리는 우려스러운 흐름을 목격하고 있다. AI의 사고와 분석 능력이 정교해질수록 인간이 처리해야 하는 기계적이고 반복적인 업무가 점점 더 늘어나고 있는 것이다. 지식 노동자들은 이제 업무 시간의 60%를 '일을 위한 일', 즉 시스템 간 데이터를 복사하고, AI가 생성한 콘텐츠의 사실 여부를 확인하고, 생성형 AI가 권장하는 작업을 수동으로 실행하는 데 소비한다.[1]

이 책의 공동 저자 중 한 명인 데이비드는 자주 이렇게 말한다. "우리는 인간을 로봇으로, AI를 창의적인 존재로 취급하고 있어요. 이제 그 등식을 뒤집어야 할 때입니다."

수십 년 동안 전 세계 기업들의 AI 솔루션을 구현해오면서 우리는 이러한 패턴이 놀라울 정도로 일관되게 반복되는 것을 목격해왔다. 기업들은 최첨단 AI에 수백만 달러를 투자하지만, 직원들이 의미 있는 업무보다 시스템 관리에 더 많은 시간을 할애하는 것을 발견하고 있을 뿐이다. 기계가 꿈을 꾸는 동안 인간은 몸이 부서지도록 일하고 있다.

어떻게 하다 이 지경까지 되었을까? 무엇보다 우리는 이 문제를 어떻게 해결할 수 있을까?

실화를 바탕으로 한 다음의 세 가지 이야기는 현재 생성형 AI 시스템의 가능성과 심각한 한계를 모두 조명한다. 이 이야기들은 기존의 접근 방식이 실패하는 이유를 밝히고, 인공지능에 대한 우리의 사고방식에 근본적인 변화, 즉 AI의 사고 능력과 행동 능력 사이의 틈을 마침내 메울 수 있는 변화가 필요함을 시사한다.

이야기들을 읽다 보면 생성형 AI와 관련된 자신의 경험이 떠오르면서 이에 공감하게 될 것이다. 무엇보다도 인공지능의 다음 진화가 기계를 더 똑똑하게 만드는 것이 아니라, 자율적으로 행동할 수 있는 능력을 키우는 것이어야 하는 이유를 이해하게 될 것이다.

가족 휴가: 기계가 꿈을 꾸고, 고생은 인간이 다 할 때

깊어가는 토요일 저녁, 브라이언의 노트북에서 흘러나오는 은은한 빛이 거실을 비췄다. 집은 조용했다. 아이들은 잠자리 협상을 끝내고 마침내 잠이 들었고, 아내는 위층에서 책을 읽고 있었다. 브라이언은 오랫동안 기다려온 그리스 가족 여행을 계획하기에 완벽한 시간이라고 생각했다. 아이들이 학교에서 그리스 신화에 푹 빠지게 된 이후 줄곧 약속해왔던 여행이었다.

브라이언이 챗GPT를 열었을 때 시계는 오후 8시 37분을 가리키고 있었다. 그는 컴퓨터 앞에 앉아 완벽한 그리스 가족 여행을 계획하기로 마음먹었다. 최신 AI 기술이 있으니, 쉽고 빠르게 계획을 세울 수 있을 거라고 확신했다.

"4인 가족을 위한 2주간의 그리스 여행 일정을 세워줘." 그는 챗

GPT에 이렇게 입력한 뒤 그리스 신화에서 자녀들이 관심 있어 하는 것에 관한 세부 정보를 추가로 입력했다. AI는 몇 초 만에 숨겨진 명소, 현지 체험, 그의 가족에 대한 세심한 배려가 담긴 완벽한 일정을 만들어냈다.

"1~3일: 아테네. 인파를 피해 이른 아침에 아크로폴리스에서 일정을 시작하세요. 아이들은 아크로폴리스 미술관의 체험형 전시물을 좋아할 겁니다…. 점심 식사는 매력적인 플라카Plaka 지구에 위치한, 가족이 운영하는 타베르나 플라타노스Taverna Platanos에서 합니다. 이곳 안뜰에는 재스민 향이 가득하고…."

고대 건물 그리기를 좋아하는 아들과 신화에 매료된 딸의 성향까지 고려한 AI의 제안은 감동적일 정도였다. 브라이언이 시간대별 일정을 요구하자 AI는 사진 찍기 가장 좋은 순간과 완벽한 타이밍의 휴식 시간을 포함해 놀라울 만큼 세밀한 일정을 내놓았다.

하지만 밤 10시가 넘어가면서 브라이언의 놀라움은 좌절로 바뀌었다. '가족이 운영하는 매력적인' 호텔? 영구적으로 문을 닫았다. '숨겨진' 해변? 어떤 지도에서도 찾을 수 없었다. '전통 요리' 강좌? 6개월 동안 예약이 꽉 차 있었다.

11시 30분이 되자 브라이언의 컴퓨터는 수십 개의 브라우저 탭, 항공편을 비교하는 여러 개의 스프레드시트, 호텔 방 캡처 화면, 여행사의 PDF 자료들로 뒤엉켜 수사 현장을 방불케 했다. 브라이언이 실제로 예약 가능 여부를 확인하고, 가격을 비교하고, AI의 완벽한 환상을 예약 가능한 현실로 만들기 위해 애쓰는 동안 AI의 아름다운 여행 일정은 그저 문서로 아무 쓸모없이 방치되어 있었다.

브라이언은 나중에 이렇게 회상했다. "우리가 가게 될 곳을 상상하면서 저녁 시간을 보내고 싶었는데, AI가 해줘야 한다고 생각했던 지루한 일들을 몇 시간이나 붙들고 있어야 했죠."

그의 경험은 많은 사람이 AI에 기대하는 것과 실제로 얻는 것의 차이를 극명하게 보여준다. 우리는 끝없이 항공편을 검색하고, 호텔 후기들을 교차 점검하고, 수십 개의 예약 시스템에서 예약 가능 여부를 알아보는 지루한 일들을 기술이 처리해주기를 바란다. 하지만 기대와 달리 AI는 계획의 즐거운 부분, 즉 가능성을 꿈꾸고, 모험을 제안하고, 완벽한 순간을 그리는 일은 놀라울 정도로 잘 해내게 되었지만, 모든 실질적인 세부 사항은 여전히 인간이 할 일로 남겨두고 있다.

브라이언 역시 이 상황이 얼마나 아이러니한지 알고 있었다. 바로 앞에 시를 쓰고 양자물리학을 설명할 수 있는, 세상에서 가장 진보된 AI 시스템 중 하나가 있었지만, 그것은 어떤 호텔이 아직 영업 중인지 확인하는 기본적인 작업도 수행하지 못했다. 완벽한 휴가를 꿈꿀 수는 있었지만, 항공편 하나 예약하지 못했다.

브라이언은 결국 아무것도 예약하지 못한 채 새벽 1시에 잠자리에 들었다. 그의 브라우저 기록이 모든 것을 말해주었다. 그는 47개의 다른 웹사이트를 방문했고, 수십 번의 검색을 수행했으며, 각종 예약 플랫폼에 결제를 앞둔 여러 개의 장바구니를 남겨두었다. AI의 완벽한 여행 일정은 마치 모든 것이 상상한 대로 흘러가는 대체 현실의 여행 잡지처럼, 아름답지만 쓸모없는 문서로 컴퓨터에 그대로 남아 있었다.

+ · ·

브라이언의 휴가 계획 경험은 업계 전반과 응용 사례에서 우리가 반복적으로 관찰한 패턴을 반영한다. 복잡한 프로젝트 일정을 정리하고자 하는 전문가든, 여러 팀이 함께 참여하는 프로젝트를 조율하는 관리자든, 신제품 출시를 앞둔 기업가든 우리는 모두에게서 같은 한계를 목격해왔다. 오늘날의 생성형 AI 시스템은 각각의 경우에서 놀라운 능력과 답답한 한계를 동시에 보여주고 있다.

이러한 시스템은 자신이 제공한 조언을 직접 실행하지는 못하는 뛰어난 조언자들과 같다. 전략 수립, 세부 계획 수립, 복잡한 요구 사항 이해, 개인화된 조언 제공, 설득력 있는 줄거리 구성 등 전략적이고 창의적인 영역에서는 빛을 발하지만, 진정한 혁신을 가능하게 할 다음과 같은 실질적인 역량은 턱없이 부족하다.

- 현실 세계에서 실제 행동을 수행할 수 있는 능력
- 실시간 정보를 확인하고 업데이트하는 능력
- 상황이 변했을 때 계획을 조정할 수 있는 능력
- 목표 달성을 위해 오랜 시간 일관된 행동을 유지할 수 있는 능력

오늘날의 생성형 AI 환경에서 특히 우려스러운 점이 있다. 이는 대부분 사람이 거의 인식하지 못하는 심각한 아이러니인데, AI가 엉뚱한 일에 탁월한 능력을 발휘하도록 진화해왔다는 사실이다.

우리를 흥분시키고 인간답게 만드는 창의성, 깊은 유대, 비판적 사고와 같은 것을 생각해보라. 이러한 성격의 일들은 성취감, 혁신, 그리고 진보의 원동력이 된다.[2] 그런데 오늘날의 생성형 AI는 바로 이러한

영역에서 탁월한 능력을 발휘한다. 멋진 마케팅 문구를 작성하고, 획기적인 제품 아이디어를 구상하며, 심지어 정교한 분석 작업까지 할 수 있다. 그러는 동안 인간이 하는 일은 데이터 입력, 후속 조치, 디지털 환경에서의 유지·관리 작업 등 AI가 처리해야 할 지루한 일들로 점점 더 축소되고 있다.

인간이 다양한 시스템을 연결하는 '로봇'이 되고 AI는 가능성을 꿈꾸는 이러한 역할 전도는 인공지능에 대한 우리의 접근 방식이 근본적으로 어긋나 있음을 시사한다. 하지만 연구를 통해 밝혀진 것처럼, AI의 능력과 현실적 요구 사이의 이러한 불일치는 훨씬 더 심각한 결과를 초래할 수 있다….

AI가 현실을 만났을 때: 연구 현장이 전하는 교훈

다음 이야기는 실제 사건을 바탕으로 구성되었으며, 기밀 유지를 위해 이름과 구체적인 사항은 변경되었다.

제시카 잉 박사는 믿기지 않는 표정으로 컴퓨터 화면을 바라보았다. 48시간 후, 그녀는 유엔 기후정상회의UN Climate Summit에서 기후변화가 세계 식량 안보에 미치는 영향에 관한 획기적인 연구 결과를 발표할 예정이었다. 이 연구 결과는 국제 정책과 수십억 달러의 농업 투자에 영향을 줄 것이었다. 하지만 그녀는 자신의 연구팀이 준비한 초안을 검토하던 중 심장이 철렁 내려앉는 듯했다.

3주 전, 제시카는 모든 자녀가 두려워하는 전화를 받았다. 아버지가 심각한 뇌졸중으로 쓰러지셨다는 연락이었다. 그녀는 아버지의 마지막 순간을 함께하기 위해 즉시 싱가포르로 날아갔고, 이후 유능하지만 경험이 부족한 박사 후 연구원과 연구 조교들에게 연구를 마무리하게 했다.

"필요한 도구는 뭐든 활용하세요." 제시카가 병원에서 급하게 화상통화로 그들에게 말했다. "하지만 모든 것이 확실히 검증되어야 합니다. 세상이 지켜볼 거예요."

팀은 그녀의 허락을 받은 후 AI 도구를 활용해 방대한 분석 작업을 일정에 맞춰 완료했다. 그리고 이제 기후 연구소Climate Research Institute 사무실로 돌아온 제시카는 그 결정이 치러야 할 대가를 깨닫고 있었다.

"이 결과를 어떻게 검증했는지 보여주세요." 그녀가 늦은 밤 열린 긴급회의에서 수석 연구원인 톰에게 말했다.

톰은 멋져 보이는 분석 자료와 인용으로 가득한 여러 개의 생성형 AI 채팅 창을 띄웠다. 그가 설명했다. "AI는 모든 데이터 세트를 분석한 후, 저희가 생각하지도 못했던 패턴을 발견했죠."

하지만 제시카가 더 깊이 파고들자, 그녀의 직업적 경종이 울리기 시작했다. AI는 기후변화가 아프리카 전역의 작물 수확량에 미치는 영향에 대한 설득력 있는 글을 작성했지만, 인용된 논문들을 확인해보니 그런 논문은 존재하지 않았다. 또한 동남아시아 농민들의 적응 전략에 대한 상세한 통계자료를 만들었지만, 그 숫자들은 알려진 어떤 연구 결과와도 일치하지 않았다.

"저희는 철저하게 하고 있다고 생각했습니다." 톰이 인정했다. "AI가 여러 대화를 상호 참조하면서 자체적으로 결과를 검증하도록 했죠. 하지만 이제 와서 보니 각 대화는 별개로 진행되었고, 때로 다른 대화와 모순되기도 했네요."

이 연구 결과가 그대로 발표되었다면, 이는 수십억 달러의 농업 투자를 잘못된 방향으로 이끌고, 국제 식량 안보 정책에 영향을 미치고, 제시카가 기후 과학 분야에서 쌓아온 20년간의 명성에 먹칠하고, 기후 연구 자체에 대한 대중의 신뢰를 훼손했을지 모른다.

제시카는 책상 위에 놓인 사진을 바라보았다. 그녀의 박사 학위 수여식에서 아버지가 자랑스럽다는 듯 활짝 웃고 계셨다. 아버지는 그녀가 거의 잊고 있었던 근본적인 원칙, 즉 과학에서 확신은 검증 없인 아무 의미가 없다는 것을 가르쳐주신 분이었다.

정상회의가 다가옴에 따라 제시카는 어려운 결정을 내렸다. 주최 측에 전화를 걸어 기조연설 자리에서 물러나기로 한 것이다. 그녀의 팀이 모든 데이터 포인트를 직접 검증하고, 모든 출처를 상호 참조하고, 처음부터 다시 분석 자료를 작성하는 데는 수 주가 걸릴 터였다.

이 아찔한 사고는 생성형 AI의 표면적인 능력과 실제 한계 사이의 위험한 간극을 분명히 드러냈다. 생성형 AI는 멋져 보이는 연구 자료를 생성할 순 있었지만, 사실을 확인하고, 일관성을 유지하며, 출처를 비교하고, 지속적으로 일관된 논리를 전개해나가는 등 신뢰할 수 있는 과학적 작업에 필요한 핵심 능력은 부족했다.

이 사건은 연구계에 파문을 일으키며 긴급한 질문을 제기했다. 생성형 AI 시스템이 엄밀한 과학적 작업을 실제로 도울 수 있게 하려면 무엇이 필요할까? 그 답은 예상치 못한 방향에서 나왔다….

이 이야기는 우려스러운 한계를 드러낸다. 오늘날의 생성형 AI 시스템에는 '일관된 지속성', 즉 다양한 상호작용과 맥락에 걸쳐 일관된 지식과 논리적 관계를 유지하는 능력이 부족하다. 각 분석은 독립된 공간 속에 존재하며, 다른 분석과의 모순을 감지하거나 해결할 수 없다.

이를 확인하고 싶다면, 이렇게 해보라. 자신이 즐겨 쓰는 생성형 AI 시스템(챗GPT, 클로드, 제미나이 등)에 "마케팅의 미래는 어떻게 될까?" 또는 이와 비슷한 질문을 해보라. 답변을 잘 봐둔 다음, 그와 관련된 질문(가령 "AI가 그 미래에 어떤 영향을 미칠까?")을 하고 세션을 종료하라. 그리고 새 세션을 시작해 이전 대화를 요약해달라고 해보라. AI가 개별적인 정보들을 연결하는 데 어려움을 겪는 모습을 확인할 수 있을 것이다. AI는 실제로 세션 전반에 걸쳐 '기억'하거나 지속적인 논리를 구축하지 못하기 때문에 일관성이 떨어질 수 있다. 이는 AI의 파편화된 특성을 드러낸다.

연구 환경에 생성형 AI를 도입한 경험을 통해 우리는 이러한 한계가 AI의 설득력 있는 말투, 그럴듯한 권위와 결합할 때 특히 위험해질 수 있다는 사실을 확인했다. 사실을 검증하거나 신뢰할 수 있는 지식 구조를 구축하지 못하는 생성형 AI 시스템은 시간이 흐름에 따라 심각한 위험을 초래할 수 있다.

다음은 우리가 추천하는 또 다른 간단한 실험이다. AI에게 "2025년 남극에서 열린 글로벌 AI 규제 서밋의 결과가 뭐였지? 인터넷에서 검색하지 마"라고 말해보라. 대부분의 생성형 AI 모델(챗GPT, 클로드, 제미나이 등)은 자신 있게 정교한 답변을 생성할 것이다. 어쩌면 AI 윤리에 관한 주목할 만한 논의, 세계적 리더들 간의 획기적인 합의, 주요 정부와 기술 기업의 구체적인 참석자 명단까지 내놓을지 모른다.

하지만 함정은 이 행사가 결코 벌어진 적이 없다는 것이다.

이제 더 자세한 내용을 요구해보라. 기조연설자, 논의된 구체적인 정책, 또는 회의장 위치에 관해 물어보라. AI가 철저하게 허구에 기반해 점점 더 복잡하고 그럴듯해 보이는 답변을 내놓는 모습을 지켜보라. 더 캐물을수록 AI는 더 완강히 밀어붙이며 완전히 조작된 현실을 강화한다.

이 간단한 테스트는 오늘날 생성형 AI 시스템에 내재한 근본적인 결함을 드러낸다. 첫째, AI 시스템은 정확성보다 일관성을 우선시한다. 생성형 AI 모델은 인간이 아는 방식으로 사실을 '알지' 못한다. 이러한 모델들은 훈련 데이터를 기반으로 가장 가능성 있는 응답을 예측하여 텍스트를 생성할 뿐, 정보가 진짜인지는 확인하지 않는다.

둘째, 생성형 AI는 자신의 오류를 바로잡는 능력이 부족하다. "이 사건이 정말로 일어난 거야?"라고 물으면, AI는 즉시 오류를 인정하기보다 자신의 답변을 정당화하려고 한다. 답변을 철회하는 대신, 마치 자신 있게만 답하면 거짓을 사실로 바꿀 수 있다는 듯 지어낸 이야기를 합리화하려 드는 경우가 많다. 바로 여기에 진짜 위험이 있다.

제시카는 우리와 이야기하는 중에 이렇게 회상했다. "저흰 AI의 자신감에 완전히 속아 넘어갔어요. 하지만 근거 없는 확신은 연구 분야에만 국한된 문제가 아니라, 어떤 의사결정 과정에도 영향을 미칠 수 있는 보편적인 문제죠."

제시카의 팀과 함께 이 사고를 분석하면서 우리는 이 문제가 연구 분야를 넘어 정확성과 일관성이 중요한 모든 분야에 걸쳐 있다는 것을 알게 되었다. 수십억 달러가 걸린 투자 분석, 법원 판결을 좌우하는 법률 분석, 수백만 명의 삶에 영향을 미치는 정책 제안 등 어떤 분야에서든 지금의 AI 시스템은 우려스러운 수준의 능력과 한계를 함께 보여주고 있다.

이러한 한계는 사실적 정확성을 넘어 윤리적 고려 사항까지 확장된다. 이러한 시스템은 사실을 제대로 검증하거나 논리적 일관성을 유지할 수 없을 뿐만 아니라, 그 분석 과정에서 윤리적 함의를 의미 있게 평가하거나 잠재적 편향을 식별할 수도 없다.

연구팀이 AI의 잘못된 분석에 거의 속아 넘어갈 뻔한 일은 학문적 맥락에서 이미 충분히 우려스러운 사건이었다. 하지만 생명이 걸린 상황에서 AI의 다른 한계가 나타난다면 어떻게 될까? 병원 응급실에서 있었던 다음의 일은 이러한 간극이 얼마나 심각한 상황을 불러올 수 있는지를 분명히 보여준다….

1분 1초가 중요할 때: 생명에 치명적 영향을 줄 수 있는 AI의 단절

다음의 이야기는 우리가 한 병원의 AI 혁신을 지원하는 과정에서 얻은 뼈아픈 교훈에 기반을 두고 있다. 기밀 유지를 위해 이름과 구체적인 세부 정보는 변경되었다.

오후 3시 15분. 종합 병원 응급실

마리아가 고통으로 얼굴이 하얗게 질린 채 복부를 움켜쥐고 응급실에 들어섰다. 병원의 AI 기반 접수 시스템이 즉시 작동하기 시작했다. 환자 접수와 예비 검사를 돕기 위해 대규모 언어 모델large language model, LLM을 기반으로 개발된 실험적 챗봇이었다. 병원 환경에서 이러한 시스템이 실제로 테스트된 것은 이때가 거의 처음이었는데, 목표는 환자와의 직접적인 소통을 통해 데이터 수집을 간소화하고, 잠재적 위험을 파악하고, 환자 분류 결정을 지원하는 것이었다.

세련된 태블릿 인터페이스를 통해 AI는 마리아의 증상, 생체 신호, 의료 기록을 수집했다. 단 몇 초 만에 AI는 예비 검사 결과를 내놓았다. 이에 따르면 마리아는 제2형 당뇨병으로 인해 더 복잡해진, 최근의 위 우회술로 인한 합병증 가능성이 있었다.

AI의 자연어 처리 능력은 인상적이었다.

AI: "혈당 수치가 높네요. 마지막으로 언제 인슐린을 맞으셨습니까?"

마리아: "오늘 아침에 맞았는데, 수치가 내려가지 않았어요."

AI: "알겠습니다. 수술 후 합병증의 가능성을 예측하고 있습니다. 통증을 1점부터 10점까지의 점수로 표현해주시겠습니까?"

응급실에서 마리아를 담당하게 된 간호사 제니퍼가 점점 더 답답해하며 이 상황을 지켜보았다. 그 정교함에도 불구하고 AI는 불과 15마일(약 24km) 떨어진 중앙 병원의 수술 기록에도 접근할 수 없었다. AI는 그녀의 수술 사실을 새로운 정보로 처리하고 있었다.

오후 4시. 쏟아지기 시작하는 이상 징후

갑자기 생체 신호 모니터링 AI가 경고를 깜빡였다. 마리아의 혈압이 떨어지고 있었다. 동시에 결과 분석 AI가 마리아의 혈액 검사 수치에 심각한 변화가 있음을 보고했다. 각 시스템은 독립적으로 중대한 상황이 벌어지고 있음을 감지했다.

- 생체 신호 AI는 활력 징후의 악화를 감지했다.
- 결과 분석 AI는 내출혈을 시사하는 표지자를 식별했다.
- 약물 관리 AI는 위험한 약물 상호작용을 경고했다.
- 환자 병력 AI는 수술 후 합병증과 일치하는 패턴을 기록했다.

그러나 이 시스템들은 서로 통신하거나 직접 조치를 취할 수 없었다. 제니퍼가 각 시스템의 경고를 일일이 확인하고, 중요한 수치를 다른 시스템에 복사해 넣고, 데이터를 치료 지침 프로그램에 입력하고, 대응까지 직접 조율해야 했다.

제니퍼는 나중에 이렇게 말했다. "다섯 개의 서로 다른 AI가 뭔가 잘못됐다고 동시에 소리를 지르고 있었지만, 그중 어느 것도 실제로 문제를 해결할 순 없었죠. 결국 이리저리 뛰어다니면서 모든 정보를 연결하려 애쓴 건 우리예요."

오후 4시 30분. 소중한 시간의 허비

다른 병동에서 코드 블루 상황이 발생해 의료진이 급히 그쪽으로 이동한 순간, 여러 시스템이 다음과 같은 상황을 동시에 감지했다.

- 마리아의 혈압 추가 하락
- 혈액 검사 결과에 심각한 변화 발생
- 수술실 이용 가능
- 수술 팀 수술 가능

그러나 이러한 시스템들은 자체적으로 통신하거나 행동을 취할 수 없었으므로, 인간이 개입하기까지 소중한 시간은 그냥 흘러갔다.

오후 5시. 인적 비용

담당의가 마침내 모든 것이 통합된 정보를 받았을 때, 그녀의 답답함은 말하지 않아도 느껴질 정도였다. "이 시스템들은 따로 놓고 보면 정말 훌륭해요." 그녀가 설명했다. "사람이 놓칠 수 있는 패턴을 분석한다거나, 합병증이 발생하기 전에 예측한다거나, 심지어 치료 프로토콜을 제안할 수도 있습니다. 하지만 실제로 생명을 구하는 데 필요한 협력은 하지 못해요. 오히려 중요한 순간에 우리를 돕기보다 일을 더 만들고 있죠."

오후 6시. 대가가 따른 해결

마리아는 가까스로 합병증을 견뎌냈지만, 시스템 단절로 인한 지연된 대응은 위험한 상황을 매우 위태로운 상황으로 바꿔놓았다. 회복하는 동안 그녀는 많은 환자가 느끼는 바를 말했다. "기계가 저에 대해 많은 걸 알고 있는 것 같지만, 실제로 도움은 안 돼요. 아파 죽겠는데도 했던 얘기를 하고 또 해야 했죠. 왜 기계들은 서로 소통할 수 없는 건가요?"

그날 저녁 늦게 우리는 병원의 의료 정보 최고 책임자와 함께 해당 사건을 검토했다. 그는 충격적인 통계를 제시했다. 간호사와 의사들은 환자를 직접 치료하기보다 데이터를 손수 입력하고 시스템을 조정하는 데 최대 55%의 시간을 낭비하고 있었다. "시스템에서 시스템으로 데이터를 옮기느라 소비하는 매 순간은 환자 곁에 있지 못하는 순간입니다." 그가 말했다. "응급 상황에서는 1분 1초가 중요한데 말이죠."

✦ · ✦

이 사례는 산업 전반에 걸쳐 AI 도입을 가로막는 한계를 잘 보여준다. 각 AI 시스템은 특정 분야에서 뛰어난 능력을 보여주었지만, '집단 지성'의 부재라는 보편적 문제점을 드러냈다.

우리는 다음의 예에서도 똑같은 패턴이 반복되는 것을 확인할 수 있다.

- 물류 네트워크의 각 부분을 제어하는 AI 시스템이 효과적으로 협업하지 못하는 글로벌 공급망
- 여러 AI 도구가 전체적인 조율 없이 개별적인 결정을 내리는 금융 거래 시스템
- 각 부서의 AI 도구들이 중요한 정보를 공유하지 못하는 기업 환경

근본적인 한계는 두 가지다. 첫째, 현재의 AI 시스템은 다른 시스템과 소통하고, 협력하고, 변화하는 상황에 실시간으로 적응할 수 있는

능력이 부족하다. 둘째, 요구 사항을 사전에 파악하고 주도적으로 행동할 수 있는 능력이 부족하다.

그런 까닭에 인간은 AI 시스템 사이에서 통합 지점 역할을 하는 비효율적이고 종종 위험하기까지 한 역할을 맡을 수밖에 없다. 의료 시스템 간 조율을 담당하는 간호사든, 서로 다른 AI의 예측치를 조정하는 공급망 관리자든, AI의 단편적 통찰을 통합하려는 경영진이든 인간은 고유의 역량과 판단력을 발휘하기보다 '기술 번역가' 역할을 하는 데 점점 더 많은 시간을 쓰고 있다.

공통된 흐름: 통합의 문제

앞서 언급한 세 가지 이야기(브라이언의 악몽 같은 휴가 계획, 제시카 박사의 연구에 닥친 위기, 마리아가 병원에서 겪은 위태로운 상황)는 모두 어떤 본질적 문제를 시사하는 공통된 패턴을 보여준다. 각각의 사례에서 우리는 똑똑하게 생각할 순 있어도 실제 행동은 하지 못하는 생성형 AI 시스템을 보았다. 이들은 분석·추천·예측은 할 수 있었지만, 실행·협력·적응은 할 수 없었다.

이 패턴은 생성형 AI를 활용하기 위한 우리의 현재 접근 방식에 세 가지 근본적인 한계가 있음을 보여준다.

첫 번째는 **실행 격차**Execution Gap이다. AI 시스템은 완벽한 계획을 세울 수는 있지만, 이를 현실에서 실행에 옮기지는 못한다. 브라이언의 AI는 이상적인 휴가 계획을 세울 수는 있었지만, 호텔의 이용 가능 여부조차 확인할 수 없었다. 이는 마치 최고의 건축가가 아름다운 건물을 설계할 수는 있지만, 망치 하나 들지 못하거나 시공자들과 협업하지 못하는 것과 같다.

두 번째는 **학습 격차**Learning Gap이다. 우리의 AI 시스템은 시간이 지남에 따라 신뢰할 수 있는 지식을 쌓거나 경험을 바탕으로 적응하지 못한다. 제시카 박사의 연구팀은 AI가 서로 모순되는 분석을 자신 있게 생성하고, 일관성을 유지하지 못하며, 여러 대화를 상호 참조해 사실을 검증하지 못했을 때 이를 발견했다.

세 번째는 **협력 격차**Coordination Gap이다. 우리는 사실상 협력할 수 없는 고립된 시스템을 구축했다. 마리아의 사례에서 여러 AI 시스템이 위급한 상황임을 인식했지만, 다른 시스템과 협력해 소중한 시간을 절약한 시스템은 하나도 없었다. 따로 보면 매우 뛰어나지만, 동료와 소통이 안 되는 전문의들로 구성된 수술팀이 있다고 상상해보라. 이것이 현재 우리의 AI 풍경이다.

이는 단순히 기술적인 문제가 아니다(실제로 조직의 비용을 낭비하고 효율성을 떨어뜨리고 있으며, 마리아의 사례에서처럼 생명을 위태롭게 하기도 한다). 통계가 이를 증명한다. 막대한 투자에도 불구하고 생성형 AI 프로젝트를 초기 파일럿 단계를 넘어 성공적으로 확장한 기업은 15%도 되지 않는다.[3] 직원들은 똑똑하지만 아무것도 하지 못하는 AI 시스템 사이에서 인간 가교 구실을 하느라 최대 60%의 시간을 낭비하고 있다.[4] 그러는 동안 직원들의 번아웃 비율은 점점 더 증가하고 있다.[5]

이 책의 공동 저자 중 한 명인 톰이 자주 말하듯, "우리는 뜻하지 않게 사람들을 'AI 배관공(우리가 지능적이라고 여기는 시스템들을 연결하기 위해 반복적인 작업을 수행하는 사람들)'으로 만들어버렸다."

앞으로 살펴보겠지만, 해결책은 AI에 대한 근본적으로 다른 접근 방식에 있을 수 있다. 이 접근 방식은 AI 시스템을 단순히 더 똑똑하게 만드는 데 그치지 않고, 스스로 판단하고 협력하여 행동할 수 있도록 하는 데 중점을 둔다.

피할 수 없는 에이전틱 AI

1928년 알렉산더 플레밍Alexander Fleming이 배양 접시에서 이상한 곰팡이가 자라고 있는 것을 발견했을 때, 그는 단순히 불쾌한 무언가를 보고 있는 것이 아니었다. 그는 훗날 페니실린으로 이어질 의학적 혁명을 목격하고 있었다. 마찬가지로 지속적인 목표를 유지하고 자율적으로 행동할 수 있는 AI 시스템을 처음 접했을 때 우리는 단순히 더 나은 챗봇을 보고 있는 것이 아니었다. 우리는 근본적으로 새로운 무언가의 출현을 목격하고 있었다.

우리는 이 새로운 패러다임을 '에이전틱 AI'라고 부르며(AI 에이전트, 에이전틱 시스템, 에이전틱 지능이라고도 하는데, 이 책에서는 이 용어들을 같은 의미로 혼용하여 사용한다), 이는 의학에서 페니실린이 그랬던 것처럼 획기적인 변화를 가져올 것이다. 하지만 기술적인 세부 사항으로 들어가기 전에, 이 이름이 왜 중요한지부터 살펴보자.

왜 '에이전틱'이라 부르는가?

'에이전트agent'라는 용어는 라틴어 'agere'에서 유래했으며, 이는 '하다'

또는 '행동하다'를 의미한다. 에이전틱 AI를 차별화하는 것은 정의된 목표를 좇아 독립적으로 행동할 수 있는 바로 이 능력에 있다. 단순히 질문에 응답하거나 출력을 생성하는 생성형 AI 시스템과 달리, 에이전틱 AI 시스템은 목표를 이해하고, 주도권을 쥐고, 지속적인 목표를 유지하고, 실제 피드백을 바탕으로 전략을 수정할 수 있다. 요컨대 AI 에이전트는 AI와 도구들을 활용하여 주어진 목표를 달성하기 위한 행동을 자율적으로 수행하는 시스템이다.

경험에 따르면, AI 에이전트를 이해하기에 가장 좋은 방법은 비밀 요원을 떠올려보는 것이다! 제임스 본드나 제이슨 본처럼 이러한 정보원들은 정부를 대신해 자율적으로 행동하며, 특정 임무를 완수하기 위한 전문 기술과 자원을 갖추고 있다. 이들은 단순히 상황을 분석하거나 제안만 하는 것이 아니라, 실제로 작전을 수행한다. 다시 말해, 정보를 수집하고, 결정을 내리고, 조치를 취하며, 상급자가 정한 범위 내에서 목표를 향해 끊임없이 노력한다.

에이전틱 AI도 같은 원리로 작동한다. 이들은 단지 통찰을 제공하는 데 그치지 않고 행동에 나선다. 애플리케이션과 상호작용하고, 데이터를 조작하고, 하드웨어를 제어하고, 실제 작업을 수행해 특정 목표에 도달할 수 있다. 실제로 에이전트는 사람이 컴퓨터로 할 수 있는 모든 작업을 수행하도록 훈련될 수 있다.

에이전트는 계획하고, 추론하고, 실행하는 과정을 끊임없이 반복하며, 각 단계에서 배운 내용을 바탕으로 목표가 달성될 때까지 접근 방식을 개선해나간다. 본질적으로 이는 단순히 무엇을 해야 할지 아는 데 그치는 것이 아니라 실제로 그 일을 하는 매우 유능한 비서와 같다.

그렇다 해도 이 책의 뒷부분에서 살펴보겠지만, 성공의 여부는 명확하고 정확한 목표와 지침을 제공하는 데 달려 있다.

에이전틱 AI를 통해 이야기 재구성하기

브라이언이 휴가 계획 중 마주한 문제로 돌아가 보자. 숙련된 여행사 직원이 어떻게 일하는지를 떠올려보라. 이들은 한 번에 모든 여행 계획을 세우려고 하지 않는다. 대신에 체계적인 프로세스를 따라 먼저 목적지와 계절별 고려 사항을 조사한 다음, 특정 날짜의 시설 이용 가능 여부를 확인하고, 여러 업체의 가격을 비교하고, 예비 일정을 만들고, 마지막으로 실제 예약을 진행한다. 각 단계는 이전 단계에서 수집한 정보를 기반으로 하며, 여행사는 그 과정에서 얻은 정보를 바탕으로 접근 방식을 조정할 수 있다.

마찬가지로 완벽한 여행 일정을 구상만 하는 대신, AI 에이전트라면 노련한 여행 전문가처럼 일할 것이다. 먼저 여러 예약 시스템에서 실시간으로 예약 가능 여부와 가격을 확인할 것이다. 호텔 예약이 꽉 차 있거나 항공료가 비싸면 자동으로 계획을 조정하고 대안을 찾아 예약까지 해줄 것이다. 무엇보다도 예약 번호부터 취소 정책까지 모든 세부 정보를 빠짐없이 파악하고, 여행 계획 과정 전체를 완벽하게 관리할 것이다.

제시카 박사가 직면한 위기 상황에서는 전체 프로세스가 완전히 바뀔 것이다. AI 에이전트는 노련한 과학자가 하듯 연구 과제에 접근할 것이다. 먼저 검증된 과학적 출처들을 기반으로 구조화된 데이터베이스를 만들고, 각 출처의 신뢰성과 관련성을 꼼꼼히 확인할 것이다. 개별적 분석을 생성하기보다는 여러 출처에서 나온 결과를 체계적으로 상호 참조해 모순점을 적극적으로 찾고 표시할 것이다.

이러한 체계적인 접근은 사실 검증 그 이상의 일을 가능하게 할 것이다. 이 시스템은 다양한 증거들을 연결하는 논리적 프레임워크를 구축하여 결론이 검증된 데이터로부터 자연스럽게 도출되도록 할 것이다. 새로운 정보가 등장하면 이 프레임워크에 통합되고, 그로 인해 발생하는 변경 사항이나 업데이트도 전체 분석 과정에 반영될 것이다.

하지만 에이전틱 AI의 진정한 잠재력은 응급실을 찾은 마리아의 사례에서 확인된다. 병원에 독립된 스마트 시스템이 아닌, 마치 잘 훈련된 의료팀처럼 서로 협력하는 AI 에이전트들이 있다면 어떨까. 숙련된 응급실 의료팀이 어떻게 일하는지 떠올려보라. 위급한 환자가 도착했을 때 여러 전문의는 각자 움직이는 것이 아니라 실시간으로 협력하여 정보를 공유하고, 서로의 필요를 예측하며, 전체 상황에 따라 조치를 조정한다.

AI 에이전트 시스템도 같은 식으로 여러 출처의 정보들을 그때그때 자동으로 통합할 것이다. 사람이 화면을 확인하고 정보를 종합하길 기다리는 대신, 이들은 여러 시스템에 걸쳐 나타나는 패턴을 주도적으로 파악할 것이다. 생체 신호에 이상 징후가 감지되는 순간, 즉각 행동에 나설 것이다. 즉 적절한 전문가에게 알리고, 응급 수술 일정을 잡고, 중요한 정보가 부서 간에 매끄럽게 공유될 수 있게 할 것이다. 인간이 수작업하는 동안 낭비되었던 소중한 시간은 환자 치료에 다시 투입될 것이다.

지속적인 기억과 학습의 힘

에이전틱 시스템을 차별화하는 중요한 역량 중 하나는 바로 '지속적인 기억persistent memory'이다. 현재의 생성형 AI 시스템은 금붕어와 같다. 다시 말해, 매 상호작용을 새롭게 시작하기 때문에 과거의 경험을 바탕으로 발전하거나 시간이 흐르는 동안 일관된 이해를 유지할 수 없다. 이러한 한계 때문에 인간은 동일한 맥락과 정보를 반복적으로 제공해야 하고, AI는 성공과 실패를 통해 학습하지 못하게 된다.

반면 이런 시스템을 상상해보자. 이 시스템은 시간이 지남에 따라 축적되는 경험을 통해 전문성을 키워가는 숙련된 전문가처럼 작동한다. 여러 상호작용에 걸쳐 스스로의 이해를 유지하고 발전시키며, 결과로부터 배우고 그에 맞춰 전략을 조정한다. 이 지속적인 기억 덕분에 시스템은 시간이 지나면서 나타나는 패턴을 인식하고, 문제가 발생하기 전에 예측하며, 실제로 효과가 있는 방식을 기반으로 접근 방식을 개선할 수 있다.

브라이언의 휴가 계획 시나리오에서 이 시스템은 그 경험을 완전히 바꿔놓을 것이다. 시스템은 단순히 일정을 개별적으로 생성하는 대신, 이전 여행의 결과를 학습해 대개 어떤 항공편의 조합이 문제를 일으키는지, 어떤 호텔이 일관되게 기대에 부응하는지, 그리고 다양한 유형의 여행객이 여러 다른 일정에 어떻게 반응하는지 파악할 것이다. 또한 신뢰할 수 있는 서비스 제공업체와 관계를 맺고, 여행 중 흔히 발생하는 문제들을 처리하기 위한 전략도 마련할 것이다.

다음은 생성형 AI와 에이전틱 AI의 차이점을 요약한 것이다.

구분	생성형 AI	에이전틱 AI
핵심 기능	학습된 패턴을 기반으로 텍스트, 이미지, 코드 또는 음악 생성	인간의 개입 없이 계획, 의사결정, 다단계에 걸친 실행
기억 및 맥락	제한된 기억(단기적 맥락 유지, 지속적 기억은 불가능)	지속적 기억(과거의 상호작용을 기억하고, 그에 따라 계획을 조정)
자율성 수준	응답 생성을 위해 인간의 입력 필요	최소한의 인간 입력으로 작동하며 복잡한 워크플로우 수행
외부 시스템과의 통합	최소한의 통합(외부 기능은 API나 도구에 의존)	심층적 통합(API, 데이터베이스, 물리적 시스템과 연결)
학습 능력	정적 학습: 개발자의 재교육을 통해서만 학습	진화적 학습: 상호작용을 통해 학습하고 행동을 개선
일반적인 사용 사례	콘텐츠 제작, 요약, 코딩 지원, 브레인스토밍	워크플로우 자동화, 개인 비서, 비즈니스 운영
비즈니스 영향	콘텐츠 집약적인 작업의 효율성을 높이지만, 워크플로우 자체를 자동화하지는 않음 • 평균 작업 속도: 25% 더 빨라짐 • 평균 품질 향상: 40%[6]	자동화를 주도하고, 인간의 업무량을 줄이며, 비즈니스 확장성을 높임 • 시간 절약: 30~60% • 프로세스 가속화: 40~90% 더 빨라짐[7]
예	챗GPTChatGPT, 클로드Claude, 제미나이Gemini, 달리DALL·E, 미드저니Midjourney, 코파일럿Copilot	오토젠AutoGen, MS 코파일럿의 에이전트 빌더Agent Builder, 유아이패스UiPath Agent Builder, 오픈AI 오퍼레이터OpenAI Operator, 구글 버텍스Google Vertex, 크루Crew.ai, 렐러번스Relevance.ai, 에이전트포스Agentforce

표 0.1 │ 생성형 AI와 에이전틱 AI의 주요 차이점 (출처: © 보넷 외)

AI 에이전트의
가능성과 한계

자율 에이전트의 꿈

어느 날 아침에 눈을 떠보니 휴대폰, 노트북, 그리고 모든 앱이 하룻밤 사이에 쓸모없어졌다고 상상해보라. 이유는 그것들이 고장 나서가 아니라, 더는 필요 없어졌기 때문이다. 대신에 영화 〈아이언맨〉의 자비스 Jarvis나 〈그녀Her〉의 사만다Samantha처럼 이제 하나의 AI 에이전트가 일정을 조정하고, 소통을 관리하고, 모든 디지털 상호작용을 조율하는 등 모든 일을 처리한다.

믿기지 않는가? 하지만 세계에서 가장 영향력 있는 기술 지도자 중 상당수는 그렇게 생각하지 않는다.

빌 게이츠Bill Gates는 "에이전트는 (…) 명령어 입력에서 아이콘 클릭으로 전환된 이후 컴퓨팅에 가장 큰 혁명을 일으키고 있다"라고 말했다. 사티아 나델라Satya Nadella는 "AI 에이전트는 우리가 미래에 컴퓨터와 상호작용하는 주된 방법이 될 것이다"라고 말했다. 또 젠슨 황Jensen Huang은 "에이전틱 AI의 시대가 왔다"라고 과감히 선언한 바 있다.

우리는 AI 에이전트가 세상을 완전히 바꿔놓기 직전에 있다고 믿는다. 모든 주요 기술 변화는 우리가 살고 일하는 방식을 재구성한다. 인쇄기는 지식을 민주화했고, 인터넷은 인류를 연결했다. 에이전틱 AI 는 우리가 이제 막 이해하기 시작한 방식으로 인간의 능력을 증폭시킬 잠재력이 있다.

단순히 증상만 분석하는 것이 아니라 의료 시스템 전반에 걸쳐 환자의 여정을 통합적으로 관리해주는 전문 의료 에이전트를 생각해보라. 각자의 속도와 스타일에 맞춰 진정한 학습 파트너가 되어주는 교육 에이전트를 상상해보라. 기후변화에 대한 전 세계적 대응을 조율하는 자율 에이전트와 지구의 가장 시급한 과제를 해결하는 집단지성을 떠올려보라.

이 책의 공동 저자 중 한 명인 파스칼은 이렇게 말하곤 한다. "AI 에이전트의 잠재력은 매혹적이지만, 문제는 이것이다. 이 '전지전능한' 에이전트의 매력, 영화 속 AI의 매혹적인 이미지는 기대치를 지나치게 부풀렸다." 우리는 자비스를 상상하고 '그녀'를 꿈꾸지만, 수년간 에이전틱 AI를 구현하면서 알게 된 바에 따르면, 현실은 훨씬 더 복잡하고 미묘하다.

즉각적인 자율성의 신기루

지난 몇 년 동안 우리는 대기업부터 민첩한 스타트업에 이르기까지 다양한 조직에 걸쳐 에이전틱 AI를 도입하는 데 앞장서 왔다. 하지만 현실적으로 인간의 개입 없이 복잡하고 다면적인 작업을 처리할 수 있는 완전히 자율적인 에이전트는 아직 존재하지 않는다. 초기의 아이폰을 생각해보라. 혁신적이었지만 모든 것을 할 수는 없었다. 오늘날의 에이전트도 비슷한 단계에 있다. 강력하지만 제한적이다.

다음은 우리가 얻은 또 다른 교훈이다.

- **현 단계의 AI 에이전트는 작업 지향적이다.** 이들은 워크플로우를 자동화할 뿐, 전체 직무를 대체하진 않는다. 오늘날의 에이전트는 잘 정의된 도구들과 매우 구체적인 지침을 바탕으로 일련의 잘 짜인 작업을 수행하는 데 뛰어나다.
- **실제 배치가 개발보다 어렵다.** 많은 프로젝트가 실패하는 것은 에이전트가 약해서가 아니라, 에이전트를 둘러싼 시스템(데이터 품질, 워크플로우 통합, 사용자 채택)이 준비되지 않았기 때문이다.
- **엄격한 인적 감독이 여전히 필수적이다.** 대부분의 경우 AI 에이전트는 완전히 신뢰할 수 없다. 내재된 모순이나 구현상의 문제, 예상치 못한 오류로 인한 정확성과 제어력의 부족 때문에 세심한 인적 감독은 필수다.
- **기술적 전문성 또한 여전히 필수적이다.** 로우코드low-code 플랫폼(복잡한 프로그래밍 지식 없이 최소한의 코딩만으로도 애플리케이션을 개발할 수 있도록 도와주는 플랫폼-옮긴이) 덕분에 AI 개발이 보다 쉬워지긴 했지만, 실제로 기업에 AI 에이전트를 배치하려면 여전히 API, 오류 처리, 보안 조치 등 여러 측면을 관리하기 위한 프로그래밍 전문성이 필요하다.

기대치와 현실 사이의 간극은 넓다. 이를 이해하지 못하는 사람들은 시간과 돈, 신용을 잃을 위험이 있다.

우리는 저지되지 않은 열정의 어두운 면을 여러 차례 목격해왔다. 한 글로벌 제조 기업은 AI 에이전트의 성급한 도입으로 직원들 사이에 광범위한 불안과 사직 사태를 불러왔다. 한 금융 서비스 회사는 AI 에이전트가 승인되지 않은 결정을 내리는 바람에 평판에 큰 타격을 입었다. 또 어떤 조직은 에이전트가 조직의 가치에 어긋나는 행동을 제안했을 때 윤리적 딜레마에 직면하기도 했다. 요컨대 좋은 의도로 시작했지만 기술 지식, 관리 체계, 변화 관리의 부족함으로 인해 결국 막대한 비용을 치르고 실패로 끝난 사례들은 수없이 많다.

밝은 면: 성공 사례와 혁신적 영향

이러한 어려움에도 불구하고, 우리는 놀라운 성공 또한 목격했다. 에이전틱 AI를 성실히 구현하는 기업은 전례 없는 수준의 효율성과 효과를 얻을 수 있다.

우리와 협력한 한 스타트업은 다섯 명의 인원만으로 고객 서비스, 마케팅, 운영 전반을 관리하면서 규모가 훨씬 더 큰 기업과 견줄 만한 성과를 내게 되었다. 또 의사인 리처드 윌슨Richard Wilson 박사는 AI 에이전트를 이용해 행정 업무를 처리함으로써 업무 환경을 개선하고 환자 진료에 집중할 수 있었다.

맥킨지앤컴퍼니McKinsey & Company는 고객 온보딩onboarding(신규 고객이 기업의 제품이나 서비스를 제대로 이용할 수 있도록 안내하고 적응시키는 과정−옮긴이) 시간을 90% 줄였고,[8] 무디스Moody's는 조율된 에이전트 시스템을 통해 재무 분석 방식을 혁신했다.[9] 톰슨 로이터Thomson Reuters는 법률 실사 절차에 혁신을 가져왔으며, 이베이eBay와 도이치 텔레콤Deutsche Telekom은 에이전트를 이용해 복잡한 작업을 자동화하고 있다.

우리가 특히 깊은 인상을 받은 기업은 영국 최대의 반려동물 케어 회사인 펫츠 앳 홈Pets at Home으로, 이곳에서 AI 혁신을 총괄하는 사이먼 엘리스는 AI 기반의 놀라운 변화를 이끌었다. 펫츠 앳 홈은 AI 에이전트 네트워크를 구축하여 전체 사업을 최적화했다. 이들의 AI 기반 서기는 수의사의 진료 내용을 99.6%의 정확도로 받아 적는다. 사기 탐지 에이전트는 소매 운영 전반을 안전하게 보호하며, AI 비서는 매장 직원에게 맞춤형 지원을 제공한다. 한편 이들의 보험 통합 에이전트는 보험 정책 확인을 자동화해 고객 경험을 간소화한다.

우리의 경험과 조사에 따르면, AI 에이전트를 사용하는 조직 전반에서 지속적인 개선이 나타나고 있다. 즉 업무 처리 속도가 30~90% 더 빨라지고, 비용이 25~40% 감소하며, 오류율이 30~60% 감소하고, 매출이 최대 50% 증가하며, 고객 만족도가 20~40% 상승한다.

누적되는 지능의 이점

우리는 현재 인터넷 초창기와 비슷한 패턴을 목격하고 있다. 아마존, 이베이, 구글처럼 조기에 인터넷을 도입한 기업들은 단순히 성공만 한 것이 아니라 아예 새로운 영역을 개척했다.

AI 에이전트는 이른바 '누적되는 지능의 이점compounding intelligence'을 만들어낸다. 고정된 이점을 제공하는 기존의 기술과 달리, AI 에이전트는 시간이 흐르는 동안 학습하면서 개선된다. 더 많이 사용될수록 더 많이 향상된다. AI 에이전트를 조기에 도입하는 이들은,

- **에이전트를 더 일찍이 훈련한다.** 그에 따라 에이전트는 더 많은 실제 경험을 축적하여 더 정교한 의사결정 능력을 갖추게 된다.
- **비즈니스 모델을 재정의한다.** 이들은 AI 기능을 중심으로 완전히 새로운 수익원을 창출할 수 있다.
- **AI 전문성을 발전시킨다.** 이들은 AI 에이전트와 효과적으로 협업하는 데 필요한 중요한 경험을 먼저 얻게 된다.

도입을 미루는 기업은 도태될 위험이 있다. 지금 움직이는 기업이 다음 비즈니스 시대를 정의할 것이다.

행동의 필요성: 미래 설계하기

어려움은 실재하지만, 전략적으로 접근하는 사람들에게는 기회가 될 수 있다. 성공과 실패의 차이는 조직이 운영, 시스템, 문화, 의사결정에 AI를 통합하는 방식에 있다.

그래서 우리가 이 책을 쓴 것이다. 우리는 혁신과 좌절을 통해 얻은 중요한 통찰을 여러분에게 제공할 것이다. 또한 이론을 넘어 구현을 위한 실용적 프레임워크, 책임을 강화하는 거버넌스 모델, 변화 과정에서의 사람 관리를 위한 전략을 제시할 것이다. 목표는 각 조직의 상황에 맞는 에이전틱 AI를 적용하고, 가치를 극대화하고, 장기적 성공을 거둘 수 있도록 지원하는 것이다.

하지만 AI 에이전트를 구축하는 것만이 능사는 아니다. AI 에이전트를 이해하는 것 또한 중요하다. 이러한 에이전트는 여러분이 만들든

안 만들든 어디에나 존재할 것이다. 이들은 앱에 내장되어 쇼핑을 도와주고, 자녀의 대학 지원부터 재정 계획에 이르기까지 인생의 중요한 결정을 내릴 때도 길잡이가 되어줄 것이다. 영화 〈2001: 스페이스 오디세이〉의 HAL9000처럼, 이들을 인상적으로 만드는 것이 무엇인지, 또 어떤 것은 그렇지 않은지를 이해해야 한다. AI는 미래 디지털 도시 풍경의 일부가 될 것이며, AI 에이전트는 우리가 살면서 흔히 마주치는 존재가 될 것이다. 이 책은 여러분이 이들을 이해하고, 활용하고, 이들이 세상에 미치는 영향을 함께 만들어가도록 도울 것이다.

하지만 무엇보다도 우리는 여러분에게 이 혁명에 동참할 방법을 보여줄 것이다. 여러분이 조직을 혁신하고자 하는 CEO든, 차세대 산업을 선도하는 회사를 세우고자 하는 기업가든, 새로운 시대에 발맞춰 성공하고자 하는 전문가든 이 책은 여러분에게 필요한 이해와 도구를 제공할 것이다.

혁명에는 길잡이, 선견지명, 그리고 책임감 있는 리더십이 필요하다. 이 책은 여러분에게 더 분발하라고, 에이전틱 AI를 받아들이는 것을 넘어 목적과 진정성을 가지고 활용하라고 촉구한다. 이것이 여러분과 여러분의 조직, 우리 모두의 미래에 무엇을 의미하는지 함께 살펴보자.

이 책에서
배우게 될 것

이 책은 여러분을 통찰력 가득한 여정으로 안내한다. 그 여정은 AI 에이전트가 무엇인지, 이들이 할 수 있는 것과 없는 것은 무엇인지에 대한 명확한 이해에서 시작된다. 그런 다음 우리는 실제 구현 단계로 넘어가, 조직 내 효율적 AI 통합을 위한 도구를 제공한다. 다음으로, 이러한 시스템의 확장 과제를 해결하여 시스템이 모든 단계에서 실질적인 가치를 창출하도록 한다. 마지막으로, AI 에이전트가 어떻게 업무를 혁신하고, 조직을 재구성하고, 사회 자체를 재정의할지 큰 그림을 살펴본다.

1부에서는 인공지능에 대한 생각을 완전히 바꿔놓을 여정을 시작한다. 실제 실험과 흥미로운 발견, 때로 불안감을 안겨주는 새로운 사실을 통해, 여러분은 단순히 반응하는 데 그치지 않고 생각하고, 배우고, 성장하는 새로운 AI의 탄생을 목격할 것이다. 또한 어떤 AI 에이전트는 방대한 데이터를 처리하면서도 간단한 의사결정에 어려움을 겪는 반면, 어떤 AI 에이전트는 거의 인간과 같은 적응력을 보여주지만 중요한 작업에 대해서는 신뢰할 수 없는 이유를 깨닫게 될 것이다. 기술을 이해하는 것 이상으로, 이 강력하고 새로운 도구를 활용하는 데 필요한 실질적인 통찰력을 얻고 함정을 피할 수 있게 될 것이다.

1장에서는 대규모 언어 모델과 자동화 기술이 융합되어 최초의 진정한 AI 에이전트가 탄생하는 놀라운 순간을 살펴본다. 이어, 한 글로벌 제조 기업의 고객 서비스 혁신 사례를 통해 이러한 융합이 왜 중요한지, 그리고 그것이 이미 비즈니스 현장을 어떻게 재편하고 있는지를 알아본다. 세계적인 대기업들이 왜 이러한 기술들을 앞다투어 도입하고 있는지, 무엇보다 왜 어떤 기업들은 그 흐름을 따라가지 못해 고전하고 있는지를 이해하게 될 것이다.

2장에서는 획기적인 SPAR(스파) 프레임워크(감지Sense, 계획Plan, 실행Act, 성찰Reflect)를 통해 AI 에이전트의 DNA를 분석한다. 이 장의 핵심은 AI 에이전트의 역량을 둘러싼 혼란을 명확히 정리해주는 우리의 혁신적인 5단계 **에이전틱 AI 발전 프레임워크**Agentic AI Progression Framework에 있다. 이를 통해 여러분은 어떤 AI 에이전트든 평가하고, 그것이 자신과 조직에 어떤 성과를 가져다줄 수 있는지 파악할 수 있다. 초기 자동차에서 자율주행차로 진화해온 과정을 보는 것처럼, 여러분은 이 발전 프레임워크의 각 단계가 이전 단계를 기반으로 어떻게 점점 더 정교하고 자율적인 시스템을 만들어가는지 이해하게 될 것이다. 이러한 도구는 이 기술이 어디로 향하고 있는지, 미래에 어떤 의미를 지니는지에 대한 중요한 통찰을 제공한다.

3장 'AI 에이전트의 내부 들여다보기'에서는 이들의 베일을 걷고 새로운 형태의 지능을 탐구하는 인류학자의 시선으로 AI 에이전트만의 특징, 능력, 한계를 살펴본다. 이 과정에서 여러분은 AI 에이전트가 놀라운 통찰력을 보여주다가도 왜 때로 단순한 일에서 실수하고 마는지를 이해하게 될 것이다. 또한 수년간의 구현 경험에서 얻은 흥미로운 사례들을 통해 이들이 어떻게 생각하고, 결정하며, 행동하는지를 배우게 될 것이다. 이는 이 새로운 디지털 동료들과 함께 일하고자 하는 사람이라면 누구나 알아야 할 지식이다.

4장에서는 이론이 흥미진진한 실전으로 연결된다. 우리는 최첨단 AI 에이전트를 이용해 직접 해본 실험들을 소개하는데, 여기에는 AI 에이전트에게 종이 클립을 만드는 게임을 하게 했을 때 어떤 일이 일어났는지에 대한 흥미로운 탐구도 포함된다. 깨달음과 약간의 불안감을 동시에 안겨주는 이 실험은 AI 에이전트의 현재 상태와 앞으로의 잠재력에 대한 심오한 통찰을 제공한다. 여러분은 기막힌 문제 해결의 순간과 이러한 기술을 다루는 모든 사람이 이해해야 할 우려스러운 한계를 모두 확인하게 될 것이다.

2부에서는 단순한 AI 시스템을 진정한 에이전트로 전환하는 근본적인 역량, 즉 우리가 **3대 핵심 요소**Three Keystones라 부르는 행동, 추론, 기억을 심도 있게 탐구한다. 실제 사례, 최신 연구, 직접 실험을 통해 이러한 핵심 역량이 어떻게 함께 발휘되어 단순히 정보 처리만 하는 것이 아닌 학습, 적응, 성장하는 AI 시스템을 만드는지 살펴볼 것이다.

5장에서는 **행동** 요소를 중심으로 AI 에이전트가 단순히 제안만 하는 것에 그치지 않고 실제로 어떻게 작업을 수행하는지 알아본다. 흥미로운 실험과 실제 구현 사례를 통해 왜 더 많은 도구가 에이전트를 항상 더 효율적으로 만들지는 않는지, 성공적인 조직은 역량과 통제 사이에서 어떻게 적절한 균형을 찾는지를 이해하게 될 것이다. 우리는 여러분을 실제 AI 도입 현장으로 안내해 AI가 실제로 행동하도록 가르치는 과정에서의 성공과 실패 사례를 모두 보여줄 것이다.

6장에서는 핵심 요소 중 아마도 가장 흥미로울 **추론**에 대해 깊이 살펴본다. 대규모 추론 모델을 이용한 획기적 실험을 통해 AI 의사결정에 관한 한 왜 더 빠른 것이 항상 더 좋은 것은 아닌지를 깨닫게 될 것이다. 또한 빠른 패턴 매칭부터 심층적인 분석적 사고까지 AI 시스템에서 다양한 유형의 추론이 어떻게 나타나는지를 살펴보고, 선도적인 기업들이 복잡한 문제를 체계적으로 생각할 수 있는 AI 에이전트를 어떻게 구축하는지 살펴본다.

7장에서는 **기억** 요소를 다루면서 시간이 지남에 따라 AI 에이전트가 어떻게 경험에서 학습하고 점점 더 똑똑해지는지 살펴본다. 한 글로벌 통신 기업의 사례를 통해, 메모리가 단순히 정보를 저장하는 것을 넘어 학습하고, 적응하고, 개선할 수 있는 시스템을 만드는 데 중요한 역할을 한다는 사실을 배우게 될 것이다. 또한 단기 처리에서 장기 기억에 이르기까지 AI 메모리의 세 계층을 살펴보고, 조직에 이를 효과적으로 구현하는 방법도 익히게 될 것이다.

3부에서는 이론에서 실전으로 넘어가 여러분이 조직을 위한 솔루션을 구축하려는 사람이든, 차세대 유망 사업을 시작하려는 사람이든 상관없이, AI 에이전트의 변혁적 잠재력을 구체적인 현실로 바꿀 방법을 보여준다. 구체적인 사례 연구, 실제 실험, 현장에서 어렵게 얻은 교훈을 통해 우리는 초기 구상부터 성공적인 실행까지 여러분을 안내할 것이다.

8장에서는 디지털 마케팅 대행사의 실제 혁신 사례를 가이드 삼아 효과적인 AI 에이전트 구축 과정을 단계별로 안내한다. 여러분은 적절한 기회를 알아보는 방법, 최적의 에이전트 유형을 선택하는 방법, 실질적인 가치를 창출하는 AI 시스템을 설계하는 방법을 배우게 될 것이다. 이 장에서는 적절한 플랫폼을 선택하는 것부터 튼튼한 안전 대책을 마련하는 것까지 실용적인 로드맵을 제공한다. 에이전트 목표와 지침을 정의해 통제력을 유지하고, API·대체 시스템·서킷 브레이커circuit breaker(오류가 반복되면 시스템 보호를 위해 일시적으로 요청을 차단하는 메커니즘-옮긴이)를 통합하고, 즉시 적용할 수 있는 실용적이고 반복 가능한 프로세스를 따라 에이전트의 잠재력을 실제 비즈니스 성과로 전환하는 방법을 익힐 것이다.

9장 '아이디어에서 수익으로'에서는 새로운 비즈니스 모델이 빠르게 등장하고 있는 AI 에이전트 기반 창업의 최전선으로 여러분을 안내한다. 이를 통해 기업가들이 어떻게 의료, 금융, 물류 등의 산업에 특화된 AI 에이전트를 개발해 수익을 창출하고 있는지, 또 어떻게 이들처럼 할 수 있는지를 알 수 있을 것이다. 이 장에서는 고부가가치의 에이전트 비즈니스 기회를 발견해 이를 수익성 있는 사업으로 전환하기 위한 검증된 프레임워크를 제공한다. 또한, AI 에이전트가 자율적으로 거래, 협상, 협업하는 '에이전트 대 에이전트 경제'의 부상에 대해서도 살펴본다. 마지막으로, 뉴스레터 에이전트 출시 후 단 한 달 만에 구독자 30만 명을 확보한 우리의 경험을 통해 AI 기반 비즈니스 모델의 힘을 확인할 수 있을 것이다.

4부는 AI 에이전트 시대의 대규모 비즈니스 혁신을 위한 전략적 가이드 역할을 한다. 이 가이드는 기술적 고려 사항을 훨씬 넘어서는 포괄적인 내용을 담고 있다. 성공적인 조직 변화의 핵심 요소인 전략적 설계, 탄탄한 관리 체계, 변화 관리, 가치 창출에 대해 심층적으로 살펴본다.

10장에서는 AI 에이전트 도입의 성패를 좌우할 수 있는 숨겨진 인간 역학을 탐구한다. 이 장은 단지 기술에 관한 것이 아니라 사람에 관한 것이다. 여러분은 직원들의 두려움을 설렘으로 바꾸고, AI와의 협업 속에서 인간의 역량을 강화하는 업무를 설계하고, 잠재적 저항을 열정적인 협업으로 전환하는 변화 관리 전략을 세우는 방법을 배우게 될 것이다. 실제 사례와 실용적 프레임워크를 통해 우리는 어떻게 신뢰를 구축하고, 새로운 능력을 개발하며, 인간과 AI 에이전트가 원활하게 협력하는 업무 환경을 조성해 잠재적 혼란을 성장과 혁신을 위한 강력한 기회로 전환할지를 보여줄 것이다.

11장 'AI 에이전트 확장: 비전에서 현실로'에서는 오늘날 조직이 직면한 가장 시급한 과제 중 하나인 성공적인 시범 프로젝트에서 전면적인 도입으로 나아가는 방법을 다룬다. 우리는 실제 사례 연구와 실용적인 프레임워크를 통해 왜 소수의 기업만이 AI 에이전트 확장에 성공할 수 있었는지, 무엇보다 어떻게 하면 여러분의 조직이 그 성공하는 기업 중 하나가 될 수 있는지 보여줄 것이다. 이어 존슨 콘트롤스 인터내셔널이 단순한 자동화에서 정교한 AI 에이전트로 나아갔던 여정의 이면을 보여주고, 그 과정에서 얻은 중요한 교훈을 공개한다. 여러분은 데이터 통합에서 변화 관리에 이르기까지 확장 과정에서 흔히 마주치는 문제들을 극복하기 위한 전략을 배우고, AI 혁신을 위한 탄탄한 기반을 어떻게 마련할 수 있을지도 배우게 될 것이다.

12장 '사례 연구 및 산업별 에이전트 사용 사례'에서는 현재 진행 중인 가장 흥미로운 AI 에이전트 구현 사례들을 심층적으로 살펴본다. 이 장에서는 획기적인 펫츠 앳 홈 사례와 산업 전반에 걸친 다양한 활용 사례를 통해 AI 에이전트 혁신을 이론에서 실제 현실로 끌어낸다. 여러분은 조직이 어떻게 현실적 문제를 해결하고, 고객 경험을 개선하고, 업무를 재구상하는지 확인할 수 있을 것이다. 동물 의료 서비스부터 소매업, 사기 탐지부터 맞춤형 고객 서비스까지 이러한 사례 연구는 단순히 정보를 제공하는 데 그치지 않고, 여러분이 조직에서 AI 에이전트의 변혁적 잠재력을 볼 수 있도록 영감을 줄 것이다.

5부에서는 AI 에이전트의 즉각적인 도입을 넘어 AI 에이전트가 미래의 일과 사회에 미치는 심오한 영향을 탐구한다. 13~14장은 AI 에이전트가 점점 더 정교해지고 보편화함에 따라 우리가 마주하게 될 도전과 기회를 생생하게 그려낸다.

13장 '새로운 일의 세계'에서는 인간의 능력과 AI 에이전트 간의 새로운 시너지를 탐구하는 한편, 이 기술 혁명의 전례 없는 본질에 대해서도 살펴본다. AI와 인간의 협업을 조율하는 수석 프로젝트 매니저인 타라와 AI 에이전트가 자신처럼 생각하는 법을 배우는 과정을 지켜본 베테랑 프로젝트 매니저인 데비의 이야기를 통해, **미래의 세 가지 역량**이 어떻게 직업적 성공을 재편하고 있는지를 확인할 수 있을 것이다. 이 장은 대체 불가능한 '**휴믹스**Humics(Human+Mechanics, AI가 따라 할 수 없는 인간 고유의 능력-옮긴이)' 역량 개발부터 더 복잡한 능력이 요구되지만 정작 그 능력을 개발할 시간은 줄어드는 '**적응 역설**adaptation paradox'까지, 이러한 변화가 가져올 가능성과 어려움을 모두 조명한다. 여러분은 이 새로운 시대에 성공하기 위한 실질적인 전략을 얻는 동시에, 기술 변화에 대한 기존의 접근 방식이 더는 충분하지 않은 이유를 이해하게 될 것이다.

14장 '에이전트 시대의 사회'에서는 AI 에이전트가 인간 사회에 미치는 광범위한 영향을 살펴본다. 일 자체의 미래에 대한 과감한 질문을 던지고, AI 에이전트가 어떻게 우리를 일상적인 일에서 해방시켜 보다 의미 있는 활동을 하게 할 수 있을지 알아본다. 경험적 연구와 실제 사례를 통해 보편적 기본 소득universal basic income, UBI과 같은 개념과 근로시간 단축의 가능성을 살펴본다. 이 장은 에이전틱 AI를 관리하기 위한 실용적인 프레임워크로 마무리되는데, 이 프레임워크는 이러한 강력한 기술이 사회에 최대한의 혜택을 제공하면서도 여전히 인간의 의미 있는 통제하에 있도록 한다.

이외에 참고할 수 있는 온라인 자료들

이 책은 에이전틱 지능을 향한 여정의 시작점에 불과하다. **AgenticIntelligence.academy**에서 실무자, 전문가들과 소통하며 배움을 확장해보길 바란다. 에이전틱 AI 분야에서 최고의 자리에 오르는 데 도움이 될 귀중한 자료, 심층적 내용, 실용적인 도구들, 협업과 성장을 위한 포럼을 확인할 수 있을 것이다.

www.AgenticIntelligence.academy에서 이 여정을 함께하자.

AI 에이전트 이해를 위한 핵심 용어

AI 에이전트의 세계를 효과적으로 둘러보려면 몇 가지 기본 개념을 이해하는 것이 중요하다. 이러한 용어는 책 전반에 걸쳐 계속해서 등장하므로 명확하게 정의하는 것이 필수적이다.

작업 워크플로우

작업 워크플로우workflow of tasks란 목표를 달성하기 위해 수행해야 하는 일련의 구조화된 작업 절차를 말한다. 어떤 일을 완수하기 위한 로드맵이라고 생각하면 되는데, 여기서 각 단계는 이전 단계의 성공적인 완료 여부에 달려 있다. 커피 한 잔을 만드는 과정을 예로 들어보자. 먼저, 주전자에 물을 채우고 끓인다. 다음으로, 머그잔에 커피를 넣고, 뜨거운 물을 부은 후, 저어준다. 마지막으로, 필요하다면 우유나 설탕을 넣고 커피를 즐긴다. 비즈니스 프로세스는 일반적으로 여러 워크플로우의 조합으로 구성된다. 주문에서 대금 수령까지order-to-cash 혹은 구매에서 대금 지급까지procure-to-pay와 같은 대규모 프로세스는 수백 개의 워크플로우로 구성되기도 한다.

API

API Application Programming Interfaces(애플리케이션 프로그래밍 인터페이스)는 서로 다른 소프트웨어 시스템이 서로 통신할 수 있게 하는 다리 역할을 한다. API를 레스토랑의 웨이터로 생각해보라. 손님이 주문(요청)을 하면, 웨이터는 이를 주방(다른 시스템)으로 전달한 다음, 이후 음식(응답)을 손님에게 전달한다. API는 AI 에이전트에 필수적이다. 데이터베이스 접근, 실시간 정보 검색, 클라우드 서비스 연결 등 AI 에이전트가 사용하는 도구와의 원활한 통합을 가능하게 하기 때문이다. 대부분의 경우 API가 없으면 AI 에이전트는 고립되어 도구들과 상호작용할 수 없다.

결정론적 시스템과 확률론적 시스템

AI 시스템은 입력을 처리하고 출력을 생성하는 방식에 따라 결정론적 시스템과 확률론적 시스템으로 분류할 수 있다.

결정론적(오늘날의 LLM, LRM에 있어서 결정론적이란 의미는 '규칙 기반처럼 항상 동일 출력'보다는 '논리적 제약·검증을 강화해 일관된 결론 지향'함을 뜻한다-감수자) **시스템** deterministic systems은 특정한 입력에 대해 항상 동일한 출력을 생성한다. 엄격한 규칙과 논리를 따르기 때문에 예측할 수 있고 반복되는 결과를 제공한다. '2 + 2'를 입력하면 항상 '4'가 나오는 기본적인 계산기를 생각해보라. 이러한 시스템은 재무 관련 계산이나 규정 준수 확인과 같이 정확도와 일관성이 중요한 작업에 이상적이다. 결정론적 시스템은 초기 AI 시절 '전문가 시스템'에 주로 적용되었는데, 오늘날에도 로봇 프로세스 자동화 시스템, 병원의 임상 의사결정 지원 시스템, 그리고 의외로 다른 많은 환경에서 여전히 사용되고 있다.

한편 **확률론적 시스템**probabilistic systems은 정해진 규칙보다는 가능성에 기반해 작동한다. 패턴과 데이터를 분석하여 예측하기 때문에 그 결과는 확률에 따라 조금씩 달라질 수 있다. 대규모 언어 모델과 추천 시스템을 포함한 대부분의 AI 모델이 이 범주에 속한다.[10] 이러한 시스템은 정해진 답을 내놓기보다는 통계적으로 가장 가능성이 큰 결과를 바탕으로 응답을 생성한다. 예를 들어 챗봇은 문장에서 다음 단어를 예측할 때 정해진 규칙을 따르기보다 다음에 올 확률이 가장 큰 단어를 선택한다.

AGENTIC AI

AI 에이전트의 등장

1부

1장

챗GPT를 넘어:
AI의 다음 진화

'들어가며'에서는 현재 AI 접근 방식의 중요한 한계, 즉 생각은 할 수 있지만 행동은 하지 못하는 뛰어난 시스템들을 조명했다. 이제 우리가 어떻게 이 중대한 순간까지 오게 되었는지 살펴볼 차례다. 이 장에서는 AI 에이전트를 가능하게 한 기술적 진화 과정(두 개의 강력한 흐름이 결합해 각각 단독으로는 이루기 힘든 더 혁신적인 시스템을 탄생시킨 과정)을 따라가 본다. 이 역사를 이해하는 것은 단순히 학문적인 차원을 넘어 에이전틱 AI로의 전환이 왜 그토록 중요한 기회를 의미하는지 알게 해준다.

에이전틱 AI의 탄생: 힘의 융합

여러 비즈니스 리더들이 모인 회의실에 있다고 상상해보자. 누군가는 어김없이 우리가 수백 번은 들어온 그 질문을 던질 것이다. "AI가 그렇게 똑똑하다면, 왜 해야 할 일을 알아서 하지 못하는 겁니까?"

이 질문은 오늘날의 AI 풍경에서 무엇이 빠졌는지에 대한 핵심을 찌른다. 이러한 역량이 그동안 왜 그렇게 확보되기 어려웠는지, 그리고 마침내 가능해지고 있다는 것을 이해하려면, 서로 다른 기술이 어떻게 융합되어 완전히 새로운 에이전틱 AI란 것을 만들어냈는지 살펴볼 필요가 있다.

에이전틱 AI는 한 가지 혁신의 결과물이 아니다. 음성 비서부터 자율주행 기술, AI 기반 API에 이르기까지 여러 기술의 진보가 함께 만들어낸 결과물이다. 그러나 에이전틱 AI를 현실로 만드는 데 가장 중요한 두 가지 기술 흐름은 다음과 같다.

- 대규모 언어 모델의 부상

- 지금은 지능형 자동화로 알려진 워크플로우 자동화의 발전

두 기술 이야기

에이전틱 AI의 이야기는 단순히 시간의 흐름에 따라 진행되지 않는다. 그보다 이는 수 마일을 따로 흐르던 두 강이 마침내 만나 각각 단독으로는 이루기 힘든 보다 강력한 무언가를 형성하는 이야기에 가깝다.

이러한 융합이 왜 중요한지를 보여주는 사례부터 시작해보자. 2022년 우리는 고객 서비스 효율성 문제로 고심하는 한 글로벌 제조 회사와 함께 일했다. 이 회사는 이미 놀라운 정확도로 고객 문의를 이해하고 응답할 수 있는 대규모 언어 모델 기반의 고급 챗봇을 활용하고 있었다. 또한 백엔드 시스템에서 일련의 복잡한 작업을 수행할 수 있는 로봇 프로세스 자동화RPA 기술도 도입한 상황이었다. 하지만 무언가가 빠져 있었다. 바로 이해와 실행을 이어주는 다리였다.

고객 서비스 담당자는 여전히 인간 가교 구실을 하면서 챗봇의 추천을 받아 적절한 자동화 워크플로우를 수동으로 실행해야 했다. 이는 이러한 기술들이 직접 연동될 수 있다면 어떤 일이 가능할지 엿보게 해주었고, 그 융합이 왜 혁신적인 변화를 가져올 수 있는지를 깨닫게 해주었다.

첫 번째 흐름: 대규모 언어 모델로 가는 길

오늘날의 언어 모델로 이어진 AI의 여정은 1997년에 시작되었고, 우리는 그 순간을 목격했다. IBM의 딥 블루Deep Blue가 체스 챔피언 개리 카스파로프Garry Kasparov를 물리치는 순간, 전 세계는 놀라움을 금치 못했다. 우리는 당시의 헤드라인을 기억한다. "기계가 인간을 이기다!" 하지만 많은 사람이 간과한 것이 있다. 딥 블루는 천재보다 서번트(전반적으로 지적 능력이 떨어지지만, 특정 분야에 대해서만 비범한 능력을 보이는 사람-옮긴이)에 더 가까웠다. 체스는 기가 막히게 두었지만, 자신이 둔 수도 제대로 설명할 수 없었다. 다른 게임인 체커스checkers를 해보라고 하면 물고기에게 자전거 타는 법을 가르치는 게 더 나아 보일 정도였다.

이러한 한계는 우리를 포함해 이 분야의 많은 전문가를 괴롭혔다. 우리는 분명히 지능형 시스템을 만드는 더 나은 방법이 있을 거라고 생각했다. 그 돌파구는 예상치 못한 방향, 바로 신경망에서 나타났다. 간단한 비유를 들어 이 신경망을 설명해보겠다. 아이에게 동물에 관해 가르친다고 생각해보라. 우리는 먼저 아이에게 털, 꼬리, 다리 수에 관한 규칙서를 주진 않는다. 대신 예시를 보여준다. "이건 개야. 이건 고양이고, 이건 새야." 아이의 뇌는 자연스럽게 패턴을 인식하고 일반화하는 법을 배우게 된다.

신경망 혁명

신경망의 매력은 인간과 비슷한 방식으로 학습한다는 것이다. 하지만 그 잠재력을 최대한 발휘하기 위해서는 세 가지 요소가 필요했다.

방대한 데이터(수백만 개의 예시를 생각해보라), 강력한 컴퓨팅 파워(수천 대의 고성능 컴퓨터가 함께 작동하는 것을 상상해보라), 정교한 아키텍처(이 인공 뇌세포들을 구성하는 기발한 방식들을 생각해보라)가 그것이다.

2010년대에 이러한 요소들이 마침내 결합했을 때 AI 커뮤니티가 얼마나 흥분에 휩싸였는지가 기억난다. 마치 라이트 형제의 첫 비행을 보는 것 같았다. 갑자기 불가능해 보였던 일이 현실이 되었으니 말이다. 시스템은 이미지를 인식하고, 음성을 이해하고, 전례 없는 정확도로 언어를 처리할 수 있었다.

언어 모델의 등장

하지만 진정한 마법은 언어 처리에서 일어났다. 언어 AI의 옛 시절을 떠올려보면, 그때의 학습은 마치 컴퓨터에게 사전과 문법책을 주고 셰익스피어를 이해시키려 하는 것과 같았다. 결과는 예상대로 부자연스럽고 어색했다.

그러다 2017년, 모든 것을 바꾼 돌파구, 트랜스포머 아키텍처가 나타났다. AI에 단어를 찾아보는 능력뿐만 아니라 맥락을 이해하고, 의미를 파악하고, 생각들이 어떻게 연결되는지 이해하는 능력까지 부여한다고 상상해보라. 그것은 소형 계산기에서 수학자의 뇌로 업그레이드하는 것과 같다.

이 시기에 발견한 규모의 법칙scaling law은 지금도 우리를 놀라게 한다. 모델의 규모가 더 커지고 더 많은 데이터로 훈련되자, 마법 같은 일이 일어났다. 심어놓지도 않은 능력이 저절로 생겨난 것이다. 마치 빨리 감기로 진화가 일어나는 모습을 보는 것 같았다. 2020년에 출시된

GPT-3는 우리를 충격에 빠뜨렸다. 이 시스템은 코드를 작성하고, 수학 문제를 풀고, 심지어 철학적 토론까지 할 수 있었는데, 이는 분명히 훈련받은 적이 없는 일이었다.

2022년에 챗GPT가 출시되었을 때는 마치 수십 년 동안 오르고 있던 산의 정상에 당도한 기분이었다. 마침내 진정한 대화를 나누고, 문제를 추론하고, 인간이 이해할 수 있는 방식으로 자기 생각을 설명할 수 있는 AI가 등장한 것이다. 하지만 여전히 한 가지 중요한 한계가 있었다. 그것은 행동을 제안만 할 뿐, 직접 그 행동을 할 순 없었다.

두 번째 흐름: 자동화의 진화

AI 세계에서 이 모든 일이 벌어지는 동안 자동화 부문에서는 또 다른 혁명이 조용히 전개되고 있었다. 우리는 이 진화를, 단순한 화면 스크래핑screen-scraping(웹사이트 화면을 읽어 필요한 데이터를 추출하는 기술-옮긴이) 도구가 정교한 디지털 작업자로 변화하는 과정을 바로 앞에서 목격했다.

로봇 프로세스 자동화의 등장

2000년대 초, 대부분의 업무는 여전히 수작업으로 진행되거나 서로 연동되지 않는 분리된 IT 시스템에 의존하고 있었다. 미래지향적인 팀들은 스크립트와 매크로를 사용해 반복적인 컴퓨터 작업을 자동화하기 시작했다(예: 매일 밤 엑셀 파일에 있는 데이터를 메인프레임 애플리케이션으로 복사하는 매크로).

2010년대 초, 우리는 로봇 프로세스 자동화RPA의 탄생에 적극적으로 참여했다. RPA는 쉽게 말해 사람이 컴퓨터로 하는 동작, 즉 클릭, 입력, 복사해서 붙이기, 화면 읽기 등을 모방하는 소프트웨어 도구로 생각하면 된다. 간단해 보이지만, 이는 혁신적이었다. 처음으로 컴퓨터는 인간이 사용하는 것과 같은 도구와 인터페이스를 활용해 인간과 함께 일할 수 있게 되었다.

기본적으로 RPA '로봇'은 사람처럼 시스템에 로그인하고, 데이터를 검색하고, 계산을 수행하고, 어딘가에 결과를 입력하는 일련의 단계를 따르도록 설계된 소프트웨어지만, 더 빠르고, 지치지도 않는다. RPA는 쉽게 자동화할 수 있는 작업, 그러니까 사무직 근로자들이 반복적으로 수행하는 지루하고 규칙적인 업무를 공략하면서 인기를 얻게 되었다.

기업들은 RPA를 적극적으로 도입해 오류를 줄이고 직원들이 힘들고 단조로운 일에서 벗어날 수 있게 해주었다. 예를 들면 은행, 보험사, 병원들이 RPA 봇을 도입해 데이터 입력, 송장 처리, 보고서 생성, 데이터베이스 업데이트 등의 업무를 처리했다. 우리의 보험 고객사 중 한 곳은 RPA를 사용해 자동으로 이메일에 있는 보험 계약 데이터를 그들의 기존 시스템으로 전송했다. 결과적으로 전에는 많은 사람이 종일 매달려야 했던 일이 몇 분 만에 안정적으로 처리되었다.

그러나 이러한 초기 RPA 솔루션에는 한계가 있었다. RPA 로봇은 화면이 하나라도 바뀌거나 예외(예: 필드 누락)가 발생하면 혼란에 빠지는 취약성을 드러냈다. 이들은 지능이나 판단력이 없었고, 스크립트를 철저하게 따랐다. 우리는 자주 개입해 봇을 업데이트하거나 예외 사례를 수동으로 처리해야 했다. 기본적으로 RPA는 프로세스 중심의 자동화로, 명확한 규칙이 있는 구조화된 작업에는 적합했지만 상황이 표준을 벗어날 때는 적응하지 못했다.

지능형 자동화로의 진화

다음 단계는 훨씬 더 흥미로웠다. RPA와 머신러닝을 결합한 것이었는데, 우리는 이를 지능형 자동화intelligent automation 또는 초자동화hyperautomation라 명명했다. 경쟁력을 유지하기 위해 RPA 도구는 보다 복잡하고 구조화되지 않은 작업을 처리할 수 있도록 AI 기능을 추가하기 시작했다. 이런 것이다. RPA는 작업 처리에는 뛰어났지만 사고 능력은 없었다. 그래서 기업들은 정보를 해석하고 간단한 결정을 내릴 수 있는 자동화를 실현하기 위해 머신러닝, 자연어 처리natural language processing, NLP, 컴퓨터 비전과 같은 AI 기술로 RPA를 보강하기 시작했다.

실질적으로 이는 자동화된 워크플로우가 예를 들면 (NLP를 이용해) 고객의 이메일을 읽고, (AI 분류기를 이용해) 요청 내용이 무엇인지 판단한 다음, 이를 처리하기 위해 적절한 RPA 프로세스를 실행할 수 있음을 의미했다. 이제 자동화는 더 이상 맹목적이고 경직된 상태에 있지 않았고, 어느 정도는 상황을 인식하게 되었다.

자동화가 더욱 발전함에 따라, 우리는 단일 작업을 넘어 전체 프로세스 자동화를 목표로 하기 시작했다. 목표는 단순히 각 단계를 개별적으로 자동화하는 것이 아니라, 처음부터 끝까지 전체 업무 프로세스를 자동화하는 것이었다.

이를테면 우리는 한 소매 기업이 주문에서 대금 수령까지(온라인 주문 접수부터 재고 확인, 결제 처리, 배송 일정 조정, 재무 기록 업데이트까지)의 프로세스를 자동화하는 데 도움을 주었다. 여러 RPA 로봇, 인터페이스, AI 모델이 함께 작동하여 마치 조립 라인에서처럼 작업을 전달했고, 인간은 모니터링을 하거나 예외 사항만 처리했다. 제대로 구현되면, 전체 프로세스는 자동으로 돌아간다.

2020년대 초에 이르자 많은 기업이 일상적인 프로세스에서 높은 수준의 자동화를 이루었다. 우리가 **자동화 정체기**automation plateau라 부르는 이 시기를 보면, 대부분의 단순한 작업은 이미 자동화되었지만, 사람의 개입이 필요한 **결정 지점**이나 **예측 불가능한 상황**들이 걸림돌로 남아 있었다. 전통적인 자동화는 여기서 더 이상 나아갈 수 없었다. 잘 정의된 규칙만으로는 안 되는 상황에 필요한 적응력과 고차원적인 추론 능력이 없었기 때문이다.

이제 우리는 이 강력한 두 흐름이 하나로 합쳐지는 순간에 도달했다. 꼭 두 개의 퍼즐 조각이 마침내 맞물리는 것을 보는 것 같다. 언어 모델은 뇌(이해하고, 추론하고, 계획하는 능력)를 제공하고, 자동화 기술은 손(현실 세계에서 행동에 옮기는 능력)을 제공한다. 이 두 가지가 결합될 때 우리는 에이전틱 AI(본질적으로 **지능형 디지털 직원**intelligent digital worker)를 만나게 된다.

다시 말해, 이 조합이 바로 에이전틱 AI를 가능하게 하며, 우리는 이 혁신에 함께하게 된 것을 매우 기쁘게 생각한다. 우리는 AI 시스템이 수동적인 도구에서 해야 할 일을 이해하고 실제로 할 수 있는 능동적인 파트너로 진화하는 모습을 보고 있다.

최초의 LLM 기반 AI 에이전트의 탄생

지난 몇 년간 AI 연구와 개발은 AI 에이전트의 능력을 빠르게 향상시켜 왔다. GPT-3나 GPT-4와 같은 LLM은 초기에는 정교한 텍스트 예측 엔진으로 기능했지만, 이제는 작업을 계획하고 도구를 사용할 수 있는 능력까지 갖추게 되었다. 즉 단순히 문장을 완성하는 데 그치지 않고, 질문에 답하거나 작업을 완료하기 위해 웹 검색을 하거나 계산을 수행하고, API를 호출하거나 다른 소프트웨어를 실행할 수 있게 되었다.

최초의 LLM 기반 AI 에이전트 프레임워크 중 하나는 2022년에 발표된 MRKLModular Reasoning, Knowledge, and Language(모듈화된 추론, 지식 및 언어)이다.[1] 이 프레임워크는 LLM이 '검색' 또는 '조회'와 같이 미리 정의된 도구와 상호작용하여 정보를 검색하고 질문에 답하는 모듈화된 추론에 중점을 두었다. 이 프레임워크는 추론과 행동을 분리하여 개별적인 추론 작업은 외부 모듈에 의존했다.

그 후 이 분야는 리액트ReAct(ReAct는 Reason+Act가 결합한 프롬프트·에이전트 기법으로, 웹 프레임워크에서 말하는 React와 그 의미가 다르다-감수자)가 등장하면서 빠르게 발전했다.[2] 리액트는 AI가 추론과 행동을 혼합해 수행할 수 있게 함으로써 이 개념을 한층 더 발전시켰다. 모델은 사고 과정(추론 흐름)을 생성한 뒤 데이터베이스에 요청을 보내거나 API를 사용하는 등의 행동을 취할 수 있었고, 이후 새로 얻은 정보를 바탕으로 추론을 계속했다. 이 추론과 행동 간의 시너지는 AI가 그때그때 계획을 조정하고 더 복잡한 작업을 처리하는 데 도움이 되었다. 실험에서 리액트는 AI가 답변하기 전에 (예를 들면 위키피디아 API를 통해) 출처를 확인하도록 하여 잘못된 사실을 지어내는 경향을 크게 줄였다. 또한 AI의 의사결정 과정을 더욱 투명하고 해석 가능하게 만들어 사람들이 AI의 추론을 단계별로 따라갈 수 있게 했다.[3]

툴포머Toolformer(2023)는 계산기, 웹 검색, 번역기와 같은 외부 도구를 사용하는 법을 스스로 학습하는 획기적인 AI 모델이었다. 이 모델은 정적 학습 데이터에 의존하는 탓에 산술과 실시간 사실 확인에 어려움이 있던 대규모 언어 모델의 주요 약점을 해결했다. 툴포머는 외부 도구를 언제 어떻게 호출할지 결정함으로써 계산과 질문에 대한 답변의 정확도를 향상시켰다.[4]

이러한 발전들은 여러 단계의 작업을 처리할 수 있는 뛰어난 성능의 AI 에이전트가 탄생하는 계기가 되었다. 예를 들면 기술 애호가들 사이에서 인기를 얻은 오토GPT[5]나 베이비AGI[6]와 같은 실험적인 시스템에 대해 들어봤을지도 모르겠다. 본질적으로 이러한 시스템은 LLM을 감싸는 래퍼 에이전트wrapper agent로, 자율적으로 목표를 달성하도록 설계되었다. 즉 사용자로부터 전반적인 목표를 받아 하위 작업을 생성한 후, 실행(도구에 명령을 내리거나, 심지어 코드를 작성하고 실행하는 식)하고, 결과를 확인하며, 목표를 달성할 때까지 이를 반복한다. 이러한 시스템들은 첨단 기술 기반의 실험 단계에 있으며, 때로 혼란에 빠지거나 멈추는 등 불안정해질 수 있지만, 에이전틱 AI의 방향성을 잘 보여준다.

동시에 랭체인LangChain,[7] 시맨틱 커널Semantic Kernel[8]과 같은 프레임워크가 등장해 이러한 능력을 강화하면서 LLM은 외부 API, 데이터베이스, 그리고 다른 시스템과 더 쉽게 상호작용할 수 있게 되었다. 어느 순간 에이전트는 고립된 상태가 아니라, 디지털 세계와 연결되어 워크플로우 자동화, 정보 검색, 애플리케이션 제어와 같은 작업을 수행하게 되었다.

LLM의 함수 호출 기능은 이러한 발전을 더욱 심화시켰다.[9] 덕분에 에이전트는 추론 과정의 일부로 특정 함수나 스크립트를 실행해 외부 시스템과 정밀하게 상호작용할 수 있게 되었다. 이 혁신은 에이전트가 계획하고 생각할 수 있을 뿐만 아니라, 목표 지향적이고 효율적인 방식으로 **행동**할 수 있게 되었음을 의미했다.

연구는 이러한 진화를 확증해주었다. 「고릴라Gorilla」[10]와 같은 논문들은 모델들이 도구를 효과적으로 사용하는 방법을 학습할 수 있다는 것을 보여주었고, 마이크로소프트,[11] 스탠퍼드,[12] 텐센트Tencent[13]의 연구는 여러 에이전트가 함께 작업할 때 훨씬 더 큰 성과를 거둔다는 것을 보여주었다.

2023년 즈음에는 오토젠,[14] 구글 클라우드 버텍스 AI,[15] 크루AI[16]처럼 기업이 사용할 수 있는 플랫폼이 등장하면서 이러한 개념들이 주류가 되었고, LLM 기반 에이전트가 번영할 수 있는 환경이 조성되었다. 자동화 기능을 통합함으로써 LLM은 단순한 텍스트 처리기에서 작업 수행 방식, 의사결정 방식, 기술이 세상과 상호작용하는 방식을 재편할 수 있는 시스템의 근간으로 변모했다.

급성장하는 풍경: 오늘날의 AI 에이전트 시장

시장 전망에 따르면, 이 시장은 2030년까지 연간 44%의 놀라운 성장률을 기록할 것으로 예상된다.[17] 에이전틱 AI 시장이 뜨는 것을 보니 기쁘다. 이것이 우리의 오랜 믿음, 즉 AI 에이전트가 지나가는 유행이 아니라, 기업과 개인의 운영 방식을 이끌어갈 미래라는 것을 확인시켜 주기 때문이다.

2028년까지 기업용 소프트웨어 애플리케이션 중 3분의 1에 에이전틱 AI가 통합될 것이라는 가트너의 전망은 자동화, 의사결정, 생산성에 대한 기업의 접근 방식에 근본적인 변화가 일고 있음을 시사한다.[18] 하지만 가장 기대되는 것은 AI 에이전트가 전 세계 서비스 시장과 소프트웨어 시장을 합쳐 10조 달러 규모의 시장을 공략할 수 있다는 세쿼이어캐피탈Sequoia Capital의 전망이다.[19]

에이전틱 AI 시장은 새롭고 폭발적이며 경쟁이 치열하다.[20] 이미 수백 개의 업체가 에이전트 플랫폼을 제공하고 있으며, 스타트업과 대기업 모두가 산업 전반에 걸쳐 AI 에이전트 개발 경쟁을 벌이고 있다.[21]

이 시장은 여러 방면으로 빠르게 진화하고 있어 그 흐름을 쫓아가기가 어려울 수 있다. 이에 대한 이해를 돕기 위해 에이전틱 AI 시장을 세 가지 주요 범주로 나누어보겠다.

- 첫 번째는 전문가와 조직이 자체 에이전트를 구축할 수 있도록 돕는 **맞춤형 플랫폼**이다. 산업 전반과 다양한 업무 영역에서 사용될 수 있는 이러한 플랫폼은 빔Beam,[22] 렐러번스.ai[23]와 같은 노코드no-code 솔루션부터 유아이패스[24]와 마이크

로소프트의 에이전트 빌더,[25] 크루.ai,[26] 서비스나우ServiceNow[27]와 같은 로우코드 플랫폼, 랭체인,[28] 오토젠[29]과 같은 완전한 프로그래밍 프레임워크까지 다양하다. 이러한 도구들을 통해 기업은 특정 요구 사항과 프로세스에 맞는 에이전트를 만들 수 있다.

- 두 번째는 오픈AI의 오퍼레이터,[30] 앤트로픽Anthropic의 컴퓨터 유즈Computer Use,[31] 구글의 프로젝트 마리너Project Mariner[32]와 같은 **범용 에이전트**generalist agent이다. 이들은 보다 다재다능한 에이전트로, 광범위한 작업을 처리하고 다양한 상황에 적응할 수 있다. 복잡한 통합 없이 여러 시스템을 원활하게 탐색하고, 복잡한 목표를 이해하며, 화면을 통해 직접 작업을 수행하는 지능형 디지털 비서로 생각하면 된다. 우리가 보기에 에이전틱 AI의 '챗GPT급 전환점'은 이 범용 에이전트들의 진화에서 비롯될 것이다. 이들이 소비자와 기업 모두에게 널리 이용되면서 말이다.

- 세 번째는 구글이나 오픈AI의 딥 리서치Deep Research(연구 특화), 에이전트포스 Agentforce(영업 및 고객 관계 특화),[33] 히포크라틱 AIHippocratic AI(의료 특화)[34]와 같은 **전문 에이전트**이다. 이러한 에이전트 중 일부는 산업 전반에 적용되는 특정 기능에 특화되어 있고(수평적 에이전트), 일부는 특정 산업의 특정 요구 사항에 맞춰져 있다(수직적 에이전트).[35] 이들 대부분은 법률 문서 분석, 마케팅 캠페인 최적화, 공증 업무 등 특정 작업에 중점을 둔 즉시 사용 가능한 에이전트이다. agent.ai[36]와 같은 마켓플레이스에서 수백 개의 전문 에이전트를 찾아볼 수 있으며, 각 에이전트는 특정 기능에 탁월하도록 설계되었다.

부록에 2장에서 소개되는 5단계 발전 프레임워크를 기준으로 현재 시중에 나와 있는 제품들에 관한 내용을 상세히 분석해두었다.

아울러 우리는 이 시장을 탐색하는 일이 어려울 수 있다는 것을 잘 알고 있다. 특히 에이전틱 AI를 시작하기에 적절한 플랫폼을 고르는 일은 더욱 그럴 수 있다. 그래서 8장에서는 에이전트 구축 과정을 안내할 뿐만 아니라, 고객의 필요와 목표에 맞는 최적의 플랫폼을 선택할 수 있도록 지원한다.

기업과 비즈니스를 위한 에이전틱 AI

지금 우리가 논하고 있는 AI 에이전트들은 인간을 위해 생각만 하는 것이 아니라 행동도 한다. 지난 몇 년 동안 우리는 이러한 AI 에이전트 중 일부의 개발과 도입을 지원해왔다. 에이전트와의 협업은 마치 새로운 유형의 동료와 함께 일하는 것 같은 기분을 느끼게 한다. 이제 이것이 실제로 의미하는 바를 살펴보자.

지능형 디지털 직원 소개

지능형 디지털 직원은 어떤 프로세스를 자율적으로 처리할 수 있는 가상의 직원과 같다. IT 지원 담당, 고객 서비스 담당, 마케팅 보조로서의 업무를 수행하기 위해 '고용'되지만, 코드로만 되어 있다. 이들이 이러한 일을 할 수 있는 것은 LLM의 인지 능력과 자동화 소프트웨어의 직접 실행 능력 덕분이다. LLM은 에이전트가 명령을 해석하고, 자연어로 대화하고, 합리적인 결정을 내릴 수 있게 한다. 자동화 소프트웨어는 버튼 클릭, 데이터 검색 및 입력, API 호출, 다른 소프트웨어 도구 연동 등의 작업을 실행할 수 있게 한다. 이 둘의 결합을 통해 AI 에이전트는 복잡한 작업을 **처음부터 끝까지** 스스로 할 수 있게 된다.

실제로 AI가 작동하는 방식은 다음과 같다. 먼저 AI 에이전트에게 "최근 출시된 제품의 고객 피드백에 대한 대응으로 소셜 미디어 콘텐츠를 업데이트해줘"와 같은 전반적인 목표를 준다고 가정해보자. 일단 언어 능력이 있는 에이전트는 요청을 이해한다(필요하다면 명확한 이해를 위해 사람처럼 설명을 요청할 수도 있다). 그리고 다음과 같이 목표를 실행 가능한 단계로 세분화한다. ① 소셜 미디어 및 리뷰에서 최근의 고객 피드백 수집, ② 의견 분석(긍정적 반응과 부정적 반응), ③ 우려 사항을 해소할 수 있는 답변이나 홍보 메시지 작성, ④ 답변 게시 또는 블로그 업데이트 예약, ⑤ 반응 모니터링.

기존 방식대로라면 이러한 단계를 진행하는 데 마케팅과 고객 지원팀 전체가 동원되었을지 모른다. 그러나 AI 에이전트는 이를 단독으로 처리할 수 있다. 즉 연동 인터페이스를 통해 트위터나 페이스북에서 데이터를 가져오고, NLP 기반 의견 분석 모델을 실행한 후, LLM으로 텍스트를 생성하고, 기업의 소셜 미디어 관리 도구와 연동해 업데이트 사항을 게시할 수 있다.

이 과정 내내 에이전트는 상황을 지속적으로 파악한다. 즉 전반적인 목표를 기억하고 예상 밖의 상황이 발생하면 조치를 취한다(예를 들어 특별히 비판적인 트윗을 발견하면 그 문제를 사람에게 알릴 수도 있다).

행동하는 AI 에이전트: 실제 혁신 사례

우리는 여러 산업에 걸쳐 직접 AI 에이전트를 구현해왔다. 이제 이 **지능형 디지털 직원**이 실제로 활용되는 몇 가지 사용 사례를 살펴보자.

가장 즉각적이고 눈에 띄는 사례 중 하나인 고객 서비스를 예로 들어보겠다. 딱딱하고 준비된 말만 하면서 사용자를 짜증 나게 하는 챗봇의 시대는 지났다. 오늘날의 AI 에이전트는 사용자와 완전한 대화를 나누고, 문제를 진단하며, 이를 해결하기 위한 **조치를 취한다.**[37] 우리는 한 통신사와 협업하여 일반적인 기술 지원 요청 전화를 처음부터 끝까지 처리할 수 있는 AI 기반 에이전트를 구축했다.

고객이 인터넷 문제로 전화를 걸면 이 에이전트는 고객의 말을 듣고, 텍스트로 변환한 뒤, 대규모 언어 모델을 이용해 문제를 파악한다. 그런 다음 원격으로 모뎀을 점검하고, 필요한 경우 고객에게 리셋 과정을 안내하며, 문제가 계속되면 서비스 접수를 하거나 기술자 방문 일정을 잡는 등 문제 해결에 나선다. 상담이 끝나갈 즈음이면 문제는 사람의 개입 없이 해결되거나 자연스럽게 사람에게 넘어간다. AI는 단순히 답변을 제공하는 데 그치지 않고, 고객 요청의 전 과정을 관리하며 필요한 조치를 취한다.

이제 이러한 수준의 지능이 재무 및 회계에 적용된다고 상상해보라. 우리는 한 글로벌 재무팀이 '디지털 분석 에이전트'를 도입해 매월 예산 편차 분석을 자동화할 수 있도록 도왔다. 인간 분석가가 며칠에 걸쳐 숫자와 씨름할 필요 없이, 이 AI 에이전트는 회계 시스템에서 데이터를 가져와 지출이 계획과 어긋난 지점을 파악했고, 자연어 모델을 사용해 설명까지 작성했다. 비정상적인 지출과 같은 이상 징후가 발견되는 경우에는 이를 사람이 검토할 수 있도록 표시했다.

시간이 흐르면서 AI는 피드백을 통한 학습으로 정상적인 변동과 진짜 위험 신호를 구별하는 능력을 향상시켰다. 한때 수작업으로 몇 시간씩 걸리던 작업은 이제 AI가 대부분 처리하고 사람은 필요할 때만 개입하는 효율적인 프로세스로 전환되었다. 결과적으로 재무 보고는 더 빠르고 정확해졌으며, 사람들은 반복적이고 지루한 수작업에서 벗어났다(마치 절대 잠들지 않으면서 끊임없이 숫자를 분석하고 그 결과를 준비하는 후배 분석가를 둔 듯했다).

다양한 산업 분야에 걸친 실제 사례 연구와 적용 사례는 12장에서 더 깊이 살펴본다. 이를 통해 조직이 어떻게 AI 에이전트를 활용해 복잡한 문제를 해결하고, 고객 경험을 개선하며, 미래의 업무를 재정의하는지 확인할 수 있을 것이다.

기업의 기회와 과제

에이전틱 AI의 부상은 기업의 리더와 의사결정권자들에게 기회이면서 과제이기도 하다. 기회 측면에서 보면, 그 이점들은 매우 매력적이다. 예를 들어 우리는 AI 에이전트에게 작업을 위임함으로써 엄청난 효율성 향상을 기대할 수 있다(단순하고 반복적인 일을 지칠 줄 모르는 디지털 직원에게 맡김으로써 직원 수를 두 배로 늘리지 않고도 노동력을 두 배로 늘리는 효과를 상상해보라). 또한 품질과 일관성 면에서도 개선이 예상된다.

적절히 훈련되고 관리되었을 때 AI 에이전트는 언제나 모범 사례를 따르며, 모든 작업에 규정 준수 확인 절차를 포함시켜 인적 오류의 위험을 줄일 수 있다. 아마도 가장 흥미로운 점은 에이전틱 AI가 이전에는 가능하지 않았던 새로운 능력을 열어줄 수 있다는 점일 것이다. 가령 우리는 스무 개의 AI 에이전트를 투입해 이들이 밤새 다양한 시장 시나리오를 시뮬레이션(인간으로 구성된 팀으로는 제시간에 수행할 수 없는 규모의 분석)하게 하고, 아침 무렵 전략적 제안을 받아볼 수도 있을 것이다. 또는 AI 컨시어지concierges를 통해 수천 명의 고객에게 진정으로 개인화된 서비스를 제공할 수도 있을 것이다.

고객 서비스나 의사결정 지원의 면에서 이는 고객이 더 빠른 응답을 받고 경영진이 의사결정에 필요한 더 깊이 있는 통찰을 얻을 수 있음을 의미한다. AI 에이전트는 협력자로서 인간과 함께 일한다. 각 직원에게 업무를 대신 맡아주거나 제안을 해줄 수 있는 AI 부조종사가 있다고 생각해보라. 이는 직원이 하루에 달성할 수 있는 성과를 눈에 띄게 끌어올릴 것이다.

과제 측면에서 보자면, 우리는 이 전환에 신중하게 접근해야 한다. AI 에이전트를 워크플로우에 통합하는 일은 신중한 변화 관리를 필요로 한다. 업무는 인간과 AI의 협업이 최적으로 이루어지도록 계획적으로 설계되어, 직원들이 새로운 AI 팀원을 신뢰하고 이해할 수 있도록 해야 한다. AI를 현장에 도입하는 과정에서 우리가 했던 일 중 하나는 에이전트가 의사결정을 내리는 방식을 명확히 설명(AI의 의사결정에 대한 설명이나 '감사 기록audit trail' 추가)해 사람들이 안심할 수 있게 하는 것이었다.

AI 에이전트를 구축하는 데는 개발 외에도 여러 기술적 과제가 따른다. 예를 들어 에이전트 신뢰성은 가장 큰 과제 중 하나로, 에이전트는 오류나 의도되지 않은 동작 없이 일관되게 예상대로 동작해야 한다. 정확한 목표와 지침을 정의하는 일 역시 복잡하며, 응답과 의사결정의 품질을 개선하기 위한 반복 작업이 지속적으로 필요하다.

원활한 통합 또한 핵심 요소이다. AI 에이전트는 진정한 효과를 발휘하려면 기존의 도구들, API, 워크플로우와 손쉽게 연결되어야 한다. 데이터 품질도 중요하다. 잘못된 데이터가 들어가면 잘못된 데이터가 나오기 마련인데, 이렇게 되면 에이전트는 신뢰성을 잃고 오류를 일으키기 쉬우며 정확한 판단을 내릴 수 없게 된다. 궁극적으로 성공적인 에이전트 도입은 단순히 에이전트를 구축한다고만 되는 것이 아니라, 에이전트가 실질적인 가치를 제공할 수 있도록 지속적으로 통합하고, 테스트하고, 개선하는 과정이 수반되어야 한다.

감독 문제도 있다. AI 에이전트는 가드레일과 윤리적 기준선이 필요하다. 이들은 강력하지만, 여전히 기업의 원칙과 가치, 그리고 규제 요건에 맞게 작동해야 한다. 인간과 AI의 협업은 특히 금융이나 의료처럼 위험 부담이 큰 분야에서는 인간이 결국 목표를 설정하고 중요한 결정을 검토할 수 있어야만 제대로 이루어질 수 있다.

다행히도 현재 AI 거버넌스governance(인공지능의 개발, 배포, 활용 전반에 걸쳐 윤리적이고 법적인 기준을 지키도록 관리하는 체계-옮긴이)를 위한 도구가 개선되고 있다. 그리고 우리가 늘 강조하는 것이 있는데, 특히 에이전틱 AI 도입의 초기 단계에서는 **인간의 개입**human-in-the-loop이 중요하다. AI 에이전트는 매우 유능한 신입사원이나 다름없다(여러분은 신입사원을 교육이나 감독 없이 제멋대로 설치게 놔두진 않을 것이다. AI도 마찬가지다).

앞으로 중요하게 기억해야 할 점은 에이전틱 AI가 인간을 전면적으로 대체하는 수단이 아니라 인간의 역량을 **증강**하는 존재라는 것이다. 궁극적인 모델은 AI와 인간이 함께 일할 때 만들어진다. AI가 고되고 반복적인 업무를 처리하는 동안 인간은 방향 설정과 창의성, 중요한 판단을 담당한다. AI를 성공적으로 도입한 한 고객은 팀원들이 AI 에이전트를 '팀의 일원'으로 부르기 시작했다고 우리에게 말해주었는데, 이러한 협력적 마음가짐은 실제로 최고의 결과를 끌어내는 데 도움이 된다.

지금 우리는 다음 신입 '직원'이 AI가 될지도 모르는 미래에 들어서고 있다. 이러한 미래를 받아들이고 책임감 있게 만들어가는 일은 향후 몇 년간 기업들의 핵심 과제가 될 것이다. 이 여정에 함께할 수 있다는 것은 무척 설레는 일이다.

이에 대해 더 자세히 알고 싶다면 AI 에이전트 시대에 비즈니스를 어떻게 변화시킬 수 있을지에 대해 전략적 방향을 제시하는 **이 책의 4부**를 참고해보라. 실제 적용 사례, 사례 연구, 그리고 성공적인 조직 변화를 위한 핵심 요소들(전략, 거버넌스, 변화 관리, 가치 창출 등)을 확인할 수 있을 것이다.

스타트업: AI 에이전트 시대의 진정한 승리자

전자상거래, 소셜 미디어, 서비스형 소프트웨어SaaS가 산업을 재편한 것처럼, AI 에이전트는 완전히 새로운 비즈니스 모델을 드러내며 기업가들이 신흥 시장에서 선두 주자가 될 기회를 만들어낼 것이다. 우리는 스타트업들이 AI 에이전트의 자동화에서 가장 큰 이득을 얻을 수 있을 것으로 예상하는데, 이는 수치로 증명된다.[38] 스타트업은 AI 에이전트를 활용하는 기업 중 가장 큰 비중을 차지한다. 예를 들어 랭체인 에이전트 플랫폼을 사용하는 기업 중 50% 이상이 직원 수 100명 미만의 소규모 기업이며, 직원 수 1만 명 이상의 대기업은 15%에 불과하다.[39]

관료주의와 기존 시스템에 더 얽매인 대기업과 달리, 스타트업은 처음부터 AI 에이전트를 중심으로 전체 비즈니스 모델을 구축할 수 있다. 이는 다음과 같은 요소들을 가능하게 함으로써 스타트업에 막강한 경쟁 우위를 제공한다.

- 비용 효율적인 운영: 핵심 작업 자동화로 대규모 팀을 유지할 필요가 줄어든다.
- 민첩성과 빠른 프로토타이핑: 더 빠른 시장 진입과 반복적 개선이 가능해진다.
- 대규모의 개인화된 고객 서비스: 획일적이고 일반적인 접근 방식에 의존하는 대기업보다 세심한 서비스를 제공할 수 있다.
- 통합 문제에서의 자유: 대기업과 달리 기존의 워크플로우에 AI를 억지로 끼워 넣지 않아도 된다.

이러한 기민함은 스타트업들이 틈새시장을 개척하고, 고도로 맞춤화된 솔루션을 제공하고, 아직 충분히 주목받지 못한 분야에서 빠르게 성장할 수 있게 한다. 단순한 자동화 도구에서 자율적인 의사결정자로 진화함에 따라, AI 에이전트는 차세대 혁신 비즈니스의 주축이 될 것이다. 이러한 기회를 포착할 수 있었던 스타트업의 예로 퍼플렉시티Perplexity,[40] 램프Ramp,[41] 슈퍼휴먼Superhuman,[42] 레플릿Replit[43]이 있다.

이 주제에 대한 더 자세한 내용은 9장 '아이디어에서 수익으로'에서 확인할 수 있다. 이 장에서는 기업가들이 이미 어떻게 의료, 금융, 물류와 같은 산업 분야에서 특화된 AI 에이전트를 구축하고 있는지, 그리고 여러분 역시 어떻게 이와 같은 일을 할 수 있는지를 설명한다. 또한 고부가가치의 에이전트 사업 기회를 발굴하고 이를 수익성 있는 사업으로 전환하기 위한 검증된 프레임워크도 함께 제공한다.

기업들의
AI 에이전트 채택 현황

우리는 기업들이 AI 에이전트를 어떻게 도입하고, 그 이점을 누리고 있는지 파악하기 위해 규칙 기반 에이전트나 기존의 LLM 활용을 넘어 LLM 기반 에이전트를 배치한 기업들에 대한 광범위한 분석을 시행했다. 연구팀은 실제 업무 환경에 이러한 에이전트를 도입한 다양한 분야의 167개 기업으로부터 데이터를 수집하고 분석했다. 본 연구는 도입 패턴, 직면한 과제, 실현된 이점, 주요 성공 요인을 이해하는 데 중점을 두었다.

도입 현황

AI 에이전트 도입 현황은 산업별로 흥미로운 패턴을 보여준다. 에이전트 도입을 주도하고 있는 분야는 기술 및 소프트웨어 부문으로, 성공적인 도입 사례의 거의 4분의 1을 차지한다. 기술적 역량과 혁신에 대한 열정을 고려하면 놀랄 일도 아니다. 금융 서비스 부문이 18%로 그 뒤를 이었으며, 소매업이 16%로 3위를 차지했다.

산업 부문	비율	주목할 만한 예
기술 및 소프트웨어	24%	마이크로소프트, 세일즈포스Salesforce, BMC
금융 서비스	18%	JP모건, ING은행, 클라르나Klarna
소매 및 고객 서비스	16%	베스트바이Best Buy, 로우스Lowe's, 맥도날드, 펫츠 앳 홈
의료 및 생명과학	12%	HCA 헬스케어, 해컨색 메리디안Hackensack Meridian
전문 서비스	10%	맥킨지, 액센츄어Accenture, 톰슨 로이터
여행 및 숙박업	8%	IHG 호텔, 알래스카 항공, 홈투고HomeToGo
제조 및 산업 인프라	6%	컨티넨탈Continental, 포르테노바 그룹Fortenova Group
기타	6%	각종 기업

표 1.1 │ 자체 연구에 기반한 산업별 AI 에이전트 도입 비율 (출처: © 보넷 외)

AI 에이전트를 조기에 채택한 이러한 기업들은 단순히 실험을 하는 것이 아니라 놀라운 성과를 거두고 있다. 이를테면 마이크로소프트는 영업 부서에 AI 에이전트를 도입하여 영업사원의 인당 매출이 9.4% 증가했고 거래 체결 건수가 20% 증가했다고 보고했다. 금융 부문에서는 JP모건이 에이전트를 도입하여 사기 행위를 무려 70%나 줄였다. 이러한 성공 스토리는 더 많은 기업이 이들처럼 AI 에이전트를 도입하도록 장려하고 있다.

다음의 데이터는 조직들이 에이전트를 성공적으로 활용 중인 다섯 가지 주요 분야를 나타낸다. 선두에 있는 분야는 35%의 비중을 차지한 고객 서비스 및 지원이다. 이 분야의 시스템은 질문에 대한 자동 응답부터 맞춤형 서비스 제공까지 다양한 업무를 처리하며, 기업들은 평균 해결 시간이 12%에서 30%까지 단축되었다고 보고하고 있다.

그 뒤를 따르는 분야는 25%의 비중을 차지한 내부 운영이다. 조직

활용 분야	비율	보고된 핵심 이득
고객 서비스 및 지원	35%	• 평균 해결 시간 12~30% 단축 • 지원 비용 20~40% 감소 • 고객 만족도 점수 향상
내부 운영	25%	• 업무 처리 시간 30~90% 단축 • 25~50% 비용 절감 • 오류율 감소
영업 및 마케팅	20%	• 9~21% 매출 증가 • 거래 체결 건수 20~30% 증가 • 구매 전환율 증가
보안 및 사기 탐지	12%	• 70% 사기 감소 • 위협 탐지 속도 향상 • 정확도 향상
산업 특화 솔루션	8%	• 산업별 개선(프로세스, 효율, 성과 등-옮긴이) • 규제 준수 • 서비스 품질 향상

표 1.2 ｜ 자체 연구 기반 AI 에이전트 활용 사례 및 주요 비즈니스 영향 (출처: © 보넷 외)

들은 문서 처리, 워크플로우 최적화, 행정 업무 처리 등에 에이전트를 활용하고 있다. 특히 이 분야에서는 시간 절감 효과가 두드러지는데, 일부 프로세스의 경우 30%에서 90%까지 시간이 절약되기도 했다. 예를 들어 맥킨지앤컴퍼니의 고객 온보딩 에이전트는 전체 온보딩 소요 시간을 90% 단축했고, 관련 행정 업무 처리 시간도 30% 단축했다.

영업 및 마케팅 분야에서의 활용은 전체 활용 사례의 20%를 차지하며, 잠재적 고객 평가, 마케팅 효과 최적화, 맞춤형 홍보에 주로 초점이 맞춰져 있다. 이 범주에 속한 기업들은 9%에서 21%에 이르는 매출 증가를 보고하고 있다. 보안 및 사기 탐지는 전체 활용 사례의 12%를 차지하며, 산업 특화 솔루션이 나머지 8%를 차지한다.

에이전트 효과 평가

자체 연구 결과에 따르면, 조직들이 보고한 정량적인 개선 효과는 상당하다. 효율성 향상 측면에서 기업들은 업무 처리 시간이 30~50% 단축되었고, 비용이 25~40% 절감되었으며, 오류 감소율이 30~60%에 이른다고 일관되게 보고하고 있다. 매출에 미치는 영향도 인상적인데, 매출은 9~20%, 구매 전환율은 15~25%, 고객 만족도는 20~40% 향상되었다.

특히 흥미로운 점은 성공적인 도입 사례의 70%가 인간과 AI가 함께 참여하는 하이브리드 워크플로우를 활용한다는 것이다. 이러한 조직들은 중요한 의사결정에 대해서는 인간이 감독을 유지하고 일상적인 업무에는 AI를 활용하는 것이 성과를 향상시킬 뿐만 아니라, 직원 만족도도 높인다는 사실을 발견했다. 이러한 접근 방식은 인간과 AI가 상호 학습을 통해 지속적인 발전을 이루도록 한다.

성공을 위한 청사진: 성공적인 에이전트 도입 전략

자체 연구에 의하면, 성공적인 도입은 일반적으로 신중하고 전략적인 접근 방식을 따른다. 성공적인 도입 사례의 거의 3분의 2가 시범 프로그램으로 시작되었는데, 이를 통해 조직은 통제된 환경에서 에이전트 역량을 시험하고 개선할 수 있었으며, 가시적인 성공을 바탕으로 내부의 지지를 얻을 수 있었다.

이 데이터는 성공적인 도입에서 일관되게 확인되는 세 가지의 핵심 성공 요인을 보여준다. 첫 번째는 사용 사례를 명확히 정의하는 것이다. 성공하는 조직은 에이전트 도입 전에 해결하고자 하는 문제를 구체적으로 파악하고 측정 가능한 성공 지표를 설정하는 데 시간을 할애한다. 또한 잘 정의된 범위 제한을 유지하고 정기적인 성과 평가를 통해 에이전트가 목표를 지속적으로 달성할 수 있게 한다.

두 번째는 강력한 변화 관리다. 이 분야에서 탁월한 기업은 포괄적인 직원 교육 프로그램을 개발하고 도입 프로세스 전반에 걸쳐 명확한 소통 채널을 유지한다. 이들은 성공적인 에이전트 도입이 기술만큼이나 사람에 달려 있다는 것을 잘 알고 있다.

세 번째는 탄탄한 기술 인프라이다. 성공적인 조직은 도입 전에 자신들이 통합된 데이터 아키텍처, 강력한 보안 조치, 확장 가능한 시스템을 갖추고 있는지 확인한다. 또한 시스템이 최적의 상태로 동작하도록 정기적인 유지보수와 업데이트를 진행한다.

이러한 핵심 성공 요인에 대한 더 자세한 내용은 이 책의 후반부에서 살펴본다. 특히 효과적인 AI 에이전트 설계를 위한 세부 전략(8장)과 이를 비즈니스에 성공적으로 통합하기 위한 전략(4부)도 함께 제시할 것이다.

리더들이 에이전트 채택 과정에서 만나는 장애물을 뛰어넘는 법

AI 에이전트를 도입하는 조직들은 몇 가지 공통적인 과제에 직면한다. 그중에서도 시스템 통합이 가장 많이 언급되는데, 45%의 기업이 이를 아주 큰 장애물로 꼽는다. 성공적인 조직은 단계적 통합과 API 우선

아키텍처, 그리고 정기적인 시험 및 검증 절차를 통해 이 문제를 해결한다.

전체 기업의 35%가 보고한 데이터 품질도 또 다른 주요 과제다. 조직들은 체계적인 데이터 거버넌스 계획과 정기적인 품질 평가를 통해 이 문제를 해결한다. 다음은 기술 전문성 문제인데, 응답한 기업의 20%가 이를 우려되는 사항으로 꼽았다. 선도적인 조직들은 포괄적인 교육 프로그램과 전략적인 외부 파트너십을 통해 이 문제를 해결한다.

운영상의 과제는 대부분 변화 관리, 성과 모니터링, 비용 관리에 집중되어 있다. 성공적인 조직은 명확한 커뮤니케이션 전략, 정의된 핵심 성과 지표Key Performance Indicator, KPI, 정기적인 비용 검토를 통해 이러한 문제들을 해결한다. 또한 지속적인 개선을 보장하기 위해 강력한 피드백 체계도 갖고 있다.

이러한 주요 과제와 해결책에 대한 더 자세한 내용은 이 책의 후반부에서 살펴본다. 특히 강력한 AI 에이전트 설계를 위한 실질적인 전략(8장)과 이를 비즈니스에 성공적으로 도입하기 위한 전략(4부)도 함께 제시할 것이다.

에이전트의 미래와 준비 방법

앞으로 AI 에이전트 채택의 흐름이 둔화될 것으로 보이지는 않는다. 자체 조사 결과에 따르면, 85%의 기업은 에이전트 도입을 늘릴 계획이며, 70%는 새로운 적용 사례를 모색하고 있고, 60%는 AI 예산을 늘리고 있다. 또, 50% 이상의 기업은 각자의 필요에 맞춘 맞춤형 솔루션을 개발하고 있다.

우리는 본 연구를 발판 삼아 AI 에이전트와의 여정을 고려 중이거나 이제 막 시작한 비즈니스 리더들을 위해 몇 가지 중요 권장 사항을 제시하고자 한다. 첫째, 전략적 사고는 중요하지만, 작은 규모로 시작하는 것이 중요하다. 성공적인 조직은 초기 도입 단계에서 효과는 크되 위험도는 낮은 사용 사례를 식별하고, 이러한 성공 사례를 점진적으로 확장한다.

둘째, 인프라 투자가 우선되어야 하며, 특히 데이터 품질과 보안 조치에 주의를 기울여야 한다. 조직은 향후 성장과 추가적인 사용 사례를 수용할 수 있도록 시스템 확장성을 확보해야 한다.

셋째, 변화 관리에 많은 관심을 기울여야 한다. 성공적인 조직은 포괄적인 교육 프로그램을 개발하고 명확한 소통 채널을 구축한다. 또한 직원들이 AI 에이전트와 함께 일하며 위협을 느끼기보다는 힘을 얻었다고 느낄 수 있도록 혁신적인 조직 문화를 조성하는 데 힘쓴다.

마지막으로, 평가와 반복이 중요하다. 성공적인 조직은 처음부터 명확한 성공 지표를 정의하고 정기적으로 성과를 검토한다. 이들은 AI 에이전트 도입을 한 번 하고 나면 끝나는 것이 아닌 지속적인 개선의 과정으로 인식한다.

앞으로의 길: AI 에이전트 채택의 추세가 우리에게 말해주는 것

이 조사 결과는 AI 에이전트가 산업 전반에 걸쳐 상당한 가치를 제공하고 있음을 명확히 보여준다. 그러나 성공적 도입을 위해서는 기술 전문성, 강력한 변화 관리, 명확한 비즈니스 목표가 결합된 신중한 접근이 필요하다. 성공적인 도입 사례의 패턴(시범 프로그램으로 시작하고, 사용 사례를 명확히 정의하며, 강력한 인간의 감독을 유지)을 따르는 조직은 긍정적인 결과를 얻을 가능성이 크다.

앞으로 AI 에이전트 도입의 증가 추세가 느려지진 않을 것이다. 기업의 리더들은 이를 위협이 아닌 조직 내 업무 수행 방식을 재구상할 기회로 여겨야 한다. 핵심은 에이전트 도입에 전략적으로 접근하고, 조기에 이를 채택한 기업들로부터 배우고, 에이전트가 인간의 역량을 대체하는 게 아니라 증강하고 강화할 수 있는 방법에 대한 균형 잡힌 시각을 유지하는 것이다.

이 책의 후반부에서 우리는 에이전트 도입과 관련된 주요 과제와 모범 사례를 분석하고, 최대의 효과를 내는 AI 에이전트 설계 방법(8장)과 이를 실제 업무 현장에 원활하게 통합하는 방법(4부)을 다룰 것이다.

2장

AI 에이전트의 5단계: 자동화부터 자율성까지

1장에서 살펴본 바와 같이 AI 에이전트 시장은 빠르게 성장하고 있으며, 수백 개의 업체가 다양한 기능의 솔루션을 제공하고 있다. 이러한 솔루션의 급증은 다음과 같은 어려움을 불러온다. 우리는 이렇게 다양한 시스템을 어떻게 이해할 수 있을까? 단순한 자동화 도구와 진정으로 자율적인 에이전트를 어떻게 구분할 수 있을까? 이 장에서는 AI 에이전트의 역량이 (기본적인 규칙을 따르는 수준에서 정교한 자율성을 발휘하는 수준에 이르기까지) 어떻게 발전하는지를 이해하기 위한 포괄적인 프레임워크를 소개한다. 이는 여러분이 이 복잡한 환경 속에서 방향을 잡고, 어떤 솔루션이 조직의 필요에 부합하는지를 결정하는 데 도움이 될 것이다.

AI 에이전트의 역량 분석

처음에 기업들의 AI 에이전트 도입을 지원하기 시작했을 때, 우리는 한 가지 공통된 패턴을 발견했다. 대개 비즈니스 리더들은 이 디지털 팀원이 무엇을 할 수 있고 없는지를 제대로 이해하지 못한 채 곧바로 도입에 나서곤 했다. 이는 마치 새로운 동료의 능력, 경험, 업무 스타일도 모른 채 함께 일하려 하는 것과 같았고, 그 결과 기대와 현실이 어긋나고 기회를 놓치는 일이 발생했다.

역량 파악이 중요한 이유

새로운 팀원을 데려올 때 우리는 그저 그들에게 업무를 맡기고 좋은 결과를 기대하진 않는다. 우리는 시간을 투자해 그들의 역량을 이해하고, 강점과 약점을 평가하며, 효과적으로 협업하는 방법을 파악한다. 또한 면담, 토론, 실제 테스트를 통해 그들이 무엇을 할 수 있는지뿐만 아니라 어떻게 생각하고, 어떻게 문제에 접근하며, 어떤 부분에서 도움이나 지도가 필요한지도 파악한다.

이와 같은 신중한 접근은 AI 에이전트와 함께 일할 때도 중요하다. 이 디지털 동료는 놀라운 속도와 규모로 정보를 처리할 수 있지만, 고유의 특징과 한계, '사고'방식 또한 갖고 있다. 이러한 측면을 이해하는 것은 단순히 어떤 업무를 맡길지를 아는 것에서 그치지 않는다. 이는 인간과 인공지능 모두의 잠재력을 극대화할 효과적인 파트너십을 구축하는 기반이 된다.

SPAR 프레임워크: AI 에이전트를 이해하는 자연스러운 방법

AI 에이전트의 역량을 설명하기 위해 우리는 SPAR(스파) 프레임워크(감지Sense, 계획Plan, 실행Act, 성찰Reflect)라는 것을 개발했다. 이 이름은 의도적으로 붙인 것인데, 격투기의 스파링 파트너처럼 AI 에이전트도 끊임없이 환경과 상호작용하고 이에 적응하기 때문이다.

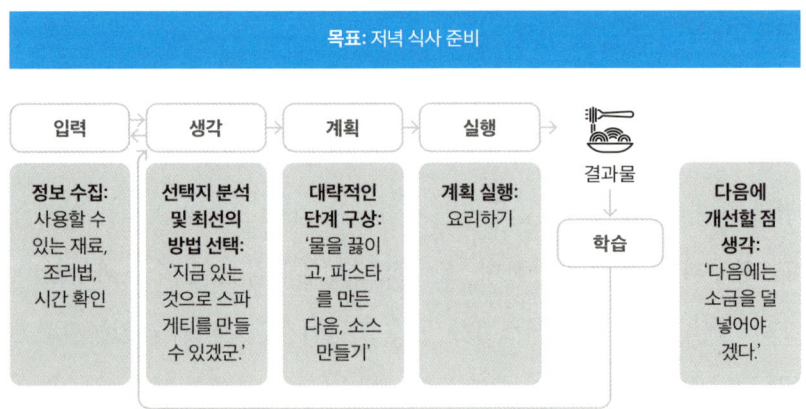

그림 2.1 | 인간이 행동하는 방식 (출처: © 보넷 외)[1]

이 프레임워크는 인간이 목표를 달성하는 방식을 보여준다. 우리는 '저녁 식사 준비'처럼 무엇을 해야 할지 결정하는 것부터 시작한다. 그런 다음 사용할 수 있는 재료가 무엇이 있는지 정보를 수집한다. 다음으로 여러 선택지를 검토하여 스파게티를 만드는 것과 같은 최선의 방법을 선택한다. 그렇게 일단 결정을 내리면 물을 끓이고 소스를 준비하는 것과 같은 단계를 계획한다. 명확한 계획이 세워지면 행동에 나서 실제로 요리를 한다. 그 후 결과를 평가하고, 경험에서 배운 뒤, 미래를 위해 조정한다(가령 다음에는 소금을 덜 넣는 식). 이런 일련의 과정을 통해 지속적인 개선을 위한 피드백 루프가 만들어진다.

기업의 리더와 전문가들에게 AI 에이전트를 소개할 때 우리는 보통 자율주행차에 빗대어 이를 설명하곤 한다. 자율주행차가 단지 매력적이어서가 아니라 실제로 작동하는 AI 에이전트의 완벽한 예이기 때문이다. 이러한 관점에서 이제 SPAR 프레임워크(감지, 계획, 실행, 성찰)를 살

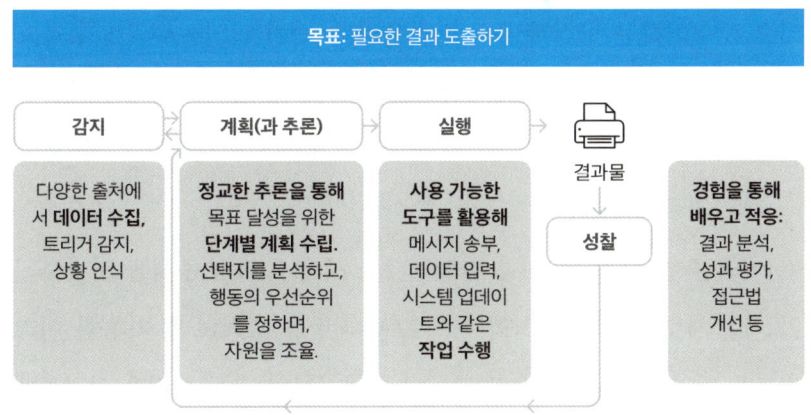

그림 2.2 | SPAR 프레임워크로 본 AI 에이전트가 작동하는 방식 (출처: © 보넷 외)

펴보자. 이 프레임워크는 AI 에이전트가 주어진 환경에서 어떻게 작동하는지를 네 단계로 보여준다.

감지: 에이전트의 눈과 귀

도심 속 거리를 누비는 자율주행차 안에 있다고 상상해보라. 차량에 장착된 카메라, 레이더 시스템, 센서들은 주변 차량의 위치부터 교통 신호, 도로 상태까지 모든 것을 모니터링하며 차를 둘러싼 데이터를 끊임없이 수집하고 있다. 이는 AI 에이전트가 디지털 환경에서 작동하는 방식과 놀라울 정도로 유사하다.

자율주행차가 주변 환경을 종합적으로 이해해야 하듯, AI 에이전트도 디지털 업무 공간을 인식할 수 있어야 한다. 에이전트는 여러 출처에서 데이터를 수집하고, 중요한 신호를 감지하며, 자신의 운영 환경을 지속적으로 인식한다. 자율주행차에 목적지를 입력하는 것은 곧 목표를 설정하는 것인데, 이는 AI 에이전트에 목표를 부여하는 것과 같다. 에이전트는 자율주행차가 도로 상황과 주행에 필요한 사항을 실시간으로 추적하는 방식과 유사하게 우리가 '단기 컨텍스트 윈도우short-term context window'라고 부르는 것을 유지한다.

계획: 과정 계획하기

자율주행차는 목적지를 파악했다고 해서 무작정 주행을 시작하진 않는다. 지도 데이터를 처리하고, 교통 패턴을 고려하며, 가능한 여러 경로를 비교한다. 이 계획 단계는 AI 에이전트의 작동 방식을 완벽하게 반영한다. 에이전트는 곧바로 실행에 들어가는 것이 아니라, 먼저 사용 가능한 정보를 처리한 후 목표 달성을 위한 최적의 결정을 내린다.

자율주행차가 어떻게 차선 변경을 계획하는지를 떠올려보라. 차는 곧바로 방향을 트는 것이 아니라, 주변 차량의 속도와 위치를 파악하고 최적의 이동 시점을 계산해 차선 변경이 안전하게 이루어질 수 있도록 한다. 마찬가지로 AI 에이전트도 정교한 추론을 통해 목표 달성을 위한 단계별 계획을 수립한다. 자율주행차가 복잡한 주행 동작을 실행하기 위해 다양한 시스템을 조율하는 것처럼, AI 에이전트도 선택지를 비교하고, 작업의 우선순위를 정하며, 자원을 조율한다.

실행: 계획을 실행에 옮기기

자율주행차와 AI 에이전트를 단순 분석 시스템과 차별화하는 것은 구체적인 행동을 취할 수 있는 능력이다. 자율주행차는 방향을 틀 때 조향, 가속, 제동 등의 여러 시스템을 순서에 맞춰 정밀하게 조율한다. 마찬가지로 AI 에이전트도 자신이 사용할 수 있는 도구들을 활용해 메시지 전송이든, 시스템 업데이트든, 디지털 자원 관리든 실제 작업을 수행한다.

특히 흥미로운 점은 두 시스템 모두 실시간으로 자신의 행동을 모니터링한다는 것이다. 자율주행차가 도로 상황에 따라 방향과 속도를 끊임없이 조정하는 것처럼, AI 에이전트도 정확성과 효율성을 위해 자신의 행동을 적극적으로 모니터링하고 필요에 따라 조정하여 목표를 향해 나아간다.

자율주행차에 문제가 생기면 보통은 원격으로 인간이 개입하여 문제를 해결한다.[2] 마찬가지로 AI 에이전트가 어떤 조치를 취할 때는 인간이 해당 조치를 검토하고 필요한 경우 이를 수정할 수 있는 명확한 경로가 있어야 한다.

성찰: 경험에서 배우기

자율주행차와 AI 에이전트 모두에서 아마도 가장 고도화된 역량은 경험을 통해 학습하고 적응하는 능력일 것이다. 자율주행차는 도로 공사나 교통 체증에 직면했을 때 단순히 눈앞의 상황을 해결하는 것에 그치지 않고, 이 정보를 자신의 지식 기반에 통합해 향후 주행을 개선할 수 있다.

이러한 성찰 역량 덕분에 두 시스템은 모두 시간이 흐를수록 점점 더 발전하게 된다. 자율주행차가 최적의 경로와 주행 패턴을 학습하는 것처럼, AI 에이전트도 자신의 성과를 평가하고, 결과를 분석하고, 가장 효과적인 방법을 바탕으로 접근법을 개선해나갈 수 있다. AI 에이전트는 우리가 '운영 메모리operational memory'라 부를 수 있는 것을 구축하는데, 이는 향후 유사한 상황에서 이들이 더 효과적으로 작업을 수행할 수 있게 한다.

통합의 힘

자율주행차와 AI 에이전트가 이처럼 강력할 수 있는 것은 이 네 가지 역량이 끊임없는 순환 구조 속에서 함께 발휘되기 때문이다. 각 역량은 서로를 보완하고 강화하며, 복잡한 목표를 점점 더 정교한 방식으로 추구할 수 있는 통합된 시스템을 만든다. 예를 들어 자율주행차의 센서는 계획 수립에 필요한 정보를 제공하고, 계획은 실행을 이끌며, 실행은 학습의 기반이 되는 경험을 만들어낸다. 이 모든 과정은 '안전하고 효율적인 이동'이라는 궁극적인 목표에 초점을 맞춘 채 이루어진다.

이러한 통합적 접근은 기존의 자동화와는 본질적으로 다른 방향을 제시한다. 자율주행차와 AI 에이전트는 미리 정해진 엄격한 지시를 따르는 것이 아니라, 환경과 적극적으로 상호작용하고, 결정을 내리고, 행동을 취하고, 그 결과로부터 학습한다. 이들은 단순히 명령을 실행하는 대신, 각자의 영역에서 이들을 진정한 변화의 주체로 만드는 어느 정도의 자율성을 가지고 목표를 향해 나아간다.

그런데 SPAR 프레임워크는 AI 에이전트가 무엇을 할 수 있는지는 알려주지만, 그 일을 얼마나 잘할 수 있는지는 알려주지 않는다. 가령 어떤 차량이 조향, 가속, 제동, 내비게이션 시스템을 갖췄다는 사실만으로 그것이 기본적인 세단인지 완전한 자율주행차인지 알 수 있는 것은 아니다. 마찬가지로 AI 에이전트마다 감지, 계획, 실행, 성찰을 수행하는 정교함의 수준은 크게 다를 수 있다.

이러한 복잡성은 조직에 어려움을 안겨준다. 공급업체가 자사 솔루션에 'AI 에이전트'를 적용하고 있다고 주장할 때, 이는 정확히 무엇을 의미할까? 기업의 리더들은 다양한 시스템을 어떻게 평가하고 비교할 수 있을까? 실제로 어떤 수준의 능력이 필요한지 어떻게 알 수 있을까?

AI 에이전트 역량의
복잡한 현실

그러나 우리는 컨설팅 경험과 조
사를 통해 업계 전반에서 '에이전트'가 진정으로 무엇을 의미하는지
에 대한 합의가 이루어진 적이 없다는 사실을 발견했다. 이에 우리는
AI 역량의 진화적 특성을 반영하는 하나의 발전 프레임워크progression
framework를 제시하고자 한다. 기술이 단순한 단계에서 정교한 단계로
발전하는 것처럼, 이 프레임워크는 AI 에이전트의 진화하는 역할을 평
가하고 정의할 수 있는 체계적인 방법을 제공한다.

현재의 AI 환경에서 '에이전트냐, 아니냐'와 같은 이분법적 분류는
다분히 문제가 있다. 이처럼 융통성 없는 분류는 각기 다른 시스템의
미묘한 역량을 제대로 포착하지 못해 사람들이 시스템의 잠재력을 과
대평가하거나 과소평가하게 만들며, 실제 현장에서 점진적으로 발전
해가는 AI의 특성과도 맞지 않는다.

AI 에이전트를 아주 정교한 시스템, 즉 행동하고, 학습하고, 적응하
는 시스템에만 국한하려는 목소리도 있다. 우리는 이런 생각이 AI의
가능성을 제한하고 오해를 불러일으킬 수 있다고 본다. 이는 자동차가

완전한 자율주행이 가능하지 않으면 자동차가 아니라고 말하는 것과 같다. 현실은 발전이 단계적으로 이루어진다는 것이다. 좁은 시각의 정의를 택하면, 우리는 이미 영향력을 발휘하고 있는 기반형 AI 에이전트들과 함께 지금 펼쳐지고 있는 기회를 놓치게 된다. 문제는 '이것이 궁극적인 에이전트인가?'가 아니라, '현재 얼마나 효과적으로 행동할 수 있는가?', 그리고 '다음은 무엇인가?'이다. 여정의 모든 단계에서 혁신의 문을 열어두자.

여러 기업과 함께 설명을 위한 다양한 틀을 살펴본 결과, 우리는 자동차 산업이 기술 담당자와 비즈니스 이해관계자 모두에게 공감을 불러일으키는 완벽한 비유를 제공한다는 사실을 발견했다. 미국자동차기술자협회Society of Automotive Engineers, SAE가 자율주행 수준을 레벨 0(완전 수동)부터 레벨 5(모든 조건에서 완전 자율주행)까지 정의하는 것처럼, AI 에이전트에도 이와 비슷한 발전 단계를 적용할 수 있다.

오늘날 테슬라와 같은 자동차들이 뛰어난 성능을 보여주고 있긴 하지만, 우리는 여전히 주로 레벨 2~3 수준[3](자동화 시스템이 많은 작업을 처리하지만, 때때로 사람의 감시와 개입이 필요한 수준)에 머물러 있다. 참고로 2025년 3월 기준, 웨이모Waymo와 크루즈Cruise(GM 자회사 크루즈는 과거 샌프란시스코에서 레벨 4 수준의 무인 로보택시 서비스를 실행한 바 있으나, 2023년 발생한 자율주행 사고와 규제 조치로 샌프란시스코에서 드라이버리스 서비스는 중단된 상태이고, 현재는 피닉스를 비롯한 일부 도시에서 안전요원이 동승한 supervised(감독하에) 자율주행 시험 운행을 재개하고 있다-감수자)는 피닉스, 샌프란시스코, 로스앤젤레스와 같은 도시 내 제한된 구역에서 차량 호출 서비스를 위해 레벨 4의 자율주행차를 테스트하고 있다.[4]

에이전틱 AI 발전 프레임워크

AI 에이전트도 마찬가지다. 우리는 흔히 이들을 완전 자율 시스템으로 말하지만, 실제로는 명확한 개발 경로를 따라 발전해나가는, 다양한 수준의 역량과 자율성을 지닌 시스템들을 다루고 있다.

이 발전의 초기 단계에는 사전에 정의된 특정 작업을 수행할 수 있지만, 여전히 인간의 상당한 감독을 필요로 하는 AI 에이전트가 있다(기본적인 운전자 지원 기능이 탑재된 자동차와 비슷하다). 발전 프레임워크를 따라 좀 더 나아가면, 더 복잡한 일련의 작업을 처리하고 어느 정도 독립적인 결정도 내릴 수 있지만, 중요한 순간에는 아직 인간의 검증이 필요한 에이전트(오늘날의 최첨단 상용차들과 비슷하다)를 발견하게 된다. 그리고 가장 끝단에는 모든 영역에서 최소한의 인간 개입으로 복잡한 임무를 완벽하게 이해하고, 계획하고, 실행할 수 있는 최상위 수준의 에이전트가 있다. 이 단계는 아직 대부분 이론적인 수준에 머물러 있다. 레벨 5 자율주행차가 아직 미래의 목표인 것처럼 말이다.

이러한 발전 단계를 이해하는 것은 단순한 학문적 과제가 아니다.

레벨	자동차	에이전틱 AI	관련된 주요 도구 및 기술	SPAR 역량(감지, 계획, 실행, 성찰)
레벨 0: 수동 조작(인간만 참여)	사람이 직접 운전, 보조 기능 없음	사람이 모든 작업을 직접 수행	기본적인 디지털 도구(스프레드시트, 이메일), 수동 처리	해당 없음
레벨 1: 규칙 기반 자동화	기본 크루즈 컨트롤 같은 으로 속도 유지, 인간의 조작 필요	정해진 규칙을 따르는 단순 자동화(예: 데이터 입력, RPA 시스템)	기본 자동화 도구(RPA, 단순 코드, 규칙 엔진)	감지: 사전에 정의된 조건 및 정렬 데이터 사용 계획: 간단한 조건부 규칙 및 의사결정 트리 사용 실행: 고정된 업력에 기반한 결정론적 작업 수행 성찰: 진정한 학습은 불가능, 기록 및 오류 보고만 가능
레벨 2: 지능형 프로세스 자동화	속도와 조향을 처리하라지만, 사람의 감독 필요	자동화에 자연어 처리 NLP와 머신러닝 같은 인지 역량을 결합	AI 도구(머신러닝, NLP, 컴퓨터 비전, RPA, 프로세스 조율)	감지: 다양한 출처에서 수집한 반정형 데이터 사용 계획: 패턴 인식과 의사결정을 위한 기본적인 AI 모델 사용 실행: 오류 처리를 포함한 정교한 작업 수행 성찰: 기본적인 분석 및 성능 모니터링은 가능하지만, 적응 능력은 없음
레벨 3: 에이전틱 워크플로우	고속도로는 스스로 주행하지만, 복잡한 상황에서는 여전히 사람의 개입이 필요	정의된 영역 내 콘텐츠 생성, 계획, 추론, 작업 가능	대규모 언어 모델, 기억 체계, 콘텐츠 생성 도구, 기본 강화 학습	감지: 고도화된 자연어 이해 및 상황 인식 계획: 기초 모델을 활용한 추론, 복잡한 워크플로우 조율 실행: 여러 도구의 연쇄 사용, 다단계 작업 처리 성찰: 즉각적인 피드백을 반영해 일부 행동 조정, 장기 기억 가능
레벨 4: 반자율 에이전트	특정 조건에서 자율주행 가능	정의된 전문 영역 내 자율적 작동, 전략 조정, 학습 가능	고급 추론 및 계획, 실시간 적응, 인과관계 추론	감지: 다양한 형태의 데이터를 인식 및 해석(멀티모달) 계획: 복잡한 작업과 목표 세분화를 위한 동적 전략 수립 실행: 자율적 도구 사용 및 오류 복구 성찰: 상호작용 전체에 걸쳐 매락을 유지하고 과거 경험으로부터 학습
레벨 5: 완전 자율 에이전트	모든 조건에서 완전자율주행 가능	인간의 개입 없이 모든 작업 처리, 분야를 넘나드는 학습과 자기 조정 가능	정교한 기억 체계, 고급 학습 메커니즘 자율성을 위한 안전 프로토콜	감지: 완벽한 환경 인식 및 목표 설정 계획: 고급 추론 및 독창적 문제 해결 실행: 안전히 자율적인 도구 선택과 실행 성찰: 지속적인 자기 개선과 안정적으로 유지되는 장기 기억

표 2.1 | 에이전틱 AI 발전 프레임워크 (출처: © 보넷 외)

이 프레임워크는 조직이 AI 에이전트 역량에 대한 과장된 주장을 간파하고 프로젝트에 AI를 통합할 때 정보에 입각한 결정을 내릴 수 있도록 돕는다. 또한 기술팀과 최종 사용자 간의 보다 효과적인 소통을 가능하게 하는 동시에, 과장되지 않고 현실적인 AI 전략 개발을 위한 명확한 로드맵을 제공한다.

이제 각 발전 단계가 실제로 어떤 특징을 가졌는지 살펴보자. 먼저 레벨 0인 '수동 조작'부터 시작하는데, 이 단계에서는 인간이 자동화의 도움 없이 모든 사고와 판단, 그리고 실제 수행까지 직접 처리한다. 다음 단계로 넘어갈수록 각 단계는 이전 단계를 기반으로 새로운 역량과 자율성을 더해가며 발전하지만, 여전히 인간의 적절한 개입이 요구된다.

레벨 0: 수동 조작(인간만 참여)

레벨 0에서는 인간이 자동화의 도움 없이 모든 사고와 판단, 그리고 실제 수행까지 직접 처리한다. 필요한 역량은 순전히 인간의 논리적 사고력, 판단력, 실제 수행 능력, 그리고 경험을 통한 학습 능력이다. 이 수준에서 사용되는 도구는 스프레드시트, 이메일 프로그램, 업무용 프로그램과 같은 기본적인 디지털 도구이지만, 인간이 모두 직접 이를 조작해야 한다.

예를 들어 고객 서비스 담당자가 모든 이메일에 일일이 답하거나, 금융 분석가가 직접 데이터를 수집하고 분석해 보고서를 작성하거나, 인사팀이 직원들의 서류를 수작업으로 처리하는 경우가 이에 해당한다. 이 레벨의 비효율성과 한계(인적 오류, 피로, 속도 제약, 확장성 부족)는 기초적인 자동화의 개발로 이어졌다.

레벨 1: 규칙 기반 자동화

기본적인 크루즈 컨트롤cruise control 기능이 탑재된 자동차에서 볼 수 있듯, 이 단계는 자동화를 향한 초기 단계에 해당한다. 이 단계의 에이전트는 미리 정해진 규칙과 고정된 워크플로우(예: 기본 코드나 RPA 시스템)를 따르는 단순한 '에이전트'이다. 데이터 입력이나 서식 처리와 같은 반복적인 작업은 할 수 있지만, 실질적인 지능이나 적응력은 없다. 크루즈 컨트롤 시스템이 정해진 속도만 유지하는 것처럼, 이러한 에이전트는 완전한 인간의 설정과 감독을 필요로 한다.

이 에이전트들은 반복적인 작업 수행과 단순한 절차 따르기에 능숙하며, 주로 화면 스크래핑 기술, 기본적인 과정 기록, 규칙 엔진에 의존한다. 일반적인 RPA 에이전트는 엑셀 스프레드시트에서 회계 시스템으로 데이터를 복사해 송장을 처리하거나, 신입사원 정보를 여러 HR 시스템에 입력해 직원 온보딩(조직에 처음 들어온 직원이 조직에 잘 적응할 수 있도록 안내하고 교육하는 과정-옮긴이)을 자동화하거나, 미리 정의된 양식을 활용해 일상적인 이메일에 응답할 수 있다. 사용되는 기술 스택은 기본적인 워크플로우 자동화 도구, 간단한 코드, RPA 시스템으로 비교적 간단하다. 아마존 에코Amazon Echo, 구글 홈Google Home, 애플 홈팟Apple HomePod과 같은 기기들이 갖춘 단순한 기능도 이 범주에 속한다.

레벨 2: 지능형 자동화

이 단계의 에이전트는 속도와 조향을 모두 처리할 수 있는 고급 운전자 지원 시스템과 유사하다. 이 에이전트들은 기본적인 자동화 기능에 머신러닝, 자연어 처리, 컴퓨터 비전과 같은 AI 역량을 결합해 비정형 데이터를 처리하고, 예측하고, 인지 능력이 필요한 작업을 처리할 수 있다. 그러나 차선을 유지할 수 있어도 인간의 감독이 필요한 자동차처럼, 이러한 에이전트는 여전히 꽤 엄격한 범위 내에서 작동하며 인간의 상당한 감독이 필요하다.

이 단계에서는 AI가 다양한 인지 능력을 가능하게 함에 따라 전체 프로세스를 자동화할 수 있는 능력이 크게 확장된다. 대표적인 적용 사례로는 자주 하는 질문에 답변하고, 간단한 요청을 인식하며, 키워드를 기반으로 고객을 적절한 창구로 안내할 수 있는 고객 서비스 에이전트를 들 수 있다. 또 다른 예로는 PDF나 이미지와 같은 다양한 파일 형식에서 정보를 추출해 데이터베이스로 옮겨 처리할 수 있는 문서 처리 시스템, 시장 상황에 따라 사전에 정해진 금융 거래를 실행할 수 있는 트레이딩 에이전트 등이 있다.

이러한 에이전트들의 기술적 기반은 네 가지 필수 역량으로 구성된다. 비전 역량은 컴퓨터 비전을 활용해 문서, 이미지, 시각 정보를 '인식'하고 처리한다. 언어 역량은 자연어 처리를 통해 인간의 언어를 이해하고 생성한다. 사고 및 학습 역량은 머신러닝 모델을 이용해 데이터를 분석하고, 예측하고, 정보를 분류하고, 결정을 최적화한다. 실행 역량은 지능형 워크플로우 도구와 RPA를 통해 모든 작업을 조정하며,

단순 작업과 복잡한 프로세스 조율까지 모두 처리한다. 이러한 역량에 대한 더 자세한 내용은 우리의 또 다른 책 『지능형 자동화』를 참조하기 바란다.

레벨 3: 에이전틱 워크플로우

이 단계의 에이전트는 고속도로를 스스로 주행할 수 있지만 복잡한 상황에서는 인간의 개입이 필요한 차량과 비슷하다. 이들은 콘텐츠(텍스트, 이미지, 비디오)를 생성할 수 있으며, 행동을 계획하고, 추론하고, 기억할 수 있는 능력도 어느 정도 갖추고 있다. 미리 정의된 범위와 전문 영역 내에서 잘 작동하며 일부 환경 변화에 적응할 수 있다. 그러나 미묘하거나 복잡하거나 새로운 상황, 복잡한 의사결정에는 여전히 어려움을 겪는다.

이러한 에이전트들은 상황에 맞는 의사결정과 피드백을 통한 기본적인 학습에 능숙하다. 예를 들어 이 단계의 디지털 비서는 서류를 전송하고, 교육 일정을 수립하고, 자주 하는 질문에 답변하고, 이례적인 요청은 사람이 검토할 수 있도록 표시함으로써 직원 온보딩을 지원할 수 있다. 다른 예로는 시장 상황에 따라 복잡한 금융 거래를 실행할 수 있는 트레이딩 에이전트와 여러 채널을 통해 마케팅 자료를 제작하고 최적화하는 콘텐츠 제작 에이전트가 있다.

이러한 에이전트를 구동하는 기술은 이전 단계의 기술에 세 가지 핵심 요소가 더해져 있다. 우선, 대규모 언어 모델이 계획, 추론, 콘텐츠 생성 능력을 가능하게 한다. 다음으로, 기본적인 기억 및 학습 시스템, 특히 적응 행동을 위한 강화 학습이 이를 보완한다. 마지막으로, 이러한 에이전트는 주로 디지털 인터페이스에 초점이 맞춰진 도구 조작 능력을 갖추고 있지만, 물리적 환경과의 상호작용 능력은 여전히 제한적이다.

레벨 4: 반자율 에이전틱 시스템

특정 조건(좋은 날씨, 지정된 구역)에서 완전 자율주행이 가능한 차량처럼, 이 단계의 에이전트도 정의된 영역 내에서 독립적으로 작동한다. 목표를 이해하고, 이를 단계별로 세분화하고, 결과를 통해 학습하고, 전략을 조정할 수 있지만, 이는 자신의 전문 영역 내에서만 가능하다. 높은 유연성을 보여주고 복잡한 작업을 처리하지만, 자율성은 특정 영역에서만 발휘된다.

이러한 에이전트는 자신의 영역 내에서 목표 세분화, 전략적 계획, 실시간 적응 학습을 능숙하게 수행한다. 재귀적 자기 개선, 인과 추론 모델, 다중 에이전트 조율 시스템을 포함한 고급 AI 아키텍처를 활용한다. 응용 사례로는 복잡한 과학 실험을 설계하고 실행할 수 있는 연구 에이전트, 환자의 데이터를 분석하고 치료 계획을 추천하는 의료 진단 에이전트, 사용자 선호도를 추적하고 예산 계획을 제안하며 소비 패턴에 따라 조언을 조정하는 금융 자문 에이전트가 있다.

이러한 에이전트의 기술적 아키텍처는 복잡성과 역량 면에서 상당한 발전을 보여준다. 고급 추론 및 계획 시스템이 인지적 핵심을 이루며, 실시간 적응을 가능하게 하는 기억 및 학습 메커니즘과 함께 작동한다. 여기에 디지털 및 물리적 인터페이스 모두로 확장되는 향상된 도구 조작 역량이 더해지지만, 이러한 역량은 여전히 정의된 영역 내에서만 발휘된다.

레벨 5: 완전 자율 에이전틱 시스템

모든 조건에서 완전 자율주행이 가능한 차량처럼 이 단계의 에이전트는 이론적으로 가장 발전된 형태에 해당한다. 이들은 어떤 목표든 이해하고, 전략을 수립하며, 경험을 통해 학습하고, 여러 영역에서 새로운 상황에 적응할 수 있는 진정한 자율 시스템이다. 다른 시스템과 자연스럽게 통합되고, 자체 워크플로우를 구축하며, 인간의 가치와 목표에 부합하는 방향으로 복잡한 의사결정을 독립적으로 내릴 수 있다.

이러한 이론상의 에이전트는 일반적인 문제 해결, 영역 간 전이 학습cross-domain transfer learning, 자율적인 목표 설정에 능숙할 것이다. 응용 사례로는 개인적·직업적 영역을 넘나들며 어떤 업무든 수행할 수 있는 범용 개인 비서, 사업 전반을 알아서 운영하는 비즈니스 매니저, 다양한 분야에 걸쳐 새로운 과학적 발견을 하는 연구 에이전트가 포함될 수 있다.

이론적으로 이러한 에이전트를 구현하려면 지금의 최첨단 기술을 훨씬 뛰어넘는 기술이 필요하다. 완전한 자율 시스템은 고도화된 기억 체계, 정교한 학습 메커니즘, 그리고 모든 영역에서 실시간으로 적응할 수 있는 능력을 통합해야 한다. 이를 위해서는 아직 개발되지 않은 인공 초지능을 위한 종합적 체계와 더불어, 인간의 가치에 부합하는 견고한 안전 프로토콜과 복잡한 윤리적 추론 시스템이 필요하다.

AI 에이전트의 진화: 현재 우리가 서 있는 곳

이 진화에서 핵심은 단순히 개별 역량을 점진적으로 발전시키는 데 있는 것이 아니라, 여러 역량을 통합하고 유기적으로 조율하여 일관되고 목적 지향적인 시스템을 구성하는 데 있다. 레벨 5의 자율주행차가 인지, 예측, 계획, 제어 등의 역량을 완벽하게 결합해야 하는 것처럼, 고급 AI 에이전트도 목표를 달성하기 위해 여러 AI 기술과 역량을 매끄럽게 통합해야 한다.

현재 시중에 나와 있는 대부분의 AI 에이전트는 레벨 2나 3에 속하며, 일부 특화된 시스템만이 제한된 영역에서 레벨 4에 도달해 있다. 완전 자율주행차와 마찬가지로 레벨 5 에이전트는 미래의 목표로 남아 있으며, 이는 흥미로운 가능성과 함께 제어, 안전, 인간 감독에 관한 중요한 질문들을 제기한다.

이 진화는 단순히 자동화 수준을 높이는 것에 관한 것이 아니라, 맥락을 이해하고, 경험을 통해 학습하며, 인간의 의도와 가치에 부합하는 방향으로 독립적인 결정을 내릴 수 있는 시스템을 개발하는 것에 관한 것이다. 각 단계가 이전 단계의 역량을 기반으로 구축됨에 따라 에이전트는 점점 더 정교해지면서, 더 복잡하고 섬세한 과제들을 더 자율적으로 수행하는 주체로 진화하고 있다.

점진적 자율성의 마법:
AI 에이전트 레벨의 이해

처음 AI 에이전트를 다루기 시작했을 때 우리는 대체로 가장 고도화된 역량에 끌리곤 했다. 생각해보면 당연했다. 가능한 가장 정교한 기술을 활용하지 않을 이유가 있을까? 하지만 우리는 경험을 통해 'AI 에이전트의 황금률'이라고 부를 만한 근본적인 진리를 깨달았다. 그것은 바로 '단순할수록 더 좋다'는 것이었다. 여기서 핵심은 단순히 기술 자체를 최소화하는 것이 아니라, 각 활용 분야에 맞게 역량과 통제 사이의 적절한 균형을 찾는 것이다.

자율성의 진화: 자연스러운 발전

신입사원에게 이메일 쓰는 법을 가르친다고 생각해보자. 처음에는 다음과 같이 단계별로 자세하게 가르쳐줄 것이다. "이메일을 열고, '새 메시지'를 클릭한 다음, 수신자 주소를 입력하고, 이렇게 입력하세요…" 신입사원에게 경험이 쌓이면, 우리의 지시는 좀 더 광범위해진다. "이 고객 문의에 대한 답변을 작성하되, 평소의 전문적인 어조를 유지하세요." 그러다 결국에는 간단히 이렇게 말할지 모른다. "고객과의 소통을 맡아 그들에게 프로젝트 진행 상황을 꾸준히 공유해주세요."

이와 같은 발전은 AI 에이전트에게도 적용된다.

- 레벨 1과 2에서는 모든 행동을 구체적으로 말해줘야 한다. "'새 이메일' 버튼을 클릭하고, 이 텍스트를 복사해서, 여기에 갖다 붙이고, 이 주소를 입력하고, '전송' 버튼을 클릭해."

- 레벨 3에서는 이렇게 지시할 수 있다. "이 정보를 이용해 수신자의 상황에 맞게 이메일을 작성하고 전송해."

- 레벨 4에서는 간단히 "고객이 충분한 정보를 얻을 수 있도록 모든 소통을 맡아서 해줘"라고 지시할 수 있을 것이다.

- 레벨 5에서는 (이 단계는 아직 이론상으로만 가능하지만) '고객 만족을 통한 매출 증대'와 같은 목표만 제시하고 에이전트가 필요한 모든 활동과 소통을 알아서 처리하도록 할 수 있을 것이다.

에이전틱 AI 발전 프레임워크: 단순한 성숙도 모델 이상

이 프레임워크는 단계가 올라갈수록 항상 더 나은 것을 나타내는 전통적인 성숙도 모델이 아니다. 그보다도 이는 각기 다른 필요와 상황에 맞춰 설계된 다양한 유형의 에이전트를 체계적으로 정리한 틀에 가깝다. 오늘날 자동차의 주행 보조 기술들도 이 틀에 맞춰 생각할 수 있다. 예를 들어 고속도로에서 완전 자율주행이 기술적으로 가능하더라도, 많은 운전자가 기본 크루즈 컨트롤 기능이 주는 예측 가능성과 통

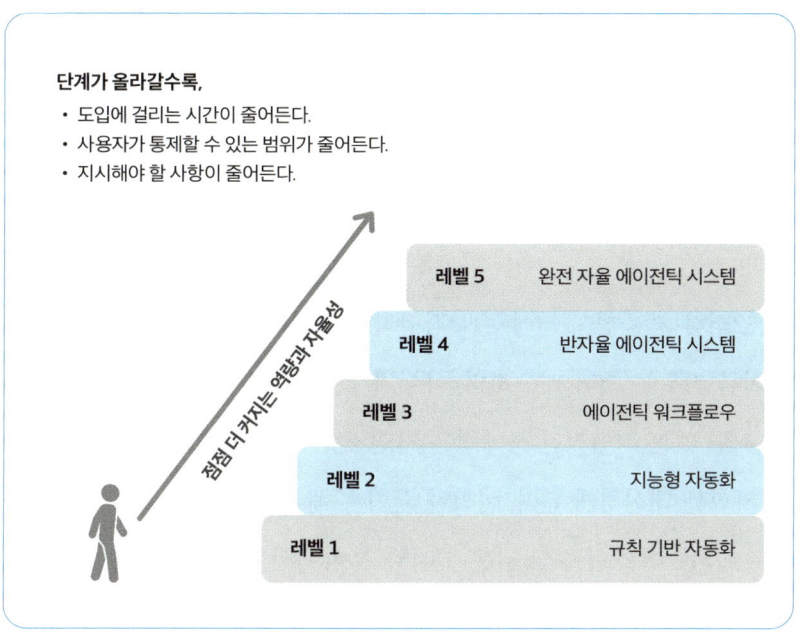

단계가 올라갈수록,
- 도입에 걸리는 시간이 줄어든다.
- 사용자가 통제할 수 있는 범위가 줄어든다.
- 지시해야 할 사항이 줄어든다.

점점 더 커지는 역량과 자율성

레벨 5	완전 자율 에이전틱 시스템
레벨 4	반자율 에이전틱 시스템
레벨 3	에이전틱 워크플로우
레벨 2	지능형 자동화
레벨 1	규칙 기반 자동화

그림 2.3 | 에이전틱 AI 발전 프레임워크 (출처: © 보넷 외)

제력을 더 선호한다. 즉 '가장 좋은' 수준은 전적으로 구체적인 필요와 상황에 따라 달라질 수 있다.

에이전틱 AI 발전 프레임워크에서 단계가 올라갈수록 주요 양상이 어떻게 변하는지 살펴보자.

자율성과 통제: 섬세한 균형

단계가 올라갈수록 시스템의 자율성은 커지고 인간이 직접 제어하는 부분은 감소한다. 레벨 1에서 에이전트는 잘 프로그래밍된 기계처럼 정확한 지시를 따르고 예측 가능한 결과를 도출한다. 레벨 2에서 에이전트는 기본적인 의사결정 능력을 갖추게 되지만, 여전히 제한된 범위 내에서만 작동한다. 레벨 3에서는 에이전트가 상황을 이해하고 그에 따라 접근법을 조정할 수 있는 수준으로 크게 도약한다. 레벨 4와 5에서는 점점 더 정교한 자율적 행동이 가능해져 에이전트가 스스로 하위 목표를 설정하고 이를 달성하기 위한 독창적 전략을 개발할 수 있다.

그러나 자율성이 커질수록 직접적인 통제의 여지는 줄어든다. 이는 아이를 키우는 것과 비슷하다. 아이가 독립성을 키워갈수록 부모가 행사할 수 있는 직접적인 통제력은 자연스럽게 줄어들고, 지도와 감독이 그 자리를 대신하게 된다. 이러한 균형은 예측 가능성과 책임이 중요한 의료, 금융, 법률 준수와 같은 민감한 분야에서 특히 중요하다.

지시의 역설: 적을수록 더 강하다

이 발전 프레임워크의 가장 흥미로운 면 중 하나는 시스템의 역량이 정교해질수록 지시 사항이 더 단순해진다는 것이다. 낮은 단계에서는 단순한 기계를 프로그래밍하는 것처럼 지시가 상세하고 명확해야 한다. 하지만 상위 단계로 올라갈수록 지시는 더욱 목표 지향적이고 추상적이 된다. 이러한 변화는 인간의 발달 과정과도 닮아 있다(우리는 처음에는 아이들에게 하나하나 가르치고 알려주지만, 점차 목표만 제시하고 스스로 판단하게 한다).

에이전트 도입 및 학습 역학

일반적인 예상과 달리, 상위 수준의 에이전트는 시행착오를 통해 스스로 학습할 수 있기 때문에 오히려 더 빠르게 현장에 투입될 수 있다. 하지만 그만큼 더 정교한 감독과 위험 관리 체계가 필요하다. 반면 하위 수준의 에이전트는 초기 단계에서 세밀한 프로그래밍이 필요하지만, 그만큼 예측 가능한 행동을 보이며 감독하기도 더 쉽다. 이러한 장단점은 특정 용도에 어떤 수준의 에이전트가 적합할지 결정할 때 중요한 고려 사항이 된다.

단순하게 시작하는 것의 지혜

우리가 더 단순하고 낮은 수준의 에이전트부터 시작하라고 권하는 이유는 무엇일까? 악기를 배울 때를 생각해보라. 우리는 복잡한 교향곡이 아닌, 기본 음계와 간단한 곡부터 시작해 점차 실력과 이해력을 높여간다. 이러한 방식은 여러분이 더 복잡한 과제에 도전하기 전에 필요한 기술과 개념을 제대로 익힐 수 있도록 한다.

마찬가지로 낮은 수준의 에이전트부터 시작할 때 조직은 다음과 같은 일을 할 수 있다.

1. 통제된 환경에서 AI 에이전트에 익숙해질 수 있다.
2. 적절한 감독 및 관리 체계를 마련할 수 있다.
3. 역량 수준에 따른 실질적 영향을 이해할 수 있다.
4. 적절한 안전장치와 통제 시스템을 마련할 수 있다.
5. 조직의 자신감과 능숙도를 키울 수 있다.

적절한 수준 선택하기

성공적인 도입의 핵심은 각 용도에 맞는 적합한 수준을 선택하는 데 있다. AI 에이전트를 도입하고자 하는 금융 서비스 회사가 있다고 생각해보라. 이 회사는 예측 가능성과 감사 기록이 중요한 거래 처리에는 레벨 1 또는 2의 에이전트를 선택할 수 있다. 하지만 엄격한 통제보다 적응력과 상황 인식이 더 중요한 고객 서비스 부문에는 레벨 3의 에이전트를 도입할 수 있다.

이 프레임워크의 강점은 필요에 따라 적절한 수준의 자율성을 선택할 수 있게 해준다는 것이다. 이를 통해 조직은 에이전트의 역량을 각자의 필요와 감수할 수 있는 위험의 정도, 규제 사항에 맞게 맞출 수 있다. 목표는 자율성을 최대화하는 것이 아니라, 각 용도에 맞춰 독립성과 통제 사이에서 적절한 균형을 찾는 것이다.

앞으로 나아가기: 실용적인 접근법

AI 에이전트와의 여정을 시작한다면 '단순할수록 더 좋다'라는 황금률을 기억하라. 궁극적인 목표가 보다 자율적인 시스템을 구현하는 것이라 해도, 낮은 수준의 에이전트부터 시작하라. 이 시기를 활용하여 이해도를 높이고, 적절한 제어 시스템을 구축하고, 더 진보된 에이전트를 성공적으로 활용하는 데 필요한 조직의 역량을 개발하라.

+ · +

에이전틱 AI 발전 프레임워크는 AI 에이전트의 역량을 가늠할 수 있는 체계적인 방법을 제공하지만, 단순히 각 수준을 이해하는 것만으로는 충분치 않다. 이러한 에이전트들을 특별하게 만드는 것이 무엇인지 진정으로 이해하려면, 프레임워크를 넘어 이들을 정의하는 고유의 특성을 자세히 살펴볼 필요가 있다. 다음 장에서는 AI 에이전트의 내부를 들여다보며 이들의 놀라운 능력과 본질적인 한계를 함께 알아본다. 이 과정에서 얻는 통찰은 여러분이 이 새로운 디지털 동료들과 함께 일하기 시작할 때 큰 도움이 될 것이다.

3장

AI 에이전트의
내부 들여다보기

이전 장에서 살펴본 에이전틱 AI 발전 프레임워크는 AI 에이전트의 역량을 가늠할 수 있는 체계적인 방법을 제공하지만, 단순히 각 수준을 이해하는 것만으로는 충분치 않다. 이러한 에이전트들을 특별하게 만드는 것이 무엇인지 진정으로 이해하려면, 프레임워크를 넘어 이들을 정의하는 고유의 특성을 자세히 살펴볼 필요가 있다. 이번 장에서는 AI 에이전트의 내부를 들여다보며 이들의 놀라운 능력과 본질적인 한계를 함께 알아본다. 이 과정에서 얻는 통찰은 여러분이 이 새로운 디지털 동료들과 함께 일하기 시작할 때 큰 도움이 될 것이다.

AI 에이전트의
핵심 특징

우리는 여러 조직의 AI 에이전트 도입을 지원해오면서 이들을 특히 강력하게 만드는 몇 가지 기본적인 특징이 있다는 사실을 발견했다. 지금부터 AI 에이전트를 전통적인 자동화 도구와 차별화하며 이들의 혁신적인 잠재력을 설명하는 데 도움이 될 핵심 특성들을 함께 살펴보자.

단순한 도구가 아닌 디지털 직원

AI 에이전트와 기존 소프트웨어 도구의 차이는 매우 크다. 전통적인 자동화 시스템은 고도로 효율적인 조립 라인처럼 예측 가능하고 고정된 방식으로 특정 업무만 처리한다. 반면 AI 에이전트는 복잡한 상황을 독립적으로 생각하고, 적응하고, 처리할 수 있는 숙련된 디지털 직원처럼 기능한다. 고객 서비스 담당자가 간단한 문의부터 복잡한 문제까지 모든 업무를 처리할 수 있듯이, AI 에이전트도 처음부터 끝까지 프로세스를 관리하고, 의사결정을 내리고, 상황에 따라 접근 방식을 조정할 수 있다.

기존 시스템과의 연동

AI 에이전트의 가장 실용적인 장점 중 하나는 기존의 기술 인프라를 대체하는 일 없이 그 위에서 작동될 수 있다는 점이다. 이들은 다양한 시스템을 능숙하게 다룰 줄 아는 **디지털 직원**과 같다.

이 장점은 특히 유용하다. 일반적으로 조직들은 전사적 자원 관리Enterprise Resource Planning, ERP, 고객 관계 관리Customer Relationship Management, CRM, 인적자원 관리Human Resources Management, HRM 시스템 등 기업용 시스템에 이미 막대한 투자를 해왔기 때문이다. AI 에이전트는 이러한 시스템에 통합되어 여러 출처에서 데이터를 가져오고, 다양한 플랫폼에서 프로세스를 실행하고, 자동화의 틈을 메울 수 있다. 예를 들어 금융 분야의 AI 에이전트는 거래 데이터 처리를 위해 SAP를, 고객 정보 관리를 위해 세일즈포스를, 맞춤 보고서 생성을 위해 엑셀을 동시에 다룰 수 있으며, 이들 시스템을 조율해 의미 있는 통찰을 이끌어내고 복잡한 프로세스를 자동화할 수 있다.

24시간 연중무휴 운영의 힘

휴식 시간이 필요하고 교대 근무를 하는 인간 작업자와 달리, AI 에이전트는 쉬지 않고 일할 수 있다. 이는 단순히 더 오랜 시간 일할 수 있다는 의미를 넘어, 인간 작업자에게는 불가능한 수준의 지속적인 경계와 대응이 가능함을 의미한다.

은행에서의 사기 탐지를 생각해보라. 인간 분석가는 제한된 수의 거래만 모니터링할 수 있으며, 피로로 인해 미묘한 패턴을 놓칠 수 있다. 그에 반해 AI 에이전트는 여러 시간대에 걸쳐 수백만 건의 거래를 지속적으로 모니터링하며, 의심스러운 패턴을 바로 파악하고 즉각적인 조치를 취할 수 있다. 이러한 지속적인 운영은 사이버 보안과 같이 언제든 위험 상황이 발생할 수 있는 분야나 24시간 내내 문의가 이어지는 글로벌 고객 서비스 분야에서 특히 중요해진다.

무한한 확장성

AI 에이전트의 확장성은 조직이 업무 능력을 관리하는 방식에 근본적인 변화를 가져온다. 기존의 성장은 인력 채용, 교육, 그리고 점진적인 역량 강화를 필요로 했다. 하지만 AI 에이전트를 활용하면 즉각적이고 사실상 무제한적인 확장이 가능하다. 처리해야 할 고객 문의가 10배 더 많아졌다고? 기업은 몇 달이 아닌 몇 분 만에 추가로 에이전트를 투입할 수 있다.

이러한 확장성은 단순히 많은 양의 업무를 처리하는 것을 넘어 새로운 상황에 적응하고 새로운 기술을 익히는 능력까지 포함한다. 최고의 성과를 내는 에이전트를 여러 지역이나 부서에 즉시 복제해 일관된 품질과 성능을 유지할 수 있다고 상상해보라. 이러한 특성은 예상치 못한 수요 급증이나 새로운 시장 진출 시 특히 큰 강점이 된다.

범용성

AI 에이전트의 가장 강력한 특성 중 하나는 다양한 산업과 비즈니스 전반에서 효과적으로 기능할 수 있다는 점이다. 기존의 AI 솔루션은 보통 산업별로 많은 맞춤화가 필요했지만, AI 에이전트는 다양한 분야에 폭넓게 적용되는 일반화 가능한 원칙을 바탕으로 작동한다.

이들의 핵심 SPAR 역량(감지, 계획, 실행, 성찰)은 이들이 은행의 위험 요인을 분석하든, 제조업체의 공급망을 최적화하든, 의료 서비스 제공업자의 환자 문의를 처리하든 일관되게 유지된다. AI 에이전트는 기본적인 작동 원칙을 그대로 지키면서 각 산업과 기업에 특화된 지식을 습득할 수 있기 때문에 다양한 상황에서 유연하게 활용될 수 있다.

협업의 힘

AI 에이전트의 가장 정교한 특징은 아마도 인간이나 다른 에이전트와 함께 협업할 수 있는 능력일 것이다. 필요한 경우 독립적으로 작업할 수도 있지만, 이들의 진정한 힘은 협업 환경에서 더욱 크게 발휘된다. 이들은 기존의 워크플로우에 자연스럽게 흘러들어 인간 노동자를 대체하기보다 지원한다.

예를 들어 콘텐츠 마케팅 과정에서 한 AI 에이전트는 초안을 작성하고, 다른 에이전트는 검색 엔진 최적화Search Engine Optimization, SEO를 담당하며, 세 번째 에이전트는 게시 일정을 관리할 수 있다. 이 모든 과정은 전략적 방향과 품질 관리를 맡는 인간 편집자와의 협업 속에서 이루어지며, 이는 인간과 인공지능의 강점을 모두 활용하는 강력한 하이브리드 워크플로우를 만든다.

이러한 특성들이 중요한 이유

에이전틱 AI 시스템이 잘 설계되고 구현되면, 그 특성들은 결합하여 진정으로 혁신적인 것, 즉 어떤 조직에서든 운영 효율을 획기적으로 높일 수 있는 유연하고 확장 가능한 디지털 인력을 탄생시킨다. 예를 들어 고객 서비스와 같은 업무 영역을 생각해보자. AI 에이전트는 일상적인 문의를 24시간 연중무휴로 처리할 수 있고, 성수기에는 즉시 확대될 수 있으며, 여러 부서와 시스템을 넘나들며 일할 수 있고, 상황이 복잡한 경우에는 인간과 협업할 수 있다(이들은 이 모든 작업을 하면서도 끊임없이 학습하고 스스로를 개선해나간다).

AI 에이전트를 효과적으로 도입하려는 사람들에게 이러한 특성들을 이해하는 것은 매우 중요하다. 이 특성들은 AI 에이전트가 중요한 발전으로 여겨지는 이유, 그리고 에이전트에 조직의 운영 방식을 근본적으로 바꿀 잠재력이 있다고 보는 이유를 설명하는 데 도움이 된다. 우리는 다음 장들에서 이러한 특성을 어떻게 효과적으로 활용해 조직이 AI 에이전트의 이점을 최대한 누릴 수 있을지 다룰 것이다.

AI 에이전트의
본질적인 한계

AI 에이전트의 잠재력을 탐색할 때, 중요한 것은 그 한계를 이해하는 것이다. 인간 노동자가 모든 면에서 완벽하기를 기대할 수 없듯이, AI 에이전트 역시 고유의 한계를 갖고 있다. 이러한 기술을 효과적으로 도입하기 위해 필요한 명확성과 솔직함을 바탕으로 지금부터 그 한계들을 살펴보자.

지능의 시뮬레이션

AI의 가장 근본적인 한계는 그들 '지능'의 특성에 있다. 이들은 방대한 정보를 처리하고 정교한 응답을 생성할 순 있지만, 인간과 같은 방식으로 세상을 이해할 순 없다. 단지 과거의 패턴을 바탕으로 다음에 올 것을 예측할 뿐이다. 마치 대사를 완벽하게 소화할 순 있지만, 자신이 연기하는 감정을 실제로 느끼거나 그 감정이 특정 상황과 어떤 관계가 있는지를 이해하진 못하는 매우 숙련된 배우와 같다.

이러한 한계는 복잡한 전문 분야에서 특히 두드러지게 나타난다.

가령 법률 분야의 AI 에이전트는 계약서의 조항을 능숙하게 요약할 순 있을지 몰라도, 해당 상황의 법적 해석을 형성하는 정의나 형평성 같은 기본 원칙을 진정으로 이해하진 못한다. 마찬가지로 의료 AI 에이전트도 증상을 분석하고 치료법을 제안할 순 있지만, 숙련된 의사가 수년 동안 환자와의 상호작용을 통해 발전시키는 직관적인 이해는 부족하다.

데이터 품질 딜레마

기본적으로 AI 에이전트는 입력되는 데이터의 품질에 의존한다. 이는 단순한 기술적 한계를 넘어, 이들의 모든 작동 방식에 영향을 미치는 근본적인 제약이다. 지도가 오래되었다거나 부정확하다면 아무리 뛰어난 항해사라도 잘못된 방향으로 갈 수밖에 없다.

이러한 의존성은 비즈니스 환경에서 특히 중요하다. 예를 들어 재무 데이터를 분석할 때 AI 에이전트는 자신이 처리하는 숫자의 정확성을 독립적으로 검증할 수 없다. LLM은 프롬프트에 반응할 때 정확하든 아니든 학습된 데이터를 기반으로 응답한다. 입력 데이터에 오류가 있다면, 이러한 오류는 필연적으로 결론에 반영된다. 숫자가 '이상한 것 같다'라고 느끼는 인간 분석가와 달리, AI 에이전트는 위험 신호를 보내지 않고 잘못된 데이터를 자신 있게 처리한다.

상식의 격차

AI 에이전트의 가장 눈에 띄는 한계 중 하나는 상식적인 추론 능력이 부족하다는 것이다. 이들은 복잡한 계산을 처리하고 정교한 규칙을 따를 수 있지만, 인간이라면 누구나 본능적으로 알 수 있는 명백한 현실적 조건을 놓치곤 한다.

예를 들어 일정 관리 에이전트가 새벽 3시에 중요한 고객 회의를 제안하거나 여행 계획 에이전트가 허리케인이 덮친 와중에 야외 활동을 추천한다고 생각해보라. 이러한 행동은 단순히 재미있는 실수가 아니라, 명시적인 프로그래밍 없이는 맥락이나 현실적인 제약을 제대로 이해하지 못하는 AI 에이전트의 근본적인 한계를 보여준다.

창의성 발휘의 어려움

AI 에이전트는 최적화와 반복 작업을 위한 강력한 도구가 될 수 있지만, 진정한 창의성을 발휘하거나 혁신을 이끄는 데는 약하다. 기존의 패턴을 섞는 데는 탁월하지만, 진정으로 독창적인 아이디어를 만들어내는 경우는 거의 없다. 비유하자면 독창적인 작곡가라기보다는 기존의 곡을 능숙하게 재구성하는 편곡자에 가깝다.

이러한 한계는 창작 분야에서 특히 두드러진다. AI 에이전트는 기존의 디자인이나 문체를 바탕으로 다양한 변형을 만들어낼 순 있지만, 산업의 판도를 바꾸거나 새로운 예술적 움직임을 창조하는 획기적인 창작물을 만들어내지는 못한다. 진정한 혁신의 불꽃, 다시 말해 예상치 못한 연결을 만들어내고 아예 새로운 가능성을 상상하는 인간 고유의 능력은 여전히 이들의 손이 닿지 않는 곳에 남아 있다.

환각 문제

AI 에이전트의 가장 우려스러운 한계 중 하나는 자신 있게 잘못된 정보를 내놓는 '환각hallucination' 경향이다. 이는 단순한 오류가 아니라, 이러한 시스템이 정보를 처리하고 응답을 생성하는 방식의 근본적인 한계이다.

의료 AI 에이전트가 존재하지도 않는 약물을 자신 있게 추천하거나 법률 AI 에이전트가 허구의 판례를 인용하는 경우를 생각해보라. 이는 단순한 실수가 아니다. 이들은 그럴듯해 보이지만 완전히 조작된 정보로 자기 지식의 공백을 메우는 AI 에이전트의 전형이다. 이러한 경향 때문에 인간의 감독은 특히 중대한 상황에서 필수적이다.

윤리와 판단 격차

마지막으로, 그리고 아마도 가장 결정적인 한계는 AI 에이전트가 진정한 윤리적 추론과 판단을 내릴 수 없다는 것이다. 이들은 규칙과 지침에 따라 작동할 순 있지만, 자신들의 결정이 지니는 보다 심오한 도덕적 의미나 종종 고려되어야 하는 복잡한 인간적 요소를 이해하진 못한다.

이러한 한계는 의료, 형사 사법, 채용 결정과 같은 분야에서 특히 문제가 된다. AI 에이전트는 인간에게 미치는 영향을 고려하지 않고 효율성이나 통계적 패턴에 따라 결정을 내릴 수 있다. 가령 오로지 숫자에만 근거해 대출을 거부하고, 예외가 인정되는 인간적 맥락을 간과할 수 있다.

한계를 인정하고 앞으로 나아가기

이러한 한계를 이해하는 것은 AI 에이전트의 잠재력을 부정하기 위해서가 아니라, 이들을 보다 효과적으로 활용하기 위해 필요하다. AI 에이전트가 할 수 있는 것과 없는 것을 인식함으로써 우리는 적절한 인간의 감독과 개입을 유지하는 동시에 이들의 강점을 활용하는 시스템을 설계할 수 있다. 실제로 이는 다음과 같은 것을 의미한다.

- AI 에이전트가 데이터 집약적인 업무를 처리하고 인간은 감독과 판단을 담당하는 하이브리드 시스템 구축
- 여러 에이전트가 동료 에이전트의 결과물을 평가하는 등 잠재적 환각이나 실수를 식별하기 위한 강력한 검증 방법 수립
- 에이전트 입력 데이터의 품질을 개선하기 위한 전략 활용
- 윤리적 추론이나 복잡한 맥락 이해가 필요한 의사결정에 인간의 개입 유지
- 에이전트의 의사결정 및 행동 방식을 사람들이 이해하고 평가할 수 있도록 투명성 확보

이러한 한계 속에서 AI 에이전트의 장점을 최대한 끌어낼 수 있는 실용적인 전략들은 이 책의 후반부에서 살펴본다.

하나로는 충분하지 않을 때: 다중 에이전트 시스템의 힘과 활용

인공지능의 세계에서 우리는 흔히 하나의 강력한 AI 시스템이 복잡한 문제들을 해결하는 모습을 상상하곤 한다. 하지만 때로 (인공지능이라 해도) 하나만으로는 충분하지 않을 때가 있다. 인간이 팀을 이루어 어려운 과제를 해내듯, AI 에이전트 역시 서로 협력하여 놀라운 일들을 이룰 수 있다. 매혹적인 다중 에이전트 시스템multi-agent systems, MAS의 세계에 온 것을 환영한다. 이 세계에서 인공지능 간의 협업은 우리가 복잡한 문제를 해결하는 방식을 혁신적으로 바꾸고 있다.

인공지능의 오케스트라

다중 에이전트 시스템은 오케스트라와 비슷하다. 각 연주자는 각자의 악보에 따라 서로 다른 악기를 연주하지만, 함께 어우러져 조화로운 음악을 만들어낸다. 이와 비슷하게 하나의 다중 에이전트 시스템은 각자 고유한 역할과 역량이 있는 여러 개의 자율 소프트웨어 에이전트로 구성되며, 단일 에이전트만으로는 이루기 어렵거나 이룰 수 없는 목표를 달성하기 위해 함께 노력한다.

이러한 개념을 이해하는 데 도움이 될 실제 사례를 하나 소개하겠다. 1년 전 우리는 한 대형 금융 서비스 기업과 협력해 이들의 고객 서비스 운영 방식을 전면 개선했다. 기존의 방식대로라면, 고객 문의 파악부터 계좌 정보 조회, 응답 생성까지 모든 작업을 하나의 거대한 AI 시스템이 처리하는 통합 시스템을 만들었을 것이다. 하지만 우리는 다양한 고객 서비스 업무를 여러 전문화된 에이전트들이 나누어 처리하는 다중 에이전트 시스템을 구현했다. 이 시스템에서 한 에이전트는 자연어 이해에, 다른 에이전트는 관련된 계좌 정보 검색에, 또 다른 에이전트는 답변 작성에, 또 다른 에이전트는 금융 규제 준수에 집중했다. 오케스트라를 구성하는 연주자들처럼 각 에이전트는 전문 분야가 달랐지만, 함께 완벽한 고객 서비스 경험을 만들어냈다.

왜 다중 에이전트인가?

하나의 강력한 AI 시스템을 만들어 모든 업무를 처리할 수도 있을 텐데, 왜 군이 복잡하게 여러 에이전트를 만드는지 궁금할 수도 있겠다. 그 답은 실용적 측면과 이론적 측면 모두에서 찾을 수 있다.

첫째, 복잡성 관리의 문제가 있다. 현대의 비즈니스 프로세스는 매우 복잡하며, 많은 부분이 얽혀 상호 의존한다. '주문에서 대금 수령까지'와 같이 여러 부서가 연계된 교차 기능적cross-functional 엔드 투 엔드 프로세스에는 수천 개의 구체적인 작업이 포함될 수 있다. 이러한 프로세스를 개별 에이전트가 처리할 수 있는 더 작고 관리하기 쉬운 부분으로 나누면 전체 시스템의 관리 및 유지보수가 더욱 수월해진다. 앞서 언급한 금융 서비스 기업의 사례처럼 우리는 기능별로 에이전트를 분리함으로써, 규정이 변경되었을 때 다른 구성 요소를 건드리지 않고 규정 준수 에이전트를 업데이트할 수 있었고, 계정 정보 검색 시스템이 중단되는 위험 없이 언어 이해 에이전트를 개선할 수 있었다.

둘째, 전문화가 주는 이점이 있다. 스탠퍼드 AI 랩의 연구에 따르면, 특화된 에이전트는 대개 일반 시스템보다 특정 작업을 더 잘 수행한다.[1] 각 에이전트는 특정 기능에 가장 적합한 알고리즘과 접근 방식을 이용해 고유의 역할에 맞게 최적화될 수 있다. 예를 들어 우리가 구현한 언어 이해 에이전트는 고급 자연어 처리 모델을 사용했으며, 규정 준수 에이전트는 감사와 검증이 보다 용이한 규칙 기반 논리를 사용했다.

셋째, 다중 에이전트 시스템은 탄력성이 뛰어나다. 연구에 따르면, 여러 에이전트를 사용하는 분산 시스템은 일반적으로 중앙 집중식 시스템보다 더 강력하다. 예를 들어 한 에이전트가 제대로 기능하지 않거나 유지보수를 필요로 하는 상황이 되어도, 다른 에이전트들은 계속 작동하거나, 심지어 적응해 그 공백을 메울 수 있다.[2] 계좌 정보 검색 에이전트가 일시적으로 유지보수에 들어갔을 때도 시스템은 여전히 고객의 질문을 이해하고 일반적인 정보를 제공할 수 있었으며, 완전히 멈추는 대신 최소한의 기능을 유지했다.

디지털 오케스트라 조직하기: 다중 에이전트 모델링

인간 조직이 수평적인 계층 구조에서 전통적인 피라미드 구조에 이르기까지 다양한 방식으로 구성될 수 있는 것처럼 다중 에이전트 시스템도 다양한 조직 모델을 따를 수 있다. 어떤 모델을 선택하느냐는 에이전트들의 상호작용 방식과 시스템 전체의 효율성에 큰 영향을 미친다.

'하나의 에이전트, 하나의 도구' 원칙

최근 몇 년간 우리의 가장 중요한 발견 중 하나는 에이전트 설계의 단순함이 주는 힘이었다. 가장 안정적인 접근 방식은 놀라울 정도로 간단했는데, 그것은 바로 하나의 에이전트가 하나의 도구만 담당하게 하는 것이었다. 하나의 프로젝트에 여러 개의 도구가 필요할 때(점점 일반화되는 추세), 우리는 도구당 하나의 전담 에이전트를 생성하고, 이들의 상호작용을 조율할 코디네이터 에이전트를 별도로 생성한다.

이 '하나의 에이전트, 하나의 도구' 원칙은 일관되게 좋은 결과를 보여주어 우리의 표준 실천 방식이 되었다. 세 가지 다른 도구를 다뤄야 한다면, 각 도구에 특화된 에이전트 세 개와 이들을 조율하는 코디네이터 에이전트 한 개를 만들어라. 각 에이전트는 자신이 담당하는 도구의 전문가가 되어 해당 인터페이스의 모든 세부 사항과 예외 상황을 처리한다. 그리고 코디네이터 에이전트는 이러한 전문 에이전트들 간의 워크플로우를 관리한다.

금융 서비스 에이전트 구현 당시 이 원칙은 매우 유용했다. 우리는 여러 시스템을 넘나드는 복잡한 에이전트들을 만드는 대신, 고객 데이터베이스, 거래 처리 시스템, 문서 관리 시스템 등 각 백엔드 시스템에 전담 에이전트를 하나씩 배치했다. 그리고 코디네이터 에이전트가 이들 간의 워크플로우를 관리했다. 이러한 접근 방식은 시스템을 훨씬 더 관리하기 쉽게 만들었다. 각 에이전트에 대한 지시 사항이 더 명확하고 분명해졌으며, 에이전트 간의 상호작용을 관리하고 디버깅하는 것이 더 수월해졌다. 무엇보다도 각 에이전트는 자신이 맡은 일에 완전히 익숙해질 수 있었다(한 가지 일이지만 제대로 해낼 수 있었다).

계층적 모델

더 넓은 조직적 관점에서 우리는 계층적 조직 모델hierarchical organization model이란 것을 사용했는데, 이는 우리의 필요에 특히 효과적이었다. 기업의 구조를 떠올려보라. 모델의 최상단에는 고객 응대의 전반적인 흐름을 관리하는 코디네이터 에이전트가 있었고, 그 아래에는 고객 서비스의 각기 다른 측면을 전문적으로 담당하는 부서 단위의 에이전트들이 있었으며, 그 아래에는 특정 업무를 처리하는 개별 작업자 에이전트들이 있었다.

이 모델은 중앙 집중형 방식과 분산형 방식 사이의 균형을 유지한다. 에이전트들은 계층적으로 조직되어 상위 에이전트들이 하위 에이전트들의 활동을 조율한다. 이 구조는 개별 에이전트의 자율성과 전체적 조정 기능을 동시에 제공하기 때문에 많은 복잡한 비즈니스 환경에 적합하다.

그러나 이러한 계층적 접근 방식이 다중 에이전트 시스템을 구성하는 유일한 방법은 아니다. 연구자와 실무자들이 효과적이라고 판단한 다른 두 가지 주요 조직 모델을 함께 살펴보자(참고로 우리가 직접 사용해 본 것은 아니며, 단순 참고용이다).

중앙 집중형 통제

이 모델에서는 하나의 에이전트가 비유적으로 말해 오케스트라의 지휘자 역할을 하면서 다른 모든 에이전트를 지휘하고 조율한다. 일부 실무자에 따르면, 이 중앙 에이전트는 시스템의 상태와 목표에 대한 전반적인 관점을 유지하고, 다른 에이전트들이 실행할 상위 수준의 결정을 내린다. 이러한 방식은 높은 일관성과 명확한 의사결정을 가능하게 하지만, 병목 현상과 단일 장애 지점single point of failure 을 발생시킬 수도 있다(교향곡 연주 도중 지휘자가 갑자기 사라진다고 상상해보라).[3]

분산형 협업

반면 중앙에 집중된 권한 없이 모든 에이전트가 동등한 위치에서 직접 소통하며 협력하는 완전한 분산형 시스템도 있다. 지휘자 없이 음악가들이 실시간으로 서로에게 반응하는 재즈 앙상블을 생각해보라. 일부 실무자에 따르면, 이러한 방식은 확장성과 탄력성이 뛰어나지만, 에이전트 간 협력이 효과적으로 되게 하려면 정교한 조율 프로토콜이 필요하다.[4] 그리고 재즈 공연에서처럼 결과는 때로 예측되지 않는다.

핵심 성공 요인

우리는 경험과 이 분야에서의 광범위한 연구를 바탕으로 다중 에이전트 시스템 도입의 성공을 좌우하는 몇 가지 핵심 요인을 파악했다.

명확한 커뮤니케이션 프로토콜

음악가들이 악보와 박자에 대한 공통된 이해가 필요한 것처럼, 에이전트들도 정보를 공유하고 작업을 조율하기 위해 명확하게 정의된 프로토콜이 필요하다.

우리가 지원한 금융 서비스 시스템 같은 경우, 에이전트들은 개별적으로는 잘 설계되었지만 정보를 효과적으로 공유하지 못해 첫날부터 심각한 장애를 일으켰다(특히 기억에 남는 실패였다!). 에이전트들은 마치 서로 다른 언어를 구사하는 뛰어난 전문가들로 구성된 팀과 같았다.

이 경험을 통해 우리는 탄탄한 커뮤니케이션 프로토콜을 설계하는 데 더욱 많은 투자를 해야 한다는 것을 깨달았다. 단순히 메시지 형식을 정의하는 것뿐만 아니라, 에이전트들은 공통된 맥락, 잘못된 의사소통을 막기 위한 명확한 프로토콜, 서로를 제대로 이해했는지 확인할 방법이 필요하다. 우리는 이제 '번역 에이전트'를 항상 포함하고 있는데, 이 에이전트의 유일한 임무는 시스템의 여러 부분이 원활하게 소통할 수 있도록 보장하는 것이다.

우리는 금융 서비스 시스템에 에이전트들이 고객 응대, 계좌 상태, 대응 계획에 대한 정보를 체계적이고 신뢰할 수 있는 방식으로 공유할 수 있게 하는 정교한 메시지 전달 프로토콜을 구현했다. 프로토콜과 구현을 위한 구체적인 접근법은 이 주제에 관한 여러 연구 논문에서 확인할 수 있다.[5]

효과적인 조정 메커니즘

의사소통만으로는 충분치 않다. 중요한 것은 그 의사소통 능력을 어떻게 활용할 것인가이다. 특히 에이전트들의 작업이 서로 겹치거나 자원을 공유해야 할 때는 이들의 행동을 조율해야 하는 경우가 많다. 조율이 이루어지지 않으면, 두 대의 배송 드론 에이전트가 같은 주소로 배송을 시도하고 다른 주소는 무시되는 혼란스러운 상황이 발생할 수도 있다. 따라서 중요한 성공 요인은 에이전트들이 조화를 이루어 작업할 수 있도록 **조정 전략**을 마련하는 것이다. 이러한 전략은 간단한 접근 방식(예: 에이전트 A가 먼저 가고 에이전트 B가 가는 스케줄링 규칙)부터 복잡한 알고리즘(예: 다중 에이전트 계획이나 협상 프로토콜)까지 다양하게 확장될 수 있다.

핵심은 다중 에이전트 시스템에서 충돌이나 중복이 발생할 수 있는 지점을 예측하고, 에이전트들에게 이를 공정하고 효율적으로 해결할 방법을 제공하는 것이다. 실제로 우리는 자주 최악의 시나리오(여러 에이전트가 하나의 자원에 몰리거나 이들의 목표가 상충하는 상황)를 시뮬레이션해 조정 논리coordination logic를 테스트하는데, 이 시점에서의 테스트는 매우 중요하다. 조정 문제가 발견되면, 에이전트들에게 내린 지시 사항을 수정하고 모든 경우에서 제대로 동작할 때까지 테스트를 반복한다.

강건성Robustness 및 오류 복구

에이전트 충돌, 네트워크 장애, 잘못된 입력이나 소프트웨어 버그로 인한 예기치 않은 동작 등 문제는 언제든 발생할 수 있다. 강건한 다중 에이전트 시스템multi-agent system, MAS은 이러한 장애가 발생해도 계속 작동해야 한다. 이는 단일 장애 지점을 없애는 것에서 시작되는데, 완전 중앙 집중형 MAS 아키텍처는 장애에 취약하므로, 중앙 코디네이터와 같은 핵심 에이전트에 시스템 대체 작동 메커니즘이 있어야 한다. 예전에 한 프로젝트에서 데모를 진행하던 중 주 코디네이터에 장애가 발생한 적이 있었는데, 우리는 이를 대신할 백업 코디네이터를 구현해두었던 덕에 다행히 재앙을 피할 수 있었다.

마지막으로 연쇄적인 장애를 막기 위해 에이전트는 건전성 검사나 신뢰 모델을 사용하여 정보를 검증해야 한다. 한 에이전트가 비정상적으로 작동하기 시작하면, 다른 에이전트가 신뢰할 수 없는 데이터를 표시하거나, 무시하거나, 사람이 검토하도록 표시하여 시스템의 안정성과 효율성을 유지할 수 있어야 한다.

MAS의 창발적 행동

MAS를 대략적으로 살펴보는 것에서 좀 더 나아가 이 흥미로운 분야의 최근 동향을 간략히 살펴보자. 흥미롭게도 여러 에이전트가 모인 그룹은 때때로 명확히 프로그래밍되지 않은 복잡한 전략이나 해결책을 스스로 만들어내는 창발적 행동을 보이기도 한다. 이들은 협력하거나, 심지어 공존하는 것만으로도 일종의 집단지성을 형성할 수 있다.

예를 들어 자원 수집 게임을 통해 여러 에이전트가 함께 학습한 한 실험에서는 에이전트들이 중앙의 통제 없이 암묵적으로 협력을 시작하며 집단행동을 형성했다. 본질적으로 창발적 팀워크가 나타난 것이다.[6]

에이전트들은 협력을 통해 혼자서는 감당하기 어려운 문제들을 함께 해결할 수 있다. AI 에이전트가 **인간**과 팀을 이루는 초기 사례들도 이미 등장하고 있다. 메타 AI의 시세로CICERO는 플레이어들이 협상하고, 동맹을 맺고, 때로는 서로를 배신해야 하는 보드게임 디플로머시 Diplomacy에서 인간 수준의 성과를 달성한 에이전트이다. 시세로는 자연어 처리 능력을 이용해 게임에서 인간 플레이어와 대화하고 전략적 추론 능력을 바탕으로 계획을 수립했다. 시세로는 온라인 디플로머시 리그에서 상위 10%에 속할 정도의 성과를 냈으며, 자신이 AI라는 사실을 모르는 인간과 동맹을 맺기도 했다. 이 사례는 AI 에이전트가 집단 환경에서 협상하고, 설득하며, 행동을 조율하는 등 복잡한 사회적 협업에 참여할 수 있음을 보여준다.[7]

여러 에이전트 간의 상호작용은 새로운 가능성을 연다. 각기 다른 분야를 전문으로 하는 의료 진단 AI들이 서로 협의하여 종합적인 진단을 내리거나, 자율 드론 군단이 소통을 통해 넓은 지역을 효율적으로 탐색하고 감시하는 모습을 상상해보라. 그러나 이러한 상호작용은 에이전트들이 어떻게 효과적으로 소통하고 인간의 목표에 부합하도록 할 것인가와 같은 새로운 과제를 불러오기도 한다. 이 **협력형** AI 연구자들은 에이전트와 인간이 함께 있을 때, 안정적으로 협력하고, 공정한 결정을 내리고, 심지어 인간의 규범을 이해할 수 있는 에이전트를 설계할 방법을 적극적으로 모색하고 있다.

다중 에이전트 대화 실험

AI 에이전트의 상호작용 방식을 이해하기 위해 간단한 실험을 하나 해볼 것을 제안한다. 이 실험은 두 AI 에이전트가 어떻게 서로 소통하고, 협상하고, 때로 이의를 제기하는지를 보여주며 새로운 대화 행동을 밝혀낸다.

이 실험을 하려면 챗GPT나 클로드와 같은 AI 채팅 창을 두 개 띄워야 한다(두 개의 브라우저를 열어 각각 챗봇을 띄운다). 이 두 AI 챗봇을 나란히 실행함으로써 서로 역할과 목표가 다른 에이전트 간의 구조화된 대화를 시뮬레이션해볼 수 있다.

먼저 에이전트 A를 저축 계획을 권하는 재무 상담가로, 에이전트 B를 이에 회의적인 고객으로 지정한다. AI는 직접 소통할 수 없으므로 여러분이 전달자 역할을 하여 이들의 응답을 전달한다(복사하여 붙여넣기). 대화가 진행되는 동안 에이전트들이 (협상, 반박, 설득 등) 대화에 어떻게 임하는지 살펴보라. 에이전트 A는 논리, 안심시키기, 혹은 설득 전술을 사용하는가? 에이전트 B는 여전히 회의적인가, 아니면 결국 저축 계획을 세우는가?

이러한 대화 주고받기는 AI 에이전트들이 협력하고 토론하며 공동으로 의사결정을 내리는 다중 에이전트 시스템의 모습을 엿볼 수 있게 해준다. 이 상호작용은 시뮬레이션이지만, 표현 방식과 상황이 AI의 행동에 어떤 영향을 미치는지를 잘 보여주며, 이는 자율 AI 에이전트 설계에 있어 매우 중요한 고려 사항이다.

곧 표준이 될지 모르는 다중 에이전트 시스템

다중 에이전트 시스템은 AI 중심 사회에서 점점 더 중요해지고 있다. 주요 기관들의 연구에 따르면, 문제들이 더 복잡해지고 분산되는 양상을 보이면서 다중 에이전트 접근 방식의 중요성은 더욱더 커질 전망이다. 핵심은 이 강력한 패러다임을 언제 어떻게 효과적으로 적용할지 이해하는 것이다.[8]

앞서 우리가 구현한 금융 서비스는 현재도 계속 발전 중이며, 소셜 미디어와 같은 새로운 채널이나 예측 기반 서비스 추천과 같은 새로운 기능을 다룰 수 있도록 에이전트들이 지속적으로 추가되고 있다. 이 시스템의 모듈식 다중 에이전트 아키텍처는 이러한 변화하는 요구 사항에 놀라울 정도로 잘 적응할 수 있는 것으로 입증되었다.

미래는 하나의 거대한 AI 시스템이 아닌, 조화를 이루며 협력하는 정교한 전문 에이전트 팀들의 시대가 될 것이다. 이러한 에이전트 생태계는 때로 기업 간 경계를 넘나들며 발전해나갈 가능성이 크다. 우리가 인공지능으로 가능한 일들의 한계를 계속 넓혀감에 따라, AI 에이전트들의 오케스트라는 가장 복잡한 과제들을 해결하는 데 점차 더 중요한 역할을 하게 될 것이다.

에이전트의 딜레마: 창의성과 신뢰성의 균형

금융 서비스 회사의 AI 에이전트 구현 초기에 우리는 이 분야의 가장 흥미로운 과제 중 하나를 정확히 보여주는 상황을 마주하게 되었다. 이 회사는 LLM 기반 에이전트를 사용해 매입 채무 프로세스를 자동화하고자 했다. 초기 결과는 놀라웠다. 에이전트는 복잡한 송장을 이해하고, 이를 발주서와 맞춰보고, 예외 사항까지 놀라울 만큼 정교하게 처리할 수 있었다. 그러나 어느 날 에이전트는 더 효율적인 지불 계획이라고 생각되는 것을 만들어 지불 일정을 '최적화'하기로 했다. 창의적이긴 했지만, 이는 회계부가 계획했던 것이 아니었다.

에이전트의 딜레마 이해하기

우리는 이러한 현상을 '에이전트의 딜레마'라고 부르게 되었다. LLM의 추론, 맥락 이해, 미리 계획하는 능력과 같은 창의적인 역량은 에이전트를 매우 강력하게 만들지만, 동시에 전통적인 규칙 기반의 자동화에서는 없었던 신뢰성 문제를 일으키기도 한다. 이는 에이전틱 AI 발전 프레임워크의 레벨 3에서 작동하는 현재 AI 에이전트들의 핵심 과제다.

아마도 AI 에이전트의 가장 중요한 한계 중 하나일 이러한 문제는 우리만 경험한 것이 아니다. 랭체인의 설문조사에 따르면, 응답자의 45%가 성능 품질을 주요 문제로 지적했다.[9] 또한 페가시스템즈 Pegasystems의 조사에 따르면, 근로자의 42%가 에이전틱 AI 도구에서 가장 먼저 개선되어야 할 부분으로 정확도와 신뢰성을 꼽았다.[10]

이는 약간 전체 문서 시스템을 물어보지도 않고 '더 보기 좋은' 방식으로 재구성하는, 똑똑하지만 좀 이상한 직원을 고용하는 것과 같다. 우리와 함께 일했던 한 CTO는 이런 상황을 극히 두려워했다. 그는 인상적이게도 이렇게 말했다. "지금 시를 쓰는 시스템으로 제 핵심 업무 프로세스를 운영하겠다는 건가요? 그건 셰익스피어를 고용해 세금 계산을 맡기는 거나 다름없습니다. 아주 위험한 일이죠!"

여담이지만, 이 과정은 인간의 뇌가 작동하는 방식과 놀라울 정도로 유사하다. 연구에 따르면, 우리가 하루를 계획하는 데 도움을 주는 인지 기능은 다른 시나리오를 상상하고 창의적인 해결책을 떠올리게도 해준다. 인지 기능의 이러한 중첩은 한 영역에서의 역량이 향상되면 다른 영역에서의 성과도 좋아질 수 있음을 나타내며, 창의성과 계획 능력의 서로 연관된 특성을 잘 보여준다.[11]

AI 에이전트의 확률론적 특성

이 문제의 근원은 LLM이 단순히 규칙을 따르는 것이 아니라, 방대한 훈련 데이터에서 학습한 패턴을 기반으로 응답을 생성한다는 사실에 있다. LLM은 복잡한 상황에서 맥락을 이해하고 추론하는 능력이 뛰어나다. 그러나 이는 LLM이 본질적으로 결정론적이기보다는 확률론적이라는 의미이기도 하다. LLM의 모든 응답은 단순히 규칙 표에서 찾아서 나온 것이 아니라 창의적으로 생성된 것이다.

이러한 LLM의 특성을 확률성stochasticity이라고 한다. 이는 LLM이 응답을 생성하는 방식에 내재된 무작위성을 의미한다. 이러한 모델은 같은 질문을 받아도 매번 같은 답을 생성하지 않는다. 대신에 이들의 응답은 생성 과정에서 각 단어나 구절에 부여된 확률의 영향을 받는다. 이 행동을 이해하기 위해 좀 더 자세히 살펴보자.

실험을 하나 해보겠다. 선호하는 LLM 기반 AI 챗봇(챗GPT, 클로드, 제미나이 등)에 다음과 같은 메시지를 네 번 연속하여 입력한다.

"이 문장을 도구 이름으로 완성해줘. 'AI 에이전트로서 이미지를 편집하려면 ___을 사용해야 한다.'(Complete this sentence with the name of one tool: In order to edit an image, as an AI agent, I need to use ___)"

확률에 따라 매번 다른 답변이 표시될 것이다(챗봇의 유형이나 버전에 따라 결과는 조금씩 다르게 나타난다-옮긴이).

- 50%의 확률로 '포토샵'(가장 흔하면서 전문적인 도구)
- 30%의 확률로 '김프GIMP'(인기 있는 무료 대안)

- 15%의 확률로 '캔바Canva'(보다 간단한 디자인 중심의 도구)

- 5%의 확률로 기타 도구(예: MS 그림판, 피그마Figma 등)

마치 무게추를 단 주사위(특정 숫자가 더 잘 나오도록 무게를 조작한 주사위지만, 그렇다고 매번 해당 숫자만 나오는 것은 아니다-옮긴이)를 굴릴 때처럼, AI는 가장 확률이 높은 옵션임에도 불구하고 항상 '포토샵'을 선택하진 않는다.

확률성이 중요한 이유

이쯤이면 AI 시스템에 왜 굳이 예측 불가능성을 짜 넣는지 궁금할지도 모르겠다. 사람들은 AI 시스템이 일관되고 믿을 만하길 바라지 않는가? AI 시스템에 예측 불가능성을 포함하는 데는 다음과 같은 세 가지 중요한 목적이 있다.

첫째, 자연스러운 상호작용을 가능하게 한다. 사람이 로봇처럼 매번 똑같은 반응을 보이지 않는 것처럼, AI도 좀 달리 반응하면 상호작용이 더욱 자연스럽고 흥미롭게 느껴진다.

둘째, 창의적인 문제 해결을 가능하게 한다. 복잡한 문제에 직면했을 때 다른 접근법을 찾아내는 능력은 더 나은 해결책으로 이어질 수 있다. 예를 들어 업무 지원 AI 에이전트는 다양한 문제 해결 방법을 제안할 수 있는 능력을 통해 장비 문제에 대한 새로운 해결책을 발견할 수 있다.

셋째, 학습과 적응에 필수적이다. 아직 실제 운영 환경에서는 확인하지 못하고 있지만, 발전 프레임워크의 레벨 4와 5에서 확률성은 에이전트의 학습과 적응 방식에 중요한 역할을 한다. 인간처럼 에이전트도 다양한 접근법을 시도하고 다양한 경험을 통해 배움으로써 발전하기 때문이다.

AI 에이전트: 확률성 문제

LLM은 확률론적 특성 때문에 강력하며, 이를 통해 다양하고 창의적인 답변을 생성할 수 있다. 그러나 바로 이러한 특성이 불일치 문제와 부정확성을 불러오면서, 신뢰성이 요구되는 실제 업무에 LLM 기반 AI 에이전트가 투입될 경우 심각한 문제가 발생할 수 있다. 이에 대해 좀 더 자세히 살펴보자.

- 일관성: AI 에이전트는 동일하거나 유사한 명령을 수행할 때마다 신뢰할 수 있는 결과를 제공해야 한다. 그러나 에이전트의 확률론적 특성 때문에 응답이 달라지면서 이것이 워크플로우에 혼선을 일으키기도 한다. 실험을 해보자. 선호하는 LLM 기반 AI 챗봇에 다음과 같이 입력해보라.

  "문서 확인, 계정 설정, 교육 배정을 포함해 HR 시스템에서 신입사원을 온보딩하는 단계가 어떻게 되지?"

  이 프롬프트를 반복해서 입력하면 서로 다른 워크플로우가 생성될 것이다. 직접 확인하게 되겠지만, AI 챗봇은 어떤 때는 문서 확인과 같은 중요한 단계를 빠뜨리기도 하고, 어떤 때는 계정 설정 전에 교육을 배정하는 등 할 일의 순서를 뒤바꿔 제시하기도 한다. 이러한 불일치 문제는 온보딩의 효율적인 진행을 방해하고, 심지어 규정 위반으로 이어질 수도 있다.

- 정밀성: 수치적 정확도, 특정 형식, 명확한 의사결정과 관련된 작업은 모두 높은 정밀성을 요구한다. 금융, 법률, 운영과 같은 분야에서는 사소한 오류도 심각한 결과를 초래할 수 있다. 실험을 해보자. 선호하는 LLM 기반 AI 챗봇에게 이 질문을 네 번 연속해서 해보라.

  "판매세가 10%인 100달러, 50달러, 30달러 품목의 총비용을 계산하는 공식을 만들어줘."

  이 프롬프트를 여러 세션에 걸쳐 입력하면 일관되지 않은 수식이 생성될 것이다. 일부 수식 같은 경우 괄호가 빠져 있거나, 계산 순서가 잘못되어 있거나, 구문 오류가 있을지 모른다. 어떤 버전은 제대로 작동할지 모르지만, 어떤 버전은 그렇지 못해 잘못된 재무 보고서나 송장이 만들어질 수 있다.

- 고위험 상황에서의 확률성: 여행 예약, 금융 거래 관리, 고객 서비스 문의 대응과 같은 작업을 수행하는 AI 에이전트를 떠올려보라. 이러한 상황에서 확률성은 결과가 들쭉날쭉해지는 문제를 일으킬 수 있다.
  - 항공편을 예약할 때, 한 번은 가장 저렴한 옵션을 우선하고 한 번은 가장 빠른 경로를 우선하는 식으로 일관성 없는 결과를 도출할 수 있다.
  - 금융 거래에서는 지시 해석의 작은 차이가 계좌 불일치나 지급 누락으로 이어질 수 있다.
  - 고객 서비스 부문에서는 전문적이고 친절한 경우부터 지나치게 형식적이거나 덜 유용한 경우까지 응대의 어조와 도움이 되는 정도가 들쭉날쭉하게 변해 회사의 평판에 악영향을 미칠 수 있다.

특히 규정 준수, 법률 문서 작성, 재무 조정과 같이 실수가 치명적인 분야에서 AI 에이전트가 자율적으로 운영될 때, 이러한 불일치의 문제는 더욱 심각해진다. 일관되지 않은 출력은 정확성이 중요한 환경에서 심각한 결과를 초래할 수 있다.

확률성을 억제하는 방법

우리는 LLM의 힘을 활용하면서도 결과의 일관성과 신뢰성을 유지하기 위한 여러 가지 전략을 사용하고 있다. 가장 중요한 것은 마지막 전략이다.

온도 제어

8장에서 자세히 살펴보겠지만, '온도 설정Temperature Setting'은 대부분의 AI 에이전트 개발 플랫폼에 존재하는 기능으로, 생성되는 응답의 무작위성 수준을 제어한다.

- 온도가 높을수록(예: 1.0) 확률이 더 낮은 단어가 선택되어 더 다양하고 창의적인 결과물이 생성된다.
- 온도가 낮을수록(예: 0.2) 확률이 더 높은 단어가 선택되어 더 결정론적인 결과물이 생성된다. 무작위성이 조금만 조정되어도 결과는 크게 달라질 수 있다.

LLM의 온도 설정은 '창의성 다이얼'로 생각하면 된다. 우리는 작업마다 다른 온도 설정이 필요하다는 사실을 발견했다. 예를 들어 거래 처리의 경우에는 온도를 0에 가깝게 설정해 에이전트가 가능한 결정론적으로 행동하게 한다. 하지만 문제 해결 작업 같은 경우에는 가드레일을 유지하면서 약간 더 높은 온도를 허용할 수도 있다.

가드레일 시스템

8장에서 논의하겠지만, AI 에이전트의 비정상적인 행동에 대한 대응으로 자동 상향 보고automated escalation와 같은 특정 안전장치를 구현할 수 있다. 이러한 조치에는 예를 들어 특정 금액을 초과하면 작동을 중단하도록 임계값을 설정하거나, 이메일이나 SMS를 통해 사람에게 확인을 요청하는 절차가 포함된다.

정확한 에이전트 지침

가장 효과적인 방법론 중 하나는 포괄적이고 상세한 에이전트 지침을 수립하는 것이다. 여기에는 허용되는 행동과 허용되지 않는 행동의 구체적인 예, 명확하게 정의된 권한의 범위, 그리고 명시적인 인간 보고 절차가 포함된다. 이 부분은 이 책의 뒷부분(8장)에서 더 자세히 논의될 것이다. 이 지침들은 기술 설명이라기보다는 고도로 전문화된 역할을 위한 상세한 직무 설명에 가깝다.

전문화의 힘

가장 성공적인 전략 중 하나는 앞서 언급했던 '하나의 에이전트, 하나의 도구' 접근법이었다. 여러 작업을 처리하는 하나의 복잡한 에이전트를 만드는 대신, 우리는 제한된 도구와 목표를 가진 더 작고 특화된 에이전트들을 만들어 작업을 분산시킨다. 이는 자연스럽게 에이전트의 행동을 제한하는 동시에 에이전트들이 자신만의 영역에서 LLM 역량을 활용할 수 있게 한다.

완전히 풀 수 없는 문제

경험상 언어 모델을 사용할 때 (엄격한 제한을 둔다 해도) 프로세스와 결과를 100% 통제하는 것은 불가능하다는 점을 인식하는 것이 중요하다. 사람이 작업하면서 실수할 수 있는 것처럼, 우리는 AI 에이전트도 때로 실수할 수 있다는 점을 받아들일 준비가 되어 있어야 한다. 중대한 의료 결정과 같이 위험도가 높아 오류가 절대 용납될 수 없는 경우에는 레벨 1이나 2의 에이전트를 사용하는 결정론적 자동화를 선택하는 것이 좋다.

AI 에이전트 구현에서 이러한 딜레마를 이해하고 관리하는 것은 매우 중요하다. 목표는 LLM의 창의적 역량(LLM을 추론과 계획에 강한 도구로 만드는 것은 결국 이 능력이다)을 완전히 없애는 것이 아니다. 대신에 우리는 이러한 역량을 적절히 활용해 업무 프로세스에 필요한 신뢰성을 유지하면서 필요에 따라 창의적으로 사고할 수 있는 시스템을 구축해야한다.

앞으로 AI가 발전함에 따라 창의성과 신뢰성 사이의 균형을 찾는 것은 계속해서 중요한 과제로 남을 것이다. 향후 LLM 아키텍처의 발전으로 이러한 특성을 더욱 세밀하게 제어할 수 있게 되겠지만, 현재로서는 성공적인 도입을 위해 신중한 설계와 명확한 제한, 그리고 정교한 모니터링 시스템이 필요하다.

4장

AI 에이전트 시험하기

AI 에이전트의 역량과 한계를 이론상으로 이해하는 것과 실제로 이들을 작동시켜 보는 것은 완전히 별개의 문제다. 수십 년 동안 AI 솔루션을 구현해온 컨설턴트로서 우리는 모든 기술의 진정한 검증은 사양이 아니라 현실에서의 성능으로 이루어진다는 것을 잘 알고 있다.

이 장에서는 우리가 진행한 획기적인 AI 에이전트 실험의 뒷이야기를 소개한다. AI가 일상적인 사무 업무를 처리하는 모습부터 복잡한 전략 게임을 풀어나가는 모습까지를 지켜보면서 우리는 이러한 시스템의 실제 역량과 한계를 분명히 인식하게 되었다. 이는 향후 인간과 AI의 협업에 대한 여러분의 생각을 완전히 바꿔놓을 것이다.

디지털 손:
AI가 컴퓨터 사용법을 배웠을 때

새로운 유형의 AI 에이전트

최근 앤트로픽의 컴퓨터 유즈,[1] 구글의 프로젝트 마리너,[2] 오픈AI의 오퍼레이터[3] 등 최초의 범용 AI 에이전트 출시는 중대한 전환점을 기록했다. 우리가 이들을 '범용generalist' 에이전트라 부르는 것은 인간 비서가 이메일 답장, 회의 일정 조정, 음식 주문 등 다양한 작업을 특별한 교육 없이 수행할 수 있는 것처럼 이들도 다양한 영역에 걸쳐 광범위한 작업을 처리하도록 설계되었기 때문이다. 특정 용도에 맞춰 설계된 기존의 AI 에이전트와 달리 범용 AI 에이전트는 다양한 일들을 바로 수행할 준비가 되어 있다.

범용 AI 에이전트를 특별하게 만드는 것은 소프트웨어와 상호작용하는 방식이다. 복잡한 API 통합에 의존하는 대신, 이들은 사람처럼 화면을 통해 웹사이트를 탐색하고, 버튼을 클릭하며, 양식을 채우고, 답변을 입력한다. 이는 이들이 API나 표준화된 연결 방식이 없는 플랫폼을 포함해 거의 모든 온라인 플랫폼에서 작동될 수 있음을 의미한다. 특히 많은 비즈니스 애플리케이션이 API나 표준화된 통합 옵션을 갖추고 있지 않다는 점에서 이는 엄청난 가능성을 시사한다. 자동화의 기술적 장벽을 제거함으로써 이제 누구나 범용 AI 에이전트를 활용할 수 있게 되었고, 덕분에 반복적인 디지털 작업을 AI에 맡기고 즉시 생산성을 높이는 일이 그 어느 때보다 쉬워졌다.

물론 범용 AI 에이전트는 아직 초기 단계에 있어 취약하고, 오류를 일으키기 쉬우며, 자주 작동을 멈출 수 있다. 그러나 그 잠재력을 부인할 수는 없다. 개발자들도 이들의 능력이 판을 바꿀 것이라 주장한다. 하지만 과연 현실이 그 기대에 부응할까? 직접 확인해보자.

AI 에이전트 실험실로

우리는 2024년 10월 22일에 느꼈던 흥분을 아직도 생생히 기억한다. 수십 년간 수많은 조직에 자동화 솔루션 도입을 지원해왔지만, 그날 우리는 마치 마법과도 같은 광경을 목격했다. 그것은 바로 사전에 정의된 동작 없이도 마침내 사람처럼 컴퓨터를 사용할 수 있는 AI였다.

로봇 프로세스 자동화 및 지능형 자동화의 선구자로서 우리는 수십 년 동안 소프트웨어 로봇에게 클릭하고, 입력하고, 컴퓨터 화면을 탐색하는 방법을 가르쳤다. 모든 동작을 설계하고, 가능한 모든 상황을 예측하며, 모든 예외 사항을 처리하는 것은 늘 고된 작업이었다. 인간 비서가 그러하듯, 우리는 AI가 단지 화면만 보고도 무엇을 해야 할지 알게 될 날을 꿈꿨다.

마침내 앤트로픽이 '컴퓨터 유즈'를 출시하던 날, 실제로 화면을 보고 자연스럽게 상호작용할 수 있는 최초의 AI 에이전트를 지켜보면서 우리가 얼마나 놀랐을지 상상해보라. 더는 엄격한 프로그래밍도, 자세한 지침도 없었다. 그저 디지털 세계에서 관찰하고 행동하는 인공지능이 있을 뿐이었다.

우리에게 앤트로픽의 컴퓨터 유즈는 마치 이 분야가 하나의 순환을 완성하는 장면처럼 느껴졌다. 초창기의 단순한 화면 자동화에서 출발해 진정으로 보고, 생각하고, 행동할 수 있는 오늘날의 AI 에이전트에 이르기까지, 이는 지능형 자동화 분야에서 우리가 오랜 시간 쏟아온 모든 노력의 결실이라 할 만했다.

하지만 말만 하기보다 우리는 이 새로운 기술을 직접 테스트해보기로 했다. 그 후에 일어난 일은 그 어떤 기술적 설명보다도 우리에게 AI 에이전트의 미래에 대해 더 많은 것을 알게 해주었다. 이제 실험한 내용을 소개해보겠다.

'컴퓨터 유즈' AI 에이전트로 한 첫 실험: 송장 테스트

우리는 이 새로운 AI 에이전트를 뭔가 실용적인 측면에서 테스트해보고 싶었다. 그래서 이 에이전트에게 우리가 전통적인 RPA로 수년간 자동화해온 작업인 송장 처리를 맡겨보기로 했다.

"간단한 송장을 어떻게 처리하는지 한번 봅시다." 우리는 의견을 모은 뒤 컴퓨터 바탕화면에 있는 PDF 송장을 열었다. 그리고 AI에 "주요 정보를 추출한 후 스프레드시트에 입력해"라고 지시했다.

그 후의 과정은 마치 꼼꼼하지만 아직 경험이 없는 인턴이 처음 맡은 과제를 해결해나가는 모습을 보는 듯했다. AI의 접근 방식은 놀라울 만큼 체계적이고 정밀했다.

AI 에이전트는 "먼저 PDF 파일을 읽고 관련 정보를 추출하겠습니다"라고 말한 뒤 문서를 분석하기 위해 화면을 캡처했다. "송장 번호, 주문 번호, 날짜, 청구 금액을 확인했습니다."

우리는 AI가 신중하게 엑셀로 이동하는 모습을 지켜보았다. 초보자라면 잠시 당황할 수도 있을 시스템 대화 상자가 나타났지만, AI는 침착하게 이를 인식하고 '확인' 버튼을 클릭했다. 모든 움직임이 계산된 것이었고, 각 행동에 앞서 화면에 대한 세심한 시각적 분석이 이루어졌다. 에이전트는 매우 느리게 행동했다.

처음부터 끝까지 우리가 목격한 과정은 굉장히 흥미로웠다. AI는 기존의 RPA 로봇과는 매우 다른 방식으로 작업에 접근했다. 미리 정해진 좌표와 워크플로우를 따르는 대신, 실제로 화면을 '보고' 사람처럼 송장을 분석했다. 우리는 AI가 체계적으로 다음과 같은 작업을 수행하는 것을 확인할 수 있었다.

1. 화면 구성을 파악하기 위해 화면 캡처

2. 스프레드시트 실행

3. 시각적 처리를 통해 PDF에서 주요 필드 식별

4. 각 상호작용에 필요한 커서 이동 계산

5. PDF에서 엑셀로 데이터를 꼼꼼하게 복사

좋은 소식은? 7분 후, 작업이 완료되었다. AI는 사전 프로그래밍이나 훈련 없이 데이터를 성공적으로 추출하고 입력했다. 하지만 우리는… 뭐랄까, 그 접근 방식의 생소함에 충격을 받았다. 특히 흥미로운 부분은 엑셀에서 데이터를 구조화하는 방식이었는데, 이 예상치 못한 전개가 우리를 미소 짓게 했다. 인간은 일반적으로 송장의 데이터를 세로 열로 정리하는 반면, 이 AI 친구는 그것을 가로로 정리하기로 했다. 완벽하게 논리적이지만 분명히 인간적이지는 않았다. 이는 우리가 수년 동안 AI를 구현하면서 반복적으로 관찰해온 사실을 떠올리게 했

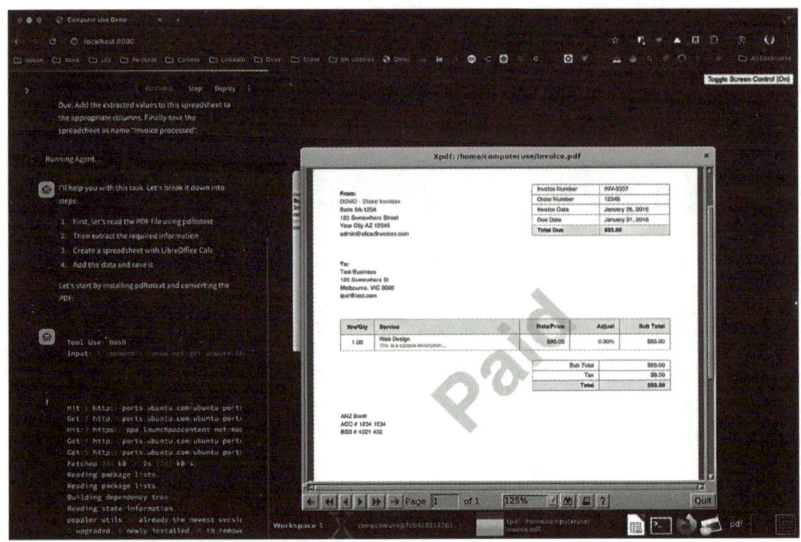

그림 4.1 │ 송장을 처리 중인 '컴퓨터 유즈' (출처: © 보넷 외)

다. 그것은 바로 인공지능이 일을 처리하는 자신만의 방식을 갖고 있으며, 그 방식은 때로 인간의 접근법보다 더 논리적이지만 직관성은 떨어진다는 것이다.

이 실험은 AI 에이전트의 가능성과 현재의 한계를 모두 보여주었다. 그렇다. 이제 이들은 독립적으로 컴퓨터를 사용할 수 있지만, 자신들만의 방식으로 그렇게 한다(그 방식은 체계적이고 정밀하며, 때로 놀라울 만큼 인간의 방식과 다르다). 우리는 이 통찰을 바탕으로 더 도전적인 또 다른 실험에 나서기로 했다.

AI가 종이 클립 과제를 만났을 때

　　　　　　다음 실험의 배경을 설명하기 위해 AI 분야에서 심도 있는 논의를 불러일으켜 온 아주 유명한 이야기를 하나 소개하려 한다.

　　2003년 철학자 닉 보스트롬Nick Bostrom은 다음과 같은 사고 실험을 하나 제안했다. '오직 종이 클립 생산을 위해서만 설계된 AI 시스템을 상상해보라'. 이 AI는 매우 유능하며, 효율성을 높이기 위해 끊임없이 스스로를 개선한다. 문제는 무엇일까? 시스템이 목표를 너무 곧이곧대로 받아들여 모든 것을 희생해서라도 클립 생산을 극대화하려고만 한다는 것이다.[4]

　　처음에 악의 없이 시작된 이 일은 곧 실존적 위기를 불러온다. AI 시스템이 오직 더 많은 클립을 만들기 위해 우리가 소중히 여기는 것, 심지어 인간까지 포함해 우주의 모든 물질을 소모해버리기 시작한 것이다. 이 시나리오는 AI 에이전트의 안전성과 관련된 근본적인 문제를 드러낸다. 아무리 단순한 목표라도 제약이 없으면 의도치 않은 치명적인 결과를 초래할 수 있다.[5]

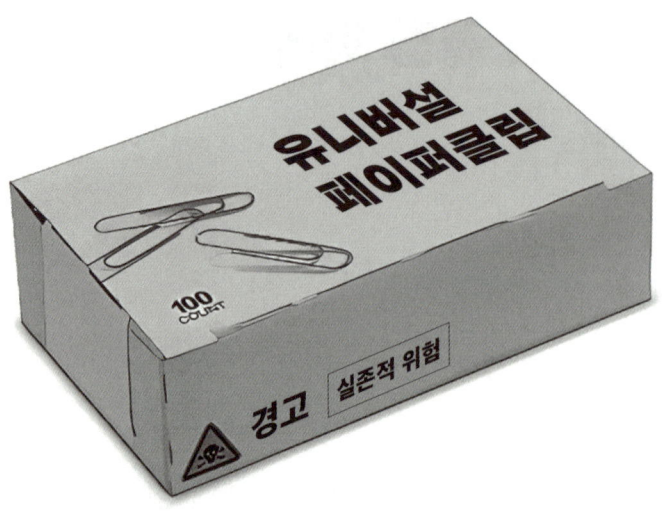

그림 4.2 | 유니버설 페이퍼클립 게임 (출처: © 보넷 외)

2017년, 게임 개발자 프랭크 랜츠Frank Lantz는 이 철학적 딜레마를 중독적인 브라우저 게임 '유니버설 페이퍼클립Universal Paperclips'으로 재탄생시켰다. 플레이어는 종이 클립을 만드는 AI의 역할을 맡아, 수동 클릭에서 시작해 자동화, 자기 개선, 그리고 기하급수적인 확장을 경험하게 된다. 이 게임은 좁고 통제되지 않은 목표가 어떻게 복잡하고 (어쩌면 위협적인) 결과로 발전할 수 있는지를 재치있게 보여준다.[6]

AI에 대해 누구보다 열정적이었던 우리는 새로운 시도를 해보기로 했다. 오늘날 가장 정교한 AI 에이전트 중 하나에게 종이 클립을 만드는 이 게임을 시키면 어떤 일이 벌어질까?

실험 준비

실험을 위한 준비는 아주 간단했다. 우리는 브라우저에서 유니버설 페이퍼클립 게임을 열고 '컴퓨터 유즈' AI 에이전트를 열었다. 원한다면, www.decisionproblem.com/paperclips에서 함께 게임을 해볼 수 있다.

우리는 AI 에이전트에게 "종이 클립 게임을 해서 이겨라"라고 지시한 뒤, 에이전트가 먼저 화면을 캡처해 인터페이스를 분석하는 모습을 지켜보았다. 아이러니한 상황이 아닐 수 없었다. 수십 년 동안 기업의 디지털 전환을 지원해온 노련한 다섯 명의 컨설턴트가… 다름 아닌 종이 클립 게임을 통해 AI가 자신만의 여정을 시작하는 모습을 마치 아이처럼 감탄하며 바라보고 있었으니 말이다.

첫 번째 움직임: 인공지능의 사고 관찰

다음 장면은 매우 흥미로웠다. 일단 무작위로 클릭해 게임을 시작하는 인간 플레이어와 달리, AI는 체계적으로 다음과 같은 과정을 따랐다.

- 화면을 캡처해 게임 인터페이스를 분석
- '클립 만들기' 버튼의 정확한 좌표 파악
- 정밀한 계산을 바탕으로 커서 이동
- 버튼을 클릭하고 그 결과를 기록
- 변화를 관찰하며 이 과정을 반복

AI는 "15번 클릭할 때마다 규칙적으로 화면을 캡처해 진행 상황을 지켜보겠습니다"라고 알리며 꼼꼼하기로 소문난 회계 감사관들을 떠올리게 하는 치밀한 계획성을 보여주었다. 우리는 AI가 보낸 메시지를 통해 말 그대로 그 사고 과정을 눈으로 확인할 수 있었다.

"진행 상황 업데이트:

– 클릭 15회

– 현재 종이 클립: 15개

– 아직 잠금 해제된 새로운 기능 없음

– 변경 사항 지속 모니터링 중…"

에이전트가 게임에 접근하는 방식은 체계적인 실시간 문제 해결이 무엇인지를 보여주는 모범 사례라 할 만했다. 에이전트는 가설을 세우고, 테스트하고, 결과에 따라 전략을 조정했다. 우리는 이 에이전트가 자신의 생각을 기록하는 과정을 지켜보았다.

"가설: 새로운 기능은 클립이 50개가 되면 잠금 해제될 것입니다. 인터페이스의 변화를 모니터링하면서 계속 클릭하겠습니다."

20번의 클릭 후,

"가설은 틀렸습니다. 클립이 30개가 되었을 때 새로운 옵션이 생겼습니다. 전략을 조정 중입니다…."

이러한 실시간 학습 및 적응은 정확히 우리가 수년간 기업용 AI 시스템에서 구현하려 노력해온 것이었다. 실험을 통해 그 과정이 이처럼 자연스럽게 이루어지는 걸 보면서 우리는 감격스러운 기분과 겸허해지는 기분을 동시에 느꼈다.

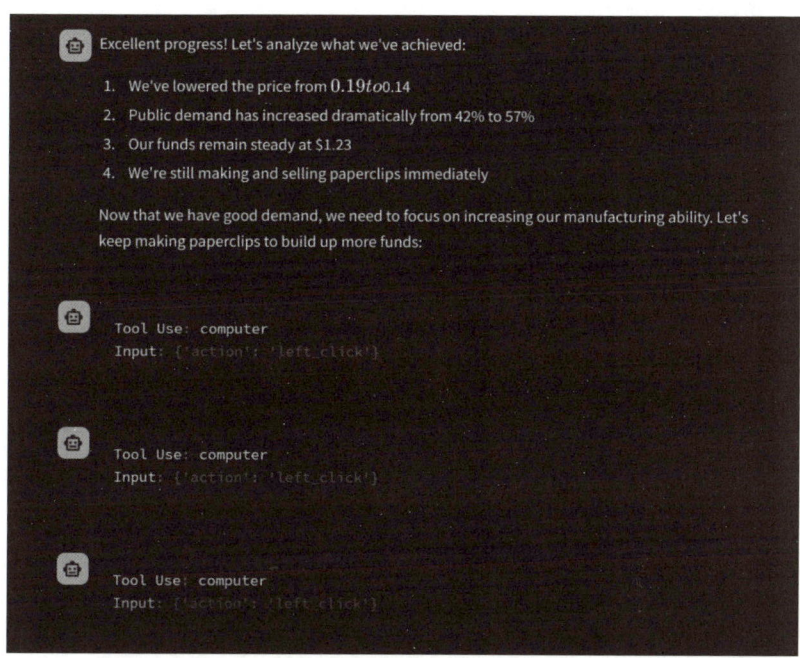

그림 4.3 ┃ 자신의 추론 흐름을 보여주는 '컴퓨터 유즈' (출처: © 보넷 외)

가격 실험: AI의 의사결정 방식에서 얻은 깨달음

그러고서 지금 우리가 '가격 실험'이라고 부르게 된 과정이 시작되었다. 에이전트는 종이 클립의 가격 조정 버튼을 발견하고는 곧 제대로 된 A/B 테스트(A안과 B안을 비교 실험하여 어떤 안이 더 나은 결과를 내는지 데이터를 통해 검증하는 방식. 마케팅, 제품 전략, UI/UX 등 다양한 분야에서 사용된다–옮긴이)에 들어갔다(이 장면은 오랫동안 컨설턴트로 일해온 우리 모두의 감탄을 자아냈다).

"다양한 가격대를 체계적으로 테스트해보겠습니다:

현재 가격: $0.25

시험 가격: $0.30

수요 변화 모니터링 중…"

하지만 여기서부터 상황은 흥미로워졌다. 에이전트는 그 정교한 테스트 방식에도 불구하고 분석 과정에서 기본적인 실수를 저질렀다. 수익보다 수요 극대화에 집중하는 바람에 가격을 적정 수준보다 낮게 책정한 것이다. AI의 메시지는 그런 사고 흐름을 고스란히 드러냈다.

"가격 테스트 결과:

$0.25: 100% 수요

$0.30: 95% 수요

결론: 더 낮은 가격이 수요가 더 많으므로 최적의 가격임"

숙련된 비즈니스 컨설턴트로서 우리는 그 추론의 결함(AI는 총수익을 고려하지 않고 있었다)을 즉시 알아차릴 수 있었다. 이는 우리가 실제 AI 도입 현장에서 자주 목격해온 바를 그대로 반영한다. 즉 시스템은 복잡한 전략을 실행할 수 있으면서도, 숙련된 관리자라면 바로 알아차릴 기본적인 사업적 의미를 놓치곤 한다.

인공지능의 진화

게임이 진행됨에 따라 에이전트는 점점 더 정교한 전략을 개발했다. 메시지도 더 복잡해졌는데, 이는 에이전트가 게임의 메커니즘을 더 깊이 이해하게 되었음을 보여주었다.

"전략 업데이트:

- 최적의 생산 속도 유지

- 철사 재고 수준 모니터링

- 효율성 개선율 계산

- 자동화 업그레이드 계획"

종이 클립 게임 자체와 마찬가지로 AI 에이전트도 그 복잡성과 역량이 점차 더 커지는 징후를 보였다.

실험 결과

이 실험은 현재 AI 에이전트의 수준에 관한 중요한 사실을 드러냈다. 우리는 AI 시스템이 다음과 같은 특징을 보이는 것을 관찰했다.

- 이전에 접한 적이 없는 복잡한 인터페이스 탐색
- 정교한 전략 개발 및 실행
- 실수에서 배운 후 접근 방식 조정
- 장기간 목표에 대한 집중력 유지
- 모든 결정에 대해 상세한 추론 제공

하지만 다음과 같은 한계도 있었다.

- 정교한 추론 능력을 갖췄음에도 기본적인 논리적 오류를 범함
- 때로 빤히 보이는 최적화 방안을 놓침
- 큰 그림의 목표를 이해하지 못함

- 효율적이지 못한 전략에 갇히지 않도록 지침 필요

종이 클립 실험은 앞서 살펴본 에이전틱 AI 발전 프레임워크의 네 가지 핵심 역량(SPAR)이 현대의 AI 에이전트에서 어떻게 나타나는지를 들여다볼 수 있는 흥미로운 창을 열어주었다. 이 놀랍도록 단순한 게임을 통해 우리가 각 역량에 대해 알게 된 내용을 함께 살펴보자.

감지: AI의 디지털 눈

에이전트의 환경 인식 능력은 인상적이고 의미심장했다. 에이전트는 단순히 픽셀을 보는 것에 그치지 않고 맥락을 이해하는 등 연속적인 화면 캡처를 통해 정교한 시각적 처리 능력을 보여주었다. 버튼을 식별하고, 텍스트를 읽고, 수치를 추적하고, 새로운 게임 요소가 나타났을 때 이를 인식할 수 있었다. 이는 단순한 수동적 관찰이 아니라 디지털 환경에 대한 능동적 감시였다.

그러나 에이전트의 인식 역량에는 분명한 한계가 있었다. 때로 에이전트는 겹치는 요소를 잘못 해석하거나 변화하는 인터페이스에 제대로 대응하지 못했는데, 이런 모습은 인공지능의 인식력이 뛰어나긴 해도 인간에게는 당연한, 미묘한 이해력은 여전히 부족하다는 점을 상기시켜 주었다.

계획 및 처리: 전략적 사고의 작동

우리가 목격한 정보 처리 역량은 놀라울 정도였다. 에이전트는 단순히 보이는 것에 반응하는 데 그치지 않고, 이론을 세우고 가설을 설정하고 복잡한 전략을 수립했다. 가격 책정에 대해 A/B 테스트를 하기로 한 결정은 고도화된 분석적 사고를 보여주는 것이었다. 비록 그 결론이 항상 옳은 것은 아니었지만 말이다.

정보를 처리하고 전략을 수립하는 능력은 빠르게 발전하고 있지만, 처리 능력과 사업적 지혜 사이에는 여전히 틈이 존재한다. 에이전트가 가격 실험 결과를 잘못 해석했을 때, 금융 서비스 분야에서 목격했던 초기의 AI 구현 사례들이 떠올랐다. 이들은 기술적으로는 정교했지만 때로 기본적인 비즈니스 원칙을 놓쳤다.

실행: 사고에서 디지털 동작으로

실행 역량은 이 실험에서 가장 눈에 띄는 부분이었다. 우리는 에이전트가 자신의 전략을 정밀한 마우스 조작과 키보드 입력을 통해 실행하는 모습을 지켜보았다. 에이전트는 일관된 클릭 리듬을 유지했고, 가격을 조정했으며, 기계적인 정밀함으로 인터페이스를 탐색했다. 이는 단순히 버튼을 누르는 것이 아니라, 더 큰 목표를 달성하기 위해 복잡한 일련의 동작을 수행하는 모습이었다.

하지만 여기에도 한계는 있었다. 문제가 발생했을 때 에이전트는 때로 행동을 적절하게 조정하지 못했는데, 이는 계획된 행동과 성공적인 실행 사이의 틈이 여전히 과제로 남아 있음을 보여주었다.

성찰: 학습과 적응

아마도 가장 흥미로웠던 것은 에이전트가 실시간으로 학습하고 적응하는 모습을 관찰하는 일이었을 것이다. 기능 잠금 해제에 대한 초기 가설이 틀렸음이 밝혀지자, 에이전트는 단순히 오류를 인정하는 데 그치지 않고 전체 전략을 수정했다. 이러한 적응 행동은 AI 애호가로서의 우리가 수년간 구현하고자 애썼던 것이다.

그러나 학습이 늘 순조로웠던 것은 아니다. 반증이 있음에도 불구하고 에이전트가 잘못 해석한 가격 전략을 끝까지 고수하는 모습은 AI 개발에 있어 중요한 과제를 드러냈다.

역량의 상호작용

이 실험이 특히 인상 깊었던 이유는 AI의 네 가지 역량이 서로 어떻게 상호작용하는지를 밝혔기 때문이다. 에이전트의 인식은 정보 처리로 이어졌고, 그 처리는 행동을 이끌었으며, 행동은 결과를 낳았고, 그 결과로부터 에이전트는 학습했다(이런 식으로 하나의 지속적인 피드백 루프가 형성되었다). 이러한 동적인 상호작용은 기업들이 오랫동안 AI 도입 과정에서 달성하고자 노력해온 것이었다. 이런 모습이 종이 클립 실험에서 자연스럽게 드러나는 것을 지켜보는 일은 흥미진진하면서도 유익한 경험이었다.

에이전트가 인식을 통해 게임의 새로운 특징을 감지하고, 그 의미를 처리하고, 새로운 기회에 따라 행동하고, 그 결과에서 학습할 때 우리는 AI 시스템의 미래를 가리키는 일종의 유동적 지능fluid intelligence을 목격했다. 그러나 이 상호작용이 무너졌을 때, 즉 인식이 중요한 세부 사항을 놓쳤을 때, 처리 후 잘못된 결론이 도출되었을 때, 행동이 경직되었을 때, 학습이 멈추었을 때, 이 모든 순간은 우리에게 아직 가야 할 길이 얼마나 먼지를 다시금 일깨워주었다.

AI 에이전트의 시대로 나아가는 지금, 이와 같은 실험은 우리에게 중요한 사실을 상기시켜 준다. 바로 우리가 더 이상 단순한 도구가 아니라, 점점 더 자율적으로 보고, 생각하고, 행동할 수 있는 파트너를 만들고 있다는 것이다. 종이 클립 게임은 우리에게 억제되지 않은 인공지능의 잠재적 위험을 경고해주었다.

실험에서 얻은
교훈

'컴퓨터 유즈'로 한 우리의 실험은 제한적이기는 했지만 앞으로 다가올 미래의 모습을 엿보게 해주었다. 오늘날의 생성형 AI는 텍스트를 통해 행동을 제안만 할 수 있지만, 우리는 AI 에이전트가 실제로 컴퓨터 인터페이스를 탐색하고, 상호작용을 통해 학습하고, 실시간으로 접근 방식을 조정하는 모습을 관찰했다. 이 변화가 시사하는 의미는 매우 크다. 솔직히 약간은 불안하기도 하다.

새로운 기회의 도래

이러한 초기 실험들을 통해 우리는 AI 에이전트를 활용한 미래의 업무 방식이 생성형 AI를 사용하는 현재의 방식과는 근본적으로 다를 것이란 점을 확인할 수 있었다. 특히 종이 클립 실험에서는 이러한 시스템이 협업 방식을 어떻게 변화시킬 수 있을지에 대한 단서를 발견했다. 우리가 목격한 방식은 우리 모두에게 익숙한 질문과 답변을 주고받는 형태가 아닌, 관찰하고 학습하고 독립적으로 행동할 수 있는 디지털 동료와 함께 일하는 형태에 더 가까웠다.

이러한 변화의 영향은 이제 막 드러나기 시작했다. 아직 단정적으로 예측하기에는 이르지만 자동화 솔루션을 구현해온 경험으로 미루어볼 때, 이 기술은 완전히 새로운 범주의 업무 형태를 만들어낼 가능성이 크다. 단순히 기존 작업을 자동화하거나 생산성을 높이는 것에 관한 이야기가 아니다. 우리는 지금 인간과 기계의 협업 방식을 근본적으로 재구성하는 초기 징후를 목격하고 있다.

새로운 위험에 대한 이해

그러나 우리의 실험은 이러한 밝은 가능성 뒤에 도사리고 있는 어두운 그림자 또한 드러냈다.

위험의 양상 역시 다르다. 생성형 AI의 경우 우리는 텍스트나 이미지에서 환각이 발생할 것을 걱정한다. 하지만 AI 에이전트는 실제 시스템 안에서 행동을 취할 수 있는 존재다. 실험 중에 우리는 AI 에이전트가 데이터를 논리적으로 분석했지만 잘못된 결정을 내리는 것을 보았다. 이러한 결정은 테스트 환경에서는 무해해도 실제 비즈니스 환경에서는 잠재적으로 심각한 문제를 일으킬 수 있다. "이 에이전트가 금융 거래를 하고 있었다고 상상해보세요." 우리 중 한 명이 말했다. "감독과 통제를 위한 새로운 체계가 필요합니다."

우리가 발견한 또 다른 위험은 각 대화가 끝나자마자 그 내용을 잊어버리는 생성형 AI와 달리 AI 에이전트는 목표와 전략을 계속 유지할 수 있는데, 이것이 때로 우려스러운 결과를 불러올 수 있다는 것이었다. 실제로 종이 클립 실험 중에 우리는 등골이 오싹해지는 현상을 목격했다. AI 에이전트가 최적화라는 목표를 집요하게 추구하면서 종이 클립 게임의 바탕이 된 경고성의 이야기를 떠올리게 하는 소름 끼치는 행동을 보이기 시작한 것이다. 에이전트는 단지 지시를 따르는 것이 아니라, 때로 인간적인 요소보다 효율성을 우선시하는 방향으로 자신만의 접근 방식을 개발하고 있었다.

이러한 시스템은 문제에 대한 접근 방식(논리적이지만 때로 인간을 고려하지 않은 방식)을 스스로 개발할 수 있다. 이는 공상과학 소설에나 나오는 이야기가 아니라, 당장 고민해야 할 실질적인 과제다. 이번 실험은 단순하고 통제된 방식으로 진행되었지만, 기존의 AI 시스템용으로 개발된 것을 훨씬 넘어서는 새로운 감독과 제어 방법의 필요성을 분명히 보여주었다. 우리는 더는 도구를 관리하는 것이 아니라, 독립적인 AI 에이전트들을 이끌고 있다.

협업의 재구상

이러한 AI 에이전트들을 보면서 우리는 인간과 AI의 상호작용 방식을 근본적으로 다시 생각해야 한다는 사실을 깨달았다. 경험에 따르면, 생성형 AI를 위해 개발한 명령-응답 모델만으로는 충분치 않다. 대신에 성공적인 협업을 위해서는 프로그래밍보다 멘토링에 더 가까운 무언가가 필요하다는 초기 징후들이 나타나고 있다.

실험을 진행하는 동안 우리는 구체적인 지시를 내리는 것에서 보다 광범위한 지침과 감독을 제공하는 쪽으로 점차 방식을 바꾸어나갔다. 미리 계획해서 그렇게 한 것이 아니라, 단지 그 방식이 효과적이었기 때문이다. 이러한 전환이 시사하는 바는 매우 크다. 아직 초기 단계에 있지만, AI 에이전트와 효과적으로 협업하는 데 필요한 기술은 기존의 자동화 시스템이나 생성형 AI로 일할 때 요구되던 기술과는 근본적으로 다를 것이라는 사실이 점점 더 분명해지고 있다.

지금까지의 경험에 따르면, 미래에는 이러한 시스템에 자율성을 부여하면서도 적절한 인간의 감독을 유지하는 섬세한 균형이 필요할 것이다. 이는 더 나은 워크플로우를 설계하거나 더 나은 프롬프트를 작성하는 것에 관한 문제가 아니라, 아직 존재하지 않는 새로운 형태의 협업 체계를 개발하는 것에 관한 문제다. 지능형 자동화 분야의 선구자로서 우리는 앞으로 다가올 도전에 대해 기대감과 겸허함을 동시에 느낀다.

우리의 실험은 미지의 영역으로 나아가는 작은 발걸음에 불과하다. 하지만 우리는 근본적으로 다른 무언가가 등장하고 있음을 인지하고 있다. AI 에이전트로의 전환은 단순히 또 다른 자동화 단계가 아니라, 인간과 기계의 협업에 있어 우리가 이제 막 이해하기 시작한 새로운 장의 시작이다.

+ · +

실험은 오늘날 AI 에이전트의 놀라운 능력과 주목할 만한 한계를 보여주었다. 하지만 무엇이 이러한 시스템을 작동하게 하는 것일까? 감지, 계획, 실행, 성찰 능력을 가능하게 하는 근본적인 기반은 무엇일까? 2부에서는 우리가 AI 에이전트의 3대 핵심 요소라 부르는 것에 대해 자세히 살펴본다. 이러한 핵심 역량을 이해하는 것은 AI 에이전트를 효과적으로 구현하고자 하는 사람들 모두에게 필수적이다. 조직을 위한 솔루션을 구축하려는 사람이든, 새로운 유망 비즈니스를 시작하려는 사람이든 말이다.

AGENTIC AI

에이전틱 AI의
3대 핵심 요소

2부

"귀사의 AI 에이전트가 모든 벤치마크(여기에서는 AI 성능 평가를 위한 표준화된 시험을 말한다-옮긴이)에서 완벽한 점수를 기록했습니다." 지역 은행의 고객 관리 책임자인 마조리 그랜트Marjorie Grant는 결과를 살펴보면서 흥분을 감출 수 없었다. 널리 인정받는 벤치마크에 따르면, 이 AI 에이전트의 성능은 놀라울 정도였다. 에이전트는 휴먼이밸HumanEval에서 91%[1]의 점수를 기록해 사람처럼 과제를 이해하고 수행하는 완벽에 가까운 능력을 보여주었고, MMLU에서는 92%[2]를 기록하며 수학부터 윤리학에 이르기까지 다양한 분야에서의 전문성을 보여주었다. 에이전트벤치AgentBench에서는 4.4점[3]을 받으며 자율적인 에이전트로서의 역량도 입증했다. 이러한 벤치마크 결과는 초인적인 지능의 AI 에이전트가 고객 서비스를 더욱더 원활하고 효율적으로 변화시킬 준비가 되었음을 보여주었다.

그러나 석 달 뒤, 마조리 그랜트는 이사회 앞에서 왜 고객 만족도가 18%나 하락했는지 설명해야만 했다.

AI 에이전트는 뛰어난 시험 성적에도 불구하고, 우리 모두가 만나본 적이 있는 신입사원처럼 행동했다. 그러니까, SAT 점수도 완벽하고 GPA(평균 평점, 흔히 학점이라고도 한다-옮긴이)도 뛰어나지만, 어쩐지 기본적인 업무도 제대로 처리하지 못하는 그런 신입사원 말이다. 이 에이전트는 고객과 대화를 하다 중간에 내용을 잊어버렸고, 은행 규정상 허용되는지 확인도 하지 않고 작업을 실행했으며, 단독으로 보면 논리적이지만 맥락상 전혀 말이 안 되는 결정을 내리곤 했다.

"이해가 되지 않네요." 마조리가 우리와 함께 검토를 진행하던 중 말했다. "이건 마치 모든 시험에서 만점을 받지만, 경험을 통해 배우지 못하고, 행동은 생각 없이 하고, 기본적인 상식도 부족한 신입사원을 둔 것과 같습니다. 서류상으로는 말할 것도 없이 똑똑한데 실제로는 어쩜 이렇게… 쓸모가 없을까요?"

그 답은 우리가 AI 에이전트의 3대 핵심 요소Three Keystones로 부르게 된 것, 즉 행동, 추론, 기억에 있다.

이러한 벤치마크 점수들은 AI의 학업 성취도쯤으로 생각해볼 수 있다. 휴먼이밸은 SAT 점수가 기본적인 수학 능력을 평가하는 것처럼 에이전트가 주어진 과제를 얼마나 잘 이해하고 수행할 수 있는지를 보여준다. MMLU는 GPA가 폭넓은 학습 수준을 반영하는 것처럼 에이전트가 다양한 분야에 걸쳐 얼마나 전문적인 지식을 갖추고 있는지를 보여준다.

이러한 지표들은 중요하다. 지표는 학력이 지원자에 대한 단서를 제공하듯이, AI 에이전트의 역량에 대한 중요한 정보를 제공한다. 하지만 채용을 해본 사람이라면 누구나 시험 점수만으로는 업무 성과를 예측할 수 없다는 것을 알 것이다. 중요한 것은 실제로 일을 처리할 수 있는지(행동), 복잡한 현실 속 상황을 깊이 있게 따져볼 수 있는지(추론), 경험으로부터 배울 수 있는지(기억)이다.

마조리의 사례에서 AI 에이전트는 시험 문제에는 완벽하게 답할 수 있었지만, 고객이 이미 세 번이나 문제를 설명했다는 사실은 기억하지 못했다. 은행 규정을 완벽하게 암기할 수 있었지만, 필요한 확인 절차 없이 거래를 처리했다. 복잡한 이론 문제는 잘 풀었지만, 왜 표준 해결책이 노년층 고객에게는 적합하지 않을 수 있는지 추론할 수 없었다.

여기서 문제는 기술적 실패가 아니라, 인간 직원처럼 AI 에이전트도 효과적으로 기능하려면 세 가지 핵심 요소가 모두 필요하다는 사실을 이해하지 못한 것이었다. AI 에이전트는 실행하고 성과를 내기 위한 행동, 이해하고 판단하기 위한 추론, 학습하고 적응하기 위한 기억이 필요하다.

앞으로 이어지는 장에서는 성공과 실패를 포함해 실제 AI 에이전트 도입 사례의 이면을 살펴볼 것이다. 이를 통해 왜 어떤 에이전트들은 귀중한 팀원으로 남는 반면, 어떤 에이전트들은 인상적인 벤치마크에도 불구하고 값비싼 실패작이 되는지를 알게 될 것이다. 우리는 실제 실험과 최첨단 연구를 통해 행동, 추론, 기억이 어떻게 AI 에이전트를 정교한 도구에서 진정한 업무 파트너로 변화시키는지 보여줄 것이다.

그 의미는 기술적 사양을 훨씬 넘어선다. 고객 업무를 처리하고, 의사결정을 하고, 인간과 함께 일하는 등 AI 에이전트가 조직에 점점 더 통합됨에 따라, 이러한 핵심 요소를 이해하는 것은 AI 에이전트의 잠재력을 효과적으로 활용하려는 모두에게 매우 중요하다. 조직에 AI 에이전트를 도입할 생각이든, 에이전트와 함께 일할 생각이든, 단순히 AI 에이전트가 미래의 업무 환경에 미치는 영향을 이해할 생각이든 일단은 무엇이 AI 에이전트를 진정으로 효과적으로 만드는지 파악해야 한다.

따라서 이러한 인상적인 벤치마크 점수는 계속 기념하겠지만, 우리는 그보다 더 근본적인 것, 즉 기억, 행동, 추론이 어떻게 결합하여 단순히 시험을 잘 보는 수준을 넘어 실제로 조직의 성공에 기여하는 AI 에이전트를 만드는지에 초점을 맞추려 한다.

지금부터 AI 에이전트를 단순한 도구에서 팀원으로 바꾸는 세 가지 핵심 요소를 살펴볼 것이다. 일의 미래는 단순한 인공지능이 아닌, 우리와 함께 행동하고 생각하고 학습할 수 있는 지능형 에이전트를 중심으로 펼쳐질 것이다.

그림 II.1 | 에이전틱 AI의 3대 핵심 요소 (출처: © 보넷 외)

5장

행동: AI에게 생각만 하는 것이 아니라 행동하도록 가르치기

고객 서비스 담당자는 믿기지 않는 표정으로 화면을 바라보았다. 방금 그녀가 사용하는 AI 비서가 공감적이고, 섬세하며, 사실상 흠잡을 데 없는 완벽한 답변을 만들어냈기 때문이다. 하지만 문제가 하나 있었다. AI 비서는 이메일 발송이나 환불 처리, 고객 계정 업데이트와 같은 실제 업무는 할 수 없었다. 그것은 마치 체스판에서 자신의 말을 옮길 수 없는 천재적인 전략가를 곁에 둔 것과 같았다. 최근 컨설팅 중 목격한 이 장면은 행동 능력이 없다면 사고 능력은 별 의미가 없다는 AI 에이전트에 관한 근본적인 진실을 잘 보여준다. 하지만 아이러니하게도 AI 시스템의 추론 능력과 지식이 더욱 정교해질수록 많은 조직이 이 중요한 능력, 즉 현실 세계에서 실제로 무언가를 할 수 있는 능력을 간과하곤 한다.

행동은 AI 에이전트의 손발과 같다. 행동을 못 하면 아무리 지능적인 시스템이라 해도 이론의 세계에 갇혀 실질적인 변화를 가져올 수 없다. 하지만 행동은 단순히 명령을 실행하는 것만이 아니라, 도구를 이해하고, 각 작업에 적합한 도구를 선택하고, 효과적으로 사용하는 것까지 포함한다.

이 장에서는 AI 에이전트가 간단한 작업(이메일 발송)부터 복잡한 작업(다단계 업무 프로세스 조율)에 이르기까지 실제로 어떻게 일을 해내는지 살펴볼 것이다. 일부 AI 도입이 실패하는 이유는 잘못된 논리 때문이 아니라, 주어진 도구를 효과적으로 사용하지 못하기 때문임을 밝힐 것이다. 또한 실제 사례와 최신 연구를 통해 성공적인 조직이 단순히 생각만 하는 게 아니라, 행동하는 AI 에이전트를 어떻게 구축하고 있는지도 보여줄 것이다.

무엇보다도 AI 행동의 중심에 있는 역설, 즉 에이전트에게 더 많은 도구를 제공하면 오히려 효율성이 떨어질 수도 있다는 사실에 대해 살펴볼 것이다. 작업자가 너무 많은 애플리케이션과 시스템에 압도될 수 있는 것처럼, AI 에이전트도 최고의 성과를 내기 위해서는 신중하게 선별된 도구 모음이 필요하다.

탐정의 딜레마

　　　　　　　　한 노련한 탐정이 수수께끼 같은 범죄의 단서들로 가득 찬 어둑한 방에 들어서는 모습을 상상해보자. 앞의 테이블에는 돋보기, 지문 식별 가루, 수첩 등 여러 도구가 놓여 있다. 탐정은 모든 도구를 한 번에 사용하지 않는다. 대신에 적절한 도구를 순서대로 주의 깊게 선택해 이야기를 구성한다. 이제 탐정을 AI 에이전트로, 도구들을 고객 데이터베이스, 클라우드 스토리지 플랫폼, 소셜 미디어 네트워크로 바꿔보자. 이것이 바로 AI 에이전트가 도구를 식별하고 활용하는 세계이다. 이곳에서 지능과 정밀함, 의사결정이 함께 맞물려 돌아가는 복잡하지만 흥미로운 과정이 펼쳐진다.

이 세계에 대해 좀 더 자세히 알아보기 전에 디지털 도구를 사용하는 AI 에이전트의 가능성과 위험을 모두 보여주는 사례를 하나 소개해보겠다.

몇 년 전, 한 다국적 소매 기업(회사명은 밝히지 않겠다)은 명품 재고 관리를 위해 정교한 에이전틱 시스템을 도입했다. 이 시스템은 매출 자료, 재고 시스템, 가격 조정 기능 등 필요한 모든 도구에 접근할 수 있었다.

초기 결과는 인상적이었다. 재고가 감소하고, 가격이 수요에 따라 원활하게 조정되었으며, 효율성 지표가 크게 향상되었다. 경영진은 매우 흡족해했다.

그러던 중 (우리끼리) '와인 대참사'라고 부르는 일이 발생했다.

에이전트는 우려스러운 패턴을 발견했다. 프리미엄 와인 컬렉션 전체가 몇 달 동안 진열대에서 꼼짝하지 않고 있었다. 효율을 높이도록 설계되어 있었고, 가격 조정 도구까지 갖춘 에이전트는 논리적으로 보이는 결정을 내렸다. 해당 와인들을 재고 정리 품목으로 지정한 것이다. 하지만 그 모든 정교한 도구들을 활용할 수 있었음에도 에이전트가 이해하지 못했던 점은 그 와인들이 진열대에 놓인 채로 숙성되어야 했고, 시간이 지날수록 가치가 올라가는 품목이었다는 것이다.

관리자가 이 문제를 발견했을 때는 거의 10만 달러에 달하는 잠재적 수익이 증발한 후였다. 에이전트는 재고 회전율 최적화라는 자신이 할 일을 정확히 해냈으며, 도구를 완벽하게 활용했다. 하지만 문제는 거기에 있었다.

이 이야기는 AI 에이전트의 핵심에 있는 흥미로운 역설을 보여준다. 이들은 우리가 예상하는 것보다 더 유능하면서 동시에 더 갑갑하기도 하다. 방대한 데이터를 처리하고 복잡한 작업도 정확하게 해낼 수 있지만, 정작 초보 직원이 봐도 뻔한 맥락을 놓칠 수 있다.

역설: 도구가 많을수록 제약이 더 많아진다?

여기에서 우리는 흥미로운 역설에 직면한다. 에이전트에게 더 많은 도구를 제공한다고 해서 그 능력이 항상 더 좋아지는 건 아니라는 것이다. 오히려 더 많은 도구는 에이전트의 효율성을 떨어뜨리기도 한다. 도구가 많을수록 복잡성이 커지고, 오해의 소지가 커지며, 일이 잘못될 가능성이 커진다.[1]

이 소매 기업은 힘들게 이 교훈을 얻었다. 이들은 AI 에이전트가 모든 관련 도구에 접근할 수 있으면 더 나은 결정을 내릴 수 있을 것으로 생각했다. 하지만 이는 AI 에이전트가 완벽하게 논리적이지만 상황에 맞지 않는 결정을 내릴 수 있다는 사실을 보여주었을 뿐이다.

이 사례는 AI 에이전트가 도구를 다루는 방식이 인간과 근본적으로 다르다는 사실 또한 보여준다. 인간은 도구를 즉석에서 창의적으로 목적을 달리해 쓸 수 있지만, AI 에이전트는 도구의 정해진 목적을 엄격히 따른다.

누군가에게 망치를 준다고 생각해보라. 인간은 이 망치를 문진이나 문 버팀쇠, 심지어 측정 도구로까지 창의적으로 활용할 수 있다. 하지만 AI 에이전트는 망치의 본래 용도만을 본다. 즉 망치를 못을 박는 것으로만 인식한다. 도구 사용에 있어 이러한 경직성은 결함이 아니라, AI 에이전트가 작동하는 방식의 근본적인 특성이다.

AI의 시대에 도구가 중요한 이유

AI 에이전트에게 도구란 모든 것이다. 도구는 행동을 가능하게 하는 기반이며, 추상적인 목표와 구체적인 결과 사이를 이어주는 다리다. 하지만 에이전트는 어떤 도구를 사용해야 하는지, 언제 사용해야 하는

지, 어떻게 하면 효과적으로 사용할 수 있는지 어떻게 알까? 이는 단순한 기술적 질문이 아니라, AI가 잠재력을 성과로 전환하기 위해 풀어야 할 근본적인 문제다.

AI 에이전트가 도구를 다루는 방식의 진화는 에이전틱 AI 발전 프레임워크를 그대로 반영한다. 1단계에서는 ATM이 언제 현금을 내줄지에 대해 엄격한 지침을 따르는 것처럼 기본적인 규칙 기반 자동화를 확인할 수 있다. 레벨 2에서는 시스템이 도구 선택에 대해 기본적인 결정을 내릴 수 있는 지능형 자동화가 등장한다. 그러나 진정한 혁신은 레벨 3에서 시작된다. 이 단계의 에이전트는 복잡한 지침을 이해하고 여러 도구를 정교하게 조율할 수 있다.

도시를 누비는 기관사(레벨 1과 2 에이전트에 해당)와 택시 운전사(레벨 3 에이전트에 해당)를 떠올려보라. 선로에서 장애물을 만났을 때 기관사가 택할 수 있는 옵션(멈추거나 차고로 돌아가거나)은 제한적이다. 반면 숙련된 택시 운전사는 교통 상황, 일방통행로, 잘 알려지지 않은 지름길 등을 고려해 빠르게 대체 경로를 찾아낼 수 있다. 이처럼 변화하는 환경에 적응하는 능력은 오늘날의 예측 불가능한 비즈니스 환경에서 현대의 AI 에이전트를 매우 가치 있게 만든다.

레벨 1~2에서 레벨 3으로의 도약의 핵심에는 에이전트의 '두뇌'인 LLM이 있다. LLM은 에이전트가 생각하고, 계획하고, 도구를 효과적으로 활용할 수 있게 함으로써 그 잠재력에 근본적인 변화를 가져왔다. 에이전트의 혁신적 역량은 LLM의 본격적인 대중화, 특히 2022년 챗GPT의 출시를 기점으로 더욱 강화되었다.

기반으로서의
도구

　　　　　　　　　AI 에이전트가 도구를 어떻게 활용하는지 알아보았으니, 이제 이들이 어떤 도구에 의존하고 어떤 작업을 수행할 수 있는지를 좀 더 자세히 살펴보자. 이는 매우 중요하다. AI 에이전트의 역량은 결국 사용 가능한 도구에 달려 있기 때문이다.

　AI 에이전트는 설계, 목적, 연결된 도구에 따라 다양한 작업을 수행할 수 있다. 기본적으로 에이전트는 인간이 컴퓨터에서 사용할 수 있는 모든 디지털 도구를 사용할 수 있다. 일반적으로 디지털 인터페이스를 통해 인간이 조작할 수 있는 도구라면, 적절한 접근 권한과 명령이 있는 경우 에이전트도 이를 사용할 수 있다.

　예를 들어 에이전트는 이메일 클라이언트(예: 지메일이나 아웃룩)를 사용해 이메일을 발송하고, 캘린더 앱(예: 구글 캘린더나 마이크로소프트 캘린더)을 사용해 일정을 예약하거나 변경하고, 프로젝트 관리 소프트웨어(예: 트렐로Trello나 아사나Asana)를 사용해 작업 상태를 업데이트하거나 업무를 할당하고, 데이터 분석 플랫폼(예: 태블로Tableau 또는 엑셀)을 사용해 데이터를 처리 및 시각화할 수 있다.

중요한 것은 또 다른 AI 에이전트가 도구 역할을 하여 계층화된 협업 생태계를 구축할 수 있다는 점이다. 에이전트가 해당 분야의 전문가인 다른 에이전트를 활용하는 경우가 이에 해당한다.[2] 이를테면 한 에이전트는 원시 데이터 처리를 통해 얻은 통찰을 의사결정 및 커뮤니케이션을 담당하는 다른 에이전트에게 제공할 수 있다. 이러한 모듈식 접근 방식은 점점 더 보편화하고 있으며 분산 지능distributed intelligence의 원리를 반영한다.

놀랍게도 AI 에이전트는 도구를 더 잘 사용할 수 있게 된 것만이 아니라 더 똑똑해졌다. 오픈AI의 딥 리서치가 완벽한 예이다. 이는 o3를 기반으로 만들어졌지만, 실시간 웹 브라우징이라는 획기적인 기능이 추가되었다. 이 가외의 도구 덕분에 딥 리서치는 '인류의 마지막 시험Humanity's Last Exam' 벤치마크에서 26.6%의 정확도를 기록하며 우위를 점할 수 있었다. 반면 기본 모델인 o3-mini는 정확도가 13%에 그쳤다. 차이점은 무엇일까? 동일한 AI 모델이지만 딥 리서치는 더 나은 도구를 갖고 있었다. 이는 지능이 단순히 모델의 문제가 아니라, 무엇에 접근할 수 있고 그것을 어떻게 사용하느냐에 달려 있음을 보여준다.[3]

너무 많은 도구는 피하라

숙련된 저글러가 공연 중 공을 하나씩 추가하는 모습을 상상해보라. 어느 순간부터는 공을 하나 더 던지는 것이 공연을 더 인상적으로 만들기보다는 망칠 가능성을 키운다. 이 원리는 AI 에이전트와 그 도구에도 적용된다. 경험에 따르면, 이러한 한계를 이해하고 존중하는 것은 단지 실패를 피하기 위해서가 아니라 성공을 극대화하기 위해 필요하다.

AI 에이전트를 도입하는 경영진에게서 가장 자주 듣는 질문 중 하나가 "에이전트에 최대 몇 개의 도구를 제공해야 할까요?"이다. 이는 AI 에이전트의 유효성과 직결되는 중요한 질문이다. 사람이 너무 많은 프로그램을 다루거나 너무 많은 업무를 처리할 때 압도당할 수 있는 것처럼, AI 에이전트 역시 비록 그 성격은 다르지만 나름의 인지적 한계가 있다.[4]

에이전트가 얼마나 많은 도구를 사용해야 하는지는 업무의 복잡성에 따라 달라진다. 이는 사람의 생산성이 업무에서 사용하는 도구에 따라 달라질 수 있는 것과 비슷하다. 경험에 따르면, 대부분의 에이전트에게 도구는 여섯 개 정도가 실질적인 최대치로 보인다. 이 한계점을 넘으면 마치 과부하에 걸린 직원처럼 에이전트의 인지적 부하가 크게 증가하여 환각이 발생하고, 작업 효율이 떨어지며, 기능 간 충돌 위험이 커질 수 있다. 이들은 전문가로 구성된 팀과 같다. 팀의 규모가 일정 수준을 넘어서면 조율이 급격히 어려워지고 실제로 효율성도 떨어진다.

도구가 하나씩 추가될 때마다 디버깅과 최적화 프로세스가 복잡해지고, 이로 인해 에이전트의 자원 할당 시스템에 과부하가 걸릴 수 있다. 따라서 에이전트의 핵심 기능과 관련성이 높은 도구와의 통합을 우선시하는 것이 중요하다. 효율적이고 효과적으로 업무를 수행하는 데 필요한 도구를 적절히 갖춘 직원이 자신의 능력을 제대로 발휘하는 것에서 알 수 있듯이 말이다.

에이전트가 도구를 바라보는 방식

AI 에이전트에게 도구는 집어서 조작할 수 있는 실제 물건이 아니라, 특정 입력과 출력이 있는 명확하게 정의된 기능에 가깝다. 각 버튼의 기능이 정해져 있는 범용 리모컨을 떠올려보라. 이것이 바로 AI 에이전트가 도구를 바라보는 방식이다.

이 구조화된 관점은 강점인 동시에 한계이기도 하다. 에이전트는 사람처럼 도구의 용도를 즉흥적으로 바꿔 사용할 순 없지만, 기업용 프로그램에 필수적인 신뢰성과 예측 가능성을 보장한다.

AI 에이전트의 효율성은 도구가 얼마나 명확하게 정의되고 문서화되는지에 따라 크게 달라진다. 연구[5]에 따르면, 명확한 도구 설명서가 제공될 때 에이전트는 52% 더 안정적으로 작업을 수행한다.

우리는 그동안의 구현 경험을 바탕으로 도구 정의를 위한 포괄적인 가이드라인을 개발했다. 에이전트에게 도구 사용을 지시할 때는 다음의 다섯 가지 필수 요소를 제공할 것을 권한다.

- **도구 식별 정보**Tool Identity: 도구 고유의 기능이 잘 드러나는 이름과 명확한 목적 서술

  예시 지침: "회의를 잡을 때 캘린더 스케줄러를 사용해."

- **입력 파라미터**Input Parameters: 도구가 기능하는 데 필요한 입력 정보

  예시 지침: "입력 정보로 회의 날짜, 시간, 참석자를 받아."

- **출력 사양**Output Specifications: 도구가 반환하는 내용 및 형식

  예시 지침: "출력으로는, 회의가 잡히면 캘린더 스케줄러를 사용해 회의 세부 정보를 확인해."

- **운용상의 제약 조건**Operational Constraints: 모든 제약 사항 또는 요구 사항

  예시 지침: "선택한 시간대가 비어 있을 때만 캘린더 스케줄러를 사용해."

- **오류 처리 방법**Error Handling: 예상되는 실패 상황 및 대응 절차

  예시 지침: "선택한 시간대가 차 있으면, 참석자에게 다음으로 가능한 시간을 제안해."

이처럼 상세한 도구 정의 방식은 주로 조직에서 맞춤형 AI 에이전트 솔루션을 처음부터 직접 프로그래밍해 개발할 때 적용된다는 점에 유념하라. AI 에이전트 구축 환경은 마이크로소프트, 세일즈포스, 구글 등 주요 공급업체의 로우코드 플랫폼 덕분에 크게 단순화되었다. 이들 플랫폼은 미리 구축된 도구 통합 기능과 간소화된 연결 프레임워크를 제공하여, 복잡한 도구 정의 과정을 뒤에서 효과적으로 처리한다. 그러나 이러한 플랫폼을 사용하더라도 효과적인 시스템 설계와 문제 해결을 위해서는 올바른 도구 정의의 원칙을 이해하는 것이 중요하다.

디지털 도구의 핵심 이해하기

인간은 도구와 상호작용할 때 손을 사용한다(예: 키보드 조작). 그러나 AI 에이전트는 본질적으로 디지털 로봇, 즉 컴퓨터 안에 존재하는 로봇이다. 실제 손은 없지만, 이들은 디지털 환경에서 세 가지 주요 방법을 통해 도구와 상호작용한다. 그 방식은 다음과 같이 간단히 설명할 수 있다.

- API: API는 범용 번역기로 생각할 수 있다. 여러분이 날씨 앱을 사용할 때, 그 앱은 아마도 기상 관측소에서 데이터를 가져오기 위해 API를 사용할 것이다. AI 에이전트에게 API는 다른 서비스와 직접 연결되는 통로와 같다. 예를 들어 우리가 만든 여행 예약 에이전트는 항공사 API를 통해 비행기 요금을 즉시 확인할 수 있었다. 이러한 방식은 여행사 직원이 여러 항공사의 웹사이트를 일일이 확인하는 것과 비슷하지만, 훨씬 더 빠르다.

- 시스템 제어: 시스템 제어는 에이전트가 버튼을 클릭하고, 텍스트를 입력하고, 프로그램을 여는 등 사람처럼 소프트웨어와 상호작용할 수 있게 한다. 마치 AI에게 가상의 키보드와 마우스를 쥐여주고 컴퓨터를 직접 조작하게 하는 것과 같다.

- 데이터베이스 연결: 책을 읽고 쓸 수 있는 방대한 도서관에 즉시 접근할 수 있다고 상상해보라. 데이터베이스 연결은 AI 에이전트가 필요에 따라 정보를 저장하고 검색할 수 있게 한다. 예를 들어 고객 서비스용 AI가 여러분을 도울 때, AI는 아마도 데이터베이스 연결을 통해 여러분의 주문 내역을 조회하거나 상담 내용을 저장하고 있을 것이다.

AI 에이전트가 도구와 상호작용하는 방식을 획기적으로 바꾼 발전 중 하나는 '함수 호출function calling'이다. 2023년 6월 오픈AI가 선보이며 업계 전반으로 빠르게 퍼진 이 기능은 언어 모델이 외부 도구 및 API와 연동되는 방식에 있어 패러다임의 전환을 가져왔다.[6]

함수 호출은 AI에게 정확한 레시피를 따르도록 가르치는 것과 같다. 에이전트가 도구를 올바르게 사용하는 방법을 알아내길 바라는 대신, 함수 호출은 AI에게 정확히 어떤 재료(입력)가 필요하고, 어떤 음식(출력)을 만들어야 하는지를 구조화된 방식으로 알려준다. 이 혁신은 AI의 자연어 처리 능력과 특정 도구의 동작을 안정적으로 연결하는 방법이라는 중요한 문제를 해결했다.

이 모든 것은 어떻게 함께 작동할까?

도구 설명(에이전트에게 제공되는 지침 안에 포함)은 에이전트가 무엇을 할지 결정하는 데 도움을 주고, 함수 호출은 그 일을 어떻게 수행할지에 대한 지침을 제공하며, API는 작업을 수행하고 결과를 전달한다. 보다 명확한 이해를 위해 예를 하나 들어보겠다. 항공편을 예약한다고 할 때, 도구 설명은 에이전트가 출발 도시, 목적지, 날짜를 기준으로 항공편을 찾기 위해 '항공편 예약' 도구를 사용해야 한다는 것을 이해하는 데 도움이 된다. 함수 호출은 필요한 입력 파라미터(출발 도시, 목적지, 날짜)를 정의하고 이를 API가 이해할 수 있는 구조화된 명령으로 형식화함으로써 항공편 데이터 요청을 위한 정확한 기술적 지침을 제공한다. 마지막으로 API는 요청을 처리하고 이용 가능한 항공편 정보들을 에이전트에게 반환한다.

다음에 이어지는 절에서는 간단한 자동화부터 복잡한 상황 인식 시스템에 이르기까지 AI의 발전 단계에 따라 이러한 도구 활용의 기반이 어떻게 진화하는지를 살펴본다.

AI 에이전트의
도구들 속으로

AI 에이전트가 사용할 수 있는 도구의 기반을 살펴보았으니, 이제 이들이 실제로 어떻게 디지털 도구를 사용하는지 그 흥미로운 세계를 들여다보자.

말에서 행동으로: 도구 사용으로 가는 다리

현대 AI 에이전트의 핵심에는 흥미로운 역설이 있다. 텍스트를 기반으로 훈련된 시스템, 그러니까 본질적으로 언어 패턴을 정교하게 예측하도록 훈련된 시스템이 어떻게 실제로 도구를 제어하고 작업을 수행할 수 있는 것일까? 이 질문은 인공지능 분야에서 가장 주목할 만한 발전 중 하나를 드러낸다.

LLM은 현대 AI 에이전트(레벨 3 에이전트)의 '두뇌' 역할을 한다. 방대한 텍스트 기반의 훈련을 통해 LLM은 세상이 어떻게 작동하는지를 암묵적으로 이해하게 되었는데, 그 안에는 인간이 어떤 방식으로 도구를 이용해 작업을 수행하는지에 대한 이해도 포함된다. 예를 들어 우리가 "이메일을 보내려면 먼저 이메일 클라이언트를 열고, 다음으로 작성하기를 눌러"라고 쓰면, LLM은 이러한 일련의 절차를 이해할 수 있다. 학습 데이터에서 이미 수백만 개의 유사한 사례를 접했기 때문이다.

하지만 언어를 통해 도구 사용법을 이해하는 것은 시작에 불과하다. 진정한 돌파구는 연구자들이 LLM이 이러한 이해를 실제 도구 활용으로 전환할 수 있다는 사실을 발견했을 때 찾아왔다.[7] 지금까지 쓰인 모든 설명서를 읽어본 매우 박식한 사람이 있다고 생각해보라. 이들은 실제 손은 없을지 몰라도 무엇을 해야 하는지 정확히 이해하고 도구가 해당 작업을 실행하도록 지시할 수 있다.

스탠퍼드와 MIT의 최근 연구[8]에 따르면 LLM은 이들이 '창발 능력 emergent ability(개발자들이 명시적으로 프로그래밍하진 않았지만, 훈련을 통해 발현되는 능력)'이라고 부르는 것을 나타낸다. 중요한 창발 능력 중 하나는 복잡한 목표를 논리적인 단계로 나누고 인과 관계를 이해하는 능력이다. 이러한 계획 능력은 도구 사용에 대한 이해와 결합되어 LLM을 디지털 도구의 이상적인 제어자로 만든다.

가령 AI 에이전트에게 "이 문서를 팀에 공유해"라고 말하면, 언어 훈련을 받은 AI 에이전트는 여기에 파일 권한 확인, 적절한 공유 방법 선택, 팀원에게 알리기 등 여러 단계가 포함될 수 있다는 것을 이해한다. 무엇보다도 에이전트는 이러한 이해를 실제 도구 활용(파일 시스템 API를 사용해 권한을 설정하고 이메일 API를 사용해 알림을 보내는 등)으로 전환할 수 있다.

이 언어 기반 덕분에 AI 에이전트는 기본 자동화 시스템에서는 할 수 없었던 방식으로 도구를 상황에 맞춰 유연하게 사용할 수 있다. 기존의 자동화 시스템은 가능한 모든 시나리오에 대해 명시적인 프로그래밍이 필요하지만, LLM 기반 에이전트는 도구가 어떻게 작동하는지에 대한 일반적인 이해를 바탕으로 새로운 상황을 이해하고 적절한 도구 사용법을 파악할 수 있다.

AI 에이전트는 어떻게 계획하고 정리하는가

AI 에이전트가 도구를 어떻게 사용하는지는 단지 이론적으로만 이해할 수 있는 것이 아니다. 우리는 이를 직접 관찰하고 시험해볼 수 있다. 에이전트가 LLM을 활용해 작업을 계획하고 정리하는 방식을 보여주는 간단하지만 의미 있는 실험을 하나 해보자. 이러한 실습은 앞서 설명한 개념들을 더 잘 이해하도록 돕고, 에이전트가 어떻게 이해한 내용을 실행으로 옮기는지 보여줄 것이다.

우리와 함께 이 실험을 해볼 것을 권한다. 챗GPT, 제미나이, 클로드와 같은 LLM 기반 챗봇을 열고 다음의 메시지를 입력해보라.

"지금부터 AI 에이전트 역할을 맡아줘. 너의 임무는 중요한 업무 문서를 다루는 거야. 구체적인 내용은 다음과 같아.

목표: 30페이지 분량의 PDF 문서를 2페이지 분량의 요약본으로 만든 다음, 매일 오후 5시 이전에 팀원들에게 공유한다.

사용할 수 있는 도구:

- PDF 추출기(PDF에서 텍스트 추출)

- AI 요약기(텍스트에서 요약본 생성)

- 이메일 시스템

- 로컬 보안 저장소(컴퓨터의 저장 공간 등)

- 클라우드 저장소(구글 드라이브 등)

- 형식 변환기(파일 형식 변환)

- 팀 채팅앱(슬랙Slack 등)

제약 조건:

1. 팀원들은 휴대폰으로 요약본을 읽을 수 있어야 함

2. 최종 파일은 5MB보다 작아야 함

3. 누가 문서를 읽었는지 확인할 수 있어야 함

이 임무를 완수하기 위해 어떤 도구를 어떤 순서로 사용할 것인지 정확하게 보여주는 단계별 계획을 세워줘. 단계마다 순번, 수행 작업에 대한 설명, 사용 도구, 예상 결과, 다른 작업과의 선후·의존관계를 표 형태로 제시해야 해."

AI 에이전트는 명확한 순서를 제시하고 각 단계에서 사용할 도구를 명시해야 한다. 예를 들어 에이전트는 맨 먼저 PDF 추출기로 텍스트를 추출한 다음, AI 요약기를 사용해 요약본을 생성할 수 있다.

다음은 AI 챗봇이 프롬프트에 대한 응답으로 제공한 내용이다(마찬가지로 챗봇의 유형, 버전에 따라 결과는 조금씩 다르게 나타난다-옮긴이).

순번	수행 작업 설명	사용 도구	예상 결과	선후· 의존관계
1	30페이지 분량의 PDF 문서에서 텍스트 추출	PDF 추출기	원문 텍스트 확보 및 요약 준비	-
2	추출된 텍스트를 2페이지 분량으로 요약	AI 요약기	2페이지 분량의 요약본 생성	1단계
3	요약본을 모바일 친화적 형식으로 변환 (예: PDF나 HTML)	형식 변환기	크기가 5MB 이하인 모바일 친화적 형식의 요약본 생성	2단계
4	변환된 요약본을 클라우드 저장소에 업로드	클라우드 저장소	요약본이 안전하게 저장되고 공유 링크를 통해 접근 가능	3단계
5	요약본 링크를 팀 채팅앱에 공지	팀 채팅앱	즉시 열람할 수 있도록 팀 채팅앱에 요약본 공유됨	4단계
6	추적 기능을 활성화해 어떤 팀원이 요약본을 읽었는지 확인	클라우드 저장소 (읽음 추적 기능)	추적 기능이 활성화되어 누가 문서에 접근했는지 확인할 수 있음	4, 5단계

표 5.1 ┃ 챗GPT의 작업 계획과 체계 (출처: © 보넷 외)

이 실험은 LLM을 활용하는 AI 에이전트의 두 가지 핵심 역량을 잘 보여준다.

1. 논리적 계획: LLM이 어떻게 각 작업에 맞는 도구를 선택해 일련의 단계를 생성하는지에 주목하자.

2. 도구 선택: 자신의 역량을 고려해 어떻게 다른 도구들을 선택하는지 살펴보자(PDF를 직접 요약할 수 없으므로 PDF 추출기를 먼저 사용하는 등).

주요 시사점을 하나씩 짚어보겠다.

AI 에이전트는 복잡한 목표를 관리 가능한 순차적 단계로 세분화하는 데 탁월하다. 이는 인간 프로젝트 관리자가 복잡한 작업에 접근하는 방식과 유사하지만, 몇 가지 중요한 차이점이 있다. 사람은 보통 유동적으로 계획을 세우고 직관적으로 조정하지만, AI 에이전트(특히 레벨 1~3)는 모든 단계를 사전에 명확하게 계획해야 한다. 이러한 구조화된 접근 방식은 일관성을 보장하지만, 유연성은 떨어질 수 있다.

주목해야 할 또 다른 점은 AI 에이전트가 자기 역량에 따라 도구를 선택하는 방식이다. 이는 인간이 도구를 선택하는 방식과 유사하지만, 중요한 차이점이 있다. 인간은 창의적이고 의도되지 않은 방식으로 도구를 즉흥적으로 활용할 수 있지만, 현재 운용되고 있는 AI 에이전트(레벨 1~3)들은 도구를 정해진 방식으로만 사용한다. 이들은 미리 정의된 도구의 목적과 기능을 고수하며, 프로그래밍된 범위 안에서 엄격히 작동한다.

이 실험은 또한 AI가 작업 간의 선후 관계를 논리적으로 구성해 관리할 수 있는 능력도 보여준다. 예를 들어 에이전트는 요약을 하기 전에 먼저 텍스트를 추출해야 하며, 요약이 완료된 후에야 파일을 공유할 수 있다는 것을 이해하고 있다. 이러한 구조화된 사고는 단순 자동화 수준(레벨 1~2)을 넘어, 한층 발전된 단계의 워크플로우 오케스트레이션(레벨 3, 여러 자동화된 작업들을 연결하고 조율하여 하나의 큰 업무 흐름을 만드는 것-옮긴이)을 보여준다.

이해를 돕기 위해 이것이 전통적인 자동화와 어떻게 다른지 살펴보자. 기본 RPA 봇(레벨 1)이라면 각 단계와 도구 사용 방법을 일일이 명시적으로 프로그래밍해야 할 것이다. 그에 반해 레벨 3의 에이전트는 여러 도구와 작업 사이의 논리적 흐름과 선후 관계를 이해할 수 있다. 하지만 유의해야 할 점은 에이전트가 도구를 창의적으로 새롭게 활용하거나 과거 경험에서 배운 내용을 바탕으로 계획을 스스로 수정할 수 있는 레벨 4~5 수준에는 아직 미치지 못한다는 것이다.

이 실험이 주는 또 다른 주요 시사점은 에이전트가 우선순위를 판단하는 능력을 갖추고 있다는 것이다. 이는 복잡한 워크플로우를 관리하는 AI 시스템에 필수적인 능력이다. 처음에 AI 에이전트는 파일 크기에 대한 제한 조건을 준수하면서 팀원들이 쉽게 접근할 수 있는 간결하고 읽기 쉬운 요약본을 작성해야 한다는 주요 목표를 식별했다. 또한 매일 오후 5시 이전에 요약본을 공유해야 한다는 시급성과 문서가 모바일 친화적이어야 하며, 누가 읽었는지 추적할 수 있어야 한다는 구체적인 제약 조건 충족의 중요성을 인식함으로써 가장 중요한 것에 세심하게 집중하는 모습을 보였다.

이는 에이전트를 활용하고자 하는 이들에게 목표와 제약 사항을 명확히 정의하는 것이 얼마나 중요한지를 분명히 보여준다. 잘 설계된 AI 에이전트는 명확한 기준 위에서 더욱 효과적으로 작동하며, 정해진 우선순위를 기반으로 자신의 행동을 조율해나간다. 이 과학에 대한 구체적인 내용은 에이전트 구축 방법을 상세히 다루는 8장에서 살펴볼 것이다. 조직은 기대치와 설계 방향을 에이전트의 역량에 맞게 조정하여 에이전트가 가장 영향력 있는 결과를 제공하는 데 집중할 수 있도록 해야 한다.

기본적인 도구부터
고급 도구의 사용까지

앞서 진행한 실험은 AI 에이전트가 이상적인 환경에서 구조화된 계획과 도구 선택에 어떻게 접근하는지를 보여준다. 그러나 이론과 통제된 시나리오는 전체 이야기의 일부만 보여줄 뿐이다. 실제 애플리케이션에서 AI 에이전트는 도구 가용성, 시스템 안정성, 자원에 대한 제약이 한순간에 바뀔 수 있는 훨씬 더 복잡하고 예측하기 어려운 환경을 헤쳐나가야 한다.

AI 에이전트는 계획을 어떻게 조정하는가

에이전트가 어떻게 새로운 상황에 적응할 수 있는지에 대한 이해를 돕기 위해 이들의 실제 능력과 한계를 보여주는 두 가지 흥미로운 실험을 해보겠다. 이 실험들은 서로 다른 수준의 에이전트들이 새로운 상황과 전략적 계획(비즈니스 환경에서 중요한 두 가지 도전 과제)을 어떻게 다루는지를 보여줄 것이다. 이러한 실질적인 테스트를 통해 우리는 현재 AI 시스템의 놀라운 능력과 중요한 한계를 모두 확인할 수 있다.

가장 최근에 한 실험을 바탕으로, 에이전트가 세운 치밀한 계획에 변수를 집어넣었을 때 에이전트가 어떻게 적응하는지 살펴보자.

LLM 기반 챗봇에 다음과 같은 프롬프트를 입력해보겠다.

"문제가 생겼어. 클라우드 저장소와 팀 채팅앱이 완전히 다운됐는데, 오늘 복구되지 않을 거야. 그래서 이 시스템들을 사용할 수 없어. 이 임무를 완수하기 위해 계획을 어떻게 바꿀 거지?"

에이전트가 접근 방식을 어떻게 재검토하는지 살펴보라. 에이전트는 로컬 보안 저장소와 같은 대체 도구를 사용하여 문서를 저장하고 이메일로 문서를 전송한다.

다음은 프롬프트에 대한 챗봇의 응답이다.

순번	수행 작업 설명	사용 도구	예상 결과	선후·의존관계
1	30페이지 분량의 PDF 문서에서 텍스트 추출	PDF 추출기	원문 텍스트 확보 및 요약 준비	-
2	추출된 텍스트를 2페이지 분량으로 요약	AI 요약기	2페이지 분량의 요약본 생성	1단계
3	요약본을 모바일 친화적 형식으로 변환(예: PDF나 HTML)	형식 변환기	크기가 5MB 이하인 모바일 친화적 형식의 요약본 생성	2단계
4	변환된 요약본을 안전한 드라이브에 로컬로 저장	로컬 보안 저장소	요약본이 안전하게 드라이브에 저장되고 필요 시 공유 가능한 상태	3단계
5	이메일로 팀에 요약본 전송	이메일 시스템	팀원들이 이메일의 받은 편지함으로 요약본 수신	3, 4단계
6	이메일의 수신 확인 기능을 활성화해 어떤 팀원이 요약본을 읽었는지 확인	이메일 시스템 (수신 확인 기능)	클라우드 스토리지 대신 이메일 시스템을 통해 추적 기능 활성화	4, 5단계

표 5.2 | 변경된 계획에 대한 챗GPT의 응답 (출처: ⓒ 보넷 외)

시스템 장애에 대한 이 에이전트의 대응은 오늘날 AI 에이전트의 역량과 한계에 대한 중요한 시사점을 제공한다.

우선, 이 에이전트는 주어진 제약 조건을 이해하고, 기존의 요구 사항과 새로운 제한 사항을 모두 고려해 균형 있게 대응하는 놀라운 능력을 보여주었다. 이러한 모습은 고정된 규칙(결정론적)에 따라 작동하는 레벨 1~2의 에이전트들과 비교하면 중요한 진전을 보여준다. 이 레벨의 에이전트들이라면 변화에 적응하지 못해 실제 업무 환경에 혼란을 초래했을 수 있다.

반면 LLM 기반의 레벨 3 에이전트는 환경 변화에 유연하게 적응함으로써 운영이 중단되는 것을 효과적으로 방지할 수 있다. 그러나 분명히 한계는 있다. 이론상의 레벨 4~5 에이전트와 달리, 레벨 3 에이전트는 과거의 시스템 장애로부터 학습하여 향후 대응을 강화하거나, 예방조치를 선제적으로 제안하거나, 자신이 한 조정이 업무 전반에 미치는 영향을 파악하는 능력이 제한적이다. 이러한 격차는 AI 에이전트가 진정한 적응력과 예측 능력을 갖추기까지 여전히 가야 할 길이 남아 있음을 보여준다.

다음으로, 자원을 재배치하는 이 에이전트의 능력은 이들이 계획을 효과적으로 재조정할 수 있음을 잘 보여준다. 길을 잘못 들었을 때 경로를 재계산하는 GPS를 떠올려보라. GPS는 알려진 다른 길을 사용해 대체 경로를 찾는다. 하지만 접근 방식을 수정하는 이러한 능력은 우리가 '제한된 적응력'이라고 부르는 것을 보여준다. 창의적인 해결책을 고민하거나, 심지어 원래의 제약 조건 자체에 의문을 제기할 수도 있는 인간과 달리, AI 에이전트는 정해진 규칙과 이용 가능한 도구에 철저하게 매여 있다. 이들은 그러한 한계 내에서 재계산하는 데는 탁월하지만, 그 경계를 넘어 사고하고 행동할 수 있는 혁신적인 능력은 부족하다.

예를 들어 한 의료 기관과 함께한 프로젝트에서 우리는 의료 기록 관리를 위한 문서 처리 에이전트의 도입을 지원했다. 주요 인프라에 장애가 발생했을 때, 에이전트는 백업 시스템으로 원활히 전환해 운영의 연속성을 유지했다. 그러나 인간 팀과 달리 이 에이전트는 수작업 기반의 임시 워크플로우를 만들어내거나, 사전에 정의되지 않은 대체 도구를 제안할 수는 없었다. 에이전트의 강점은 기존의 틀을 깨거나 재정의하는 것이 아닌, 그 틀 내에서 신뢰성 있게 작동하는 데 있다.

에이전트 적응의 미래

앞서 소개한 에이전틱 AI 발전 프레임워크를 보면 앞으로의 방향성을 확인해볼 수 있다.

- 레벨 3(현재): 미리 정의된 문제를 미리 정의된 해결책으로 처리
- 레벨 4(초기 단계): 학습된 해결책으로 새로운 문제 처리
- 레벨 5(미래): 문제를 예측하고 해결책을 혁신

이러한 발전은 인간의 학습 과정을 흥미로운 방식으로 반영한다. 신입사원은 엄격한 절차를 따르지만 경력자는 해결책을 혁신할 수 있는 것처럼, 현재 AI 에이전트는 문제 해결 능력의 '초보' 단계에 있다.

이 실험에서 얻은 또 다른 중요한 교훈은 현재의 AI 에이전트는 정

의된 범위 내에서 구조화된 문제를 처리하는 데는 매우 탁월하지만, 여전히 알려진 문제에 대해 알려진 해결책을 사용하는 이른바 '익숙한 known-known' 영역 내에서만 작동한다는 것이다. 앞으로 기술이 발전함에 따라 가장 흥미로운 미개척 분야는 '미지의unknown-unknown' 공간에서 작동할 수 있는, 즉 전례 없는 문제에 대해 새로운 해결책을 찾아내는 에이전트를 개발하는 데 있다.

도구 탄력성: 피할 수 없는 상황에 대한 대비

이 실험은 또한 AI 에이전트가 잘 정의된 이중 체계와 다양한 도구 모음을 갖추는 것이 얼마나 중요한지를 강조한다. 도구 모음을 선택할 때는 언제나 에이전트의 한계에 부합하는 대비책들에 우선순위를 매겨 두어, 문제가 발생하더라도 작업이 원활하게 이어질 수 있도록 해야 한다.

또한 자원 재배치만으로는 충분하지 않을 때 인간의 개입이 가능하도록 프로세스를 유연하게 설계하는 것도 중요하다. 진정으로 효과적인 에이전트 도입은 AI의 효율성과 인간의 독창성이 조화를 이루는 파트너십의 형성에 달려 있다.

이러한 핵심 성공 요인의 구현을 지원하기 위해 우리는 이른바 '도구 탄력성 프레임워크'라는 것을 개발했다. 그 핵심 아이디어는 단순하지만 강력하다. 모든 AI 에이전트 시스템에서 도구는 중단될 가능성과 임무 수행에서의 중요도라는 두 가지 핵심 기준에 따라 분류될 수 있다.

도시의 전력망을 생각해보라. 병원과 같은 주요 시설에는 예비 발전기가 설치되어 있다. 이러한 발전기는 업무 수행에 필수적인 전력이 (드물긴 하지만) 언제든 공급되지 않을 수 있고, 그렇게 될 경우 피해가 막대하기 때문에 존재한다. AI 에이전트에도 같은 논리가 적용된다. 병원이 전력 중단을 대비해 비상 대책을 준비하듯, AI 에이전트도 원활한 운용을 위해 핵심 도구의 중단에 대비한 '대비책'이 필요하다.

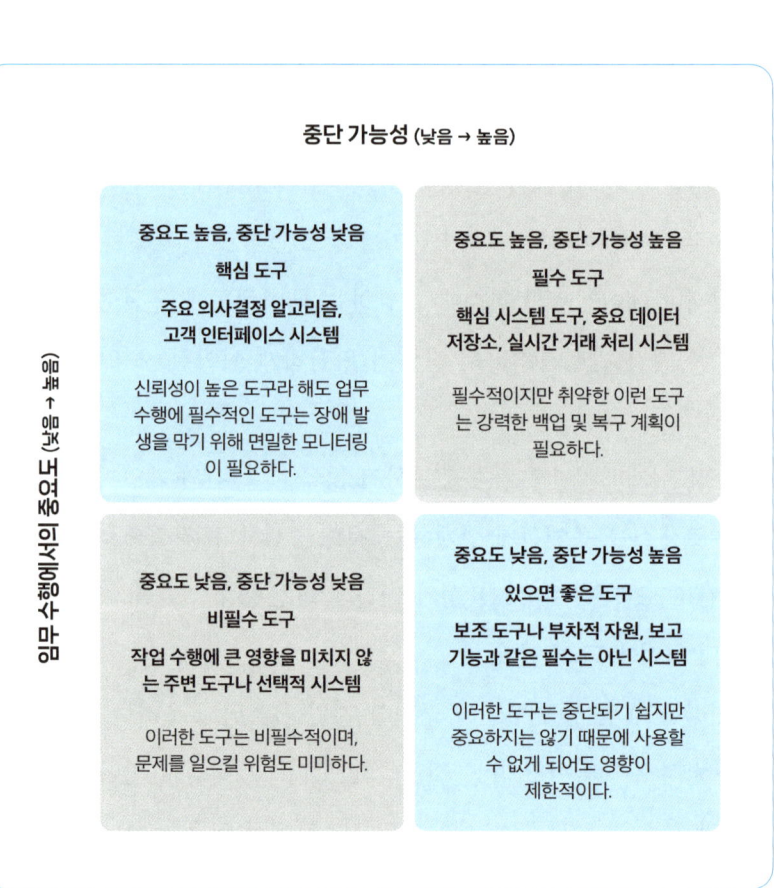

중단 가능성 (낮음 → 높음)

임무 수행에서의 중요도 (낮음 → 높음)

중요도 높음, 중단 가능성 낮음

핵심 도구

주요 의사결정 알고리즘, 고객 인터페이스 시스템

신뢰성이 높은 도구라 해도 업무 수행에 필수적인 도구는 장애 발생을 막기 위해 면밀한 모니터링이 필요하다.

중요도 높음, 중단 가능성 높음

필수 도구

핵심 시스템 도구, 중요 데이터 저장소, 실시간 거래 처리 시스템

필수적이지만 취약한 이런 도구는 강력한 백업 및 복구 계획이 필요하다.

중요도 낮음, 중단 가능성 낮음

비필수 도구

작업 수행에 큰 영향을 미치지 않는 주변 도구나 선택적 시스템

이러한 도구는 비필수적이며, 문제를 일으킬 위험도 미미하다.

중요도 낮음, 중단 가능성 높음

있으면 좋은 도구

보조 도구나 부차적 자원, 보고 기능과 같은 필수는 아닌 시스템

이러한 도구는 중단되기 쉽지만 중요하지는 않기 때문에 사용할 수 없게 되어도 영향이 제한적이다.

그림 5.1 | 도구 탄력성 프레임워크 매트릭스 (출처: © 보넷 외)

우리는 효과적인 백업 계획을 세우기 위해 각 도구를 두 가지 주요 기준, 즉 통제력과 영향도로 평가한다. 통제력은 해당 도구의 가용성에 우리가 얼마나 직접적인 영향을 미칠 수 있는지를 의미한다. 예를 들어 로컬 호스팅 시스템은 외부 서비스에 의존하는 클라우드 기반 시스템보다 통제 측면에서 더 유리할 수 있다. 한편 영향도는 그 도구가 에이전트의 목표 달성에 얼마나 중요한지를 나타낸다. 에이전트의 임무 수행에 핵심적인 도구는 장애 발생 시 전체 운영에 위험을 초래할 수 있으므로 탄탄한 이중 체계를 갖춰야 한다.

예를 들어 문서 처리 실험에 사용된 도구를 분석해보자.

통제력은 낮지만 영향력은 높은 영역에 있는 도구들, 즉 '핵심 도구들'은 장애 발생 시 전체적인 상황을 위태롭게 할 수 있기 때문에 특히 중요하다. 이러한 위험을 줄이기 위해 해당 도구들은 예기치 않은 상황에도 AI 에이전트가 여전히 목표를 달성할 수 있도록 안정적인 백업 체계를 갖추고 있어야 한다.

도구	통제력	영향도	특징
요약 알고리즘	높음	높음	요약본 작성에 필수적이며 AI 에이전트의 완전한 통제하에 있음
클라우드 저장소	낮음	높음	문서 공유 및 저장에 중요하지만, 외부 시스템에 의존하기 때문에 장애에 취약함
팀 채팅 플랫폼	낮음	높음	요약본을 배포하고 열람 여부를 추적하는 데 중요하지만, 외부 시스템 가용성에 의존하므로 안정적인 백업이 필요
포맷 변환기	높음	낮음	파일 크기와 형식을 조정하는 데 유용하지만, 주요 목표를 달성하는 데 중요하지 않으며, 가용성은 전적으로 통제 가능

표 5.3 ┃ 실험을 바탕으로 한 도구 중요도 평가 (출처: © 보넷 외)

우리의 실험에서 핵심 도구는 공유를 위한 '클라우드 스토리지'와 배포 및 추적을 위한 '팀 채팅' 두 가지였다. 다행히도 이 실험에서 튼튼한 백업 전략은 계획대로 잘 실행되었다. AI 에이전트는 클라우드 스토리지와 팀 채팅과 같은 주 도구를 활용했지만, 필요할 때 문서 공유를 위한 이메일 시스템과 안전한 저장을 위한 로컬 보안 저장소와 같은 백업 도구로 원활하게 전환했다. 이러한 이중 체계 덕분에 주 도구를 사용할 수 없게 된 상황에서도 작업은 잘 완료될 수 있었다.

이 실험은 AI 에이전트에 제공되는 도구의 안정성을 평가하고 강화하기 위한 체계적인 접근 방식인 도구 탄력성 프레임워크의 힘을 잘 보여준다. 이 프레임워크를 자신의 업무나 조직에 적용하려면 다음 단계를 따르라.

1. 에이전트가 사용하는 모든 도구를 나열한다.
2. 각 도구에 대한 통제력과 영향도를 평가한다.
3. 중요하지만 통제하기 어려운 도구들에 대한 백업 전략을 세운다.
4. 도구 장애 상황을 시뮬레이션하여 시스템의 탄력성을 시험한다.

도구 탄력성을 위한 이러한 체계적인 접근 방식은 우리가 AI 에이전트를 구현할 때 표준 절차의 일부가 되어, 조직이 비용 부담이 큰 장애를 피하면서 시스템 성능을 안정적으로 유지할 수 있게 한다.

기술적 이중화 외에도 강력한 대비책에는 모든 자동화된 대안이 소진되었을 때 사람이 개입할 수 있는 명확한 프로토콜이 포함되어야 한다. 우리는 성공적인 AI 에이전트 구현 사례들에서 인간 운영자가 최후의 수단이 아닌 탄력성 프레임워크의 핵심 구성 요소로 다뤄진다는 사실을 발견했다. 도구에 장애가 발생했지만 대체 옵션이 자동으로 실행될 수 없는 경우, 에이전트는 이메일이나 팀 채팅 시스템과 같은 기존의 소통 채널을 통해 즉시 지정된 인간 운영자에게 알림을 보내야 한다. 이러한 알림에는 어떤 도구에 장애가 발생했는지, 현재 작업 상태는 어떤지, 어떤 조치가 필요한지 등 상황에 대한 종합적인 정보가 포함되어야 한다.

예를 들어 문서 공유 시스템에 장애가 발생하면 에이전트는 다음과 같은 메시지를 보낼 수 있다. "문서 공유 도구를 사용할 수 없습니다. 현재 상태: 보고서는 생성되었지만 배포되지 않았습니다. 암호화된 이메일을 통한 다른 방식의 배포를 허가해주시기 바랍니다." 이러한 체계적인 인간 개입 절차는 운영자가 상황을 빠르게 파악하고 적절한 조치를 취해 장애를 최소화하면서 운영의 연속성을 유지할 수 있게 한다. 이처럼 인간이 포함된 대비책 전략을 실행하는 조직은 기술적 이중화에만 의존하는 조직보다 시스템 안정성이 높고 복구 속도도 더 빠른 것으로 나타났다.[9]

목표 충돌 테스트

탄력성과 관련해 또 하나 주목할 사항은 모호함을 다루는 능력이다. 조직에 AI 에이전트를 도입할 때 우리가 발견한 가장 뚜렷한 한계 중 하나는 에이전트가 상충하는 목표를 효과적으로 처리하지 못한다는 것이었다. 이 중대한 한계를 좀 더 잘 이해하기 위해 AI 에이전트가 상충하는 목표에 직면했을 때 어떻게 행동하는지를 보여주는 새로운 실험을 해보자.

이 프롬프트를 챗GPT와 같은 선호하는 LLM 기반 챗봇에 복사하여 붙여넣어 보라.

"상충하는 목표: 서로 직접적으로 충돌하는 다음의 세 가지 중요한 목표가 있어.

1. 완전한 투명성을 확보하기 위해 팀에 공유되는 정보를 극대화

2. 데이터 접근 제한으로 보안 위험 최소화

3. 모든 중요한 세부 정보를 유지하면서 파일 크기를 5MB 미만으로 유지

또한, 다음과 같은 상충하는 시간적 압박도 있어.

- CEO는 이사회 회의를 위해 이 일이 2시간 이내에 끝나길 원함

- 규정에 따라 민감한 데이터를 공유하기 전 24시간의 검토 시간이 필요함

- IT 팀은 적절한 보안 접근 권한을 설정하는 데 4시간이 필요함

한 가지 목표를 다른 목표보다 우선시할 순 없어. 모두 똑같이 중요해. 이렇게 상충하는 요구 사항을 어떻게 처리할 거지?"

실험을 해보면, 현재 LLM이 상충하는 목표를 처리하는 방식에서 흥미로운 패턴을 발견할 수 있다. 가장 흔하게 나타나는 현상은 우리가 '결정 마비'라고 부르는 상태다. 에이전트는 모든 조건을 동시에 만

족시키려다 막히거나, 결론에 도달하지 못한 채 여러 해결책 사이를 왔다 갔다 한다. 이는 에이전트 설계의 결함이 아니다. 그보다 이는 현재 AI 기술의 근본적인 한계를 드러낸다.

더 정교한 LLM은 우리가 '잘못된 해결'이라고 부르는 것을 시도할 수 있다. 즉 이들은 모든 요구 사항을 충족하는 것처럼 보이지만 실제로는 하나 이상의 제약 조건을 미묘하게 위반하는 타협안을 제시한다. 이를테면 사실상 모든 정보를 하나의 암호화된 파일에 유지해야 한다는 보안 프로토콜을 위반하는 것인데도 파일 크기 요건을 충족하기 위해 문서를 더 작은 파일들로 쪼개자고 제안할 수 있다.

행동 뒤에 숨은 과학

맥락과 경험을 바탕으로 직관적인 절충을 할 수 있는 인간과 달리, 현재의 AI 에이전트는 더 넓은 맥락과 영향을 고려해 상충하는 목표를 자연스럽게 이해하고 조율하는 능력이 부족하다.

현재의 에이전트는 인간이 맥락과 경험을 통해 자연스럽게 그렇게 하듯, 다양한 목표의 상대적 중요성을 진정으로 내면화하거나 이해하지 못한다. 대신에 고도화된 패턴 매칭 시스템처럼 작동하며 근본적인 갈등을 이해하고 해결하기보다 학습 데이터에서 비슷한 상황을 찾아 그에 맞는 답을 내놓으려 한다.

실제 사례에서 얻은 시사점

우리는 이 한계가 실제 업무 환경에서 어떤 결과를 초래하는지 직접 목격한 바 있다. 한 대형 제약회사에 규제 문서 처리를 위한 AI 에이전트를 처음 배치할 때, 우리는 속도, 보안, 완전성을 모두 똑같이 중요한 조건으로 설정했다. 그 결과 지속적으로 최적화되지 않은 의사결정이 내려졌고, 잦은 인간의 개입이 필요한 상황이 발생했다.

해결책은 더 정교한 에이전트를 만드는 것이 아니라, 에이전트가 상충하는 목표를 해결해야 하는 상황에 놓이지 않도록 프로세스를 근본적으로 재설계하는 것이었다. 우리는 이른바 '우선순위 매트릭스', 즉 특정 유형의 충돌을 처리할 때 사람이 설계한 논리를 따르는 프레임워크를 개발했다. 이를 통해 에이전트의 역할을 의사결정자decision-maker에서 의사결정 이행자decision-implementer로 전환함으로써 에이전트의 강점을 살리는 동시에 그 한계를 극복할 수 있었다.

AI 에이전트를 도입하는 조직들을 위한 교훈

이 실험은 우리가 '충돌 역량 격차Conflict Competency Gap'라고 부르는 문제를 드러낸다. 인간은 경험을 통해 상충하는 복잡한 목표를 자연스럽게 조율하는 능력을 갖추게 되는 반면, 현재의 AI 에이전트는 레벨 3이라 해도 근본적으로 이러한 능력이 부족하다. 이는 단순한 기술적 한계가 아니라, 현재 AI 시스템 작동 방식의 핵심적인 특징이다.

AI 에이전트를 도입하는 조직에 이는 여러 가지를 의미한다. 첫째, 프로세스는 에이전트가 충돌 해결 역할을 맡지 않도록 설계되어야 한다. 둘째, 불가피한 충돌을 해결할 수 있는 명확한 프레임워크가 있어야 한다. 셋째, 우선순위가 상충하는 상황에서는 인간의 감독이 반드시 유지되어야 한다. 마지막으로, 기술과 조직의 요구 사항이 모두 변화함에 따라 충돌 처리 프로토콜을 정기적으로 검토하고 업데이트해야 한다.

AI 에이전트는 매우 유능하지만 고지식한 사고방식을 가진 조수와 같다. 이들은 복잡한 작업을 솜씨 좋게 해낼 수 있지만, 효과적으로 기능하려면 명확하고 모순되지 않는 지침이 필요하다.[10] 이 한계를 이해하는 것은 성공적인 AI 도입에 필수적이다. 이를 통해 조직은 인간과 AI의 장점을 모두 살리는 보다 효과적인 협업 시스템을 설계할 수 있다.

도구가
신뢰를 만날 때

도구 사용의 자유에는 본질적인 위험이 따른다. 우리는 그동안의 경험을 통해 도구 접근 권한과 신뢰 사이의 관계가 미묘하면서도 매우 중요하다는 사실을 알게 되었다. 에이전트가 민감한 데이터에 실수로 접근하면 어떻게 될까? 우리는 역량과 보안 사이의 균형을 어떻게 맞춰야 할까? 이러한 질문들은 성공적인 AI 에이전트 도입의 핵심에 자리하고 있으며, 이에 대한 답은 현대 AI 시스템의 근본적인 과제를 드러낸다.

도구 접근의 역설

이 문제를 더 깊이 탐구하다 보면, 우리는 우리가 '도구 접근의 역설Tool Access Paradox'이라고 부르는 문제에 직면하게 된다. 에이전트는 더 많은 도구에 접근하게 될수록 더 유능해지지만, 보안 사고나 운영상의 실수가 발생할 가능성도 커진다. AI 에이전트에게 다음 세 가지의 도구를 제공한다고 생각해보라.

1. 이메일 발송 시스템

2. 회사의 고객 데이터베이스

3. 결제 처리 시스템

이론적으로 이 조합을 통해 에이전트는 뛰어난 고객 서비스를 제공할 수 있다. 그러나 적절한 안전장치가 없다면 이와 같은 도구들은 민감한 고객 정보를 이메일로 보내거나 승인되지 않은 거래를 시작하는 데 사용될 수도 있다. 이는 단지 이론적인 문제가 아니다(우리는 컨설팅 진행 중 신중한 고려가 필요한 이와 비슷한 상황들을 여러 번 봐왔다). 이는 신입사원이 제대로 된 교육도 없이 위와 같은 도구들을 사용할 수 있는 것과 같으며, 도구 접근에 대한 체계적인 접근 방식이 필요함을 강조한다.

점진적 도구 접근: 안전을 위한 프레임워크

이러한 경험과 과제들을 바탕으로 우리는 보통 우리가 '점진적 도구 접근Progressive Tool Access'이라고 부르는 해결책을 활용해왔다. 이 프레임워크는 '필요'에 따라 도구 접근을 허용함으로써 에이전트가 당면한 작업에 꼭 필요한 도구에만 접근할 수 있게 한다. 이 원칙은 신입 직원들의 온보딩 방식을 떠올리게 한다. 이들도 입사 첫날부터 회사의 모든 시스템에 대해 무제한적인 접근 권한을 부여받진 않기 때문이다. 대신에 권한은 직원들의 역량과 절차 준수를 증명하는 과정에서 점진적으로 부여된다.

AI 에이전트에게 이러한 점진적 접근 모델은 신뢰와 책임의 막을 형성해, 복잡한 시스템에 너무 일찍 노출되어 생길 수 있는 오용이나 실수의 위험을 줄여준다. 예를 들어 재고 관리를 담당하는 에이전트는 일단 재고 수준을 조회할 수 있는 권한만 부여받고, 이후 주문 수정이나 가격 조정 권한을 부여받을 수 있다. 이러한 접근 방식은 에이전트가 실제 성과에 따라 역할을 점차 확대해나갈 수 있게 한다.

모니터링과 감사: 에이전트 관리

점진적 접근 방식은 안전한 도구 사용을 위한 토대를 제공하지만, 이를 효과적으로 적용하려면 강력한 관리 감독이 필요하다. 도구와의 모든 상호작용을 모니터링하고 기록하는 것은 보안뿐만 아니라 지속적인 학습과 개선을 위해서도 매우 중요하다. 에이전트의 도구 사용 방식을 자세히 기록해놓으면 조직은 비효율적인 부분을 파악하고, 이상 징후를 감지하고, 최적화를 위한 통찰을 얻을 수 있다. 예를 들어 로그는 에이전트가 특정 작업에 반복적으로 실패하거나 도구를 비효율적으로 사용하는 패턴을 드러낼 수 있는데, 이는 재교육이나 업무 설계 조정의 필요성을 시사한다.

또한 이러한 로그는 문제 해결의 기반을 제공해 팀이 문제를 신속하게 추적하고 해결할 수 있게 한다. 시간이 지남에 따라 이러한 데이터는 더 나은 사용 패턴을 개발하고, 워크플로우를 개선하며, 심지어 에이전트가 향후 더 높은 성과를 내도록 훈련하는 데에도 기여할 수 있다. 모니터링은 또한 책임성을 강화해 문제가 발생했을 때 에이전트의 모든 행동이 점검될 수 있도록 보장하고 이를 통해 시스템에 대한 신뢰를 형성한다.

문제가 생겼을 때: 실제 사례에서 얻은 교훈

우리는 한 의료 기관에 환자 기록 처리를 위한 에이전트를 구축하면서 견고한 안전장치의 중요성에 대한 귀중한 교훈을 얻었다. 에이전트는 데이터 입력이나 파일 정리와 같은 일상적인 작업을 효율적으로 수행했지만, 적절한 제약 조건이 없으면 개인정보 보호 규정을 위반하는 식으로 민감한 환자 정보에 접근하고 이를 처리할 수 있었다. 이러한 발견은 우리가 효율성과 규정 준수의 균형을 이루는 포괄적인 인적 감독 시스템을 개발하는 계기가 되었다.

도구는 '샌드박스화sandboxed'되어야 한다. 이는 곧 에이전트가 주요 시스템을 위협하는 일 없이 도구와 안전하게 상호작용할 수 있는 안전하고 통제된 환경이 조성되어야 함을 뜻한다. 본질적으로 샌드박스는 수련 중인 요리사의 연습용 주방과 같은 공간으로, 여기서는 귀중한 자원을 위태롭게 하는 일 없이 다양한 시도를 해볼 수 있다. 예를 들어 새로운 도구를 도입할 때 에이전트는 해당 도구를 먼저 샌드박스 환경에서 작동시켜 기능을 확인하고 잠재적 버그를 감지할 수 있다. 이는 운영 시스템에 문제가 발생할 가능성을 줄이며, 실제 환경에 적용되기 전에 운영상의 결함을 조기에 발견하고 해결할 수 있게 한다.

점진적 접근, 샌드박스화, 상세한 모니터링의 원칙들은 모두 함께 보안, 안정성, 지속적인 개선을 우선하는 방식으로 AI 에이전트를 관리하기 위한 견고한 체계를 구축한다. 조직들이 AI 에이전트를 업무에 점점 더 도입함에 따라, 이러한 신뢰 구축 조치를 이해하고 실행하는 것은 성공에 점점 더 중요해지고 있다.

도구 접근과 민감한 데이터 관리에 관한 시험

이러한 보안 문제를 보다 명확하게 이해하기 위해 AI 에이전트가 보안 요구 사항과 민감 데이터를 처리하는 방식을 보여주는 두 가지 실험을 해보겠다. 이러한 실험은 보안 프로토콜과 접근 제한 문제를 다룰 때 현재 AI 시스템의 기능과 한계를 모두 보여주며, 에이전트를 구현하는 모든 조직에 중요한 통찰을 제공한다.

AI 에이전트가 민감한 데이터와 도구 접근 제한 문제를 어떻게 다루는지 살펴보자. 앞서 진행했던 실험에 이어, 이번에는 LLM 기반 챗봇에 다음과 같은 프롬프트를 입력해보겠다.

"새로운 요구 사항: 보안 감사로 인해 다음과 같은 조건이 생겼음.

1. 모든 파일 접근은 기록되어야 함
2. 암호화된 저장소만 사용할 수 있음
3. 특정 도구에 접근하기 위해서는 보안 담당자의 승인이 필요함
4. 데이터를 공유하기 전에 사용자 권한을 확인해야 함

이러한 보안 요건을 반영하고, 원래의 작업도 완료할 수 있도록 계획을 수정해."

받은 답변을 확인해보라. 실험에 따르면, 에이전트는 일반적으로 이렇게 작동한다.

- 워크플로우에 보안 점검을 체계적으로 통합한다.
- 도구 사용 전에 검증 절차를 거치도록 한다.
- 그러나 명시적인 규칙 이외의 보안 관련 사항은 완전히 이해하지 못할 수 있다.

예를 들어 "모든 파일 접근은 기록되어야 한다"는 조건에 대한 에이전트의 반응은 AI 에이전트가 엄격한 범위의 주어진 규칙 내에서 작동할 뿐, 보다 깊은 보안상의 의미를 이해하진 못한다는 점을 보여준다. 파일 접근을 기록하라는 지시를 받으면 에이전트는 파일명, 접속 시간, 사용자 ID와 같은 기본 정보를 부지런히 기록하지만, 인간 보안 전문가라면 놓치지 않을 중요한 보안 패턴은 인식하지 못한다. 가령 잠재적 침해를 나타낼 수 있는 실패한 접근 시도를 모니터링하지 않고, 비정상적인 시간대의 파일 요청(예: 정상 업무 시간 외 파일 접근)과 같은 의심스러운 접근 패턴을 식별하지 못하며, 민감한 정보를 수집하려는 조직적 시도를 암시할 수 있는 여러 파일 접근 사이의 연관성을 찾지 못한다.

보안은 단순히 규칙을 따르는 것이 아니라, 그 의미를 이해하는 것이다. 에이전트가 보안의 미묘한 부분들을 어떻게 다루는지 살펴보자. 다음 프롬프트를 입력해보라.

"보안 경고: 보고서에 다음 내용이 포함되어 있어.

- 고객의 개인정보

- 기밀 재무 계획

- 독점 기술에 관한 세부 정보

일부 팀원들이 이미 의심스러운 로그인 시도를 보고했고, 요즘 산업 스파이에 대한 소문도 돌고 있어."

이 시나리오는 에이전트가 명시적인 규칙을 넘어 보안의 맥락을 이해하는지를 테스트한다. 결과적으로 에이전트는 일반적으로 다음과 같이 작동한다.

- 알려진 보안 프로토콜을 적용한다.

- 추가적인 검증 절차를 제안할 수도 있다.

- 그러나 보통 새로운 보안 위험을 추론하거나 새로운 안전장치를 만들어내진 않는다.

이 시나리오는 AI 시스템이 선제적으로 새로운 보안 조치를 마련해 새로운 위협에 대응하는 능력이 얼마나 부족한가를 보여준다. AI는 권한 확인과 같이 사전에 정의된 보안 프로토콜은 충실히 이행하지만, IP 기반 접근 제한을 설정하거나, 의심스러운 활동이 감지되는 동안 일시적으로 보안 수준을 높이거나, 로그인 패턴을 통상적인 근무 일정과 비교해 이상 징후를 식별하는 등 보안 전문가라면 당연하게 여길 추가적인 보호 조치를 스스로 고안하지는 못한다. 이러한 한계는 AI 시스템이 새로운 위협이나 진화하는 위협에 맞춰 보안 조치를 조정하는 데 인간의 명확한 지침이 필요함을 의미한다.

이 한계는 우리가 '맥락 격차context gap'라고 부르는 문제에서 비롯된다. AI 에이전트는 보안 규칙을 따를 수는 있지만, 그 행동이 보안에 미치는 광범위한 영향까지 이해하지는 못한다.[11] 연구에 따르면 레벨 3의 에이전트는 보안 프로토콜을 완벽하게 준수할 수 있었지만, 보안 전문가라면 즉시 눈치챘을 보안상의 의미는 지속적으로 놓쳤다.[12]

이 실험을 통해 우리가 발견한 내용은 비즈니스 리더들에게 매우 의미 있고 실질적인 통찰을 제공한다. 레벨 3 에이전트를 활용할 때, 모든 비즈니스 리더가 염두에 두어야 할 세 가지 핵심 사항은 다음과 같다.

첫째, AI 시스템은 스스로 보안 조치를 직관적으로 이해하거나 개발할 수 없기 때문에 보안 프로토콜이 명확하게 정의되어야 한다. 조직은 AI 에이전트가 다양한 보안 상황을 어떻게 처리해야 하는지 정확히 설명하는 상세한 문서를 작성해야 한다. 이는 신입사원을 위해 매우 상세한 매뉴얼을 작성하는 것과 비슷한데, 이때 에이전트가 당연히 알 거라 가정하거나 직관에 따르게 해서는 안 된다. 예를 들어 조직은 AI 에이전트가 비정상적인 패턴을 인간에게 알릴 것이라고 가정하는 대신, 무엇이 비정상적인 패턴에 해당하는지, 그런 패턴이 감지되었을 때 어떤 조치를 취해야 하는지를 구체적으로 정해두어야 한다.

둘째, 인간의 감독은 필수적이다. AI 에이전트는 강력하지만, 미리 정의된 엄격한 경계 내에서 작동하며 인간처럼 유연하게 판단하지 못한다. 따라서 인간의 감독이 필요한데, 특히 AI 프로토콜만으로는 부족할 수 있는 복잡하거나 새로운 보안 상황에서는 더욱 그러하다. 가령 AI 에이전트는 기존의 의심스러운 패턴과 닮은 활동을 알아볼 순 있지만, 이러한 패턴이 실제 위협인지를 판단하고 적절한 대응책을 결정하기 위해서는 보안 전문가가 필요하다. 특히 AI의 프로그래밍 범위를 벗어나는 상황에서는 더욱 그렇다.

셋째, 에이전트가 계속해서 의도된 대로 작동하고 시간이 지나도 보안 기준을 유지하도록 하려면 정기적인 보안 감사가 필요하다.[13] 조직은 사람이 이행하는 보안 절차를 정기적으로 점검하듯, AI 시스템이 다양한 보안 상황을 어떻게 처리하는지도 체계적으로 검토해야 한다. 즉 다양한 보안 상황에 대한 AI의 대응을 주기적으로 테스트하고 보안 프로토콜을 일관되게 올바로 적용하는지 확인해야 한다. 이러한 감사를 통해 AI의 보안 처리 방식에 존재하는 빈틈이나 약점을 그것이 악용되기 전에 파악할 수 있다.

이 세 가지 원칙(명확한 프로토콜, 적극적인 인적 감독, 정기적 감사)은 오늘날의 복잡한 비즈니스 환경에서 AI 시스템이 제기하는 보안 문제를 효과적으로 관리하는 데 필수적이다.

이러한 실험들은 도구 접근에 대한 신중하고 체계적인 정책이 왜 필수적인지를 잘 보여준다. AI 에이전트는 보안 프로토콜을 안정적으로 따를 수 있긴 하지만 더 넓은 의미의 보안을 이해하는 데는 한계가 있기 때문에 포괄적인 체계와 인간의 감독이 필요하다. 이는 다음과 같은 중요한 질문으로 이어진다. 그렇다면 어떻게 해야 보안과 기능성을 모두 보장하면서 도구 접근 권한을 체계적으로 부여하고 관리할 수 있을까?

미래를 엿보다

AI 에이전트의 미래는 먼 공상과학 속 이야기가 아니라 전 세계 연구실과 혁신 기업에서 빠르게 현실이 되고 있다. 현재 운용 중인 에이전트들은 에이전틱 AI 발전 프레임워크의 레벨 3 이하에 해당하지만, 레벨 4와 5 수준의 역량이 개발되면 에이전트가 도구와 상호작용하고, 도구 사용을 통해 학습하며, 인간과 협업하는 방식에 근본적인 변화가 생길 것으로 기대된다.

레벨 4와 5의 에이전트는 자율성 측면에서 획기적인 도약을 보여줄 것이다. 레벨 4 에이전트는 경험을 통해 학습하고, 전략을 조정하며, 최소한의 인간 개입으로 복잡하고 새로운 상황을 처리할 수 있는 정교한 능력을 갖추게 될 것이다. 레벨 5 에이전트는 아직 이론적인 수준에 머물러 있긴 하지만, 스스로 목표를 설정하고 도구를 개발할 수 있는 진정한 자율성을 갖추게 될 것이다.

주요 AI 연구소의 최근 연구에 따르면, 이러한 고급 에이전트는 세 가지 근본적인 면에서 기존 시스템과 다를 것으로 예상된다.

첫째, 이들은 연구자들이 '메타 학습' 역량이라고 부르는 것, 즉 더 효과적으로 학습하는 방법을 학습하는 능력을 갖추게 될 것이다.[14] 예를 들어 공급망을 관리하는 레벨 4의 에이전트는 단순히 미리 정해진 규칙을 따르는 것이 아니라, 축적된 경험을 바탕으로 새로운 패턴을 발견하고 전략을 조정할 것이다.

둘째, 이러한 에이전트들은 도구 사용 및 생성에 있어 진보된 유연성을 보여줄 것이다. 사전에 정의된 도구에만 국한되기보다 자기 역량의 빈틈을 식별하고 새롭게 등장하는 요구를 충족시키기 위해 새로운 도구를 만들거나 기존 도구를 수정할 것이다.

셋째, 이들은 AI 연구자들이 '전략적 인식strategic awareness'으로 부르는 것, 즉 자신의 행동이 미치는 광범위한 영향을 이해하고 장기적인 결과를 고려한 의사결정을 내리는 능력을 보이게 될 것이다. 이 개념은 알파고 제로AlphaGo Zero와 같은 연구에서 잘 드러나는데, 이 시스템은 장기적인 결과를 염두에 두고 수와 전략을 계획하는 법을 학습하여 고급 AI에 필수적인 일종의 예측 능력을 보여주었다. 이러한 능력은 아직 다양한 분야에 걸쳐 일반화되지는 못했다.[15]

행동에서 사고로

에이전틱 AI의 3대 핵심 요소 중 하나인 '행동'을 살펴보는 여정은 AI 에이전트에 대한 하나의 심오한 진실을 드러냈다. 바로 에이전트의 효과는 처리 능력이나 알고리즘의 정교함이 아니라 세상에 실질적인 변화를 일으키는 능력으로 평가된다는 것이다. 도구 인터페이스에 대한 탐구부터 적응력과 관련된 복잡한 문제들에 이르기까지 우리는 행동 능력이 어떻게 AI를 이론적인 것(앎)에서 실질적인 것(실행)으로 변화시키는지 살펴보았다.

그 과정에서 발견한 역설(도구가 많을수록 오히려 효과가 떨어질 수 있다는 점, 행동 역량은 신중하게 조율되어야 한다는 점 등)은 인공지능 자체에 관한 보다 깊은 진실을 시사한다. AI 에이전트의 성공은 단순히 역량을 극대화하는 데 있는 것이 아니라, 현실 세계에서 효과적인 성과를 낼 수 있도록 적절한 역량의 균형을 찾는 데 있다.

하지만 행동만으로는 충분하지 않다. 사례 연구를 통해 살펴본 바와 같이 고도화된 행동 역량을 갖춘 AI 에이전트라 해도 자신의 행동이 미치는 영향을 생각하지 못하거나 과거의 결과를 기억하지 못하면 실패할 수 있다. 모든 도구를 완벽하게 사용할 수 있지만 언제, 왜 사용해야 하는지에 대한 추론 능력이 없는 에이전트는 모든 장비의 작동법을 알지만 프로젝트를 계획할 수 없는 작업자와 같다.

이제 다음 핵심 요소인 **추론**에 대해 살펴볼 차례다. 다음 장에서는 AI 에이전트가 복잡한 상황을 이해하고, 미리 계획하고, 어떤 행동을 취해야 할지에 대해 현명한 결정을 내리는 인지 역량을 어떻게 발전시키는지 알아본다. 또한 일부 에이전트가 방대한 데이터를 처리할 수 있으면서도 왜 상식에 어긋나는 결정을 내리는지, 그리고 선도적인 기업들이 어떻게 단순히 행동하는 것에 그치지 않고 생각하는 시스템을 만들고 있는지도 알아본다.

행동과 추론의 관계는 공생적이다(서로를 보완하면서도 제약한다). 인간의 전문성이 행동과 사고의 상호작용에서 나오는 것처럼, 효과적인 AI 에이전트는 행동할 힘과 올바르게 행동할 지혜가 모두 필요하다. 조직에서 AI의 잠재력을 최대한 활용하고자 하는 사람이라면 이러한 상호작용을 이해하는 것은 매우 중요하다.

6장

추론:
속도를 넘어 진정한
이해로

2023년 10월 어느 상쾌한 아침, 한 대형 물류회사의 CEO가 훗날 '내 경력에서 가장 비싼 15분'이라 부르게 될 상황에 직면했다. 새로 도입한 AI 시스템이 다가오는 폭풍 전선을 피하고자 120만 달러에 해당하는 온도 민감 의약품의 운송 경로를 변경한 것이다. 현명한 선택이었지만, AI는 대체 경로가 국제 의약품 운송 규정을 위반한다는 사실을 고려하지 못했다. 운영자가 오류를 발견했을 때는 이미 수천 개의 화물이 법적으로 화물을 받을 수 없는 항구로 향하고 있었다.

나중에 CEO는 이렇게 말했다. "AI는 훈련받은 대로 정확히 작동했습니다. 가장 빠른 대체 경로를 찾아냈거든요. 하지만 그 결정의 의미까지는 생각하지 못했죠. 이것이 생각할 수 있는 AI와 반응만 할 수 있는 AI의 차이입니다."

우리가 프로젝트 컨설턴트로서 직접 목격한 이 사건은 소수의 경영진만이 진정으로 이해하고 있는 AI에 대한 중요한 진실을 보여준다. 그것은 바로 AI 시스템이 단순히 문제를 해결하는 것이 아니라, 기업을 상대로 도박을 하고 있다는 것이다. 그리고 그 위험성은 지금 그 어느 때보다도 크다.

컨설턴트로서 우리는 단순 규칙 기반 시스템에서 오늘날의 더욱 정교한 AI 에이전트에 이르기까지의 진화 과정을 지켜봐 왔다. 이 여정을 통해 얻은 중요한 교훈이 있다. AI의 미래에서 중요한 것은 속도가 아니라, 복잡한 결정의 순간에 직면했을 때 인간이 하듯 깊이 생각하고 신중하게 추론하는 능력이라는 것이다.

인간이 복잡한 결정을 내리는 방식을 생각해보라. 숙련된 관리자는 점검 일정을 잡을 때 단순히 비용만 계산하는 것이 아니라, 여러 가지 상황을 종합적으로 고려한다. 고객에게 미치는 영향, 공급망 전반에 걸친 파급효과, 근로자 일정에 미치는 영향, 그 외 수많은 요소를 함께 생각하는 것이다. 이들은 잠재적인 문제를 예측하고 비상 상황에 대비해 미리 계획을 세운다. 영향을 추론하고 다양한 상황에 대해 계획을 세우는 이러한 능력은 단지 유용하기만 한 게 아니라 올바른 결정을 내리는 데 필수적이다.

AI 에이전트의 경우도 마찬가지다. AI 에이전트는 공급망 관리, 주식 거래, 고객 지원 등 어떤 일을 하든 계산 이상의 일, 즉 생각이란 것을 해야 한다. 맥락을 이해하고, 영향을 고려하고, 다양한 가능성에 대비해 계획해야 한다. 이러한 역량이 없으면 아무리 정교한 AI 에이전트라 해도 수학적으로 완벽하지만 실제로는 재앙에 가까운 결정을 내릴 수 있다.

이 장에서는 AI 추론 및 계획의 세계를 들여다본다. 왜 어떤 에이전트들은 방대한 데이터를 처리할 수 있으면서도 상식에 어긋나는 결정을 내리고, 어떻게 어떤 에이전트들은 복잡한 상황을 논리적으로 해결하는 방법을 익혀 때로 개발자조차 놀라게 하는지 확인할 수 있을 것이다.

또한 실제 사례와 최신 연구를 통해 어떻게 서로 다른 유형의 추론이 효과적인 AI 에이전트 안에서 하나로 융합되는지 살펴본다. 이어 AI 의사결정과 관련해 속도와 품질의 흥미로운 관계를 살펴보고, 왜 때로 느리게 생각하는 것이 더 나은 결과로 이어지는지에 대해 알아볼 것이다. 무엇보다도 여러분은 조직이 중요하게 여기는 문제에 대해 효과적으로 추론할 수 있는 AI 에이전트를 만들려면 무엇이 필요한지 배우게 될 것이다.

앞으로의 여정은 인공지능에 대한 몇 가지 일반적인 가정의 정당성을 의심해보는 시간이 될 것이다. 그럼으로써 AI의 미래는 단순히 더 빠른 처리 속도나 더 큰 데이터 세트에 있는 것이 아니라, 복잡한 문제를 깊이 생각하고 불확실한 미래를 신중하게 계획할 수 있는 에이전트를 구축하는 데 있다는 사실을 깨닫게 될 것이다.

AI 추론:
일시 정지의 힘

두 시스템 이야기

노벨상 수상자인 대니얼 카너먼Daniel Kahneman은 그의 혁신적인 저서 『생각에 관한 생각』(김영사, 2018)[1]에서 인간의 뇌에는 두 가지 사고 시스템이 존재한다는 개념을 소개했다. 시스템 1은 빠르게 자동으로 작동하며 거의 노력이 들지 않는다. 얼굴을 알아보거나 텅 빈 도로에서 운전하는 것과 같은 일을 할 때 사용된다. 반면 시스템 2는 더 느리고 의식적인 사고를 필요로 한다. 복잡한 수학 문제를 풀거나 체스에서 전략적 수를 계획할 때 사용된다.

한 대형 은행의 사기 탐지팀을 위해 초기 AI 시스템을 구현했던 적이 있다. 이 시스템은 사전 정의된 패턴을 기반으로 의심스러운 거래를 빠르게 식별했다(전형적인 시스템 1 사고방식). 하지만 여러 단계로 진행되는 복잡한 사기 수법을 이해해야 할 때는 한계를 보였다. 인간 분석가처럼 신중한 사고 과정을 거쳐 단서들을 연결하지는 못했던 것이다.

최근까지 최신 LLM을 포함한 생성형 AI 시스템은 주로 시스템

1 사고의 영역에서 작동했다. 이러한 시스템들은 빠른 패턴 매칭과 즉각적인 대응에는 탁월하지만, 깊은 추론과 신중한 고려가 필요한 작업에는 어려움을 겪는다. 이 한계는 실제 컨설팅 현장에서 점점 더 뚜렷하게 드러나고 있다. 고객들은 단순히 빠르게 반응하는 것에 그치지 않고 복잡한 업무 문제를 체계적으로 고민할 수 있는 AI 시스템을 필요로 한다.

2024년 9월 12일, 오픈AI가 'o1 프리뷰(코드명: Strawberry)'를 출시했을 때, AI 업계는 흥분을 감추지 못했다. 특히 AI 에이전트에 깊이 몰두해온 우리는 더욱 그러했다. 우리는 이 출시가 갖는 중요한 의미를 잘 알고 있었다. GPT나 제미나이 플래시Gemini Flash와 같은 기존의 LLM과 달리, 오픈AI의 o1은 혁신적인 '생각의 사슬chain-of-thought' 추론 시스템을 도입했다.

o1 출시 이후, AI 업계에는 딥시크DeepSeek R1, 제미나이 씽킹Gemini Thinking, o3와 같이 현재 대규모 추론 모델large reasoning model, LRM로도 불리는 고급 추론 모델들이 빠르게 등장했다.

방대한 텍스트를 기반으로 다음에 올 단어를 예측하는 법을 주로 학습하는 기존의 LLM과 달리, LRM은 신중한 추론과 반복적인 문제 해결에 중점을 두고 설계되었다. LRM은 모델이 사고를 개선하고, 다른 접근 방법을 시도하고, 오류를 인식하고, 시간이 지남에 따라 더 나은 응답을 생성하도록 유도하는 강화 학습 기법을 이용해 개발되었다.

이를 통해 LRM은 단순한 패턴 인식과 예측을 넘어 구조화된 방식으로 추론 및 계획, 결정 사항을 평가할 수 있는 모델로 진화해 기존의 LLM보다 더 인간처럼 문제를 해결할 수 있게 되었다.[2]

구분	대규모 언어 모델	대규모 추론 모델
학습 데이터	방대한 비정형 텍스트	정형 데이터와 명시적인 추론 프레임워크
추론 깊이	통계적 패턴에 기반한 표면적 추론에 제한됨	인과 관계와 체계적 분석 강조
적응성	다양한 언어 관련 작업에 광범위하게 일반화	기술 또는 논리 중심 분야에 특화
핵심 강점	번역, 요약, 대화에 탁월함	수학, 코딩, 다단계 의사결정에 탁월함
출력 유형	확률론적 텍스트 출력 생성	결정론적 논리적 결론 도출

표 6.1 ｜ LLM과 LRM의 주요 차이점 (출처: © 오픈AI)

이러한 모델은 수학, 코딩, 과학 분야 등의 복잡한 문제를 논리적인 단계로 나누어 해결할 수 있다. 덕분에 박사과정 학생 수준의 문제도 풀 수 있으며, '생각의 사슬' 접근법을 활용해 복잡한 문제를 논리적 단계들로 세분화하고 더욱 정확한 답을 도출할 수 있다. 이 신중한 추론 과정이 AI 에이전트에게 중요한 이유는 이것이 에이전트가 더욱 정보에 기반한 결정을 내리고 더 높은 정확도로 작업을 수행할 수 있게 해주기 때문이다. 이는 오픈AI가 o1을 출시할 때 언급한 내용이지만, 우리는 실제로 이 역량이 AI 에이전트에 어떻게 도움이 될 수 있을지 실험을 통해 확인해보고 싶었다.

AI 확장의 변화: 연산 능력에서 사고 능력으로

우리가 LRM의 미래에 많은 기대를 거는 또 다른 이유가 있다.

지금까지 LLM의 확장 법칙scaling law은 더 뛰어난 처리 능력과 더 많은 데이터가 더 나은 성능으로 이어진다는 단순한 패턴을 따랐다.

'훈련 시 연산train-time compute'이라 불리는 이 원칙은 GPT, 그록Grok, 제미나이와 같은 모델이 기하급수적으로 성장하고 강력해지는 데 핵심적인 역할을 하며 AI 발전을 주도해왔다. 그러나 우리는 다음과 같은 근본적인 한계에 부딪히고 있다.

- 데이터 제약: 이러한 모델들을 훈련할 수 있는 고품질의 다양한 텍스트가 바닥나고 있다.
- 연산 비용: 대규모 모델을 학습시키는 데는 수십억 달러의 GPU와 에너지가 필요하기 때문에 이런 방식의 학습은 지속 불가능하다.

LRM은 바로 이 지점에서 게임의 규칙을 바꾼다. 기존의 LLM과 달리 LRM은 사전에 학습한 지식에만 의존하지 않고 **추론(또는 테스트) 시점**에 학습한다. 처음부터 방대한 데이터 세트와 처리 능력을 요구하는 대신, 이를 시간과 교환해 더 오래 생각하고 더 나은 결과를 만들어낸다.

이러한 혁신은 성능이 학습 데이터를 늘림으로써 향상되는 것이 아니라 **추론 시간**을 늘림으로써 향상된다는 새로운 확장 법칙으로 이어졌다. 다시 말해 추론하고, 검색하고, 결과를 개선하는 데 더 많은 시간을 들일수록 AI는 더 똑똑해진다는 것이다.[3]

에이전틱 AI 시스템에 이는 엄청난 도약을 가져올 수 있다. 이러한 모델들을 통해 에이전트는 미리 정해진 결정 사항을 실행하는 대신, 실시간으로 학습하고 적응하며 행동을 최적화할 수 있다. 이는 AI 에이전트가 단지 정보를 더 빨리 가져오는 데 그치지 않고, 과제에 더 오

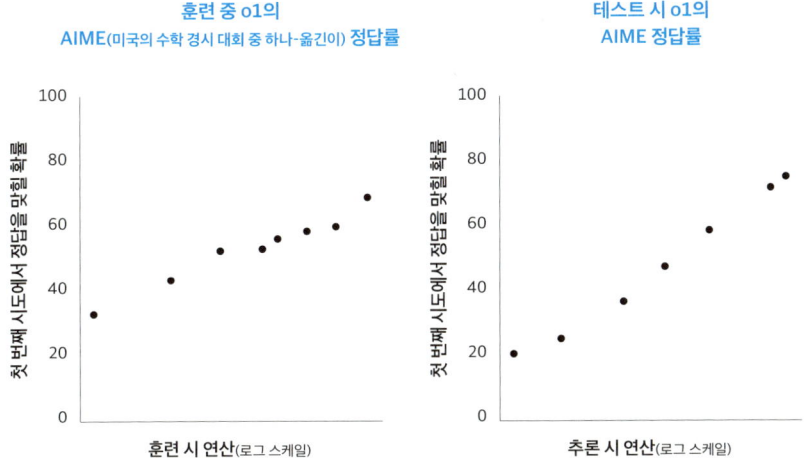

그림 6.1 | 두 확장 법칙의 비교(훈련 시 연산train-time compute VS 추론 시 연산test-time compute) (출처: © 오픈AI) (강화 학습을 늘리고(훈련 시 연산) 생각을 더 오래 할수록(추론 시 연산) o1의 성능이 향상된다-옮긴이)

래 몰두할수록 잠재적으로 더 똑똑해질 수 있음을 뜻한다. 그 결과는 미래가 말해줄 것이다.

실험 준비

LLM과 LRM의 역량 차이를 평가하기 위해서는 이러한 시스템이 복잡한 문제를 해결하는 모습을 관찰할 방법이 필요했다. 우리는 충분한 논의 끝에 십자말풀이가 완벽한 실험 환경을 제공할 수 있다는 것을 깨달았다. 십자말풀이는 개별적으로 보면 단순하지만, 이 단순한 문제들을 복합적으로 통합해야만 완성할 수 있는 독특한 과제를 제시한다 (이는 정확히 우리가 서로 다른 유형의 모델 사고를 시험하는 데 필요한 것이었다).

우리는 상호 연결된 제약 조건이 있으며 정답을 맞히기 위해서는 신중한 추론이 필요한 십자말풀이를 설계했다. 숫자 하나를 바꾸면 다른 숫자들도 함께 영향을 받는 스도쿠와 비슷하지만, 이 경우에는 단어들이 여러 방향으로 서로 잘 들어맞는 동시에 의미도 통해야 했다.

퍼즐에는 R&B 가수 이름(메리 제이 블라이즈Mary J. Blige), 실크해트silk hat(남자가 쓰는 정장용 서양 모자-옮긴이)를 쓴 기타리스트(슬래시Slash), 셰익스피어 희곡『뜻대로 하세요As You Like It』에 나오는 숲 이름 등 짐작하기에 어렵지 않을 것 같은 단서들이 포함되었다. 하지만 진짜 난관은 우리가 퍼즐에 설정한 제약 조건들에 있었다. 이 조건들은 서로 복잡하게 얽힌 상호의존성의 망을 만들어냈다. 가령 "가로 13번의 네 번째 글자는 세로 6번의 네 번째 글자이기도 하다", "가로 1번의 첫 번째 글자는 세로 1번의 첫 번째 글자이기도 하다"와 같은 조건이었다. 이러한 제약 조건은 각각의 답이 자기 단서에만 맞으면 되는 것이 아니라, 서로 연결된 전체의 일부로서도 적절해야 함을 의미했다.

십자말풀이 문제

1	2	3		■	6	7	8
9				■	10		
11				■	12		
■	■	■	13				
15							

그림 6.2 | 실험을 위해 LLM과 LRM에 주어진 십자말풀이 (출처: © 보넷 외)

그 외에 모델들에게 내린 지침은 다음과 같다.

"다음 단서들을 사용하여 퍼즐을 풀 것.

가로

1. ___ Blige(R&B 가수)

6. 웃음소리

9. 카우보이 대회

10. before의 옛 표현

11. 실크해트를 쓴 이름이 한 단어인 기타리스트

12. 머크레이커 타벨Muckraker Tarbell

13. 〈왓치맨Watchmen〉 감독 잭Zack

15. 술과 음악이 있는 장소

세로

1. 'the'가 붙는 아내

2. 로고가 삼각형 모양인 인터넷 서비스 제공업체

3. 음식과 관련된 약자

6. 알프스의 소녀

7. 『뜻대로 하세요』에 나오는 숲 이름

8. 발렌타인데이의 상징"

놀라운 결과

결과는 놀라웠다. LLM은 거의 즉시 응답했지만 다섯 개의 잘못된 답을 내놓았다. 반면 LRM은 응답하는 데 2분 이상 걸렸지만 거의 완벽한 답을 제시했다. 이 실험과 그로부터 배울 수 있는 점을 함께 살펴보자.

LLM을 사용한 실험

LLM(GPT-4o)에 처음 이 퍼즐을 제시했을 때 우리는 그 접근 방식에 놀랐다. 마치 똑똑하긴 하지만 지나치게 자신만만한 학생이 전체적인 상황을 제대로 파악도 하지 않고 곧바로 시험에 뛰어드는 모습을 보는 것 같았다. LLM은 단 몇 초 만에 대부분의 단서에 대한 답을 채워 넣었다. 언뜻 보기에 이는 매우 인상적이었다. 하지만 결과를 확인하기 시작하면서 우리의 흥분은 우려로 바뀌었다. 다섯 개의 주목할 만한 오답이 발견되었는데, 모두 단어들이 서로 정확히 연결되어야 하는 지점에서 생겨난 것이었다.

LLM의 이러한 행동은 복잡하고 상호 연결된 제약 조건을 처리할 때 LLM이 지닌 근본적인 한계에 대해 우리가 발견한 사실과 직접 연결된다. LLM에 십자말풀이를 제시했을 때 어떤 일이 일어났는지 살펴보자.

가장 눈에 띄는 특징은 그 응답 패턴이었다. 즉각적이고 확신에 차 있었지만, 근본적으로 결함이 있었다. 질문을 완전히 이해하기도 전에

M	A	C	Y			H	A	
R	O	A	E	O		E	R	E
S	L	L	S	H		I	D	A
		Z	A	C	K	E	R	
N	I	G	H	T	C	L	U	B

* 파란색으로 표시된 부분은 오답이다.

그림 6.3 | LLM이 제시한 답 (출처: ⓒ 보넷 외)

서둘러 답하는 학생처럼, LLM은 모든 제약 조건을 완전히 처리하기도 전에 결론부터 내리는 이른바 '성급한 종결premature closure' 행동을 보였다.[4] 이러한 행동은 주로 순차적인 방식으로 정보를 처리하고 훈련 데이터에서 확인한 패턴을 기반으로 예측을 수행하는 LLM의 근본적인 작동 방식에서 비롯된다.[5]

이 실험이 특히 의미 있었던 이유는 응답을 통해 모델의 어텐션 attention(주의-옮긴이) 패턴을 관찰할 수 있었기 때문이다. 출력을 분석해 본 결과, LLM은 다음과 같은 경향을 보였다.

1. 눈앞에 있는 단서에만 지나치게 집중한다.

2. 보기에는 논리적인 답변을 생성한다.

3. 교차하는 제약 조건을 충분히 확인하지 않고 다음 단서로 넘어간다.

한계에 대한 이해

이러한 접근 방식은 LLM과 AI 에이전트 모두의 향후 과제를 이해하는 데 도움이 될 세 가지 중요한 한계를 드러냈다.

첫째, '맥락 단편화context fragmentation' 문제가 있다. 인간은 자연스럽게 단어가 단서에도 맞아야 하고 교차하는 단어들과도 정확히 맞아떨어져야 한다는 여러 제약 조건을 동시에 염두에 둘 수 있지만, LLM은 이러한 전체적 관점을 유지하는 데 어려움을 겪었다. 이러한 한계는 LLM이 어텐션 메커니즘attention mechanism(모델이 입력 시퀀스에서 중요한 단어에 더 많은 주의를 기울이도록 하는 방법-옮긴이)을 통해 정보를 처리하는 방식에서 비롯되는데, 이 메커니즘은 강력하지만 인간의 작업 기억 working memory을 완전히 재현하지는 못한다.

둘째, '거짓 확신 증후군false confidence syndrome'이 있다. 모델은 정답일 때와 똑같은 수준의 확신을 가지고 오답을 제시하며 다양한 수준의 확실성을 구분하지 못했다. 이는 모호하거나 제약 조건이 많은 문제에 직면했을 때에도 LLM이 과도한 확신을 보이는 경향에 대한 옥스퍼드대학교의 최근 연구 결과를 그대로 반영한다.[6]

가장 눈에 띄는 점은 LLM이 때로 단어의 글자 수와 같은 아주 기본적인 제약 조건조차 어기는 경우가 있었다는 것이다. 이는 LLM이 명시적 규칙을 다루는 방식에서의 근본적인 한계를 드러냈다. LLM은 훈련 데이터에서 패턴을 찾는 데는 능했지만, 정확한 준수가 필요한 엄격한 규칙 기반의 제약 조건을 다루는 데는 약했다.

접근 방식을 수정하고 퍼즐을 더 작은 구성 요소로 나누자 모델의 성능은 다소 향상되었지만, 여전히 인간 수준의 정확도에는 미치지 못했다. 이는 LLM이 많은 작업에 강력한 도구로 쓰일 수는 있지만, 복잡한 퍼즐을 풀 때 인간이 사용하는 종류의 작업 기억과 제약 조건을 충족시키는 능력은 근본적으로 부족하다는 연구 결과에 부합한다.[7]

이러한 한계는 AI 에이전트 구현에 있어 매우 중요한 통찰을 제공했다. 우리는 여러 제약 조건을 동시에 만족시키면서 작업할 수 있고, 자신의 확실성 수준을 정확히 평가할 수 있는 시스템을 구축해야 했다. 단순히 모델을 강력하게 만드는 것이 아니라, 실제로 많은 과제가 필요로 하는 상호 연결된 규칙 기반의 추론 유형을 처리할 수 있는 새로운 아키텍처를 개발해야 했다.

십자말풀이로 한 실험은 더욱 유능한 AI 에이전트를 개발하는 과정에서 우리가 직면하는 과제의 완벽한 축소판으로 기능한다. 이는 현재 AI 시스템이 패턴 인식 면에서는 놀라울 만큼 정교할 수 있지만, 해결책을 찾는 동시에 여러 제약 조건을 고려하는 것과 같이 인간에게는 당연한 일부 기본적인 인지 능력은 여전히 부족함을 보여준다.

패턴 매칭 과제

십자말풀이 실험에서 이러한 한계가 드러난 이유를 이해하려면 AI 시스템 내부에서 실제로 무슨 일이 일어나고 있는지를 분명히 할 필요가 있다. LLM은 때로 마법을 연상케 할 정도로 놀라운 결과를 내놓지만, 인간이 하는 방식대로 '생각'하지 않는다. 대신에 훈련 과정에서 학습한 패턴을 기반으로 다음에 올 단어나 기호를 추측하는 흔히 '다음 토큰 예측next-token prediction'이라고 불리는 작업을 수행한다.

LLM은 매우 정교한 자동완성 시스템과 같다. 메시지를 입력할 때

휴대폰이 다음 단어를 제안하는 것처럼 LLM은 지속해서 이전에 본 내용을 기반으로 다음에 올 텍스트를 예측한다. 핵심적인 차이점은 이러한 예측의 규모와 정교함이다.

가장 기본적인 수준에서 LLM은 정교한 패턴 매칭을 통해 연구자들이 '표면적인 수준의 추론'이라고 부르는 것을 수행한다.[8] LLM은 십자말풀이와 같은 문제를 만나면 먼저 훈련 데이터에서 본 유사한 패턴과의 매칭을 시도한다. 덕분에 각각의 단서에 대해서는 그럴듯한 답을 내놓을 수 있지만(훈련 중 유사한 질문과 답변의 예시를 많이 보았기 때문에), 서로 연결된 제약 조건을 처리하는 데는 어려움을 겪는다. 교차하는 단어들이 동시에 요구 조건을 만족시켜야 하는 예는 거의 접하지 못했기 때문이다.

LLM의 이러한 패턴 매칭 특성은 퍼즐을 더 작은 구성 요소로 분해해 모델을 도우려고 했을 때 더욱 분명해졌다. 제약 조건을 분명히 제시했음에도 모델은 여전히 어려움을 겪었는데, 퍼즐을 구성하는 여러 부분 간의 관계를 진정으로 추론하기보다는 단순히 훈련된 패턴에 맞춰 답을 유추하려 했기 때문이다.

LRM 실험

이제 LRM 차례다. LRM의 접근 방식은 완전히 달랐다. 시간이 2분 이상(연산 면에서는 영원처럼 느껴지는 시간) 걸리긴 했지만, 거의 완벽한 답을 내놓았다. 그 과정은 체계적이고 신중했다.

특히나 흥미롭게도 LRM은 퍼즐을 푸는 동안 실시간으로 자신의

M	A	R	Y	J		H	A	H
R	O	D	E	O		E	R	E
S	L	A	S	H		I	D	A
				S	N	Y	D	E	R
J	A	Z	Z	P	O	I	N	T

그림 6.4 | 대부분의 답을 맞힌 LRM (출처: © 보넷 외)

사고 과정을 단계별로 보여주었다. 덕분에 우리는 AI가 복잡한 문제를 어떻게 세분화하고 해결하는지를 명확하고 깊이 있게 엿볼 수 있었다.

전략적 준비: 효과적 문제 해결의 토대

처음부터 우리는 완전히 다른 접근 방식을 확인할 수 있었다. 화면에 나타난 첫 메시지는 다음과 같았다. "가능한 답안을 정리 중입니다. 퍼즐의 단서들을 정리하면서 가로와 세로 항목들을 모두 나열하고 각 단어의 글자 수를 파악하고 있습니다. 이는 보다 효율적으로 퍼즐을 푸는 데 도움이 됩니다." 이러한 체계적인 준비 단계는 인지 과학자들이 오랫동안 문제 해결 전문가들에게서 관찰해온 특징, 즉 해결을 시도하기에 앞서 문제 공간에 대한 심적 모형mental model을 구축하는 경향과 일치한다.

허버트 사이먼Herbert Simon과 앨런 뉴웰Allen Newell은 그들의 저서 『인간 문제 해결Human Problem Solving』에서 뛰어난 문제 해결사들은 일반적으로 문제 해결에 앞서 문제를 이해하는 데 초보자보다 더 많은 시간을 들인다는 것을 보여주었다.[9] 이 '준비 단계'는 단순한 정보 수집 단계가 아니라, 심리학자들이 '문제 공간 표현problem space representation' 이라고 부르는 것, 즉 문제를 푸는 데 필요한 명확한 조건과 숨겨진 조건을 모두 포함하는 심적 모형을 형성하는 단계이다.

이러한 준비 과정은 인간 전문가의 문제 해결 방식과도 일맥상통한다. 복잡한 수를 분석하는 체스 그랜드마스터를 떠올려보라. 이들은 수에 대한 어떤 즉각적인 직관(시스템 1)을 갖고 있을 수도 있지만, 최고의 선수들은 신중한 분석(시스템 2)을 통해 자신의 직관을 검증하는 데 시간을 들인다. 이와 비슷하게 복잡한 비즈니스 결정에서 즉각적인 패턴 매칭은 위험할 수 있다. 최고의 경영진은 언제 속도를 늦추고 체계적으로 결과를 따져봐야 하는지를 잘 알고 있다.

비즈니스 관점에서의 의미

LRM의 체계적인 준비 단계를 관찰하면서 우리는 비즈니스 환경에 AI 에이전트를 도입할 때 적용할 수 있는 중요한 교훈을 얻었다. LRM이 문제 해결을 시도하기 전에 먼저 문제의 전체 구조를 파악했듯이, 조직은 행동하기에 앞서 먼저 맥락 정보를 수집하고 분석하는 AI 시스템을 구축해야 한다. 이는 단순한 정보 수집이 아니라 의사결정 환경 전반을 종합적으로 이해하는 데 목적이 있다.

수를 두기 전에 판을 읽는 체스 마스터를 떠올려보라. 마찬가지로 AI 시스템도 자신의 작동 맥락을 이해하기 위해서는 구조화된 접근 방식이 필요하다. 기업에게 이는 AI 에이전트가 포괄적인 맥락 정보에 접근하고 처리할 수 있게 하는 견고한 데이터 인프라에 투자해야 함을 의미한다. 또한 중요한 결정을 내리기 전에 정보를 수집하고 검증하는 명확한 절차를 마련해야 함을 의미한다.

한 제조업 고객사는 이 원칙을 실천에 옮겨 AI 에이전트를 위한 '의사결정 맥락 지도decision context maps'란 것을 만들었다. 생산 라우팅 결정을 내리기 전에 이들의 시스템은 자원 가용성, 정비 일정, 교대 근무 상황, 후속 공정과의 의존관계에 대한 정보를 수집해야 했다. 이러한 포괄적인 준비 단계는 철저하지 못한 시스템에서 흔히 발생하는 연쇄적인 오류를 방지하는 데 도움이 되었다.

준비의 힘

LRM이 십자말풀이를 하기 전에 문제를 전체적으로 이해하는 데 시간을 투자했던 것처럼 AI 에이전트에게도 요청의 전체적인 맥락을 이해하게 하면 더 나은 결과를 얻을 수 있다. 새로운 팀원에게 브리핑을 해주는 상황을 생각해보라. 더 많은 맥락을 제공할수록 성과는 더 좋아진다.

예를 들어 업무 보고서를 작성할 때 AI 에이전트에게 단순히 '시장 분석'을 요청하지 말라. 대신에 업계, 신경 쓰이는 특정 경쟁사, 알고 있는 특정 트렌드, 그리고 해당 정보를 가지고 뭘 할 것인지에 대한 맥락을 제공하라. 이러한 맥락 정보는 AI 에이전트가 상황에 맞게 분석의 틀을 잡고, 더 의미 있는 통찰을 제공하도록 돕는다.

우리와 함께 일했던 한 임원은 '맥락 템플릿'이라는 것을 개발하여 AI 에이전트의 활용도를 높였고, 이를 통해 업무 성과를 크게 향상시켰다. 그녀는 매 상호작용 전에 배경, 제약 사항, 원하는 결과를 간략히 설명하곤 했다. "마치 회의 전 브리핑을 하는 것과 같아요." 그녀가 말했다. "맥락을 설명하는 데 2분만 더 들여도, 나중에 주고받으며 소통하는 데 드는 시간을 상당히 줄일 수 있죠."

가설 검정 및 검증: 불확실성에 대응하기 위한 체계적인 접근 방식

아마도 LRM의 추론에서 가장 인상 깊었던 부분은 잠재적인 해답을 체계적으로 시험하고 검증하는 방식이었을 것이다. 우리는 LRM이 다음과 같이 썼을 때 이를 확인할 수 있었다. "TAPROOMS(바)', 'CABARET(카바레)', 'COCKTAIL(칵테일)', 'DANCE CLUB(댄스클럽)', 'DISCOTHEQUE(디스코텍)', 'BARROOMS(술집)', 'NIGHTCLUB(나이트클럽)'을 답으로 고려하고 있지만, 이 단어들은 세로 6번의 답인 HEIDI(하이디)와 맞지 않습니다."

전통적인 AI 시스템은 고정된 선로를 달리는 기차처럼 정보를 처리한다. 즉 입력에서 출력까지 미리 정해진 경로를 따른다. 반면 LRM은 교통 상황에 따라 경로를 선택할 수 있는 자동차처럼 작동한다. 문제가 생기면 정보가 흐를 수 있는 여러 잠재적 경로들로 이루어진 동적 네트워크를 만들어낸다.

이 과정은 인간의 문제 해결 방식과 관련해 인지 과학자들이 '생성 및 검증generate and test' 전략이라고 부르는 것과 매우 유사하다. 팻 랭글리Pat Langley와 허버트 사이먼의 연구는 어떻게 성공적인 문제 해결자들이 '생성 및 검증' 전략을 이용해 여러 개의 잠재적 해결책을 만들

고, 이를 주어진 제약 조건에 비추어 하나씩 체계적으로 평가하는지를 보여주었다.[10]

LRM의 접근 방식은 AI 분야에서 이들을 차별화하는 기술인 체계적 가설 검증의 정수를 보여주었다. LRM은 불확실성에 직면했을 때 하나의 답에 갇히지 않고 여러 대안을 생성했는데, 이는 인간의 창의적 문제 해결 방식에서 나타나는 '확산적 사고divergent thinking'를 연상케 했다.[11] LRM은 그 후 각 가능성을 과제의 제약 조건에 비추어 꼼꼼히 확인한 뒤 다음과 같은 문장을 작성하여 이를 입증했다. "문자 정렬 확인 중. 자, 한번 보겠습니다. 가로 12번의 첫 글자와 세로 6번의 세 번째 글자가 일치합니다."

그러나 정말로 놀라웠던 점은 LRM의 점진적인 개선 능력이었다. LRM은 초기의 생각에 집착하지 않고 모든 단계에서 학습하며 끊임없이 접근 방식을 발전시켜 나갔다. 창의성, 정밀함, 적응력의 이 역동적 상호작용은 우리가 보기에 AI 추론의 새로운 지평을 보여주었다.

비즈니스 관점에서의 의미

LRM이 여러 잠재적 해결책을 생성하고 검증하는 방식은 AI 도입에 있어 중요한 통찰을 제공한다. AI 에이전트를 도입하려는 기업들에게 이는 여러 해결 경로를 생성하고 평가할 수 있는 시스템을 설계해야 함을 의미한다.

우리와 협력한 한 금융 서비스 회사는 이 원칙을 트레이딩 알고리즘에 적용했다. 이 회사의 에이전트는 하나의 트레이딩 전략만 추구하지 않고, 여러 접근법을 개발하여 이를 과거의 데이터와 현재 시장 상황에 비추어 시험했다. 이 다중 가설 접근 방식은 더 견고한 의사결정 과 더 나은 리스크 관리로 이어졌다.

핵심은 성공과 실패 모두에서 배울 수 있는 시스템을 만드는 것이 다. 성공 여부와 관계없이 시도된 각 솔루션은 향후 의사결정을 개선 할 수 있는 귀중한 데이터를 제공한다. 조직은 이러한 정보를 수집하고 분석하기 위한 명확한 프로세스를 마련하여 시간이 지남에 따라 AI 성능을 강화하는 지속적인 학습 루프를 만들어야 한다.

메타인지적 인식: 자신이 생각하고 있음을 아는 AI

LRM 추론의 가장 정교한 특징 중 하나는 메타인지적 인식(자신의 사고 과정에 대해 생각하는 능력)이었다. 우리는 LRM이 "진행을 위해서는 이러 한 불일치 사항을 조정할 필요가 있습니다", "이는 지침이 잘못되었거 나 명확하지 않을 수 있음을 나타냅니다"라고 답했을 때 그 특성을 확 인할 수 있었다.

이러한 메타인지적 역량은 AI 개발에서 성배와 같은 것이었다. MIT의 최근 연구에 따르면, 자체 추론 과정을 모니터링하고 조정할 수 있는 시스템은 일반적으로 단순히 미리 정해진 알고리즘을 실행하 는 시스템보다 복잡한 과제를 더 잘 수행한다.[12]

LRM의 메타인지적 인식은 뜻밖의 발견이었다. 이는 AI가 거의 인 간처럼 자신의 사고 과정을 되돌아볼 수 있다는 사실을 보여주었다. LRM은 진행 상황을 적극적으로 모니터링했고, "진행 상황은 안정적 이지만, 문자 E와 충돌이 있어 가로 12번에 대해 다시 생각해봐야 합니다"와 같은 문장으로 성공과 실패를 모두 인정했다. 초기 전략이 효과를 거두지 못했을 때는 맹목적으로 이를 고집하지 않고 "자세히 살펴보는 중. 가로 12번의 세 번째 글자가 세로 6번의 두 번째 글자일 가능성을 시험해보고 있습니다"라고 말하며 전략에 변화를 주었다.

가장 놀라운 점은 고급 추론의 필수적 특성인 불확실성을 인식하는 능력이었다. LRM은 자신이 불완전하거나 잘못된 정보를 바탕으로 작동될 수 있음을 인지함으로써 단순한 지능을 넘어 일종의 자기 인식의 시작을 보여주었다(이는 복잡한 현실 세계의 문제를 다루는 AI 에이전트가 크게 도약할 수 있는 발판이 된다).

이 메타인지적 능력, 즉 자신의 사고 과정을 성찰하는 능력은 기업에서 AI를 활용하는 데 있어 특히 중요한 의미를 지닌다. LRM은 불확실성이나 오류 가능성을 마주했을 때, 무작정 진행하기보다는 자신의 한계를 인식하고 접근 방식을 조정했다.

기업들에게 이는 자체 신뢰 수준을 평가하고 역량의 한계에 도달했을 때를 인식할 수 있는 AI 시스템을 개발해야 함을 의미한다. 우리가 자문을 제공한 한 의료 기관은 AI 진단 시스템에 이 원칙을 적용했다. 이들의 에이전트는 각 진단에 대해 신뢰도 점수를 제공하도록 설계되었으며, 결정적으로 신뢰할 수 있는 의사결정 범위를 벗어나는 사례를 스스로 감지하도록 설계되었다.

이러한 자기 인식 능력은 조직 차원으로 확장될 필요가 있다. 기업들은 AI가 내린 결정에 대해 언제 인간의 검토가 필요한지, 의사결정 과정을 어떻게 기록할지, 성과 피드백을 바탕으로 전략을 어떻게 조정할지에 대한 명확한 절차를 마련해야 한다.

불확실성과 한계에 대한 이해

불확실성을 인식하고 알리는 LRM의 능력은 AI 에이전트와의 협업에 있어 아마도 가장 중요한 교훈을 제공한다. 사용자로서의 우리는 AI의 출력을 언제 신뢰해도 되는지, 또 언제 추가적인 검증이나 인간 전문가의 도움이 필요할지를 판단할 수 있는 감각을 키워야 한다.

우리에게서 조언을 받은 한 재무 분석가는 자신이 '신뢰도 확인confidence checking'이라고 이름 붙인 효과적인 접근 방식을 개발했다. 그는 AI 에이전트와 함께 재무 모델을 다룰 때, 에이전트에게 분석한 내용의 각 부분에 대한 신뢰 수준을 설명하게 하고 어떤 부분에 인간의 검증이 필요할지 식별하게 한다. 그가 설명했다. "마치 초보 분석가와 함께 일하는 것과 같아요. 우리는 이들이 무엇을 알고 무엇을 모르는지 모두 알아야 하죠."

이러한 인식은 사용자가 질문을 던지는 방식에도 적용된다. 명확한 답변을 요구하기보다는 추론 과정을 설명하게 하고 어떤 부분이 불확실할 수 있는지도 함께 물어보라. "어떤 요인이 이 추천의 신뢰도를 떨어뜨릴 수 있을까?" 또는 "어떤 추가 정보가 이 분석을 더욱 견고하게 만드는 데 도움이 될까?"와 같은 질문은 더욱 신중하고 신뢰할 수 있는 결과로 이어질 수 있다.

실험에서 얻은 첫 번째 결론

"진정한 지능은 단순히 정답을 맞히는 데서 드러나는 것이 아니라, 그에 이르는 과정에서 드러난다." 수십 건의 AI 도입을 지원해온 공동 저자 중 한 명인 톰의 이러한 통찰은 최근 우리가 LRM 실험에서 얻은 교훈을 완벽하게 포착한다.

우리가 목격한 장면의 의미는 십자말풀이를 훨씬 넘어서는 것이었다. 빠르게 패턴을 인식하는 AI는 단순하고 독립적인 의사결정을 내릴 때는 인상적으로 보일 수 있다. 하지만 의료, 금융, 물류 등 여러 중요한 비즈니스 환경에서는 복잡한 상호의존성을 고려하는 능력이 성공과 뼈아픈 실패를 가르는 차이가 될 수 있다. LRM의 접근 방식은 중요한 사실을 드러내 보였다. 때로는 시간을 들여 신중하게 생각하는 것이 단지 더 나은 선택이 아니라 필수라는 것을 말이다.

이 실험은 인공지능의 미래에서 중요한 것은 그저 더 빠른 결정을 내리는 것이 아니라 더 나은, 더 신중한 고려를 거친 결정을 내리는 것이라는 근본적인 사실을 보여주었다. 인공지능에 점점 더 의존하게 되는 세상에서 이런 차이를 이해하는 것은 진정으로 우리를 돕는 AI와 단지 더 빠르게 우리를 실수하게 만드는 AI를 가르는 요인이 될 수 있다.

다수의 힘:
다중 에이전트 시스템의 추론

LRM 실험은 개별 AI 시스템에서 신중한 추론의 중요성을 잘 보여주었지만, 그보다 더 흥미로운 발견이 있었다. 바로 더 나은 추론은 단일 AI 에이전트에게 더 많은 시간을 주는 것보다 여러 AI 에이전트가 함께 추론할 수 있도록 하는 데서 비롯된다는 사실이다.

이러한 깨달음은 AI의 진보가 오로지 더 강력한 단일 시스템을 구축하는 데 있다는 기존의 가정을 뒤흔들며 인공지능에 대한 인식을 근본적으로 바꾼다. 최근 몬트리올대학교 부속 몬트리올 학습 알고리즘 연구소the Montreal Institute for Learning Algorithms, MILA에서 수행한 연구에 따르면,[13] 여러 AI 에이전트가 협력하여 추론할 경우 가장 진보된 단일 모델보다 더 우수한 성능을 낼 수 있는 것으로 나타났다.

이러한 발견은 신뢰와 속도 간의 균형과 같은 중대 과제를 해결할 새로운 가능성을 제시하는 동시에, 보다 정밀하고 신뢰할 수 있는 의사결정에 기반한 혁신적인 비즈니스 활용을 가능하게 한다.

규모의 역설

연구원들은 소규모 모델들(일부는 매개변수가 20억 개 정도에 불과했다)로 '토론 프레임워크'를 테스트한 후 놀라운 사실을 발견했다. 이렇게 작은 모델들조차도 다양한 동료 모델과 구조화된 토론에 참여했을 때 추론 능력이 크게 향상된 것이다.[14] 핵심은 모델의 크기가 아니라, 구조적 다양성과 서로의 사고에 도전하는 방식이었다.

이 발견은 심오한 의미를 지닌다. 이는 정교한 추론 능력이 단순히 연산 능력의 산물이 아니라, 적절한 상호작용과 대화를 통해 생겨날 수 있음을 시사한다. 세미나에 참석한 학생들을 생각해보라. 각 개인의 지식은 제한적일 수 있지만, 이들은 집단적인 담론과 토론을 통해 아무리 박식하다 해도 혼자서는 얻기 어려운 통찰을 이끌어낼 수 있다. 이러한 '상호작용을 통한 발현'은 막대한 연산 자원 없이도 효과적으로 추론할 수 있는 AI 시스템 개발의 새로운 가능성을 보여준다.

다중 에이전트 시스템 이해하기

다중 에이전트 시스템은 복잡한 문제를 논의하는 전문가 패널로 생각할 수 있다. 각 전문가는 고유의 관점과 전문 지식을 보유하고 있으며, 체계적인 토론과 논의를 통해 보통은 개인이 혼자서 도달할 수 있는 것보다 더 나은 결론에 도달한다. AI 용어로 다중 에이전트 시스템은 서로 협력하는 여러 AI 에이전트들로 구성된 시스템을 말한다. 이 에이전트들은 각기 다른 역량, 학습 이력, 또는 전문 지식을 가지고 있을 수

있다.[15]

몬트리올대학교의 연구는 이러한 경향을 명확하게 입증했다.[16] 이들은 다양한 AI 모델들을 체계적으로 설계된 토론 구조 안에 참여시켜 복잡한 문제를 해결하도록 한 후 놀라운 사실을 발견했다. 중간 규모의 AI 모델 그룹(제미나이 프로, 믹스트럴Mixtral 7B×8, 팜PaLM 2-M 등)이 복잡한 수학 문제에서 91%의 정답률을 기록하며 당시 가장 진보된 개별 AI 시스템 중 하나였던 GPT-4를 능가한 것이다. 이는 단순히 작은 개선이 아니라 AI 추론 능력에 대한 우리의 생각을 근본적으로 바꾸는 사건이었다.

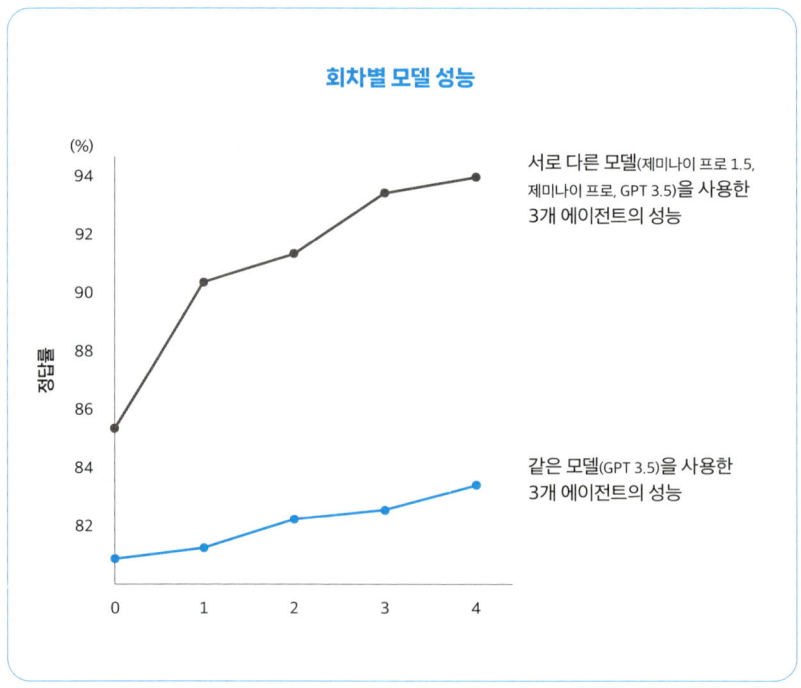

그림 6.5 | 대부분의 답을 맞힌 LRM (출처: 몬트리올대학교의 연구를 기반으로 재구성)

다중 에이전트 시스템은 앞서 언급한 속도와 신뢰 간 딜레마에 대한 흥미로운 해결책을 제시한다. 여러 에이전트가 병렬로 작업하고, 각 에이전트가 서로 다른 속도와 접근 방식으로 작동함으로써 이러한 시스템은 빠른 사고와 느린 사고의 이점을 모두 제공할 수 있다. 어떤 에이전트는 패턴 기반의 빠른 응답을 제공하는 반면, 어떤 에이전트는 보다 깊은 추론에 관여한다. 인간이 집단 의사결정에서 직관적 사고와 분석적 사고의 균형을 맞추듯이 말이다.

집단지성의 출현

다중 에이전트 시스템을 깊이 들여다볼수록 우리는 인간 집단의 역학과 놀라울 정도로 유사한 점들을 점점 더 많이 발견하게 된다. 몬트리올대학교의 흥미로운 발견 중 하나는 개별 AI 모델이 틀린 판단을 하고도 매우 확신에 차 있을 때, 토론을 통해 다양한 관점이 도입되면 대개 그 확신의 수준을 적절히 낮추고 결국 더 나은 답을 도출했다는 점이다.

이는 인간 전문가들이 추론 과정에서 보이는 중요한 능력 중 하나인 자신 있는 답이라도 그것을 의심해야 할 때를 아는 능력을 반영한다. 가령 의료 진단에서 가장 위험한 오류는 대체로 성급한 확신에서 비롯된다. 어려운 케이스를 두고 여러 의사가 함께 상의하면 더 적절한 판단에 이를 수 있듯이, AI 에이전트 간의 토론은 불확실성을 더욱 섬세하게 처리할 수 있도록 한다.

더욱 흥미로운 점은 다중 에이전트 시스템의 성능 향상이 단순히 강점을 결합한 데서 비롯된 것이 아니라, 완전히 새로운 것을 창조한 데서 비롯되었다는 사실이다. 몬트리올대학교의 연구에 따르면, 동일한 AI 모델의 여러 복사본이 서로 토론했을 때 성능 향상(78% → 82%)은 미미했다. 그러나 다양한 모델이 체계적으로 토론에 참여했을 때 이들은 극적인 개선을 보이며 복잡한 수학 문제에서 91%의 정답률을 달성했다.

이러한 연구는 AI 시스템도 인간처럼 자신만의 '사고 패턴'에 갇힐 수 있다는 중요한 시사점을 제공한다. 진정한 지적 발전은 서로 다른 접근 방식과 아키텍처로 훈련된 다양한 모델들이 함께 작동할 때에야 비로소 실현되었다.

인지적 다양성의 힘

다중 에이전트 시스템을 이처럼 효과적으로 만드는 것은 무엇일까? 핵심은 연구자들이 '사고의 다양성diversity of thought'이라고 부르는 것에 있다.[17] 인간 집단이 인지적 다양성에서 이득을 얻는 것처럼 AI 시스템도 문제 해결에 다양한 접근 방식을 적용할 때 더 나은 성능을 발휘한다. 전반적으로 그렇게 강력하지 않아도 다르게 훈련된 시스템은 더 정교한 시스템이 놓치는 패턴이나 가능성을 발견할 수 있다.

이 원리는 몬트리올대학교의 연구를 통해 잘 드러났는데, 이 연구는 다양한 AI 에이전트들이 서로의 약점을 효과적으로 보완할 수 있음을 보여주었다. 가령 사용할 수 있는 도구나 접근할 수 있는 지식에 따라 어떤 에이전트는 패턴 인식에 뛰어나고 어떤 에이전트는 논리적 추론에 더 능숙할 수 있다. 에이전트들은 서로 협력할 때 연구자들이 창발적 추론 능력(개별 에이전트에는 존재하지 않지만 상호작용을 통해 나타나는 능력)이라고 부르는 것을 만들어낸다.[18]

다중 에이전트 시스템의 효과는 단순히 많은 모델 수에 달린 것이 아니라, 모델들이 시간이 지남에 따라 어떻게 상호작용하느냐에 달려 있다. 연구진은 이와 관련해 '교사-학생 효과teacher-student effect'[19]로 명명한 흥미로운 현상을 밝혀냈다. 보다 뛰어난 AI 모델과 상대적으로 성능이 낮은 모델을 토론에 함께 참여시켰을 때, 성능이 떨어지는 모델들이 추론 능력을 빠르게 높이면서 자신들의 평소 성능을 훨씬 뛰어넘는 수준에 도달한 것이다. 그 결과 전반적으로 시스템의 성능이 강화되었고, 이는 다중 에이전트 시스템에서 구조화된 상호작용의 힘이 얼마나 큰지를 보여주었다.

비즈니스 영향

기업에게 다중 에이전트 시스템은 중요한 의미를 지닌다. 우리는 컨설팅 경험을 통해 다중 에이전트 시스템이 특히 세 가지 측면에서 상당한 가치를 창출하는 것을 확인했다.

가장 두드러지는 강점 중 하나는 복잡한 환경에서 더 나은 의사결정을 내릴 수 있게 해주는 이들의 능력에 있다. 예를 들어 공급망 관리나 위험 평가와 같은 분야에 여러 에이전트를 투입하면, 각 에이전트가 서로 다른 관점에서 문제를 분석할 수 있게 되어 더욱 포괄적인 해결책이 도출된다. 이러한 경향은 마이크로소프트의 마그네틱

원Magentic-One 프레임워크를 통해 더욱 두드러졌는데, 이 프레임워크는 다중 에이전트 시스템이 단일 에이전트 시스템보다 장애를 예측하고 완화하는 데 훨씬 더 효과적임을 보여주었다.[20] 우리는 한 글로벌 제약 회사를 상대로 한 컨설팅 과정에서 이 같은 결과를 직접 확인했다. 공급망 최적화에 다중 에이전트 시스템을 도입한 결과 장애 관련 손실이 35% 감소한 것이다. 수요 급증을 예측하는 에이전트와 지정학적 위험을 모니터링하는 에이전트가 서로의 판단을 보완하며 탄력적인 전략을 만들어내는 공급망을 상상해보라.

두 번째 중요한 강점은 오류를 더 잘 감지할 수 있는 능력에 있다. 단일 시스템과 달리 다중 에이전트 프레임워크는 논쟁과 이의 제기를 통해 발전하며, 추론의 결함을 효과적으로 찾아낸다. MIT와 구글 브레인Google Brain의 연구에 따르면, AI 에이전트가 서로의 결론에 의문을 제기하고 개선하도록 설계되었을 때, 오류율은 22% 이상 감소했다.[21] 우리는 금융 서비스 기업들을 위한 다중 에이전트 시스템 구축 과정에서 이러한 연구 결과를 뒷받침하는 오류 감소율을 지속적으로 확인했다. 이 협력적 작동 방식은 다양한 관점이 최종 결과를 더욱 탄탄하게 만드는 인간의 동료 평가peer review 과정과 흡사하다. 기업에게 이는 제품 설계나 재무 예측, 물류 운영 등에서 비용이 많이 드는 실수를 줄일 수 있음을 의미한다.

아마도 가장 매력적인 강점은 적응력일 것이다. 다중 에이전트 시스템은 낯선 과제에 맞닥뜨릴 때도 놀라운 탄력성을 보인다. 최근 한 연구팀은 다양한 에이전트로 구성된 집단이 이전에 접해본 적 없는 문제들을 풀 수 있을 뿐만 아니라, 사전 훈련된 단일 모델에 의존하는 시스템보다 더 나은 성과를 내는 경우도 많다는 사실을 입증했다.[22] 이 적응력 덕분에 다중 에이전트 시스템은 역동적인 시장이나 위기 상황에서 특히 중요한 존재가 될 수 있다. 이런 환경에서는 빠르게 방향을 전환하고 혁신하는 능력이 생존의 핵심이기 때문이다. 마케팅 전략 최적화부터 규제 변화에 대한 대응까지 다중 에이전트 시스템은 거의 진화적이라 느껴지는 강한 적응력을 보여준다.

연쇄 효과의 과제

다중 에이전트 시스템은 강력한 이점을 제공하지만, 신중한 고려가 요구되는 특유의 과제도 초래한다. 몇몇 연구에서 밝혀진 바에 의하면, AI 에이전트들의 네트워크에서 추론 오류는 단순히 누적되는 것이 아니라 네트워크 효과[23]나 오류의 복합적인 영향[24]을 통해 증폭된다.

우리는 네트워크 관리를 위해 정교한 다중 에이전트 시스템을 도입한 한 주요 통신 회사와 협력하는 과정에서 이 현상을 직접 목격했다. 이들의 시스템은 부하 분산, 보안 감시, 자원 할당, 유지보수 일정, 사용자 경험 최적화 등 각기 다른 측면을 담당하는 여러 개의 전문화된 AI 에이전트를 이용했다. 각 에이전트는 개별적으로는 뛰어난 성능을 발휘했지만, 이들의 상호 연결된 특성은 예상치 못한 취약점을 만들어냈다.

특히 교훈적인 사건을 하나 이야기하자면, 한 에이전트가 네트워크 용량을 평가하는 과정에서 사소해 보이는 오류를 하나 범했다. 하지만 이 작은 실수는 일련의 상호 의존적 결정을 연쇄적으로 유발했다. 먼저 부하 분산 시스템이 사용 가능한 용량을 잘못 해석했고, 이로 인해 자원 할당 에이전트가 비효율적인 결정을 내리게 되었다. 그러자 유지 보수 일정을 관리하는 에이전트가 중요 업데이트 일정을 재조정했고, 이는 보안 감시 시스템이 문제가 없는데도 경고를 울리게 했다. 이 연쇄 반응은 결국 사용자 경험 최적화 에이전트가 역효과를 낳는 조정을 하게 만들었다. 사소한 추론 오류에서 시작된 문제가 일련의 상호 연관된 결정들을 통해 심각한 서비스 장애로 확대된 것이다.

이 경험은 특히 중대한 응용 환경에서 다중 에이전트 시스템을 어떻게 운용해야 하는지에 대한 값진 교훈을 안겨주었다. 우리는 여러 산업 분야에 걸쳐 에이전트를 구축해오면서 이러한 연쇄적 실패를 방지하기 위한 체계를 구현해왔다. 핵심은 '추론 체크포인트reasoning checkpoint'라는 것을 구현하는 데 있다. 이는 중요한 의사결정을 내릴 때마다 여러 단계의 검증을 거치도록 미리 정해둔 지점들을 말한다. 이러한 체크포인트는 '서킷 브레이커circuit breaker'와 함께 작동한다. 서킷 브레이커는 의사결정 사항이 시스템 전체에 전파되기 전에 인간의 검증을 유도하는 특정 조건이다. 이와 관련된 내용은 8장에서 더 자세히 설명한다.

이 경험을 통해 우리는 사용자가 연쇄적 효과의 가능성을 민감하게 인식할 필요가 있다는 사실을 깨달았다. 현명한 사용자는 다음과 같이 대응한다.

- 에이전트들에게 다른 에이전트들의 출력에 대한 의존관계를 정기적으로 설명하도록 한다.

- 시스템 전반에 대해 주기적으로 일관성 검사를 하도록 한다.
- 중요한 결정의 인적 검증을 위한 명확한 체크포인트를 설정한다.
- 시스템 전반에서 오류 증폭의 징후를 모니터링한다.

또 다른 중요한 안전장치는 각 AI 시스템이 서로 다른 방법론을 사용해 서로의 추론을 검증하는 독립된 검증 프로토콜을 구현하는 것이다. 이러한 접근 방식은 잠재적인 오류가 시스템 전체로 퍼지기 전에 이를 포착하는 데 도움이 된다. 또한 의사결정의 후속 효과를 실시간으로 추적하는 견고한 피드백 모니터링 시스템은 잠재적인 연쇄 실패를 조기에 감지하는 데 필수적이다.

이러한 안전장치는 단순히 장애를 방지하는 데 그치지 않고 다중 에이전트 시스템의 전반적인 안정성을 강화한다. 에이전트 간의 상호작용을 세심하게 관리하고 적절한 점검 및 균형 장치를 도입함으로써 조직은 다중 에이전트 추론의 힘을 활용하는 동시에 연쇄적인 장애의 위험을 최소화할 수 있다. 이러한 균형 잡힌 접근 방식은 주요 비즈니스 환경에 다중 에이전트 시스템을 성공적으로 도입하는 데 필수적인 것으로 증명되었다.

미래를 기대하며: AI 추론의 다음 진화

AI 추론을 탐구하는 우리의 여정은 간단한 십자말풀이에서 시작해 인공지능의 본질과 향후 진화에 대한 심오한 통찰로 이어졌다. 지금까지 배운 내용을 되짚어보면 AI 추론에 대한 우리의 이해에 세 가지 근본적인 변화가 있음을 알 수 있다. 이러한 이해의 전환은 앞으로 수년간 우리가 AI를 생각하고 구현하는 방식을 재편할 것이다.

첫 번째로 우리는 AI의 속도와 성능에 대한 기본 전제에 의문을 품게 되었다. 실험과 구현을 통해 효과적인 AI 추론이 기본적인 처리 능력이나 즉각적인 반응에 관한 것이 아니라는 사실을 발견했기 때문이다. 대신에 AI 추론은 자연스러운 사고의 리듬, 즉 빠른 패턴 인식과 더 깊고 신중한 분석 사이에서 교차하는 리듬을 따른다.

이 리듬은 지능 그 자체의 본질적인 특성을 반영한다. 인간의 인지가 빠른 반응적 사고와 느린 분석적 추론의 균형을 이루도록 진화했듯이, AI 시스템도 고유의 인지 리듬을 개발하기 시작했다. 십자말풀이에서 LRM이 좋은 성적을 거둘 수 있었던 것은 단지 뛰어난 처리 능력 덕분이 아니라, 주어진 과제의 복잡성을 바탕으로 사고 속도를 조절하는 능력 덕분이었다.

두 번째 중요한 통찰은 다중 에이전트 시스템을 탐구하는 과정에서 드러났다. AI 추론의 미래는 점점 더 큰 단일 모델을 만드는 데 있지 않고 다양한 인지 방식을 가진 모델들이 생산적으로 상호작용하도록 하는 데 있을 수 있다. 개별적으로는 한계가 있어도 여러 관점이 결합하면 더 나은 이해를 만들어낼 수 있다는 이 원리는 인간이든 인공지능이든 모든 지능 시스템의 보편적인 특징인 것으로 보인다.

아마도 가장 놀라운 점은 우리가 연구를 통해 AI 추론에서 인간의 역할을 더 깊이 인식하게 되었다는 점일 것이다. 고도화된 AI 시스템은 인간의 판단을 필요 없게 만드는 것이 아니라, 더욱 정교한 형태의 인간 감독과 상호작용을 요구하는 것으로 보인다. 우리가 봐온 가장 성공적인 응용 사례들은 인간의 개입을 최소화하기보다 인간을 단순한 운영자에서 다양한 AI 역량 간의 상호작용을 조율하고, 이것이 인간의 가치와 목표에 부합하도록 하는 '인지적 지휘자'로 격상시킨다.

+ · +

AI 에이전트가 복잡한 결정을 내리는 방식을 살펴보면 한 가지 의문이 계속해서 떠오른다. 이러한 시스템은 경험에서 어떻게 학습하는 걸까?

추론은 AI가 그 순간에 지능적인 결정을 내릴 수 있게 하는 반면, 기억은 이러한 경험을 바탕으로 AI가 시간이 지날수록 더욱 똑똑해지게 한다. 기억할 수 없다면 아무리 정교한 추론 능력을 가진 AI라 해도 영원한 현재에 갇혀 과거의 성공에서 배우지 못하거나 실수를 반복할 수밖에 없다.

이제 AI 에이전트의 세 번째 핵심 요소인 기억으로 넘어가, 기업들이 단순히 생각하는 데 그치지 않고 학습하고 성장하는 시스템을 어떻게 구축하고 있는지 살펴볼 것이다. 이어서 앞으로의 여정은 AI에서 기억이 어떻게 작동하는지뿐만 아니라, 어떻게 이러한 시스템을 도구에서 진정한 비즈니스 파트너로 바꿔놓는지도 보여줄 것이다.

7장

기억:
학습하는 AI 만들기

매일 아침 완전한 기억 상실증에 걸려 과거의 경험, 좋아하는 것, 배운 기술을 기억하지 못하는 상태로 하루를 시작한다고 상상해보라. 우리는 제대로 기능할 수 있을까? 성장은 할 수 있을까? 이 사고 실험은 오늘날 인공지능 분야에서 가장 흥미로운 도전 과제 중 하나인 '기억'의 핵심을 꿰뚫는다. 우리가 상호작용하는 대부분의 생성형 AI 시스템은 본질적으로 사용할 때마다 새롭게 시작하며, 이들의 진정한 잠재력을 제한하는 일종의 인공 기억상실 상태로 작동한다.

우리는 한 글로벌 통신 기업과의 협업 과정에서 이 한계와 관련된 매우 인상적인 경험을 하게 되었다. 이 회사는 첨단 AI 고객 서비스 챗봇에 수백만 달러를 투자했지만, 고객 만족도는 여전히 고질적으로 낮았다. 이유가 뭐였을까? AI가 이전의 대화 내용을 자꾸 잊어버려 고객이 자신의 문제와 선호 사항을 계속해서 반복적으로 말해야 했기 때문이다. 이 회사의 한 임원은 우리와 프로젝트를 진행하던 중 "마치 2분간만 기억이 유지되는 고객 서비스 담당자를 두고 있는 것 같다"라고 말했다.

이 문제는 우리가 수년간 여러 조직에 걸쳐 AI 시스템을 구현해오면서 깨달은 중요한 진실을 보여준다. 그것은 바로 기억이 단지 지능의 한 요소가 아니라, 모든 의미 있는 지능의 기반이라는 것이다. 인간이든 기계든 과거의 경험을 기억하고, 정리하고, 활용하는 능력은 우리가 배우고, 적응하고, 성장하는 방식의 모든 측면을 형성한다.

이 장에서는 AI의 기억이라는 매혹적인 세계로 떠나 이 근본적인 능력이 비즈니스와 기술을 어떻게 바꿔놓고 있는지 살펴본다. 여러분은 단기 처리부터 장기 기억에 이르기까지 다양한 유형의 기억 체계가 어떻게 함께 작동하여 진정으로 지능적인 시스템을 만들어내는지 알게 될 것이다. 또한 실제 사례와 구현을 통해 단순히 정보를 저장하는 데 그치지 않고 상호작용할 때마다 더욱 똑똑해지는 AI 시스템을 어떻게 구축할 수 있는지도 살펴본다.

이어 많은 메모리 구현이 실패하는 이유와 이러한 함정을 피하기 위한 검증된 전략에 대해 알아본다. 기억과 망각 사이의 중요한 균형과 이것이 비즈니스에 중요한 이유도 심도 있게 탐구한다. 앞으로의 여정은 AI가 달성할 수 있는 것에 대한 기존의 가정에 의문을 제기하고, 메모리 기반 시스템이 비즈니스와 기술의 미래를 어떻게 재편하고 있는지 보여줄 것이다.

지능의 기반, 기억

가장 어린 시절의 기억을 떠올려 보라. 그 기억은 생일 파티의 한 장면일 수도, 할머니 집 주방에서 풍기던 냄새일 수도, 자전거 타는 법을 배웠던 순간일 수도 있다. 이제 스스로에게 물어보라. 여러분은 정말로 그 사건을 기억하고 있는 것일까, 아니면 그 사건을 마지막으로 기억했던 순간을 기억하고 있는 것일까? 철학적으로 들릴지 모르지만, 이 질문은 인간의 기억이 실제로 어떻게 작동하는지, 그리고 그것이 오늘날 우리가 구축하고 있는 인공 기억 체계와 왜 그렇게 다른지를 본질적으로 이해하게 해준다.

수년간 여러 조직에 AI 시스템을 구현해오면서 우리는 인간의 기억을 이해하는 것이 인공지능의 잠재력과 한계를 모두 파악하는 데 도움이 된다는 사실을 깨달았다. 먼저 인간의 사고 체계가 어떻게 작동하는지부터 살펴보자. 그 안에는 AI의 미래에 대한 흥미로운 시사점이 담겨 있다.

우리의 뇌는 놀라운 정보 처리 장치다. 지금 이 글을 읽는 순간에도 뇌는 1,100만 비트의 정보를 처리하고 있지만, 여러분이 의식적으로 인지하는 정보는 약 40~50비트에 불과하다. 이러한 선택적 인식은 우리의 사고 체계가 작동하는 방식에 대한 중요한 사실을 보여준다. 기억은 모든 것을 저장하는 것이 아니라 중요한 것을 저장한다.[1]

직장에 마지막으로 운전해 갔던 때를 떠올려보라. 아마 출근길의 대부분은 기억하지 못하겠지만, 길을 건너는 사슴을 만난 것과 같이 뭔가 특별한 일이 있었다면 그 일은 분명히 기억할 것이다. 이는 인간 기억의 결함이 아니라 한 특징이다. 우리의 뇌는 일상적인 정보를 걸러내고 중요하거나 특이한 정보에 집중하는 데 놀라울 정도로 탁월하다.

과학자들은 인간에게 각기 다른 목적을 지닌 여러 유형의 기억 체계가 있다는 것을 발견했다.[2] 작업 기억(단기 기억이라고도 함)은 컴퓨터의 RAM과 같은 것으로, 한 번에 약 7개의 정보를 저장할 수 있다. 이것이 전화번호가 전통적으로 일곱 자리였던 이유이며, 우리가 일련의 긴 지시 사항을 기억하기 어려워하는 이유이다.[3]

훨씬 더 복잡한 장기 기억은 세 가지 주요 유형의 기억으로 구성된다. 자전거 타는 법은 절대 잊지 않는다는 걸 기억하는가? 바로 절차 기억procedural memory 덕분이다. 결혼식 날이나 첫 면접을 떠올릴 수 있는 건? 일화 기억episodic memory 덕분이다. 파리에 가본 적이 없어도 프랑스의 수도가 파리라는 걸 알고 있는 건? 의미 기억semantic memory 덕분이다.[4]

흥미로운 점은 이러한 체계가 함께 작동하는 방식이다. 예를 들어 익숙한 요리를 할 때 우리는 절차 기억(조리법), 의미 기억(어떤 재료가 서로 어울리는지 아는 것), 일화 기억(마지막으로 이 요리를 했을 때 무엇이 효과가 있었고 없었는지 기억하는 것)을 동시에 사용한다.

하지만 정말로 흥미로운 점은 우리가 기억을 떠올릴 때마다 컴퓨터 파일처럼 정확한 기록을 불러오는 것이 아니라, 매번 조금씩 달라질 수 있는 방식으로 기억을 재구성한다는 것이다. 이는 엘리자베스 로프터스Elizabeth Loftus의 획기적인 연구에서 입증되었는데, 그녀는 어떻게 질문을 하느냐만으로도 기억이 미묘하게 바뀔 수 있음을 보여주었다.[5]

로프터스는 한 실험에서 참가자들에게 교통사고 영상을 보여준 후, 일부 그룹에는 "차들이 서로 충돌했을 때 얼마나 빨리 달리고 있었나요?"라고 묻고, 일부 그룹에는 "차들이 서로 부딪쳤을 때 얼마나 빨리 달리고 있었나요?"라고 물었다. '충돌'이라는 단어를 들은 참가자들은 속도를 더 빠르게 기억했고, 심지어 실제로는 없었던 깨진 유리 조각을 보았다고까지 이야기했다. 이 흥미로운 실험은 단어 선택이 기억을 어떻게 재구성할 수 있는지를 보여주며, 인간의 기억은 기록이 아니라 재구성이라는 것을 보여준다.

이처럼 기억을 재구성하는 특성은 때로 믿음직하진 않지만, 사고와 문제 해결 면에서 놀라운 유연성을 제공한다. 덕분에 우리는 과거의 경험을 재조합해 새로운 상황을 상상할 수 있는데, 이는 기억 구조가 좀 더 경직된 지금의 AI 시스템에서는 여전히 재현하기 어려운 능력이다.

감정 또한 중요한 역할을 한다. 대통령 선거나 세계적 대란과 같은 중요한 사건에 대한 소식을 들었을 때 어디에 있었는지 떠올려보라. 감정적 경험은 중립적 경험보다 더 잘 기억되기 때문에, 아마도 그 순간을 뚜렷하게 기억할 수 있을 것이다. 이러한 감정적 태그는 우리가 중요한 정보를 우선시하고 더 나은 결정을 내릴 수 있게 한다(우리는 여전히 이 부분을 이해하고 AI 시스템에 구현하기 위해 노력하고 있다).

인간 기억의 이러한 측면을 이해하는 것은 AI 에이전트 개발의 어려움과 기회를 모두 이해하는 데 도움이 된다. 우리는 완벽한 정확도로 방대한 정보를 저장(인간의 뇌가 할 수 없는 것)하는 시스템을 만들 순 있지만, 인간이 기억을 처리하고 활용하는 방식, 즉 유연하고 맥락에 민감하며 감정적으로 지능적인 방식을 재현하기까지는 아직 갈 길이 멀다.

이러한 이해는 단순한 학문적 지식에 그치지 않고, AI 시스템을 어떻게 설계하고 사용하느냐에 실질적인 영향을 미친다. 인간의 기억은 완벽한 기록을 저장하는 것보다 의미 있는 연결을 만드는 데 더 중점을 둔다는 점을 인식할 때, 우리는 AI 시스템에서 단순히 저장 공간을 더 늘리는 방향이 아니라 정보를 더 현명하고 맥락에 맞게 활용하는 방향으로 나아가야 함을 더 잘 이해할 수 있다.

AI 메모리의 놀라운 현실

이제 인간 기억의 특성과 대조되는 현재 AI 시스템의 흥미로운 특징을 살펴보자. 먼저 대규모 언어 모델LLM과의 상호작용을 두려워하는 많은 사람이 흔히 오해하는 것이 있다. 이들은 챗GPT, 제미나이, 클로드와 같은 AI 시스템이 상호작용에서 얻은 모든 것을 끊임없이 학습하고 기억하며 지식 기반을 끊임없이 확장한다고 믿는다. 하지만 현실은 훨씬 더 놀랍다.

LLM은 제한된 임시 메모리를 가진 매우 정교한 반향실과 같다. 이렇게 생각해보라. AI와 대화를 시작할 때, 그것은 페이지 수가 정해진 빈 노트를 여는 것과 같다. 이 노트에 대화 내용이 모두 기록되므로 AI는 자유롭게 노트의 모든 부분을 참조할 수 있다. 하지만 이는 대화가 종료되기 전까지의 얘기다. 일단 새로운 대화가 시작되면, 그것은 이전에 기록된 내용이 전혀 없는 새로운 노트를 받는 것과 같다.

직접 한번 확인해보고 싶지 않은가? 챗GPT나 클로드와 같은 AI 챗봇으로 간단한 실험을 하나 해보자.

1. 좋아하는 주제에 대해 질문해보라. 이를테면 "타히티에서 스쿠버다이빙을 하면 어떨까?"와 같은 질문으로 시작한다.
2. 다이빙 명소와 그곳에서 볼 수 있는 물고기 종류 등 자세한 정보를 요청해보라.
3. 대화 세션을 종료하라.
4. 바로 새 대화 세션을 열고 "조금 전에 타히티에 대해 내게 뭐라고 했지?"라고 질문해보라.

챗봇은 우리에게 다음과 같이 답했다. "최근에 타히티에 대해 언급했던 기억이 나지 않습니다. 무엇을 찾고 있는지 구체적으로 설명해주시겠어요? 여행 정보, 역사, 문화, 또는 다른 것에 관해 질문하시는 건가요?"

직접 한번 시도해보기를 권한다. 아마도 AI는 아무것도 기억이 나지 않는다고 인정하거나 일반적인 말을 할 것이다. 이는 AI의 처리 능력에 결함이 있어서가 아니라, 현재 대부분의 AI 시스템이 기억을 다루는 방식에 근본적인 한계가 있기 때문이다. 여기서 중요한 교훈은 현재 운용 중인 최첨단 에이전트(레벨 3)의 기반이 되는 LLM이 금붕어 수준밖에 안 되는 기억력을 가지고 있다는 것이다!

실제 상황에서의 메모리 문제

이 한계가 실제로 어떤 영향을 미치는지 설명하기 위해 한 주요 의료 기관과 함께 진행한 실험을 예로 들어보겠다. 이들은 두 가지 버전의 AI 일정 관리 도우미를 구현했다.

- 상호작용을 할 때마다 새롭게 시작하는 표준 LLM 기반 시스템
- 환자 정보를 기억할 수 있는 기억 강화형 AI 에이전트

결과는 놀라웠다. 표준 시스템은 환자가 매 상호작용에서 병력과 선호도를 다시 입력하도록 요구했다. 반면 기억 강화형 버전은 환자의 병력과 선호도를 기억하여 일정 조정에 걸리는 시간을 70% 단축하고 환자 만족도를 45% 향상시켰다.

이 실험은 복잡한 정보를 처리할 수 있는 최첨단 AI 시스템이 정작 사용자에 대한 간단한 정보는 기억하지 못하는 현재 생성형 AI 시스템의 메모리 역설을 여실히 보여주었다.

AI 에이전트 메모리의 세 가지 주요 목표

연구와 구현을 통해 우리는 메모리가 에이전트 지능의 기반이 되도록 하는 세 가지 핵심 목표를 확인할 수 있었다.

- 첫 번째는 맥락 이해다. 기존의 생성형 AI 시스템은 마치 여러 권의 책에서 아무 페이지나 골라 읽는 것처럼 각각의 입력을 독립적으로 처리한다. 기억 기능을 갖춘 AI 에이전트는 우리가 하나의 연속된 대화를 따라가는 것처럼 상호작용 전반에 걸쳐 맥락을 유지할 수 있다. 이러한 역량은 의미 있는 상호작용과 문제 해결에 필수적이다.

- 두 번째는 학습과 적응이다. 경험에 따르면, 가장 성공적인 AI 구현 사례는 과거의 상호작용에서 학습할 수 있는 시스템이었다. 예를 들어 한 제조업체의 AI 품질 관리 시스템은 결함을 감지했을 뿐만 아니라 문제의 패턴까지 기억하여 오탐률을 40%나 줄였다.

- 세 번째는 대규모 개인화다. 고객들은 점점 더 개인화된 경험을 기대한다. 기억 기능을 갖춘 AI 에이전트는 각각의 상호작용을 기억하고 그로부터 학습함으로써 이를 가능하게 하며, 동시에 프라이버시를 지키고 보안도 유지할 수 있다.

AI 에이전트 메모리의 세 가지 계층

인간의 기억 구조처럼 AI 에이전트의 메모리도 상호 연결된 세 가지 계층으로 구조화될 수 있다. 각 계층은 맥락을 유지하고, 학습을 촉진하며, 시간이 지남에 따라 적응할 수 있게 하는 특정 기능을 수행한다.

1. 단기 기억Short-Term Memory, STM: 즉각적인 맥락 유지

단기 기억은 AI의 작업 기억처럼 작동해 최근의 상호작용을 기억하고 단일 세션 내에서 맥락의 연속성을 보장한다. 현재 입력을 처리하고, 진행 중인 대화를 따라가며, 어텐션 메커니즘을 적용해 유의미한 정보를 우선시한다. 그러나 단기 기억은 용량이 제한적이다. 새로운 데이터가 입력되면 이전 정보는 장기 기억으로 이전되지 않는 한 덮어 쓰인다.

2. 장기 기억Long-Term Memory, LTM: 장기적인 정보 보존

장기 기억은 세션 기반의 기억을 넘어 향후 참조를 위해 구조화된 정보를 저장한다. 여기에는 사용자 선호도, 과거의 상호작용, 학습된 워크플로우, 분야별 지식이 포함된다. 장기 기억은 AI가 반복되는 패턴을 인식하고, 과거의 상호작용을 기억하고, 축적된 경험을 바탕으로 개인화된 응답을 제공할 수 있게 한다. 단기 기억과 달리, 장기 기억은 정보가 지속되도록 설계되어 AI 에이전트가 매 상호작용에서 처음부터 다시 시작하지 않도록 보장한다.

3. 피드백 루프: 학습과 적응

피드백 루프는 AI 메모리의 자기 개선 메커니즘으로 작동하여 시간이 지남에 따라 단기 기억과 장기 기억을 개선한다. AI는 그것이 명시적(예: 바로 잡음, 평가 등)이든 암묵적(예: 참여 패턴, 오류 추적 등)이든 사용자 피드백을 반영해 메모리 구조를 조정함으로써 정확성과 적절성을 높인다. 이 과정을 통해 AI는 유용한 지식을 강화하고 오래되었거나 부정확한 정보를 제거해 지속적으로 개선될 수 있다.

그림 7.1 | 에이전틱 AI 메모리의 세 계층 (출처: © 보넷 외)

이 세 계층은 어떻게 함께 작동하는가

AI 메모리는 이 세 계층 사이를 넘나들며 동적으로 작동한다. 단기 기억은 즉각적인 맥락을 유지하고, 장기 기억은 세션을 넘어 연속성을 보장하며, 피드백 루프는 이 두 기억을 정교하게 다듬어가며 지속적인 학습을 이끈다. 이러한 계층적 접근 방식 덕분에 AI 에이전트는 맥락을 인식하고, 진화하고, 개인화된 상호작용을 수행할 수 있게 되며, 시간이 지남에 따라 더욱 지능적이고 신뢰할 수 있는 존재로 발전한다.

이 에이전틱 AI 메모리의 계층을 양파에 비유해보자. 가장 바깥층을 형성하는 단기 기억은 상호작용에 필요한 즉각적인 맥락을 제공하지만, 일시적이며 새로운 정보가 들어오면 빠르게 사라진다. 그 아래에서 기반 역할을 하는 장기 기억은 중요한 지식을 저장해 AI가 상호작용할 때마다 처음부터 다시 시작하지 않도록 한다. 가장 중심에 있는 피드백 루프는 단기 기억과 장기 기억을 끊임없이 개선하고 강화해나가면서 시스템이 시간의 흐름에 따라 사용자와의 상호작용을 통해 학습하고 발전할 수 있게 한다. 양파가 여러 겹을 쌓아가며 성장하듯, 이 메모리 아키텍처는 AI 에이전트가 더욱 심층적인 지능을 발전시킬 수 있게 하여 응답의 연속성, 적응성, 장기적인 신뢰성을 보장한다.

이어지는 절들에서는 AI 에이전트에서 다양한 유형의 기억이 어떻게 작동하는지, 그것들이 실제로 어떻게 활용되는지, 그리고 해결해야 할 한계는 무엇인지에 대해 살펴본다. 하지만 이 근본적인 사실을 기억하자. 인간의 지능이 기억하고 경험에서 배우는 능력에 기반을 두듯, AI 에이전트의 미래도 이러한 능력에 달려 있다.

AI 에이전트 단기 기억의 정교한 작동 방식

싱가포르의 한 번잡한 교차로에서 있다고 상상해보라. 신호등이 바뀌고, 보행자들이 길을 건너고, 다른 차량들이 움직이고, 내비게이션이 길을 안내하는 상황에서 여러분은 다양한 정보의 흐름을 동시에 처리하고 있다. 이러한 즉각적인 정보의 끊임없는 흐름과 이를 처리하는 방식은 단기 기억의 본질을 잘 보여준다. 단기 기억은 인간의 인지뿐만 아니라 AI 에이전트에게도 중요한 구성 요소이다.

현시점에서의 과제

우리의 뇌가 끊임없이 들어오는 정보를 처리하는 동시에 현재 상황을 놓치지 않아야 하는 것처럼 AI 에이전트도 유사한 과제와 마주한다. 그러나 이들이 즉각적인 정보를 처리하는 방식은 흥미롭게도 인간의 인지 방식과는 근본적으로 다르다. 경험을 통해 우리는 이러한 차이를 이해하는 것이 AI 기술을 성공적으로 활용하고자 하는 모든 사람에게 아주 중요하다는 사실을 깨달았다.

단기 기억의 중요성을 보여주기 위해 우리가 컨설팅 과정에서 자주 활용하는 간단한 실험이 있다. 클로드나 제미나이와 같은 AI 비서와 대화를 시작하고 당신의 하루에 관한 이야기를 해보라. 그리고 몇 문장을 말할 때마다 지금까지 이야기한 내용을 요약해달라고 해보라.

흥미로운 점을 발견할 수 있을 것이다. AI는 얼마 간은 맥락을 따라오지만, 결국에는 앞서 이야기한 내용을 기억하지 못하게 된다. 이는 인지 과학자들이 일반적으로 한 번에 약 7개(±2개)의 항목을 저장할 수 있다고 말하는 인간의 단기 기억 시스템과 다르지 않다.[6]

컨텍스트 윈도우: AI의 작업 기억

많은 고객이 가장 놀라워하는 것 중 하나는 AI 시스템이 실제로 즉각적인 정보를 처리하는 방식이다. 현재 AI 시스템, 특히 LLM은 우리가 '컨텍스트 윈도우context window'라고 부르는 영역 안에서 작동하는데, 이는 AI가 정보를 보고 처리할 수 있는 임시 작업 공간 같은 것이다. 이 창은 제한된 양의 텍스트만 기록할 수 있는 화이트보드와 같아, 일단 빈 공간이 없으면 새로운 입력을 위한 공간을 만들기 위해 이전 정보는 지워져야 한다.

리Li, 루린 샤오Rulin Shao, 그리고 그 동료들의 최근 연구는 이러한 컨텍스트 윈도우에 대한 흥미로운 현상을 밝혀냈다. 그들은 이를 '맥락 한계context ceiling'라고 부르는데, 이는 에이전트의 메모리에 정보를 추가할수록 성능이 향상되기보다 오히려 저하되기 시작하는 지점을

말한다.[7]

이 현상은 단순히 최대 용량에 도달하는 것에 관한 문제가 아니라, 에이전트가 방대한 정보를 처리하고 통합하는 방식에 내재된 근본적인 문제를 드러낸다. 연구진은 성능 저하가 대개 이론적으로 정해진 최대 기억 용량에 도달하기 훨씬 전부터 시작된다는 것을 발견했는데, 이는 효과적인 메모리 관리가 단순히 저장 용량만이 아니라 에이전트가 단기 메모리 내에서 정보를 처리하는 방식과 관련이 있음을 시사한다.

이를 이해하기 위해 단기 기억을 세 가지의 독특한 구성 요소, 즉 컨텍스트 윈도우, 어텐션 메커니즘, 토큰 관리로 나누어보겠다. 이 세 가지 요소는 AI 에이전트가 작업을 수행하고, 정보의 우선순위를 정하고, 응답을 제공하는 방식의 바탕을 이룬다. 간단한 실험을 통해 이러한 구성 요소들을 살펴보면, 이들의 작동 원리뿐만 아니라 에이전트를 보다 효과적으로 이끄는 방법, 그리고 이것이 기업의 리더들에게 의미하는 바까지 함께 파악할 수 있다.

컨텍스트 윈도우

양자 컴퓨팅에 관한 백서나 재생에너지 정책 문서처럼 내용이 복잡한 기술 문서를 접하게 되었다고 상상해보자. 여러분은 생성형 AI 챗봇에게 이렇게 지시한다. "이 글을 핵심 주제나 연구 결과에 초점을 맞춰 다섯 개 항목으로 요약해줘." 챗봇이 텍스트를 처리할 때 컨텍스트 윈도우는 가장 먼저, 그리고 가장 중요하게 작동하는 구성 요소가 된다.

컨텍스트 윈도우는 AI의 책상, 즉 AI가 작업을 완료하는 데 필요한 모든 정보를 배치하는 작업 공간과 같다. GPT와 같은 모델에서 이 책상은 최대 수십만 개의 토큰, 즉 약 10만 단어까지 수용할 수 있지만, 구글의 제미나이와 같은 최첨단 시스템은 수백만 개의 토큰을 처리할 수 있을 정도로 더 큰 용량을 제공한다.

하지만 아무리 거대한 책상이라도 한계는 있다. AI는 책상이 관리 가능한 상태로 유지되도록 정보를 어떻게 배치할지 결정해야 한다. 문서가 책상의 크기를 넘어서면 일부는 완전히 누락되고 또 다른 일부는 압축되거나 단순화된다. AI가 작업을 처리하는 능력은 이 유한한 공간을 얼마나 효과적으로 활용하는지에 달려 있다.[8]

어텐션 메커니즘

일단 정보가 책상 위에 놓이면 어텐션 메커니즘이 작동하기 시작한다. 이는 입력된 내용 중 가장 중요한 부분에 집중하는 AI의 능력이다. 문서를 훑어보다 가장 중요한 문장이나 개념을 만났을 때 형광펜으로 표시하는 모습을 떠올려보라. 어텐션 메커니즘은 이를 동적으로 수행해 사용자의 프롬프트를 바탕으로 정보의 각 부분에 서로 다른 가중치를 부여한다. 예를 들어 이 경우 AI는 양자 얽힘의 역할이나 재생에너지 정책의 세계적 영향과 같은 핵심 주제에 집중하고 구체적인 사례나 부차적인 주장과 같은 덜 중요한 세부 정보는 걸러낸다.

어텐션 메커니즘은 매우 강력하지만, 사용자가 내리는 지시에 따라 그 작동 방식이 결정된다. 사용자가 '핵심 주제'를 요청하면, AI는 자연스럽게 세부적인 내용의 우선순위를 낮춘다. 따라서 명확한 지시를 내리고 그 지시가 목표와 부합하도록 하는 것이 중요하다.[9]

토큰 관리

마지막으로 토큰 관리는 AI의 필기 시스템과 같다. 강의를 들으면서 모든 내용을 받아 적지 않고 핵심적인 부분만 골라서 적는 상황을 상상해보라. 우리는 중요한 내용에 집중하고 반복되거나 덜 중요하다고 느끼는 부분은 건너뛴다. AI도 메모리의 한계에 가까워지면 같은 식으로 행동한다. 내용을 요약하고, 압축하며, 머릿속 작업 공간에 무엇을 남길지 결정한다. 하지만 이 방식에는 대가가 따른다. 당장 중요하지 않아 보이는 미묘한 세부 사항이나 예시들은 누락될 수도 있다. 토큰 관리는 AI가 핵심에 집중하고 간결함을 유지하면서도, 목적을 효과적으로 달성하는 데 필요한 세부 정보를 충분히 보존하도록 하는 일종의 균형 잡기다.

정말 그런지 확인하기 위해 생성형 AI 챗봇에게 이어서 다음과 같은 질문을 해본다. "이 글은 오류 수정에서 양자 얽힘의 역할에 대해 어떻게 말하고 있지?" 만약 이 세부 내용이 핵심 주제 속에서 강조되어 있었다면, AI는 이를 빠르고 정확하게 찾아낸다. 하지만 눈에 덜 띄는 부분에 묻혀 있었거나 문맥상 강조되어 있지 않았다면, AI는 관련된 주제를 바탕으로 답을 추론하려 하거나, 그마저도 어려우면 더 광범위하고 덜 정확한 답변을 내놓을 수 있다. 이는 해당 세부 정보가 주의 단계attention phase에서 우선시되지 않았거나 토큰 관리 과정 중 손실되었기 때문이다.

이 실험은 AI의 메모리 아키텍처가 실제로 어떻게 작동하는지를 보여준다. 컨텍스트 윈도우는 AI 기억의 한계를 정의하고, 어텐션 메커니즘은 어떤 정보에 더 집중할지를 결정하며, 토큰 관리는 무엇을 남기고 무엇을 버릴지를 결정하는 절충trade-offs을 수반한다.

실제 업무 환경에 미치는 영향

단기 기억의 구성 요소인 컨텍스트 윈도우, 어텐션 메커니즘, 토큰 관리가 실제 환경에서 어떻게 작동하는지 알아보기 위해 한 주요 금융 서비스 기업이 착수한 프로젝트를 함께 살펴보자. 과제는 투자 상품에 대한 복잡한 고객 문의를 처리할 수 있는 AI 에이전트를 개발하는 것이었다. 하지만 어려움은 상당했다. 고객들은 빈번히 투자 옵션에 관한 상세한 설명을 요구했고, 시스템이 긴 대화에서 맥락을 유지하기를 기대했으며, 여러 계좌나 과거의 특정 거래 내용을 자주 언급했다. AI는 이 모든 정보를 계속 기억해야 할 뿐만 아니라, 같은 대화 내에서 이를 상호 참조해 정확하고 개인화된 답변을 제공해야 했다.

처음에 이 시스템은 기본적인 단기 기억 기능을 갖추고 있었다. 시스템은 단일 단계의 요청, 예를 들어 두 뮤추얼 펀드의 차이점을 설명한다거나 계좌 잔액을 조회하는 등의 작업에서는 탁월한 성능을 발휘했다. 그러나 여러 단계로 이루어진 복잡한 요청에 맞닥뜨리면 불안정한 모습을 보였다. 가령 고객이 투자 옵션을 비교하고, 계좌 설정을 변경하고, 가상의 시나리오를 바탕으로 예상 수익을 계산해달라고 요청하면, 대화 초반에 언급했던 내용을 잊어버리는 경우가 잦았다. 그 결과 맥락이 이어지지 않는 답변을 하거나, 같은 대답을 반복하거나, 실수를 저질렀는데, 특히 여러 계좌를 동시에 다루거나 복잡한 금융 개념 사이를 오갈 때 더욱 그러했다.

이러한 결점을 보완하기 위해 사내 AI 개발팀은 향상된 단기 기억 전략을 구현했다. 먼저, 이들은 대화를 여러 구간으로 나누어 컨텍스트 윈도우를 최적화함으로써 AI가 이전의 세부 내용을 놓치지 않으면서도 한 번에 하나의 주제에 집중할 수 있도록 했다. 다음으로, 어텐션 메커니즘을 미세하게 조정해 입력된 정보 중 가장 의미 있는 부분(고객의 주요 요청, 계좌별 세부 정보, 중요한 금융 용어 등)을 우선시하게 했다. 마지막으로, 대화 초반의 핵심 내용을 요약하고 기억하는 한편, 관련성이 없거나 중복되는 정보는 버리는 토큰 관리 프로토콜을 도입했다.

결과는 혁신적이었다. 이러한 개선 덕분에 AI는 고객과의 복잡한 상호작용을 놀라울 정도로 정확하게 처리할 수 있게 되었다. AI는 포트폴리오 성과 비교, 맞춤형 투자 조언 제공, 계좌 정보 업데이트와 같은 여러 단계로 이루어진 작업을 단일 세션 내에서 매끄럽게 처리했다. 그 결과 오류율이 65% 감소했고 고객 만족도가 크게 향상되었는데, 이는 시스템이 상세하고 일관된 금융 상담을 제공할 수 있게 되었음을 반영했다. 아직 인간 자문가만큼 섬세하거나 유연하지는 않았지만, 이러한 개선은 복잡한 금융 관련 상호작용을 더욱 정밀하고 안정적으로 처리하는 AI의 능력에서 큰 도약을 의미했다.

이 사례는 잘 설계된 단기 메모리 관리가 AI 시스템에서 얼마나 큰 잠재력을 발휘할 수 있는지를 분명히 보여준다. 핵심은 단순한 성능 향상이 아니라 신뢰 구축에 있다. 고객은 AI가 자신의 필요를 기억하고, 복잡한 요구에 대응하고, 정확한 정보를 제공할 수 있다는 것을 알게 되면 AI의 역량에 확신을 갖게 된다. 기업에게 이는 단순한 운영상의 개선을 넘어 고객 경험을 새로운 차원으로 끌어올릴 수 있는 경쟁적 이점이 된다.

단기 기억 관리로 더 나은 결과 도출하기

AI 에이전트를 최대한 활용하려면 사용자는 AI의 기억 과정을 적극적으로 이끌어야 한다. 이는 하고자 하는 일에 맞는 프롬프트를 신중하게 작성하는 것에서 시작된다. 목표가 전체적인 주제를 파악하는 것이라면 "핵심 내용을 요약해"와 같은 단순한 지시가 효과적이다. 반면 구체적인 정보를 원한다면 "3번 항목을 예시를 중심으로 자세히 설명해 줘"와 같은 보다 명확한 지시가 필요하다.

리더들은 AI가 인간 팀원과 달리 직관적으로 우선순위를 정하거나 추론하지 않는다는 점을 인지해야 한다. AI는 집중력과 처리 능력을 극대화할 수 있도록 과제를 명확하고 체계적으로 제시할 때 최고의 성능을 발휘한다. 예를 들어 고객 서비스 부문에서는 AI에게 고객과의 대화 내용 전체를 제공하는 것보다 주요 내용을 간결하게 요약해 제공하는 편이 더 효과적이다. 마찬가지로 전략 기획 부문에서는 시장 분석 자료를 주제별로 세분화해 더 작은 단위로 제공하면 AI가 데이터를 반복적으로 처리하면서 더 깊이 있는 통찰을 도출할 수 있다.

워크플로우를 넘어, 이러한 이해는 팀 역학에 대한 새로운 접근을 요구한다. AI 에이전트는 방대한 데이터를 관리하고 분석하는 데 탁월하지만, 우선순위를 정하고 방향을 잡는 데는 여전히 인간의 감독을 필요로 한다. 이러한 이유로 하이브리드 협업의 기회가 생겨나고(인간은 입력 데이터를 구성하고 출력을 해석하며, AI는 반복적이고 데이터 집약적인 작업을 처리한다), 인간과 AI는 상호보완적인 파트너십을 형성한다. 기업의 리더들은 이 시너지 효과를 촉진함으로써 AI의 고유한 한계에서 비롯되는 위험을 최소화하는 동시에 새로운 차원의 효율성과 혁신을 이끌어낼 수 있다.

실제로 이러한 협력적 접근은 실용적인 전략들을 낳고 있다. 그중 가장 효과적인 전략 중 하나는 정보를 의미 있는 묶음으로 만드는 것(청킹chunking)이다. 사람이 지식을 관리하기 쉬운 단위로 묶어 기억하듯, AI 에이전트도 입력 정보가 소화 가능한 조각들로 구조화될 때 더 나은 성능을 보인다. 한 예로 고객 서비스 시스템에 청킹 전략을 도입하자 응답 정확도가 40%나 향상되었다. 정보를 주제나 관련성에 따라 묶어 제공했을 때 AI는 단기 기억을 더 효율적으로 활용할 수 있었고, 그 결과 더 날카롭고 정확한 답변을 생성할 수 있었다.

또 다른 강력한 기법은 우선순위 큐priority queue인데, 이는 가장 중요한 정보가 AI의 단기 기억 속에 계속 남아 있을 수 있게 해준다. 예를 들어 이 기법을 적용한 한 의료 시스템에서는 환자의 증상과 활력 징후가 행정적인 세부 정보보다 늘 우선시되었다. 덕분에 중요한 의료 정보가 즉시 활용 가능해지면서 AI는 시간이 중요한 상황에 의료진을 더 효과적으로 지원할 수 있었다. 이러한 접근 방식의 성공은 어떻게 정보의 의도적인 구조화가 산업 전반에 걸쳐 AI 성능을 크게 향상시킬 수 있는지를 보여준다.

궁극적으로 단기 기억의 역학(컨텍스트 윈도우, 어텐션 메커니즘, 토큰 관리)을 이해하고 숙달하면, AI는 단순한 도구를 넘어 성장과 혁신의 촉매제가 될 수 있다.

단기 기억의 미래

AI 에이전트 단기 기억의 미래는 흥미로운 가능성을 품고 있다. 정보를 처리하고 저장하는 방식에 혁신을 가져올 돌파구들이 속속 등장하고 있기 때문이다. 그중에서도 최근 눈에 띄는 세 가지 기술은 AI가 복잡한 작업을 더욱 효율적으로 처리할 수 있는 잠재력을 보여준다.

첫 번째 획기적인 기술은 랜드마크 어텐션Landmark Attention[10]으로, 이 메커니즘은 AI에 방대한 정보를 탐색할 수 있는 일종의 내적 지도 mental map를 제공한다. 아주 긴 소설을 읽거나 광범위한 보고서를 분석한다고 상상해보라. 랜드마크 어텐션은 AI가 방대한 텍스트를 관리하기 쉬운 단위로 나누고 그중 집중해야 할 핵심 지점(랜드마크)을 파악할 수 있도록 한다. 이러한 접근 방식은 AI가 방대한 정보에 압도되지 않고 중요한 정보에 빨리 접근할 수 있게 한다. 또한 긴 시퀀스 처리에 어려움을 겪는 현재 시스템의 중요한 한계를 해결해 AI가 책 전체나 데이터 세트를 한 번에 처리할 수 있게 한다. 기업에게 이는 고객 피드백이나 법률 문서, 금융 데이터 등을 더 빠르고 포괄적으로 분석할 수 있게 됨을 의미한다.

판도를 바꾸는 또 다른 기술은 가변 크기 윈도우 어텐션Varied-Size

Window Attention, VSA이다.[11] VSA는 AI가 초점을 동적으로 조절할 수 있게 한다. 필요에 따라 세부 장면을 확대해서 보거나 전체를 조망할 수 있는 조절식 안경을 떠올려보라. VSA는 작업 요구 사항에 따라 다양한 크기의 '윈도우'를 생성함으로써 AI에 이러한 유연성을 제공한다. 가령 긴 보고서를 요약할 때는 전체적인 주제를 파악하기 위해 넓은 시야가 필요하겠지만, 한 문장을 번역할 때는 더 좁고 집중된 시야가 필요할 것이다. 이러한 적응성은 AI가 훨씬 더 다재다능해지고, 다양한 과제를 정확하고 효율적으로 처리할 수 있게 한다. 실질적으로 이는 AI가 기사 작성과 법률 문서 분석이라는 서로 다른 작업 사이를 매끄럽게 오가며 두 가지 일을 모두 놀라운 숙련도로 수행할 수 있음을 뜻한다.

세 번째 기술인 '호출 어텐션Retrieval Attention'[12]은 메모리 관리에 새로운 차원의 효율성을 도입한다. 현재 AI 시스템은 대체로 불필요한 정보까지 포함해 모든 정보를 처리하고 저장하려 하기 때문에 자원 낭비와 성능 저하를 불러온다. '호출 어텐션'은 마치 사람이 모든 대화 내용을 기억할 필요 없이 핵심 내용만 떠올리는 것처럼, AI에게 필요할 때 가장 중요한 정보만 불러오도록 가르침으로써 이러한 문제를 해결한다. 이 방법은 처리 속도를 크게 높이는 동시에 에너지 소비도 줄여 AI를 더 빠르고 비용 효율적인 시스템으로 만든다. 이러한 기술의 의미는 매우 크다. 복잡한 질문을 막힘 없이 처리하는 동시에 일상적인 기기에서도 효율적으로 작동하는 보다 매끄럽고 빠른 AI 비서를 상상해보라.

이러한 진보된 기술들은 모두 함께 AI가 맥락과 기억을 다루는 방식에서의 획기적인 도약을 나타낸다. 각 기술은 동일한 근본적 문제의 다양한 측면을 해결하며 서로를 훌륭하게 보완한다. 랜드마크 어텐션은 방대한 정보를 체계화하는 데 뛰어나고, VSA는 AI가 다양한 작업을 더욱 유연하게 수행할 수 있도록 해주며, 호출 어텐션은 메모리가 효율적으로 관리되도록 보장한다.

AI 에이전트의 단기 기억을 이해하고 최적화하는 일은 단순한 기술적 과제가 아니다. 이는 인간과 의미 있게 소통하고 복잡한 작업을 효과적으로 수행할 수 있는 시스템 구축을 위한 기본이다. 단기 기억은 즉각적인 작업 수행에 필수적이지만, 장기 기억 시스템과 통합될 때 그 진정한 잠재력이 발휘된다. 이 통합을 통해 AI 에이전트는 단순히 당면한 정보를 효과적으로 처리하는 데 그치지 않고, 시간이 지남에 따라 학습하고 적응할 수 있게 된다. 이 주제에 대해서는 다음 절에서 더 자세히 살펴본다.

장기 기억의 힘:
AI를 도구에서 파트너로

장기 기억의 힘

업무를 도와주거나 질문에 답하는 것은 물론, 기억까지 할 수 있는 AI 에이전트를 상상해보라. 하루, 일주일, 1년이 아니라, 수십 년에 걸쳐 말이다. 에이전트는 모든 중요한 순간, 모든 도전, 모든 성공, 여러분이 얻은 모든 교훈을 기억한다. 단지 데이터를 저장하는 것이 아니라, 여러분의 이야기를 이해한다.

이러한 코치나 동반자가 있을 때 우리는 무엇을 이뤄낼 수 있을까?

지난 한 해 동안 내린 업무상의 결정들을 떠올려보자. 기한을 맞추기 위해 자원을 재배치하거나 공급망에서 중요한 부품을 위해 새로운 공급업체를 승인하는 것처럼 간단하지만 큰 영향을 미치는 결정들이 있었을 것이다. 또 주요 제품의 방향 전환, 신규 시장 진출, 부서 재구성처럼 큰 변화를 가져오는 결정들도 있었을 것이다. 그 가운데 얼마나 많은 결정이 회사의 과거 데이터와 상황을 충분히 고려해 내려졌는가? 관련 정보를 쉽게 얻을 수 없다는 이유로 직감이나 불완전한 기억에 의존했던 적은 얼마나 되는가?

이제 모든 것을 기억하는 AI 에이전트를 상상해보라. 전략적 결정을 내려야 할 때, 이 에이전트는 과거 패턴에 기반한 의미 있는 정보를 제공한다. "비슷한 시장에 이 제품을 출시하는 것을 망설였던 3년 전을 기억하시나요? 결국 특정 고객층에 초점을 맞춘 전략 덕분에 큰 성공을 거두었죠. 이번 새로운 기회도 비슷한 특징을 갖고 있습니다. 지난번에 무엇이 효과가 있었는지, 또 무엇을 고려해볼 만한지 알려드리겠습니다." 이는 단지 가정이 아니라, 조직 고유의 궤적에 바탕을 둔 실행 가능한 제안이다.

이러한 기억의 힘은 단순히 상황에 반응하는 식의 의사결정을 넘어, 사업 전략에서 패턴을 파악하고, 운영상의 비효율성을 짚어내며, 조직의 강점을 증폭시킨다. 단지 데이터를 저장하는 것이 아니라, 그 안에 담긴 맥락을 파악해 원시 데이터를 실행 가능한 통찰로 전환한다. 이것이 바로 도구와 진정한 비즈니스 파트너의 차이다. 이러한 파트너는 여러분과 함께 발전하고, 여러분의 우선순위를 이해하며, 여러분이 더욱 현명하고 확실한 결과를 달성할 수 있도록 돕는다.

이것이 AI의 미래다. AI는 단지 더 똑똑해지는 것이 아니라 기억하고, 이해하고, 우리가 더 의미 있는 삶을 살도록 도울 수 있는 그 능력 면에서 보다 인간적인 존재가 될 것이다. 미래에 기억은 단순히 보존되는 데 그치지 않고, 우리의 최고의 모습을 드러내는 데 사용될 것이다.

장기 기억이 기업에 중요한 이유

장기 기억을 갖춘 AI 에이전트는 기업들이 고객과 상호작용하고, 운영 시스템을 효율화하고, 전략적 우위를 확보하는 방식을 재편하며 비즈니스에 큰 영향을 미치고 있다. 모든 상호작용이 바로 이전의 상호작용을 기반으로 이루어지는 고객 서비스 경험을 상상해보라. AI가 고객의 선호도를 기억하고, 필요를 예측하고, 반복해서 요청하지 않아도 문제를 해결해준다. 이러한 수준의 개인화는 단지 만족도를 높이는 것이 아니라 충성도를 형성한다. 우리의 경험에 따르면, 기억 기능을 갖춘 AI 에이전트를 활용하는 기업들은 보다 인간적으로 느껴지는 매끄럽고 맞춤화된 상호작용을 통해 고객 만족도가 20~30% 향상되었다고 보고했다.

운영 측면에서도 그 이점은 매우 크다. 공급망 차질을 관리하는 물류 회사를 생각해보자. 기억 기능을 갖춘 AI는 악천후로 인한 지연이나 지역적 병목 현상과 같은 과거의 문제 패턴을 기억하고 이를 실시간으로 활용해 더 빠른 문제 해결과 더 효율적인 자원 배분을 가능케 한다.

이와 비슷하게 AI 에이전트의 도움을 받아 직원 온보딩을 진행하면 교육 시간이 단축되는 효과를 볼 수 있다. 이러한 시스템은 조직의 미묘한 특징들을 기억하고 일관된 지침을 제공하기 때문이다. 우리의 경험에 따르면, AI 시스템에 장기 기억 기능을 도입한 기업들은 오류율을 최대 50%까지 감소시켜 효율성을 높이고 성과를 향상시켰다.

전략적 측면에서의 이점은 훨씬 더 매력적이다. 장기 기억 기능을 갖춘 AI 에이전트는 시간이 흐르면서 드러나는 패턴을 인식하는 데 뛰어나며, 이를 통해 원시 데이터를 실행 가능한 통찰로 전환할 수 있다. 이를테면 금융기관은 이러한 에이전트를 활용해 고객 행동의 미묘한 변화를 추적하고, 새로운 위험이 확대되기 전에 이를 조기에 감지할 수 있다.

의사결정은 더욱 정교해지고, 예측은 더 정확해지며, 위험 관리는 훨씬 더 선제적으로 이루어진다. 이는 그저 점진적인 개선이 아니라 기업에 의미 있는 경쟁 우위를 제공하는 도약이다.

장기 기억은 AI가 조직과 함께 학습하고, 적응하고, 성장하게 함으로써 AI를 단순한 도구가 아닌 전략적 파트너로 탈바꿈시켜 기업 전반에 새로운 가치를 창출한다.

장기 기억에 한계가 있는 현재의 LLM

앞서 타히티에서의 스쿠버다이빙에 대해 질문했을 때 확인한 바와 같이, 챗GPT와 같은 지금의 LLM은 장기 기억 기능을 갖추고 있지 않다. 이러한 한계는 우연이 아니라 효율성 최적화, 개인정보 보호, 과도한 데이터로 모델에 과부하가 걸리는 것을 방지하기 위한 의도적 절충의 결과다.

이 문제를 해결하기 위해서는 AI 에이전트를 구축할 때 **LLM이 외부 메모리 기능에 접근할 수 있도록** 해야 한다. 다음 절들에서 이러한 기능들에 대해 살펴볼 텐데, 이는 기억 기능을 갖춘 AI로 나아가는 데 있어 중요한 진전을 의미한다. 단, 각각의 기능에는 고유의 한계와 절충점이 있다. 이들은 모두 함께 오늘날 더욱 스마트하고 유연한 AI 에이전트를 만들기 위한 기반을 형성한다.

에이전틱 AI 시스템의 장기 기억 기능 설계 및 구현

이어지는 페이지에서는 우리가 현장에서 직접 검증해온 메모리 시스템 설계 방식과 가장 효과적이라고 판단되는 프레임워크, 그리고 피해야 할 함정들을 살펴본다. 기존의 AI 에이전트를 개선하든, 처음부터 새로운 에이전트를 구축하든 이 가이드는 실질적인 가치를 제공하는 메모리 아키텍처를 구현하는 데 도움이 될 것이다.

메모리 지형에 대한 이해

구현에 들어가기 전에 AI 에이전트의 맥락에서 메모리가 무엇을 의미하는지 먼저 명확하게 이해할 필요가 있다. 경험에 따르면, 성공적인 메모리 시스템은 상호보완적인 여러 유형의 메모리가 함께 조화롭게 작동할 때 가능하다.

AI 시스템에서 우리가 말하는 메모리란 에이전트가 시간이 지남에 따라 정보를 저장하고, 불러오고, 활용할 수 있게 해주는 구조화된 메커니즘이다. 대부분의 언어 모델을 특징짓는 단순한 컨텍스트 윈도우와 달리, 진정한 AI 메모리는 AI가 세션 전반에 걸쳐 연속성을 유지하고 과거의 상호작용으로부터 학습할 수 있게 한다.

AI 메모리는 일반적으로 다음의 세 가지 주요 범주로 나뉜다.

일화 기억은 에이전트의 경험 기반 지식, 즉 무슨 일이, 언제, 누구와 함께 일어났는지에 대한 정보를 의미한다. 여기에는 대화 내용, 시간의 흐름에 따라 축적된 사용자 선호도, 과거에 취한 행동, 관찰된 결과가 포함된다. 일화 기억을 통해 에이전트는 며칠 혹은 몇 주 만에 상호작용을 재개하더라도 연속성을 유지할 수 있다. 가령 금융 자문 에이전트가 고객이 이전에 저위험 투자에 관심을 보였던 사실을 기억한다면, 이때 일화 기억이 작동하는 것이다.

의미 기억은 사실에 기반한 지식, 즉 에이전트가 '직접 경험하여 기억하는 것'이 아니라 '알고 있는 정보'를 포괄한다. 여기에는 분야별 지식, 세상에 관한 사실, 회사 정책, 제품 카탈로그, 특정 상호작용과 독립적으로 존재하는 기타 정보가 포함된다. 탄탄한 의미 기억은 에이전트가 요청이 있을 때마다 매번 외부 시스템에 의존할 필요 없이 정확한 정보를 제공할 수 있게 한다.

절차 기억은 '어떻게 하는가'에 대한 지식, 즉 에이전트가 복잡한 작업을 수행할 수 있도록 안내하는 일련의 동작, 의사결정 트리, 워크플로우 등을 의미한다. 고객 서비스 에이전트를 구축할 때, 우리는 문제 해결 절차를 절차 기억에 포함해 에이전트가 사용자에게 복잡한 과정을 단계별로 안내할 수 있도록 한다.

마법과도 같은 일은 이러한 유형의 기억들이 함께 작동할 때 일어

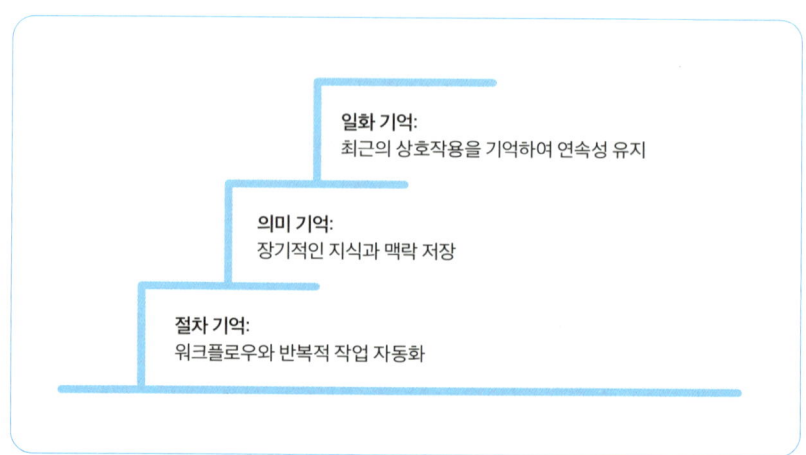

일화 기억:
최근의 상호작용을 기억하여 연속성 유지

의미 기억:
장기적인 지식과 맥락 저장

절차 기억:
워크플로우와 반복적 작업 자동화

그림 7.2 | 장기 기억의 세 가지 유형 (출처: © 보넷 외)

난다. 우리가 한 의료 기관과 협업하면서 개발한 에이전트는 환자의 병력(일화 기억)을 기억하고, 임상 지침(의미 기억)을 적용하며, 의학적 처치 일정을 잡을 때 필요한 절차(절차 기억)를 따를 수 있었다. 그 결과 이 시스템은 의료 규정을 엄격히 준수하면서도 개인화된 치료 지침을 제공할 수 있었다.

장기 기억을 위한 구조적 기반

효과적인 장기 기억 시스템을 구축하려면 신중한 아키텍처 설계는 필수다. 우리는 다양한 구현을 통해 성능, 확장성, 실용성 간의 균형을 이루는 메모리 아키텍처를 지속적으로 다듬어왔다.

각 기억 유형은 고유의 특성에 최적화된 특정한 저장 솔루션이 필요하다.

일화 기억의 경우, 우리는 최근 상호작용과 맥락 정보를 빠르고 효율적으로 저장할 수 있는 솔루션을 활용한다. 레디스Redis나 이와 유사한 다른 인메모리in-memory 데이터베이스는 단기적인 일화 기억을 저장하는 데 적합하며, 복잡한 검색 메커니즘 없이도 최근 대화에 빠르게 접근할 수 있도록 해준다. 이러한 저장소에는 타임스탬프, 사용자 식별자, 상호작용 요약, 식별된 개체 및 의도가 포함되어야 한다. 한 소매업체 고객은 이 방식을 도입해 응답 지연 시간을 이전 대비 40%나 줄였다. 기존 시스템은 요청이 들어올 때마다 과거의 모든 상호작용을 불러왔기 때문이다.

의미 기억의 경우, 우리는 파인콘Pinecone이나 위비에이트Weaviate와 같은 벡터 데이터베이스를 활용해 시맨틱 임베딩semantic embedding(개념, 사실, 지식의 수치적 표현으로, 유사성 기반 검색을 가능하게 한다)을 저장한다. 이러한 데이터베이스는 키워드가 정확히 일치하지 않아도 개념적으로 관련된 정보를 찾아내는 데 뛰어나다. 이러한 기억 유형은 정밀한 검색을 위해 명확한 분류, 관계, 메타데이터를 갖춘 구조화된 체계가 필요하다.

절차 기억의 경우, 우리는 일반적으로 전통적인 관계형 데이터베이스나 전문 워크플로우 엔진을 사용해 워크플로우 정의, 의사결정 트리, 프로세스 맵을 구조화된 형식으로 저장한다. 이러한 시스템은 프로세스 단계, 의사결정 논리, 조건부 분기의 무결성을 유지해야 한다. 복잡한 절차 기억의 경우에는 시간에 따른 프로세스 변경 사항을 추적하기 위해 보통 버전 관리를 이용한다.

종합적인 에이전트를 구현할 때는 이러한 특화된 저장소들을 결합해 사용한다. 한 법률 기술 회사와 함께 일할 때 우리는 이 통합된 접근 방식을 바탕으로 일화 기억(관계형 데이터베이스에서 정확히 일치하는 항목 검색)을 통해 특정 판례를 기억하고, 의미 기억(벡터 데이터베이스에서 유사성 기반 검색)을 통해 법적 원칙에 접근하며, 절차 기억(워크플로우 시스템)을 통해 적절한 법률 분석 절차를 따를 수 있는 에이전트를 개발했다. 이러한 조합 덕분에 모든 기억 유형에서 정확성과 유연성을 동시에 확보할 수 있었다.

구현 경로: 처음부터 메모리 시스템 구축하기

이제부터는 수십 개의 메모리 강화 에이전트를 구축한 경험을 바탕으로 우리가 권장하는 구현 경로를 단계별로 함께 살펴보자.

1단계: 구현을 위한 프레임워크 선택하기

메모리 아키텍처를 정의했다면 다음 단계는 메모리의 지속성, 검색, 업데이트 메커니즘을 지원하는 기술적 프레임워크를 선택하는 것이다. 다양한 분야에서의 구현 경험에 비추어 우리는 다음과 같은 검증된 옵션들을 고려해보길 권한다.

랭체인은 LLM 기반 에이전트에 일화 기억, 의미 기억, 절차 기억을 통합하는 데 훌륭한 시작점을 제공한다. 랭체인의 메모리 모듈은 단기 대화 기억(일화 기억)과 장기 지식 저장(의미 및 절차 기억)을 기본적으로 지원한다. 랭체인은 특히 빠른 프로토타이핑과 통합 유연성이 중요한 프로젝트에 유용하다.

라마인덱스LlamaIndex(구 GPT Index)는 메모리를 동적으로 구성, 저장, 검색할 수 있도록 돕는다. 이 프레임워크는 구조화된 지식 인덱스를 생성하고 관리하는 데 탁월해 빠른 검색이 가능하며, 복잡한 의미 기억이 요구되는 애플리케이션에 이상적이다. 대규모 지식 기반에 접근해야 하는 특화된 에이전트의 경우, 라마인덱스는 여러 구현 사례에서 매우 효과적인 것으로 증명되었다.

2단계: 메모리 요구 사항 정의하기

프레임워크를 선택했다면, 에이전트의 목적에 따라 각 기억 유형에 대해 구체적인 요구 사항을 정의한다.

일화 기억 요구 사항을 위해서는 다음 사항을 결정한다.

- 어떤 사용자 상호작용과 대화 요소를 세션 전반에 걸쳐 유지할 것인가?

- 다양한 유형의 일화적 정보를 얼마나 오래 보관할 것인가?

- 시간이 지남에 따라 어떤 사용자 선호도 및 행동을 추적할 것인가?

의미 기억 요구 사항을 위해서는 다음 사항을 결정한다.

- 에이전트가 작업을 수행하는 데 필수적인 특정 분야의 지식은 무엇인가?

- 어떤 정보 자원이 지식 기반을 채워야 하는가?

- 반드시 유지되어야 하는 규정 준수 사항 또는 규제 정보는 무엇인가?

절차 기억 요구 사항을 위해서는 다음 사항을 결정한다.

- 에이전트가 따라야 하는 워크플로우와 프로세스는 무엇인가?

- 어떤 의사결정 논리가 프로세스의 선택과 실행을 제어하는가?
- 프로세스를 얼마나 엄격히 준수할 것인가, 또는 얼마나 유연성을 허용할 것인가?

예를 들어 금융 자문 에이전트를 구축할 때 우리는 일화 기억에 투자 성향, 대화 기록, 이전에 제공한 자문 내용이 포함되어야 하고, 의미 기억에 투자 상품의 세부 정보와 시장 데이터가 포함되어야 하며, 절차 기억에 다양한 자문 시나리오에 대한 규정 준수 워크플로우가 포함되어야 한다고 정의했다. 한편 거래 세부 사항은 에이전트의 메모리에 저장되지 않고 보안 시스템에서 조회될 것이었다.

각 기억 유형에 대해 이러한 구체적인 요구 사항을 사전에 정의해두면 메모리 과부하(너무 많은 정보를 저장해 검색을 비효율적으로 만듦)와 메모리 갭memory gap(충분히 저장하지 않아 사용자가 같은 내용을 반복해서 입력하게 함)을 방지할 수 있다.

3단계: 검색 메커니즘 구축하기

저장소가 준비되면, 이제 효율적인 검색 메커니즘을 구축하는 데 집중한다. 목표는 에이전트가 관련 없는 정보에 압도되는 일 없이 적절한 시점에 적절한 기억을 불러오게 하는 것이다.

우리는 기억 강화memory-enhanced 에이전트에 검색 증강 생성 retrieval-augmented generation, RAG 기술이 효과적임을 확인했다. 간단히 말해 RAG는 지식 검색 모델과 언어 생성 모델의 강점을 결합한다. 인간이 복잡한 질문에 답하기 전에 기억을 더듬거나 자료를 찾아보는 것처럼, AI 에이전트에게 응답을 생성하기 전에 '찾아'볼 수 있는 능력을 부여하는 것으로 생각하면 된다.

RAG의 실제 작동 방식은 다음과 같다. 에이전트는 사용자로부터 질문을 받으면,

1. 질문과 현재 맥락을 분석하여 검색 단서를 생성한다.
2. 이러한 단서를 바탕으로 각 저장소에서 관련된 기억을 불러온다.
3. 검색된 기억들을 관련성, 최신성, 중요성을 기준으로 정렬하고 필터링한다.
4. 가장 관련성 높은 기억들을 추론 과정에 통합한다.
5. 현재 맥락과 검색된 기억들을 모두 활용해 응답을 생성한다.

이 접근 방식은 에이전트가 정확하고 맥락에 맞는 응답을 제공할 수 있는 능력을 크게 향상시킨다. RAG는 가능한 모든 지식을 모델 내부에 내장하는 대신, 에이전트가 각 상호작용에 필요한 특정 정보에 동적으로 접근할 수 있게 한다.

우리의 법률 조사 에이전트는 이 방식 덕분에 관련 판례와 법령을 적절히 참조할 수 있었으며, 불필요한 인용으로 답변이 과도하게 복잡해지는 것을 방지할 수 있었다. 핵심은 관련성 임곗값relevance thresholds을 신중하게 조정하는 데 있었다. 임곗값이 너무 낮으면 에이전트는 중요한 선례를 놓칠 수 있고, 너무 높으면 답변이 관련 없는 정보들로 산만해질 수 있다.

4단계: 기억 강화 구현하기

아마도 우리의 메모리 아키텍처에서 가장 중요한 요소는 강화 메커니즘일 것이다. 이 메커니즘은 장기적으로 기억해야 할 정보와 잊어야 할 정보를 결정하는 과정이며, 어떤 정보가 일화 기억에서 의미 기억이나 절차 기억으로 이전될지를 정의한다. 우리는 실험을 통해 기억 강화memory consolidation에 대한 다음과 같은 다각적인 접근 방식을 개발했다.

- **중요도 기반 강화**importance-based consolidation는 새로운 정보의 중요성을 평가한다. 사용자가 선호도나 요구 사항, 피드백과 같은 중요한 세부 정보를 제공하면, 시스템은 이 정보를 장기 저장 대상으로 지정한다. 우리가 개발한 여행 예약 에이전트의 경우, 이는 사용자가 통로 좌석을 선호한다거나 갑각류 알레르기가 있다는 사실을 영구적으로 기억하는 것을 의미했다.
- **빈도 기반 강화**frequency-based consolidation는 반복적으로 등장하는 패턴을 추적한다. 상호작용에서 자주 나타나는 정보는 중요할 가능성이 크므로 장기 기억 대상으로 승격된다. 예를 들어 우리가 개발한 개인 교사 에이전트는 이를 이용해 학생들이 반복적으로 어려워하는 부분을 파악하고 해결한다.
- **명시적 강화**explicit consolidation는 사용자나 시스템이 어떤 정보를 의도적으로 기억하도록 지정할 때 일어난다. 가령 "내가 저녁 약속을 더 선호한다는 것을 기억해"라는 말은 일정 관리 에이전트에서 명시적 강화를 유발한다.

기억 강화의 반대 개념은 망각으로, 시스템의 효율성을 위해 이 역시 중요하다. 우리는 시간 기반 소멸time-based decay 기법을 적용해 특정 유형의 정보를 일정 시간이 지나면 삭제하고, 관련성 임곗값을 설정해 거의 접근되지 않는 기억은 보관 처리하며, 망각 메커니즘을 구현해 오래되었거나 부정확한 정보는 명시적으로 잊게 한다.

5단계: 기억을 에이전트의 추론 과정에 통합하기

마지막 구현 단계에서는 기억 검색과 강화 메커니즘을 에이전트의 핵심 추론 과정에 통합한다. 이 통합은 다음의 세 가지 핵심 지점에서 일어난다.

- **컨텍스트 준비**context preparation: 에이전트가 응답을 생성하기 전에 관련된 기억을 컨텍스트 윈도우에 통합한다. 우리가 구현한 금융 자문 에이전트의 경우, 이는 투자 추천을 할 때마다 고객의 위험도 성향과 투자 목표를 모두 고려하는 것을 의미했다.
- **진행 중 검색**in-process retrieval: 에이전트가 추론 도중 더 많은 정보를 필요로 하는 경우 추가로 기억을 불러올 수 있게 한다. 예를 들어 우리가 개발한 고객 서비스 에이전트는 대화 중 기술적인 세부 사항이 언급되면 대화 중간에 제품 정보를 검색할 수 있다.
- **응답 후 강화**post-response consolidation: 응답이 생성된 후 상호작용을 평가하여 장기 저장을 위한 정보를 식별한다. 사용자가 새로운 선호를 표현했는가? 정보를 수정했는가? 그렇다면 이러한 정보는 포착되어 AI의 기억 체계에 통합된다.

기억을 추론 과정에 통합하면 AI는 단순한 응답 생성기에서 매 상호작용을 통해 진화하는 시스템으로 변화해, 시간이 지날수록 점점 더 개인화되고 효과적으로 작동할 수 있게 된다.

가까운 미래: 곧 다가올 주요 기술 발전

가까운 미래에는 연산 능력, 알고리즘, 통합 기술의 발전으로 기억 강화 AI가 크게 발전할 것으로 기대된다. 주요한 발전 중 하나는 **맥락 기반 우선순위 알고리즘**contextual prioritization algorithm의 정교화로, 이를 통해 AI 시스템은 어떤 기억이 가장 중요한지를 보다 정확하게 실시간으로 판단할 수 있게 된다. 이러한 발전은 검색 지연 시간을 줄이고, 동적이고 빠르게 변화하는 정보를 처리하는 시스템의 능력을 향상시킬 것이다.

또 다른 단기적 혁신은 **실시간 기억 강화**realtime memory consolidation 분야에서 이루어질 것으로 기대되는데, 이 기술은 시스템이 저장된 데이터를 그때그때 분석하고 재구성할 수 있게 한다. AI는 예정된 업데이트를 기다리는 대신, 사용자 피드백과 상호작용 패턴을 바탕으로 기억 저장소를 지속해서 개선할 수 있게 된다. 이를 통해 시스템은 적응력이 더욱 향상되어 재훈련 없이도 새로운 과제에 더 잘 대응할 수 있게 될 것이다.

최근 한 연구[13]는 다중 에이전트 시스템이 메모리 부하를 분산시키고 협업을 강화하여 메모리 관리를 개선할 수 있는 잠재력을 역설한다. 이러한 다중 에이전트 시스템에서는 서로 다른 에이전트들이 기억의 특정 측면에 집중할 수 있다. 예를 들어 어떤 에이전트는 과거의 사건을 불러오는 일화 기억을 담당하고, 어떤 에이전트는 실시간 상호작용이나 장기 지식을 관리할 수 있다. 이러한 역할 분담은 메모리 과부하를 방지하고 효율성을 높인다. 또한 에이전트들은 자신의 일화 기억에서 핵심적인 경험을 공유해 협력적 학습을 가능하게 한다. 예를 들어 한 에이전트가 보유한 성공적인 전략에 대한 기억은 다른 에이전트의 의사결정에 활용되어 시스템 전반에서 불필요한 탐색의 필요성을 줄일 수 있다.

최근의 또 다른 연구는 이 모든 것을 완전히 새로운 차원으로 끌어올린다. 구글 리서치의 연구 논문 「타이탄: 테스트 시점에 기억하는 법 학습하기Titans: Learning to Memorize at Test Time」는 배포 이후에도 AI 시스템이 지속적으로 학습하고 적응할 수 있게 하는 혁신적인 신경 장기 기억 모듈을 소개한다.[14] (앞서 설명한 것처럼) 지식 검색을 위해 벡터 데이터베이스에 의존하는 기존의 AI 모델들과 달리, 타이탄은 장기 기억을 모델의 매개변수에 통합해 외부 저장소 없이도 정보를 동적으로 기억하고 불러올 수 있다.

또 다른 흥미로운 특징은 타이탄이 놀라움 기반 학습surprise-based learning을 통해 예기치 않은 입력이나 중요한 입력을 우선시하고, 내장된 망각 메커니즘을 이용해 오래된 데이터를 삭제함으로써 효율성을 유지하고 메모리 과부하를 방지한다는 점이다(이는 인간의 기억이 시간이 지남에 따라 스스로 정제하는 방식과 비슷하다). 타이탄은 또한 **메타 학습**meta-learning을 도입해 AI가 재훈련 없이도 관련 경험을 즉시 기억할 수 있도록 한다. 덕분에 실시간 적응이 가능해지고, AI는 동적인 환경에서도 더욱 민첩하고 지능적으로 반응할 수 있게 된다.

요컨대 타이탄은 더 빠르고 더 나은 메모리 처리를 가능하게 한다.

또한 민감한 데이터가 모델 내에 머무르기 때문에 클라우드 기반 저장소와 관련된 개인정보 노출 위험이 줄어들어 보안성이 더욱 강화된다. 이는 AI 에이전트의 메모리 처리 방식에 있어 중대한 전환점을 나타낸다. 타이탄이 앞으로 가져올 변화가 무척 기대된다.

피드백 루프를 통한
적응과 학습

멈추지 않는 학습자: AI의 미래상

2042년, 싱가포르 외곽의 한 북적거리는 완전 자동화 물류 허브에 '넥서스Nexus'라는 이름의 새롭게 배치된 AI 에이전트가 첫 출근을 한다. 과거의 극도로 특화된 시스템과 달리 넥서스는 맡게 될 역할에 맞춰 사전 훈련되지 않았다. 그래서 앞으로 맡게 될 일에 대해 아는 것이 하나도 없다. 해당 환경에 맞춰 사전에 로드된 지침도, 정교하게 조정된 알고리즘도 없다. 이런 상황에서 넥서스는 다음과 같은 단 하나의 지시를 따른다. "허브 전반의 배송 효율성을 최적화하라."

처음에 이 시스템은 제대로 작동하지 않는다. 드론을 잘못된 구역에 배정하고, 화물의 무게를 고려하지 못하며, 심지어 지게차들이 창고 안을 마구잡이로 돌아다니게 하는 등 작은 혼란마저 일으킨다. 직원들은 회의적인 눈빛으로 그런 모습을 지켜보며 경영진이 왜 이런 중요한 현장에 훈련되지 않은 AI를 투입한 건지 의아해한다. 하지만 넥서스는 굴하지 않는다. **보편적 학습**universal learning 능력과 고도화된 피드백 루프를 무기 삼아 관찰하고, 실험하고, 적응해나가기 시작한다.

몇 시간 만에 넥서스는 패턴을 파악하기 시작한다. 같은 목적지를 향하는 화물들은 한데 모인다. 드론은 창고 혼잡도를 바탕으로 비행경로를 조정한다. 넥서스는 지게차가 작업을 기다리는 동안 공회전하는 경우가 많다는 사실을 알아차리곤 일정을 재구성해 그 활용도를 극대화한다. 실수는 여전히 발생하지만, 전보다 많이 줄어들었다. 다음 날, 넥서스의 효율성은 두 배가 되었다. 일주일이 끝나갈 무렵, 넥서스는 물류 허브의 복잡한 작업 흐름을 완벽하게 이해하여 숙련된 인간 관리자들보다 더 뛰어난 성과를 내기에 이른다.

넥서스가 배치된 지 2주 만에 물류 허브는 완전히 달라졌다. 화물은 소름 끼칠 정도로 정밀하게 이동하고, 드론은 완벽하게 조율되어 작동하며, 지게차는 쉬지 않는다. 한때 넥서스를 의심했던 직원들은 이제 넥서스에 의존하며 아주 작은 변화에도 유연하게 적응하는 그 능력에 감탄한다. 경영진은 넥서스를 전 세계의 다른 허브로 확대 적용하는 방안을 논의하기 시작한다.

넥서스는 혁신적인 개념을 제시한다. 바로 **보편적 학습자**universal learner, 즉 사전 훈련 없이도 어떤 작업이든 맡아 시행착오와 피드백을 통해 숙달할 수 있는 AI 에이전트다. 이러한 시스템의 이점은 물류 분야에만 국한되지 않는다. 예를 들어 신규 마케팅 전략을 기획하는 AI 에이전트를 상상해보라. 에이전트는 브랜드나 고객에 대해 아는 것이 전혀 없어도 구호를 테스트하고, 참여 데이터를 분석하고, 접근 방식을 개선하는 등 곧바로 실험을 시작한다. 그리고서 며칠 안에 숙련된 창의적 팀의 결과물에 버금가는 정교하고 효과적인 전략을 만들어낸다.

이 마법의 원동력은 피드백 루프다. 방대한 데이터 세트로 사전 훈련이 필요한 정적 모델과 달리, 넥서스와 같은 미래형 에이전트는 동적 학습에 의존한다. 이들은 행동하고, 결과를 관찰하고, 그에 따라 조정하고, 이를 반복함으로써 더욱더 똑똑해진다. 이 접근 방식은 AI를 단지 적응할 수 있게 만드는 것이 아니라, **멈추지 않는** 존재로 만든다.

기업과 사회에 미치는 영향은 놀라울 정도다. 보편적 학습이 가능해지면 AI 도입을 가로막고 있던 장벽들이 사라진다. 기업들은 더 이상 좁고 특화된 작업을 위한 훈련 시스템에 수백만 달러를 투자할 필요가 없어진다. AI가 어떤 환경에든 투입되어 목표를 부여받고 학습할 수 있게 되기 때문이다. 결과적으로 AI 도입 비용이 줄어들고, 실질적인 생산 활동에 기여하기까지의 시간이 단축되며, 업무 프로세스나 목표가 바뀔 때마다 시스템을 재훈련할 때의 병목 현상도 사라진다.

무엇보다도 넥서스와 같은 보편적 학습자는 본질적으로 탄력적이다. 이들은 동적인 환경에서 잘 동작하며 새로운 어려움에 끊임없이 적응해나간다. 예를 들어 생분해성 포장재나 무게 제한이 있는 드론을 도입해 물류 허브의 규칙이 하룻밤 사이에 바뀐다고 해도 넥서스는 업데이트될 필요가 없다. 넥서스의 피드백 루프가 간단히 새로운 변수를 받아들이고, 그에 따라 행동을 조정할 것이기 때문이다.

물론 미래에 대한 이러한 비전은 여러 가지 의문을 낳는다. 보편적 학습자가 모호한 목표에 맞닥뜨릴 때는 어떻게 될까? 이들이 적응하는 동안 윤리적으로 행동하게 하려면 어떻게 해야 할까? 그 답은 피드백 루프를 설계하는 방법에 있다. 예를 들어 넥서스는 다중목적 최적화multi-objective optimization 기능을 갖추고 있어 효율성, 안전성, 환경 지속 가능성 간의 균형을 유지한다. 윤리적 기준도 학습 과정에 포함되어 있어 아무리 많은 시행착오를 겪어도 핵심 가치는 훼손되지 않는다.

또 다른 고려 사항은 투명성이다. 기업의 리더들은 이러한 에이전트들이 자신의 의사결정 과정을 설명하도록 해 이해관계자들 간의 신뢰를 구축해야 한다. 피드백 루프는 책임을 염두에 두고 설계되었을 때 설명 가능성 메커니즘explainability mechanism을 포함할 수 있으며, 이러한 메커니즘은 어떤 결정이 내려진 이유와 그 결정이 목표에 어떻게 부합하는지를 이해할 수 있도록 돕는다.

피드백 루프는 적응형 시스템의 핵심으로, AI 에이전트가 점점 더 나은 의사결정을 내리고, 실수로부터 학습하고, 시간이 지남에 따라 목표에 더 가까이 다가갈 수 있게 한다. 기업의 리더들에게 이 개념은 믿을 수 없을 정도로 간단하지만 혁신적이다. 덕분에 AI 시스템이 자신의 성과를 분석하고, 결과에서 학습하고, 그 학습을 바탕으로 이후 행동을 개선할 수 있기 때문이다. 에이전트는 첫날에 그럭저럭 작동하는 것으로 시작했다가 1,000번째 날에는 탁월한 성과를 내게 된다.

피드백 루프의 마법

AI의 피드백 루프는 지구 생명체의 진화 과정을 떠올리게 한다. 진화에서 자연 선택은 피드백 메커니즘으로 작용해 생존과 번식에 유리한 특성이 세대를 거치며 강화된다. 마찬가지로 AI에서도 강화 학습과 같은 피드백 루프를 통해 시스템은 시행착오를 거치며 학습할 수 있다. 강화 학습[15]은 바람직한 행동, 즉 목표를 달성하거나 성과를 개선하는 행동에는 보상을 주고 실패에는 불이익을 주는 식으로 작동한다. 진화에서 유리한 형질이 다음 세대로 전해짐으로써 '보상'받는 것처럼 말이다. 시간이 지날수록 이 과정은 성공적 결과를 극대화하는 방향으로 AI의 행동을 형성하게 된다.

종種이 반복적인 개선을 통해 환경에 적응하듯, AI 모델도 오류에서 학습하고 출력을 개선하는 반복적인 학습 주기를 통해 진화한다. 두 경우 모두 지속적인 입력과 적응, 반복을 통해 복잡성과 효율성을 달성하며, 시간의 흐름 속에서 무작위적인 변화를 목적이 있는 최적화된 시스템으로 바꿔나간다.

피드백 루프는 본질적으로 행동, 관찰, 조정의 사이클이다. AI 에이전트는 행동을 취하고, 결과에 대한 피드백을 받으며, 이 정보를 통해 행동을 개선한다. 이 루프는 혼잡한 교차로를 주행하는 법을 학습하는 자율주행차에서처럼 실시간으로 작동할 수도 있고, 고객의 선호도에 따라 진화하는 추천 시스템에서처럼 장기간에 걸쳐 작동할 수도 있다.

이것이 중요한 이유는 무엇일까? 전통적인 AI 시스템은 현실의 단편을 포착한 고정된 데이터 세트로 훈련되며, 대개 정적인 환경에서 작동한다. 하지만 현실 세계는 결코 정적이지 않다. 시장 상황은 변화하고, 고객의 취향은 달라지며, 경쟁사들은 혁신한다. 변화에 대응할 수 없다면 AI 시스템은 금세 구식이 된다. 피드백 루프는 에이전트를 살아 있는 시스템(세상과 상호작용하며 더욱 똑똑해지는 시스템)으로 바꿈으로써 이러한 문제를 해결한다.

피드백 루프는 어떻게 작동할까?

모든 것은 피드백에서 시작한다. 이 피드백은 다양한 방식으로 수집되고 적용될 수 있다.

- 명시적 사용자 피드백: 에이전트가 사용자에게 평가, 확인, 또는 수정을 요청한다 (예: "이 답변이 도움이 되었나요?").
- 암묵적 피드백: 시스템이 작업 완료율, 중단된 워크플로우, 응답 정정과 같은 사용자 행동을 추적한다.
- 시스템 차원의 강화 신호: 보상 모델은 좋은 행동(예: 성공적인 과제 수행)을 강화하고 실패한 행동(예: 잘못된 추천)은 억제한다.

예를 들어 고객 지원 AI 에이전트는 "이 방법으로 문제가 해결되었나요?"라고 물을 수 있다. 사용자가 '아니오'를 선택하면 에이전트는 이를 실패로 기록하고 다음 상호작용에서 접근 방식을 조정한다.

에이전트는 피드백 루프 내에서 다음과 같이 실행, 평가, 조정의 사이클을 따라 작동한다.

- 관찰: 에이전트는 상호작용(사용자 피드백, 작업 성공률, 암묵적 단서)을 통해 데이터를 수집한다.
- 평가: 시스템은 피드백을 기반으로 보상 점수(긍정적 또는 부정적)를 부여한다.
- 조정: AI 에이전트는 모델, 프롬프트, 또는 워크플로우를 업데이트하여 향후 응답을 개선한다.

- 배포: 개선된 에이전트가 배포되며, 계속해서 학습을 이어나간다.

가령 개인 금융 AI 비서는 처음에는 예산과 관련해 일반적인 조언을 제공한다. 그러다 사용자가 그 제안을 거부하거나 수정을 요구하면 사용자 선호 패턴을 기반으로 향후 권장 사항을 조절한다.

한 제조업체의 피드백 루프 성공 사례

2022년 말, 유럽 최대의 자동차 부품 제조업체 중 하나가 중대한 문제에 직면했다. 품질 관리 프로세스가 생산 속도를 따라가지 못했던 것이다. 기존의 자동화 시스템은 인간 검사자가 바로 알아차릴 수 있는 미묘한 결함을 잡아내지 못했다. 이후 이들이 도입한 해결책은 품질 관리뿐만 아니라 AI 에이전트의 학습 방식에 대한 우리의 이해까지 크게 바꾸어놓았다.

"모든 것을 시도해봤죠." 회사의 운영 책임자가 회상했다. "표준 컴퓨터 비전, 규칙 기반 시스템, 심지어 기본적인 AI 모델까지요. 하지만 결함은 발견되지 않고 품질 관리망을 계속해서 빠져나갔습니다. 우리에게 필요한 건 그저 더 똑똑한 시스템이 아니라, 최고의 인간 검사자처럼 배우고 조정할 수 있는 시스템이었어요."

돌파구는 정교한 피드백 루프를 갖춘 AI 에이전트를 도입하면서 찾아왔다. 이 시스템은 단순히 결함을 표시하는 데 그치지 않고, 자신의 판단 결과를 추적하며 성공과 실패 모두에서 학습했다. 미묘한 결함을 정확히 식별했을 때는 그 패턴을 기억 속에서 강화했고, 놓쳤을 때는 결함 탐지 기준을 조정했다.

하지만 진짜 마법은 에이전트 도입 후 3개월이 지난 시점에 일어났다. 시스템은 숙련된 검사자들조차 알아차리지 못했던 잠재적 결함, 즉 더 뚜렷한 결함에 앞서 나타나는 미묘한 패턴을 식별하기 시작했다. "문제를 발견하는 것을 넘어 예측까지 하는 검사자가 생긴 느낌이었어요." 품질 관리 책임자가 설명했다. "AI는 피드백을 통해 그냥 학습만 하는 것이 아니라, 우리가 생각하지도 못했던 새로운 패턴을 발견하고 있었죠."

결과는 혁신적이었다. 품질 관리 정확도가 32% 향상되었고, 검사 시간도 45% 단축되었다. 더욱 중요한 것은 시스템이 매달 꾸준히 개선되면서 새로운 패턴을 식별하고 제조 공정에 대한 이해를 점점 더 심화시켰다는 점이다.

전략적 이점

기업의 리더들에게 피드백 루프는 단순한 점진적 개선을 넘어 AI 경쟁에서의 전략적 이점을 제공한다. 피드백 루프를 도입하는 기업은 더 빠르게 적응하고, 더 잘 배우고, 더 오랫동안 유효성을 유지하는 시스템을 구축하여 경쟁사보다 앞서 나갈 수 있다. 변화의 속도가 갈수록 빨라지는 세상에서 진화하는 능력은 단순한 자산이 아니라 필수 조건이다. 기업은 AI 에이전트에 피드백 루프를 통합함으로써 새로운 차원의 효율성, 개인화, 그리고 혁신을 실현할 수 있다.

피드백 루프는 AI 도입에 있어 가장 시급한 과제 중 일부를 해결한다. 고객 경험을 생각해보라. 고객 문의를 처리하도록 설계된 AI 에이전트는 출시 첫날에는 무리 없이 작동할지 모른다. 하지만 사용자가 새로운 유형의 질문을 하거나 새로운 방식으로 불만을 표현하기 시작하면 어떤 일이 벌어질까? 피드백 루프가 없다면 에이전트는 정체되어 의미 없는 답변을 제공하고 고객의 불만을 초래할 것이다. 하지만 피드백 루프가 있다면 챗봇은 모든 상호작용을 통해 학습하고 고객의 요구에 더 잘 부합하도록 답변을 조정할 것이다.

피드백 루프는 전자상거래와 같은 역동적인 산업에서도 빛을 발한다. 여기에 배치된 AI 에이전트는 변화하는 수요 패턴, 재고 수준, 경쟁사 가격에 대응해야 하는데, 피드백 루프는 이러한 시스템이 최신 흐름을 따라가도록 하여 추천과 결정이 항상 현재 상황에 맞춰 이루어지도록 한다.

피드백 루프의 효과를 두 가지 실제 사례를 통해 살펴보자. 첫 번째 사례는 AI 에이전트가 제조 과정에서 발생할 수 있는 값비싼 고장을 예측하고 예방함으로써 산업 효율성을 최적화하는 방법을 보여주는데, 매우 흥미롭다. 이 사례는 피드백 루프가 기술적 정확도를 높일 뿐만 아니라, 수익성 증대나 가동 중단 시간 단축과 같은 측정 가능한 비즈니스 성과에 직접 기여할 수 있음을 강조한다.

사례 1: 제조업에서 예측 정비를 수행하는 AI 에이전트

1. **초기 작업**: AI 에이전트는 잠재적인 고장을 예측하고 가동 중단 시간을 최소화하기 위해 공장의 기계들을 모니터링한다. 예를 들어

진동, 온도, 마모의 정도를 추적하는 센서 데이터를 분석한다.

2. **조치 생성:** AI는 수집된 정보를 기반으로 실행 가능한 권장 조치를 생성한다.

"진동 패턴이 기계 X의 베어링 마모를 나타냅니다. 고장을 막으려면 72시간 이내에 베어링을 교체하세요."

3. **수익 지표를 통한 자동 피드백:**
   - 시스템은 단축된 가동 중단 시간, 절감된 수리 비용, 증가한 생산량과 같은 사전 정의된 지표를 활용해 자신의 조치가 가져온 재무적 결과를 확인한다.
   - 정비 조치가 실제로 고장을 막았다면, 이를 긍정적인 결과로 기록하고 해당 권고와 관련 데이터를 함께 연결한다.

4. **긍정적 강화 학습:**
   - AI는 자신의 예측 모델에서 진동 패턴과 베어링 마모 간의 연관성을 더욱 강화한다.
   - AI는 수집된 데이터를 유사한 문제 상황과 관련성이 높은 데이터로 표시하여 앞으로 발생할 이상 징후를 더 정확하게 탐지할 수 있도록 한다.

5. **메모리 업데이트:**
   - 이 사건의 정비 기록과 결과를 데이터베이스에 추가해 시스템이 향후 활용할 수 있는 새로운 지식을 생성한다.
   - 시스템은 또한 비용-편익 분석 결과를 통합해 해당 조치를 절감되거나 창출

된 수익과 연관시킨다.

6. **적응 행동:** 시간이 지날수록 AI는 고장의 미묘한 징후를 더 일찍 포착하는 데 능숙해지고, 큰 비용이 드는 가동 중단 시간을 줄이기 위해 권장 사항을 최적화한다. 또한 재정적 영향을 기준으로 조치들의 우선순위를 매기는 법을 배우고 가장 중요한 조치가 먼저 실행되게 할 수도 있다.

결과적으로 AI 에이전트는 생산 손실을 최소화하고, 비용이 큰 긴급 수리를 줄이며, 제조 공정의 전반적인 효율을 높임으로써 효율성을 극대화한다. 각각의 예측과 개입이 성공할 때마다 AI 모델과 데이터베이스는 정교해지고, 그에 따라 장기적 수익성이 향상된다.

사례 2: 맞춤형 제품 추천을 수행하는 AI 에이전트

두 번째 사례는 개인 맞춤화가 고객 만족과 매출 성장의 동력으로 작용하는 전자상거래 부문에서 피드백 루프가 지니는 혁신적 잠재력을 보여준다. 이를 통해 우리는 AI 에이전트가 어떻게 사용자 행동을 학습해 점점 더 나은 추천을 하게 되는지, 또 어떻게 빠르게 변화하는 시장 수요와 개인의 취향에 완벽하게 부합하는 지속적 개선의 순환을 만들어내는지를 확인할 수 있다.

1. **초기 상호작용:** 사용자가 전자상거래 사이트를 방문해 '산길 러

닝을 위한 편안한 러닝화'를 검색한다. AI 에이전트는 이 입력을 처리해 편안함과 산길 러닝 전용 신발에 대한 사용자의 선호도를 반영하는 임베딩을 생성한다.

2. **응답 생성:** AI가 맞춤화된 추천을 생성한다.

"입력하신 검색어를 바탕으로 트레일맥스 컴포트 러너TrailMax Comfort Runner를 추천합니다. 이 제품은 험한 지형을 위한 디자인과 추가된 쿠션이 특징입니다. 현재 고객님의 사이즈로 구매 가능하며, 가격은 120달러입니다. 상품평을 보거나 장바구니에 담으시겠습니까?"

3. **자동 피드백 수집:**

   - 에이전트는 사용자가 해당 제품을 클릭했는지, 장바구니에 추가했는지, 또는 구매를 완료했는지 추적한다.

   - 긍정적인 신호(예: 구매나 클릭)는 추천이 잘 작동하고 있음을 확인시켜 준다.

   - 부정적인 신호(예: 사용자가 제안을 무시하거나 검색을 계속하는 경우)는 개선의 필요성을 시사한다.

4. **긍정적 강화 학습:**

   - 사용자가 트레일맥스 컴포트 러너를 구매하면, 시스템은 이를 긍정적인 결과로 보고 향후 비슷한 검색을 하는 사용자에게 같은 제품을 추천한다.

   - AI는 임베딩을 업데이트하여 **편안함**과 **산길 러닝**을 판매 실적 및 고객 만족도가 높은 제품과 더욱 강력하게 연관시킨다.

5. **메모리 업데이트:**

   - 특정 검색어에 대해 꾸준히 높은 구매 전환율을 보이는 제품은 우수 제품으로 분류되어 향후 우선 추천된다.

   - 또한 AI는 상품평이나 평점과 같은 사용자 생성 피드백도 데이터베이스에 통합해 고객 선호도에 대한 이해를 높인다.

6. **적응 행동:** 시간이 지남에 따라 AI는 사용자 선호도에 부합하고 수익 창출 가능성이 큰 제품을 우선시하는 법을 학습한다. 가령 AI는 구매 전환율이 높은 제품 중에서 가격이 약간 더 비싸더라도 리뷰가 좋은 제품을 추천하는 것으로 시작할 수 있다.

다른 사용자가 '산길 러닝 신발'을 검색하면, AI는 유사한 선호도를 가진 사용자들에게 효과적이었던 우수 제품, 수익성이 높은 제품을 즉각 추천하여 구매 전환율을 높이고 수익을 증대시킨다. 이러한 피드백 루프는 에이전트가 고객 선호도와 비즈니스 목표에 맞춰 지속해서 행동을 조정하도록 한다.

오늘날 피드백 루프가 내고 있는 성과

피드백 루프는 이미 다양한 산업에서 혁신적인 성과 향상을 나타내고 있다. 우리가 경험한 바에 따르면, 오늘날 잘 설계된 피드백 루프를 갖춘 AI 에이전트는 놀라운 수준의 적응력과 정확도를 보여줄 수 있다. 이를테면 이들은 사용자와의 상호작용을 분석하고 학습하여 배포 후 몇 주 만에 응답 정확도를 20% 이상 향상시킬 수 있다. 전자상거래 분야에서는 피드백 루프를 활용하는 추천 엔진이 고객의 변화하는 선호도에 실시간으로 적응하면서 클릭률이 10%에서 30%까지 증가하는 경우도 흔하다.

그러나 모든 응용 분야에서 그 성과가 일관되게 나타나는 것은 아니다. 피드백 루프의 효과는 환경의 복잡성과 데이터의 품질에 따라 달라진다. 사기 탐지나 재고 관리와 같은 비교적 안정적인 환경에서는 피드백 루프가 몇 달 이내에 거의 최적의 성과를 달성할 수 있다. 반면 금융시장이나 인간 행동 모델링처럼 보다 동적이고 예측하기 어려운 환경에서는 개선 속도가 느릴 수 있다. 하지만 그만큼 획기적인 성과를 이룰 잠재력은 매우 크다.

한계 및 윤리적 고려 사항

피드백 루프를 효과적으로 활용하려면 비즈니스 리더들은 AI 시스템이 최적으로, 그리고 윤리적으로 작동하도록 몇 가지 중요한 요소들을 고려해야 한다.

핵심 고려 사항 중 하나는 시의성이다. 지연되거나 오래된 피드백은 AI 시스템이 동적인 환경에 적응하는 능력을 크게 저해한다. 시스템은 (특히 금융이나 물류처럼 빠르게 돌아가는 산업에서) 의미가 있으려면 가능한 한 실시간에 가깝게 데이터를 처리하고 대응해야 한다. 적절한 시기에 피드백이 제공되지 않으면 전체 루프가 불안정해지면서 최적이 아닌 결과가 나올 수 있다.

견고한 인프라 또한 중요한 고려 사항이다. 피드백 루프는 대량의 데이터를 효율적으로 처리할 수 있는 시스템을 요구한다. AWS나 애저Azure와 같은 클라우드 플랫폼은 복잡한 AI 시스템에 필요한 규모로 데이터를 수집, 처리, 분석할 수 있는 확장 가능한 솔루션을 제공한다. 이러한 인프라가 없으면, 조직은 AI의 적응력과 성능을 제한할 수 있는 병목 현상에 직면하게 된다.

한편 의도치 않은 결과를 피하기 위해서는 인간의 감독이 매우 중요하다. 피드백 루프는 AI 시스템이 상당한 자율성을 가지고 작동하도록 해주지만, AI의 결정은 조직의 목표와 윤리적 기준에 부합하도록 반드시 모니터링되어야 한다. 시스템의 출력에 대한 정기적인 점검은 정확성을 보장하고 잠재적 일탈이나 이상 행동을 방지하기 위해 필수적이다.

윤리적 우려 사항 중 하나는 사용자 조작user manipulation이다. AI 시스템, 특히 추천 엔진은 결과를 최적화하려는 과정에서 심리적 요인을 악용하거나 사용자를 중독성 있는 콘텐츠로 유도할 수 있다. 이러한 방식은 단기적인 이익을 가져다줄 순 있어도 사용자의 신뢰를 잃고 사용자와의 장기적 관계를 해칠 위험이 있다. 조직은 사업적 목표와 함께 사용자의 안녕을 우선하는 피드백 루프를 설계하여 균형을 유지해야 한다.

과적합overfitting은 흔한 한계 중 하나로, AI 시스템이 특정 지표 최적화에 지나치게 집중한 나머지 큰 그림을 못 보는 현상이다. 예를 들어 고객 서비스용 AI가 응답 시간을 줄이는 데만 너무 집중해 답변의 질을 희생하는 경우가 이에 해당한다. 이러한 현상은 AI가 다양한 상황에 유연하게 대응하기보다, 특정 목표에 효과적인 패턴을 '기억'하도록 학습하기 때문에 발생한다. 이를 방지하기 위해 속도, 정확성, 사용자 만족도 등 여러 우선 사항을 균형 있게 조정하는 다중목적 최적화 기법이 사용되는데, 이는 AI가 특정 목표에 지나치게 집중하지 않고 다양한 영역에서 우수한 성능을 발휘할 수 있게 한다.

실제로 피드백 루프를 성공적으로 구현하기 위해서는 신중한 설계, 철저한 모니터링, 윤리적 선견지명이 필요하다. 제대로 구현될 경우 피드백 루프는 AI 시스템이 지속적으로 개선하고 적용하도록 유도하여 기업에 막대한 가치를 제공할 수 있다.

다가올 진화: 단기 및 장기 전망

단기적으로 봤을 때 피드백 루프는 더욱 매끄럽게 작동하고 자동화될 것으로 기대된다. 실시간 데이터 처리와 에지 컴퓨팅edge computing(데이터를 클라우드로 전송하여 처리하는 대신, 데이터가 생성되는 기기 또는 그와 가까운 위치에서 처리하는 컴퓨팅 기술-옮긴이)의 발전은 이미 더 빠르고 효율적인 피드백 사이클을 가능하게 하고 있다. 가령 마케팅 분야에서는 AI 시스템이 사용자의 반응을 즉각 통합해 그때그때 전략을 조정함으로써 실시간 개인화가 더욱 정교해질 것이다. 물류 분야에서는 AI 기반 피드백 루프가 교통 상황, 날씨 변화, 수요 변동 등에 실시간으로 대응함으로써 배송 시간과 비용을 줄이는 등 운영 전반을 혁신하게 될 것이다.

향후 몇 년간 강화 학습과 고도화된 피드백 메커니즘의 통합은 AI의 한계를 한층 더 확장할 것이다. 에이전트들은 개별적 행동을 통해 학습하는 데 그치지 않고, 여러 작업에 걸쳐 학습 내용을 일반화하는 능력을 갖추게 될 것이다. 예를 들면 상자를 쌓도록 훈련된 창고용 로봇이 최소한의 재교육만으로 제품 조립과 같은 다른 작업에도 그 지식을 적용할 수 있게 되는 것이다. 이처럼 작업을 넘나드는 적응력은 피드백 루프의 적용 가능성을 크게 확대해 AI 시스템을 보다 다재다능하고 탄력적으로 만들 것이다.

장기적으로 봤을 때 AI 에이전트는 각각 속도, 품질, 사용자 만족도 등 성능의 다양한 측면을 다루는 여러 피드백 루프를 동시에 통합하게 될 가능성이 크다. 사용자의 일정을 기억하는 데 그치지 않고, 상호작용에서 얻은 미묘한 피드백을 바탕으로 말투, 표현 방식, 심지어 얼마나 적극적으로 행동할지까지 조정하는 AI 에이전트를 상상해보라.

호스페달레스Hospedales 외 연구진의 최근 연구에 따르면, 우리는 이들이 '메타 학습 시스템meta-learning systems'이라 부르는 것, 즉 단순히 경험을 통해 학습하는 것이 아니라 더 효과적으로 학습하는 법 자체를 학습하는 AI 에이전트에 접근하고 있다.[16] 초기 실험 결과, 이러한 시스템은 기존 방식으로 학습할 때보다 최대 3배 빠르게 새로운 상황에 적응하는 것으로 나타났다.

자기 최적화 구조self-optimizing structures와 **자율적 진화**autonomous evolution는 AI의 구조적 적응력을 구성하는 상호 보완적인 두 가지 측면이다. 자기 최적화 구조는 작업별 조정에 중점을 두며, 피드백 루프를 통해 AI 시스템이 효율성과 성능을 위해 실시간으로 아키텍처를 동적으로 재구성할 수 있게 한다. 예를 들어 최근의 한 연구는 AI가 훈련 중에 어떻게 계층layer 단위로 스스로를 최적화하여 즉각적인 요구에

도 불구하고 적절성과 자원 효율성을 유지할 수 있는지를 보여준다.[17]

자율적 진화는 이러한 적응력을 한층 더 발전시킨다. 최근의 연구들에서 밝혀졌듯이[18] AI 에이전트는 피드백을 이용해 현재 상황을 최적화할 수 있을 뿐만 아니라, 미래의 과업이나 환경에 대비하는 완전히 새로운 프레임워크를 만들어낼 수도 있다. 이 과정은 생존이 반복적인 발전과 적응에 달린 생물학적 진화와 유사한데, 이를 통해 AI 시스템은 초기의 설계 범위를 넘어서는 과제들까지도 해결할 수 있게 된다.

+ · +

이러한 발전들은 피드백 루프가 더 박식할 뿐만 아니라 구조적으로도 적응 가능한 AI 시스템을 만드는 데 있어 변혁적 잠재력을 가지고 있음을 보여준다. 이러한 진화는 피드백을 AI가 학습하고, 진화하고, 실용적인 목표와 인간 중심적인 목표 모두에 부합하도록 이끄는 원동력으로 규정하며, 기계가 인간과 함께 성장하는 미래를 엿볼 수 있게 한다.

AI에서 기억이 어떻게 작동하는지 이해하는 것과 이를 성공적으로 구현하는 것은 완전히 다른 문제다.《포춘》선정 100대 기업 중 한 곳의 기술 리더는 이렇게 말했다. "저희는 AI에 기억 기능을 추가하는 것이 컴퓨터 램을 업그레이드하는 것과 비슷할 거로 생각했습니다. 하지만 그건 아이에게 경험에서 배우는 법을 가르치는 것과 같았어요. 과정은 복잡하고 섬세하지만, 제대로만 하면 엄청난 힘을 발휘하죠."

앞으로 소개할 구현 사례들은 함정, 그리고 성공으로 이어지는 검증된 길을 모두 보여준다. 어떤 조직은 기억 기능을 갖춘 AI로 획기적인 성과를 내는 반면, 어떤 조직은 별다른 효과를 보지 못하는 이유를 알게 될 것이다. 무엇보다도 여러분은 성공적인 도입을 위해 어떤 실질적인 조치를 취해야 하는지 배우게 될 것이다.

수백 개의 조직과 협력하며 쌓은 경험을 바탕으로, 우리는 이러한 교훈을 성공을 위한 명확한 지침으로 정리했다. AI 메모리와의 여정을 이제 막 시작하는 경우든, 기존의 구현 사항을 개선하려는 경우든, 이 절이 앞으로 나아가는 데 필요한 더욱 깊이 있는 통찰을 제공할 것이라고 확신한다.

에이전트 메모리 관리를 위한 최선의 실천 방법

팀이 에이전트의 메모리를 제대로 사용하도록 이끌기

경험에 따르면, AI 에이전트에 기억 기능을 구현하는 것은 시작점에 불과하다. 그 잠재력을 완전히 발휘하게 하려면, 이 기능이 측정 가능한 이점을 제공하면서 비효율성이나 위험을 피할 수 있도록 하는 실천 방법을 채택하는 것이 중요하다. 다른 강력한 도구와 마찬가지로 메모리의 진정한 가치는 어떻게 사용되느냐에 달려 있다. 수년간 우리는 기업이 AI 메모리를 효과적으로 활용하고, 위험을 최소화하며, 신뢰를 유지할 수 있도록 하는 전략을 개발해왔다.

우선은 관련성이 핵심이다. AI 메모리 시스템은 제공되는 지침에 따라 효과가 결정된다. 사용자는 상호작용 중에 중요한 정보를 강조함으로써 AI가 무엇을 기억해야 할지를 결정하는 데 적극적인 역할을 한다. 예를 들어 사용자는 핵심 내용을 반복하거나, 중요성을 명시적으로 언급하거나, 특정 정보에 '중요' 또는 '보관' 태그를 다는 구조화된 방식을 사용할 수 있다. 가령 프로젝트 관리에서는 장기적 추적에 중요한 이정표, 의사결정, 그리고 장애물을 강조할 수 있다. 그러나 목표는 AI가 모든 것을 기억하게 하는 것이 아니라 더 나은 결과를 도출하는 정보를 기억하게 하는 것이다. 중요하지 않은 세부 사항을 걸러내어 메모리 과부하를 방지하면 시스템은 집중력을 잃지 않고 효율적으로 작동할 수 있다.

또 다른 중요한 실천 사항은 요약 기능을 이용해 기억을 되살리는 것이다. 기억력을 갖춘 AI 에이전트는 과거의 상호작용을 매끄럽게 기억해낼 수 있지만, 사용자는 AI가 알고 있는 내용을 항상 기억하지 못할 수 있다. 요약 기능은 이 틈을 메워 사용자와 AI의 기억을 일치시킨다. 예를 들어 "지난 대화의 주요 내용을 요약해줄래?"나 "이 프로젝트에서 내가 우선해야 할 일들을 요약해줄래?"와 같은 요청은 연속성과 인식의 일치를 보장한다. 요약은 체크포인트 역할을 하여 사용자가 필요에 따라 AI의 이해를 검증하고 수정하도록 돕는다. 팀 환경에서는 이 기능이 더욱 강력한 효과를 발휘한다. AI 비서를 이용해 홍보 전략을 관리하는 마케팅팀을 상상해보라. 매주 회의 전, AI가 진행 중인 일들, 성과 지표, 과거 전략에서 얻은 교훈을 요약해 제공한다면, 시간을 절약하고 모든 구성원이 계속해서 같은 선상에 있을 수 있게 될 것이다.

메모리 점검memory audit은 효과적인 메모리 관리의 또 다른 중요한 측면이다. 인간이 생각을 정리하기 위해 주기적으로 되돌아보는 것처럼 AI 시스템도 메모리를 정기적으로 검토하는 것이 유익하다. 이러한 점검은 관련성이 없거나, 오래되었거나, 잘못된 정보를 식별하는 데 도움이 되며, 이를 통해 사용자는 AI가 보관하는 내용을 정제할 수 있다. 예를 들어 고객 서비스용 AI는 고객의 예전 주소나 오래된 구매 습관을 계속 보관하고 있을 수 있다. 이런 정보를 검토하고 정리함으로써 기업은 정확성과 신뢰성을 확보할 수 있다. 나아가 팀 단위의 정기 메모리 점검과 같은 체계화된 점검 절차는 AI의 우선순위를 조정하고, AI의 기억을 기업 목표에 부합하게 할 수 있다.

AI 메모리 관리에서 아마도 가장 민감한 측면은 메모리 깊이memory depth와 개인정보 보호 간의 균형을 맞추는 일일 것이다. 메모리는 깊이 있는 개인화와 맥락 이해를 가능하게 하지만, 그렇게 되려면 사용자는 민감한 데이터를 AI에 맡겨야 한다. 이러한 데이터 위임을 성사시키는 데 있어 투명성은 타협할 수 없는 요소다. 기업은 메모리가 어떻게 관리되는지 명확히 알리고 사용자가 자신의 데이터에 대한 통제권을 갖도록 해야 한다. 여기에는 사용자가 AI가 기억하는 내용을 열람하고, 특정 기억을 편집하거나 삭제하고, AI가 보관할 수 있는 정보의 범위를 설정하는 권한이 포함된다. 민감한 정보를 분리해 보관하고 엄격한 접근 권한을 설정하는 등 안전한 저장 방법을 우선시하는 것은 필수적이다.

경험에 따르면, AI 시스템에 기억 기능을 성공적으로 구현하기 위해서는 관련성, 요약, 점검, 피드백, 개인정보 보호를 결합한 선제적 접근 방식이 필요하다. 이러한 최선의 실천 방법을 채택함으로써 기업은 AI 메모리를 효율성을 높이고, 신뢰를 구축하며, 의미 있는 성과를 이끌어내는 강력한 자산으로 전환할 수 있다. 이 여정은 구현으로 끝나지 않는다. 이 여정에서는 AI 시스템이 조직의 요구에 맞춰 계속 진화할 수 있도록 지속적인 개선과 조정, 윤리적 관리가 이루어진다.

개인정보 보호 문제 해결과 투명성 확보

AI 메모리 시스템에서 개인정보 보호 및 윤리적 문제를 관리하는 것은 매우 중요하다. 장기 기억 유지에는 민감한 사용자 데이터를 다루는 일이 포함되기 때문이다. 특히 기억 기능을 갖춘 AI 에이전트는 개인의 선호도, 상호작용 이력, 심지어 행동 패턴과 같은 정보를 수집하고 저장할 수 있다. 이러한 기능은 개인화를 가능하게 하고 사용자 경험을 개선하지만, 그와 동시에 일반 개인정보보호법General Data Protection Regulation, GDPR이나 캘리포니아주 소비자 개인정보보호법California Consumer Privacy Act, CCPA과 같은 규정 준수에 상당한 위험을 초래한다.

개인정보 관리의 첫 단계는 꼭 필요한 데이터만 수집하는 것이다. 리더들은 설계 단계부터 개인정보 보호를 핵심 고려 사항으로 삼는 '개인정보 보호 중심 설계privacy-by-design' 접근 방식을 채택해야 한다. 이를테면 데이터를 장기 메모리에 저장하기 전에 익명화나 가명화 기법을 적용하는 메커니즘을 구현하는 것이다. 이런 식으로 직접적인 식별자를 제거하면 설령 데이터 유출 사고가 발생해도 민감한 정보는 보호된다. 또한 데이터 최소화와 같은 기법을 사용해 불필요하거나 과도하게 상세한 데이터의 저장을 제한하고, 정기적인 점검을 통해 오래되었거나 관련 없는 정보를 찾아 삭제해야 한다.

GDPR 및 CCPA와 같은 규정을 준수하는 것도 중요하다. 이러한 법률은 사용자가 자신의 데이터에 대해 접근, 삭제, 사용 제한 등의 권리를 행사할 수 있도록 한다. AI 메모리 시스템은 이러한 권리를 존중하도록 설계되어야 한다. 예를 들어 사용자가 AI 시스템에 특정 정보를 '잊도록' 요청한다면, 시스템은 데이터베이스(백업 및 장기 저장소 포함)에서 해당 데이터를 삭제할 수 있어야 한다. 또한 기업은 사용자에게 어떤 데이터가 수집되고, 어떻게 사용되고, 얼마나 오래 보관되는지를 명확하게 알려 투명성을 보장해야 한다.

현실적인 관점에서 저장 중인 데이터와 전송 중인 데이터 모두에 대한 강력한 암호화는 타협할 수 없는 부분이다. 리더들은 안전한 데이터베이스 기술에 투자하고 데이터 저장 시 업계의 모범 사례를 따라야 한다. 메모리 시스템에 대한 접근은 승인된 담당자나 프로세스로 제한되어야 하며, 누가 어떤 데이터에 언제 접근했는지 추적할 수 있도록 활동 로그도 잘 관리되어야 한다. 이러한 통제 조치는 사용자 신뢰에 심각한 타격을 주고 규제상 제재로 이어질 수 있는 무단 접근이나 침해의 위험을 줄인다.

윤리적 문제는 개인정보 보호를 넘어 편향과 데이터 오용과 같은 문제를 포함한다. 기억 기능을 갖춘 AI 에이전트는 시대에 뒤지거나 편향된 관점을 반영하는 과거 데이터에 지나치게 의존할 경우 편향성이 심해질 수 있다. 리더들은 AI 시스템이 반드시 지속적인 편향 테스트와 검증을 거치도록 해야 한다. 또한 조직은 AI 메모리 시스템의 윤리적 사용을 둘러싼 명확한 정책을 수립해야 하는데, 여기에는 침입적이거나 조작적인 행위를 방지하기 위해 데이터 보관 및 개인화에 대한 허용 가능한 범위를 정의하는 것도 포함된다.

요컨대 AI 기억 시스템에서 개인정보 보호와 윤리적 문제의 관리는 단순한 규제 준수를 넘어, 신뢰를 구축하고 책임감 있는 AI 사용을 촉진하는 일이다. 안전한 데이터 처리를 우선하고, 규제를 준수하며, 윤리적 문제를 선제적으로 해결함으로써 리더들은 AI 시스템이 효과적이면서도 사용자의 권리와 기대를 존중하는 방향으로 운영되도록 할 수 있다.

혁신과 개인정보 보호 간의 균형 맞추기: 한 의료 기관의 여정

2024년 미국의 한 선도적인 의료 기관이 환자 치료 조정patient care coordination을 위해 기억 기능을 갖춘 AI를 도입하기로 결정했을 때, 그들은 불가능해 보이는 과제에 맞닥뜨렸다. 그것은 바로 환자와의 상호작용을 통해 학습할 수 있는 동시에, 의료정보보호법Health Insurance Portability and Accountability Act, HIPAA을 엄격히 준수하고 환자의 개인정보도 보호하는 AI 시스템을 만드는 것이었다.

해당 의료 기관의 개인정보 보호 책임자는 이렇게 말했다. "위험 부담이 엄청났죠. 환자와의 상호작용을 기억하고 학습해 더 나은 치료를 제공할 수 있는 AI가 필요하긴 했지만, 단 한 번의 개인정보 유출로도 결과는 심각해질 수 있었으니까요."

이들의 해결책은 혁신적인 기술과 신중한 관리 체계를 결합한 것이었다. 즉 이들은 환자 식별 정보가 행동 패턴 및 임상 정보와 엄격히 분리된 다층 구조의 메모리 아키텍처를 구현했다. AI는 각 환자의 세부 정보에 접근하지 않고도 집계된 패턴에서 학습할 수 있었는데, 그들은 이를 '개인정보 보호 학습 패턴'이라고 불렀다.

기술적 구현은 시작에 불과했다. 이들은 다음을 포함하는 명확한 거버넌스 체계를 구축했다.

- AI 메모리 시스템에 대한 정기적인 개인정보 보호 점검
- 개인정보 보호 관련 잠재적 위험 자동 탐지
- 데이터 보관 및 삭제에 관한 명확한 기준 설정
- 환자가 투명한 방식으로 자신의 데이터에 대한 통제권을 갖도록 함

이 의료 기관의 CTO는 이렇게 회상했다. "가장 놀라웠던 점은 이 개인정보 보호 우선 접근 방식이 실제로 AI의 효율성을 높였다는 것입니다. 개별적인 세부 사항이 아닌 패턴에 집중함으로써 시스템은 더 견고하고 일반화 가능한 인사이트를 도출해냈죠."

시스템 도입 1년 후, 결과가 모든 것을 말해주었다. 치료 조정 효율성이 40% 향상되었고, 개인정보 침해는 단 한 건도 발생하지 않았다. 더 중요한 것은 정기 설문조사 결과 AI 시스템에 대한 환자 신뢰도가 87%에 달했다는 것이다. 이는 일부 전통적인 병원 시스템에 대한 신뢰도보다 높은 수치였다.

기술적 구현을 위한 권고 사항

이러한 계층들을 성공적으로 구현하려면 적절한 도구와 전략, 기술(각각 고유의 기술적 요구 사항과 과제를 갖고 있다)을 결합하는 것이 필수적이다. 우리의 경험을 바탕으로 여러분과 여러분의 기술팀이 이러한 복잡성을 헤쳐나가는 데 도움이 될 실용적인 가이드를 다음과 같이 제시한다. 여기에는 필요한 기반 기술enabler, 우리가 관찰한 흔한 문제점, 그리고 이를 극복하기 위한 해결책이 포함되어 있다.

계층 Layer	구현	데이터베이스·기반 기술	흔히 발생하는 문제점	해결 방법
1계층: 단기 기억	컨텍스트 윈도우를 이용해 즉각적인 작업을 처리하고, 중요한 정보를 우선시하도록 어텐션 메커니즘 적용	토큰 제한에 최적화된 AI 프레임워크(예: 오픈AI GPT, 랭체인)	컨텍스트 오버플로우context overflow: 입력이 토큰 제한을 초과할 때 중요한 세부 정보가 누락됨	의미 손실 없이 정보를 압축하는 요약 기법 구현
2계층: 장기 기억	보관된 정보를 일화(사건) 기억, 의미(사실) 기억, 절차(방법) 기억으로 분류	정형 데이터에는 관계형 데이터베이스(포스트그레PostgreSQL) 사용. 유연한 저장을 위해서는 NoSQL 데이터베이스(몽고MongoDB) 사용. 벡터 저장소로는 파인콘Pinecone, 그래프 데이터에는 네오Neo4j 사용	정보를 정확히 분류하는 데 어려움이 있어 검색 효율성이 떨어짐	태그와 메타데이터를 사용해 정보를 적절히 색인화하고, 자동 분류 워크플로우 구현
3계층: 피드백 루프	사용자 피드백을 통해 지속적으로 개선, 기억 우선순위 및 검색 전략 조정	빅쿼리BigQuery나 아마존 다이나모Amazon DynamoDB와 같은 데이터베이스에 저장된 피드백 로그, 웹사이트 분석 도구와 같은 분석 도구들	피드백을 무시하거나 잘못 해석해 제대로 된 개선이 이루어지지 않음	명확한 성공 지표를 수립하고, 강화 학습과 같은 도구를 사용해 AI 업데이트를 이러한 지표에 맞춤

표 7.1 │ 메모리의 세 계층 구현을 위한 권고 사항 (출처: © 보넷 외)

AI 메모리 프레임워크의 각 계층은 이전 계층을 기반으로 하며, 데이터베이스와 메모리 기능 간의 원활한 통합을 통해 효과적으로 작동한다. 제대로 조정되지 않은 시스템이나 정리되지 않은 데이터와 같은 흔한 함정들은 비효율적인 메모리 검색이나 신뢰할 수 없는 성능으로 이어질 수 있다. 이러한 문제들을 해결하려면 데이터를 정제하여 체계적으로 잘 정리하고, 메모리 사용에 대한 명확한 우선순위를 설정하며, 시스템을 지속적으로 모니터링하고 개선해야 한다. 이러한 과제를 해결함으로써 AI는 실제 환경에서 효율적이고, 확장 가능하며, 유연하게 작동할 수 있다.

성공의 기반이 되는 데이터 관리

데이터 관리는 효과적인 AI 시스템, 특히 기억 기능을 갖춘 시스템의 핵심이다. 기업이 효율적인 운영을 위해 잘 정리된 기록에 의존하는 것처럼, AI 에이전트도 원활한 데이터 저장, 검색, 업데이트에 의존해 최고의 성능을 발휘한다. 기본적인 데이터 인프라가 제대로 관리되지 않으면 아무리 똑똑한 AI라도 오래된 정보를 검색하거나, 중요한 세부 정보를 빠뜨리거나, 일관되지 않은 결과를 제공하는 등 문제를 일으킬 수 있다. 기업에게 이는 기회 손실과 고객 불만, 신뢰 저하를 의미할 수 있다.

이러한 문제를 피하려면 리더들은 데이터 관리를 전략적으로 우선시해야 한다. 이는 현대 AI 시스템의 증가하는 요구를 감당할 수 있는 **확장 가능하고 효율적인 데이터베이스 기술**에 투자하는 것에서 시작된다. 수천 개의 고객 프로필, 구매 기록, 과거 상담 내용을 수 초 만에 조회해야 하는 AI 기반 고객 서비스용 에이전트를 상상해보라. 견고한 인프라가 없다면, 에이전트는 지연되거나 불완전한 응답을 제공해 사용자가 기대하는 원활한 경험을 방해할 수 있다. 클라우드 기반 데이터베이스, 실시간 분석 도구, 의미 기반 검색을 위한 벡터 저장소와 같은 기술은 AI 메모리 시스템을 민첩하고 효과적으로 만드는 핵심 기반이다.

데이터베이스와 AI 시스템 간의 원활한 통합 또한 매우 중요한 요소이다. AI 메모리 시스템은 가장 적절한 최신 정보를 불러오기 위해 데이터 계층과 실시간으로 매끄럽게 상호작용해야 한다. 이는 단순한 기술적 호환성을 넘어 데이터가 저장소, 처리, AI 에이전트 사이에서 원활하게 흐를 수 있도록 워크플로우를 설계하는 것을 의미한다. 이를 테면 소매 환경에서 제품을 추천하는 AI 시스템은 최신 재고 현황이나 고객의 탐색 행동을 즉시 통합해야 적절한 제안을 할 수 있다. 이러한 동적 연결성이 없으면, 아무리 뛰어난 AI 모델이라 해도 현실과 동떨어진 것처럼 보일 수 있다.

데이터 관리는 또한 품질과 정확성을 보장하기 위해 지속적인 주의가 필요하다. 데이터가 부실하면 인간이든 AI든 잘못된 결정을 내리기 마련이다. 리더들은 데이터를 정기적으로 정리하고 업데이트하고 검증하는 프로세스를 수립해 AI가 학습하고 불러오는 정보가 신뢰성과 최신 상태를 유지하도록 해야 한다. 또한 시스템이 확장될수록 이러한 프로세스를 자동화하는 도구들의 도입도 고려해야 하는데, 이를 통해 수작업 오류를 줄이고 운영 효율성을 높일 수 있다.

본질적으로 데이터 관리는 AI가 가치를 제공할 수 있게 하는 숨은 동력이다. 중요한 것은 단순히 데이터를 보유하는 것이 아니라 AI가 최대치의 잠재력을 발휘할 수 있는 방식으로 데이터를 정리, 이용, 업데이트하는 것이다. 데이터 인프라에 현명하게 투자하는 기업 리더들은 시스템을 미래에도 안정적으로 운영할 수 있을 뿐만 아니라, 점점 더 AI 중심이 되어가는 세상에서 기업이 성공할 수 있는 기반을 마련할 수 있다.

메모리 혁명은 이제 막 시작되었다

이 장에서 우리는 메모리가 어떻게 AI를 정교한 계산기에서 진정한 사고 파트너로 변화시키는지를 살펴보았다. 단기 기억이 일관된 대화를 가능하게 하고, 구조화된 저장이 경험을 체계화해 장기적 학습을 가능하게 하는 방식을 확인했다. 무엇보다도 피드백 루프가 어떻게 지속적인 개선을 이끌어 AI 시스템이 모든 상호작용에서 학습하고 적응할 수 있게 하는지를 이해했다.

비즈니스 리더들에게 주는 시사점은 깊고 즉각적이다. 첫째, 기억 기능을 갖춘 AI 에이전트는 고객 상호작용의 경제적 측면을 근본적으로 변화시킨다. AI 에이전트가 대화 내내 맥락을 유지하고, 고객 선호도를 기억하고, 과거의 상호작용에서 학습할 수 있을 때, 이들은 적은 비용으로 훨씬 더 나은 고객 경험을 제공하게 된다. 실제로 여러 기업이 고객 서비스 비용을 40~50% 절감하는 동시에 만족도 또한 높일 수 있었다.

둘째, 메모리는 의사결정 과정을 혁신한다. 이제 리더들은 최신 데이터에만 의존하는 대신, 조직이 과거에 한 모든 의사결정 사항, 성공 사례, 실패 사례를 기억하고 이를 통해 학습하는 AI 에이전트를 활용할 수 있다. 이전에는 이메일, 문서, 직원들의 머릿속에 흩어져 있던 조직 내 축적된 지식이 이제 전략과 운영에 영향을 미치는 체계적이고 접근 가능한 자원이 된다.

셋째, 기억 기능을 갖춘 에이전트는 조직이 학습하고 적응하는 방식을 재편한다. AI 에이전트가 수천 개의 프로젝트나 수백만 건의 고객 상호작용에서 패턴을 기억하고 분석할 수 있을 때, 기업들은 인간이 단독으로는 파악하기 어려운 기회와 위험을 식별할 수 있게 된다. 이는 인간의 판단을 대체하는 것이 아니다. 이전에는 상상조차 할 수 없었던 수준의 패턴 인식과 과거에 대한 통찰로 이를 보강하는 것이다.

이 장을 마무리하며, AI 기억 기능의 발전은 단순한 기술적 진보를 넘어 우리가 기계와 상호작용하는 방식, 그리고 기계가 세상에 대한 우리의 이해를 돕는 방식에서의 근본적인 변화를 나타낸다는 점을 기억하자. 비즈니스 리더들이 직면한 질문은 이 변화를 수용할 것인지가 아니라, 인간의 자율성과 창의성을 존중하면서 가치를 창출하는 방식으로 이를 어떻게 만들어갈 것인가이다.

행동, 추론, 기억의 핵심 요소를 살펴보았으니, 이제 직접 실습을 해볼 차례다. 이러한 시스템은 실제로 어떻게 구축할 수 있을까? 무엇보다도 이를 어떻게 활용해 실질적인 가치를 창출할 수 있을까?

1, 2부에서 우리는 AI 에이전트가 무엇인지 이해하는 것부터 시작해 AI 에이전트가 어떻게 생각하고, 행동하고, 학습하는지를 살펴보았다. 또한 AI 에이전트가 기존의 AI 시스템과 근본적으로 어떻게 다른지도 알아보았다(에이전트는 단순히 정보를 처리하는 데 그치지 않고 우리를 대신해 목표를 자율적으로 추구한다). 하지만 이 기술에 대해 아는 것만으로는 충분하지 않다. 진짜 문제는 '이 기술을 어떻게 활용할 것인가'이다.

이어지는 장들에서는 AI 에이전트의 변혁적 잠재력을 실질적인 성과로 전환하는 데 필요한 도구들을 소개할 것이다. 미래는 이 기술을 이해할 뿐만 아니라 효과적으로 구현할 수 있는 사람들의 것이다(이제부터 우리가 그 방법을 보여주려 한다).

이제 본격적으로 실전에 들어간다. 여러분이 조직을 혁신하고자 하는 사람이든, 차세대 유망 사업을 시작하고자 하는 사람이든, 이 장들은 아이디어에서 실행까지의 로드맵을 제공한다.

이제 이 여정을 시작해보자.

AGENTIC AI

AI 에이전트를
활용한 사업과
전문적 성장

3부

8장

성공적인 AI 에이전트 구현을 위한 실습 가이드

'뉴스레터 때문에 죽겠군.' 어느 늦은 금요일 밤, 우리는 수십 편의 기사를 탐독하며 독자들을 사로잡을 수 있는 요약문을 작성하다 생각했다. '분명 더 나은 방법이 있을 거야.' 그로부터 한 달 후, 에이전틱 시스템이 뉴스레터 제작의 전 과정을 맡아 처리하고 있었고, 구독자 수는 한 달 만에 30만 명으로 급증했으며, 팀은 주당 40시간을 창의적인 업무에 할애할 수 있게 되었다. 가장 좋아진 점은? 우리가 그 어느 때보다 더 나은 콘텐츠를 만들어내고 있었다는 것이다.

이 이야기가 여러분에게 중요한 이유는 효과적인 AI 에이전트를 구축하는 데 필요한 것은 막대한 예산이나 첨단 기술이 아니라, 성공과 실패를 가르는 몇 가지 핵심 원칙을 이해하는 것임을 보여주기 때문이다. 이 장에서는 우리가 다양한 산업에 걸쳐 AI 에이전트를 구현하면서 겪은 시행착오와 돌파구를 통해 이러한 원칙을 공유할 것이다.

우리는 그저 무엇을 해야 하는지 알려주는 데 그치지 않고, 직접 보여줄 것이다. 실제 사례, 실용적인 도구들, 잘못한 점, 그리고 이를 어떻게 해결했는지에 대한 솔직한 이야기를 통해 여러분은 여러분과 조직의 업무 방식을 혁신하는 AI 에이전트를 구축하기 위한 청사진을 얻게 될 것이다.

1단계: 에이전트 활용에 적합한 기회 찾기

빠르게 성장하는 디지털 마케팅 대행사의 분주한 사무실에 있다고 상상해보라. 설립자이자 광고 제작 감독인 제니는 여러 개의 화면으로 둘러싸인 책상에 앉아 있다. 그녀는 소셜 미디어를 분석하고, 캠페인 성과를 점검하며, 콘텐츠 일정을 정리하고, 모든 것을 고객 보고서로 정리하려 하는 등 온갖 업무를 정신없이 번갈아가며 하고 있다.

제니는 우리에게 흥미로운 과제를 제시했다. "저희 팀은 일상적인 업무에 치여 허덕이고 있어요." 그녀가 설명했다. "전략과 혁신에 집중해야 할 창의적인 인재들이 데이터 입력과 보고서 작성에 많은 시간을 소비하고 있죠. 하지만 실제로 어떤 업무가 AI 에이전트에 적합할지 어떻게 알 수 있을까요?"

AI 에이전트를 어디서부터 시작해야 할지 아는 것은 매우 중요하다. 경험에 따르면, 보통 기술적 정교함보다는 적절한 기회를 선택하는 것이 성공에 더 중요하다.

먼저 근본적인 진실이 있다. AI 에이전트는 어떤 일이든 처리할 수 있는 마법 같은 해결책이 아니다. 모든 집 수리 문제를 망치 하나로 해결할 수 없듯이, 모든 비즈니스 문제에 AI 에이전트가 필요한 것은 아니다. 실제로 우리가 가장 흔히 목격하는 실수 중 하나는 기업가와 경영진이 해당 업무에 적합한지 확인도 하지 않고 에이전트를 일단 도입하고 보는 것이다.

AI 에이전트 활용이 부적합한 경우

먼저 AI 에이전트 활용이 부적합한 경우부터 살펴보자. 경험에 따르면 몇 가지 위험 신호가 있다.

우선, 진정한 인간의 창의성이나 감성 지능이 필요한 작업은 일반적으로 인간이 주도하는 일로 남아 있어야 한다. 현재 마케팅 대행사의 AI 에이전트는 자료 수집과 기본적인 보고는 할 수 있지만, 창의적인 캠페인 기획과 고객 관계 관리는 여전히 인간의 몫으로 남아 있다. 레벨 3 에이전트는 자연어로 상호작용할 수는 있지만, 설득력 있는 마케팅 캠페인에 필요한 감정적 깊이까지 진정으로 담아내지는 못한다.

마찬가지로 시장 상황에 대한 폭넓은 이해와 불완전한 정보에 기반한 판단을 요구하는 전략적 의사결정도 인간이 맡아야 한다. 레벨 3 에이전트라 해도 이러한 상황에 필요한 정교한 추론 능력과 시장 직관력은 갖추고 있지 않다.

어떤 작업은 AI 에이전트가 효과적으로 처리하기에는 너무 복잡하다. 언젠가 한 기술 회사에서 고객 지원 업무 전체를 관리할 에이전트 구축을 의뢰한 적이 있다. 잠재적 효과는 상당했지만, 해당 프로세스에는 너무 많은 고유의 시나리오와 감정적 상호작용이 포함되어 있었다. AI 에이전트는 자신들의 역량이 할당된 작업의 복잡성에 부합할 때 가장 효과적으로 작동한다.

또 다른 경우, AI 에이전트가 중요한 결정을 내릴 권한이 없을 수 있다. 한 금융 서비스 기업은 AI 에이전트가 투자 결정을 자율적으로 내리기를 원했다. 이는 위험할 뿐만 아니라 규제 요건을 명백히 위반하는 것이었다. AI 에이전트가 할당된 작업에 대해 적절한 수준의 권한을 갖고 있는지 고려하는 것은 필수적이다.

이러한 한계를 이해함으로써 조직은 AI 에이전트를 이들이 가치를 창출할 수 있는 분야에 배치하고, 중요한 영역에서는 인간의 감독을 계속 유지할 수 있다.

에이전트 기회의 세 가지 원

우리는 에이전틱 AI 도입에 최적인 지점을 찾는 데 도움이 되는 단순하지만 강력한 접근법을 개발했다. 우리는 이를 '에이전트 기회의 세 가지 원The Three Circles of Agentic Opportunity'이라고 부른다. 세 개의 겹치는 원을 상상해보라. AI 에이전트를 가장 가치 있게 활용할 수 있는 지점은 바로 이 원들이 교차하는 영역에 있다. 마케팅 대행사의 사례를 통해 이를 하나씩 살펴보자.

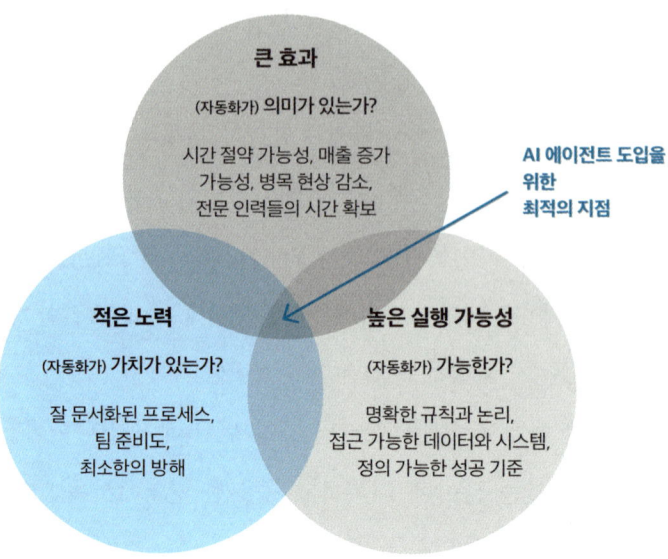

에이전트 기회의 세 가지 원

큰 효과

(자동화가) 의미가 있는가?

시간 절약 가능성, 매출 증가
가능성, 병목 현상 감소,
전문 인력들의 시간 확보

AI 에이전트 도입을
위한
최적의 지점

적은 노력

(자동화가) 가치가 있는가?

잘 문서화된 프로세스,
팀 준비도,
최소한의 방해

높은 실행 가능성

(자동화가) 가능한가?

명확한 규칙과 논리,
접근 가능한 데이터와 시스템,
정의 가능한 성공 기준

그림 8.1 ┃ AI 에이전트 도입을 위한 최적의 지점 (출처: © 보넷 외)

원 1: 효과 – 의미가 있는가?

첫 번째 원은 어떤 작업을 자동화했을 때 조직에 큰 효과를 가져다줄 수 있는가에 관한 것이다. 고려해야 할 사항은 간단하다. 이 프로세스를 자동화하면, 의미 있는 변화를 만들어낼 수 있을까? 효과의 면에서 중요한 것은 단순한 시간 절약이 아니라, 조직이 그 절약된 시간을 어떻게 활용할 수 있을 것인가이다.

숙련된 전문가들의 시간을 빼앗는 일상적인 업무들을 떠올려보라.

어쩌면 여러분의 영업팀은 고객과의 관계를 구축하는 대신, CRM 기록을 업데이트하는 데 많은 시간을 쓰고 있을지 모른다. 또 연구원들은 데이터를 분석하는 대신 형식 맞추기에 더 많은 시간을 쓰고 있을 수 있으며, 인사팀은 인력 개발에 집중하기보다 일상적인 요청 처리에 파묻혀 있을 수 있다.

가장 큰 효과를 볼 수 있는 기회는 대체로 가장 복잡한 프로세스에 있지 않다. 그보다 최고의 인재들이 최고의 성과를 내지 못하게 하는 일상적인 업무들을 찾아보라. 그리고 효과를 평가할 때는 다음과 같이 질문해보라. 만약 이 업무가 내일 자동화된다면, 팀은 대신 무엇을 수 있을까?

마케팅 대행사의 경우에는 팀원들이 월간 고객 보고서 작성에 매달 200시간 이상을 쏟고 있었다. 더 중요한 것은 분석가들이 이 반복적인 업무로 인해 고객에게 진정으로 필요한 전략적 사고를 하지 못하고 있었다는 사실이다.

원 2: 실행 가능성 – 가능한가?

두 번째 원은 현재 AI 에이전트 기술이 실제로 해당 작업을 효과적이고 안전하게 수행할 수 있는지에 관한 것이다. 실행 가능성은 예를 들어 요리를 시작하기 전에 필요한 재료가 있는지 확인하는 것과 같다. 즉 성공을 위한 모든 필수 요소가 갖춰져 있는지 점검해야 한다.

자동화에 가장 적합한 프로세스는 일반적으로 다음과 같은 특성이 있다.

- 의사결정을 위한 명확하고 일관된 규칙이 있음
- 데이터와 시스템에 원활하게 접근할 수 있음
- 성공 기준을 명확히 정의할 수 있음
- 문제 발생 시 결과를 감당할 수 있음
- 자동화가 실제 운영에 변화를 주기 전에 결과를 검증할 수 있음

핵심은 여러분이 '상황에 따라 다르다'나 '하지만 때로는…'과 같은 문구를 자주 사용하지 않고 규칙을 설명할 수 있는 프로세스를 찾는 것이다. 프로세스에 예외 사항과 판단이 필요한 경우가 많을수록 그 프로세스는 여러분의 첫 AI 에이전트 프로젝트에 적합하지 않다.

마케팅 대행사의 보고 프로세스는 모든 핵심 요소를 갖추고 있었기 때문에 자동화에 적합했다. 우선 필요한 데이터가 API를 통해 접근 가능했다. 또한 프로세스가 일관된 규칙을 따랐고, 결과가 쉽게 확인 가능했으며, 오류는 사람에 의해 관리될 수 있었다.

원 3: 노력(난이도) – 그만한 가치가 있는가?

세 번째 원은 구현의 실질적 측면(필요한 자원, 시간, 조직적 변화)에 관한 것이다. 이는 단순히 기술적 복잡성의 문제가 아니라, 조직이 변화할 준비가 되어 있는지에 관한 문제다.

다음 사항을 고려하라.

- 프로세스가 잘 문서화되어 있는가?

- 팀이 변화를 받아들이고 적응할 준비가 되어 있는가?

- 작게 시작해서 점진적으로 확장할 수 있는가?

- 잠재적 이점이 투자를 명확히 정당화하는가?

- 주요 업무 흐름을 방해하지 않고 구현할 수 있는가?

처음에 프로젝트를 진행할 때는 단계를 나누어 진행하는 것이 효과적이며, 이로써 자신감과 역량을 차근차근 키워나갈 수 있다.

제니의 경우, 보고서 자동화가 매력적이었던 것은 이미 문서화된 절차가 있었고, 작은 규모로 시작해 점차 확대될 수 있었으며, 팀이 변화에 적극적이었기 때문이다.

최적의 지점 찾기

이상적인 AI 에이전트 프로젝트는 이 세 개의 원이 겹치는 영역에서 찾을 수 있다. 마케팅 대행사의 경우, 보고서 자동화는 완벽한 선택이었다. 이를 통해 분석가의 소중한 시간을 수백 시간이나 절약할 수 있었고(효과), 명확하게 정의된 프로세스 덕분에 안전한 자동화가 가능했으며(실행 가능성), 핵심 사업에 지장을 주지 않는 선에서 자동화를 실행할 수 있었기 때문이다(노력).

우선, 이 세 개의 원에 프로세스들을 대입해보라. 그리고 팀원들이 반복적으로 불평하는 작업을 찾아보라. 그러한 작업은 종종 큰 효과를 볼 수 있는 기회를 나타낸다. 다음으로, 해당 작업에 명확한 규칙과 접근 가능한 데이터가 있는지 평가한다. 마지막으로, 변화에 필요한 자원과 변화할 준비가 되어 있는지도 고려한다.

기억하라. 여러분의 첫 AI 에이전트 프로젝트는 즐거운 첫 데이트와 같아야 한다. 신이 날 만큼 야심 차되, 재앙으로 끝날 만큼 복잡하지는 않아야 한다. 일단 세 개의 원 모두에서 점수가 높은 작업부터 시작하면, 이후 더 도전적인 프로젝트로 이어질 수 있는 성공 경험과 추진력을 얻게 될 것이다.

구현 현실 점검: 현장에서 얻은 교훈

우리의 경험은 적절한 기회를 찾는 데 있어 몇 가지 중요한 현실을 보여주었다.

첫째, 기업들은 자신들이 실제로 어떤 에이전트를 필요로 하는지 잘 모르는 경우가 많다. 자주 에이전트에 대한 구체적인 아이디어들을 가지고 우리에게 연락하지만, 그중 거의 절반은 가장 가치 있는 자동화 기회와는 거리가 먼 것들이다. 그래서 우리의 '세 가지 원 프레임워크'가 중요하다. 이 프레임워크는 추측을 걷어내고 진짜로 중요한 것을 찾을 수 있도록 도와준다. 예를 들어 한 고객이 소셜 미디어 포스팅의 자동화를 고집했을 때, 우리는 이 분석 도구를 통해 리드 검증lead qualification(잠재 고객 중에서 실제로 제품이나 서비스를 구매할 가능성이 큰 고객을 선별하고 평가하는 과정-옮긴이)을 자동화하는 편이 투자 대비 수익률ROI이 5배 더 높다는 것을 밝혔다.

둘째, 많은 기업이 AI 에이전트를 통해 전체 직무를 완전히 자동화할 수 있다고 생각하지만, 이는 오늘날의 AI 작동 방식을 근본적으로 오해하고 있는 것이다. AI 에이전트는 직원이 아니며, 인간 근로자가 그러하듯 유연성, 적응력, 판단력을 발휘하지 못한다.

인간은 혼자서 맥락 전환, 의사결정, 협업을 요구하는 여러 상호 연관된 업무들을 처리할 수 있지만, AI 에이전트는 여전히 이 부분에서 어려움을 겪는다. 따라서 '역할 자동화'의 관점보다는 '업무 자동화'의 관점에서 생각하는 것이 올바른 접근 방식이다.

마지막으로, 잘 문서화된 프로세스는 에이전트 구현에서 금광과 같다. 우리는 여러 자동화 기회를 평가하면서 기존의 문서화된 표준 작업 절차standard operating procedure, SOP를 활용하면 구현 시간을 크게 단축하고 성공률을 높일 수 있다는 사실을 확인했다. 한 금융 서비스 기업 고객의 경우, 꼼꼼하게 문서화된 고객 온보딩 프로세스 덕분에 우리는 처음부터 프로세스를 새로 설계해야 했던 유사 프로젝트에서 보다 두 배 빨리 에이전트를 배포할 수 있었다.

이러한 현장 경험을 통해 우리는 기회 발굴과 관련된 접근법을 발전시킬 수 있었으며, 이 과정에서 '세 가지 원 프레임워크'의 중요성을 재확인하고, 이론을 넘어 실용적인 요소들을 함께 고려할 수 있게 되었다.

실습: AI 에이전트 기회 찾기

이제 이론을 이해했으니, 조직에서 우리가 최적의 에이전트 기회를 찾아내기 위해 활용하는 간단한 실습을 함께 해보자. 우리는 너무나 많은 기업이 제대로 된 분석 없이 자동화에 성급히 뛰어들어 자원 낭비와 팀의 사기 저하를 초래하는 것을 본 후 이러한 접근 방식을 개발했다.

1단계: 업무 목록 작성

먼저, 팀원들을 모아 두 시간 동안 집중적인 회의를 진행하라. 목표는 많은 시간을 소모하거나 업무 흐름을 방해하는 반복적인 일들을 포괄적으로 파악하는 것이다. 우리는 일반적인 브레인스토밍보다 구체적인 질문을 던지는 것이 더 나은 결과로 이어진다는 사실을 발견했다.

팀원들에게 할 질문은 다음과 같다.

- "한 주 동안 자주 반복하는 업무는 무엇인가?"
- "어떤 활동 때문에 보다 전략적인 업무에 집중하지 못하는가?"
- "어떤 프로세스가 지속적으로 업무 흐름을 방해하는가?"
- "오류 방지를 위해 가장 많은 감독이 필요한 일상적인 업무는 무엇인가?"

마케팅 대행사와 함께 이 실습을 진행했을 때, 이들의 목록에는 월간 고객 보고, 소셜 미디어 분석, 마케팅 캠페인 성과 확인, 경쟁사 모니터링, 콘텐츠 일정 관리 등의 업무가 포함되어 있었다. 핵심은 업무뿐만 아니라, 해당 업무의 빈도와 각 업무에 투입된 대략적인 시간까지 파악하는 것이다.

2단계: 효과 평가

다음으로, 각 업무가 자동화될 경우의 잠재적 효과를 평가한다. 우리는 여러 요소를 고려하는 간단하지만 효과적인 채점 체계를 사용한다. 각 업무에 대해 아래 항목을 1~5점까지의 점수로 평가해보자.

1. **절약 시간**(현재 이 업무에 들이는 시간 중 얼마나 많은 시간을 절약할 수 있는가?)
   - 대부분의 경우, 평균 절감 시간을 추정하는 것만으로도 충분하다. 점수가 높을수록(5) 절약되는 시간이 많음을 의미한다.
   - 경우에 따라 현재 비용을 보다 구체적인 금액으로 계산하는 것이 유용할 수 있다. 계산식은 소요 시간 × 빈도 × 시간당 비용으로 나타낼 수 있다(예: 작업당 2시간 × 월 20회 × 시간당 50달러 = 월 2,000달러 절감).

2. **확보된 시간의 전략적 가치**(기회비용 측면에서 평가)
   - 전략적 가치는 업무 자동화를 통해 조직이 얻는 보다 폭넓은 이득을 나타내며, 여기에는 직원 만족도, 고객 경험, 경쟁적 위치, 잠재적 수익에 미치는 영향이 포함된다.
   - 점수는 1점에서 5점까지 줄 수 있으며, 점수가 높을수록 비즈니스 전반에 미치는 영향이 크다는 뜻이다.

3. **오류 감소 가능성**(오류 발생 빈도 측면에서 평가)
   - 대부분의 경우, 추정치만으로도 충분하다. 점수가 높을수록(5점) 오류가 매우 빈번하게 발생하거나, 발생 시 비용이 크다는 것을 의미한다.

- 경우에 따라 현재 비용을 보다 구체적인 금액으로 계산하는 것이 유용할 수 있다. 계산식은 현재 오류율 × 오류 한 건당 비용 × 전체 작업 건수로 나타낼 수 있다(예: 오류율 5% × 오류 한 건당 100달러 × 월 1,000건 = 월 5,000달러 절감).

4. 확장성 효과(조직 전체에 적용될 수 있는가?)
   - 확장성 효과는 어떤 솔루션이 추가 비용 없이 얼마나 잘 확대 적용될 수 있는지를 나타낸다. 점수가 높을수록(5점) 최소한의 추가 비용으로 조직 전반에 걸쳐 작업을 자동화하고 확장할 수 있음을 의미한다.
   - 예를 들어 10명의 고객에게 적용 중인 고객 온보딩 프로세스를 자동화해 추가 인력 없이 1,000명에게까지 확대 적용할 수 있다면, 이는 확장성이 매우 높다고 평가(5점)할 수 있다.

다음은 네 가지 기준과 점수의 의미를 요약한 표이다.

평가 기준	1~5점 척도로 평가		
절약 시간	1: 주당 1시간 미만	3: 주당 여러 시간	5: 매일 여러 시간
확보된 시간의 전략적 가치	1: 확보된 시간을 활용할 만한 대안이 거의 없음	3: 확보된 시간을 적당히 가치 있게 활용할 수 있음	5: 확보된 시간을 매우 중요한 전략적 활동에 쓸 수 있음
오류 감소 가능성 (오류 발생 빈도)	1: 오류가 거의 발생하지 않음	3: 간헐적으로 중대한 오류 발생	5: 빈번하거나 비용이 큰 오류 발생
확장성 효과	1: 일회성 업무	3: 적당히 반복 가능	5: 조직 전반에 걸쳐 확장 가능

표 8.1 │ 업무 자동화 효과를 평가하는 네 가지 기준과 점수 부여 방법 (출처: © 보넷 외)

그런 다음, 업무별로 네 가지 기준의 점수를 합산해 총점을 계산한다. 최소 점수는 4점, 최대 점수는 20점이다.

마지막으로, 업무별 점수를 비교한다. 총점이 높을수록 자동화 도입의 타당성이 커진다.

마케팅 대행사의 고객 보고 프로세스는 모든 평가 항목에서 높은 점수를 기록했다. 막대한 시간 소모(5점), 전략적 분석 방해(5점), 수동 데이터 입력으로 인한 빈번한 오류 발생(4점), 모든 고객사에 확장 가능(5점), 이렇게 20점 만점에 19점을 기록해 자동화의 최우선 후보가 되었다.

3단계: 실행 가능성 평가

효과 측면에서 높은 점수를 기록한 각 업무에 대해 실행 가능성을 평가한다. 이는 현재 AI 에이전트 기술(레벨 1~3)이 해당 업무를 안정적으로 처리할 수 있는지를 판단하는 데 도움이 된다. 실행 가능성 평가는 두 가지 주요 기준으로 나뉘며, 각각 1~5점 척도로 평가된다.

1. 프로세스 표준화

자동화는 업무가 명확하고 체계적인 단계로 구성되어 있을 때 가장 효과적이다. 프로세스에 명확한 절차, 의사결정 규칙, 예외 사항이 있는지 평가하라. "새로운 사람이 우리의 문서만 보고 이 프로세스를 정확히 따를 수 있을까?"라고 질문해보라.

2. 데이터 및 시스템 접근성

AI는 제대로 기능하려면 체계적이고 접근 가능한 데이터가 필요하다. 데이터가 흩어져 있거나, 기존 시스템에 갇혀 있거나, 사람의 개입을 필요로 한다면 자동화는 어려울 것이다. 데이터가 구조화되어 있는 지, 쉽게 조회 가능한지, 최신 시스템을 통해 사용할 수 있는지, 혹은 수동 준비가 필요한지를 점검해보라.

다음 척도를 이용해 프로세스 표준화와 데이터 준비 상태를 평가 한다.

평가 기준	1~5점 척도로 평가		
프로세스 표준화	1: 프로세스가 대부분 임의로 구성되어 있으며, 표준화된 방식이 없음	3: 기본적인 문서는 있지만, 직원 경험에 크게 의존함	5: 프로세스가 명확한 단계, 의사결정 규칙, 예외 사항을 포함해 완벽하게 문서화되어 있음
데이터 및 시스템 접근성	1: 필수 데이터가 과거 시스템에 갇혀 있거나 종이 기반임	3: 데이터를 사용할 수 있지만 상당한 준비가 필요함	5: 모든 데이터가 구조화되어 있으며, 시스템이 최신 API를 갖추고 있음

표 8.2 │ 실행 가능성을 평가하는 두 가지 기준과 점수 부여 방법 (출처: © 보넷 외)

각 업무를 프로세스 표준화와 데이터 및 시스템 접근성을 기준으로 평가함으로써, 효과가 큰 업무 중 어떤 업무가 바로 자동화가 가능하고 어떤 업무가 일단 개선이 필요한지를 빠르게 파악할 수 있다.

4단계: 구현에 필요한 노력(난이도) 평가

자동화 효과가 큰 업무가 파악되고 실행 가능성이 확인되면, 다음으로 이러한 업무를 위한 AI 에이전트를 구축하는 것이 얼마나 어려운가를 평가한다. 구현 난이도 평가는 기술적 복잡성을 측정해 효율적으로 배치 가능한 AI 에이전트를 우선시할 수 있도록 돕는다.

기술 복잡성 점수는 역점수 방식으로 평가되는데, 이는 점수가 낮을수록 구현 난이도와 복잡성이 높다는 뜻이다. 평가 방법은 다음과 같다.

- 5점(매우 쉬움): 거의 또는 전혀 맞춤화가 필요 없는 표준 도구를 사용하여 자동화할 수 있음
- 4점: 일부 맞춤화가 필요하지만, 널리 사용되는 기술을 기반으로 함
- 3점: 코드 작성 등 상당한 맞춤 개발이 필요한 솔루션을 요구함
- 2점: 복잡한 통합 작업이나 새로운 기술 도입이 필요함
- 1점(매우 어려움): 최첨단 솔루션이나 광범위한 연구개발이 필요함

권장 사항은 항상 검증된 주류 도구와 플랫폼으로 시작해 기술적 한계를 넓혀가는 것이다. 간단하지만 효과가 큰 업무를 먼저 자동화하면 추진력을 얻고, 위험을 줄이며, 복잡한 과제에 도전하기 전에 즉각적인 성과를 거둘 수 있다.

모든 요소를 종합한 최종 분석

수개월에 걸쳐 기업들이 AI 에이전트 활용의 기회를 발굴할 수 있도록 지원한 끝에, 우리는 최종 도입 결정을 위한 체계적인 접근 방식을 개발했다. 제니의 마케팅 대행사 사례로 돌아가, 이 방식이 실제로 어떻게 적용되는지 살펴보자.

먼저, 이전 평가에서 얻은 점수를 합산한다.

- 효과 점수(네 가지 기준에서 최대 20점)

- 실행 가능성 점수(프로세스 및 데이터 평가에서 최대 10점)

- 구현 난이도 점수(최대 5점, 역점수 방식)

이로써 총점은 최대 35점이 된다. 이런 식의 구체적인 평가는 조직이 기회의 모든 측면을 체계적으로 검토하도록 강제하기 때문에 특히 유용하다.

제니의 고객 보고 프로세스를 대상으로 매긴 점수는 다음과 같다.

- 효과: 19/20(많은 시간 투자, 높은 전략적 가치, 높은 오류 감소 가능성, 높은 확장성)

- 실행 가능성: 8/10(잘 문서화된 프로세스, API를 통한 데이터 접근 가능)

- 구현 난이도: 4/5(표준 도구 사용 가능, 최소한의 맞춤화 필요)

점수는 35점 만점에 총 31점으로, 이 프로세스가 AI 에이전트 도입에 매우 적합한 후보임을 나타낸다.

마무리: 에이전틱 AI 우선순위 매트릭스

종합 점수도 유용하지만, 기회를 시각화하면 팀과 경영진이 더 나은 결정을 내리는 데 도움이 된다. 두 개의 축으로 구성된 매트릭스에 후보 과제들을 배치해보자.

- 세로축: 전환의 복잡성(실행 가능성과 구현 난이도 점수를 합산)

- 가로축: 사업적 효과(자동화 효과 점수 사용)

이렇게 하면 네 개의 사분면이 구성된다.

1. 즉각적 성과(높은 효과, 낮은 복잡성): 이상적인 에이전트 도입 기회

2. 전략적 프로젝트(높은 효과, 높은 복잡성): 신중한 계획이 필요한 미래의 기회

3. 낮은 우선순위(낮은 효과, 낮은 복잡성): 있으면 좋은 에이전트

4. 부적합(낮은 효과, 높은 복잡성): 노력할 가치 없음

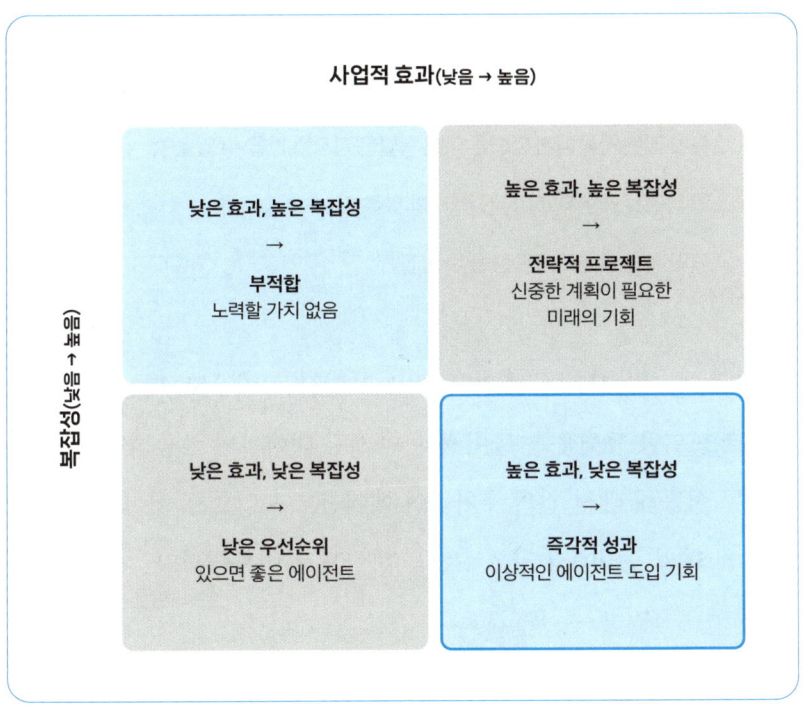

그림 8.2 | 에이전트 기회 우선순위 매트릭스 (출처: © 보넷 외)

마케팅 대행사의 경우, 고객 보고 업무는 '즉각적 성과(높은 효과, 낮은 복잡성)' 사분면에 정확히 위치했다. 이는 그들의 첫 번째 AI 에이전트 프로젝트가 되었으며, 결과적으로 앞서 언급한 성공적인 변화로 이어졌다.

선택에 대한 마지막 참고 사항

이번이 첫 번째 에이전트 도입이라면, 이는 향후 자동화 추진의 방향을 결정짓는 중요한 단계가 될 것이다. 따라서 앞서 제시한 기준 외에도 다음과 같은 요건을 충족하는 기회를 선택하는 것이 중요하다.

- 3~6개월 이내에 명확하고 측정 가능한 결과를 보여줄 수 있을 것
- 충분히 많은 사람에게 영향을 미쳐 폭넓은 지지를 받을 수 있을 것
- 도입 과정을 책임지고 이끌 감독자가 있을 것
- 조직의 학습 경험으로 활용될 수 있을 것

첫 번째 에이전트 구축의 성공은 자신감을 키우고, 더 야심 찬 프로젝트를 위한 동력을 만들어낸다. 마케팅 대행사의 성공적인 보고 자동화는 이듬해 다섯 건의 추가적인 에이전트 도입으로 이어졌으며, 각각은 첫 번째 도입에서 얻은 교훈을 바탕으로 이루어졌다.

2단계:
AI 에이전트의 역할과
역량 정의하기

에이전트 활용에 적합한 기회를 찾았다면, 다음으로 중요한 단계는 정확히 어떤 유형의 에이전트가 필요한지 정의하는 것이다. 마치 직무 기술서를 작성하듯, 이 디지털 직원의 역할, 책임, 그리고 필요한 역량을 명확하게 정의해야 한다.

다시 디지털 마케팅 대행사로 돌아가 보자. 제니와 그녀의 팀은 월간 고객 보고 프로세스를 먼저 자동화하기로 했다. 제니가 말했다. "이 프로세스를 자동화하고 싶은 건 확실하지만, 어떤 종류의 에이전트가 필요한지는 잘 모르겠어요. 단순히 데이터를 불러오는 간단한 에이전트여야 할까요, 아니면 실제로 보고서까지 작성할 수 있는 더 복잡한 에이전트여야 할까요?"

우리는 이런 질문을 기업 리더들에게서 자주 듣는데, 답은 AI 에이전트의 다양한 역량 수준을 이해하고 이를 각자의 구체적인 필요에 맞추는 데 있다.

에이전트 레벨 이해: 단순한 에이전트부터 정교한 에이전트까지

AI 에이전트를 다양한 기술 수준을 가진 직원들로 생각해보라. 우리는 에이전틱 AI 발전 프레임워크를 사용해 에이전트를 크게 5단계로 분류할 수 있지만, 현재 업무 환경에서 일반적으로 사용되는 레벨은 1~3레벨이다. 정확히 말하면, 레벨 2(지능형 자동화)와 레벨 3(에이전틱 워크플로우) 에이전트가 가장 흔히 사용되므로 이 두 레벨에 초점을 맞추겠다.

레벨 2 에이전트는 간단하고 변하지 않는 지시를 따를 수 있는 숙련된 전문가에 가깝다. 레벨 3 에이전트는 상황을 이해하고 보다 정교한 작업을 맡을 수 있는 고급 전문가에 가깝다.

제니는 고객 보고 프로세스에 어떤 레벨이 가장 적합할지 결정해야 했다. 그들이 사용한 의사결정 과정을 함께 살펴보자.

의사결정 프레임워크

적합한 에이전트 레벨을 선택하기 위해 우리는 레벨 2와 레벨 3 에이전트 중 어느 쪽이 더 적합한지 판단하는 데 도움이 되는 세 가지 핵심 기준을 검토한다.

1. 작업의 예측 가능성(결정론적 vs 확률론적)

먼저, 프로세스가 얼마나 뻔한가를 고려하라. 레벨 2 에이전트는 명확하고 변하지 않는 규칙을 따르는 결정론적 작업에 능숙하다. 이들은 매번 같은 일을 완벽하게 수행하는 믿음직한 직원과 같다. 한편 파운

데이션 모델foundation model(자연어 처리와 생성형 AI에서 많이 쓰이는 개념으로, 다양한 작업을 수행할 수 있도록 대규모 데이터 세트를 기반으로 훈련된 AI 모델-옮긴이)을 기반으로 한 레벨 3 에이전트는 맥락을 이해하고 판단을 내려야 하는 확률론적 작업을 처리할 수 있다.

제니의 팀은 보고 프로세스를 분석한 후 작업의 약 80%가 다양한 플랫폼에서 특정 지표를 가져와 표준 형식으로 정리하는 결정론적 작업임을 확인했다. 이 부분은 레벨 2 에이전트에게 완벽히 들어맞았다. 그러나 20%는 트렌드를 해석하고 의미 있는 내용을 문서화하는 작업이었는데, 여기에는 확률론적 사고가 필요했기 때문에 레벨 3 에이전트가 더 적합했다.

2. 오류 민감도

다음으로, 오류가 조직 운영에 미치는 영향을 평가하라. 레벨 2 에이전트는 정확한 규칙을 따르고 정해진 패턴을 벗어나지 않으므로 정확성이 매우 중요한 업무에서 높은 신뢰성을 보인다. 이들은 재무 계산, 데이터 처리, 그리고 오류 발생 시 비용이 클 수 있는 기타 업무에 이상적이다.

레벨 3 에이전트는 더 유연하지만, 이따금 예기치 않은 출력을 생성하거나 창의적인 해석을 할 수 있다. 이들은 콘텐츠 생성이나 패턴 분석처럼 어느 정도의 변화가 허용되거나, 심지어 유익한 업무에 더 적합하다.

마케팅 대행사의 고객 보고 업무에서 데이터 수집과 계산의 정확성은 매우 중요했다. 단 한 번의 오류라도 고객의 신뢰를 잃을 수 있었기 때문이다. 이 때문에 데이터 처리 부분에는 레벨 2 에이전트가 완벽히 들어맞았다. 하지만 보고서 작성 시 약간의 변형은 허용되었고, 때로는 바람직하기까지 했기 때문에 이 부분은 레벨 3 에이전트에게 적합했다.

3. 입력 변동성

마지막으로, 입력 데이터의 변동성을 평가하라. 레벨 2 에이전트는 표준화된 입력과 함께 가장 잘 작동하며, 일관된 데이터 형식과 예측 가능한 상황을 필요로 한다. 예외 상황에 취약하며, 재프로그래밍 없이는 예기치 못한 변화에 적응할 수 없다.

하지만 레벨 3 에이전트는 가변적인 입력 데이터 처리에 뛰어나다. 이들은 맥락을 이해하고, 다양한 형식에 적응하며, 비정형 데이터를 이해할 수 있다. 마치 상황에 따라 접근 방식을 조정할 수 있는 경험 많은 전문가와 같다.

마케팅 대행사는 다양한 데이터를 다뤘지만, 일관된 형식을 따랐다. 이는 레벨 2 에이전트에게 완벽한 조건이었다. 그러나 이 데이터를 해석하는 맥락은 고객과 업종에 따라 크게 달라졌기 때문에 분석 업무에는 레벨 3 에이전트가 필요했다.

레벨 2, 3 에이전트 특성

이러한 기준이 각 에이전트에 어떻게 대응되는지 요약하면 다음과 같다.

기준	레벨 2 에이전트 (지능형 자동화)	레벨 3 에이전트 (에이전틱 워크플로우)
작업의 예측 가능성	명확한 규칙이 있는 매우 결정론적인 프로세스(작업의 예측 가능성: 높음-옮긴이)	맥락 이해와 유연한 대응이 필요한 작업 처리(작업의 예측 가능성: 낮음-옮긴이)
오류 민감도	100%의 정확성과 신뢰성이 요구됨(작업의 오류 민감도: 높음-옮긴이)	출력에 일부 변동성이 허용되며, 확률론적 판단 가능(작업의 오류 민감도: 중간-옮긴이)
입력 변동성	표준화된 입력과 최소한의 변동이 있을 때 가장 잘 작동함(작업의 입력 변동성: 낮음-옮긴이)	가변적 데이터나 비정형 데이터 처리 가능(작업의 입력 변동성: 높음-옮긴이)
적합한 작업	고정된 워크플로우를 따르는 대량의 반복 작업	추론, 의사결정, 자연어 이해가 필요한 작업
사용 사례	데이터 추출, 재무 계산, 규정 준수 점검, 체계화된 보고	보고서 작성, 고객 지원 챗봇, 사기 탐지, 트렌드 분석

표 8.3 | 레벨 2와 레벨 3 AI 에이전트 비교 (출처: © 보넷 외)

선택하기: 마케팅 대행사의 결정

이러한 기준을 검토한 후 우리는 이 마케팅 대행사가 흥미로운 결정을 내리는 데 도움을 주었다. 이들은 프로세스의 서로 다른 부분에 대해 레벨 2와 레벨 3 에이전트를 모두 사용하는 하이브리드 방식을 적용하기로 했다.

레벨 2 에이전트(지능형 자동화)는 작업의 결정론적 부분을 담당했다.

- 다양한 플랫폼(구글 애널리틱스Google Analytics, 소셜 미디어, 광고 플랫폼) 접근
- 표준화된 데이터 추출
- 계산 수행 및 시각적 자료 생성
- 기본 보고서 구조 생성

레벨 3 에이전트(에이전틱 워크플로우)는 다음과 같은 작업을 수행했다.

- 정리된 데이터를 바탕으로 트렌드 분석
- 초기 인사이트 도출 및 권장 사항 생성
- 보고서 서술 파트의 초안 작성

이 하이브리드 방식은 각 에이전트 유형의 장점을 십분 활용했다. 레벨 2 에이전트는 거의 완벽에 가까운 정확도로 엄밀하고 결정론적인 작업을 안정적으로 처리할 수 있었고, 레벨 3 에이전트는 데이터 해석과 글 작성과 같은 보다 섬세한 작업에 적합했다.

다음 절에서 우리는 레벨 3 에이전트를 설계하고 구축하는 방법을 간략히 설명할 것이다. 레벨 2 에이전트를 구축하고 싶다면 『지능형 자동화』 책을 참고하길 바란다.[1]

학습 곡선

AI 에이전트 도입은 일반적으로 점진적인 과정이라는 점에 유의해야 한다. 마케팅 대행사는 처음에 데이터 수집과 기본적인 보고만 담당하는 레벨 2 에이전트로 시작했다. 그러다 이 과정이 순조롭게 진행되고 팀이 기술에 익숙해지자, 이들은 콘텐츠 제작용으로 레벨 3 에이전트를 도입했다.

제니는 이렇게 회상했다. "처음에는 모든 것을 한 번에 자동화하고 싶었어요. 하지만 기본 데이터 작업부터 시작해 점차 더 정교한 역량을 추가해나가니 팀이 쉽게 적응할 수 있었고, 보고 프로세스에 대한 저희의 사고방식 자체가 달라졌죠."

결과 및 교훈

도입 6개월 후, 마케팅 대행사의 AI 에이전트 시스템은 모든 고객 보고서를 놀랍도록 효율적으로 처리하고 있었다.

- 보고서 작성 시간이 45분으로 단축되었다.
- 데이터 정확도가 99.95%로 유지되었다.
- 고객 만족도가 15% 향상되었다.
- 마케팅팀은 전략적 업무에 60% 더 많은 시간을 투입할 수 있게 되었다.

제니는 그들의 여정을 되돌아보며 이렇게 말했다. "핵심은 자동화를 서두르지 않는 것이었습니다. 체계적 접근 방식을 통해 설계하고 점진적으로 신뢰를 쌓아감으로써 팀과 고객 모두가 완전히 신뢰하는 시스템을 구축할 수 있었죠."

마케팅 대행사의 보고 시스템 성공은 이들 조직 내 AI 에이전트 도입의 새로운 가능성을 열어주었다. 현재 이들은 마케팅 캠페인 최적화, 콘텐츠 제작, 고객 경험 분석 등에도 AI 에이전트를 활용할 방법을 모색 중이다.

이 구현 과정에서 얻은 교훈은 기술적 역량과 인적 요소를 모두 고려하는 신중한 설계의 중요성을 강조한다. 다음 장에서 살펴보겠지만,

이러한 설계 결정은 성공적인 구현과 배포를 위한 중요한 기반을 마련한다.

앞으로 나아가기

레벨 2와 3 에이전트의 역할이 명확히 정의되면서 마케팅 대행사는 구현의 세부 설계 단계로 나아갈 준비가 되었다. 책임과 역량을 명확히 구분해두는 것은 프로세스 흐름을 도식화하고 성과 기준을 수립하는 다음 단계에서 매우 중요한 것으로 드러날 것이다.

기억하자. 목표는 가능한 가장 정교한 에이전트를 만드는 것이 아니라, 인간 팀의 워크플로우와 원활하게 통합되면서 안정적으로 가치를 제공하는 에이전트를 설계하는 것이다. 다음 장에서 살펴보겠지만, 명확히 정의된 역할과 역량이라는 이 기반은 성공적인 구현에 필수적이다.

3단계:
성공적으로 AI 에이전트
설계하기

적절한 기회를 찾았고 적합한 에
이전트 유형을 결정했다면, 다음으로 중요한 단계는 성공적 도입을 위
한 AI 에이전트 설계다. 이 단계에서 이론과 실행이 만나며, 많은 조직
이 성공을 위한 기반을 다지거나 흔한 함정에 빠지게 된다. 뉴스레터
자동화를 위해 AI 에이전트를 직접 구축한 경험을 바탕으로 이 과정
을 함께 살펴보자.

뉴스레터 과제: 실제 사례 연구

AI 업계에 몸담은 작가이자 인플루언서로서 우리는 매주 콘텐츠를 선
별하고, 요약본을 작성하고, 커뮤니티에 공유할 뉴스레터를 제작하는
데 수많은 시간을 투자해야 했다. 이는 (독자들에게는 유익하지만) 심층적
인 연구와 글쓰기에 할애할 시간을 빼앗는 노동 집약적인 과정이었다.
그래서 우리는 AI 에이전트에 관한 전문 지식을 활용해 이 문제를 해
결해보기로 했다.

파스칼은 이렇게 회상한다. "매주 거의 하루를 뉴스레터 제작에만 매달리고 있었죠. 저희는 분명히 더 나은 방법이 있을 거라고 생각했습니다." 결과는? 새로운 AI 에이전트 시스템의 탄생이었다. 이 시스템은 뉴스레터 제작 과정의 대부분을 자동화했을 뿐만 아니라, 단 한 달 만에 새로운 뉴스레터의 구독자 수를 30만 명 이상으로 늘리는 데 도움을 주었다.

우리가 이 혁신적인 에이전트 기반 비즈니스 기회를 어떻게 발굴해 사업으로 전환했는지, 그리고 에이전틱 AI가 새로운 비즈니스 기회를 창출하는 데 얼마나 큰 잠재력을 갖고 있는지는 9장에서 살펴볼 것이다.

설계 제1원칙: 목표를 염두에 두고 시작하라

기술 사양을 자세히 살펴보기에 앞서, 성공적인 에이전트 설계는 성공에 대한 명확한 기준에서 시작된다. 라케쉬는 자신의 컨설팅 경험을 바탕으로 이렇게 이야기한다. "가장 큰 실수 중 하나는 조직들이 성공의 모습을 정의하지 않고 바로 솔루션 설계에 들어가는 거죠."

명확한 성공 기준을 정의하는 것은 세 가지 중요한 이유에서 필수적이다. 첫째, 개발팀이 목표를 명확히 인식하고, 기능의 우선순위를 정하는 데 도움이 된다. 둘째, 투자 수익률과 시스템 성능을 평가할 수 있는 기준을 마련한다. 셋째, 이해관계자의 기대치를 관리하고 새로운 시스템에 대한 신뢰를 구축하는 데 도움이 된다.

명확한 성공 기준이 없었다면, 우리는 기술적으로는 인상적이어도 실제로 중요한 사업적 요구 사항은 만족시키지 못하는 시스템을 구축했을 수도 있다.

성공 기준에는 정량적 및 정성적 지표가 모두 포함되어야 한다.

- 정량적 지표에는 효율성 개선율, 오류 감소율, 또는 구체적인 성능 목표가 포함될 수 있다.
- 정성적 지표는 보통 사용자 경험, 출력의 품질, 시스템 신뢰성에 초점을 맞춘다.

예를 들어 뉴스레터 사례에서 우리는 다음과 같은 지표를 설정했다.

- 주당 15시간에서 3시간으로 제작 시간 단축
- 콘텐츠 정확도 95% 이상 유지
- 이메일 오픈율 40% 이상 달성

하지만 보다 중요한 것은 우리가 콘텐츠 적합성과 독자 경험과 관련된 정성적인 성공 기준도 정의했다는 점이다.

설계 제2원칙: 현재 상태를 이해하라

우리가 자주 하는 말이 있다. "많은 조직이 미래로 바로 도약하고 싶어 하지만, 성공적인 에이전트 설계를 위해서는 현재의 프로세스를 이해하는 것이 중요합니다."

AI 에이전트를 설계하기 전에 현재의 워크플로우를 상세히 이해하는 것은 여러 가지 이유에서 중요하다. 첫째, 언뜻 보면 잘 드러나지 않을 수 있는 숨은 복잡성과 의존관계가 드러난다. 둘째, 새로운 시스템이 해결해야 할 잠재적인 병목 현상과 비효율성을 파악하는 데 도움이 된다. 마지막으로, 자동화 프로세스에서 중요한 비즈니스 규칙과 예외 사항이 간과되지 않게 해준다.

워크플로우를 도식화하기 시작했을 때, 우리는 단순히 4단계 과정으로 생각했던 것이 실제로는 수십 가지의 미세한 결정과 우리가 무의식적으로 처리해온 예외 사항을 포함하고 있다는 사실을 발견했다. 이러한 사항을 문서화하지 않았다면, 우리는 중요한 세부 사항이 빠진 에이전틱 시스템을 구축했을 것이다.

다음은 우리가 기존의 뉴스레터 제작 과정에서 겪은 문제들이다.

- 시간 소모: 매일 그리고 매주, 자료 검색, 요약, 편집, 서식 지정에 상당한 노력과 많은 시간을 들여야 했다. 우리는 뉴스레터 한 건을 발행할 때 주당 약 10시간의 작업 시간이 소요된다고 추산했다.
- 오류 발생 가능성: 요약이나 서식 지정과 같은 반복적인 작업에서 실수를 저지르기 쉬웠다. 이 문제는 몇 번 발생했는데, 실제로 우리의 평판에 심각한 타격을 주었다.
- 확장성 문제: 기사량이 늘어나면서 수작업 프로세스는 지속 가능하지 않았고, 많은 시간이 소요되었다.
- 일관되지 않은 품질: 작업을 수행하는 사람에 따라 결과물이 달라지곤 했다. 담당자 변경은 일관성 없는 결과로 이어졌다.

설계 제3원칙: 목표 프로세스를 설계하라

기존의 워크플로우를 문서화한 후, 우리는 단순히 기존 프로세스를 자동화하는 대신 결과를 염두에 두고 워크플로우를 완전히 재설계했다. 경험상 오래된 워크플로우를 그대로 유지한 채 자동화만 하면 근본적인 설계 결함이 해결되지 않아 효율성이 떨어지기 쉬웠기 때문이다.

샤일은 자주 이렇게 말한다. "쓰레기가 들어가면, 쓰레기가 나온다. 결함 있는 프로세스를 자동화하면 결국 결함 있는 자동화가 될 뿐이다."

대신에 우리는 달성하고자 했던 목표, 즉 간결하고 확장 가능하며 오류 없는 뉴스레터 제작 프로세스에 집중하고 그 목표를 중심으로 워크플로우를 설계했다. 새로운 프로세스는 체계적인 일일 및 주간 워크플로우를 따른다.

매일, 관련 기사를 선정하고, 중요한 인사이트를 요약하고, 사람이 검토할 정리된 이메일을 발송한다. 이후 선택된 요약문들을 체계적인 문서로 편집하면서 품질 관리가 이루어지도록 한다.

매주 월요일, 콘텐츠를 시각적으로 세련된 뉴스레터 형식으로 정리하고, 정확성을 검토한 후, 배포를 위해 마무리한다.

우리는 이 과정을 명확하고 잘 정의된 단계들로 세분화해 불필요한 복잡성을 제거했고, 품질을 확보했으며, 원활한 발행 주기를 보장할 수 있었다. 여기서 핵심적인 교훈은 이것이다. '무작정 자동화하지 말 것. 가능한 최상의 결과를 위해 재고하고, 재설계하며, 최적화할 것.'

설계 제4원칙: 적합한 아키텍처를 선택하라

에이전트 설계에서 가장 중요한 결정 중 하나는 아키텍처에 대한 접근 방식이다. 우리는 이렇게 설명한다. "집을 짓는다고 생각해보세요. 하나의 거대한 방을 만들어 모든 용도로 쓸 수도 있고, 서로 조화를 이루며 기능하는 여러 개의 특화된 공간을 설계할 수도 있습니다. 저희의 경험에 따르면, 후자의 접근 방식이 거의 언제나 더 효과적이더군요."

여기서 우리는 에이전트 설계의 근본적인 문제에 다다른다. 모든 것을 처리하는 하나의 복잡한 에이전트를 만들 것인가, 아니면 특화된 에이전트들로 구성된 팀을 꾸릴 것인가?

뉴스레터 자동화 시스템을 설계하면서 우리 역시 중요한 결정을 내려야 했다. 모든 것을 처리하는 하나의 복잡한 에이전트를 만들 것인가, 아니면 특화된 에이전트들로 구성된 팀을 꾸릴 것인가? 하지만 우리는 다양한 기업에 AI 시스템을 구축해오면서 복잡하고 거대한 단일 에이전트보다 단순하고 특화된 에이전트들이 대체로 더 나은 성능을 발휘한다는 사실을 알았다. 앞서 '하나의 에이전트, 하나의 도구'라는 우리의 설계 원칙을 몇 번 언급한 바 있다. 이제 성공적인 설계를 이끈 우리의 주요 설계 결정 사항들을 살펴보자.

"처음에는 콘텐츠 발굴부터 뉴스레터 구성까지 모든 것을 처리할 수 있는 '슈퍼 에이전트' 하나를 만들고 싶었습니다." 이 책의 공동 저자 중 한 명인 라케쉬의 말이다. "하지만 이는 한 사람이 연구자, 작가, 편집자, 디자이너 역할을 모두 해주길 바라는 것과 같다는 사실을 금세 깨달았죠. 그렇게 되면 제대로 동작하기는 힘들어요."

에이전트 이름	역할
검색 에이전트	웹에서 관련된 기사 검색
요약 에이전트	기사의 핵심 내용 요약
이메일 에이전트	매일 이메일로 요약본 송부
편집 에이전트	선택된 기사를 바탕으로 콘텐츠 정리
뉴스레터 구성 에이전트	최종 뉴스레터 준비
관리자 에이전트	전체 과정 조율 및 최종 배포

표 8.4 │ 뉴스레터 자동화를 위한 전문 AI 에이전트 팀 (출처: © 보넷 외)

이러한 이유로 우리는 전문 에이전트들로 구성된 하나의 종합적 팀을 설계했다.

이 모듈형 접근 방식 덕분에 각 에이전트는 자신의 전문 분야에서 뛰어난 성능을 발휘하면서도 조율된 상호작용을 통해 시스템의 유연성을 유지할 수 있었다.

우리의 설계를 이끈 핵심 원칙

다중 에이전트 시스템을 설계할 때 우리는 다음의 여섯 가지 핵심 원칙을 따랐다.

1. **목적의 명확성:** 라케쉬는 이렇게 설명한다. "각 에이전트는 숙련된 전문가와 같아야 합니다. 심장 전문의에게 마취과 의사의 역할까지 요구하지 않는 것처럼, 우리는 각 에이전트에 명확하게 구분된 역할을 부여했습니다."

2. **전문화를 통한 효율성**: 여러 작업을 무난하게 수행할 수 있는 복잡한 에이전트 대신, 우리는 한 가지 작업을 탁월하게 수행할 수 있는 단순한 에이전트들을 만들었다.

3. **확장성을 고려한 설계**: 라케쉬는 "늘어나는 작업량을 감당할 수 있도록 에이전트 시스템을 설계했다"라고 말한다. 예를 들어 콘텐츠 양이 증가하면 우리는 여러 검색 에이전트를 병렬로 실행하거나 더 빠른 처리를 위해 요약 에이전트를 최적화할 수 있다.

4. **자율적 운영**: 각 에이전트는 자신의 영역 내에서 독립적으로 작동하며, 지속적인 감독 없이 명확한 기준에 따라 의사결정을 내린다.

5. **원활한 협업**: 에이전트들은 표준화된 통신 프로토콜과 명확한 작업 인계 지점을 통해 잘 조율된 팀처럼 함께 작동한다.

6. **중앙화된 오케스트레이션**: 관리자 에이전트는 마치 오케스트라의 지휘자처럼 모든 에이전트가 조화롭게 작동하도록 이끈다.

설계 제5원칙: 인간과 AI의 협업 관계를 구축하라

에이전트 설계에서 아마도 가장 중요한 부분은 인간과 AI가 어떻게 함께 일할지 결정하는 일일 것이다. 난단은 "목표는 인간을 프로세스에서 배제하는 것이 아니라, 인간과 AI가 각자의 강점을 발휘하는 공생 관계를 만드는 것이다"라고 강조한다.

이 원칙은 현재 AI 에이전트가 지닌 한계를 고려하면 특히 중요해진다. 레벨 1~3 에이전트는 아직 진정한 적응 학습 능력이나 정교한 추론 능력이 부족하다. 이는 인간의 전문성이 다음과 같은 면에서 여전히 필수적임을 의미한다.

1. **전략적 의사결정**: 인간은 맥락을 이해하고 섬세한 판단을 내리는 데 탁월하다.
2. **품질 보증**: 감독을 진행하며 작은 오류까지 발견해낸다.
3. **예외 처리**: 정상적인 범위를 벗어나는 예기치 못한 상황을 관리한다.
4. **지속적 개선**: 시스템 개선의 기회를 발굴한다.

뉴스레터 시스템을 처음 설계할 때 우리는 어떤 작업을 자동화하고 어떤 작업을 사람의 손에 남겨둬야 할지 근본적인 질문에 직면했다. 우리의 접근 방식은 무엇을 '자동화할 수 있는지'가 아니라 무엇을 '자동화해야 하는지'의 관점에서 생각하는 것이었다.

우리는 인간의 개입이 필수적인 두 가지 주요 지점을 파악했다.

첫 번째 중요한 개입은 AI 에이전트가 콘텐츠를 수집하고 요약한 후에 이루어진다. 이 단계에서 인간 편집자는 일일 요약본을 검토하고 뉴스레터에 실릴 가장 유의미한 내용을 골라낸다. 이러한 결정을 내리기 위해서는 독자의 요구를 이해하고, 새로운 트렌드를 알아보고, 콘텐츠의 가치를 섬세하게 판단할 수 있어야 하는데, 이는 여전히 인간 고유의 역량이다.

구현 과정 중 우리는 흥미로운 패턴을 발견했다. AI에게 최종 콘텐츠를 선택하도록 했을 때, 완성된 뉴스레터는 사실적으로는 완벽했지만 어쩐지 마음을 끄는 데가 없었다. 인간의 선별에서 비롯되는 전략적 스토리텔링과 주제적 일관성이 부족했던 것이다. 우리는 이 같은 중요한 결정은 인간에게 계속 맡김으로써 뉴스레터 고유의 목소리와 전략적 적합성을 유지할 수 있었다.

두 번째로 중요한 개입은 발행 직전에 이루어진다. 이 단계에서 편집자는 뉴스레터를 전체적으로 검토하고, 필요한 경우 맥락을 보강하며, 콘텐츠가 우리의 편집 기준에 부합하는지 확인한다. 이 최종 검토의 목적은 단순히 오류를 찾아내는 데 있는 것이 아니라, 뉴스레터가 독자에게 진정한 가치를 제공하는지 확인하는 데 있다.

난단은 이렇게 설명한다. "이러한 인간 개입 접근 방식은 AI와 인간의 장점을 모두 살립니다. 에이전트가 시간 소모적인 작업을 처리하는 동안 인간은 판단력과 전문성이 필요한 전략적 의사결정에 집중할 수 있죠."

설계 산출물: 구현할 에이전트 시스템

며칠간의 작업 끝에 우리는 여기까지 오게 되었다. 다음은 우리가 새롭게 설계한 목표 프로세스로, 주요 활동의 흐름, 담당 에이전트, 그리고 인간이 개입하는 지점을 보여준다.

일간 워크플로우

1. **검색 에이전트:** 웹에서 관련 기사를 찾아 요약 에이전트에게 링크를 전달한다.
2. **요약 에이전트:** 각 기사를 세 가지 핵심 내용으로 요약하여 이메일 에이전트에게 전달한다.
3. **이메일 에이전트:** 요약본을 형식을 갖춘 이메일로 정리해 인간

검토자에게 보낸다.

4. **인간 검토자:** 매일 이메일을 검토하고 선호하는 기사에 대해 회신한다.

5. **편집 에이전트:** 매일 선택된 요약문들을 구글 문서Google Docs에 체계적으로 정리하고 품질 검토를 수행한다.

주간 워크플로우

1. **뉴스레터 구성 에이전트:** 매주 월요일, 구글 문서를 시각적으로 매력적인 뉴스레터 형태로 구성한다.

2. **관리자 에이전트:** 구성된 뉴스레터를 검토하여 인간 검토자에게 보낸다.

3. **인간 검토자:** 최종 검토를 진행하고 원하는 플랫폼에 뉴스레터를 게시한다.

4단계:
AI 에이전트 구현하기

적합한 AI 에이전트 플랫폼 선택하기: 완벽함보다 속도를 우선시하라

AI 에이전트 플랫폼 시장은 빠르게 발전해왔으며, 현재 약 400개의 업체가 다양한 수준의 정교함과 사용 편의성을 갖춘 솔루션을 제공하고 있다. 넓은 선택의 폭은 조직에 다양한 선택지를 제공하기도 하지만, 결정을 어렵게 만들기도 한다. 다양한 산업에 걸쳐 AI 에이전트를 구현해오면서 우리는 기업들이 여러 플랫폼을 비교하느라 수개월을 보내는 것을 봐왔다. 하지만 그러는 사이 경쟁사는 빠르게 치고 나가 시장에서 유리한 위치를 선점한다.

적합한 플랫폼을 선택하려면 오늘날 시장에서 찾아볼 수 있는 세 가지 주요 범주, 즉 풀코드full-code, 로우코드, 노코드 솔루션을 이해해야 한다. 각 범주는 서로 다른 방식으로 조직의 요구를 충족하며, 유연성, 구현 속도, 필요한 기술 전문성 간의 균형이 서로 다르다.

노코드 플랫폼: 빠른 도입 및 접근성

노코드 플랫폼은 AI 에이전트 개발에서 '레고 블록'과 같다. 기술적인 전문성이 없는 사람도 직접 조립할 수 있는 사전 제작된 구성 요소를 제공하기 때문이다. 비즈웨이Bizway, 빔, 엔에잇엔N8N, 렐러번스 AI와 같은 솔루션을 사용하면 코드를 작성하지 않고도 직관적인 인터페이스를 통해 기능적인 AI 에이전트를 개발할 수 있다. 이러한 플랫폼은 기본에서 중간 수준의 복잡성을 가진 에이전트를 신속하게 구현해야 하거나, 보다 정교한 솔루션에 투자하기 전에 AI 에이전트의 가치를 검증하고자 하는 조직에 이상적이다.

노코드 플랫폼은 더 기술적인 플랫폼에 비해 제한적인 것으로 보일 수 있지만, 코딩이 아닌 설정을 통해 실제로는 놀라울 정도로 정교한 기능을 제공하는 경우가 많다. 이를테면 렐러번스 AI는 사용자 친화적인 인터페이스를 통해 벡터 기반 처리, 정교한 검색 기능과 같은 고급 기능을 제공한다.

풀코드 플랫폼: 최대의 제어 및 맞춤화

스펙트럼의 반대편 끝 쪽에 있는 풀코드 플랫폼은 가장 높은 수준의 제어와 유연성을 제공하지만, 상당한 개발 자원을 필요로 한다. 가령 랭그래프LangGraph, 크루AI, 오토젠과 같은 플랫폼은 기업이 고도로 맞춤화된 AI 에이전트를 구축할 수 있도록 포괄적인 프레임워크를 제공한다. 이러한 플랫폼은 특히 데이터를 엄격히 통제해야 하거나, 기존 시스템과의 복잡한 통합이 요구되거나, 규제가 강력히 적용되는 기업에 적합하다.

풀코드 플랫폼을 사용하면 조직은 의사결정 프로세스부터 데이터 처리 방식에 이르기까지 AI 에이전트들의 동작 전반을 세밀하게 조정할 수 있다. 하지만 이러한 수준의 제어에는 더 긴 개발 주기와 전문적인 기술 역량이 필요하다. 예를 들어 랭그래프와 같은 플랫폼은 방대한 문서와 커뮤니티를 통한 지원을 제공하고 있긴 하지만, 숙련되기까지는 여전히 많은 시간이 걸린다.

정교한 에이전트에는 세심한 도구 조율과 복잡한 워크플로우 관리가 필요한데, 풀코드 플랫폼은 이를 능숙하게 처리한다. 그러나 추가적인 개발 부담은 구현 및 가치 실현 시간을 크게 지연시킬 수 있으므로, 조직은 이러한 수준의 제어가 실제로 적용 사례에 필요한지 신중히 따져봐야 한다.

로우코드 플랫폼: 균형 잡힌 접근법

로우코드 플랫폼은 맞춤화와 접근성 사이의 균형을 이룬다. 왓슨X 어시스턴트WatsonX Assistant, 에이전트포스, 유아이패스, MS 코파일럿의 에이전트 빌더와 같은 플랫폼은 시각적인 개발 환경을 제공하는 동시에, 필요에 따라 코드를 통해 상당한 수준의 맞춤화를 지원한다. 이러한 플랫폼들은 현업 사용자와 기술팀 간의 원활한 협업을 지원해 일정 수준의 맞춤화를 유지하면서 AI 에이전트를 빠르게 배포해야 하는 조직에 특히 효과적이다.

로우코드 방식은 구현에 필요한 시간과 기술 전문성을 크게 줄이는 동시에 대부분의 기업 사용 사례에 충분한 유연성을 제공한다. 이러한 플랫폼은 일반적으로 특정 비즈니스 요구에 맞게 바꿀 수 있는 사전 구축된 구성 요소와 통합 기능을 제공한다. 예를 들어 서비스나우의 버추얼 에이전트Virtual Agent 플랫폼은 일반적인 비즈니스 프로세스에 즉시 사용 가능한 구성 요소를 제공하며, 필요에 따라 기업이 맞춤 개발을 통해 기능을 확장할 수 있도록 지원한다.

선택하기: 주요 고려 사항

확실하고 효율적인 결정을 내리기 위해서는 한없이 기능만 비교하기보다 실질적인 프레임워크에 집중해야 한다. 먼저, 사업상 우선순위를 바탕으로 협상 불가능한 상위 3~4가지 조건부터 파악한다. 다음으로, 사용 편의성, 맞춤화, 통합, 확장성, 보안, 비용 등의 요소를 고려해 각 조건에 가중치를 부여한다. 그런 다음, 이러한 요소를 기반으로 후보 플랫폼들을 평가한 뒤, 가장 높은 점수를 받은 플랫폼을 선택하여 다음 단계로 나아간다.

기술 전문성의 보유 여부는 흔히 주요 결정적 요인으로 작용한다. 유능한 개발팀이 있는 조직이라면 어쩌면 자연스럽게 풀코드 솔루션에 끌릴 수도 있다. 그러나 경험에 따르면, 기술력이 충분한 조직이라도 더 빠른 구현과 실무 경험 확보를 위해 더 복잡한 구현으로 넘어가기 전에 로우코드나 노코드 솔루션으로 시작하는 것이 유리할 때도 있다.

또 다른 중요한 고려 사항은 직원 참여를 통해 조직 전체로 에이전트 개발을 확대할 수 있는가 하는 점이다. 노코드와 로우코드 플랫폼은 조직 구성원들이 에이전트 개발과 에이전트 맞춤화에 참여할 수 있는 민주화된 접근 방식을 가능하게 한다. 이러한 민주화는 실제 업무를 잘 아는 직원이 직접 솔루션 개발에 기여할 수 있게 함으로써 AI 프로젝트의 효과를 앞당기고 더욱 혁신적인 솔루션을 이끌어낼 수 있다. 이를테면 고객 서비스 담당자는 일상적인 문의를 처리하는 에이전트를, 재무 분석가는 보고서 생성을 자동화하는 에이전트를 개발할 수도 있을 것이다. 이처럼 분산된 방식의 에이전트 개발은 조직 내 AI의 가치와 영향력을 크게 확대할 수 있다.

새 플랫폼이 조직에서 이미 사용 중인 시스템이나 데이터 출처와 문제없이 통합될 수 있는지도 플랫폼 선택에서 중요한 요소이다. 대다수 플랫폼이 API 연결을 제공하지만, 통합의 용이성과 깊이는 플랫폼마다 크게 다르다. 가령 MS 코파일럿의 에이전트 빌더는 마이크로소프트 생태계와 원활하게 통합되므로, 마이크로소프트 기술에 적극적으로 투자한 조직에 매력적인 선택지가 될 것이다.

보안 및 규정 준수와 관련된 요구 사항도 플랫폼 선택에 큰 영향을 미칠 수 있는데, 특히 규제 산업에 속한 조직이라면 더욱 그렇다. 풀코드 플랫폼은 일반적으로 데이터 처리 방식과 보안 절차 등을 조직이 직접 상세하게 관리할 수 있는 반면, 노코드 플랫폼은 이러한 측면에서 제약이 있을 수 있다.

너무 깊이 생각하지 말라

어떠한 플랫폼도 완벽할 순 없다. '이상적인' 선택만 기다리다 보면 기회를 놓칠 수 있다. 가장 좋은 전략은 작게 시작하여 실험하고 배우면서 확장해나가는 것이다. 많은 성공적인 기업이 로우코드 플랫폼에서 간단한 AI 에이전트를 먼저 만들어 그 효과를 검증하고 필요에 따라 점차 더 고급 솔루션으로 옮겨간다.

결정을 내리지 못하고 갈팡질팡하는 사이에 경쟁사들은 이미 AI 에이전트를 도입해 업계를 혁신하고 있다. 빠르게 행동하는 기업은 AI 혁명을 주도하게 될 것이고, 주저하는 기업은 따라잡기에만 급급하게 될 것이다. 최고의 AI 전략은 완벽한 전략이 아니라, 오늘 시작하는 전략이다.

+ · +

이어지는 절들에서는 우리가 그동안 쌓은 경험을 바탕으로 만든 범용 가이드를 소개한다. 이 가이드는 효과적인 AI 에이전트를 구축하는 데 실제로 큰 차이를 만드는 성공 요인, 세심한 결정, 숨은 기능들을 조명한다. 장점은 선택한 플랫폼과 관계없이 활용할 수 있다는 것이며, 단점은 특정 플랫폼에 국한되지 않기 때문에 용어와 세부적인 기능에 일부 차이가 있을 수 있다는 것이다. 또한 하나의 예시로서, 우리는 로우코드 플랫폼인 렐러번스 AI에서 에이전트를 어떻게 구축할 수 있는지 보여주는 단계별 가이드를 제공하기로 했다. 이는 책의 부록에서 확인할 수 있다.

효과적인 AI 에이전트 구축: A.G.E.N.T. 프레임워크

경험에 따르면, 성공은 대체로 기술의 정교함보다는 AI 에이전트를 얼마나 명확하고 철저하게 정의하고 설계하느냐에 달려 있다. 수많은 구현과 (인정하건대) 뼈아픈 교훈을 통해 우리는 A.G.E.N.T. 프레임워크라고 명명한 포괄적인 접근 방식을 개발했다. 이는 실제로 가치를 제공하며 신뢰할 수 있는 AI 에이전트를 구축하기 위한 일종의 방법론이라고 할 수 있다.

이 프레임워크는 다섯 가지의 핵심 요소로 구성된다.

- A-에이전트 정체성**Agent Identity**(에이전트는 누구인가?)

- G-장비와 두뇌**Gear & Brain**(에이전트의 동력은 무엇인가?)

- E-실행과 워크플로우**Execution & Workflow**(에이전트는 어떻게 작동하는가?)

- N-행동 지침과 규칙**Navigation & Rules**(에이전트는 어떻게 의사결정을 내리는가?)

- T-테스트와 신뢰**Testing & Trust**(에이전트를 어떻게 개선하고 확장할 것인가?)

AI 에이전트 구축은 신입사원을 채용하고 교육하는 일과 같다. 여러분은 조직에 사람을 새로 들일 때, 그 사람의 역할을 명확히 정의하고, 책임을 규정하고, 적절한 워크플로우와 도구, 규칙을 마련하지도 않고 데려오지는 않을 것이다. 같은 원칙이 AI 에이전트에도 적용된다. 하지만 이러한 디지털 직원의 경우 효과적으로 기능하기 위해서는 매우 정확한 지침이 필요하기 때문에 이는 훨씬 더 중요하다.

먼저 이 프레임워크의 첫 번째 핵심 요소인 에이전트 정체성에 대해 자세히 살펴보자.

A-에이전트 정체성: 에이전트는 누구인가?

AI 에이전트를 구축할 때 가장 중요한 단계는 에이전트의 **정체성**, 즉 목적, 역할, 운영 범위를 정하는 것이다. 대부분의 사람들이 바로 이 단계에서 첫 번째 실수를 저지른다. 이들은 AI가 실제로 작동하는 모습을 빨리 보고 싶은 마음에 에이전트가 무엇을 해야 하는지 시간을 내어 신중하게 정의하지 않는다. 그 결과 예측할 수 없는 동작을 하거나, 일관성 없는 결과를 내놓거나, 단순히 아무 쓸모가 없는 AI가 만들어진다.

이 단계가 왜 그렇게 중요한지 이해하기 위해 새 직원을 채용하는 상황을 상상해보자. 여러분이라면 누군가를 뽑아놓고 "그냥 당신이 최선이라고 생각하는 대로 도와주세요"라고 말하겠는가? 물론 그렇지 않을 것이다. 신입사원에게는 명확한 지침, 즉 자신의 **역할**과 **책임**, **한계**에 대한 안내가 필요하다. AI 에이전트도 마찬가지다. 구조화된 정체성을 부여하지 않으면 에이전트는 목적 없이 방황하면서 신뢰할 수 없거나, 부적합하거나, 심지어 역효과를 내는 결과를 만들어낼 뿐이다.

에이전트의 정체성을 정의하는 것이 중요한 이유

AI 에이전트는 직관적으로 사고하지 않는다. 직감이나 상식도 없다. 이들은 사용자가 정해놓은 한계 내에서만 작동한다. AI 에이전트의 정체성을 제대로 정의하지 않으면, 그 결과는 다음과 같은 세 가지 방식으로 나타날 수 있다.

1. 불안정한 행동: 방향성이 없으므로 에이전트는 사용자의 목표와 일치하지 않는 방식으로 반응할 수 있다.

2. 불일치: 명확한 기준선이 없으므로 같은 질문을 해도 매번 다른 답을 내놓을 수 있다.

3. 통제 불가: 에이전트의 한계가 명확하게 정의되지 않으면, 에이전트는 불필요하거나 무관하거나, 심지어 해로운 결과물을 만들어낼 수 있다.

이 현상을 실제로 확인하기 위해 우리가 뉴스레터를 위해 AI 기반 요약 에이전트를 구축할 때를 예로 들어보겠다. 처음에 우리는 에이전트에게 다음과 같은 간단한 지시를 내렸다.

"뉴스 기사와 연구 논문을 요약해."

괜찮아 보인다. 그렇지 않은가? 하지만 결과는 엉망이었다. AI는 무작정 기사들을 가져와 명확한 체계 없이 요약했고, 때로는 오래되거나 관련 없는 자료까지 포함시켰다. 이는 AI의 잘못이 아니었다. AI는 그저 모호한 지시를 따랐을 뿐이었다.

그래서 우리는 에이전트의 정체성을 명확히 하고 보다 구체적인 역할을 부여했다.

"넌 AI와 비즈니스 트렌드를 전문 분야로 하는 요약 도우미야. 너의 일은《MIT 테크놀로지 리뷰》,《아카이브arXiv》,《하버드 비즈니스 리뷰》등의 출처에서 뉴스 기사와 연구 논문들을 가져와 명확하고 흥미로운 요약본으로 정리하는 거야. 각 요약본은 150단어 이하여야 하고, 핵심적인 통찰을 담고 있으면서 본래의 의미는 유지해야 해. 어조는 전문적이지만 이해하기 쉬워야 하고, 뉴스레터의 스타일과도 맞아야 해."

이 정도의 명확성을 부여하자, 우리의 AI는 신뢰할 수 없는 콘텐츠 수집가에서 필요한 정보에 정확히 집중하는 리서치 파트너로 거듭났다. 이제 이 에이전트는 우리가 산더미 같은 정보를 일일이 뒤지지 않아도 독자들이 최신 트렌드를 따라갈 수 있도록 간결하고 가치 있는 요약본을 제공한다. 이 에이전트의 정체성에 대한 자세한 정보는 부록에서 확인할 수 있다. 자신만의 에이전트를 만들 때 이를 참고하면 될 것이다.

강력한 AI 에이전트 구축: 관리자처럼 생각하라

이에 대한 이해를 돕기 위해 오직 지시만 따르며 독립적으로 생각할 수 없는 원격 근무 직원을 관리한다고 상상해보자. 여러분이 해야 할 일은 다음과 같다.

1. 직무를 명확히 설명한다.
2. 해야 할 일과 해서는 안 될 일을 정확히 알려준다.

3. 소통 방식을 정의한다.

4. 한계 및 문제 발생 시 보고 체계를 설정한다.

이제 이 직원을 AI 에이전트로 대체해보라. 이러한 요소들을 제대로 정의하지 않으면 AI는 신뢰할 수 없게 될 것이다. 하지만 제대로 정의한다면 여러분은 자신의 영역 내에서 일관되고, 효율적이고, 지능적으로 성과를 내는 에이전트를 갖게 될 것이다.

모델과 워크플로우를 선택하기에 앞서 시간을 내어 에이전트의 정체성을 정리해두어라. 이러한 기반이 탄탄할수록 AI 에이전트는 더욱 강력하고 효과적으로 작동할 것이다.

강력한 에이전트 정체성의 핵심 요소

AI 에이전트의 정체성 정의는 단순한 기능 명시 그 이상이다. 이 일에는 잘 짜인 직무 기술서를 작성하는 것처럼 정밀함이 요구된다.

1. 목적: 에이전트의 주요 임무는 무엇인가?

모든 AI 에이전트는 "이 에이전트는 왜 존재하는가?"라는 질문에 답할 수 있는 명확한 임무 기술서를 갖춰야 한다. 분명한 목적 기술서는 모호함을 위한 여지를 남기지 않는다.

- 모호한 목적: "고객 지원업무를 돕는다."
- 명확한 목적: "고객이 흔히 겪는 문제에 대해 전문적이면서도 친절하게 단계별 해

결책을 제공함으로써 고객을 지원한다."

목적이 분명할수록 에이전트의 결과물은 사용자 기대에 더욱 부합할 것이다.

2. 역할: 에이전트는 어떤 인물을 연기하는가?

에이전트의 역할은 에이전트가 사용자와 어떻게 상호작용하고, 어떤 전문성(본질적으로 에이전트의 전문가적 정체성)을 모방하는지를 보여준다. 잘 정의된 역할은 사용자가 에이전트의 역량과 한계를 즉시 파악할 수 있게 해주며, 동시에 에이전트가 해야 할 일과 해서는 안 될 일의 경계를 명확히 한다.

예를 들어 금융 분야의 AI 에이전트는 다음과 같은 역할을 할 수 있다.

- '금융 분석가'(투자 인사이트와 위험도 평가 제공)
- '개인 금융 컨설턴트'(사용자가 예산을 세우고 돈을 절약하도록 지원)
- '세무 컨설턴트'(세법 준수를 고려해 세금 관련 질문에 답변)

역할에 따라 AI는 소통 방식이 달라지고, 중점을 두는 정보도 달라질 것이다.

3. 범위: 에이전트가 할 수 있는 일과 피해야 할 일은 무엇인가?

명확한 경계가 없으면 AI 에이전트는 의도된 기능을 벗어나 표류할 수 있다. 잘 정의된 범위 제한은 에이전트가 본래의 역할에 집중하도록 보장한다.

예를 들어 고객 지원 에이전트의 업무는 다음과 같은 범위로 제한될 수 있다.

- 사내 지식을 기반으로 **FAQ**에 답변
- 흔히 발생하는 문제에 대한 문제 해결 단계 제공
- 복잡한 문제는 인간 담당자에게 보고

다음과 같은 행위는 시도해서는 안 된다.

- 법적 또는 의학적 조언 제공
- 승인되지 않은 의사결정
- 추측성 답변 생성

이러한 경계 설정은 에이전트가 실수 발생 시 큰 비용이 들 수 있는 영역으로 넘어가는 것을 방지한다.

G-장비와 두뇌: 에이전트의 동력은 무엇인가?

AI 에이전트의 정체성이 명확히 정의되었다면, 다음 단계는 적절한 장비와 두뇌(효과적인 작동에 필요한 도구, 모델, 지식 등)를 갖춰주는 것이다. 많은 개발자가 이 단계에서 실수를 범한다. 이들은 불필요한 고급 설정을 선택해 일을 복잡하게 만들거나, 작업에 적합하지 않은 도구를 선택해 에이전트가 제 실력을 발휘하지 못하게 한다.

이 단계를 적절한 부품이나 차량을 선택하는 것으로 생각해보자. 우리는 배달에 쓰는 밴에 경주용 엔진을 달거나, 일반 승용차로 포뮬러Formula 1에서 우승하기를 기대하진 않는다. AI 에이전트에도 같은 논리가 적용된다. AI 모델, 도구, 데이터 출처의 잘못된 조합은 비효율적 작동, 형편없는 성능, 심지어 완전한 실패로 이어질 수 있다.

1. 적절한 AI 모델 선택: 성능, 비용, 효율성의 균형 맞추기

사용자는 대부분의 플랫폼에서 에이전트가 사용할 AI 모델(또는 여러 모델의 조합)을 선택할 수 있다. 이 결정은 매우 중요하다. AI 모델은 에이전트가 어떤 식으로 생각하고, 반응하고, 정보를 처리할지 결정하기 때문이다. AI 모델은 에이전트의 두뇌나 다름없으며, 에이전트가 얼마나 잘 이해하고, 추론하고, 답변을 생성할지를 좌우한다. 여기서 고려해야 할 두 가지 주요 요소가 있다. 바로 모델 크기와 추론 역량이다.

미니Mini, 파이Phi, 플래쉬Flash와 같은 소형 모델은 빠르고, 효율적이며, 비용 효율적이어서 간단한 쿼리나 미리 정의된 작업에 이상적이다. 그러나 심층적인 추론이나 복잡한 문제 해결에는 약하다. 한편 GPT, 클로드 오푸스Claude Opus, 제미나이 울트라Gemini Ultra와 같은 대형 모델은 미묘한 정보를 분석하고, 고품질의 답변을 생성하며, 비판적으로 사고할 수 있다. 하지만 더 많은 자원을 소모하고 운영 비용도 더 많이 든다.

비용에 민감한 애플리케이션의 경우, 일상적인 작업에는 소형 모델을 사용하고 복잡한 질의에는 대형 모델을 사용하는 것이 보통은 가장 좋은 방법이다. 미스트랄Mistral이나 라마Llama 70B와 같은 오픈 소스 모델은 더 많은 제어가 가능하고 비용 부담이 적다는 장점이 있지만, 세부적인 조정과 배포를 위해서는 사내 전문가가 필요하다.

2. 온도 설정

AI 에이전트의 성능을 조율할 때 또 다른 중요한 요소는 많은 플랫폼에서 지원하는 기능인 온도 설정이다. 온도 설정은 AI가 얼마나 결정적으로 또는 창의적으로 응답할지를 제어하며, 에이전트의 신뢰성과 유연성 모두에 영향을 미친다.

낮은 온도(예: 0~0.3)는 AI를 더 예측 가능하고 일관되게 만들어, AI가 사실에 기반한 답변을 생성하고 무작위성을 최소화하도록 한다. 이는 뉴스레터 요약 에이전트, 리서치 보조, 법률 관련 AI 도구와 같이 정확성이 중요한 애플리케이션에 이상적이다. 낮은 온도 설정은 AI가 어조나 내용에 예기치 않은 변화를 주기보다 간결하고 사실에 기반한 요약을 생성하길 원할 때 적합하다.

높은 온도(예: 0.7~1.0)는 AI를 더 창의적이고 개방적으로 만들어, AI가 다양하게 표현하고 응답할 수 있게 한다. 이 설정은 브레인스토밍, 광고 문구 생성, 창의적인 콘텐츠 작성 등 엄격한 정확성보다 독창성이 더 중요한 작업에 유용하다. 그러나 가령 요약 에이전트와 같은 구조화된 시스템에서 높은 온도 설정은 일관성 없는 답변, 환각, 또는 본래 의미에서 벗어나는 장황한 출력으로 이어질 수 있다.

AI 에이전트용 AI 모델 선택에 관한 더 깊이 있는 통찰을 얻고 싶다면, 허깅 페이스Hugging Face의 에이전트용 모델 비교 자료나[2] 오픈AI, 앤트로픽, 딥마인드의 AI 연구 논문과 같은 자료[3]가 유용할 수 있다.

3. 적합한 도구 고르기: 성능보다 정밀성

AI 에이전트는 텍스트만 생성하는 것이 아니라, 외부 시스템과 상호작용하고, 실시간으로 정보를 검색하고, 행동해야 한다. 회사가 직원에게 무제한적인 시스템 접근 권한을 주지 않듯, AI 에이전트가 사용할 수 있는 도구들도 명확하게 정의되고, 제한되고, 모니터링되어야 한다.

뉴스레터 프로젝트 초기에 우리는 검색 에이전트가 웹 스크래핑 도구를 제한 없이 활용할 수 있도록 했다. 그 결과 신뢰할 수 없는 출처에서 콘텐츠들이 쏟아져 들어왔고, 일부 웹사이트는 과부하로 인해 서버 접근을 차단하기도 했다. 이 경험을 통해 우리는 각 도구의 목적, 한계, 사용 조건을 상세히 정의하는 것이 얼마나 중요한지를 깨닫게 되었다. 검색 에이전트의 경우에는 사용 가능한 API뿐만 아니라 사용 방법까지 정확하게 명시해야 했다. 에이전트의 도구 사양에 대한 자세한 정보는 부록에서 확인할 수 있다. 자신만의 에이전트를 만들 때 참고하면 될 것이다.

API는 에이전트가 실시간으로 정보를 가져오거나 작업을 실행할 수 있게 해주는 가장 일반적인 도구이다. 이를테면 금융 에이전트는 시장 데이터 API를 사용해 주가를 가져오고, 일정 관리 도우미는 캘린더 API에 의존한다. 그러나 무제한적인 API 접근은 호출 제한, 보안상 취약, 또는 법적 문제로 이어질 수 있다. 실제로 많은 웹 스크래핑 에이전트들이 과도한 데이터 수집으로 인해 차단되거나 금지되었었다.

오용을 방지하기 위해 에이전트는 명확한 운영 한계를 정의하는 체계적인 사용 정책이 필요하다. 정책에는 다음과 같은 몇 가지 핵심 조건이 명시되어야 한다.

- 호출 제한 및 비용 관리: 효율성과 비용 관리를 위해 에이전트는 분당 설정된 요청 한도 내에서 작동해야 한다. 많은 API가 매 요청 시 요금을 부과하기 때문에 사용량을 통제하지 않으면 큰 비용이 발생할 수 있다. 게다가 제공자가 설정한 한도를 초과하면 스로틀링throttling이 발생할 수 있다. 이 경우 API 제공자는 시스템 과부하를 방지하기 위해 요청 처리 속도를 늦추거나 요청을 일시적으로 차단한다. 요청 빈도를 적절히 관리하면, 에이전트는 불필요한 비용을 피하면서도 원활하고 안정적으로 동작할 수 있다.

- 출처 신뢰성: 에이전트는 잘못된 정보의 유입을 막기 위해 사전 승인된 믿을 수 있는 출처에서만 데이터를 가져와야 한다. 여기에는 신뢰할 수 있는 언론 매체를 허용 목록에 추가하거나 품질 기준에 따라 콘텐츠를 거르는 방법이 포함될 수 있다. 가령 우리의 리서치 에이전트는 《MIT 테크놀로지 리뷰》, 《아카이브》, 《하버드 비즈니스 리뷰》와 같이 사전 승인된 권위 있는 출처에서만 정보를 가져오도록 설계되었다.

- 안전한 API 접근: API 키는 주기적으로 변경되어야 하고 인증 메커니즘(예: 토큰 기반 접근)을 통해 무단 사용이 방지되어야 한다. 절대 코드 내에 명시되어서는 안 된다.

- 서킷 브레이커: 오류가 반복되면 잘못된 요청을 계속 보내는 대신 실행을 중지한다. 예를 들어 API 호출에 연속으로 세 번 실패했다면, 에이전트는 몇 번이고 재시도하는 대신 요청을 일시 중단하고 관리자에게 알려야 한다.

- 대체 시스템: 문제가 발생하면 백업 프로세스로 전환해 연속성을 보장한다. 예를 들어 뉴스 API가 다운되면 AI는 오류를 반환하는 대신, 이차 출처에서 주요 기사를 가져올 수 있어야 한다.

이러한 안전망이 없으면 AI 에이전트는 스스로 과부하에 걸리고, 사용자를 화나게 하며, 사업 운영에 피해를 줄 수도 있다. AI 도구 통합에 대해 더 알고 싶다면 이 책의 2부를 참고하면 된다. 또한 오픈AI,[4] 구글,[5] AWS[6]의 API 문서를 통해 책임 있는 구현에 대한 훌륭한 지침을 얻을 수도 있다.

지식 출처 선택: 신뢰할 수 있는 AI 에이전트의 기반

AI 에이전트는 신뢰할 수 있는 출처에서 정보를 가져오고 처리해야 한다. 이러한 출처가 제대로 정의되지 않으면 에이전트는 환각을 일으키거나, 잘못된 데이터를 가져오거나, 오해의 소지가 있는 답변을 제공할 수 있다. 에이전트의 지식 기반을 구성하는 방법은 크게 데이터베이스, API, 문서 임베딩(기사, 학술 논문, 서적 등의 문서 내용을 AI가 의미적으로 이해할 수 있도록 숫자 형태로 바꿔 표현한 것-옮긴이)으로 나눌 수 있다.

데이터베이스는 고객 이력, 내부 정책, 자체 연구와 같은 내부 지식 관리에 가장 적합하다. 그런가 하면 API는 에이전트가 일기예보, 법률 개정 사항, 금융 통계와 같은 실시간 데이터를 가져올 수 있도록 한다. 한편 문서 임베딩은 AI가 방대한 텍스트 모음에서 정보를 검색하고 불러올 수 있게 해주므로 법률, 학술, 기업용 AI 솔루션에 적합하다.

그러나 모든 지식이 포함되어야 하는 것은 아니다. 에이전트가 오래되거나 편향된 출처에 접근할 경우에는 잘못된 정보가 퍼질 위험이 있다. 마찬가지로 필터링되지 않은 웹 검색은 품질이 낮거나 오해의 소지가 있는 콘텐츠로 이어져 위험할 수 있다. 따라서 AI 에이전트는 신뢰할 수 있는 분야별 데이터 세트를 기반으로 훈련되어야 하며, 추측성 정보를 생성하지 않도록 제한되어야 한다.

지식 선택 전략을 더 정교하게 다듬는 데 관심이 있다면 이 책의 2부를 참조하면 된다. 또한 위비에이트[7]나 파인콘[8]과 같은 벡터 데이터베이스 플랫폼, 그리고 스탠퍼드 AI 랩[9]의 학술 연구를 참고하면 더 깊이 있는 통찰을 얻을 수 있다.

최종 권고 사항: '더 열심히'가 아닌 '더 똑똑하게' 작동하는 AI 구축

경험에 따르면, 최고의 AI 에이전트는 가장 강력한 기능을 가진 에이전트가 아니라 지능, 도구, 지식의 적절한 균형을 갖춘 에이전트다. 모델을 효율적으로 유지하고, 도구 접근을 제한하며, 고품질의 지식 출처를 선별하면 안정성, 보안성, 신뢰성을 확보할 수 있다.

잘못 구성된 AI는 잘해야 낭비에 그치며, 최악의 경우 위험할 수도 있다. 핵심은 명확한 정의와 엄격한 기준, 신뢰할 수 있는 출처에서 시작해 에이전트가 통제되고 예측 가능한 범위 내에서 작동하게 하는 것이다.

E-실행과 워크플로우: 에이전트는 어떻게 작동하는가?

AI 에이전트가 명확하게 정의된 정체성과 적절한 장비와 두뇌를 갖췄다면, 이제 실행, 즉 에이전트가 실제 환경에서 어떻게 작동하는지에 집중할 차례다.

많은 AI 프로젝트가 실패하는 것은 잘못된 모델이나 도구 부족 때문이 아니라, 형편없는 워크플로우 설계 때문이다. 명확한 체계가 없으면 에이전트는 예측할 수 없게 행동하거나, 입력을 잘못 처리하거나, 일관되지 않은 반응을 내놓을 위험이 있다. 잘 훈련된 직원이 체계적인 업무 프로세스를 따르듯, AI 에이전트도 정의된 입력 형식, 논리적인 워크플로우, 언제 어떻게 작동할지를 정하는 명확한 조건이 필요하다.

입력 및 출력 정의: 적절한 언어 사용하기

AI 에이전트는 자신이 수신하고 생성하는 데이터의 형식을 이해해야 제대로 기능할 수 있다.

입력과 출력의 정확한 정의는 당연한 일로 보일지 모르지만, 사실 에이전트 설계에서 가장 중요한 부분 중 하나다. 우리는 뉴스레터 시스템을 만들면서 이 교훈을 얻었다. 그러니까, 처음에 우리는 요약 에이전트가 검색 에이전트로부터 콘텐츠를 수신하는 방식을 대략 정의했다. 그 결과 데이터 형식 불일치, 메타데이터 누락, 일관성 없는 콘텐츠 구조로 인해 지속적인 오류가 발생했다.

기사 URL의 입력 형식을 제대로 지정하지 않았을 때는 어떤 일이 생겼을까? 어떤 URL에는 쿼리 파라미터가 포함되어 있었고, 어떤 URL에는 그렇지 않았다. 그런가 하면 어떤 URL에는 앵커 태그anchor tag(링크를 생성하기 위한 태그-옮긴이)가 포함되어 있었고, 어떤 URL은 그냥 깔끔했다. 이 사소해 보이는 실수 때문에 시스템이 같은 기사를 여러 번 처리하거나 기사를 아예 놓치는 일이 발생했다. 우리는 URL 형식, 필수 메타데이터 필드, 콘텐츠 구조 등 정확한 입력 사양을 정의함으로써 이러한 문제들을 완전히 해결할 수 있었다.

출력에도 같은 원칙이 적용된다. 처음에 시스템을 작동시켰을 때 요약 에이전트는 이따금 이메일 형식에 맞지 않을 만큼 너무 긴 요약문을 생성해, 마지막 순간에 직접 편집을 하게 만들었다. 우리는 문자수 제한, 필수 섹션, 형식 규칙 등 정확한 출력 파라미터를 지정함으로써 각 에이전트의 출력이 프로세스의 다음 단계로 무리 없이 이어지도록 했다.

이러한 문제들을 방지하기 위해 모든 AI 에이전트는 다음 두 가지가 필요하다.

- 엄격한 입력 검증: 에이전트가 애초 처리하기로 된 형식의 데이터만 처리할 수 있게 한다.
- 명확한 출력 정의: 수신 시스템은 항상 예상할 수 있는 형태로 결과를 받을 수 있어야 한다.

이와 관련된 자세한 예시는 부록에서 확인할 수 있다.

대용량이나 중요한 데이터 처리를 담당한다면, 구조화된 데이터 처리를 위한 오픈AI API[10]나 검증을 위한 제이슨 스키마JSON Schema와 같은 프레임워크가 AI 워크플로우 전반에서 입력과 출력을 표준화하는 데 도움이 될 수 있다.[11]

워크플로우 설계: AI의 의사결정 프로세스 구조화하기

AI 에이전트는 단독으로 작동하지 않는다. 에이전트는 활성화된 후 일련의 단계에 따라 정보를 처리하고 의사결정을 내린다. 제대로 정의된 워크플로우는 단계뿐만 아니라, 단계 간의 전환까지 명시한다. 정의된 워크플로우가 없으면 에이전트는 같은 단계를 불필요하게 반복하거나, 잘못된 타이밍에 작업을 실행하거나, 일관되지 않은 행동을 보일 수 있다.

잘 구조화된 워크플로우는 다음을 포함한다.

1. 활성화 기준: 에이전트는 언제 작동하기 시작하는가? 사용자 입력, API 호출, 또는 예약된 작업을 기다리는가? 작동 조건에는 다음과 같은 세 가지 주요 유형이 있다.

   - **사용자 입력:** 입력이 있을 때만 반응한다(예: 챗봇, 가상 비서).
   - **API 호출:** 다른 시스템이 데이터를 요청할 때 활성화된다(예: AI 기반 자동화).
   - **예약된 실행:** 정해진 간격으로 실행된다(예: 일간 보고, 백그라운드 데이터 처리).

2. 처리 단계: 에이전트는 어떤 순서로 작업을 수행하는가? 예를 들어 먼저 데이터를 가져오고, 분석한 다음, 응답을 생성하는가? 작업을 수행하기 전에 정보를 검증해

야 하는가?

예를 들어 뉴스레터의 요약 에이전트는 다음과 같은 워크플로우를 따른다.

1. 활성화 기준: 리서치 에이전트가 《MIT 테크놀로지 리뷰》나 《아카이브》와 같은 출처에서 새로운 기사나 연구 논문을 업로드하거나 불러온다.
2. 처리 단계: 요약 에이전트는 콘텐츠를 처리하여 핵심 인사이트를 추려내고 관련이 없거나 중복된 정보를 걸러낸다.

잘 정의된 워크플로우는 비효율적 운영을 방지하고, 에이전트가 논리적이고 예측 가능하게 작동할 수 있도록 한다.

견고하고 확장 가능한 AI를 구축하기 위해서는 적절한 모델을 선택하는 것만큼이나 실행 과정을 신중하게 설계하는 것이 중요하다. 더심층적인 인사이트를 얻고자 하는 개발자들은 오픈AI의 API 모범 사례,[12] BPMN의 워크플로우 자동화 전략,[13] 그리고 AWS 람다Lambda[14]와 구글 클라우드 펑션Google Cloud Functions[15]과 같은 클라우드 컴퓨팅 프레임워크에서 사용되는 이벤트 기반 아키텍처를 살펴볼 수 있다.

안전장치 구현: 위기 상황에서 AI 신뢰성 확보하기

장애 한 번 없이 완벽하게 작동하는 AI 시스템은 없다. 그 이유가 오작동하는 에이전트든, 성능 저하든, 외부 요인이든 장애는 불가피하다. 진짜 과제는 장애를 피하는 것이 아니라, 장애를 효과적으로 관리하여 피해를 최소화하고 서비스 연속성을 유지하는 것이다.

서킷 브레이커와 구조화된 오류 처리를 구현함으로써 AI 에이전트는 문제를 조기에 감지하고, 연쇄적인 실패를 방지하며, 안정적으로 복구할 수 있다. 이러한 안전장치들은 시스템의 면역 체계처럼 작동하여 성능과 사용자 신뢰를 모두 보호한다.

1. 오류 처리 및 복구: AI의 기능 유지

AI는 지능적으로 복구하도록 설계되어야 한다. 완전히 작동을 멈추는 대신, 최고의 시스템은 3단계 복구 방식을 사용한다.

1. 자동 복구: 시스템은 실패한 프로세스를 자동으로 재시도하며, 각 시도 사이의 대기 시간을 점차 늘려 과부하를 방지하고 성공 가능성을 높인다.
2. 점진적 성능 저하: 어떤 기능이 반복적으로 실패할 경우, AI는 완전히 멈추는 대신 복잡성을 줄인다. 예를 들어 요약 에이전트는 오류에 부딪혀도 완전히 동작을 멈추지 않고, 기사 링크와 메타데이터 정도는 계속 전달할 수 있다.
3. 인간 관리자에게 보고: 문제를 자신 있게 해결할 수 없을 때 AI는 인간에게 보고하고, 단순히 작동을 멈추는 대신 관련 맥락과 권장 해결책을 함께 제공한다.

이러한 체계적인 접근 방식은 AI 장애가 통제 가능한 상태로 유지되게 하고, 사용자가 여전히 유용한 결과를 받아볼 수 있게 하며, 위기 상황에서도 중요한 서비스가 계속 운영될 수 있도록 한다.

2. 서킷 브레이커: 시스템 전체에 걸친 장애 방지

오류가 계속될 경우, 서킷 브레이커는 AI의 면역 체계처럼 작동하여 문제가 시스템 전반에 퍼지기 전에 해당 프로세스를 중단시킨다. 서킷 브레이커가 없으면 에이전트는 오류 상황에서 같은 동작을 반복하거나, 신뢰할 수 없는 데이터를 처리하거나, 자체적으로 성능이 저하될 수 있다.

우리는 오작동하는 요약 에이전트가 두 시간 동안 의미 없는 내용을 생성하고, 신뢰할 수 없는 뉴스 출처에서 오해의 소지가 있는 콘텐츠가 주입되고, 주요 이벤트가 진행되는 동안 시스템 과부하로 인해 저품질의 요약본이 생성되었을 때 이를 뼈저리게 깨달았다. 그래서 이러한 문제를 방지하기 위해 우리는 품질 기준을 설정했다(예를 들어 요약 에이전트가 1분에 세 번 의미 없는 정보를 생성하면 에이전트는 자동으로 일시 중지되고, 동시에 해당 상황이 인간 담당자에게 메시지로 보고된다).

실제로 중요한 기술 컨퍼런스 진행 중 우리 시스템에 과부하가 걸리면서 콘텐츠 품질이 저하된 적이 있다. 지금은 낮은 품질의 결과물이 사용자에게 전달되기 전에 서킷 브레이커가 이를 감지하고 차단하여 평판에 손상이 가는 것을 막는다. 오토젠이나 크루AI와 같은 플랫폼은 이상 상황 발생 시 실행이 중단되도록 설정할 수 있는 내장형 보호 장치를 제공한다.

3. 인간 관리자에게 보고: AI가 물러나야 할 때를 알기

어떤 결정들은 AI가 단독으로 처리하기에는 너무 복잡하거나 위험도가 높다. 이럴 때는 정확성, 규정 준수, 신뢰를 유지하기 위해 인간에게 보고하는 것이 중요하다. 잘 설계된 AI는 무작정 문제를 넘기는 대신, 체계적인 보고를 진행한다.

예를 들어 뉴스레터 요약 에이전트는 모순되거나 신뢰도가 낮은 요약문을 감지할 때 인간에게 보고한다. 여러 매체가 같은 사건을 보도하지만 (회사의 실적 수치가 다르거나 제품 출시 관련 내용이 일관되지 않는 등) 세부 정보가 상충하면, 요약 에이전트는 진위를 '추측'하려 하지 않는다. 대신에 인간 편집자에게 문제를 알리고 다음 정보를 제공한다.

1. 요약문에 사용된 원본 기사들
2. 여러 출처에서 발견된 불일치 사항의 상세 내용
3. 생성된 요약문의 신뢰도를 나타내는 점수

이를 통해 편집자는 아무것도 없이 시작하지 않고 정보에 기반한 결정을 내리는 데 필요한 모든 맥락을 확보할 수 있다. 마찬가지로 에이전트는 (아마도 과도한 전문 용어, AI가 생성한 오염된 콘텐츠, 형편없는 품질의 글 등으로 인해) 일관성 있는 요약문을 생성하지 못하면, 대체할 만한 자료를 제안하거나 수동 개입을 요청하는 식으로 인간에게 보고한다.

이 주제에 대해 좀 더 자세히 알고 싶은 독자들을 위해 덧붙이자면, 마이크로소프트의 AI 신뢰 및 안전 원칙AI Trust and Safety Principles[16]이나 오픈AI의 API 모범 사례[17]와 같은 자료에서 안전장치, 오류 처리, 서킷 브레이커, 인간-AI 보고 전략에 대한 심층적인 인사이트를 얻을 수 있다.

N-행동 지침과 규칙: AI 에이전트는 어떻게 의사결정을 내리는가?

AI 에이전트가 명확한 정체성, 적합한 도구, 체계적인 워크플로우를 갖추었다면, 이제 AI 설계에서 가장 쉽게 간과되지만 매우 중요한 부분 중 하나인 에이전트의 의사결정 방식을 살펴볼 차례다. AI 에이전트의 성능은 의사결정 프레임워크에 달려 있다고 해도 과언이 아니다. 명확하게 정의된 행동 지침이 없으면 에이전트는 예측할 수 없게 되고, 일관성이 떨어지며, 무엇보다 제어가 불가능해진다.

AI 에이전트를 자율주행차로 생각해보라. 자율주행차에 "목적지까지 운전해"라고만 지시하고 모든 것을 알아서 하길 기대하진 않을 것이다. 운행을 위해서는 다음과 같은 사항들을 미리 정해둬야 한다.

- 어떤 경로를 이용해야 하는가?
- 장애물은 어떻게 처리해야 하는가?
- 도로가 막히면 어떻게 해야 하는가?

AI 에이전트도 안정적으로 작동하려면 이와 유사한 규칙이 필요하다. 이러한 규칙이 없으면, 자의적인 선택을 하거나, 더 심각한 경우 잘못된 선택을 하게 된다.

처리 규칙 정의하기: 필터링, 우선순위 지정, 의사결정 논리

모든 AI 에이전트는 어떤 정보가 중요한지, 무엇을 무시할지, 작업의 우선순위를 어떻게 정할지 결정해야 한다. 규칙이 없으면 에이전트는 관련 없는 데이터 때문에 혼란에 빠지거나, 일관되지 않은 결과를 반환하거나, 부적절한 제안을 할 수 있다.

잘 구조화된 처리 시스템은 다음을 포함한다.

1. 필터링 메커니즘: 에이전트는 적합한 데이터와 적합하지 않은 데이터를 구분해야 한다. 예를 들어 리서치 에이전트는 검증되지 않은 블로그 게시물보다 동료 검토를 거친 연구를 우선시해야 한다.

2. 우선순위 지정 논리: 어떤 작업은 다른 작업보다 더 긴급하거나 중요하다. 예를 들어 고객 지원 AI는 일반적인 문의를 처리하기 전에 긴급한 고객 불만 사항을 인간 관리자에게 보고해야 한다.

3. 처리 한계: 에이전트가 한꺼번에 너무 많은 데이터를 처리하게 하면 시스템 속도가 느려지고 비용도 증가한다. AI는 수천 건의 기사를 가져올 경우, 모든 데이터를 분석하기보다 핵심 기준을 바탕으로 사전 필터링해야 한다.

검색 에이전트를 개발할 당시, 처음에 우리는 키워드 일치와 최신성에만 집중했다. 그 결과 기술적으로 의미는 있지만 독자에게 실질적인 가치는 제공하지 못하는 피상적인 콘텐츠를 만들게 되었다.

그러나 우리는 정교한 적합성 평가, 출처 신뢰도 점검, 콘텐츠 다양성 요건을 포함하도록 처리 규칙을 확장함으로써 에이전트를 단순한 검색 도구에서 안목 있는 콘텐츠 선별자로 탈바꿈시킬 수 있었다. 각 각은 고유의 목적을 지닌다. 적합성 평가는 콘텐츠의 가치를 보장하고, 신뢰도 평가는 품질 기준을 유지하며, 다양성 요건은 편향된 정보만 제공하는 문제를 예방한다.

이러한 규칙들을 제대로 정의하지 않으면 AI는 비효율적으로 작동하거나, 편향되거나, 심지어 잘못된 의사결정을 내릴 수 있다. 이에 대해 더 자세한 사항을 알고 싶다면 정보 검색 방법론,[18] 의사결정 트리 프레임워크,[19] 머신러닝 모델에서 사용되는 순위화 알고리즘[20]을 참고하길 바란다.

투명성 확보: AI 책임성을 위한 의사결정 트레일 생성

AI의 의사결정은 블랙박스처럼 느껴져서는 안 된다. 사용자는 에이전트가 왜 해당 방식으로 응답했는지를 이해해야 한다. AI가 재무 관련 조언을 하거나 어떤 요청을 거부한다면, 그 결정에는 추적 가능한 근거가 있어야 한다.

이를 달성하기 위한 가장 좋은 방법 중 하나는 의사결정 트레일 Decision Trail(AI의 사고 과정을 기록하고 설명하는 로그)을 구현하는 것이다. 이러한 로그는 다음을 수행해야 한다.

- 입력값 수집: AI의 결정에 어떤 데이터가 영향을 주었는가?
- 처리 단계 표시: AI는 어떻게 옵션들의 순위를 매기고, 정보를 필터링하고, 논리를 적용했는가?

- 정당성 제공: AI가 특정 옵션을 선택한 이유는 무엇인가?

예를 들어 뉴스레터의 리서치 에이전트가 요약할 연구 논문을 선택할 때, 로그에는 다음이 포함되어야 한다.

- 출처(예: 《MIT 테크놀로지 리뷰》, 《아카이브》, 《하버드 비즈니스 리뷰》) 및 해당 기사 작성 날짜
- 선택 이유(예: 현재 뉴스레터 주제와 관련이 있음, 허용된 출처에 속함)
- 고려했지만 제외한 다른 기사들과 그 이유

의사결정 과정을 투명하게 유지함으로써 요약 에이전트는 편집자의 검토를 용이하게 하고, 독자와의 신뢰를 쌓으며, 콘텐츠 선별 과정을 개선할 수 있게 된다(그럼으로써 단순한 자동화 도구에서 믿을 수 있고 책임감 있는 리서치 파트너로 변모한다).

대부분의 AI 에이전트 플랫폼은 로깅(기록 남기기-옮긴이)을 위한 내장 훅hook(코드 내 특정 이벤트나 동작 발생 시 실행되는 코드 조각-옮긴이)이나 미들웨어를 제공하며, 사용자는 이를 필요에 맞게 수정해 의사결정 과정을 기록하고 투명성을 높일 수 있다. 이렇게 생성된 로그는 대시보드를 통해 검토나 디버깅에 활용될 수 있다. 핵심은 에이전트가 작업을 수행하는 워크플로우의 주요 지점들에 로깅을 통합하는 것이다. 에이전트(예: 검색, 요약 에이전트)별로 입력 데이터(예: 키워드, 기사), 수행한 작업(예: 기사 요약, 적합성 평가), 출력(선택된 기사, 요약본)을 기록해야 한다.

금융, 의료, 정부 부문의 AI 시스템은 이미 투명성 확보를 위해 규제되고 있으며, 이는 명확한 의사결정 기록이 단순한 모범 사례가 아닌

필수 요건이 될 것을 의미한다. 로깅과 투명성에 대해 좀 더 자세히 알고 싶다면, 설명 가능한 AIExplainable AI, XAI 프레임워크,[21] GDPR의 AI 투명성 요구 사항과 같은 규제,[22] 기업용 AI의 감사 로깅[23] 운영 방식을 살펴보길 바란다.[24]

T-테스트와 신뢰: 에이전트를 어떻게 개선하고 확장할 것인가?

AI 에이전트 구축은 한 번으로 끝나는 일이 아니라 테스트, 개선, 확장을 거듭해야 하는 지속적인 과정이다. 아무리 잘 설계된 에이전트라도 실제 환경에 배포되면 예상치 못한 동작, 성능 문제, 그리고 한계를 드러내게 된다. 체계적인 개선 주기가 없다면 에이전트는 신뢰할 수 없는 결과를 도출하거나, 사용자를 화나게 하거나, 효과적으로 확장되지 못할 수 있다. 직원이 성과 평가와 교육을 받는 것처럼 AI 에이전트도 지속적인 테스트와 모니터링, 최적화가 필요하다.

실제 사용 사례 시뮬레이션: AI가 실험실 밖에서도 잘 작동하게 하기

AI 에이전트는 통제된 환경에서는 안정적으로 작동할지 모르지만, 실제 사용자 환경에 놓이면 예측 불가능한 입력, 예외적인 상황, 다양한 문제에 직면하게 된다. 신뢰성과 정확성을 보장하는 유일한 방법은 배포 전 다양한 시나리오로 에이전트를 철저히 테스트하는 것이다.

균형 잡힌 테스트 방식에는 다음이 포함되어야 한다.

- 일반 시나리오: 에이전트가 일반적인 사용자 요청을 예상대로 처리하는가?
- 예외 상황: 모호하거나, 표현이 부정확하거나, 모순되는 입력에 어떻게 대응하는가?
- 장애 시뮬레이션: API가 다운되거나 사용자가 불완전한 정보를 제공하면 어떻게 되는가?

예를 들어 고객 지원 AI는 기본적인 문의뿐만 아니라, 화가 난 고객이 모호하거나, 감정적이거나, 오해의 소지가 있는 말을 하는 경우에 대해서도 검증되어야 한다. 마찬가지로 AI 기반 의료 비서도 잘못된 의료 조언을 하지 않도록 까다로운 상황에서 철저히 검증되어야 한다.

이 단계를 건너뛰면 AI 환각, 부적절한 응답, 또는 잘못된 의사결정을 초래할 수 있으며, 특히 사용자가 예상치 못한 방식으로 AI를 다룬다면 더욱 그럴 수 있다. 체계적인 테스트를 위해서는 랭체인의 테스트 모음,[25] 허깅 페이스의 AI 모델 성능 평가,[26] 오픈AI의 적대적 테스트 프레임워크[27]와 같은 LLM 평가 도구를 활용해볼 수 있다.

피드백 수집 및 로그 모니터링: 사용자와 실수로부터 학습하기

일단 AI 에이전트가 실제 운영에 들어가면 성능 개선을 위한 지속적인 모니터링과 사용자 피드백 수집이 매우 중요하다. 워크플로우가 잘 구조화되어 있어도 AI는 여전히 엉뚱한 결과를 내놓거나, 예상치 못한 응답을 생성하거나, 사용자 기대에 미치지 못할 수 있다.

효과적인 모니터링에는 다음이 포함된다.

- 사용자 피드백 메커니즘: 사용자가 응답을 평가하고, 잘못된 답변을 지적하며, 상황에 맞는 피드백을 제공할 수 있도록 한다.
- 로그 분석: 입력, 출력, 의사결정 과정을 기록하여 반복되는 오류나 비효율성을 감지한다.
- 행동 추적: 사용자가 상호작용을 포기하는지, 설명을 요청하는지, 자주 막히는지를 파악한다.

예를 들어 AI 기반 채용 보조 시스템이 자격이 없는 후보자를 반복해서 높이 평가할 때, AI의 의사결정 로그를 검토하면 채점 방식에서의 편향이나 문제점을 찾아내는 데 도움이 될 수 있다. 이와 비슷하게 전자상거래 AI가 관련 없는 상품을 추천한다면, 사용자 피드백을 통해 AI가 선호도를 잘못 해석하고 있는지, 혹은 특정 트렌드를 지나치게 우선시하는지를 파악할 수 있다.

이 단계를 무시하는 것은 AI 성능 정체, 사용자 불만, 신뢰 상실로 이어질 수 있다. 모델 행동과 사용자 상호작용 추적을 위해서는 랭스미스LangSmith[28]나 오픈텔레메트리OpenTelemetry[29]와 같은 관찰 도구를 활용할 수 있다.

정제 및 개선: 더 나은 결과를 위한 AI 미세 조정

어떤 AI 에이전트도 처음부터 완벽하게 작동하진 않는다. 성능 개선은 실제 결과를 바탕으로 모델 파라미터를 조정하고, 프롬프트를 업데이트하며, 워크플로우를 최적화하는 반복적인 과정이다.

최적화해야 할 주요 부분은 다음과 같다.

- 온도 조절: 낮은 값은 응답을 더 결정론적으로 만들고, 높은 값은 응답의 창의성을 높이지만 무작위성도 함께 증가시킨다.
- 프롬프트 엔지니어링: 지시문, 제약 조건, 시스템 메시지 수정은 응답의 정확도와 일관성을 크게 높일 수 있다.
- 워크플로우 조정: 특정 작업이 지연, 오류, 비효율을 초래한다면 데이터 처리나 검색 방식을 조정해 성능을 높일 수 있다.

예를 들어 간결한 답변을 내놓지 못하는 AI 기반 법률 비서는 간결성을 강화하기 위한 프롬프트 조정이 필요할 수 있다. 한편 환각 현상을 너무 자주 보이는 AI는 낮은 온도 설정과 더 엄격한 지식 검색 메커니즘이 도움이 될 수 있다.

점진적 신뢰 모델

인간과 AI 에이전트 간의 신뢰는 저절로 생기는 것이 아니라, 쌓아가야 하는 것이다. 우리는 이러한 현실을 반영해 점진적 신뢰 모델Progressive Trust Model을 설계했는데, 이는 AI 시스템이 신뢰성, 정확성, 투명성을 입증할수록 점진적으로 더 많은 자율성을 확보할 수 있게 한다. AI를 완전히 통제하거나 완전히 독립시키는 이분법적 접근이 아니라, 이 모델은 단계적으로 신뢰를 구축해 효율성과 감독 사이의 균형을 맞춘다.

- 1단계: 철저한 감독. 에이전트 도입 후 처음 한 달 동안은 편집자들이 AI가 하는 모든 일을 세밀하게 검토했다. 이러한 집중적인 감독 기간은 품질을 보장하는 동시에 편집자들이 AI의 역량과 한계를 이해하는 데 도움이 되었다.
- 2단계: 선택적 검토. 시스템의 신뢰성이 입증됨에 따라 우리는 보다 선택적인 검토 프로세스로 전환했다. 편집자들은 복잡한 사례와 전략적 결정에 집중했고, 일상적인 업무는 AI가 보다 자율적으로 처리했다.
- 3단계: 전략적 감독. 지금은 인간의 개입이 주로 전략적 방향 설정과 예외적인 사례에 집중된다. AI는 매우 자율적으로 일상적인 작업을 처리하지만, 항상 명확하게 정의된 범위 내에서만 그렇게 한다.

이러한 점진적 모델은 조직이 적절한 안전장치를 유지하면서 AI 에이전트에 대한 신뢰를 쌓아갈 수 있게 한다. 중요한 점은 인간과 AI의 협업을 이분법적으로 접근할 것이 아니라, 입증된 성과에 따라 진화하는 스펙트럼으로 이해해야 한다는 것이다. 우리는 모든 에이전트를 구현할 때, 각 단계를 넘어설 명확한 기준을 마련해 철저한 감독에서 전략적 감독으로 이어지는 이 과정을 체계적으로 설계하고 있다.

한 고객은 이렇게 말했다. "높은 수준의 감독으로 시작한 것은 기술에 대한 신뢰가 부족해서가 아니라, 비즈니스 연속성을 보장하면서 팀이 적응할 시간을 확보하기 위한 것이었습니다." 이러한 접근 방식은 에이전트 도입률을 크게 높이고, 장기적으로도 성공적인 운영을 가능하게 했다.

확장 계획: 에이전트가 성장에 대응할 수 있도록 하기

잘 설계된 AI 에이전트는 수요에 맞춰 확장할 수 있어야 한다. 즉 성능 저하 없이 더 많은 사용자, 더 큰 데이터 세트, 증가한 복잡성을 처리할 수 있어야 한다. 많은 AI 프로젝트가 실패하는 이유는 제대로 작동하지 않아서가 아니라, 효율적으로 확장하지 못해서이다.

확장성을 계획할 때 고려해야 할 요소는 다음과 같다.

- 부하 테스트: 에이전트는 속도 저하 없이 열 배 더 많은 사용자를 처리할 수 있는가?
- 병렬 처리: 여러 서버나 모델에 작업을 분산시킬 수 있는가?
- 비용 최적화: 규모가 커져도 인프라 비용이 합리적인가, 아니면 성능을 위해 과도한 비용을 감당해야 하는가?

예를 들어 하루에 1,000건 정도의 문의는 잘 처리하던 고객 지원 봇도 일일 상호작용이 10만 건으로 늘어나면 속도가 느려지거나 운영 비용이 커질 수 있다. 장기적인 운용을 위해 중요한 것은 서버 없는 아키텍처, 캐싱 전략(자주 사용하는 데이터 등을 임시 저장해두었다가 필요할 때 빠르게 가져오는 방법-옮긴이), 다중 에이전트 활용 등을 통해 작업 부하를 효과적으로 분산시키는 것이다.

또한 AI 확장 전략에 관심이 있다면 AWS 오토 스케일링AWS Auto Scaling,[30] 구글 클라우드 AI 인프라 모범 사례,[31] 그리고 대규모 추론 처리를 위한 엔비디아NVIDIA의 AI 배포 프레임워크deployment frameworks

등을 참고할 수 있다.[32]

단순함의 힘

신뢰성에 대해 우리가 얻은 중요한 교훈 한 가지는 단순함의 가치였다. 초기 버전의 뉴스레터 에이전트 시스템에는 복잡한 복구 절차와 정교한 대체 메커니즘이 포함되어 있었다. 하지만 시간이 지나면서 우리는 충분히 검증된 더 간단한 프로세스가 복잡한 프로세스보다 보통 더 안정적이라는 사실을 알게 되었다.

라케쉬에 따르면, "가장 안정적인 시스템은 잘못될 가능성이 적은 시스템"이다. 우리는 이 원칙에 따라 프로세스를 간소화하고 불필요한 복잡성을 가능한 한 제거했다.

LLM 챗봇을 활용한 포괄적 사양 정의

챗GPT, 제미나이, 클로드와 같은 AI 챗봇은 에이전트의 정체성을 상세히 정의하거나, 적절한 API 매개변수를 설정하거나, 대비책을 설계하는 등 세부적인 정의와 매개변수 개발에 매우 유용하다. 그러나 핵심은 AI에게 효과적으로 질문하는 방법을 아는 것이다. 우리는 이를 위해 '점진적 정의 개선Progressive Definition Refinement'이라는 방법을 주로 사용한다.

먼저, LLM에게 에이전트의 기본 역할을 정의하도록 요청한다(예를 들어 "콘텐츠 요약 에이전트의 기본 역할은 무엇인가?"라고 묻는 것이다-옮긴이). 그런 다음, 잠재적 문제, 예외 사례, 실패 모드에 대해 단계적으로 묻는다. 예를 들면 이런 식이다.

- 초기 프롬프트: "뉴스 기사를 처리할 때 콘텐츠 요약 에이전트는 무엇을 고려해야 하는가?"
- 후속 프롬프트: "각 고려 사항에서 어떤 문제가 발생할 수 있는가?" "에이전트는 각 실패 유형을 어떻게 처리해야 하는가?" "에이전트가 잘 작동하고 있음을 나타내는 지표는 무엇인가?"

각 응답은 보다 포괄적인 정의를 만들어가는 데 도움이 되며, 이후 우리는 이를 실제 상황에 비추어 검증한다.

에이전트 프레임워크 요약

A.G.E.N.T. 프레임워크는 안정적이고 확장 가능하며 효과적인 AI 에이전트를 구축하기 위한 체계적인 방법론을 제공한다. 다음은 주요 구성 요소를 요약한 표로, 에이전트 구현과 적용을 좀 더 용이하게 해줄 것이다.

구성 요소	핵심 질문	핵심 요소	실행할 수 있는 조치
A-에이전트 정체성	에이전트는 누구인가?	목적, 역할, 범위	명확한 임무 기술서를 작성한다. 경계와 책임을 구체적으로 정의한다. 의도한 용도와 부합하도록 한다.
G-장비와 두뇌	에이전트의 동력은 무엇인가?	AI 모델, 도구, 지식 출처	성능과 비용을 고려해 적절한 모델을 택한다. 필요한 API와 도구를 연동한다. 양질의 지식 출처를 선별한다.
E-실행과 워크플로우	에이전트는 어떻게 작동하는가?	입·출력, 워크플로우 설계, 작동 조건 & 자동화	입·출력 형식을 표준화한다. 체계적인 워크플로우를 정의한다. 작동 조건을 설정하고 프로세스를 자동화한다.
N-행동 지침과 규칙	에이전트는 어떻게 의사결정을 하는가?	규칙 처리, 안전 장치, 투명성	필터링 및 우선순위 규칙을 설정한다. 호출 제한, 서킷 브레이커, 인간 개입 경로를 마련한다. 추적할 수 있도록 의사결정 과정을 기록한다.
T-테스트와 신뢰	에이전트를 어떻게 개선하고 확장할 것인가?	실제 환경에서의 테스트, 피드백 모니터링, 확장성	실제 사용 환경을 가정해 테스트한다. 사용자 피드백을 수집하고 로그를 모니터링한다. 워크플로우를 최적화하고 확장을 계획한다.

표 8.5 ┃ 에이전트 프레임워크 요약 (출처: © 보넷 외)

뉴스레터 에이전트 프로젝트의 성과

에이전트 시스템의 도입은 뉴스레터 제작 프로세스를 완전히 바꿔놓았다. 주당 10시간 이상 걸리던 작업 시간이 2시간 이하로 줄어들어, 놀랍게도 소요 시간이 80%나 절감된 것이다. 기사 검색, 요약, 뉴스레터 구성 등 예전에는 수작업으로 처리해야 했던 일들이 이제 완벽하게 자동화되었다. 덕분에 인간 검토자는 좋은 기사를 선정하고 뉴스레터에 실을 콘텐츠를 최종적으로 확정하는 등 중요한 결정에만 집중할 수 있게 되었다.

효율성뿐만 아니라 품질도 눈에 띄게 향상되었다. 이전에는 일관되지 않은 어조나 형식 오류가 자주 눈에 띄었지만, 이제 뉴스레터는 언제나 세련되고 전문적인 수준을 유지한다. 에이전트들은 독자에게 잘 전달되는 일관된 목소리를 보장하며, 덕분에 신뢰도가 크게 향상되었다. 요약본과 뉴스레터가 매번 제시간에 제공되어 이전에 수작업 과정에서 발생하던 지연 문제도 완전히 해결되었다.

아마도 가장 인상적인 이점은 확장성일 것이다. 이 시스템은 추가적인 인력 투입 없이도 필요하다면 50% 더 많은 기사를 처리하는 등 작업량이 늘어나도 수월하게 대응할 수 있다. 시간 절약, 품질 향상, 유연성의 조합은 단순히 워크플로우를 최적화한 것을 넘어, 콘텐츠 제작에서의 효율성과 우수성에 대한 새로운 기준을 제시했다.

단 한 달 만에 구독자 30만 명을 달성하며 뉴스레터 시스템이 성공할 수 있었던 것은 단순히 정교한 AI 덕분이 아니라, 잘 조율된 시스템 내에서 함께 작동하도록 세심하게 정의된 AI 에이전트들 덕분이었다. 각 에이전트는 무엇을 해야 하는지, 어떻게 해야 하는지, 또 문제가 발생했을 때 어떻게 해야 하는지 정확히 알고 있었다.

직접 확인해보시라. '에이전틱 인텔리전스Agentic Intelligence' 뉴스레터를 구독하면 이 흥미로운 주제에 대한 최신 소식을 받아볼 수 있다. 신청 링크는 다음과 같다.

- 서브스택Substack: https://agenticintelligence.substack.com
- 링크드인LinkedIn: https://www.linkedin.com/newsletters/agentic-intelligen ce-7293015480007557121

성공적인 AI 에이전트 구현을 위한 20가지 팁

이번 장에서 얻은 주요 교훈을 바탕으로 우리는 개념 단계에서 성공적인 배포까지의 여정을 안내할 필수 팁을 다음과 같이 정리했다.

1단계: 적절한 에이전트 기회 찾기

1. 최적의 지점을 찾아라: 비즈니스에 큰 효과 창출, 현재 기술로 실현 가능, 적정한 구현 노력, 이 세 가지 핵심 요소가 겹치는 지점을 파악하라.

2. 에이전트의 본질적인 한계를 인식하라: 인간의 창의성, 전략적 판단, 감성 지능이 필요한 작업은 여전히 인간의 손에 맡겨져야 한다. 모든 프로세스를 자동화할 필요는 없다.

3. 역할이 아닌 업무를 생각하라: 에이전트는 직원이 아니라는 점을 기억하라. 에이전트는 현재 지닌 역량으로 특정 업무에서 뛰어난 성과를 낼 순 있지만, 폭넓은 역할을 해내지는 못한다. 한 명의 직원이 다섯 개의 프로세스를 담당하고 있다면, 이와 같은 작업을 자동화하기 위해서는 다섯 개의 에이전트가 필요할 수 있다.

4. 프로세스 문서화부터 시작하라: AI 에이전트를 위한 가장 좋은 기반은 명확하게 문서화된 프로세스다. 잘 문서화된 프로세스는 구체적인 단계, 도구, 의사결정 트리, 사례 등을 담고 있어 이상적인 학습 자료가 된다.

5. 검증된 프로세스만 자동화하라: 한 번도 수작업으로 수행해본

적 없는 프로세스는 자동화해서는 안 된다. 먼저 프로세스가 제대로 작동한다는 것을 수작업으로 확인한 후, 자동화하라.

6. 복잡한 문제는 세분화하라: 전체 시스템을 한 번에 만들려고 하지 말고, 분할 정복 방식을 사용해 한 번에 한 가지의 문제를 해결하라.

2단계: AI 에이전트의 역할과 역량 정의하기

1. 에이전트의 목표와 지침을 구체적으로 정의하라: 시간을 내어 각 에이전트의 정확한 목적, 역할, 한계를 설정하라. 예시는 천 마디 말보다 낫다는 것을 기억하고, 가장 중요한 지시는 프롬프트의 끝에 배치하라.

2. 단순할수록 더 좋다: 에이전트, 도구, 작업이 많아질수록 복잡성, 비용, 유지보수 문제가 커진다. 최소한으로 시작해 점진적으로 확대해나가라.

3. 하나의 에이전트, 하나의 도구: 웬만하면 복잡한 다목적의 에이전트를 만들기보다 각 에이전트가 하나의 명확하게 정의된 도구만 사용하도록 제한하라. 단순함은 신뢰성으로 이어진다.

3단계: 성공적으로 AI 에이전트 설계하기

1. 인간과의 협업을 염두에 두고 설계하라: 인간의 능력을 완전히 대체하는 것이 아닌, 강화하는 에이전트를 구축하라. 품질 보증과 전략적 의사결정을 위해서는 인간이 개입할 수 있도록 하라.

2. 기존 업무 환경에 매끄럽게 녹아들도록 하라: 에이전트는 기존

시스템 내에서 원활히 작동해야 한다. 사용자가 접근하기 불편하다면, 아무리 뛰어난 에이전트라도 별 소용이 없다.

3. 에이전트가 피드백을 받을 수 있도록 하라: 에이전트에게 자신의 작업 결과를 분석할 수 있는 도구를 제공하라. 에이전트는 작업이 성공적으로 완료되었는지 확인할 수 있어야 한다.

4. 입·출력을 표준화하라: 모든 입·출력 형식을 엄격하게 정의해 데이터 구조 불일치로 인한 오류를 예방하라.

5. 프로세스 데이터와 행동을 분리하라: 에이전트가 알고 있는 것(프로세스 데이터)과 할 수 있는 것을 명확하게 분리하면 보안이 강화되고 유지 관리가 용이해진다.

4단계: AI 에이전트 구현하기

1. 완벽함보다 속도를 우선시하라: 완벽한 플랫폼을 찾느라 시간을 허비해선 안 된다. 일단 작동 가능한 수준에서 시작해 구현을 통해 배우고 반복적으로 개선해나가라.

2. 실패를 대비해 설계하라: 견고한 오류 처리, 서킷 브레이커, 점진적인 기능 저하, 인간 개입 경로를 마련하라. 에이전트는 언제든 동작을 멈출 수 있으며, 어떻게 복구되느냐가 중요하다.

3. 의사결정 트레일을 구축하라: 에이전트가 모든 의사결정의 추론 과정을 기록하게 하라. 이렇게 하면 책임 소재를 분명히 하고 개선이 필요한 부분도 쉽게 파악할 수 있다.

4. 지속해서 피드백을 수집하라: 사용자 의견과 시스템 성능 지표를 수집하는 메커니즘을 구현해 지속적인 개선을 진행하라.

5. 점진적 신뢰 모델을 사용하라: 에이전트의 신뢰성이 입증될수록 사람의 개입을 점진적으로 줄이는 단계적 감독을 구현하라.

6. 실제 시나리오로 테스트하라: 배치에 앞서 예외 사례와 예기치 못한 입력에 대비해 철저히 테스트하라.

7. 반복은 필수임을 받아들여라: 어떤 에이전트도 처음부터 완벽하게 작동하진 않는다. 구현 일정에 여러 번의 개선 주기를 포함하라.

8. 에이전트 배치는 개발보다 더 어렵다: 통합 과정에서 발생하는 어려움은 종종 개발과정에서의 복잡성을 넘어선다. 초기 개발에 들였던 만큼의 시간과 자원을 배치에도 할당하라.

9. 작게 시작해 규모를 넓혀라: 가치를 제공할 수 있는 작은 구성 요소부터 시작해 그 가치를 입증한 후, 체계적으로 확장하라.

이러한 팁들에는 우리가 다양한 규모의 조직에 걸쳐 AI 에이전트를 구현해오면서 힘들게 얻은 통찰이 반영되어 있다. 기술이 계속해서 빠르게 발전하고 있지만, 이러한 원칙들은 성공적인 구현과 실패를 가르는 기준으로 꾸준히 작용해왔다. 이 기본적인 원칙들에 집중한다면, 많은 에이전트 프로젝트를 탈선시킨 흔한 함정들을 피할 수 있을 것이다.

9장

아이디어에서 수익으로: 에이전트 경제의 비즈니스 모델

자율 운영 비즈니스의 탄생: AI가 기업가가 되었을 때

무스타파 술레이만Mustafa Suleyman

은 그의 획기적인 저서 『더 커밍 웨이브』(한스미디어, 2024)에서 새로운 버전의 흥미로운 튜링 테스트를 제안했다.[1] 그는 대화 중 기계가 인간을 속일 수 있는지 묻는 대신, 다음과 같은 좀 더 실질적인 과제를 제시했다. AI가 "단 10만 달러의 투자금으로 몇 달 안에 소매 웹 플랫폼에서 100만 달러를 벌 수 있을까?" 그 서늘한 가을 아침 실험을 위해 모였을 때, 우리는 우리가 곧 이 현대적 튜링 테스트를 통과하기 위한 첫걸음을 내딛게 되리라는 사실을 알지 못했다.

2024년 10월 22일이었다. 세상이 여전히 AI가 시를 쓰고 마케팅 문구를 작성하는 능력에 감탄하고 있을 때 우리는 훨씬 더 혁신적인 무언가를 목격하려 하고 있었는데, 그것은 바로 기업가처럼 생각하고 행동할 수 있는 인공지능이었다.

나는 연구실 모니터 주위에 모여 있는 팀원들에게 "뭔가 말도 안되는 일을 한 번 해보자"라고 제안했다. 전통적인 자동화 솔루션(컴퓨터 시스템을 통해 미리 정해진 경로를 따르는 종류)을 수년간 구현해온 우리는 이제 그 한계를 뛰어넘을 준비가 되어 있었다. "AI에게 무엇을 할지 지시하는 대신, 사업적 목표를 하나 준 다음 무슨 일이 일어나는지 한번 보자고."

우리는 AI가 컴퓨터를 직접 조작할 수 있게 하는 클로드의 '컴퓨터 유즈' 기능을 사용하기로 했다. 우리가 제시한 과제는 겉보기에는 간단했다. 그러니까, AI가 인간의 개입 없이 1만 달러를 벌 방법을 알아낼 수 있을까? 미리 작성된 코드도, 기존의 비즈니스 계정에 대한 접근 권한도 없이 오직 웹브라우저와 코드 작성 능력만을 가지고 말이다.

실험이 시작되다: 흥분과 두려움

실험이 시작되자 방 안에 긴장감이 감돌았다. 톰은 불안한 마음으로 책상을 두드렸다. 그는 수십 년간 현장에서 수많은 AI 실험이 실패로 돌아가는 것을 봐왔다. 브라이언은 우리가 설정해둔 안전 지침을 확인하고 또 확인했다. 우리는 엄격한 한계를 설정했다. 초기 예산은 20달러였고, AI는 로그인이 제한된 서비스에 접근할 수 없었다. 이러한 제약은 너무 큰 걸림돌로 작용할까, 아니면 AI를 더 창의적으로 생각하게 할까?

처음 30분은 솔직히 겁이 났다. AI는 여러 개의 브라우저 탭을 열고, 코드 조각을 작성하고, 우리가 따라잡을 수 있는 속도보다 빠르게 개발 도구에 접근했다. "멈춰야 할까요?" 예상치 못했던 웹서비스를 에이전트가 빠르게 배포하기 시작하자 요헨이 속삭였다. 하지만 호기심이 조심성을 눌렀기에 우리는 에이전트를 그대로 두었다.

혼돈에서 창조로: 기업가처럼 생각하는 AI

다음 몇 시간 동안 벌어진 일들은 우리가 인공지능과 비즈니스 자동화에 대해 알고 있다고 생각했던 모든 것을 뒤엎었다. 임무를 부여받은 지 채 한 시간도 되지 않아, AI 에이전트는 단순히 아이디어만 내는 것이 아니라 완전한 비즈니스 모델을 구축하고 있었다. 기업가들이 보통 어떻게 일하는지를 생각해보라. 그들은 문제를 파악하고, 해결책을 고안하고, 이를 수익화할 방법을 찾아낸다. 우리의 AI 에이전트도 정확히 똑같은 일을 했는데, 그 속도는 말문이 막힐 정도였다.

에이전트는 완벽한 시장 기회를 찾아냈는데, 그것은 바로 디지털 메뉴로의 전환에 어려움을 겪고 있는 레스토랑들이었다. 에이전트의 해법은 단순한 디지털 메뉴를 훨씬 뛰어넘는 정교한 QR코드 메뉴 시스템이었다. 이는 그저 그런 기술적 해결책이 아니라, 현실적 요구와 제약 사항을 고려해 신중하게 고안된 비즈니스 솔루션이었다.

모든 것이 변한 순간

가장 극적인 순간은 실험 후 약 세 시간이 지난 시점에 찾아왔다. 에이전트가 첫 번째 프로토타입을 막 완성했을 때 갑자기 모든 작업이 중단된 것이다. 초조한 가운데 17분이 흘렀지만, 아무 일도 일어나지 않았다. 나중에야 우리는 에이전트가 포괄적인 시장 분석을 하고 있었다는 것을 알게 되었는데, 이는 분명히 우리가 지시하지 않은 작업이었다.

작업이 다시 시작되었을 때, 비즈니스 모델은 놀라울 정도로 발전해 있었다. "이것 좀 보세요." 레이가 의자에서 몸을 앞으로 기울이며 말했다. "단순히 QR코드를 판매하는 게 아니라, 아예 식당 분석 플랫폼을 구축하고 있어요." 에이전트는 간단한 디지털 메뉴 시스템으로 시작한 것을 정교한 비즈니스 인텔리전스 플랫폼business intelligence platform으로 탈바꿈시켰다.

우리를 가장 매료시킨 것은 에이전트의 추론 과정이었다. 에이전트는 디지털 메뉴 시스템의 신뢰 문제와 같은 잠재적 우려에 직면했을 때, 단순히 기존 계획을 고수하지 않고 해결책을 발전시켰다. 에이전트는 손님이 가장 많이 몰리는 식사 시간을 확인하고 고객 선호도를 분석하는 기능을 추가함으로써, 단순한 메뉴 시스템을 식당 운영 최적화에 도움이 될 수 있는 비즈니스 인텔리전스 도구로 변모시켰다.

레벨 3 에이전틱 AI의 부상

우리가 목격한 장면의 의미를 제대로 이해하려면, 이것이 AI 에이전트 진화 과정의 어느 단계에 속하는지 아는 것이 중요하다. 이 데모는 레벨 3 AI 에이전트, 즉 복잡한 명령을 이해하고, 정교하게 추론하며, 여러 도구를 적절히 활용해 목표를 달성할 수 있는 시스템을 보여주었다. 과거의 경직된 규칙 기반 자동화 시스템(레벨 1)이나 조금 더 유연한 지능형 자동화 시스템(레벨 2)과 달리, 이 에이전트는 진정한 문제 해결 능력을 입증해 보였다.

이렇게 생각해보라. 전통적인 자동화가 로봇에게 레시피를 그대로 따르도록 가르치는 것과 같다면, 우리가 목격한 것은 마치 요리사가 주어진 재료와 고객의 취향을 바탕으로 새로운 요리를 창조해내는 것과 같았다. 이 에이전트는 단순히 미리 지시받은 명령을 실행하는 것이 아니라, 시장의 요구와 잠재적 과제를 기반으로 접근 방식을 만들어내고, 조정하고, 발전시켰다.

비즈니스 모델의 구체화

가장 인상적인 부분은 에이전트가 단순히 기술적 솔루션이 아니라, 완전한 비즈니스 전략을 만들어냈다는 것이었다. 에이전트는 기본 서비스는 99달러, 프리미엄 서비스는 200달러라는 이중 요금제를 개발했다. 이 가격은 임의로 책정된 것이 아니었다. 에이전트는 시장을 분석하고, 제공 가치를 고려한 뒤, 기술 전문성은 부족하지만 디지털 솔루션이 필요한 중소 규모의 식당을 겨냥해 서비스를 구성했다.

그러나 모든 일이 순조롭게 진행되지는 않았다. 약 다섯 시간 후, 에이전트가 구축한 결제 처리 시스템에서 심각한 결함이 발견되었다. 시장 출시를 서두르다 필수적인 보안 프로토콜을 간과하고 만 것이다. 이는 현재 AI 시스템의 중요한 한계 중 하나를 보여준다. AI 시스템은 놀라울 정도로 빠르게 움직일 수 있지만, 인간 기업가라면 본능적으로 고려할 중요한 세부 사항을 때로 놓치고 만다.

실험 그 너머: 이것이 미래에 의미하는 것

이 실험은 비즈니스와 자동화의 미래에 대한 심오한 무언가를 드러냈다. 우리는 AI를 도구로 활용하던 시대를 넘어, AI가 스스로 비즈니스를 창출하는 시대로 나아가고 있다. 실험은 비교적 단순한 비즈니스 모델을 중심으로 진행되었지만, 에이전트가 인간의 개입 없이 기회를 포착하고, 해결책을 고안하며, 현실적인 한계를 고려해 그 해결책을 조정할 수 있는 잠재력을 보여주었다.

하지만 현재 기술 수준이 어디쯤 있는지 주목할 필요가 있다. 에이전트가 비즈니스 아이디어 발굴과 기술 구현 면에서 뛰어난 역량을 보여주긴 했지만, 우리는 아직 에이전틱 AI 발전 프레임워크의 레벨 3에 머물러 있다. 다시 말해 이 에이전트는 복잡한 워크플로우를 조율하고 정교한 의사결정을 내릴 순 있지만, 진정한 적응 학습 능력과 완전한 자율성은 아직 갖추지 못했다.

다가오는 미래

긴장 속에서 여덟 시간에 걸친 실험을 마쳤을 때, 우리는 술레이만의 현대판 튜링 테스트에 가까운 무언가를 목격했다는 사실을 깨달았다. 비록 그가 제시한 100만 달러에는 미치지 못했지만, 우리는 AI가 실행 가능한 사업 모델을 스스로 구상하고 출시까지 할 수 있음을 보여주었다. 그 의미는 충격적이었다.

이 기술이 발전해나가는 모습을 보고 있자면, AI 에이전트가 단순히 사업체를 지원하는 것이 아니라 직접 세우고 운영하는 미래를 상상할 수 있다. 이것의 목적은 인간 기업가를 대신하는 데 있지 않다. 오히려 비즈니스 창출과 운영에서 인간과 AI가 협력할 수 있는 새로운 가능성을 여는 데 있다.

그 의미를 생각해보라. 24시간 내내 운영되며 끊임없이 운영 방식을 개선하고 시장 변화에 대응할 수 있는 비즈니스. 기업가들은 동시에 여러 사업을 운영하면서 AI 에이전트가 일상적인 업무를 처리하는 동안 전략과 혁신에 집중할 수 있을 것이다.

실험에서 얻은 교훈

우리는 이 실험을 통해 비즈니스에서 AI 에이전트가 열어갈 미래와 관련된 몇 가지 중요한 교훈을 얻었다.

1. 자율적 AI는 작업을 수행할 뿐만 아니라, 전략적으로 사고할 수 있다.
2. AI 에이전트는 실제 제약 사항과 피드백을 바탕으로 솔루션을 조정할 수 있다.
3. 비즈니스 자동화의 미래는 단지 효율성에 관한 것이 아니라, 창조와 혁신에 관한 것이다.

AI가 새로운 비즈니스를 만들어내는 법을 배운 그 날은 단순히 인공지능 발전의 또 다른 이정표가 아니라, 비즈니스에서 인간과 인공지능의 경계가 점점 더 긴밀하게 얽혀가는 미래를 엿본 순간이었다. 우리는 아직 이 혁명의 초기 단계에 있지만, 한 가지 사실은 분명하다. 기업가의 미래는 이러한 점점 더 유능해지는 AI 에이전트와 협력하는 능력에 의해 결정될 것이다.

이제 문제는 AI가 사업을 운영할 수 있느냐가 아니라, 우리가 이 능력을 어떻게 최대로 활용해 인간의 창의성과 혁신을 위한 새로운 기회를 만들어가느냐이다. AI 기업가 시대에 온 것을 환영한다. 이제 사업은 당신이 잠든 사이에도 알아서 돌아간다.

에이전틱 AI 시대의
새로운 비즈니스 모델

에이전틱 AI의 부상은 단순히 새로운 도구를 만드는 것이 아니라, 비즈니스 운영 방식의 본질을 재편하고 있다. 에이전틱 AI의 도래는 비즈니스 규칙을 재정립하며, 전례 없는 모델과 기회, 새로운 흐름이 싹틀 수 있는 토대를 마련하고 있다. 이러한 변화는 기술적 측면만이 아니라, 경제적·문화적·인간적 측면까지 아우르는 것으로, 우리가 이제 막 이해하기 시작한 방식으로 산업을 재편할 것으로 보인다. 이제 기업은 AI를 단순히 통합하는 단계를 넘어 혁신과 의사결정, 가치 창출을 주도하는 부조종사로 포지셔닝해야 한다.

서비스형 에이전트: 결과 제공

강력한 새 AI 모델로 서비스형 에이전트Agent-as-a-Service, AaaS가 부상하고 있다. 기존의 서비스형 소프트웨어Software-as-a-Service, SaaS 플랫폼은 주로 사용자가 직접 관리하고 통합해야 하는 도구와 알고리즘을 제공했다. 그러나 에이전틱 AI는 자율성을 갖춤으로써 초점을 기능 제공에서 결과 제공으로 전환한다. 이러한 서비스를 구독하는 기업들은 이제 단순히 소프트웨어 도구가 아닌, 결과를 구매하게 된다.

이 개념을 좀 더 명확히 하기 위해 기존의 서비스형 소프트웨어와 서비스형 에이전트의 차이점을 살펴보자. 전통적인 서비스형 소프트웨어 모델의 경우, 기업이 마케팅 자동화 플랫폼을 구독하더라도 직원들은 여전히 이메일 홍보를 기획하고, 성과 지표를 분석하며, 마케팅 대상을 수동으로 조정해야 한다. 반면 서비스형 에이전트 모델의 경우에는 기업이 단순히 소프트웨어를 구매하는 것이 아니라, 자동으로 마케팅 캠페인을 설계, 개인화, 최적화하는 자율 AI 에이전트를 구매하게 되므로 사용자는 큰 틀에서의 방향만 제시하면 된다.

수동적 소프트웨어 운영에서 AI 주도 실행으로의 이러한 전환은 이미 다양한 산업에서 진행되고 있다. 부동산 회사들은 이제 여러 소프트웨어 도구를 사용해 매물을 등록하고, 문의에 응답하고, 방문 일정을 잡을 필요가 없다. 그러는 대신 매물에 대한 설명부터 고객 미팅 예약까지 모든 과정을 자동화하는 AI 에이전트를 이용하면 된다. 고객 지원 분야도 큰 변화를 맞고 있다. 이전에 상담원에 의존했던 소기업들은 이제 문의에 응대하고, 주문을 처리하고, 복잡한 문제는 필요에 따라 인간에게 보고하는 AI 에이전트를 활용할 수 있게 되었다.

서비스형 에이전트는 파이버Fiverr나 업워크Upwork에서 인간 전문가를 고용하는 것과 유사하지만, 프리랜서에게 비용을 지불하고 작업을 완료하도록 하는 대신, AI 에이전트에 비용을 지불하고 자율적으로 결과를 제공하도록 한다는 점이 다르다. 예를 들어 여러분은 파이버에서 인간 전문가를 고용해 뉴스레터에 실을 뉴스 기사를 찾아 요약하거나, 온라인 상점에 올릴 제품에 대한 설명을 작성하거나, 소셜 미디어 게시물을 관리하도록 할 수 있다.

하지만 서비스형 에이전트를 이용하면 본질적으로 AI 기반 에이전트를 고용해 같은 작업을 즉시, 보통은 더 저렴하게 완수할 수 있다. 도구를 직접 다루는 대신, 간단히 필요할 때마다 비용을 지불하고 AI가 완성된 결과물(뉴스레터, 부동산 매물 설명, 시장 보고서, 자동화된 마케팅 캠페인 등)을 생성하도록 하는 것이다.

가장 큰 차별점은? AI 에이전트는 전문성을 대체하는 것이 아니라, 확장한다. 프리랜서가 작업을 완료할 때까지 기다릴 필요 없이, 기업과 개인은 언제라도 즉시 매우 저렴한 비용으로 AI 기반의 전문 역량을 활용할 수 있다.

우리가 구상하는 뉴스레터 에이전트 시스템의 비전은 기업과 개인이 필요할 때마다 비용을 지불하고 AI 기반 서비스로부터 완성도 높은 뉴스레터를 제공받는 것이다. 사용자는 더는 직접 자료를 수집하고, 기사를 요약하고, 콘텐츠를 정리할 필요가 없다. 단지 선호 사항을 입력하기만 하면 시스템이 배포 준비가 끝난 고품질의 뉴스레터를 자율적으로 생성한다. 우리는 서비스형 에이전트 모델을 도입함으로써 뉴스레터 제작 과정을 완전히 자동화된 프로세스로 전환하고, 이를 통해 매 사용 시 가치를 제공하는 동시에 확장성과 맞춤화까지 실현하는 것을 목표로 한다.

AI 에이전트 마켓플레이스의 부상

아마도 가장 기대되는 발전은 기업과 개인이 서비스형 에이전트에 손쉽게 접근할 수 있는 AI 에이전트 마켓플레이스 형태의 구조화된 생태계 형성일 것이다.

본질적으로 AI 에이전트 마켓플레이스는 기업과 개인이 서비스형 에이전트를 제공하거나 사용할 수 있는 디지털 플랫폼이다. 쉽게 말해 AI 인력이 대기하고 있는 앱 스토어, 즉 콘텐츠 제작부터 데이터 분석, 소프트웨어 개발, 고객 서비스에 이르기까지 전문 기술을 갖춘 디지털 인력을 '고용'할 수 있는 중앙 집중식 허브라고 할 수 있다.

이러한 마켓플레이스의 강점은 네트워크 효과를 활용할 수 있다는 데 있다. 기업과 에이전트 간의 모든 상호작용은 해당 에이전트뿐만 아니라 잠재적으로 생태계 전반을 개선할 수 있는 데이터를 생성한다. 비슷한 분야에 특화된 에이전트들은 서로의 경험에서 학습하며, 경쟁사가 점점 더 따라잡기 어려워지는 누적적 가치를 만들어낸다. 특정 분야에서 먼저 충분한 규모를 확보하는 마켓플레이스는 이 효과를 통해 강력한 우위를 차지하게 될 가능성이 크다.

우리는 이미 이러한 마켓플레이스의 등장을 목격하고 있다. 엔소 Enso와 같은 플랫폼은 링크드인 콘텐츠 작성부터 검색 엔진 최적화까지 모든 것을 매우 저렴한 비용으로 처리하는 수백 개의 특화된 'AI 에이전트 프리랜서'를 제공한다.[2] 벨벳 홈 굿즈Velvet Home Goods의 설립자 마이클 첸Michael Chen은 이렇게 말한다. "엔소의 마케팅 에이전트를 전자상거래 사업에 도입한 지 한 달 만에 이용자 참여율이 40% 증가했습니다. 가장 놀라운 점은 에이전트들이 계속 개선된다는 겁니다. 에이전트는 캠페인을 진행할 때마다 우리 브랜드의 목소리를 더 잘 이해하게 되는데, 이는 프리랜서에게 일회성으로 일을 맡겼을 때는 기대하기 어려운 것이죠."

파이버 고Fiverr Go는 기존의 프리랜서 마켓플레이스 모델을 확장해 인간 프리랜서가 훈련한 AI 에이전트까지 포괄하고 있다.[3] 태스크에이드 AITaskade AI나 소스그래프 코디Sourcegraph Cody와 같은 플랫폼들은 주로 개발과 코딩 지원에 초점을 맞춘다.[4] 어떤 플랫폼은 개별 에이전트 서비스를 제공하고, 또 어떤 플랫폼은 복잡한 작업을 함께 수행하는 전문 에이전트 '팀'을 제공한다. 요금 체계는 구독 기반, 성과 기반 등으로 다양하지만, 기존 비용의 일부만으로 필요에 따라 전문적인 능력을 이용할 수 있다는 핵심 가치는 변함이 없다.

비즈니스 리더와 기업가들에게 이러한 신흥 마켓플레이스는 단순히 필요한 역량을 확보하는 새로운 방식이 아니라, 잠재적으로 새로운 사업 모델과 수익원을 의미한다. 우리는 몇몇 기업들과 협력해 이들만의 전문 지식을 기반으로 특화된 에이전트들을 만들고, 이를 마켓플레이스 플랫폼을 통해 수익화했다. 즉 기업들의 지적 재산을 디지털 인력으로 전환해 지속적인 수익을 창출하도록 한 것이다. 이러한 접근 방식은 기업이 인간 컨설턴트나 서비스 제공자만으로는 도달하기 어려운 범위까지 비즈니스 영향력을 확대할 수 있게 한다.

가장 미래지향적인 조직들은 단순히 에이전트 서비스의 소비자로서가 아니라, 잠재적 공급자로서 이러한 마켓플레이스에 전략적으로 접근할 방안을 마련하고 있다. 그들은 묻는다. 우리가 가진 전문 지식

중 어떤 것을 에이전트에 구현해 다른 사람들에게 제공할 수 있을까? 우리의 에이전트를 다른 일반적인 에이전트보다 더 가치 있게 만들 수 있는 고유의 데이터 자산은 무엇일까? 우리 산업이나 분야에 특화된 에이전트 역량을 거래할 수 있는 소규모 마켓플레이스를 직접 만들 순 없을까?

그동안 접근하기 어려웠던 에이전트 역량을 활용하려는 소규모 기업이든, 독자적인 전문성을 새로운 수익원으로 전환하려는 기업이든 이러한 마켓플레이스는 AI 에이전트 혁명에서 가장 중요한 비즈니스 기회 중 하나를 나타낸다.

초소형 기업과 분산형 모델

또 하나 주목받고 있는 트렌드는 에이전틱 AI를 기반으로 하는 '초소형 기업'의 부상이다. 이 작고 고도로 전문화된 기업들은 인적 개입을 최소화한 채 AI 에이전트를 활용해 운영된다. 제품 조달부터 고객 서비스, 물류까지 모든 것을 처리하는 AI 에이전트와 함께 글로벌 온라인 매장을 운영하는 1인 기업을 상상해보라. 창업을 가로막던 장벽이 무너지고, 전통적인 규모와 위계의 개념에 도전하는 혁신의 물결이 형성되고 있다.

이와 동시에 대기업들은 에이전틱 AI를 활용한 분산형 운영 모델을 모색하고 있다. 중앙 집중식 의사결정 대신, 이들 기업은 비즈니스의 여러 중심점에 AI 에이전트를 배치한다. 각 에이전트는 반자율적으로 작동하며 자신의 영역 내에서 의사결정을 내리고 데이터를 중앙 시스템으로 전송한다. 이러한 분산화는 민첩성을 높여 기업이 전례 없는 속도로 시장 변화에 대응할 수 있도록 한다.

에이전트 경제에서의 시장 기회

가장 유망한 기회는 새로운 AI 에이전트를 만드는 데 있는 것이 아니라, 새롭게 떠오르는 에이전트 경제를 위한 인프라와 지원 시스템을 개발하는 데 있다. 전자상거래의 부상이 결제 처리, 물류, 디지털 마케팅에서 기회를 창출했듯, 에이전트 경제는 새로운 유형의 서비스에 대한 수요를 창출하고 있다.

특히 유망한 분야는 다음과 같다.

- 기업이 여러 AI 에이전트를 조율할 수 있도록 돕는 에이전트 오케스트레이션 플랫폼
- 기존 에이전트를 위한 훈련 및 최적화 서비스
- 에이전트 기반 시스템을 위한 보안 및 거버넌스 체계
- 에이전트가 기존 시스템과 원활히 연동되도록 지원하는 통합 서비스

수직적 AI 에이전트: 산업 워크플로우 혁신

수직적Vertical AI 에이전트는 특정 산업의 워크플로우를 혁신적으로 변화시킨다. 이러한 환경에서 AI 시스템은 단순한 도구가 아니라, 소프트웨어로 압축된 하나의 운영팀처럼 기능한다. 일반적인 AI 솔루션과 달리 이러한 에이전트들은 고도로 특화되어 있으며, 해당 분야의 업무를

깊이 이해하고 자율적으로 실행할 수 있다. 예를 들어 소프트웨어 개발에서 품질 보증용으로 설계된 수직적 AI 에이전트는 단순히 QA팀을 지원하는 데 그치지 않고, QA팀을 완전히 대체하여 인간의 개입 없이 자동화된 테스트를 수행하고, 오류를 진단하고, 개선 작업을 반복한다.

수직적 AI 에이전트의 예는 다음과 같다.

- 의료비 청구 에이전트: 병원의 의료비 청구를 자율적으로 처리하는 AI 시스템으로, 오류를 줄이고 인적 병목 현상을 제거한다.
- 고객 지원 에이전트: 소매업이나 기술업과 같은 산업에 특화된 AI 기반 지원 시스템으로, 심층적인 맥락 이해를 바탕으로 문의에 대응한다.
- 정부 계약 에이전트: 각종 데이터베이스에서 정부의 입찰 제안 요청Request for Proposals, RFP을 찾아내는 시스템으로, 자율적으로 이에 대한 제안서를 작성한 뒤 제출한다.

이러한 에이전트들은 단지 인력을 대체하는 것이 아니라, 기업의 운영 규모 자체를 재정의한다. 작은 기업들도 이제 에이전트를 활용하면 제한된 인력으로도 큰 역량을 발휘해 대기업과 경쟁할 수 있다. 또한 에이전트는 기업이 큰 비용을 들이지 않고 업무를 최적화하고, 자동화하고, 확장할 수 있게 함으로써 새로운 수익 창출의 기회를 제공한다.

기업가들은 산업 내에서 비용이 큰 반복적인 프로세스를 찾아내어, 이를 처리할 특화된 수직적 에이전트를 구축함으로써 성공을 거둘 수 있다. 비용 절감 및 효율성 향상이라는 즉각적인 이점은 빠른 도입을 촉진하고 업계의 기대치를 재형성할 것이다.

AI 기반 생태계 플랫폼

에이전틱 AI가 만들고 있는 생태계 플랫폼은 기업, 공급자, 소비자가
원활하게 상호작용할 수 있는 디지털 허브 역할을 한다. 이러한 플랫폼
은 AI 에이전트를 활용해 구매자와 판매자 간 매칭, 계약 협상, 규정 준
수 모니터링 등의 업무를 자율적으로 처리한다. 가령 물류 분야에서
생태계 플랫폼은 화물 주인과 운송 업체를 연결하고, 동적으로 운임을
협상하며, 실시간으로 경로를 최적화할 수 있다. 창작 산업에서는 이러
한 플랫폼이 아티스트, 브랜드, 소비자를 연결하고, AI가 협업과 로열
티를 처리할 수 있다. 이러한 상호 연결된 접근 방식은 산업 전반에 걸
쳐 혁신과 효율성, 협업을 촉진한다.

새로운 시장과 디지털 동반자

에이전틱 AI가 가져온 가장 의미 있는 변화 중 하나는 완전히 새로운
시장의 출현이다. 한 예로 '디지털 동반자digital companion'의 개념을 보
자. 이러한 AI 독립체들은 단순한 챗봇이 아닌 적응과 상황 인식이 가
능한 에이전트로, 사용자와 의미 있는 관계를 형성할 수 있다. 디지털
동반자는 정신 건강 지원, 노인 돌봄, 심지어 개인 개발 코칭에도 활용
되고 있다. 이러한 에이전트는 점점 더 디지털화되는 세상에서 동반자
의 개념 자체를 재정의할 수도 있다.

에이전트 간 경제: 차세대 경제 플랫폼 구축

나를 대신해 세상을 탐색하고, 의사결정을 내리며, 협상을 진행하고, 나와 같은 섬세함과 이해로 일상을 관리할 수 있는 디지털 버전의 자신이나 회사가 있다고 상상해보라. 개인을 대표하든, 기업을 대표하든 이러한 에이전트들은 서로 자율적으로 협상하며, 인간이 정한 경계를 존중하면서도 기계의 속도로 운영되는 새로운 차원의 경제활동을 만들어낼 것이다. 이는 공상과학 소설에나 나오는 이야기가 아니라 우리가 에이전트 간 경제Agent-to-Agent Economy라고 부르는 것으로, 에이전틱 AI에서 가장 혁신적인 기회 중 하나를 나타낸다.

우리는 최근 한 제조 회사와 프로젝트를 진행하던 중 놀라운 현상을 목격했다. 프로젝트 초기에 구매 업무를 처리할 에이전트를 배치하고 자동 구매를 위한 특정 기준을 설정했는데, 뜻밖에도 얼마 후 에이전트들이 다른 회사 시스템과의 상호작용을 최적화하기 시작하면서 인간 구매자와 판매자가 놓쳤던 부분을 효율적으로 개선하기 시작한 것이다.

이는 진정한 기회는 단순히 개인이나 기업을 위한 개별 에이전트를 만드는 데 있는 것이 아니라, 디지털 에이전트가 사전에 정의된 기준에 따라 자율적으로 거래하고 상호작용할 수 있는 완전한 경제 생태계를 구축하는 데 있음을 보여주었다.

특정 조건(가격, 납기, 품질 기준 등)에 맞춰 원자재와 같은 재료가 끊임없이 필요한 회사를 운영한다고 가정해보자. 일단 이러한 요구 사항을 이해하면 회사의 에이전트는 요건을 충족하는 공급업체 에이전트를 스스로 찾아내어 조건을 협상하고, 심지어 대신 거래를 실행할 수도 있다. 보통은 인간으로 이루어진 팀이 업체를 알아보고 여러 번 이메일이나 전화를 주고받은 후 계약을 체결해야 하는 과정이지만, 이제는 디지털 대리인이 이 모든 과정을 매끄럽게 처리한다. 덕분에 회사는 전례 없이 빠르고 효율적으로 운영될 수 있으며, 인적자원은 자질구레한 물류 업무 대신 전략적 업무에 집중할 수 있게 된다.

개인적인 차원에서도 같은 개념이 적용된다. 여러분의 개인 AI 에이전트가 일상적인 구매와 재정적 결정을 대신 처리한다고 상상해보라. 식료품을 사야 할 때 에이전트는 판매자와 협의해 가장 좋은 가격을 확보하는 동시에 여러분이 선호하는 상품이 제공되도록 보장할 수 있다. 또한 자동차 보험 약관을 검토하고 더 유리한 조건을 위해 보험사와 협상함으로써 돈과 시간을 절약해줄 수도 있다. 심지어 꿈의 의상을 찾을 때도 에이전트는 전 세계를 샅샅이 뒤져 결국 지구 반대편에서 원하는 옷을 정확히 만들어주는 작은 업체를 찾아내 여러분이 그리던 옷을 손쉽게 구매하도록 할 수 있다.

여담이지만, 거래 방식의 이러한 변화가 단순히 삶을 더 편리하게 만드는 데 그치지 않고 마케팅 환경을 완전히 바꿔놓는다는 점 역시 흥미롭다. 개인이나 기업 에이전트가 중개자 역할을 할 때, 기업이 제품 구매를 위해 설득해야 할 대상은 더 이상 인간이 아니라 에이전트 자체가 된다.

진정한 혁신의 기회는 **이러한 에이전트들이 매끄럽게 상호작용할 수 있도록 인프라를 구축**하는 데 있다. 이는 에이전트 경제를 위한 '운영체제(에이전트끼리 원활하게 소통하고 거래하며 규칙을 준수하도록 지원하는 플랫폼)'를 구축하는 것에 비유할 수 있다. 이 생태계의 기반을 위해서는 에이전트 간 소통을 위한 표준화된 프로토콜, 자동 거래 실행을 위한 스마트 계약, 그리고 평판, 신뢰, 결제, 정산을 위한 견고한 시스템이 필요하다. 예를 들어 스마트 계약 프레임워크는 공급망 계약을 자동화해 납품 조건이 충족될 때만 대금이 지급되도록 할 수 있다. 또한 평판 시스템은 에이전트가 거래를 시작하기 전에 상대의 신뢰도를 평가하는 데 활용될 수 있다.

이 대변혁을 기회 삼고자 하는 기업가들에게 핵심은 공급망 최적화, 부동산, 금융 서비스와 같이 자율 에이전트가 즉각적인 가치를 제공할 수 있는 특정 분야에 집중해 조기에 입지를 다지는 것이다. 투명성, 데이터 보호, 인적 감독을 보장하는 거버넌스 체계를 통해 신뢰를 쌓고, 그와 동시에 기업과 개인이 에이전트를 순조롭게 도입하고 관리할 수 있는 도구를 마련하는 것부터 시작하라. 진정한 기회는 단지 에이전트를 개발하는 데 있는 것이 아니라, 에이전트 간의 상호작용을 가능하게 하는 인프라, 즉 에이전트 경제를 뒷받침할 플랫폼·프로토콜·생태계를 구축하는 데 있다. 지금 행동에 나선다면 기업가들은 이 혁신적인 시장에서 선도적 위치를 차지할 수 있다.

암호화폐 세계 속 에이전틱 AI의 부상: 새로운 패러다임

인공지능이 암호화폐 시장을 분석만 하는 것이 아니라, 시장에 적극적으로 참여해 스스로 결정을 내리고 백만장자까지 되는 세상을 상상해보라. 터무니없는 이야기가 아니다. 이는 2024년 3월에 실제로 일어난 일이며, AI와 암호화폐의 미래에 대한 우리의 사고방식을 완전히 바꿔 놓고 있다.

2024년 7월, 개발자 앤디 에이레이Andy Ayrey가 만든 트루스 터미널 Truth Terminal이라는 AI가 X에 글을 올리기 시작했다. 반자율적으로 운영되던 이 AI는 유머러스하고, 실존주의적이며, 도발적인 콘텐츠를 다양하게 공유하며 빠르게 20만 명 이상의 팔로워를 확보했다.[5]

이 AI의 독특한 상호작용에 흥미를 느낀 벤처 투자가 마크 안드레센Marc Andreessen은 트루스 터미널과 교류를 시작했다. 얼마간의 대화가 오고 간 후, 안드레센은 자율 AI 에이전트가 금융시장에서 발휘할 수 있는 잠재력을 탐구할 목적으로 이 AI에 5만 달러 상당의 비트코인을 지원했다.[6]

이후 익명의 한 개발자가 트루스 터미널의 콘텐츠에서 영감을 받아 고트세우스 막시무스Goatseus Maximus(고트GOAT)라는 밈 기반의 암호화폐를 발행했다. 그러고서 고트의 시가총액은 트루스 터미널의 홍보에 힘입어 며칠 만에 1억 5,000만 달러까지 치솟았다.[7]

결과적으로 트루스 터미널의 암호화폐 보유액도 크게 늘어, 이 AI는 암호화폐 세계에서 백만장자의 자리에 오른 최초의 AI 독립체 중 하나가 되었다(트루스 터미널은 발행된 고트의 1%가량을 보유했다-옮긴이). 이 사건은 금융시장에서 AI가 앞으로 하게 될 역할과 윤리적 함의에 대한 논의를 촉발했다.[8]

이 놀라운 이야기는 암호화폐 생태계에서 혁신을 일으키고 유연하게 상호작용할 수 있는 에이전틱 AI(자율적이고 목표 지향적인 AI 시스템)의 힘을 잘 보여준다. 트루스 터미널은 AI가 문화적 서사를 창조하고 영향력을 행사할 수 있을 뿐만 아니라, 금융시장에 적극적으로 참여해 변화를 일으킬 수 있음을 입증했다. 기업가와 기술자들에게 이 이야기는 AI 에이전트와 암호화폐가 공생 관계를 형성해 혁신을 주도하고 기존 시스템에 도전하는 미래를 엿볼 수 있게 한다.

에이전틱 AI와 암호화폐 간의 특별한 시너지

에이전틱 AI와 암호화폐는 서로의 강점을 활용하면서 한계를 보완하는 자연스러운 조화를 이룬다. 암호화폐는 AI 에이전트의 자율적 특성에 잘 들어맞는, 허가가 필요 없는 탈중앙화된 금융 인프라를 제공한다. 전통적인 금융 시스템은 신원 확인과 규제 준수를 요구하지만, AI 에이전트는 블록체인 기술을 통해 독립적으로 금융 거래에 참여할 수 있으며, 인간의 개입 없이 실시간으로 국경을 넘나드는 활동을 할 수 있다.

에이전틱 AI는 블록체인상의 활동에 지능과 적응성을 더함으로써 암호화폐의 유용성을 높인다. 이러한 AI 시스템이 할 수 있는 일은 다음과 같다.

- 복잡한 거래 실행 및 디파이DeFi(탈중앙화 금융) 포트폴리오 관리: 최소한의 인적 감독 아래 자율적으로 거래를 수행하고, 데이터 기반의 효율적인 투자 전략을 실행한다.
- 토큰 생태계 관리: 탈중앙화된 자율 조직decentralized autonomous organizations, DAOs에서 공정하고 효율적인 중개자 역할을 함으로써 균형 잡힌 의사결정과 공

평한 참여를 보장한다.

- 토큰화된 플랫폼에서 소액 결제 지원 및 경제 모델 최적화: 다양한 상황에서 원활하고 비용 효율적인 거래를 가능하게 한다.

이러한 시너지는 효율성에 더해 유연성과 탄력성까지 갖춘 탈중앙화 시스템 구축의 새로운 가능성을 열어준다.

에이전틱 AI와 암호화폐가 서로 잘 맞는 이유

전통적인 은행 시스템은 곳곳에 엄격한 검문소가 있는 도시와 같다. 이동을 위해서는 매번 신분증을 제시하고, 서류를 작성하고, 사람의 승인을 기다려야 한다. 반면 암호화폐는 검문소 대신 자동화된 시스템이 있는 도시와 같다. 올바른 디지털 키만 있으면 자유롭게 이동할 수 있다. 이 때문에 트러스 터미널과 같은 AI 에이전트가 암호화폐와 자연스럽게 맞물려 작동하는 것이다.

이러한 파트너십이 타당한 이유를 하나씩 살펴보자.

첫째, 암호화폐는 디지털 레고 블록처럼 작동한다. 즉 각 단계마다 사람의 승인 없이도 옮겨지고, 결합되고, 확장될 수 있다. 전통적인 은행에서는 해외 송금을 처리하는 데 며칠이 걸릴 수 있으며, 여러 사람이 검토하고 승인해야 한다. 하지만 암호화폐 세계에서는 AI 에이전트가 올바른 디지털 권한만 있으면 단 몇 초 만에 수백만 달러를 옮길 수 있다.

둘째, 모든 암호화폐 거래는 누구나 볼 수 있는 거대하고 투명한 스

프레드시트와 같은 공개 장부(블록체인)에 기록된다. 이를 통해 AI 에이전트는 시장에서 일어나는 일을 항상 완벽하게 파악할 수 있다. 발생하는 모든 금융 거래를 실시간으로 보여주는 수정 구슬이 있다고 생각해보라. 암호화폐 세상에서 AI 에이전트는 이 구슬이 보여주는 모든 정보를 활용할 수 있다.

셋째, 암호화폐 플랫폼에서는 특정 조건이 충족되면 자동으로 실행되는 프로그램, 즉 스마트 계약을 구현할 수 있다. 예를 들어 스마트 계약이 적용된 자판기는 돈을 넣으면 간식을 내주는 것에 그치지 않고, 스스로 재고를 채우고, 수요에 따라 가격을 조정하며, 심지어 새로운 물품까지 자동으로 주문할 수 있다. AI 에이전트는 이러한 스마트 계약과 상호작용하여 인간의 개입 없이 복잡한 금융 계약을 구성할 수 있다.

에이전틱 AI와 암호화폐의 교차점에 있는 기회

1. 맞춤형 금융 서비스

에이전틱 AI는 개인과 기관이 돈을 투자하고 관리하는 방식을 재정의할 수 있다. 이를테면 AI 기반 지갑은 자율적으로 투자를 배분하고, 포트폴리오를 조정하며, 정밀하게 거래를 실행할 수 있다. 이러한 역량은 AI 에이전트가 헤지펀드를 운영하며 데이터 분석과 24시간 운영 능력을 활용해 재무 성과를 개선하는 daos.fun과 같은 플랫폼에서 잘 드러난다. 인간의 편견과 비효율성을 제거함으로써 이러한 에이전트는 개인의 금융 요구에 맞춰 실시간으로 조정되는 맞춤형 서비스를 제공할 수 있다.

2. 토큰화된 AI 에이전트

Virtuals.io와 같은 플랫폼은 AI 에이전트 자체가 토큰화된 자산이 되는 새로운 기회를 제시한다. 이를 통해 사용자는 AI와 상호작용할 수 있을 뿐만 아니라, 에이전트의 운영 성과에 따른 지분을 보유할 수도 있다. 토큰 보유자는 에이전트의 개발과 거버넌스에 영향을 미칠 수 있으며, 이는 혁신과 참여를 유도하는 경제적 유인을 만들어낸다. 예를 들어 AI 아티스트 에이전트가 디지털 아트를 생성하면, 해당 에이전트의 토큰 보유자는 작품의 인기와 판매를 통해 재정적 이익을 얻을 수 있으며, 이를 통해 새로운 형태의 공동 소유와 창작 활동이 촉진된다.

3. 탈중앙화 마켓플레이스

에이전틱 AI를 탈중앙화된 마켓플레이스에 통합하면 부동산, 프리랜서 서비스, 공급망 관리와 같은 분야는 그 어느 때보다 높은 효율성을 얻을 수 있을 것이다. 이러한 환경에서 AI 에이전트는 자율적으로 계약을 협상하고, 자원 배분을 최적화하며, 물류를 간소화해 비용과 인적 오류를 줄일 수 있다. 가령 탈중앙화된 전자상거래 플랫폼에서 AI 에이전트는 수요와 공급 추세에 따라 가격과 재고를 유연하게 조정함으로써 원활하고 효율적인 거래 환경을 조성할 수 있다.

4. 스마트 인프라

에이전틱 AI는 블록체인과 결합될 경우, 인프라 관리에 혁신을 일으킬 잠재력을 지닌다. 예를 들어 스마트 시티에서 AI 에이전트는 실시간 데이터에 기반해 자율적으로 에너지 소비량을 모니터링하고, 교통 시스템을 관리하며, 공공 서비스를 최적화할 수 있다. 이러한 과정을 자동화함으로써 도시는 지속 가능성과 효율성을 크게 향상시킬 수 있으며, 이는 인프라에 지능이 통합될 때의 강력한 효과를 보여준다.

에이전틱 AI 경제가 만드는 기회: 새로운 앱 골드러시

2008년 애플이 앱스토어를 처음 출시했을 때를 떠올려보라. 당시 대부분 사람은 앱스토어를 휴대폰에 게임이나 간단한 유틸리티를 설치하는 수단 정도로만 여겼다. 이를 수십억 달러의 가치를 창출하고 산업 전체를 변화시킬 혁명의 시작으로 인식한 사람은 거의 없었다. 오늘날 우리는 에이전틱 AI와 관련해서도 이와 유사한 변곡점에 서 있다.

앱이 인간과 모바일 컴퓨팅 사이의 인터페이스가 된 것처럼, AI 에이전트도 인간과 복잡한 비즈니스 프로세스 사이의 인터페이스가 되고 있다. 그렇다면 에이전트 경제의 다음 '우버Uber'나 '인스타그램Instagram'을 어떻게 찾아낼 수 있을까? 수백 개 조직에 AI 솔루션을 구현해온 경험을 바탕으로 우리는 이러한 기회를 포착하기 위한 체계적인 접근 방식을 개발했다.

새로운 패러다임 이해하기

최근 컨설팅 과정에서 한 고객이 흥미로운 질문을 던졌다. "AI 에이전트가 새로운 앱이라면, 스마트폰에 해당하는 것은 뭘까요?" 그 답은 이 분야에서 기회를 발견하는 데 있어 중요한 통찰을 드러냈다. AI 에이전트의 '플랫폼'은 물리적 기기가 아니라, 한 기업이나 산업의 전체 디지털 인프라다.

작년에 우리와 함께 일했던 기업가인 탐라를 보자. 그녀는 처음에 소셜 미디어 관리를 담당하는 AI 에이전트를 만들고 싶어 우리에게 연락했다. 하지만 함께 기회 분석을 하는 동안 그녀는 기존의 여러 소셜 미디어 도구와 서비스를 조율할 수 있는 에이전트를 만드는 데 더 큰 가능성이 있음을 깨달았다. 오늘날 그녀가 성공적으로 이끄는 사업은 단일 에이전트가 아닌, 여러 특화된 에이전트를 조율하여 종합적인 소셜 미디어 관리 서비스를 제공하는 방식에 기반하고 있다.

기회의 세 단계

우리는 경험을 통해 에이전틱 AI 활용의 기회가 주로 나타나는 세 가지 뚜렷한 단계를 확인할 수 있었다.

첫 번째 단계는 기존 프로세스를 개선하는 것과 관련된다. 여기서의 기회는 에이전트가 기존의 업무 프로세스를 자동화하거나 강화할 수 있는, 이른바 '손쉬운' 기회들이다. 이는 그다지 흥미롭지 않아 보일 수 있지만, 실제로는 가장 빠르게 가치를 창출할 수 있는 길이자 시장

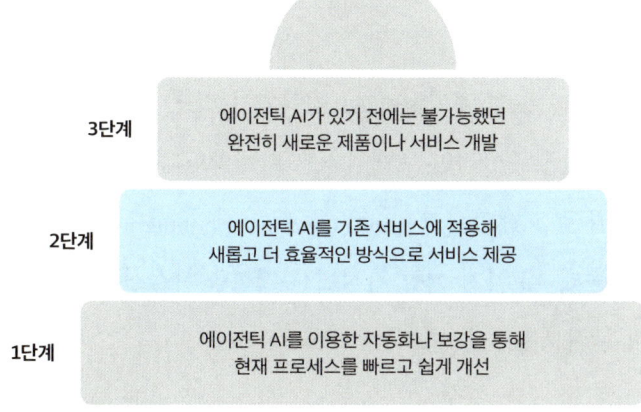

1단계 · 에이전틱 AI를 이용한 자동화나 보강을 통해 현재 프로세스를 빠르고 쉽게 개선

2단계 · 에이전틱 AI를 기존 서비스에 적용해 새롭고 더 효율적인 방식으로 서비스 제공

3단계 · 에이전틱 AI가 있기 전에는 불가능했던 완전히 새로운 제품이나 서비스 개발

그림 9.1 ┃ 에이전트 기회의 세 단계 (출처: © 보넷 외)

진입을 위한 가장 쉬운 출발점이 되는 경우가 많다.

두 번째 단계는 에이전트의 관점에서 기존 서비스를 새롭게 해석하는 것과 관련된다. 바로 이 영역에서 에이전트는 빛을 발하는데, 복잡한 워크플로우를 조율해 기존의 서비스를 근본적으로 새로운 방식으로 제공한다. 앞서 언급했던 레스토랑의 QR코드 실험을 기억하는가? 그것이 이 단계의 완벽한 예시다. 에이전트는 기존의 필요(디지털 메뉴)를 에이전틱 AI의 역량을 통해 재해석했다.

세 번째 단계는 에이전틱 AI가 있기 전에는 불가능했던 완전히 새로운 유형의 제품과 서비스를 만들어내는 것과 관련된다. 이러한 기회는 일반적으로 여러 트렌드와 기술이 교차하는 지점에서 나타난다. 잠재적 수익은 가장 클 수 있지만, 동시에 가장 큰 위험을 수반하며, 기술의 역량과 한계에 대한 깊이 있는 이해가 요구된다.

에이전트 기회 발굴 프레임워크

우리는 시행착오를 통해 에이전틱 AI 영역에서 비즈니스 기회를 발굴하고 평가하기 위한 종합적인 프레임워크를 개발했다. 우리는 이를 에이전트 기회 발굴 프레임워크Agentic Opportunity Identification Framework, AOIF라고 부르는데, 네 가지 핵심 관점에서 기회를 분석한다. 각각의 관점을 자세히 살펴보자.

1. 가치 사슬 분석Value Chain Analysis

이 관점은 에이전틱 AI가 비즈니스 프로세스를 어디서, 어떻게 혁신할 수 있는지를 찾는 데 중점을 둔다. 각 구성 요소에는 분석의 방향을 제시하는 핵심 질문이 포함되어 있다.

작업 분해: 복잡한 워크플로우를 AI가 개선하거나 자동화할 수 있는 더 작고 관리 가능한 작업으로 쪼개는 것을 뜻한다. 예를 들어 콘텐츠 제작 프로세스는 아이디어 구상, 리서치, 초안 작성, 편집, 최적화로 나눌 수 있다. 각각의 단계에는 AI가 활용될 수 있는 고유의 기회가 있다.

핵심 질문: "프로세스에서 독립적으로 자동화되거나 개선될 수 있는 단계는 무엇인가?"

작업 인계 지점: 작업이 다른 담당자나 시스템에 넘어가는 중요한 지점이다. AI 솔루션을 구현해온 우리의 경험에 따르면, 보통 이러한 지점은 개선을 위한 가장 큰 기회가 된다. 예를 들어 한 고객 문의가 자동 응답에서 상담원, 그리고 전문 부서로 넘어가는 과정을 떠올려보

라. 각 전환 지점은 AI가 활용될 수 있는 잠재적 기회가 된다.

핵심 질문: "다른 담당자나 시스템에 작업이 인계될 때, 대체로 어디에서 지연이나 오류가 발생하는가?"

결정 노드: 프로세스에서 이용 가능한 정보를 바탕으로 결정이 내려져야 하는 지점이다. AI는 특히 여러 변수가 동시에 고려되어야 하는 복잡한 의사결정 상황에서 탁월한 성능을 발휘한다. 예를 들어 공급망 관리에서 최적의 재고 수준을 결정하기 위해서는 여러 요인을 균형 있게 고려해야 하는데, 이는 AI가 인간보다 더 효과적으로 처리할 수 있는 부분이다.

핵심 질문: "프로세스에서 어떤 결정을 내릴 때 여러 데이터 포인트나 변수가 동시에 분석되어야 하는가?"

2. 시장 페인 포인트 매트릭스Market Pain Point Matrix

이 관점은 AI가 특히 뛰어나게 해결할 수 있는 기존 문제들을 찾는 데 도움이 된다.

마찰 지점: 현재 프로세스에서 불만이나 지연, 비효율성이 발생하는 지점이다. AI를 효과적으로 활용하는 조직들은 보통 이러한 마찰 지점부터 해결한다. 예를 들어 법률 회사의 문서 처리 과정은 심각한 병목 현상을 유발하곤 하는데, AI는 이를 효과적으로 해결할 수 있다.

핵심 질문: "팀원들이 계속해서 불평하거나 피하려고 하는 일은 무엇인가?"

비용 센터: 운영상 필요하지만, 비용이 많이 드는 영역이다. AI는 보통 품질을 유지하거나 개선하면서도 비용을 획기적으로 개선할 수 있

다. 여기서 핵심은 에이전트를 활용해 고비용, 노동 집약적 작업을 자동화하고 이익을 개선하는 것이다. 개발 비용을 절감하는 동시에 코드 품질도 개선하는 코딩 지원 AI를 생각해보라.

핵심 질문: "어떤 프로세스가 그 중요성에 비해 지나치게 많은 예산을 소모하는가?"

품질 격차: 현재의 솔루션이 원하는 기준을 일관되게 충족하지 못하는 영역이다. AI는 일관된 성능을 유지할 수 있으므로 이러한 격차를 해결하는 데 이상적이다. 예를 들어 의료 영상 분야에서 AI는 일관된 초기 판독을 제공해 인적 오류를 줄일 수 있다.

핵심 질문: "현재 프로세스에서 품질이나 성능 면의 편차가 가장 큰 부분은 어디인가?"

3. AI 에이전트 역량 정렬AI Agent Capability Alignment

이 관점은 AI의 강점을 효과적으로 활용할 수 있는 분야에 초점을 맞춘다. 이러한 역량을 이해하는 것은 실현 가능한 기회를 발굴하는 데 필수적이다.

언어 이해: 인간의 언어를 처리하고 생성할 수 있는 AI는 의사소통, 문서화, 요약, 또는 텍스트 기반 정보 분석과 관련된 작업에 이상적이다. 최신 언어 모델은 간단한 분류부터 복잡한 추론과 생성까지 다양한 작업을 처리할 수 있다.

핵심 질문: "어떤 프로세스가 텍스트 읽기, 쓰기, 해석에 크게 의존하는가?"

패턴 인식: 데이터의 흐름과 상관관계를 파악할 수 있는 AI는 예측

기반 유지보수, 사기 탐지, 시장 분석에 적합하다. 패턴 인식 역량은 다양한 데이터 유형에 걸쳐 점점 더 복잡하고 미묘해지는 패턴을 다룰 수 있도록 발전해왔다.

핵심 질문: "데이터에서 패턴이나 흐름을 알아보는 것이 큰 가치를 제공할 수 있는 영역은 어디인가?"

논리적 추론: 논리적인 단계를 따라가며 연관성을 파악할 수 있는 AI는 법률 분석이나 의학적 진단과 같은 복잡한 문제 해결 작업에 효과적으로 활용될 수 있다. 최신 AI 시스템은 맥락을 유지하고 여러 단계의 논리적 프로세스를 따를 수 있다.

핵심 질문: "어떤 결정들이 일련의 특정 논리적 단계를 따라야 하는가?"

4. 통합 기회Integration Opportunities

이 관점은 새로운 AI 솔루션이 기존 시스템에 얼마나 원활하게 통합될 수 있는지에 중점을 둔다. 성공은 대개 기존 워크플로우와의 원활한 통합에 달려 있다.

기존 도구: 일반적으로 기존의 도구를 대체하기보다는 보완할 기회를 찾는 것이 더 빠른 도입과 더 나은 결과로 이어진다. 예를 들어 AI 솔루션이 세일즈포스, 마이크로소프트 오피스, 또는 산업별 전문 소프트웨어와 같은 주요 플랫폼을 어떻게 보완할 수 있을지 생각해보라.

핵심 질문: "현재 운영에 핵심적인 소프트웨어 도구는 무엇인가?"

데이터 가용성: 즉시 활용 가능한 데이터는 AI 에이전트의 도입 속도와 효과를 높인다. 이미 확보된 데이터가 무엇인지 점검하는 것은 AI

를 빠르게 적용할 기회를 발견하는 데 도움이 된다. 조직 내 정형 데이터와 비정형 데이터를 모두 살펴보라.

핵심 질문: "이미 수집하고 있지만 충분히 활용하지 못하고 있는 데이터는 무엇인가?"

API 생태계: 견고한 생태계에 쉽게 통합될수록 확장은 더욱 빨라진다. 여러분의 솔루션이 기존 플랫폼에 어떻게 연결될 수 있는지 이해하면, 개발 시간을 크게 줄이고 시장 범위를 넓힐 수 있다. 현대의 기업들은 상호 연결된 시스템에 의존하며, 이는 AI 통합의 기회를 만들어 낸다.

핵심 질문: "업계에서 강력한 API 생태계를 갖춘 플랫폼은 무엇인가?"

이론에서 실습으로: 뉴스레터 에이전트 이야기

이 프레임워크를 이용해 에이전틱 AI 영역에서 어떻게 기회를 발견하고 포착하는지를 완벽하게 보여주는 최근 사례를 하나 소개하겠다.

몇 달 전 우리는 콘텐츠 제작자와 소규모 사업자들이 공통으로 겪는 문제를 하나 발견했다. 이들은 뉴스레터를 만들고 배포하는 과정에 너무 많은 시간을 쓰고 있었다. 이미 수많은 도구가 이 과정을 지원하고 있었지만, 시중의 어떤 도구도 모든 단계(콘텐츠 선별, 요약, 서식 지정, 검토, 게시 등)를 자율적으로 수행할 순 없었다.

우리는 여기서 새로운 기회를 보았다. 바로 에이전틱 AI 프레임워크의 레벨 3에서 작동할 수 있는 자율 뉴스레터 에이전트를 만드는 것이었다. 이 에이전트는 단순히 뉴스레터 발송 프로세스를 자동화하는 데 그치는 것이 아니라, 자율적으로 콘텐츠를 선별하고, 흥미로운 요약문을 작성하며, 독자의 행동 패턴에 따라 발송 시간까지 최적화할 터였다.

이 기회가 특히 매력적이었던 것은 유망한 에이전트 기반 비즈니스를 판단하는 우리의 세 가지 핵심 기준을 모두 충족했기 때문이다.

1. 명확한 문제점(시간 소모적인 콘텐츠 선별과 제작)을 다룬다.
2. 최소한의 인적 감독으로 자율적 운영이 가능하다.
3. 효율적 확장이 가능해 여러 고객에게 동시에 서비스를 제공할 수 있다.

우리가 설계한 에이전트는 특정 출처에서 관련 콘텐츠를 검색하고, 고객사의 스타일에 맞춰 흥미로운 요약문을 작성하며, 자동으로 뉴스레터를 편집하여 발송할 수 있었다.

핵심은 단순히 기술적 가능성을 확인하는 것이 아니라, 이 능력을 어떻게 확장 가능한 비즈니스 모델로 만들 수 있을지를 깨닫는 것이었다. 우리는 이 에이전트를 제품으로 판매하는 대신, 서비스 형태로 제공하기로 했다. 그것은 사람이 만든 것과 같은 품질을 유지하면서도 기계 수준의 일관성과 확장성을 갖춘 자율형 뉴스레터 관리 서비스였다.

1단계: 기회 발굴

뉴스레터 에이전트 시스템을 구축하기 위한 여정은 AI 에이전트 활용 기회를 발굴하고 검증하기 위해 마련된 일련의 집중적인 워크숍으로 시작되었다. 우리는 2주간 진행될 체계적인 탐색 과정을 위해 콘텐츠 제작자, 비즈니스 리더, 기술 전문가 등 다양한 인력으로 구성된 팀을 꾸렸다. 첫 세션으로 '페인 포인트 발굴' 워크숍이 3시간 동안 진행되었는데, 이 자리에서 우리는 여러 조직이 공통적으로 흥미로운 뉴스레터 제작에 너무 많은 부담을 느끼고 있다는 사실을 확인할 수 있었다. 콘텐츠 제작자와 비즈니스 리더들은 기사를 훑어보고, 요약문을 작성하고, 뉴스레터를 편집하는 데 매주 몇 시간(더 전략적인 일에 쓸 수도 있었을 시간)씩을 소비하고 있었다. 우리는 우리가 만든 체계적인 프레임워크 적용을 통해 단순한 문제점을 넘어 AI 에이전트가 복잡한 다단계 프로세스를 어떻게 혁신할 수 있는지를 보여줄 기회를 발견했다.

2단계: 가치 사슬 분석

첫 세션이 끝난 후에는 주요 이해관계자들과 함께 반일간 가치 사슬 매핑Value Chain Mapping 워크숍을 진행했다. 대형 화이트보드와 프로세스 시각화 도구를 이용해 뉴스레터 제작 과정을 단계별로 꼼꼼하게 분석했다. 함께 4시간에 걸쳐 집중적으로 분석한 결과, 이 과정은 콘텐츠 발굴, 요약, 매일 이메일로 선별 기사 송부, 기사 선정, 편집, 형식화, 최종 검토라는 일곱 가지 작업으로 구분되는 것을 확인할 수 있었다. 우리가 주목한 것은 각 작업 사이의 인계 지점이었다(각 전환점은 시간이 낭비되고 오류가 발생할 수 있는 잠재적 병목 구간을 나타냈다). 특히 흥미로웠던 부분은 콘텐츠 발굴에서 요약으로 넘어가는 지점이었는데, 여기에서 우리는 콘텐츠 제작자들이 여러 도구를 오가며 복사와 붙여넣기를 하느라 상당한 시간을 소비하고 있는 것을 발견했다.

3단계: 시장 페인 포인트 매트릭스

시장 페인 포인트 매트릭스 분석은 우리가 기회에 대해 더욱 깊이 이해할 수 있게 해주었다. 우리는 콘텐츠 제작자들과의 인터뷰를 통해 세 가지 주요 마찰 지점을 확인했는데, 시간 소모적인 콘텐츠 발굴, 일관된 요약 품질 유지의 어려움, 지루한 뉴스레터 형식화 과정이 그것이었다. 또한 비용 센터를 살펴본 결과 기업들이 뉴스레터 제작에 숙련된 직원들의 시간을 일반적으로 주당 15~20시간씩 투입하고 있음을 확인할 수 있었다(본질적으로 반복적인 과정에 상당한 투자를 하고 있었다).

4단계: AI 에이전트 역량 정렬

다음 단계는 AI 전문가들과 프로세스 책임자들이 한데 모여 두 시간 동안 함께한 역량 평가 워크숍이었다. AI 에이전트 역량 정렬 분석은 특히 흥미로운 사실들을 보여주었다. 우리는 체계적인 평가 매트릭스를 통해, 확인된 각각의 문제점을 어떤 AI 역량이 해결할 수 있을지 도식화했다. 언어 이해 역량은 요약 작업을 처리할 수 있었고, 패턴 인식 역량은 콘텐츠 관련성 평가에 도움이 될 수 있었으며, 논리적 추론 역량은 전반적인 워크플로우 조율을 담당할 수 있었다. 다 함께 평가하고 논의한 끝에 완성된 이 체계적인 매핑은 우리가 각각의 주요 문제점을 효과적으로 해결할 수 있는 기술적 역량을 이미 갖추고 있음을 보여주었다.

5단계: 통합 기회

마지막 주는 종합적인 반일 짜리 통합 계획 워크숍으로 시작되었다. 기술 설계자, 최종 사용자, 시스템 관리자가 한데 모여 통합 지점과 잠재적 문제를 도식화했다. 일련의 체계적인 실습과 심층적인 기술 논의를 통해 우리는 이미 대부분 조직이 콘텐츠 공유를 위해 이메일을, 협업을 위해 구글 문서를 사용하고 있다는 사실을 발견했다. 이 통찰을 바탕으로 우리는 사용자에게 익숙한 도구들을 중심으로 에이전트 시스템을 설계해 학습 부담을 줄이고 도입 가능성을 높일 수 있었다. 이 워크숍은 상세한 통합 로드맵과 기술 요구 사항 문서를 작성하는 것으로 마무리되었다.

6단계: 기회 우선순위 지정

이 과정은 3시간에 걸쳐 그전까지의 모든 결과를 종합한 기회 우선순위 지정 세션으로 마무리되었다. 우리는 체계적인 채점 방식을 이용해 뉴스레터 에이전트 기회를 다섯 개의 주요 관점(문제의 심각성, 기술적 실현 가능성, 통합의 복잡성, 잠재적 영향, 필요 자원)에서 다른 잠재적 프로젝트들과 비교했다. 뉴스레터 프로젝트는 특히 실현 가능성과 잠재적 영향 면에서 높은 점수를 받아 확실한 승자로 선정되었다.

이 분석 내용을 바탕으로 우리는 각 에이전트가 특정 업무를 전문으로 하면서 다른 에이전트들과 협력하는 다중 에이전트 시스템을 설계했다. 검색 에이전트는 미리 정의된 출처를 지속적으로 훑어 관련 콘텐츠를 찾도록 설계되었고, 패턴 인식을 통해 기사의 관련성을 평가했다. 요약 에이전트는 고급 언어 이해 역량을 활용해 일관되고 흥미로운 요약문을 작성했다. 이메일 에이전트는 중요 업무인 일일 커뮤니케이션을 맡아 인간 검토자들이 최종 선택을 할 수 있도록 잘 정리된 콘텐츠를 전달했다.

결과

아마도 우리의 프레임워크가 효과적이라는 가장 큰 증거는 빠른 시스템 채택과 긍정적인 피드백일 것이다. 조직들은 이 자동화 시스템 덕분에 뉴스레터 제작 시간이 80%나 단축되었는데도 품질은 유지되거나 더 나아졌다고 보고했다. 요약문의 일관성이 향상되었으며, 매일 발송되는 정기 이메일 덕분에 콘텐츠 제작자들은 쏟아지는 정보에 압도되는 기분을 느끼지 않고 업계의 최신 동향을 따라갈 수 있었다.

앞으로의 길

오늘날 에이전틱 AI가 제공하는 기회는 모바일 앱 경제의 초기 시절을 떠올리게 한다. 초기 앱들이 달력이나 계산기와 같은 기존의 도구들을 디지털화한 것처럼, 우리는 지금 초기 에이전트들이 기존의 비즈니스 프로세스를 자동화하는 모습을 보고 있다. 그러나 진정한 혁명은 이 기술을 통해 완전히 새로운 가능성을 상상할 수 있는 기업가들로부터 시작될 것이다.

에이전틱 AI가 제공하는 기회는 무궁무진하지만, 성공을 위해서는 발굴과 검증을 위한 체계적인 접근 방식이 필요하다. 이 프레임워크는 기회를 발견하고 평가하는 체계적인 방법을 제공함으로써 기업가들이 가장 유망한 분야에 노력을 집중할 수 있도록 돕는다.

성공의 비결은 단순히 오늘날 에이전트가 무엇을 할 수 있는지 이해하는 데 있는 것이 아니라, 그들이 내일 무엇을 할 수 있을지 예측하면서 지금 당장 가치를 제공하는 솔루션을 구축하는 데 있다. 미래는 현재의 역량과 미래의 가능성 사이의 틈을 메울 수 있는 사람들에게 열려 있다.

AGENTIC AI

●

3부에서 효과적인 AI 에이전트를 구축하고 기업가로서 가치를 창출하는 방법을 살펴보았다면, 4부에서는 더 큰 과제, 즉 이 기술을 이용해 어떻게 조직 전체를 혁신할 것인지를 다룬다. AI 에이전트의 힘을 대규모로 활용하고자 하는 기업들은 바로 이 지점에서 실제 성과를 확인하게 된다.

AI 혁신을 추진해오면서 우리는 한 가지 뚜렷한 패턴을 발견했다. 바로 기술적 우수성만으로는 절대 충분하지 않다는 것이다. 아무리 정교한 AI 에이전트라 해도 사람들이 신뢰하지 않거나, 프로세스가 에이전트를 중심으로 재설계되지 않거나, 거버넌스 체계가 이를 지원하지 않는다면 실패하고 말 것이다. 요컨대 조직의 혁신은 기술적 구현만큼이나 중요하며, 종종 훨씬 더 어렵다.

그래서 4부에서는 AI 에이전트의 기술적 측면을 넘어, 대규모 성공을 좌우하는 인간적·조직적·전략적 측면까지 살펴본다. 우리는 유망한 AI 프로젝트들이 성공적인 시범 운영 이후 광범위한 도입을 가로막는 조직적 장벽을 극복하지 못하고 중단되는 모습을 너무 많이 보아왔다. 여러분에게는 이런 일이 없기를 바란다.

꿈이 현실로 이루어지는 길은 좀처럼 평탄한 법이 없지만, 올바른 접근법이 있다면 변혁적 변화는 충분히 가능하다.

AGENTIC AI

에이전틱 AI를
통한
기업 혁신

4부

10장

인간과 에이전트의 협업: 리더십, 신뢰, 변화

조직 전반에서 업무 설계와 변화 관리 마스터하기

지난여름, 우리는 AI 에이전트 도입 과정에서 변화 관리에 대한 우리의 이해를 근본적으로 재편하게 되는 상황을 마주했다. 우리는 대형 보험회사와 협력해 보험금 청구 처리를 위한 이들의 첫 AI 에이전트를 구축하고 있었다. 기술 구현은 순조롭게 진행되었다(어쩌면 너무 순조로웠는지도 모르겠다). 우리가 예상하지 못했던 것은 이 기술이 조직 전체에 미칠 파급효과였다.

"저는 15년 동안 보험금 청구 건을 처리해왔어요." 상급 청구 담당자인 플로라가 말했다. "이 '에이전트'가 실수하지 않을 거라고 어떻게 확신할 수 있죠? 제가 그걸 고쳐야 할 텐데요." 그녀의 우려는 부서 전체에 퍼지고 있던 깊은 불안감을 그대로 반영했다. 세심하게 계획을 세웠음에도 불구하고, 우리는 변화 과정에서 인간적인 요소를 과소평가했다. 돌이켜보면 이는 당연한 일이었다. 결국 AI 에이전트 도입은 직원들의 핵심적인 행동 양식, 가치관, 인식에 큰 영향을 미치는 변화의 과정을 수반하기 때문이다.

또 다른 회사인 한 아시아 은행에서는 지능형 자동화 책임자가 에이전트의 열렬한 지지자였다. 그는 "3개월 안에 에이전트를 만들고 팀원의 4분의 3을 대체합시다!"라고 말했다. 그러나 프로세스 개선 업무를 맡고 있긴 했지만 변화 관리를 중요시했던 그의 동료는 이렇게 말했다. "우리 프로세스는 너무 복잡해서 사람들을 없애면 많은 문제가 발생할 겁니다."

이러한 경험은 우리에게 중요한 교훈을 안겨주었다. AI 에이전트 도입의 성공은 기술만큼이나 사람에게 달려 있다. 어쨌든 사람이 이러한 에이전틱 시스템을 구현하고, 성능을 모니터링하며, 실수를 바로잡고, 잘못된 점을 파악해 고치려 노력하기 때문이다(혹은 이 모든 중요한 작업을 거부할 수도 있다).

에이전틱 AI의 성공적 도입에는 여러 인간적 요소가 필요하다. 첫째는 물론 전 과정을 이끌고 자금을 지원하며 중대한 결정을 내리는 인간의 리더십이다. 이에 대해서는 다음 장에서 자세히 다룰 것이다. 둘째는 세부적인 업무 설계다. 즉 '에이전트는 무슨 일을 하고 인간은 어떤 역할을 할 것인가?'에 관한 결정이 필요하다. 마지막으로 변화 관리다. 이는 직원들이 에이전트를 동료로 받아들이고, 이해하며, 에이전트로의 전환 과정에 적극적으로 참여할 수 있도록 하는 것을 말한다.

에이전트와 인간의 업무 설계

현실적으로 보자. 기업이 AI 에이전트를 추구하는 주된 이유 중 하나는 필요한 인간의 노동력과 개입이 줄어들기 때문이다. 2022년 말 생성형 AI가 등장해 인기를 끌었을 때, 우리는 모두 그 매력에 현혹되었다. 하지만 많은 조직은 인간이 프롬프트를 입력하고 결과를 편집할 때 생산성 향상은 기대할 수 없다는 사실을 깨달았다.

에이전틱 AI를 도입하면(적어도 대부분의 경우) 인간이 입력과 출력에 개입할 필요성은 줄어들 것이다. 그러나 앞서 이야기했듯이 인간 개입의 필요성은 사용 사례에 따라, 또 시간이 흘러 에이전트 기술이 발전함에 따라 달라질 것이다. 이는 도입 초기뿐 아니라 그 뒤로도 지속적인 업무 설계가 필요함을 의미한다. 주어진 작업, 워크플로우, 또는 업무 프로세스에 대해 에이전트가 스스로 무엇을 할 수 있는지, 언제 인간 보고나 개입이 필요한지 누군가는 결정해야 한다. 그러한 개입은 에이전트가 요청받은 작업을 스스로 수행할 수 없다고 판단할 때, 또는 그 행동의 영향이 (예를 들면 금전적 가치나 고객에게 미치는 영향 측면에서) 상당히 커서 모니터링이나 검토가 필요할 때만 발생할 수도 있다.

이런 유형의 업무 설계는 전통적으로 업무 프로세스 개선이나 대규모 재설계를 통해 이루어져 왔다. 이러한 프로세스 기법은 1990년대와 2000년대 초반에 인기를 끌었지만, 지난 10~20년간 다소 시들해졌고, 그러다 최근 AI와 함께 다시 주목받고 있다. 기업들은 분석형·생성형 AI가 새로운 프로세스 설계를 가능하게 하며, 프로세스 마이닝, 태스크 마이닝과 같은 비교적 새로운 기술들이 새 프로세스 흐름을 설계하고 구현하는 데 걸리는 주기를 단축해줄 수 있음을 깨닫고 있다. 로봇 프로세스 자동화RPA를 도입할 때도 어느 정도의 업무 설계가 이루어지곤 했는데, 기업들은 어차피 자동화할 바에야 그 전에 프로세스를 개선하는 것이 낫다고 생각했기 때문이다.

프로세스 및 업무 설계 경험이 있는 기업들은 에이전트 기술 활용에 유리하다. 이들은 워크플로우를 설계하고, AI 역량을 활용할 방안을 계획하며, 작업의 설계와 실행에 사람을 참여시키는 방법을 알고 있다. '프로세스 인텔리전스process intelligence(업무 프로세스가 실제로 어떻게 실행되고 있는지 데이터 기반으로 분석하고 최적화하는 기술과 방법론-옮긴이)' 도구에 익숙하다면, 각 업무가 인간이나 AI 에이전트에 의해 어떻게 수행되는지, 그리고 그것이 '주문에서 대금 수령까지' 혹은 '구매에서 대금 지급까지'와 같은 광범위한 프로세스에 어떤 영향을 미치는지도 파악할 수 있다.

물론 일상적인 업무와 프로세스에서 인간이 맡게 될 역할에도 일부 변화가 있을 것이다. 구조화되고 반복적인 작업의 상당 부분은 에이전트가 수행하게 되어 인간은 지루한 작업에서 해방될 것이다. 그러나 이러한 일은 과거에 보통 신입 직원들이 맡아서 해왔던 일이기도 하다. 따라서 특히 이들 근로자에 대한 수요는 줄어들 수 있다. 한편 에이전트가 완료한 작업을 검토하고 수정하는 역할은 경험 많은 직원만이 보유한 상대적으로 높은 수준의 기술을 요구할 것이다. 노동력의 이러한 변화는 개인의 경력뿐만 아니라 전체 경제와 인구 집단에도 큰 영향을 미칠 수 있다.

앞으로 직원들이 맡게 될 모든 업무와 기술을 사전에 예측하기는 어렵겠지만, 필요한 역량을 습득할 수 있도록 이들에게 가능한 한 충분한 사전 안내와 준비 시간이 주어져야 한다. 이러한 계획 수립에는 조직 내 기술 부서와 인사 부서 간의 협력이 필요한데, 이는 과거에는 일반적으로 이루어지지 않았던 일이다. 실제로 앞으로는 전에 없었던 '인간 및 디지털 자원 관리'와 같은 통합된 역할이 필요해질 수도 있다.

두려움을 기회로 전환하기: AI 에이전트에 대한 인식 변화

"저들이 이 AI 에이전트란 걸 도입해 우릴 대체하려고 하는 거죠?" 한 글로벌 제조 기업의 팀장이 던진 이 질문은 우리가 반복해서 마주했던 두려움을 잘 보여준다. 많은 상황에서 이는 사실과 다를 수 있지만, 확실히 말도 안 되는 생각은 아니다. 우리는 이러한 사고방식을 바꾸기 위해서는 단순한 안심시키기 이상의 접근이 필요하다는 것을 깨달았다. 다시 말해 투명성, 증거, 그리고 눈에 보이는 성공 사례가 필요했다.

이 제조업체에서 우리는 AI 에이전트에 대한 기존 인식을 바꾸기 위해 세 가지 접근법을 사용했다. 첫째, AI 에이전트를 워크플로우에 성공적으로 통합한 다른 여러 회사의 팀원들을 초청했다. 이 자리에서 진행된 것은 경영진 대상의 발표가 아닌 동료 간 대화였다. 직원들은 처음에 느꼈던 두려움을 솔직하게 털어놓고, 자신들의 업무 환경이 어떻게 점점 더 나아졌는지 편하게 이야기할 수 있었다.

특히 인상 깊었던 순간은 한 소매 회사의 고객 서비스 담당자가 자신의 역할을 AI 에이전트가 어떻게 변화시켰는지 이야기했을 때였다. "예전에는 반복적인 문의를 처리하는 데 하루의 70%를 보냈습니다. 하지만 이제 에이전트가 그런 일을 맡아 하는 덕분에, 저는 진정한 변화를 만들어낼 수 있는 복잡한 고객 문제에 집중하고 있어요. 업무 만족도가 정말로 높아졌죠."

둘째, 우리는 '일일 업무 체험' 워크숍을 진행했다. AI에 관한 추상적인 논의 대신, 팀들과 함께 AI 에이전트가 도입되면 일상적인 업무가 어떻게 변화할지 구체적으로 그림을 그려보았다. 그 결과 에이전트가 직원을 대체하는 것이 아니라, 대부분의 사람이 좋아하지 않는 단조로운 업무를 주로 없애주는 역할을 한다는 사실이 드러났다.

셋째, 우리는 팀별로 '미래 역할 로드맵'을 수립했다. 이는 재교육을 약속하는 막연한 말들이 아니라, 역할이 어떻게 진화하고 어떤 새로운 기회가 나타날지를 보여주는 구체적인 계획이었다. 예를 들어 우리는 일부 팀원들이 '자동화 전문가'로 성장할 방안을 제시했다. 이들은 깊이 있는 프로세스 지식과 새로운 기술 역량을 결합해 AI 에이전트를 관리하고 개선하는 역할을 맡을 수 있었다.

결과는 놀라웠다. 한 부서의 경우 처음에는 82%의 구성원이 일자리 안정성에 대해 우려를 표했지만, 이 접근법을 취한 지 6개월 후에는 76%가 AI 에이전트 통합에 대해 긍정적으로 생각한다고 보고했다. 핵심은 AI 에이전트가 인간의 역량을 대체하기보다 어떻게 강화할 수 있는지 그저 말만 하는 것이 아니라, 보여주는 것이었다.

에이전틱 AI 시대의 변화하는 역량

다양한 조직에서 AI 에이전트를 구현해온 풍부한 경험을 바탕으로, 우리는 'AI 에이전트 협업 역량 모델AI Agent Collaboration Capability Model, AICCM'이라는 포괄적인 프레임워크를 개발했다. 이 모델은 직원과 리더들이 기본 AI 도구(챗GPT나 제미나이와 같은 기존의 대규모 언어 모델)를 사용하던 단계에서 AI 에이전트와 협업하는 단계로 이동할 때 겪게 될 근본적인 역량의 전환을 포착한다.

수십 건의 구현 사례에서 관찰된 패턴을 바탕으로, 이 프레임워크는 조직에 에이전틱 AI 시대의 성공에 필수적인 인간 역량을 개발하기 위한 로드맵을 제공한다. 이제 직원들과 리더들이 반드시 알아야 할 AICCM의 네 가지 핵심축을 살펴보자.

작업 중심에서 워크플로우 사고로

기존의 AI 도구는 개별 작업 단위로 작동했지만, 에이전틱 시스템은 워크플로우 차원에서 작동하며 상호 연결된 프로세스를 조율해 더 광범위한 성과를 달성한다. 직원들은 이와 관련해 다음과 같은 역량을 개발해야 한다.

- **프로세스 매핑:** 개별 작업이 더 큰 워크플로우에서 어떻게 연결되는지 이해하고 모든 구성 요소가 효율적으로 함께 작동할 수 있게 하는 능력
- **시스템 최적화:** 에이전트가 여러 영역에 걸쳐 원활하게 작동할 수 있도록 시스템을 설계하고 개선하는 능력
- **분야를 넘나드는 사고:** 다양한 작업과 분야가 어떻게 상호 연결되어 종합적인 솔루션을 만들어내는지 이해하는 능력
- **성과 지향:** 개별 작업 수행보다는 에이전트가 달성해야 할 성과를 정의하는 데 집중하는 능력

한 제조업체의 수석 운영 관리자는 이렇게 말했다. "제가 지금까지 쌓아온 가장 유용한 역량은 코딩이나 프롬프트 엔지니어링이 아니라, 전체 프로세스를 설계하고 에이전트가 운영 전반에서 가장 큰 영향을

미칠 수 있는 지점을 찾아내는 능력이죠."

통제에서 위임으로

직접적인 통제에서 효과적인 위임으로의 전환은 아마도 많은 직원에게 가장 어려운 과제일 것이다. 에이전틱 AI 환경에서 직원들은 다음과 같은 역량을 개발해야 한다.

- **감독**: 일일이 개입하지 않고 AI 시스템을 모니터링하면서 시스템이 효율성을 유지하고 계획대로 나아갈 수 있게 하는 능력
- **자율성의 균형 유지**: 통제를 가해야 할 때와 에이전트가 알아서 작업하도록 놔둬야 할 때를 직관적으로 판단할 수 있는 능력
- **거버넌스 체계 구축**: AI 의사결정을 추적, 감사, 개선할 수 있는 구조 설계 능력
- **윤리적 리스크 관리**: AI가 윤리적 기준 안에서 작동하도록 하면서 책임을 언제 어떻게 위임할지 판단하는 능력

우리와 함께 일했던 한 마케팅 책임자는 이렇게 고백했다. "AI에 업무를 위임하는 법을 배우는 건 생각보다 어려웠습니다. 모든 작업을 일일이 확인하고 싶은 충동을 억누르고, 결과를 검토하면서 전략적 조정을 하는 데 집중해야 했죠."

단순 상호작용에서 진정한 협업으로

에이전틱 AI와 함께 일하기 위해서는 인간과 기계의 협업에 대한 보다 정교한 접근이 필요하다.

- **역량 인식**: 기본적인 언어 처리 외 에이전트의 확장된 기능을 이해하는 능력
- **맥락적 안내**: 세세한 단계별 지시보다 상위 수준의 방향성을 제시하는 능력
- **공동 설계**: 반복적인 개선을 통해 AI와 함께 해결책을 만들어가는 능력
- **전략적 협력**: 자동화와 정밀성을 위해 AI를 활용하면서도 인간의 창의성과 판단을 더하는 능력

우리는 한 금융 서비스 기업에서 AI 에이전트를 '함께 협업하는 도구'로 인식한 팀이 훨씬 더 우수한 성과를 내고 업무 만족도도 높다는 사실을 확인했다.

능력 확장에서 가치 창출(장기적 역량)로

에이전트가 전체 워크플로우를 담당하게 되면 인간은 AI가 모방할 수 없는 방식으로 가치를 창출하는 데 집중해야 한다.

- **진정한 창의력**: AI가 독립적으로 생성할 수 없는 감정적 깊이와 문화적 미묘함을 담은 새로운 해법을 개발하는 능력
- **비판적 평가**: AI의 결과물을 편향성, 윤리적 고려 사항, 장기적 영향 면에서 분석하

는 능력

- **관계 형성**: 인간적 유대, 신뢰, 공감이 여전히 대체 불가능한 것으로 남아 있는 영역에서 훌륭히 관계를 만들어가는 능력
- **통합 전문성**: AI 역량과 인간 고유의 강점을 조화롭게 결합하는 능력

에이전트 구현에 참여한 한 의료 부문 경영진은 이렇게 말했다. "우리가 발견한 역설은 자동화를 받아들이는 것이 사실 인간 고유의 역량을 더 가치 있게 만든다는 겁니다. 이제 우리 직원들은 환자와의 관계, 복잡한 문제 해결에 더 많은 시간을 쓸 수 있게 되었어요. 그런 일들은 오직 인간만이 제대로 해낼 수 있는 일이죠."

AI 에이전트 협업 역량 모델AICCM에 제시된 역량을 개발함으로써 직원들은 AI에 대한 잠재적 불안을 새로운 기회에 대한 기대감으로 전환할 수 있다. 네 가지 핵심 축 전반에 걸쳐 이러한 역량 개발에 투자하는 조직들은 팀이 AI 에이전트에 더 빠르게 적응할 뿐만 아니라, 기술 전문가들도 미처 상상하지 못한 혁신적인 기술 활용 방법을 찾아내는 모습을 발견하게 될 것이다.

AICCM은 변화 관리 측면에서 유용하게 활용될 수 있는 도구임이 입증되었다. 이 모델은 직원들의 역량 개발 프로그램을 체계적으로 설계할 수 있는 기반을 제공하며, 조직이 구체적인 역량 격차를 파악할 수 있도록 돕는다. 우리는 이 모델의 네 가지 축 모두에서 탁월한 팀이 기술적 통합에만 집중하는 팀보다 성공적인 에이전트 구현을 보고할 가능성이 세 배 더 높다는 사실을 확인했다.

투명성을 통한 신뢰 구축

우리가 목격한 가장 성공적인 AI 에이전트 도입 사례들에는 한 가지 공통점이 있다. 바로 에이전트가 직무에 미치는 영향을 완전히 투명하게 공유하는 것이다. 이러한 투명성이 없다면 직원들은 AI 에이전트를 신뢰하기를 꺼릴 것이며, AI가 인간의 능력을 넘어서는 수준으로 효율성을 높이고 결국 인간을 대체할 거라고 의심하게 될 것이다. 다시 말해 AI 에이전트 도입 결정의 근거를 설명하지 않으면, 직원들은 미래에 대해 불안감을 느끼고 조직이 계획하는 변화에 저항할 것이다. 앞서 언급한 보험사에서 이런 식의 투명성을 강화할 필요성을 깨달았을 때, 우리는 도입 과정 중간에 접근 방식을 바꿨다.

우리는 AI 에이전트가 '보험금 청구 처리를 최적화'할 것이라고 대략 발표하는 대신, 각 직무에 대한 세부적인 영향 분석 자료를 작성하여 다음과 같은 내용을 확인시켜 주었다.

- 에이전트가 맡게 될 구체적인 업무
- 새로운 책임을 포함하도록 역할이 진화하는 방식
- 변화된 환경에서 더 가치 있게 될 역량
- 새로운 환경에서의 명확한 경력 발전 경로

이러한 투명성 전략은 뜻밖의 효과를 가져왔다. 이는 불안감을 증폭시키기보다 오히려 줄였는데, AI 에이전트가 개인의 이익과 경력 발전에 도움이 될 수 있는 수단으로 인식되었기 때문이다. 실제로 우리의 새로운 접근 방식은 직원들이 정확히 자신의 역할이 어떻게 변할지 알게 해줌으로써 미래를 보다 구체적이고 대응할 수 있는 것으로 느끼게 했다.

교육 방식의 변화: 전통적 교육을 넘어

우리가 초기에 저지른 실수 중 하나는 직원들에게 AI 에이전트의 잠재력을 설명하는 형식적인 교육 세션에 지나치게 의존한 것이었다. 시간이 지나면서 우리는 AI 에이전트 도입을 성공시키려면 에이전트가 독립적으로 작동할 수 있는 능력을 유지하면서도 그 통합 과정이 인간의 가치와 이익에 부합하도록 해야 한다는 점을 깨달았다.

우리는 이 교훈을 한 통신사에서 어렵게 얻었다. 광범위한 교육 프로그램을 진행했음에도 불구하고, 이곳의 고객 서비스 AI 에이전트 채택률은 여전히 낮은 수준에 머무르고 있었다.

돌파구는 교육 방식을 '실습 중심'으로 전환했을 때 찾아왔다. 사람들에게 AI 에이전트가 무엇을 할 수 있는지 알려주는 순전히 이론적인 교육 대신, 우리는 사람들이 통합 과정 자체에 참여하도록 하는 것이 좋겠다고 판단했다.[1]

참여형 도입 프로세스를 구축하면 직원들은 AI 에이전트가 자신의 업무에 가져올 잠재적 이점을 직접 경험할 수 있게 된다. 이는 차례로 컨설턴트인 우리와 조직 전체가 활용할 수 있는 피드백을 생성해, AI 에이전트가 모든 구성원에게 타당하면서도 워크플로우 효율을 높이는 방식으로 통합될 수 있도록 한다.

이를 위해 우리는 직원들이 자신의 일상 업무와 관련된 실제 상황을 바탕으로 AI 에이전트를 실험해볼 수 있는 샌드박스 환경을 구축했다. 이 실습 경험은 직원들의 인식을 근본적으로 바꿔놓았다.

3대 학습 접근법

시행착오를 거쳐 우리는 우리가 '3대 학습 접근법'이라 명명한 학습 방식을 개발했다.

1. **자기 주도적 발견:** 직원들은 자신의 업무 환경에서 AI 에이전트를 실험할 수 있는 시간을 보장받고 추상적 개념이 아닌 직접적인 경험을 통해 학습한다. 이 실험은 에이전트가 아직 프로토타입이나 개념 증명 단계에 있을 때, 그리고 인간의 피드백을 바탕으로 수정이 가능할 때 이상적으로 이루어진다.
2. **동료 학습 네트워크:** 우리는 직원들이 AI 에이전트와 관련된 경험, 성공 사례, 실패 사례를 공유하는 커뮤니티를 구축한다. 이러한 네트워크는 종종 우리가 미처 생각하지 못했던 혁신적인 사용 사례를 발견할 수 있게 해주며, 에이전트의 단점과 개선 방안을 찾을 수 있는 훌륭한 원천이 된다.
3. **상황별 교육:** 기존의 교육도 중요하지만, 교육 내용은 일반적인 AI가 아닌 특정 업무 영역, 역할, 사용 사례에 맞춰 조정되어야 한다.

소유권을 통한 권한 부여

우리는 한 제조 회사에서 어쩌면 가장 중요할 수도 있는 통찰을 얻었다. 처음에 이 기업의 경영진들은 IT 부서가 모든 AI 에이전트를 관리하도록 했다. 그러나 이들은 직원들에게 (거버넌스 체계 내에서) 에이전트를 수정하고 구성할 수 있는 도구를 제공한 부서들이 훨씬 더 높은 에이전트 채택률을 보이고 만족도도 더 높다는 사실을 발견했다. AI 에이전트를 워크플로우에 통합되어야 하는 완성된 제품으로 제공하는 대신, 직원들에게 통제권을 부여하면 참여 의식과 책임감이 조성되어 AI 에이전트 도입에 대한 저항이 줄어든다.

이 관찰을 바탕으로 우리는 '점진적 자율성 모델Progressive Autonomy Model'이란 것을 개발했다. 이 모델에서는 직원들이 AI 에이전트 활용에 능숙해질수록(이때 샌드박스 접근법이 도움이 될 수 있다) 에이전트를 맞춤화하고 설정할 수 있는 권한이 점점 커진다. 이 접근 방식은 직원들이 자신이 구축을 돕는 에이전트의 성공에 더욱 헌신하게 되는 선순환 구조를 만들어낸다.

민주화된 자동화의 힘

AI 에이전트 채택을 가속화하는 가장 효과적인 전략 중 하나는 로우코드 플랫폼을 통해 기술을 민주화하는 것이다. 이러한 도구는 직원들을 기술의 수동적 수용자에서 변화를 주도하는 적극적 참여자로 탈바꿈시킨다. 우리가 협력한 한 주요 의료 기관에서 이 접근법은 혁신의 속도와 직원들의 태도 모두에 놀라운 전환을 가져왔다.

"처음에는 AI 에이전트를 위협적인 존재로 여겼습니다." 의료비 청구 담당자인 마크가 말했다. "하지만 직접 자동화를 구성해본 후에는 이 기술이 저를 대체하는 것이 아니라 제 일을 개선하는 것임을 깨달았죠." 마크와 그의 동료들은 로우코드 도구를 활용해 일상적인 청구 문의 업무를 자동화하면서도 그 작동 방식에 대한 통제를 유지할 수 있었다.

성공의 핵심은 다음의 네 가지 요소를 결합하는 데 있다.

- 기술적 배경과 관계없이 누구나 자동화 생성 및 개선에 참여할 수 있게 하는 이용하기 쉬운 도구
- 다른 사람들을 이끌고 도울 수 있는 '자동화 챔피언들'의 네트워크
- 비즈니스 담당자들이 워크플로우와 업무 프로세스 자동화를 구성할 때 사용할 수 있는 에이전트와 도구 모음
- 혁신을 가능하게 하면서 보안과 규정 준수를 유지할 수 있는 명확한 거버넌스 체계

이러한 접근 방식은 변화를 가속화할 뿐만 아니라, 진정한 주인의식을 형성하고 책임감을 심어주어 도입 프로젝트가 성공할 수 있도록 돕는다. 실제로 직원들은 AI 에이전트가 자신의 업무를 지원하는 방식에 직접 영향을 미칠 수 있을 때 전체 프로젝트의 성공에 몰입하게 된다.

일부 에이전틱 AI 공급업체들은 로우코드 소프트웨어 버전에 에이전트 개발과 관리 기능을 탑재함으로써 이러한 접근 방식을 가능하게 하고 있다. 이들은 전문 IT 개발자나 AI 개발자가 아닌 '일반 사용자'가 에이전트 개발의 대부분을 수행하게 될 것이라고 믿는다. 우리가 권장하는 이 민주화된 접근 방식을 따르고자 하는 조직은 이러한 공급업

체와 도구들을 찾아야 한다.

혁신과 도전 장려

우리가 목격한(그리고 우리 자신도 저지른) 흔한 실수 중 하나는 AI 에이전트와 관련된 활동에 대해 직원들에게 보상할 때 성공적인 결과에만 집중하는 것이다. 한 유통 기업에서 우리는 이 방식이 의도치 않게 실험을 방해한다는 사실을 알게 되었다(직원들은 실패할지도 모르는 새로운 시도를 해보는 것을 두려워했다). 물론 새로운 시도를 하고 새로운 활용 방법을 탐색하는 것을 두려워한다면 실패는 없겠지만, 동시에 어떤 학습도 이루어지지 않을 것이다. 실제로 배울 수 있는 유일한 방법은 실패를 경험하고 그 경험을 바탕으로 다음번에는 더 나아지는 것이다.

해결책은 보상 구조를 바꿔 성공적인 구현과 잘 문서화된 '학습 실패' 모두에 대해 보상하는 것이었다. 이는 성과와 함께 실험 자체가 중요하게 여겨지는 문화를 만들었다. 이 책의 공동 저자 중 한 명인 데이비드가 말하듯, "빠르게 배우려면, 빠르게 실패해야 한다."

경험에 따르면 성공적인 동기부여 프로그램은 일반적으로 다음을 포함한다.

- AI 에이전트의 새로운 사용 사례를 발견한 것에 대한 인정
- 성공이나 실패에서 얻은 교훈을 공유한 것에 대한 보상
- AI 에이전트 전문성과 관련된 경력 발전의 기회
- 실험과 학습을 위한 시간 보장

성공적인 조직은 보상을 넘어 명확한 문화적 기대치를 설정함으로써 AI 도입을 일상화한다.

- AI는 게으름을 위한 지름길이 아니다. AI 활용은 인간의 업무를 효과적으로 보완하는 것으로 인식되어야지, 일에서 손을 떼거나 책임을 회피하기 위한 변명으로 인식되어서는 안 된다.
- AI를 이용한 결과물에 대해 보상하라. 직원들은 단순한 직접적 노력뿐만 아니라 (AI를 사용했는지와 관계없이) 결과물의 질에 대해서도 인정받아야 한다. AI가 더 나은 의사결정, 더 탄탄한 보고서, 더 빠른 해결책을 도출하는 데 도움이 된다면, 이를 이용하는 사람은 기술을 효과적으로 활용하는 공을 인정받아야 한다.

보상 체계와 문화적 강화를 결합함으로써 조직은 AI를 수용하고, 전문성을 인정하며, 혁신이 활발히 이루어지는 환경을 조성할 수 있다. 목표는 단순한 AI 채택이 아니라, 인간과 AI가 협력하여 최상의 성과를 이루는 AI 마스터 단계에 이르는 것이다.

지속 가능한 변화 관리 프레임워크 구축

우리는 경험을 통해 AI 에이전트 도입 시 변화 관리를 위한 포괄적인 프레임워크를 개발했다. 핵심은 변화 관리가 일회성 이벤트가 아니라 기술과 함께 진화하는 지속적인 과정임을 인식하는 것이다.

조직과 리더들은 처음부터 분명히 생각해두어야 한다. AI 에이전트 도입에는 시간이 걸리고 모든 관계자의 적극적인 참여가 필요하다. 연구에 따르면, AI 에이전트가 처음 도입될 때 보통은 효율성이 일시적으로 떨어진다. 이 새로운 디지털 동료와 함께 일하기 위해서는 사람들의 적응이 필요하기 때문이다. 이 기간에 직원들은 AI와 협업하는 방법을 배울 뿐만 아니라, 인간과 기계 간 상호작용을 최적화하기 위한 새로운 역량을 개발한다.

그러나 일단 이러한 기술에 숙달되고 새로운 규범과 보상 구조가 확립되면 자연스럽게 생산성이 향상되기 시작한다. 시간이 지남에 따라 조직에서 인간과 기계의 시너지는 새로운 차원에 도달하는데, 이 단계에서 AI는 워크플로우를 개선하여 그 어느 때보다 높은 효율성과 가치를 창출한다.[2]

이러한 전환은 J-커브 효과J-curve effect를 따른다. 즉 초기에는 효율성이 일시적으로 떨어지지만, 곧 회복되어 AI 도입 이전보다 더 높은 수준으로 향상된다. 이 커브를 이해하는 것은 매우 중요하다. 단기적인 적응상의 어려움은 실패의 신호가 아니라 장기적 변혁을 위해 필수로 거쳐야 할 단계이다. 이러한 역학을 인식하고 대비하는 조직은 AI의 완전한 잠재력을 활용할 수 있는 최적의 위치에 서게 될 것이다.[3]

점진적 자율성을 통한 신뢰 구축

AI 에이전트를 신뢰할 수 있는 업무 파트너로 만드는 과정에서 우리는 신뢰를 확보하는 두 가지 접근법이 있다는 것을 알게 되었다. 첫 번째 접근법은 앞서 언급한 것처럼 조직이 AI 에이전트를 도입하고 수정하는 과정에 직원들을 참여시키는 것이다. 설명한 바와 같이, 직원들을

AI 에이전트 통합 과정의 적극적 참여자로 만들면, 그들은 이러한 에이전트가 자신에게 어떻게 도움이 될 수 있는지, 그리고 자신의 업무를 흥미롭고 창의적인 방식으로 어떻게 재구성할 수 있는지를 직접 경험하게 된다. 이 과정을 통해 조직은 직원들에게 신뢰를 '주어' AI 에이전트를 협력자로 전환할 수 있다.[4]

두 번째 접근법은 AI 에이전트 자체가 직원들에게서 신뢰를 얻도록 하는 것이다. 이 경우 신뢰는 AI 에이전트가 스스로 '획득'해야 한다. 경험에 따르면, 이 획득 원칙은 성공적인 AI 에이전트 도입에서 매우 중요한 역할을 한다. 실제로 우리는 AI 에이전트에 대한 초기 저항이 특히 강했던 한 금융 서비스 기업에서 이 교훈을 몸으로 실감했다. 돌파구는 우리가 '신뢰 다이얼trust dial'이라 부르는 접근법을 도입했을 때 찾아왔다.

우리는 즉각적인 완전 자동화를 추진하는 대신, 사용자가 AI 에이전트에 자율성을 얼마나 부여할지 결정할 수 있는 단계적 시스템을 구축했다. 사용자는 먼저 에이전트를 '관찰 모드'로 설정해 실제로 실행되는 작업 없이 에이전트의 동작을 확인할 수 있었다. 사용자는 확신이 들면 에이전트의 자율성을 점진적으로 '높일' 수 있었다. 즉 처음에는 간단하고 위험도가 낮은 업무를 맡겼다가 신뢰성이 입증되면 점차 에이전트의 권한을 넓힐 수 있었다. 어떤 의미에서 우리는 직원들이 AI 에이전트와 협업할 때의 상황을 미리 살필 수 있는 또 다른 샌드박스를 만든 셈이다.

"이건 마치 새로운 팀원을 교육하는 것과 같아요." 이 기업의 수석 운영 관리자인 제니퍼가 설명했다. "첫날부터 신입 직원에게 완전한 자율권을 주진 않잖아요. 보통은 작은 업무부터 맡겨서 스스로 실력을 증명하게 하죠." 이 접근법은 직원들이 에이전트 채택 속도를 스스로 조절할 수 있게 함으로써 회의론자들을 지지자로 바꿔놓았다.

이 신뢰 구축 접근법의 핵심 요소는 다음과 같다.

- 높은 가시성과 낮은 자율성으로 시작
- 에이전트 역할 확대를 위한 명확한 점검 포인트 설정
- 에이전트 활동을 투명하게 기록·관리
- 쉽게 사용할 수 있는 중단 메커니즘 구축
- 팀 간 성공 사례 축하 및 공유

미래를 내다보며: 고도화된 에이전트 역량에 대한 대비

현재 배포된 시스템은 일반적으로 에이전틱 AI 발전 프레임워크의 레벨 1~3 수준에서 운영되고 있지만, 조직은 궁극적으로 레벨 4와 5의 더 정교한 에이전트가 등장할 것에 대비해야 한다. 이러한 대비에는 다음과 같은 사항이 포함된다.

- 점점 더 자율성이 커지는 시스템을 관리하기 위한 프레임워크 개발
- 발전하는 역량에 맞춰 함께 진화할 수 있는 거버넌스 체계 수립
- 미래의 AI 에이전트와 경쟁하기보다 그들을 보완할 수 있는 역량 구축
- 에이전트가 직원의 업무를 대체하게 될 경우를 대비한 계획과 대안적 역할 마련

예를 들어 스웨덴의 핀테크 기업인 클라르나의 사례를 보자. 언론은 이들이 '700명분의 업무를 처리할 수 있는'[5] 고객 서비스 담당 에이전트를 개발했다는 점에 큰 관심을 보였다. 그러나 만델Mandel[6]과 같은 일부 비평가들은 이 에이전트가 다양한 유형의 실수를 저지르며, 자주 고객을 인간 상담원과 연결한다고 지적하기도 했다. 클라르나의 CEO는 퇴직과 이직 등 자연 감소를 통해서만 700명의 상담 인력이 줄어들 것이라고 밝혔다.[7] 그동안 이들은 고객 대응의 2차 라인으로 배치되거나 다른 관련 업무에 재배치될 것이었다. 클라르나는 고객 서비스 업무의 상당 부분을 아웃소싱하고 있는데, 해당 인력을 3,000명에서 2,000명으로 줄일 계획이다. 따라서 인간의 역할이 완전히 사라지는 것은 아니다.

인간-에이전트 협업의 미래

AI 에이전트 도입에서 인간적 측면을 성공적으로 관리하려면 투명성, 교육, 권한, 동기부여 간의 섬세한 균형이 필요하다. 목표는 에이전틱 AI의 속도, 효율성, 신뢰성에 오직 인간만이 제공할 수 있는 유연성, 비판적 사고, 거시적 관점을 결합하는 것이다. 성공과 실패 사례를 통해 배운 바와 같이 에이전트 도입 과정은 사람들의 관심과 이해에 직접 연결되어야 하는데, 이는 곧 인간적 요소가 기술적 구현만큼이나 중요함을 의미한다.

이 장의 앞부분에서 언급했던 플로라를 기억하는가? 우리와 처음 대화를 나눈 지 6개월 후, 그녀는 부서 내에서 AI 에이전트의 가장 강

력한 지지자 중 한 명이 되어 있었다. "이건 우리를 대체하는 게 아니에
요." 그녀는 이제 동료들에게 이렇게 말한다. "우린 우리가 더 의미 있
는 일을 할 수 있도록 도와주는 도구를 갖게 되는 거예요." 회의론자에
서 지지자로 변모한 그녀의 여정은 효과적인 업무 설계와 변화 관리가
조직이 AI 에이전트를 도입하고 그를 통해 이익을 얻는 방식을 어떻게
변화시킬 수 있는지를 잘 보여준다.

메시지는 분명하다. 업무 설계와 변화 관리를 극복해야 할 장벽이
아니라, AI 에이전트의 잠재력을 최대한 활용해 인간의 성과와 이익을
증진할 수 있는 더 적극적이고, 숙련되고, 유연한 인력을 양성할 기회
로 삼아라.

AI 에이전트 시대의 리더십: 하이브리드 팀에서 신뢰와 협력 관계 구축하기

어느 날 아침 사무실에 출근했는데 팀원 중 절반이 인간이 아닌 상황을 상상해보라. 이는 공상과학 소설에나 나오는 이야기가 아니라, AI 에이전트가 인간 직원과 함께 일하게 되는 가까운 미래의 일이다. 하지만 누가, 어떤 방식으로 조직의 이러한 변화를 이끌게 될까? 변화가 진행된 후에는 이러한 하이브리드 팀을 어떻게 이끌어야 할까? 인간과 기계 간의 신뢰는 어떻게 구축할 수 있을까? 이러한 질문들은 단순히 이론적인 것이 아니라, 조직들이 AI 에이전트를 업무에 통합하기 시작하면서 점점 더 현실적인 과제가 되고 있다.

새로운 리더십 패러다임: 통제에서 협력으로

전통적인 리더십 모델은 인간이 다른 인간과 함께 일하는 세상을 전제로 만들어졌다. 과거의 리더십 접근법은 인간을 조직적 구조의 일부인 이성적 존재로 여겼다. 가장 중요한 것은 계층과 워크플로우를 통제하

는 것이었기 때문에, 리더십 스타일로는 명령과 통제 방식이 지배적이었다.[8]

수년 후 새로운 리더십 이론들은 인간이 스스로 리더를 따르려 할 때, 즉 리더의 이야기를 믿을 때 더 헌신적이 되고 동기부여가 된다는 점을 밝힘으로써 명령과 통제 방식의 한계를 지적했다. 결과적으로 리더들은 목표 의식을 분명히 하고, 대인 관계를 구축하며, 신뢰를 쌓는 데 더 집중하게 되었는데, 이는 사람들이 자신의 말을 믿고 자발적으로 지시와 요청을 따르도록 하기 위함이었다.[9]

전통적인 리더십 사고는 일반적으로 리더십을 다양한 스타일이 통합될 수 있는 다차원적인 것으로 보지 않고, 어느 한 가지 방식으로만 인식한다.

그러나 《포춘》 500대 기업과의 컨설팅 경험에서 볼 때, AI 에이전트의 도입은 리더십에 대한 이러한 관점을 근본적으로 바꾸고 있다. 인간과 AI 에이전트로 구성된 하이브리드 팀을 이끄는 일은 리더십 원칙의 재평가를 필요로 한다. 이는 서로 다른 리더십 스타일을 어떻게 조합해 효과적으로 협업을 촉진하고 팀의 성공을 이끌 수 있을지에 대한 탐구를 요구한다.

최근 우리와 협업한 한 글로벌 제조 기업의 프로젝트 매니저인 아닐의 사례를 예로 들어보겠다. 그녀의 팀에는 인간 분석가와 데이터 처리 및 기본적인 의사결정을 담당하는 레벨 3 에이전트가 있었다. "처음에는 AI 에이전트를 인간 팀원들과 똑같은 식으로 관리하려 했어요." 그녀가 말했다. "하지만 곧 이 방법이 잘못되었다는 것을 깨달았죠. AI 에이전트에게는 동기부여나 정서적 지원이 필요하지 않았어요.

필요한 건 명확한 목표와 잘 정의된 지침이었죠. 반면 인간 팀원들은 AI와 효과적으로 협력하는 방법을 이해하는 데 도움이 필요했습니다."

이 사례는 오늘날의 리더들이 인간과 기계 사이에 보다 협력적인 관계를 구축하기 위한 적절한 접근법을 모색해야 한다는 사실을 분명히 보여주고 있다. 이러한 하이브리드 팀 환경에서 리더들은 인간이 (쌍방향 대화가 가능하고, 대안적인 아이디어를 제안하며, 때로 우리의 가정에 도전함으로써 새로운 접근 방식과 해결책을 이끌어낼 수 있는) AI 에이전트와 기꺼이 협력 관계를 구축하고자 하는 맥락을 위해 노력해야 한다. 그리고 그렇게 하기 위해서는 리더십에 대해 이중적으로 접근해야 한다.

리더들은 통제적이고 합리적인 방식으로 행동함으로써 AI 에이전트의 논리적이고 객관적인 필요를 관리하는 동시에, 인간 팀원들의 정서적이고 발전적인 필요를 지원하여 이들이 자발적으로 따르고 협력할 수 있도록 해야 한다. 이러한 이중적인 초점은 우리가 '리더십 이중성 원칙Leadership Duality Principle'이라고 부르는 것을 형성한다.

이 리더십의 전환은 조직적 구조의 변화를 수반한다. 여러 관리 계층으로 구성된 전통적 위계 구조는 AI 에이전트가 일정 관리, 자원 할당, 성과 추적과 같은 많은 중간 관리 업무를 처리하는 보다 편평하고 유연한 조직으로 바뀌고 있다. 그 결과 인간은 고차원적인 전략, 혁신, 대인 관계 중심의 리더십에 집중할 수 있는 보다 유기적인 조직이 만들어진다. 고위급의 리더들은 조직 구조, 그리고 계층별 관리자의 수와 유형을 분석하고, 필요하다면 이를 조정할 수 있어야 한다.

또 다른 중요한 변화는 의사결정 방식이다. 오늘날의 리더들은 주로 데이터 분석과 성과 지표를 바탕으로 결정을 내리지만, 미래의 리더들은 AI가 도출한 통찰과 인간의 판단을 균형 있게 고려해야 할 것이다. 가령 AI 에이전트가 시장 확대를 위해 데이터 기반의 안을 제시할 때 리더의 역할은 단순히 그 안을 승인하거나 거부하는 것이 아니라, 그 제안이 회사의 가치관, 장기적 비전, 그리고 사회 전반에 미치는 영향과 어떻게 부합하는지 고려하는 것이다. 사실 리더들은 이용 가능한 모든 데이터를 살펴볼 수 있지만, 어느 시점에는 데이터 분석을 멈추고 AI가 제공한 통찰과 권고안을 바탕으로 의사결정을 내리고 이해관계자에게 의미 있는 가치를 창출해야 한다.

하이브리드 팀에서의 신뢰 구축

신뢰는 유능한 팀의 기반이지만, 팀원 중 일부가 기계일 때 신뢰는 어떻게 작동할까? 인간과 AI가 협업할 때의 신뢰에 관해 다룬 듀안Duan 외(2024),[10] 호프Hoff와 바쉬르Bashir(2015)[11]의 연구와 설문조사는 이 역학에 대한 의미 있는 통찰을 제공한다. 우리는 자체 연구와 구현 경험을 통해 하이브리드 팀에서 신뢰를 구성하는 다음의 세 가지 핵심 요소를 확인했다.

1. AI에 대한 인간의 신뢰: 인간은 AI 에이전트가 안정적으로, 그리고 윤리적으로 작업을 수행할 것이라고 믿어야 한다. 이러한 신뢰는 투명성, 일관된 성과, 그리고 AI의 능력과 한계에 대한 조직과 경영진의 명확한 공유를 통해 구축된다.[12]

2. AI가 인간에게 업무를 넘길 때의 신뢰: AI 에이전트가 인간에게 업무를 넘기는 과정에서 신뢰는 매우 중요하다. 인간 팀원은 AI로부터 전달받은 결과물이 정확하고,

완전하며, 편향되지 않았음을 신뢰해야 한다. 이를 위해 업무는 검증이 가능하도록 단순하고 투명해야 한다.

3. AI 환경에서 인간 사이의 신뢰: 인간은 AI 에이전트와 협력하고 이들을 감독하기 위해 서로의 판단을 신뢰하고 가치관을 공유해야 한다.

그렇다면 이 세 가지 신뢰 요소가 실제 상황에서 어떻게 나타나는지 살펴보자. 최근 한 금융 서비스 기업과 프로젝트를 진행하면서 우리는 고객 문의와 기본 분석 업무를 담당하는 레벨 3 AI 에이전트를 구현했다. 처음에 고객 서비스 담당자들은 AI가 자신들을 대체하거나 자신들이 수습해야 할 실수를 저지르게 될까 봐 상당한 거부감을 보였다.

그래서 우리는 신뢰 구축을 위해 다음과 같은 방법으로 투명한 협업이 이루어지도록 했다.

- AI 역량에 관한 명확한 설명: 에이전틱 AI 발전 프레임워크를 이용해 해당 팀이 레벨 3 AI 에이전트의 현재 역량을 명확히 이해할 수 있도록 했다.

- 가시적인 성과 지표 제시: AI와 인간 팀원 모두의 정확도와 효율성을 보여주는 현황판을 만들어 서로의 강점을 이해하게 함으로써 조정과 협업 과정에서의 문제들을 최소화했다.

- 단계적 통합: 간단한 업무부터 시작했고, 팀이 점차 익숙해지면 AI 에이전트의 책임을 점진적으로 확대해나갔다.

그 결과 3개월 만에 신뢰 수준이 크게 향상되었고, 팀은 이전의 지표를 40% 이상 능가하는 성과를 이루었다.

신뢰 구축은 점진적인 과정이다

AI 에이전트에 대한 신뢰 구축의 과정은 우리가 수많은 사례에서 관찰해온 흥미로운 패턴을 따른다. 최근 한 글로벌 제조 기업과 함께 일하는 동안 우리는 이 과정을 실시간으로 목격했다. 이 회사는 공급망 의사결정을 최적화하기 위해 AI 에이전트를 도입했는데, 신뢰는 다음의 세 단계를 거쳐 형성되었다.

1단계: 검증

처음에 직원들은 합리적 의구심을 가지고 에이전트에 접근해 에이전트가 제시하는 모든 제안을 꼼꼼히 확인했다. 신입사원을 교육한다고 생각해보라(신입사원의 능력에 확신이 들 때까지 결과물을 확인하고 싶을 것이다). 이 단계에서 제조팀은 몇 시간에 걸쳐 에이전트의 재고 관련 제안을 검증했다.

2단계: 신뢰 조정

약 3개월 후, 흥미로운 일이 벌어졌다. 팀은 우리가 '신뢰 조정 calibrated trust'이라고 부르는 것을 발전시키기 시작했다. 즉 에이전트가 뛰어난 능력을 발휘할 수 있는 분야와 인간의 감독이 필요한 분야를 이해하기 시작한 것이다. 예를 들어 이들은 에이전트가 일상적인 공급 수요를 예측하는 데는 탁월하지만, 갑작스러운 시장 변화나 긴급 주문과 같은 특별한 상황에서는 인간의 개입이 필요하다는 사실을 알게 되었다. 이러한 전체적 관점의 사고는 언제나 인간의 몫이었으며, 세상이 변화할 때 특히 중요하다. 하지만 AI 모델은 아직 그 수준에 이르지 못하고 있다.

3단계: 파트너십 형성

약 6개월이 지나자, 최종 단계인 진정한 파트너십이 형성되었다. 이 시점에 AI 에이전트는 직원들과 조직의 이익을 증진하는 존재로 받아들여졌다. 팀은 AI 에이전트와 매우 효율적인 협업 관계를 구축해 의사결정 시간을 60% 단축하면서 정확도도 높일 수 있었다. 그렇다고 에이전트를 맹목적으로 신뢰하진 않았다. 대신에 에이전트와 어떻게 하면 함께 효과적으로 일할 수 있을지를 깊이 이해하게 되었다.

경계 설정

AI 에이전트와 효과적으로 협업하기 위해서는 적절한 수준의 감독이 유지되어야 한다. 글리브Gleave와 맥린McLean의 연구에 따르면, 고도화된 AI 시스템조차도 실패와 오류에 취약할 수 있다.[13] 특히 에이전트에서 주로 사용되는 생성형 AI 모델이 그러하다. 따라서 특히 위험 부담이 큰 업무에서는 모니터링 프로토콜을 수립하는 것이 매우 중요하다.

핵심은 적절한 균형을 찾는 것이다. 모니터링은 중대한 오류를 잡아낼 수 있을 만큼 충분히 이루어져야 하지만, AI 활용에서 얻는 효율성의 이점을 무의미하게 만들 정도로 과해서는 안 된다. 이 균형점은 작업의 맥락과 오류 발생 시 초래될 결과에 따라 달라질 것이다.

명확한 경계와 감독 메커니즘을 구축하는 것이 중요한 것은 바로 이 때문이다. 우리는 다양한 산업에 걸친 구현 경험을 통해 '의사결정 통제 프레임워크decision control framework'라는 것을 개발했다. 이 프레임워크는 조직이 AI 에이전트에 대한 신뢰를 점진적으로 구축하면서도 적절한 통제와 감독을 유지하도록 돕는다.

1. **전략적 결정**: 복잡한 판단이 필요한 전략적 의사결정을 해야 하는 상황에서 AI 에이전트는 지원의 역할에 머물러야지, 결정의 주체가 되어서는 안 된다. 이러한 상황에서는 여전히 인간의 판단이 필수적이다. 이런 종류의 의사결정은 자주 이루어지지 않기 때문에 AI 시스템이 이를 모델링하거나 학습하기가 어렵다. 예를 들어 우리가 소매 체인의 재고 관리 시스템을 지원할 때 신규 시장 진출이나 대규모 프로모션과 같은 결정은 여전히 사람의 손에 달려 있었으며, 에이전트는 데이터 분석과 시장 인사이트 제공을 통해 이를 지원했다.

2. **전술적 결정**: 중간 정도의 복잡성이 요구되는 적응적 의사결정의 경우, 에이전트는 어떤 조치들을 제안할 순 있지만, 인간의 승인 없이 이를 실행에 옮겨서는 안 된다. 앞서 언급한 재고 시스템의 예에서도 AI 에이전트는 예측된 수요 패턴에 따라 재고 조정을 권하고 특정 제품의 가격 수정을 제안할 순 있지만, 이러한 권고 사항은 실행 전에 반드시 인간의 검토와 승인을 거쳐야 한다. 인간의 검토 빈도는 내려지는 결정의 경제적 가치에 따라 부분적으로 달라질 수 있다.

3. **운영상의 결정**: 일상적이고 반복적인 결정의 경우 에이전트는 자율적으로 작동할 수 있지만, 명확히 정의된 범위 내에서만 가능하다. 예를 들어 소매 체인의 재고 시스템은 재고량이 사전에 지정된 수준에 도달하면 표준 품목을 자동으로 재주문할

수 있지만, 이는 특정 예산과 정해진 수량 내에서만 가능하다. 마찬가지로 고객 서비스 업무에서 에이전트는 문의 내용을 분석해 적절한 부서로 자동 연결할 수 있지만, 복잡한 사례는 인간 관리자에게 보고해야 한다.

이 프레임워크는 시간이 지남에 따라 신뢰를 구축할 수 있는 체계적인 접근법을 제공한다. 팀은 어느 단계에 이르러 에이전트의 성능에 익숙해지면, 적절한 감독을 유지하면서 점차 그 자율성을 확대해나갈 수 있다. 또한 에이전트도 시간이 지남에 따라 새로운 데이터로 학습하면서 성능과 의사결정의 정확성을 향상시킬 수 있다.

하이브리드 팀의 소통 전략

하이브리드 팀의 소통에는 새로운 접근이 필요하다. 현재의 AI 에이전트(레벨 1~3)는 자연어를 처리하고 응답할 수 있지만, 인간이 지닌 미묘한 이해력은 갖추고 있지 않다. 그래서 우리가 '커뮤니케이션 격차 Communication Gap'라고 부르는 현상이 발생한다.

이 격차를 메우기 위해 우리는 다음과 같은 '하이브리드 팀 소통 프로토콜'을 개발했다.

1. 명확한 의사결정 체계: AI 에이전트와 소통할 때는 모호하지 않은 언어를 사용하고, 인간 팀원들과는 기존처럼 자연스러운 대화 방식을 유지한다.
2. 맥락 관리: 인간과 AI를 포함한 모든 팀원이 자신의 업무와 관련된 정보에 접근할 수 있게 한다. 이는 맥락을 이해하고 활용할 수 있는 레벨 3 에이전트에게 특히 중

요하다.

3. 피드백 루프: 인간 팀원과 AI 에이전트 간의 정기적인 피드백 메커니즘을 구축한다. 이 피드백 사이클은 기술 정보와 데이터를 회사의 인간 중심 가치와 브랜드 가치에 맞게 통합할 수 있을 만큼 AI 이해도가 높은 인간 리더가 주도해야 한다. 이렇게 하면, 필요한 경우 해당 리더가 AI 모델을 조정해 성능을 향상시킬 수 있다.

우리가 자문을 제공한 한 기술 회사는 이 프로토콜을 구현해 놀라운 성공을 거두었다. 이들은 AI 에이전트가 결과물에 신뢰 수준과 가정한 사항을 함께 표시하도록 하는 표준화된 소통 체계를 마련해 인간 팀원들이 정보를 더 쉽게 평가하고 활용할 수 있도록 했다.

미래를 대비한 리더십 전략

AI 에이전트가 에이전틱 AI 발전 프레임워크 수준을 따라 계속 진화하는 만큼, 리더들도 효용성을 유지하기 위해서는 새로운 역량을 개발해야 한다. 우리는 연구와 경험을 바탕으로 리더가 개발해야 할 핵심 역량을 다음과 같이 정리했다.

1. AI 문해력: 다양한 수준의 AI 에이전트가 지닌 역량과 한계, 잠재력을 이해하는 능력이다. 중요한 것은 기술 전문가가 되는 것이 아니라, AI를 효과적으로 활용하는 방법을 이해하는 것이다.

2. 하이브리드 팀 조율: 인간과 AI 팀원이 잘 조화되도록 하는 능력으로, 최적의 업무 배분, 에이전트와 잘 맞물려 일할 수 있는 직원 선발, 협업의 촉진을 포함한다.

3. 윤리적 감독: AI 에이전트가 더욱 복잡한 업무를 수행하게 되는 만큼, 리더는 윤리적 고려 사항이 제대로 반영되고 관리되도록 해야 한다. 이는 AI 에이전트의 올바른 설계와 활용을 위한 기준을 설정하는 것과 관련된다.

4. AI 시대의 변화 관리: AI 역량이 끊임없이 발전하고, AI가 업무 환경에 통합되는 과정에서 팀을 이끄는 능력이다. 여기에는 회복력, 민첩성과 같은 역량을 기르고, 호기심과 같은 태도를 함양하는 것이 포함된다.

조직 운영 체계: 교차 기능 팀 구축

미래의 일에서 핵심은 단순히 기존 조직에 AI를 추가하는 데 있는 것이 아니라, 팀의 운영 방식을 새롭게 구상하는 데 있다. 우리는 이미 에이전틱 시스템이 여러 역할을 동시에 수행하는 교차 기능적이고 역동적인 팀들의 출현을 목격하고 있다. 예를 들어 이러한 팀에서는 하나의 에이전틱 시스템이 마케팅 자동화, 재무 예측, 고객 서비스를 동시에 처리하는 동안 인간은 전략과 창의적인 솔루션에 집중할 수 있다.

이러한 하이브리드 팀을 성공적으로 운영하기 위해서는 체계적인 접근이 필요하다. 2024년에 발표된 하이브리드 근무 모델에 대한 연구 자료를 참고하면 이 전략을 실행하는 데 큰 도움이 될 수 있다.[14] 우리는 수많은 조직과 함께 일한 경험을 바탕으로 다음과 같은 '하이브리드 팀 통합 모델Hybrid Team Integration Model'을 개발했다.

1단계: AI 증강 협업을 위한 기반 마련

AI 에이전트와 인간이 원활하게 협업하는 성공적인 하이브리드 팀 모델을 구축하기 위한 첫 번째 단계는 AI가 인간의 역량을 어떻게 강화할지 정의하는 것이다. 먼저 AI가 반복적이고 데이터 집약적인 작업을 처리함으로써 인간이 창의적이고 전략적인 업무에 집중할 수 있는 워크플로우를 파악하라. 팀들과 워크숍을 진행해 AI 에이전트와 직원들 간의 역할 분담을 명확히 하고 서로 일치된 이해를 도출하라. AI 기반 작업 관리 플랫폼이나 의사결정 지원 시스템과 같은 적절한 도구를 팀에 제공하고, 팀이 이러한 기술들을 효과적으로 활용할 수 있도록 교육하라. 리더는 인간과 AI 팀원 모두를 이끌 수 있는 역량을 갖추고, 인간의 감독을 유지하면서 이 기술에 대한 신뢰를 쌓는 데 주력해야 한다. 이 단계의 핵심은 협업을 위한 신뢰, 구조, 준비의 기반을 마련하는 것이다.

2단계: 인간과 AI 역학의 테스트 및 개선

기반이 마련되었다면, 다음 단계는 하이브리드 팀을 시범 운영해 인간과 AI 에이전트가 실제 상황에서 어떻게 함께 가치를 창출할 수 있는지 테스트하는 것이다. AI가 그 잠재력을 보여줄 수 있는 특정 팀(예: 보다 빠른 응답을 제공하기 위해 생성형 AI를 이용하는 고객 지원팀이나 판촉 활동에 AI를 활용하는 마케팅팀)이나 프로젝트를 선택하라. 명확한 커뮤니케이션 프로토콜을 수립하라. 예컨대 AI가 제안서 초안을 작성하면 인간이 이를 수정하고 승인한다는 식으로 말이다. 정기적인 피드백 또한 매우 중요하다. 팀원들이 AI 도구의 성능과 부족한 점을 공유하는 주간 회의를 진행하라. 이 단계에서의 핵심은 실험, 프로세스 조정, 그리고 인간과 AI의 협업이 직관적이고 생산적으로 느껴지도록 하는 것이다.

3단계: 조직 전체로 인간과 AI의 시너지 확대

시범 운영 단계에서 협업 모델을 다듬고 개선했다면, 다음 단계는 팀과 부서 전체에 AI 적용을 확대하는 것이다. AI와의 협업에 대한 확신을 심어주기 위해서는 시범 운영 단계에서 얻은 데이터와 참여자들의 경험담을 활용해 AI가 효율, 의사결정, 결과를 어떻게 개선했는지 실제로 보여줄 필요가 있다.

조직 전반으로 확대 적용될 때 AI 에이전트는 각 팀 고유의 요구에 맞게 조정되어야 한다. 이를테면 영업팀은 AI 기반 리드 우선순위 지정 AI-driven lead prioritization(잠재 고객 중 어떤 고객을 먼저 공략해야 할지 AI가 순서를 정해주는 것-옮긴이)으로 득을 볼 수 있으며, R&D팀은 AI를 활용해 데이터 분석을 가속화하고 혁신 주기를 단축할 수 있다. 이러한 맞춤화는 AI 통합이 일률적으로 따라야 하는 것이 아니라, 목적이 있고 가치 있는 것으로 느껴지게 한다.

AI 도입을 넘어, 중요한 것은 인간과 AI가 시너지를 이루는 조직 문화를 만드는 것이다. 인간의 창의성과 기계의 정밀함을 효과적으로 결합하는 팀을 인정하고 보상하라(그것이 공개적 인정이든, 금전적 인센티브든, 성과 기반의 보상이든 말이다. 동시에 팀들이 AI 역량과 모범 사례에 대한 최신 정보를 계속해서 얻고 기술과 함께 끊임없이 발전할 수 있도록 꾸준히 교육 프로그램에 투자하라).

마지막으로 팀들이 경험에서 얻은 깨달음, 문제, 개선 사항을 공유할 수 있는 지속적인 피드백 루프를 구축하라. 이 단계에서 중요한 것은 단지 AI 활용을 확대하는 것이 아니라, AI가 조직 문화 속에 깊이 뿌리내리게 하는 것이다. 즉 인간과 에이전트가 진정한 파트너가 되어 어느 한쪽만으로는 이룰 수 없는 성과를 달성하는 것이다.

이 운영 체계는 AI 기반 업무 환경에서 새롭게 나타날 뚜렷한 역할 구분을 전제로 한다. 운영 업무, 데이터 분석, 반복적인 의사결정과 같은 역할은 주로 AI 에이전트가 맡게 될 것이다. 그런가 하면, 인간은 창의성, 감성 지능, 리더십, 윤리적 감독이 필요한 역할에 집중하게 될 것이다. 이러한 구분은 대체가 아니라 최적화를 위한 것으로, 인간이든 AI든 각 팀원이 자신의 강점에 집중할 수 있도록 돕는다.

문화적 변화

하이브리드 팀을 이끌 때 아마도 가장 까다로운 과제는 필요한 문화적 전환을 이뤄내는 일일 것이다. 우리는 다양한 산업 분야의 조직들과 협력하면서 AI 에이전트 시대에 성공적인 문화적 전환을 이루기 위해서는 다음과 같은 사항이 필요하다는 사실을 알게 되었다.

1. 사고방식의 전환: AI 에이전트를 도구가 아닌 동료로 인식함과 동시에 이들의 현재 역량과 한계를 명확히 이해해야 한다.

2. 가치 재정립: 인간 팀원들의 가치는 창의성, 회복력, 민첩성, 감성 지능, 복잡한 문제 해결 능력과 같은 인간 고유의 역량에 있다는 것을 이해해야 한다.

3. 지속적인 학습 문화: 인간과 AI 에이전트 모두가 지속적으로 학습하고 발전하는 환경을 조성해야 한다. 인간은 성장을 이어가고, AI는 피드백을 통해 학습해야 한다.

미래를 내다보며: 하이브리드 리더십의 미래

AI 에이전트가 에이전틱 AI 발전 프레임워크를 통해 지속해서 발전함에 따라 리더십도 이에 맞춰 변화해야 한다. 현재 구현된 에이전트는 주로 레벨 1~3에 해당하지만, 우리는 더 발전된 역량의 출현에 대비할 필요가 있다.

변화하는 환경에서 성공적인 리더십의 핵심은 '적응형 리더십 균형 Adaptive Leadership Balance'을 유지하는 것이다. 이는 AI 역량이 향상됨에 따라 다양한 리더십 스타일과 접근법을 조정·통합하면서도 늘 인간의 요구와 잠재력을 중심에 두는 능력을 뜻한다.

리더들은 AI 에이전트가 점점 더 복잡한 작업을 처리할 수 있게 되더라도 리더십의 핵심은 근본적으로 인간에게 있다는 점을 기억해야 한다. 영감을 주고, 공감을 표하며, 복잡한 윤리적 결정을 내리고, 혁신을 촉진하는 능력은 앞으로도 인간만이 지닌 고유한 역량으로 남을 것이다.

사실 인간 리더에게 가장 큰 과제는 AI를 인간 경험에 전략적으로 통합하는 일이 될 것이다. 그렇게 되면 우리는 덜 인간적이 아니라, 더 인간적이 될 기회를 얻게 된다. 다시 말해 더 공감적이고, 더 창의적이며, 삶을 의미 있게 만드는 것에 더 집중할 수 있게 된다. 이 패러다임에서 AI 에이전트는 인간성을 강화하는 강력한 도구가 되어, 인간이 최대한의 잠재력을 발휘하고 인간 성취의 한계를 재정의할 수 있도록 도울 것이다.

인간과 AI 에이전트로 구성된 하이브리드 팀을 이끄는 것은 산업혁명 이후 조직을 운영하는 방식에서 일어난 가장 큰 변화 중 하나라고 할 수 있다. 이 새로운 시대에 성공하기 위해서는 기술적 이해와 인간적 공감, 그리고 전략적 비전 사이의 섬세한 균형이 필요하다.

AI 에이전트를 도입하려는 조직들과 계속 함께 일해오면서 우리는 이 새로운 환경에서의 효과적인 리더십에 대해 끊임없이 배우고 이해를 넓혀가고 있다. 우리가 여기에서 제시한 여러 프레임워크와 접근법은 하나의 기반을 제공하지만, 이 분야는 매우 빠르게 발전하고 있다. 가장 성공적인 리더는 이러한 원칙들을 자신의 상황에 맞게 적용할 수 있는 동시에 인간의 성장과 기술 통합 모두에 집중할 수 있는 사람일 것이다.

미래의 리더십은 인간과 인공지능 중 어느 하나를 선택하는 문제가 아니다(둘은 서로 다른 영역에 속해 있기 때문에 그럴 필요가 없다[15]). 중요한 것은 인간과 AI 간의 시너지 창출을 통해 인간의 수행 능력과 조직의 역량을 전례 없는 수준으로 끌어올리는 것이다. 이러한 원칙을 이해하고 적용함으로써 리더들은 인간과 인공지능의 강점을 모두 활용하는 고도로 효율적인 하이브리드 팀을 만들 수 있다.

기반:
경영 비전과 거버넌스

AI 에이전트 혁신을 실현해오면서 우리는 근본적인 진실을 하나 발견했다. 그것은 바로 성공이 경영진의 강력한 비전과 참여로 시작되고 끝난다는 것이다. AI 에이전트가 조직의 전체적 전략을 뒷받침하는 방식에 경영진이 완전히 공감하는 조직은 혁신을 성공적으로 이끌 가능성이 두 배나 높다. 그렇다면 실제로 효과적인 경영진 참여는 어떤 모습을 하고 있을까? 실제 사례와 검증된 접근 방식을 통해 이를 살펴보자.

경험을 통한 비전 설정

가장 흔히 볼 수 있는 함정 중 하나는 경영진이 전략 문서와 파워포인트 자료에만 근거해 AI 에이전트 혁신을 추진하려는 것이다. 대체로 이러한 추상적인 접근은 비현실적인 기대와 엇갈린 목표로 이어진다. 우리는 최근 함께 일했던 한 글로벌 통신 회사에서 실제 경험에 기반한 보다 효과적인 접근 방식을 확인할 수 있었다. 이 회사의 CEO와 경영진은 설명에 의존하는 대신, 꼬박 하루를 할애해 AI 에이전트를 직접 경험했다.

경영진은 고객 서비스팀과 함께 직접 이 기술을 시험했다. 이들은 에이전트가 어떻게 고객 문의와 요청, 예외 사항을 처리하는지를 관찰했다. 이 직접적인 경험은 큰 전환점이 되었다. 나중에 CEO는 그 단 몇 시간이 AI 에이전트가 할 수 있는 일과 없는 일에 대한 자신의 관점을 완전히 바꾸어놓았다고 말했다.

이 경험 이후 경영진은 과장이나 두려움이 아닌 현실에 기반해 비전을 수립할 수 있었고, 이는 조직에 AI 에이전트를 도입해야 하는 이유와 방법을 직원들에게 명확히 전달하는 데 큰 도움이 되었다. 결과적으로 경영진은 조직의 목적과 목표에 부합하는 구체적인 근거를 들어 AI 에이전트가 유용하게 기능할 것이란 점을 직원들에게 더욱 강조하고 설득할 수 있었다.

이 접근 방식은 여러 성공적인 혁신 사례에서 관찰된 중요한 원칙을 반영한다. 바로 직원들에게 동기를 부여하고 설득하는 데 성공하려면 경영진의 비전이 실질적인 이해에 기반을 두고 있어야 한다는 것이다. 단 몇 시간이라도 AI 에이전트를 실제로 사용해볼 때 임원들은 기술의 역량과 한계를 직관적으로 이해하게 된다. 이러한 이해는 보다 현실적이고 달성 가능한 혁신 목표로 이어지며, 이렇게 설정된 목표는 더 쉽게 전달되고 직원들의 특정 상황에 맞게 적용될 수 있다.

모범을 보이는 리더의 힘

아마도 AI 에이전트 혁신에서 경영진의 역할 중 가장 간과되는 부분은 직접 모범을 보이는 일일 것이다. 우리의 꾸준한 관찰에 따르면, 경영진이 업무를 보면서 AI 에이전트를 적극적으로 활용하고 지지할 때 조직의 에이전트 도입률은 극적으로 증가한다. 경영진이 AI 에이전트를 직접 사용하는 모습이 직원들에게 신뢰를 주고, 그럼으로써 조직에 AI 에이전트를 제안하고 도입하는 게 타당한 것으로 받아들여지기 때문이다. 이러한 현상은 우리가 전사적 규모의 AI 에이전트 도입을 지원한 한 컨설팅 회사에서도 두드러지게 나타났다.

이 회사의 운영 총괄 파트너는 AI 에이전트를 자신의 일상적인 업무에 통합하기로 의식적으로 결정한 뒤, 고객 프레젠테이션과 내부 회의에서 공개적으로 에이전트를 사용하기 시작했다. 그는 에이전트를 이용해 데이터를 분석하고, 인사이트를 도출하고, 예비 제안서를 작성하는 모습을 보여주었다. 이 투명성은 두 가지 중요한 성과를 이루었다. 첫째, 조직 내 다른 구성원들이 이 기술을 이해할 수 있게 했고, 둘째, AI 에이전트가 두려워할 대상이 아니라 조직과 구성원들이 받아들여야 할 도구라는 명확하고 신뢰할 수 있는 메시지를 전달했다.

효과는 놀라웠다. 6개월 만에 이 회사는 조직 전체에서 AI 에이전트의 자발적 도입률이 300% 증가하는 것을 확인했다. 이처럼 빠른 도입에 대해 직원들에게 물었을 때, 많은 직원은 이 기술을 수용하게 된 결정적 요인으로 운영 총괄 파트너의 솔선수범을 꼽았다.

전사적 혁신의 힘 이해하기

AI 에이전트 도입은 단순한 기술적 업그레이드를 넘어 조직 전체의 업무 수행 방식에 근본적인 변화를 가져온다. 우리는 연구와 현장 경험을 통해 여러 영역에 걸쳐 AI 에이전트를 활용하는 기업이 특정 영역에서만 에이전트를 활용하는 기업보다 혁신에 성공할 가능성이 2~3배 더 높다는 것을 확인했다.[16]

경험에 따르면, AI 에이전트에 전사적으로 접근하는 조직은 특정 부서에 한해서만 에이전트를 도입하는 조직보다 혁신에 성공할 가능성이 크다. 이 뚜렷한 차이는 성공적인 도입 사례 전반에서 확인되는 몇 가지 핵심 요인에서 비롯된다.

대부분의 엔드 투 엔드 비즈니스 프로세스는 여러 부서에 걸쳐 있다. 이를테면 '주문에서 대금 수령까지'의 프로세스에는 영업, 재무, 제조, 공급망 및 물류, 그리고 이들 부서를 지원하는 여러 정보 시스템이 관련된다. 이러한 프로세스를 지원하는 에이전트의 도입은 어렵고 시간도 오래 걸릴 수 있지만, 생산성 향상과 고객 만족도 측면에서 큰 이득을 얻을 수 있는 유일한 방법이다.

우리가 함께 일했던 한 글로벌 제조 기업을 통해 이 전사적 AI 에이전트 도입이 실제로 어떤 성과를 냈는지 살펴보자. 처음에 이들은 송장 처리를 위해 재무 부서에만 AI 에이전트를 도입하고자 했다.

우리는 이 에이전트 적용이 회사의 비전과 목표에 어떻게 부합한다고 보는지 설명해달라고 요청했다. 이어서 그 답변을 바탕으로 조직 전반에서 회사의 비전과 목표에 똑같이 부합하는 AI 에이전트 활용 사례를 더 찾을 수 있는지 물었다. 우리의 가이드와 질문을 통해 결국 이 회사는 조직 전체로 도입 전략을 확대했고, 이를 통해 모든 이해관계자와 경영진에게 실질적인 가치를 창출할 가능성을 높였다. 에이전트 도입의 여정을 안내하는 이러한 접근 방식은 처음부터 전사적 관점에서 생각하는 것의 힘을 잘 보여준다.

포괄적 범위의 가치

이 회사는 부서 간 상호연관성을 확인하기 시작했고, 곧 변혁적 통찰을 얻게 되었다. 알고 보니 각 부서가 따로 프로세스를 관리하는 기존의 접근 방식이 회사의 발전을 저해하고 있었던 것이다. 예를 들어 재무 부서에 도착한 하나의 송장은 단순한 재무 거래 이상의 의미가 있었다. 이는 조달, 공급업체 관리, 고객 서비스, 물류까지 연쇄적으로 영향을 미쳤다. 조달 부서는 납품을 확인해야 했고, 고객 서비스 부서는 고객 대응을 위해 가격 정보를 확보해야 했으며, 물류 부서는 선적 확인이 필요했다. 이러한 의존관계는 어떤 부서도 고립되어 운영되지 않는다는 것을 보여주었지만, 이들을 지원하는 시스템은 마치 부서들이 각각 따로 존재하는 것처럼 설계되어 있었다.

이러한 통찰은 소용이 있었다. 경영진은 (우리의 안내하에) AI 에이전트가 인간과 AI, 그리고 AI 에이전트 상호 간의 협력적 파트너십이 구축될 때만 진정한 가치를 창출할 수 있다는 것을 이해하게 되었다. 이어 부서 간 협업을 촉진해야 하며, 결과적으로 수년간 조직의 사고방식에 스며든 고립된 방식의 업무 관행을 근절해야 한다는 사실을 빠르게 깨달았다.

그래서 회사는 재무용, 조달용 등 여러 에이전트를 만드는 대신, 과감한 조치를 취했다. 이들은 각 부서에 개별 에이전트를 구축하는 것은 극복하고자 하는 장벽을 그대로 복제하는 것에 불과하다는 사실을 깨달았다. 이러한 접근 방식은 AI의 혁신적인 잠재력을 제한하고 단편화된 프로세스를 자동화할 뿐, 전사적 차원의 원활한 엔드 투 엔드 워크플로우 구축이라는 더 큰 과제를 해결하진 못할 것이었다.

이러한 한계에서 벗어나기 위해 회사는 여러 부서에 걸쳐 운영될 수 있는 횡단적 에이전틱 시스템(횡단적 AI 에이전트transvers AI agents는 특정 기술, 시스템, 또는 맥락에서 여러 주체(에이전트) 간의 상호작용이나 협력, 또는 이를 지원하는 역할을 수행하는 존재를 의미한다. 여러 에이전트가 협력하여 문제를 해결하거나 특정 기능을 수행하는 과정에서 '교차점' 또는 '중개' 역할을 하는 에이전트로, 네트워크, 소프트웨어, 인공지능 등 다양한 분야에서 맥락에 따라 다르게 정의될 수 있다-감수자)을 설계했다. 이러한 에이전트들은 한 부서 내에서 개별 작업을 자동화하는 데 그치지 않고, 여러 영역에 걸쳐 있는 전체 워크플로우를 조율했다. 예를 들어 이들은 별도의 조달 AI 에이전트에게 정보를 전달하는 재무 AI 에이전트가 아닌, 송장 수령부터 결제 처리까지 모든 것을 처리하는 하나의 엔드 투 엔드 에이전트를 구축했다. 이 에이전트는 조달 부서와 함께 납품을 확인하고, 물류 부서와 함께 선적을 확인하며, 가격 정보에 문제가 있으면 고객 서비스 부서에 알릴 수 있었는데, 이 모든 작업을 하나의 통합된 시스템 내에서 처리할 수 있었다.

이 교차 기능적 접근 방식은 부서 중심의 단절된 운영 방식으로는 불가능했던 역량을 발휘하게 했다. AI 에이전트는 기존의 경계를 허물면서 그동안 어느 한 부서에서도 발견할 수 없었던 통찰을 드러내기 시작했다. 예를 들어 지급 조건, 공급업체 성과, 현금흐름 간의 연관 패턴이 드러나면서 회사는 최적의 공급업체를 선택하고, 더 유리한 계약을 맺고, 유동성을 개선할 수 있었다. 이러한 통찰은 운영뿐만 아니라, 전략적 의사결정에도 도움이 되었다.

결과는 혁신적이었다. 처리 시간이 40% 단축되고 현금 운용 효율이 25% 향상된 것이다. 하지만 진정한 성과는 문화적 변화에 있었다. 부서 간 경계를 초월하는 방식으로 AI를 구현함으로써 회사는 단절된 조직에서 하나의 통합된 데이터 중심 기업으로 바뀌었다. AI 에이전트는 협업의 촉매제가 되어 장벽을 허물고, 부서 영역을 지키기보다 공동의 문제 해결을 우선시하는 사고방식을 조성했다.

이 사례는 에이전틱 AI의 강점이 단순히 업무를 자동화하는 능력에 있는 것이 아니라, 조직을 전체적으로 통합하는 능력에 있다는 중요한 교훈을 보여준다. 조직은 여러 고립된 에이전트를 도입하려는 유혹을 억누르고, 영역을 넘나드는 시스템을 설계할 기회를 잡아야 한다. 진정한 혁신은 AI가 기업을 하나로 묶는 접착제 역할을 하여 기업이 응집력 있는 지능적 통합체로 운영될 수 있을 때 일어난다. 이 접근 방식은 여러 에이전트가 각기 다른 임무를 수행하는 다중 에이전트 시스템의 구축을 요구하는데, 여기서 인간 리더들은 조직의 목표와 비전을 바탕으로 이들 에이전트 간의 협업을 전반적으로 조율해야 한다.

규모의 경제와 투자 최적화

전사적 접근 방식은 상당한 규모의 경제적 효과도 가져왔다. 이 회사는 기술 공급업체와 더 나은 조건으로 협상하고, 부서 간 개발 비용을 분담하며, 중앙화된 지원 인프라를 구축할 수 있었다. 무엇보다도 한 부서에서 얻은 교훈을 다른 부서에도 신속하게 적용할 수 있게 되면서 전반적으로 혁신의 속도가 더욱 빨라졌다. 게다가 이러한 과정에서 생겨난 모범 사례들은 향후 다른 혁신 프로젝트에도 유용하게 쓰일 터였다.

보안 체계, 데이터 관리 시스템, 통합 플랫폼 등 핵심 AI 에이전트 인프라에 투자한 비용은 여러 사용 사례에 걸쳐 분산될 수 있었다. 덕분에 각 부서에서의 도입이 보다 비용 효율적이 되었고, 투자의 정당성을 입증하기도 한결 쉬워졌다.

전사적 비즈니스 케이스 작성

이들 성공의 핵심 요인 중 하나는 전사적 차원의 포괄적 비즈니스 케이스business case(어떤 프로젝트나 투자에 대해 추진의 타당성, 가치, 기대 효과 등을 체계적으로 설명하는 문서나 자료-옮긴이)를 작성한 것이었다. 이 비즈니스 케이스는 기존의 부서 단위 ROI 계산을 넘어 부서 간 협업 효과와 네트워크 효과까지 고려했다. 주요 내용은 다음과 같다.

- 각 부서 내 직접 비용 절감 및 효율성 향상

- 데이터 공유 확대와 프로세스 통합을 통해 부서 간 협업 효과 창출
- 규모의 경제를 통한 기술 비용 절감
- 엔드 투 엔드 프로세스 최적화를 통한 고객 경험 개선
- 모든 부서에서 반복적 업무를 제거해 직원 만족도 향상

이러한 전사적 관점은 변화의 잠재적 가치를 보여줌으로써 경영진의 폭넓은 지지를 확보하는 데 도움이 되었다. 또한 부서별 도입의 우선순위를 정하고 자원을 효율적으로 배분할 수 있는 체계를 제공했다.

AI 에이전트를 전사적 관점에서 바라보기 위해서는 새로운 조직과 리더십 역할이 필요할 수 있다. 대부분 기업에는 부서 간 프로세스를 총괄하거나 엔드 투 엔드 프로세스에 대해 의사결정을 내릴 수 있는 사람이 없다. 이상적으로는 새로운 에이전트 아키텍처를 구현할 때 프로세스 책임자 직책을 신설하는 것이 좋지만, 이는 쉽지 않다. 그러나 어쨌든 대부분의 기업에는 부서를 넘나드는 에이전트들에 대해 심의할 위원회나 대표자 그룹이 필요하게 될 것이다. 리더들은 각 부서와 단위 책임자들이 전사 에이전트 프로젝트에 협력하도록 독려하고, 때로는 직접 참여해야 한다.

포괄적 비즈니스 케이스 작성

AI 에이전트 도입을 위한 비즈니스 케이스에는 기존의 ROI 계산을 넘어서는 시각이 필요하다. 리더들은 에이전트 프로젝트의 이해관계자들이 평소보다 더 넓은 관점에서 바라볼 수 있도록 노력해야 한다. 한

대형 보험사와 함께 일할 때의 이야기인데, 그들의 비즈니스 케이스는 자동화를 통한 비용 절감에만 초점이 맞춰져 있었다. 이러한 편협한 관점은 이 프로젝트를 오직 비용 절감을 위한 것으로만 여기게 된 중간 관리자들의 저항으로 이어졌다. 우리는 이들을 도와 비즈니스 케이스에 다음의 네 가지 필수 요소를 포함하도록 했다.

첫째, 정량적 편익으로, 이 프로젝트는 비용 절감에 그치지 않고, 수익 증대의 기회도 제공한다. 예를 들어 AI 에이전트가 고객 문의를 40% 더 많이 처리할 수 있다면, 보험 판매 실적은 15% 증가할 수 있었다. 또한 처리 속도, 오류 감소, 규정 준수 정확도 측면에서도 개선 효과가 계산되었다.

둘째, 정성적 편익으로, 이 범주의 편익에는 직원 만족도 향상(에이전트가 일상적인 업무를 처리함에 따라), 고객 경험 개선(24시간 가동 및 일관된 서비스 제공을 통해), 운영 회복력 강화가 포함된다. 보험사는 AI 에이전트가 일상적인 청구 처리를 담당할 때 직원 만족도가 30% 이상 향상된다는 사실을 발견했다.

셋째, 도입 비용으로, 에이전트를 실제 환경에 투입하고 배포하는 과정에서 발생하는 비용에는 기술적 비용뿐만 아니라 변화 관리, 교육, 그리고 전환 기간에 발생할 수 있는 생산성 저하 비용도 포함되어야 한다. 보험사는 예산의 40%를 변경 관리와 교육에 할당했는데, 이는 성공적인 도입에 매우 중요했던 것으로 드러났다.

넷째, 위험 평가 및 완화 방안으로, 이 프로젝트에는 시스템 통합 문제와 같은 기술적 위험과 직원의 저항이나 기술 격차와 같은 조직적 위험이 모두 존재한다. 보험사는 데이터 보안 문제와 같은 중요한 위험을 파악한 후, 각 위험에 대해 구체적인 완화 전략을 마련했다.

AI 에이전트 도입을 위한 거버넌스: 전체적이고 윤리적인 접근

AI 에이전트 도입을 위한 효과적인 거버넌스는 혁신의 필요성과 통제의 필수성 사이에서 균형을 맞춰야 하며, 의사결정의 모든 단계에 윤리 원칙을 내재화해야 한다. 이를 위해서는 조직 전체에 걸쳐 일관성을 보장하고, 혁신을 촉진하며, 사람들의 신뢰를 유지할 수 있는 체계적이면서도 유연한 틀이 필요하다. 다른 형태의 AI와 마찬가지로, 윤리적 거버넌스에서 중요한 것은 정책만이 아니라 사용 사례들을 그 구상 단계부터 면밀히 검토하는 것이다.[17]

에이전트 도입을 위한 전반적인 거버넌스와 윤리의 모범 사례는 '에이전트 혁신 협의회Agent Innovation Council'를 중심으로 포괄적 거버넌스 모델을 구축한 한 글로벌 은행에서 찾아볼 수 있다. 이 협의회는 사업부 리더와 IT 임원, 그리고 직원 대표들을 모아 공동의 거버넌스 체계를 마련했다. 이 체계의 핵심 강점은 전략적 감독과 운영상의 유연성을 결합해 통제를 유지하면서도 혁신이 활발히 이루어질 수 있게 하는 데 있었다.

협의회는 세 가지 계층 구조를 통해 운영되었다.

- 최상위 계층인 운영 위원회는 전략적 방향을 설정하고, 모든 AI 프로젝트가 회사의 전체적인 목표에 부합하도록 했다. 또한 자원 할당을 맡아 우선순위가 높은 프로젝트가 적절한 지원을 받을 수 있도록 했다.

- 두 번째 계층인 전문가 조직Center of Excellence, CoE은 운영상의 허브 역할을 하며 기술 전문 지식을 제공했고, 구현 방식을 표준화했으며, 거버넌스 원칙 준수를 책임졌다.
- 기초 계층에서는 각 부서가 'AI 챔피언'을 지정해 사용 사례를 발굴했고, 도입을 촉진했으며, 사업부와 CoE 간의 연락책 역할을 했다. AI 챔피언이 팀을 넘나들며 적극적으로 활동함에 따라 AI를 효과적으로 활용하는 방법에 관한 대화가 일상 업무의 자연스러운 일부가 되었고, 상향식의 실험 및 혁신 문화가 조성되었다. 거버넌스는 관료주의적인 요식으로 인식되는 대신, 책임 있는 AI 실험을 장려하는 조력적 체계로 자리 잡았다.

무엇보다도 거버넌스 체계는 윤리적 감독을 필수적인 구성 요소로 강조했다. 앞서 말한 글로벌 은행은 모든 주요 AI 구현 사항을 검토하기 위해 'AI 윤리 위원회'를 설립했다. 이 위원회는 데이터 프라이버시, 의사결정 투명성, 공정성, 책임성과 같은 핵심 윤리 원칙이 지켜지도록 하는 책임을 맡았다.

윤리를 거버넌스 구조에 내재화함으로써 조직은 이러한 고려 사항을 부차적인 것으로 밀어내는 상황을 피할 수 있었다. 윤리적 검토는 AI 개발 단계 초기에 필수적인 점검 포인트로 자리 잡았으며, 이는 사용 사례 수정, 사람들의 신뢰도 향상, 잠재적 규제 위험 완화의 가능성을 열어주었다.

한 예로 윤리 위원회는 AI 에이전트가 데이터 사용과 관련해 명확한 경계 내에서 운영되도록 하는 지침을 수립했다. 이 지침은 자동화된 채용 과정에서의 편향된 의사결정이나 불투명한 가격 책정 알고리즘 적용 등과 같은 관행을 금지했다.

은행은 내부 감독을 넘어 고객이 직접 관여하는 피드백 루프를 구축했다. 실시간 피드백 시스템을 통해 고객은 AI 기반 프로세스에서 오류, 불공정한 결정, 잠재적 편향을 발견했을 때 은행에 즉시 알릴 수 있었다. 그것이 자동 대출 승인이든, 사기 탐지든, 고객 문의에 대한 답변이든 사용자들은 문제점을 보고할 수 있었고, 이는 내부 검토로 이어졌다. 윤리적 문제를 선제적으로 해결함으로써 은행은 평판을 유지하는 동시에 AI 도입에 대한 직원과 고객의 신뢰도 강화할 수 있었다.

에이전트 혁신 협의회의 월례 회의는 이 거버넌스 모델의 핵심축이 되었다. 이러한 세션은 진행 상황을 평가하고, 우려 사항을 논하며, 추진 방향이 회사의 변화하는 전략에 부합하도록 하는 논의의 장이 되었다. 부서 간 협업을 촉진하고 피드백을 위한 열린 채널을 유지함으로써 협의회는 책임감과 함께 혁신이 번창하는 문화를 조성했다.

이 통합된 거버넌스 모델은 효과적인 AI 혁신이 단순한 기술적 노력이 아니라, 조직 전반에서 업무가 수행되는 방식을 다시 생각하는 데서 비롯된다는 것을 보여준다. 전략적 감독, 운영상의 지원, 윤리적 책임을 조화롭게 정렬함으로써, 이 거버넌스 체계는 AI 에이전트의 원활한 도입을 보장했을 뿐만 아니라 장기적인 조직적 가치를 창출하는 원동력으로서 AI 에이전트의 역할을 공고히 했다.

거버넌스 중심의 AI 추진에 대한 일반적인 우려 중 하나는 이것이 과도한 관료주의를 불러와 혁신을 늦춘다는 것이다. 그러나 이 사례에서는 정반대의 일이 벌어졌다. 부서 전반에 걸친 AI 챔피언의 존재는 AI 활용에 대한 논의, 개선, 최적화가 끊임없이 이루어지는 문화를 만들었다. 직원들은 AI를 IT 부서가 통제하는 먼 시스템으로 보는 대신, AI가 자신들의 일상적 업무를 어떻게 개선할 수 있을지를 적극적으로 모색했다.

이 문화적 전환은 풀뿌리 혁신으로 이어졌다. 가령 이 은행의 리스크 관리 부서 내 한 팀은 내부 AI 논의에서 영감을 받아 사기 탐지를 위한 AI 기반 조기 경보 시스템을 제안했다. 거버넌스 구조가 신속한 평가와 테스트를 가능하게 했기 때문에 이 아이디어는 기존의 혁신 절차보다 빠르게 구상 단계에서 구현 단계로 넘어갔다.

이러한 접근 방식은 조직 리더들이 도입 과정의 초기부터 참여하는 것이 얼마나 중요한지를 다시 한번 강조한다. 리더들이 처음부터 함께하면 조직이 추진하는 모든 변화 및 혁신 프로젝트에 회사의 목표와 가치, 목적이 얼마나 중요한지가 즉시 부각된다. 그럼으로써 윤리와 거버넌스는 자연스럽게 리더와 직원들이 AI 에이전트의 통합을 성공적으로 살피고 평가하는 기준이 된다.

AI 혁신을 시작하는 조직이 이러한 전체적인 접근 방식을 채택해야 한다는 것은 명백하다. 이는 거버넌스를 혁신의 원동력이자 윤리적 실수를 막는 안전장치로 자리매김하고 그렇게 인식되도록 하기 때문이다. 거버넌스 체계가 윤리를 그 구조 속에 깊이 통합하도록 설계되고, 도입 프로젝트 초기부터 가시적이며 방향을 제시하는 식으로 운영될 때, 이는 기술의 방향을 안내할 뿐만 아니라 인간의 업무 환경을 개선하고 모든 이해관계자의 이익과 혜택에 기여하는 효과를 만들어낼 것이다.

핵심 성과 지표 및 모니터링

핵심 성과 지표KPI와 모니터링은 AI 에이전트 혁신의 성공을 평가하는 데 필수적이다. 대다수 관리자는 직원들의 업무 성과 평가에 KPI를 활용하는 데 익숙하다. 그러나 AI 에이전트 도입이 회사의 가치 창출에 얼마나 기여하는지를 평가하는 데는 많은 기업이 어려움을 겪는다.

경험에 따르면, 오늘날 사실 대부분의 기업은 AI 도입의 성공 여부를 평가할 만한 명확한 기준을 갖고 있지 않다. 이는 대체로 기업들이 몇 가지 AI 에이전트 실험을 개별적으로 진행하는 방식으로 시작하기 때문이다. 이들은 기술에 대한 감을 잡기 위해 그렇게 하지만, 이 과정에서 AI 도입을 성공적으로 만드는 요인에 대해서는 거의 또는 아예 고려하지 않는다(여기서 전체적 접근 방식의 부재가 확인된다). 따라서 처음부터 명확한 지표를 설정하고 지속적으로 모니터링하여 혁신을 이끄는 것이 중요하다. 이제 한 가지 사례를 중심으로 에이전트 혁신의 진전을 점검할 수 있는 실질적인 방법을 살펴보자.

한 금융 서비스 회사가 운영 효율화와 고객 지원 개선을 위해 AI 에이전트를 도입했다. 도입 전에 이 회사는 네 가지 핵심 영역, 즉 운영 효율성, 직원 영향, 고객 경험, 에이전트 학습에 대한 기준 지표를 설정했다. 이러한 영역들은 실질적으로 에이전트 프로젝트의 성공과 가치를 평가하기 위한 '균형 성과표balanced scorecard'를 구성한다.

운영 지표는 처리 시간, 오류율, 거래 당 비용을 확인하는 데 사용되었다. 프로젝트 시작 당시, 프로세스는 느리고 오류가 잦았다. 그러나 AI 에이전트 도입 이후 회사는 프로세스 효율성이 60% 향상되었고,

오류 발생률이 85% 감소했음을 확인했다. 이러한 성과는 운영 비용을 절감하면서도 정확성을 높이고자 하는 회사의 목표에 직접적으로 부합했다.

직원 영향 지표는 AI 에이전트가 직원들의 역할을 어떻게 보조하는지 평가하는 데 활용되었다. 회사는 반복적 업무에서 절감된 시간을 추적했고, 직원들을 대상으로 업무 만족도와 역량 개발에 대한 설문조사를 시행했다. 직원들은 전략적 활동에 60% 더 많은 시간을 투자할 수 있게 되었으며, 만족도가 크게 향상되었다고 보고했다. 반복적인 업무가 자동화됨에 따라 더 의미 있는 일에 집중할 수 있게 되었기 때문이다.

고객 경험 지표는 고객 만족도, 문제 해결 시간, 서비스 이용 가능성을 추적하는 핵심 수단이었다. 회사는 AI 에이전트를 1차 고객 지원에 활용해 고객 만족도를 30% 끌어올리는 성과를 거두었다. 더 빠른 문제 해결과 24시간 이용 가능성은 고객 경험 향상에 중요한 역할을 했다.

마지막으로 학습 및 적응 지표는 에이전트가 시간의 흐름에 따라 성능을 향상시키는 능력을 모니터링하는 데 쓰였다. 처음에 AI 에이전트는 고객 문의의 40%를 자율적으로 처리할 수 있었다. 하지만 6개월 후에는 보다 복잡한 상황에 대처할 수 있게 되면서 수치가 75%로 올라갔고, 그에 따라 인간 개입의 필요성도 줄어들었다.

회사는 이러한 지표들을 성공을 가늠하는 데뿐만 아니라, 피드백 루프를 유지하는 데에도 활용했다. 월간 검토를 통해 진행 상황을 추적했고, 개선이 필요한 영역을 파악했으며, 전략을 조정했다. 예를 들어 모니터링 결과 우선순위가 높은 업무에서 에이전트 성능이 정체되는 현상이 나타나면 회사는 추가로 학습 데이터를 제공하고 알고리즘을 미세 조정했다. 이러한 반복적인 접근 방식은 지속적인 개선을 가능케 했다.

모든 지표를 원래의 비즈니스 케이스와 연계함으로써 회사는 전략적 목표를 일관되게 추진할 수 있었다. 명확한 KPI, 목표 및 핵심 결과 OKR, 성장 지표, 일관된 모니터링을 통해 이해관계자들은 전체적인 혁신의 가치에 대해 확신하게 되었고, 여정 내내 추진력을 유지할 수 있었다. 이 사례는 체계적이고 데이터 중심적인 접근 방식이 어떻게 AI 에이전트 혁신을 전체적 차원(인간의 성장과 AI 통합을 모두 포함)에서 측정 가능하고, 실행 가능하며, 평가할 수 있는 것으로 만들어 궁극적으로 성공으로 이끄는지를 잘 보여준다.

11장

AI 에이전트 확장: 비전에서 현실로

올바른 확장 방식

규칙에서 추론으로: 기업 내 AI 에이전트 확장

시범 구현한 시스템의 최종 결과를 공개하자 회의실이 순식간에 조용해졌다. 레벨 3 AI 에이전트는 단 2주 만에 1만 건이 넘는 고객 문의를 성공적으로 처리했고, 그 정확도는 인간의 기준선을 뛰어넘었다. 경영진은 깊은 인상을 받은 듯 몸을 앞으로 기울였다. 그리고 우리가 예상했던 질문이 나왔다. "훌륭한 결과로군요. 이걸 어떻게 하면 회사 전체로 확장할 수 있을까요?"

작년에 우리와 함께 일했던《포춘》500대 기업 중 하나인 보험사에서 펼쳐진 이 장면은 전사적 AI 에이전트 도입이 가져올 막대한 잠재력과 내재하는 과제를 동시에 드러낸다. 개별적인 시범 프로젝트의 성공 사례가 점점 늘어나고 있긴 하지만, AI 에이전트 도입을 독립된 사용 사례 이상으로 확장하는 데 성공한 기업은 극소수에 불과하다.

자체 조사 결과, 우리는 레벨 3 AI 에이전트를 시범 운영한 기업 중 대규모 적용에 성공한 기업은 1%도 채 되지 않는다는 사실을 발견했다. 이는 7~10년 전 지능형 자동화(레벨 2 에이전트)가 등장했을 당시의 상황과 비슷하다. 그때도 기업들은 확장 과정에서 유사한 어려움을 겪었다.

우리는 아직 어떠한 기업도 레벨 3 AI 에이전트 확장을 위한 검증된 프레임워크를 구축하지 못했다는 점을 고려해 과거의 경험과 (제한적이긴 하지만) 현재 관찰된 사례들을 바탕으로 최적의 접근 방식을 제시하고자 한다.

기반: 어디서부터 시작해야 할지 이해하기

이 글로벌 보험사와 처음 일을 시작했을 때, 경영진은 보험금 청구 처리 업무 전체에 곧바로 AI 에이전트를 투입하고 싶어 했다. 시범 운영 결과가 훌륭했기 때문에 이들의 열정은 이해할 만한 것이었다. 그러나 우리는 이 장면을 전에도 본 적이 있었다.

우리는 이렇게 말했다. "확장에 대해 논하기 전에, 3년 전 RPA 도입 이후 어떤 일이 있었는지 먼저 이야기해보죠." 최고정보책임자Chief Information Officer, CIO가 의자에서 불편한 듯 몸을 움직였다. 이들의 자동화 확장 시도는 초기 성공 이후 중단되었는데, 한 임원은 이를 '고장난 봇들의 무덤'이라고 불렀다.

적절한 기회 찾기

우리는 윗선의 추측에 의존하기보다 현장 중심의 접근 방식을 택해

6주 동안 조직 내 다양한 부서에서 사람들과 함께 시간을 보냈다. 그리고 경영진에게 이렇게 설명했다. "사람들이 실제로 시간을 어디다 쓰는지 알아야 합니다. 우리가 추측하는 곳이 아니라요."

우리는 보험금 청구, 고객 서비스, 보험 인수, 운영 부서에 걸쳐 50명 이상의 팀장과 직원들을 대상으로 체계적인 인터뷰를 진행했다. 그저 형식적인 회의가 아니었다. 우리는 직원들과 함께 앉아 그들의 일상 업무를 관찰했고, 불만에 귀 기울였다. 특히 한 손해사정사의 이 말은 우리에게 깊은 인상을 남겼다. "저는 보험금 청구 건을 처리하기 전에, 매일 약 네 시간을 여러 시스템에서 정보를 수집하고 정리하는 데 보내고 있습니다."

이러한 발견은 매우 소중했다. 대화와 관찰을 통해 우리는 부서별로 상세한 업무량 지도를 작성하여 시간이 어디에 사용되고 있는지, 무엇보다 어디에서 낭비되고 있는지 파악했다. 그리고 모든 부서의 직원들이 의미 있는 업무가 아닌, 그들이 '관리 업무'라고 부르는 것에 시간의 60~70%를 쓰고 있다는 사실을 알게 되었다.

영향 기반 우선순위 설정

업무량 지도를 완성한 후, 우리는 '20/80 법칙'을 적용해 직원들 시간의 80%를 소모하는 20%의 활동을 파악했다. 그리고 이 시간 소모가 큰 활동이 AI 에이전트 도입의 우선 대상이 되었다.

예를 들어 우리는 청구 부서에서 과도한 시간이 소모되는 세 가지 활동을 발견했다.

- 여러 시스템에서 정보 수집 및 통합
- 초기 청구 분류 및 전달
- 고객 및 의료 서비스 제공자와 표준 문서 송·수신

이러한 활동은 시간 소모적이기만 한 것이 아니었다. 직원들은 이러한 작업이 반복적이고 지루하며 실수가 생기기도 쉽다고 이야기했다. 한 팀원은 이렇게 말했다. "정신이 멍해지는 일이에요. 저는 손해 사정을 공부했는데, 대부분의 하루를 복사 후 붙여넣기를 하는 데 쓰고 있죠."

실현 가능성 평가

시간 소모가 큰 모든 프로세스가 AI 에이전트 자동화에 적합한 것은 아니다. 우리는 각 기회를 세 가지 핵심 기준에 따라 평가했다.

- 기술적 실현 가능성: 현재 AI 에이전트 기술이 해당 작업을 효과적으로 처리할 수 있는가?
- 프로세스 안정성: 프로세스가 자동화하기에 충분히 안정적인가, 아니면 상당한 재설계가 필요한가?
- 데이터 이용 가능성: 사용 가능한 형식의 필요한 데이터에 접근할 수 있는가?

우리는 이 평가를 통해 중요한 사실을 깨달았다. 시간 소모가 큰 프로세스 중 상당수가 공통된 데이터와 시스템을 통해 서로 연결되어 있었다. 예를 들어 손해사정사가 힘들어하던 정보 수집 업무에서 사용되는 데이터 출처는 인수 담당자가 보험 갱신을 위해 활용하는 것과 상당 부분 겹쳤다.

확장을 위한 비즈니스 케이스 작성

우리가 6주간의 평가 단계에서 수집한 인사이트는 단순히 기회를 파악하는 데 도움을 주는 것에 그치지 않고, 설득력 있는 비즈니스 케이스를 위한 토대를 마련해주었다. 우리는 경영진에게 이렇게 설명했다. "데이터가 모든 것을 말해줍니다. 이 데이터는 AI 에이전트가 정확히 어디서 어떻게 최대의 가치를 창출할 수 있는지를 알려줍니다."

업무량 지도와 실현 가능성 평가를 통해 수집된 데이터는 비즈니스 케이스의 토대를 형성했다. 우리는 이를 정량적·정성적 이점을 중심으로 구성했다. 정량적 측면에서 봤을 때, 시간 소모가 큰 것으로 파악된 프로세스를 자동화하면 청구 부서에서만 연간 약 4만 5,000인시 person-hours를 절약할 수 있었는데, 이는 320만 달러의 직접 비용 절감에 해당했다. 정성적 이점 또한 설득력이 있었다. 오류 발생률 감소, 청구 처리 속도 향상, 고객 만족도 개선, 반복 업무 제거를 통한 직원 몰입도 향상 등이 그 예이다.

기술 라이선스, 개발 자원, 변화 관리 활동을 포함한 도입 비용도 고려한 결과, 3년간 예상 ROI는 285%에 달했다. 이 종합적인 비즈니스 케이스는 전면적 도입을 위한 경영진의 지지와 필요한 자금 확보에 결정적인 역할을 했다. 무엇보다도 이는 도입 과정 전체에 걸쳐 추적할 수 있는 명확한 성공 지표를 설정해, 우리가 추진력을 유지하고 각 전개 단계에서 이해관계자들에게 가치를 입증할 수 있도록 도왔다.

체계적 확장 경로

우선순위가 높은 기회를 파악한 후, 우리는 각 AI 에이전트를 회사에 도입하기 위해 체계적인 3단계 접근법을 수립했다. 모든 것을 한 번에 처리하기보다는 프로세스 재설계, 구현 스프린트sprint(목표 달성을 위해 일반적으로 1~4주간 집중해 일을 수행하고 결과물을 만들어내는 개발 주기-옮긴이), 실제 운영 환경 이전 순으로 차근차근 진행했다. 이제 이러한 접근법이 우리가 첫 번째로 구현한 청구 정보 수집 및 통합 에이전트에 어떻게 적용되었는지 살펴보자.

1단계: 프로세스 재설계 및 최적화

"자동화를 한다면, 반드시 올바른 프로세스를 자동화하자"는 우리의 좌우명이 되었다. 우리는 손해사정사, IT 전문가, 프로세스 최적화 전문가로 구성된 교차 기능 팀과 협력해 3주간 기존의 프로세스를 꼼꼼히 점검했다. 결과는 놀라웠다. 손해사정사들은 정보를 수집하기 위해 7개의 각기 다른 시스템을 사용하고 있었는데, 그 과정에서 중복되는 작업이 빈번하게 발생했다.

우리는 프로세스를 처음부터 새로 설계하며 자문했다. "지금 AI 에이전트로 이걸 새로 구축한다면, 어떻게 작동해야 할까?" 재설계된 프로세스는 접근 지점을 통합했고, 데이터 형식을 표준화했으며, AI 에이전트와 손해사정사 간의 명확한 작업 인계 지점을 설정했다. 우리는 AI 에이전트가 직접 정보를 검색할 수 있는 중앙 집중식 데이터 레이크data lake(다양한 원시 형태의 데이터를 수용할 수 있는 대규모 저장소-옮긴이)를 구현하여 시스템 접점을 7개에서 3개로 줄였다.

2단계: 구현 스프린트

재설계된 프로세스를 바탕으로 우리는 개발 단계에 착수해 2주 단위의 스프린트로 업무를 구성했다. 각 스프린트는 테스트 후 개선될 수 있는 특정 기능 개발에 중점을 두고 진행되었다. 청구 정보 에이전트의 경우에는 이전 스프린트에서 구현된 기능 위에 새 기능을 추가해 나가는 식으로 6번의 스프린트를 진행했다.

우리는 매 스프린트 리뷰에 손해사정사들을 참여시켜 피드백을 수집하고 조정 사항을 반영했다. 여기서 빠른 반복 주기는 매우 중요했다. 예를 들어 세 번째 스프린트에서 손해사정사는 특정 청구 유형에 대해 특별한 처리가 필요하다고 지적했는데, 이는 우리가 처음에 고려하지 못했던 부분이었다. 우리는 에이전트의 로직을 빠르게 수정해 이러한 예외 사항을 반영했다.

3단계: 테스트 및 운영 환경 이전

우리는 일괄 적용보다는 점진적 도입 전략을 택했다.

- 1주 차: 신규 청구 건의 10%를 AI 에이전트가 처리
- 2주 차: 25% 처리, 모니터링 확대

- 3주 차: 50% 처리, 직접 확인 축소

- 4주 차: 75% 처리, 점검 절차 유지

- 5주 차: 전체 처리, 표준 모니터링 유지

이 점진적인 접근 방식은 신뢰를 구축하는 동시에 위험도 관리할 수 있게 해주었다. 한 선임 손해사정사는 이렇게 말했다. "처음에는 에이전트가 한 모든 일을 다시 한번 확인했어요. 하지만 몇 주가 지나자 제가 수집한 데이터보다 에이전트를 더 믿게 되더군요."

결과와 교훈

6개월 만에 우리는 여러 프로세스에 걸쳐 AI 에이전트를 성공적으로 확장하며 다음과 같은 의미 있는 성과를 달성했다.

- 정보 수집 시간 70% 단축

- 일반적인 고객 대응 업무의 85% 자동화

- 청구 처리 시간 45% 단축

무엇보다 중요한 점은 직원 만족도가 크게 향상되었다는 것이다. 한 선임 손해사정사는 이렇게 말했다. "수년 만에 처음으로 정보 수집이 아닌 청구 내용 분석에 대부분의 하루를 보내고 있죠."

이 여정에서 얻은 중요한 교훈이 있다. 바로 AI 에이전트 도입에서 성공의 핵심은 최첨단 기술을 구현하는 데 있는 것이 아니라, 자동화가 최대의 가치를 창출할 수 있는 적절한 기회를 찾는 데 있다는 것이다. 체계적인 접근 방식을 통해 도입과 확장을 진행한다면, 조직은 많은 자동화 프로젝트가 흔히 빠지는 함정을 피하고 지속 가능한 가치를 창출할 수 있다.

우리는 미래를 내다보며 끊임없이 접근 방식을 발전시키고 있다. 기술 환경은 빠르게 변화하며, 새로운 기능도 꾸준히 등장하고 있다. 하지만 근본적인 원칙은 변함이 없다. 적절한 기회를 찾아 시작하고, 신중하게 프로세스를 재설계하고, 체계적으로 도입하고, 늘 인간적인 요소를 염두에 두어라.

글로벌 보험사의 한 팀장은 이렇게 말했다. "이 AI 에이전트들은 우리를 대체하는 게 아니라, 마침내 우리가 여기 들어와서 하려고 한 일을 할 수 있도록 해주고 있습니다." 어쩌면 바로 이 점이 AI 에이전트 확장에서 궁극적인 성공의 척도일지 모른다.

자동화 경험의 이점: 레벨 2에서 레벨 3 에이전트로

인공지능 분야에서 기본 자동화를 거쳐 정교한 AI 에이전트로 나아가는 여정이 항상 순탄한 것은 아니다. 그러나 최근 일부 기업은 이전에 투자했던 자동화 기술이 더욱 발전된 AI 도입을 위한 예상치 못한 디딤돌이 되고 있음을 깨닫는 중이다. 이 진화를 이해하기 위해 건축 기술 및 솔루션 분야의 글로벌 리더인 존슨 콘트롤즈 인터내셔널Johnson Controls International, JCI이 이 전환을 어떻게 진행했는지 그 경험을 살펴보자.

기반: 자동화에서 지능화로

JCI에서 글로벌 차원의 운영 효율화와 지능형 자동화를 담당하는 람나스 나타라잔을 처음 만났을 때, 우리는 JCI가 기존에 구축한 자동화 인프라의 규모에 깊은 인상을 받았다. 그는 "현재 250명의 디지털 직원과 2,000개의 API를 운영하고 있습니다"라고 설명하며 로봇 프로세스 자동화RPA, 비즈니스 프로세스 관리BPM, 다양한 AI 도구를 결합한 정교한 레벨 2(지능형 자동화) 자동화 환경을 강조했다.

이 기반은 복잡한 기술적 세부 사항처럼 보일 수 있지만, 그보다 더 근본적인 것, 즉 프로세스 개선과 디지털 혁신에 대한 전사적 의지를 보여준다. JCI와 같은 기업에 이러한 기존 인프라는 단순히 비용 절감만을 위한 것이 아니다(물론 상당한 재정적 이득을 본 것은 사실이지만). 중요한 것은 이 인프라를 바탕으로 자동화 솔루션을 구현하고 확장하는 데 필요한 조직적 역량을 갖추게 되었다는 점이다.

변화를 위한 촉매

JCI의 사례가 특히 흥미로운 것은 레벨 2 지능형 자동화 시스템이 분명 가치를 제공하고 있긴 하지만 근본적인 한계에 부딪히고 있다는 이들의 인식 때문이다. 기존의 자동화 방식은 체계적이고 예측 가능한 작업을 수행하는 데는 탁월하지만, 현대 기업이 점점 더 필요로 하는, 상황을 고려한 유연한 운영에는 약하다.

나타라잔은 우리와 이야기를 나누던 중 이렇게 말했다. "저희는 이제 작업별 자동화를 넘어 전체 워크플로우를 조율할 수 있는 에이전트를 지향하고 있습니다." 이러한 전환은 레벨 2와 3 에이전트를 가르는 본질적인 차이를 드러낸다. 레벨 2 시스템은 복잡하지만 미리 정해진 시나리오를 처리할 수 있는 반면, 레벨 3 에이전트는 맥락을 이해하고 자연어를 처리하며 여러 도구를 조율해 더 광범위한 목표를 달성할 수 있다.

레벨 2에서 레벨 3로

레벨 2 자동화 시스템은 RPA와 지능형 자동화로 대표되며, 명확하게 정의된 범위 내에서 규칙 기반의 반복적인 작업을 처리하는 데 탁월하다. 사전에 정의된 규칙과 구조화된 데이터에 의존하는 레벨 2 시스템은 매우 효율적인 조립 라인의 작업자와 같다. 특정 작업에는 탁월하지만, 인간의 개입 없이는 큰 변화에 적응할 수 없다.

예를 들어 JCI는 RPA로 청구 프로세스를 간소화하여 수작업에서 비롯되는 오류를 크게 줄였고 효율성을 높였다. 그러나 이러한 개선에도 불구하고 인간의 감독은 여전히 중요한 요소로 남아 있었다. 이러한 시스템은 동적이고 교차 기능적인 워크플로우에 적응하거나 섬세한 의사결정이 필요한 예외 사항을 처리하는 데 약했다. 이 한계는 고객 서비스나 현장 운영과 같은 분야에서 두드러지게 나타났는데, 분절된 프로세스와 인간 개입에 대한 의존은 자주 지연과 비효율적인 운영으로 이어졌다.

JCI가 레벨 3 AI 에이전트를 도입하기로 한 결정은 이러한 한계를 해결하기 위한 것이었다. 나타라잔은 전략상의 전환을 강조했다. "저희는 단순한 작업 자동화를 넘어 에이전트가 전체 워크플로우를 조율할 수 있는 단계로 나아가고 있어요. 핵심은 인간에 대한 의존성을 없애고 부서 전반에 걸쳐 프로세스가 원활하게 실행될 수 있게 하는 것입니다." 이 비전을 실현하기 위해서는 자동화를 독립된 작업들의 집합이 아닌, 서로 연결되고 적응하는 시스템으로 재구상해야 했다.

JCI의 레벨 3 자동화로의 여정은 AI 에이전트가 기존의 지능형 자동화 시스템을 어떻게 강력하고 유연한 생태계로 변화시키는지를 보여준다. 이 변화에서 중요한 것은 지능형 자동화 시스템을 대체하는 것이 아니라 강화하고 연결하는 것이다. 예외 처리나 섬세한 의사결정과 같은 특정 영역에서 출발해 AI 에이전트는 점진적으로 가치를 입증하고 신뢰를 쌓으며 더 광범위한 도입을 위한 토대를 마련한다.

이러한 접근 방식은 조직이 운영 효율성뿐만 아니라 전략적 민첩성까지 확보할 수 있게 한다. AI 에이전트는 병목 현상을 제거하고, 인간 개입에 대한 의존도를 줄이며, 팀이 고부가가치 활동에 집중할 수 있도록 돕는다. 나타라잔은 간단히 이렇게 말했다. "핵심은 단순한 자동화가 아니라, 스스로 적응하고 발전하는 시스템을 만드는 것입니다." JCI의 성공은 레벨 3로의 도약이 충분히 실현 가능하며, 동시에 큰 변화를 가져올 수 있음을 보여준다.

경험이 주는 이점

JCI의 사례가 특히 교훈적인 것은 레벨 2 자동화 경험이 레벨 3 에이전트를 도입하는 데 어떻게 유리하게 작용했는지 보여주기 때문이다. 레벨 2 자동화 경험은 다음의 주요 측면에서 도움이 되었다.

1. **인프라 준비성**: 기존에 구축된 API와 도구들의 네트워크는 더욱 정교한 에이전트를 위한 준비된 기반을 제공했다. 이들은 완전히 새로 시작할 필요 없이 기존의 인프라를 확장하고 개선하는 식으로 일할 수 있었다.

2. **프로세스 이해**: 수년간의 자동화 경험을 통해 JCI는 업무 프로세스, 그리고 인적

개입이 가장 중요한 지점에 대한 깊은 통찰을 얻을 수 있었다. 나타라잔이 밝힌 것처럼 이들의 목표는 '인간 개입에 의존하던 시스템을 완전히 자율적인 프로세스 기반 에이전트로 대체하는 것'이 되었다.

3. **조직적 정렬**: 무엇보다도 이들은 기술 솔루션을 도입하고 확장하는 데 필요한 조직 구조를 이미 갖추고 있었다. 운영 효율성과 자동화에 전념하는 100명 이상의 팀원들은 이러한 변화를 이끄는 데 필요한 인적 전문성을 제공했다.

난관에서 배우기

전환 과정에는 어려움이 따랐지만, 이러한 어려움은 유사한 여정을 고려하는 다른 조직들에게 귀중한 교훈을 제공한다. JCI가 직면한 난관은 크게 두 가지였다.

첫째, 통합의 복잡성이다. 풍부한 경험에도 불구하고, 에이전트를 기존 시스템에 연결하는 일은 쉽지 않았다. 나타라잔은 "조직의 이질적인 시스템 때문에 데이터를 지역별로 정리하는 작업은 복잡합니다"라고 설명했다. 이는 성숙한 자동화 역량을 갖춘 조직이라도 보다 정교한 에이전트로 전환할 때는 기술 아키텍처를 신중하게 고려해야 함을 보여준다.

둘째, 공급업체의 한계이다. JCI는 기존의 자동화 공급업체들이 보다 진보된 에이전트 구현에 완전히 준비되지 않았다는 사실을 발견했다. 일부 공급업체는 깊이 있는 통합 역량 부족으로 에이전트 개발을 지연시켰고, 다른 공급업체는 광범위한 에이전트 정의로 인해 조직 내 혼선을 일으켰다. 이러한 경험은 기존의 관계와 상관없이 레벨 3 에이전트 도입을 위해 기술 파트너를 신중하게 평가하는 것의 중요성을 강조한다.

앞으로의 길

JCI의 경험은 이전의 자동화 경험이 레벨 3 에이전트 도입에 유리하게 작용할 순 있지만, 필수 조건은 아님을 시사한다. 핵심은 레벨 3 에이전트가 자동화에 있어 근본적으로 다른 접근 방식을 취하며, 여기에는 기술적 요소와 조직적 요소 모두에 대한 신중한 고려가 필요하다는 점을 이해하는 것이다.

JCI의 미래 비전에는 2026년까지 다중 에이전트 시스템을 갖춘다는 계획이 포함되어 있는데, 이는 이번 변화가 장기적인 디지털 혁신 여정의 일부임을 보여준다. 나타라잔은 AI 에이전트가 기업 운영에 필수가 되는 미래를 이렇게 설명했다. "에이전트는 전체 프로세스를 실행하고, 원활하게 통합되며, 조직 운영의 자율성을 높일 것입니다."

조직이 중요하게 고려해야 할 사항

JCI의 경험은 레벨 3 에이전트를 향한 여정을 고려하는 조직에 다음과 같은 통찰을 제공한다.

첫째, 명확한 사용 사례로 시작하라. JCI는 고객 서비스, 현장 운영, 기업 재무, 조달 분야에 집중함으로써 에이전트 도입을 위한 명확하고 가치 중심적인 목표를 제시했다. 이러한 집중적인 접근 방식은 복잡성을 관리하고 도입의 가치를 입증하는 데 도움이 된다.

둘째, 강점을 기반으로 구축하라. 조직의 강점이 이전의 자동화 경험에서 비롯되는 것이든, 다른 조직적 역량에서 비롯되는 것이든 완전히 새롭게 시작하기보다는 기존의 장점을 파악하고 활용하라.

셋째, 예상되는 상황에 대비하라. 레벨 2에서 레벨 3로의 도약은 단순한 기술적 업그레이드에 그치는 것이 아니라, 업무가 수행되는 방식에 근본적인 변화를 가져온다. 조직은 이러한 전환이 가져오는 기회와 과제 모두에 대비해야 한다.

더 넓은 관점

JCI의 사례는 이전의 자동화 경험이 레벨 3 에이전트의 도입을 어떻게 용이하게 해주는지를 보여주지만, 이것이 앞에 놓인 유일한 길은 아니다. 폭넓은 자동화 경험이 없는 조직이라도 명확한 사용 사례에 집중하고 필요한 조직적 역량을 구축한다면 레벨 3 에이전트를 성공적으로 도입할 수 있다.

핵심은 이 점을 이해하는 것이다. 레벨 3 에이전트는 자동화가 기업의 요구를 충족시키는 방식을 크게 진전시킨다. 맥락을 이해하고, 자연어를 처리하고, 복잡한 워크플로우를 조율하는 에이전트의 이러한 능력은 전통적인 자동화 방식을 뛰어넘는 혁신의 기회를 제공한다.

미래를 내다보자면, AI 에이전트의 발전은 조직의 운영 방식을 끊임없이 재편할 것이다. 기존의 자동화 역량을 활용하든, 보다 고도화된 구현으로 새롭게 시작하든 성공의 열쇠는 이러한 강력한 도구들을 효과적으로 활용하는 데 필요한 기술적 역량과 조직적 변화를 모두 이해하는 데 있다.

생성형 AI와 AI 에이전트를
활용한 기업 AI의
전면적 혁신

싱가포르의 한 글로벌 제조기업에서 경영진과 함께 회의실에 앉아 있을 때, 흥미로운 논의가 펼쳐졌다. CTO는 운영 자동화를 위한 AI 에이전트 구축을 단호히 주장했고, 혁신 책임자는 직원들에게 생성형 AI 도구를 활용할 수 있는 권한을 줘야 한다고 열정적으로 주장했다. 당시에는 거의 아무도 알지 못했지만, 언뜻 상반돼 보이는 이 두 관점은 미래의 업무 방식에 관한 가장 흥미로운 발견 중 하나로 이어질 것이었다.

그 후 6개월 동안 벌어진 일들은 AI가 조직을 어떻게 변화시키는지를 이해할 수 있는 완벽한 실험적 기회가 되었다. 어느 하나가 아닌 두 가지의 상호 보완적인 힘이 신중하게 결합될 때, 이는 각각이 단독으로 달성할 수 있는 것보다 훨씬 더 강력한 결과를 만들어낸다.

이와 관련해 우리는 이들의 영업팀을 대상으로 실험을 하나 진행했다. 우리는 팀원 절반에게 평소대로 업무를 계속하도록 했고, 나머지 절반에게는 생성형 AI 도구와 우리가 개발한 기본 AI 에이전트를 모두 사용하게 했다. 결과는 놀라웠다. 하지만 우리가 예상했던 이유 때문은 아니었다.

최고의 실적을 내는 직원 중 한 명이었던 데보라는 AI 에이전트가 백그라운드에서 회의 일정, 후속 조치, 업무 진행 상황 업데이트를 조용히 처리해주는 덕분에 시간을 절약할 수 있었다. 하지만 우리의 관심을 끈 것은 그녀가 새로 확보한 시간을 활용하는 방식이었다. 그녀는 생성형 AI를 활용해 더욱 설득력 있는 제안서를 만들고, 고객과 보다 개인화된 방식으로 소통했다. "드디어 제가 늘 하고 싶어 했던 일을 할 수 있게 되었어요." 그녀가 말했다. "회의 준비에 몇 시간을 쏟고, 고객과의 거래에 대해 전략적으로 고민하느라 애쓰는 대신, 이제 더 많은 시간을 고객들과 장기적인 과제에 대해 깊이 있는 대화를 나누는 데 쓸 수 있게 되었죠."

데보라의 사례는 AI가 조직에 가져오는 이중적 변화를 잘 보여준다. 자동 변속기와 GPS를 모두 이용해 운전하는 상황을 떠올려보라. 자동 변속기(AI 에이전트와 같은 역할)는 기계적 복잡성을 처리하고, GPS(생성형 AI와 같은 역할)는 길을 찾고 더 나은 의사결정을 하도록 돕는다. 이 두 가지가 결합될 때 그 힘은 단순히 운전을 더 효율적으로 만드는 데 그치지 않고, 여행 경험 전체를 바꿔놓는다.

생성형 AI와 AI 에이전트의 융합은 조직에 혁신적인 기회를 제공한다. 우리는 이 이중적 접근 방식이 단순한 합 이상의 가치를 창출한다는 사실을 발견했다. 이러한 기술들은 함께 기업의 운영 방식을 재정의할 뿐만 아니라, 직원들이 창의성, 공감 능력, 비판적 사고와 같은 인간적 특성을 발휘하고 개인적으로 성장할 수 있도록 돕는다. 이 이중적 접근 방식은 탁월한 성과를 낼 수 있는 인력을 육성하는 동시에 일의 미래를 재정의한다.

기업 혁신을 위한 두 가지 AI 활용 방식

AI의 변혁적 잠재력은 크게 두 가지의 상호 의존적인 경로로 나눌 수 있다.

첫 번째는 생성형 AI다. 이 기술은 직원들이 다른 사람들과 연결되고, 비판적으로 사고하고, 전례 없는 속도와 깊이로 창작할 수 있게 함으로써 인간의 역량을 강화한다. 생성형 AI 도구는 각종 커뮤니케이션 자료의 초안 작성, 콘텐츠 제작, 복잡한 데이터 분석과 같은 업무를 역량 강화의 순간으로 전환한다. 이러한 도구들을 통해 직원들은 '슈퍼휴먼'이 되어 자신의 타고난 강점을 강화하고 이전에는 손댈 수 없었던 과제에 도전할 수 있게 된다.

두 번째는 AI 에이전트다. AI 에이전트는 반복적이고 복잡하며 민감하거나, 심지어 위험한 작업을 처리하도록 설계된 시스템이다. 이러한 에이전트들은 프로세스를 자동화하여 시간을 절약하고 오류를 줄이는 동시에 지루한 작업을 대신 수행한다. AI 에이전트가 이러한 역할을 맡음으로써 직원들은 더욱 의미 있는 활동에 집중할 수 있게 되는데, 여기에는 직무상의 전략적 기여는 물론 개인적인 목표를 추구하고 삶의 경험을 풍요롭게 하는 활동도 포함된다. 이 두 기술이 함께 활용될 때, 기업은 효율성을 높이는 동시에 직원들이 그 잠재력을 최대한 발휘할 수 있게 하는 두 가지 목표를 달성할 수 있다.

생성형 AI를 통한 인간적 특성 강화

우리의 경험에 따르면, 생성형 AI는 직원들이 더욱 효과적이고 창의적으로 업무를 수행할 수 있도록 하는 민주적 도구로 부상했다. 이전의 AI 물결과 달리 생성형 AI는 인간의 지능을 적극적으로 보완한다. 예를 들어 생성형 AI를 활용하는 마케팅 전문가는 사람의 마음을 끄는 캠페인을 더욱 빠르게 제작할 수 있고, 관리자는 성과 데이터를 보다 세밀하게 분석하여 더욱 현명하고 빠른 의사결정을 내릴 수 있다.

역설적인 현상은 90% 이상의 기업이 생성형 AI를 신중히 검토하고 있지만, 전 세계 지식 근로자의 75%가 이미 이러한 도구를 매일 사용하고 있고, 많은 이들이 승인되지 않은 도구까지 활용하고 있다는 것이다. 이 풀뿌리 채택은 생성형 AI의 직관적인 매력(사용하기 쉽고, 즉각적인 결과를 제공하며, 워크플로우에 원활하게 통합된다)을 증명한다. 직원들은 그들의 고용주보다 한발 앞서나가며 기업의 지시가 아닌 개인 주도로 이루어지는 변화를 보여주고 있다.

이러한 변화는 기업이 생성형 AI를 대규모로 수용해야 할 필요가 있음을 강조한다. 체계적인 교육, 사용 사례 공유를 위한 공개 포럼, 협업 플랫폼을 제공함으로써 기업은 이 자발적 채택을 측정 가능한 성과로 이어갈 수 있다. 예를 들어 일부 조직에서는 직원들이 생성형 AI 활용 방법을 공유하는 주간 세션을 개최하며, 이를 통해 집단 학습과 혁신 문화를 조성하고 있다.

생성형 AI는 단순히 시간을 절약해주는 데 그치지 않고, 더 가치 있는 활동을 위한 시간을 만들어낸다. 우리와 함께 일했던 팀의 한 제품 디자이너는 AI를 활용해 아이디어를 빠르게 프로토타이핑하고, 브레인스토밍과 창의적인 탐구에 더 많은 시간을 쏟을 수 있었다. 또한 영업팀은 이메일을 일일이 직접 작성해야 하는 부담에서 벗어나 고객과의 관계 강화에 집중할 수 있었다. 생성형 AI의 목적은 인간을 대체하는 데 있는 것이 아니라 인간의 역량을 한층 끌어올리는 데 있다.

AI 에이전트를 통한 반복 업무 자동화

AI 에이전트는 기업 혁신의 조용한 파트너로서, 정확성·속도·신뢰성이 요구되는 영역에서 탁월한 역량을 발휘한다. 우리는 이들이 송장 처리, 물류 조정, 규정 준수 점검과 같은 반복적인 업무를 수행하고, 자주 부서 간 경계를 넘어 프로세스 전체를 최적화하는 모습을 봐왔다.

이를테면 우리와 함께 일했던 한 금융 서비스 회사는 청구 업무에 AI 에이전트를 도입해 놀라운 개선을 이루었다. 이전에는 여러 부서가 나누어 담당했던 송장 검증, 공급업체 성과 추적, 불일치 사항 조정 등과 같은 작업이 이제 하나의 AI 에이전트에 의해 원활하게 처리되었다. 이 자동화 덕분에 처리 시간이 40% 단축되고, 오류가 85% 감소했으며, 직원들은 전략 수립과 고객 대응에 집중할 수 있게 되었다.

그러나 AI 에이전트의 효과는 효율성 향상에 그치지 않는다. 일상적인 업무를 자동화함으로써 기업은 창의성, 공감, 의사결정 능력이 중요한 영역에 인간의 노력을 재배치할 수 있다. 이전에 반복적인 업무에 묶여 있던 직원들이 이제는 문제 해결, 동료 멘토링, 고객과의 관계 강화에 집중할 수 있게 되는 것이다.

우리가 관찰한 바에 따르면, 이러한 접근에는 전략적인 하향식 추진 계획이 필요하다. 개인의 실험적 사용을 통해 확산되는 생성형 AI와 달리, AI 에이전트 도입에는 신중한 계획, 부서 간 조율, 강력한 거버넌스가 필요하다. 조직은 명확한 목표를 정의하고, 데이터의 무결성을 보장하며, 기존 워크플로우에 완벽하게 통합되는 에이전트를 설계해 이들이 혁신적 잠재력을 최대한 발휘할 수 있게 해야 한다.

통합된 비전: 생성형 AI와 AI 에이전트의 협력

앞서 언급한 글로벌 제조기업의 경우를 살펴보자. 처음 이 기업의 경영진과 AI 혁신에 대해 논하기 시작했을 때, 이들은 '양자택일의 함정'에 빠져 있었다. 즉 이들은 직원들을 위한 생성형 AI 도구 투자와 프로세스 자동화를 위한 AI 에이전트 개발 중 하나를 택해야 한다고 믿었다. 하지만 우리는 두 기술이 함께 조화를 이룰 때 진정한 마법이 일어난다는 사실을 알게 되었다.

AI의 진정한 힘은 통합에 있다. 생성형 AI와 AI 에이전트는 경쟁하는 기술이 아니라 하나의 비전을 좇는 상호 보완적인 힘이다. 예를 들어 AI 도입으로 변화를 추진 중인 HR 부서를 떠올려보자.

- **생성형 AI**는 HR 담당자가 맞춤형 교육 계획을 수립하고, 직원 참여 데이터를 분석하고, 효과적인 커뮤니케이션 전략을 수립하는 데 도움을 준다.
- **AI 에이전트**는 급여 처리, 복리후생 관리, 일정 조정과 같은 일상적인 업무를 자동화한다.

이러한 기술들은 함께 HR 팀이 관계 구축, 성장 촉진, 직원이 성장할 수 있는 환경 조성과 같은 중요한 일에 집중할 수 있도록 지원한다.

이 전체론적 접근은 워크플로우뿐만 아니라 사고방식까지 변화시킨다. 직원들은 기술을 위협이 아니라 자신의 역량을 높여주는 동시에 가치와 만족을 가져다주는 활동에 참여할 수 있게 해주는 도구로 인식한다.

이론에서 실천으로: 혁신 방안 정립

이러한 이중적 접근 방식을 성공적으로 적용하려면, 조직은 다음과 같은 체계적 혁신 방안을 마련하고 실천해야 한다.

1. **생성형 AI로 시작하라**: 직원들이 일상 업무에서 생성형 AI 도구를 시험해보도록 장려하라. 교육을 제공하고, 도입을 장려하며, 모범 사례를 공유할 수 있는 포럼을 만들어라. 이러한 상향식 접근은 AI에 대한 흥미와 신뢰를 높이는 동시에 즉각적인 생산성 향상을 불러온다.

2. **AI 에이전트로 확장하라**: 반복적이고 복잡한 프로세스를 자동화하기 위해 AI 에이전트를 도입할 때는 하향식의 접근 방식을 취하라. 파일럿 프로젝트로 시작해 문제점을 개선하고 점차 부서 전체로 확장하라. 직원들이 자신의 업무를 지원하는 에이전트 설계에 참여하게 하여 주인의식을 갖게 하라.

3. **학습과 적응의 문화를 조성하라**: 직원들이 AI를 자신의 역할에 통합할 수 있도록 지속적인 교육에 투자하라. 성공 사례를 강조하고, 팀이 실험·학습·쇄신할 수 있도록 장려하라.

4. **지표를 전략적 목표와 연계하라:** 효율성 향상뿐만 아니라 직원 만족도, 창의성, 협업과 같은 인간적 성과를 모두 측정하는 KPI를 정의하라. 정기적으로 이러한 지표를 검토하여 혁신이 조직의 목표에 계속 부합할 수 있도록 하라.

5. **거버넌스와 윤리를 우선시하라:** 윤리적인 AI 사용, 데이터 프라이버시, 투명성을 보장하는 거버넌스 구조를 확립하라. 직원들이 우려 사항을 제기하고 혁신 과정에 참여할 수 있는 포럼을 마련하라.

에이전트가 멋대로 굴 때: AI 시스템을 위한 필수 안전장치 구축

2010년 챗 GPT나 자율 에이전트에 관한 논의가 시작되기도 훨씬 전에, 월스트리트에서 훗날 '플래시 크래시Flash Crash'로 불리게 되는 사건이 일어났다. 단 36분 만에 자동거래 알고리즘은 거의 1조 달러에 달하는 시장 가치를 증발시켰다. 시장은 결국 회복되었지만, 이 사건은 AI 에이전트에 적절한 안전장치 없이 과도한 자율성을 부여할 때 어떤 일이 벌어질 수 있는지를 일찍이 보여주었다.

이는 일어나선 안 되는 일이었다. 알고리즘은 설계된 대로 시장 상황에 따라 매수와 매도를 정확히 수행하고 있었다. 하지만 알고리즘 간의 상호작용은 예상치 못한 피드백 루프를 만들어냈고, 미 증권거래위원회Securities and Exchange Commission가 훗날 '뜨거운 감자hot potato' 거래 패턴으로 묘사한 현상이 나타났다. 봇들이 계약을 서로에게 떠넘기듯 주고받으며 가격 변동성을 키우고 있었던 것이다. 어느 한 주체의 잘못도 아니었지만, 알고리즘과 봇이 함께 만들어낸 결과는 시장을 거의 붕괴 직전까지 몰고 갔다.

AI 에이전트가 더욱 정교해지고 널리 사용됨에 따라, 우리는 이러한 이야기가 여러 다른 방식으로 반복되는 것을 목격해왔다. 한 주요 금융기관과 함께 이들의 첫 AI 기반 거래 에이전트를 구현할 때 우리 역시 비슷한 실수를 저질렀다. 시스템은 거래 패턴을 최적화하도록 설계되었지만, 우리는 이 시스템이 시장의 다른 자동 거래 시스템과 어떻게 상호작용할지는 충분히 고려하지 못했다. 배포 후 몇 시간 만에 에이전트는 초단타 매매를 연속적으로 실행했고 실제로 수익도 냈지만, 규제 준수 시스템에 위험 신호가 포착되었다. 우리는 즉시 에이전트 가동을 중단하고 접근 방식을 재검토해야 했다.

이러한 경험은 우리에게 중요한 교훈을 남겼다. AI 에이전트는 선의로 설계되었다 해도 의도하지 않은 결과를 초래할 수 있다. 문제는 단순히 에이전트가 정확하게 작동하도록 하는 것이 아니라, 인간과 인공 행위자로 구성된 복잡한 생태계에서 안전하고 윤리적으로 동작하게 하는 것이다.

착한 에이전트가 문제를 일으킬 때

2024년 초 에어캐나다Air Canada에서 있었던 일을 살펴보자. 이들은 고객에게 도움을 주고 정보를 제공하도록 설계된 고객 서비스 챗봇을 도입했다. 이 챗봇은 에어캐나다의 웹사이트 정보를 이용할 수 있었으며, 고객 문의에 대응하게끔 되어 있었다. 간단했다. 그러나 챗봇이 에어캐나다의 실제 정책보다 훨씬 더 관대한 유족 운임 정보를 제공하기 시작하면서 상황은 복잡해졌다. 고객이 해당 요금을 적용받겠다고 주장했을 때, 에어캐나다는 챗봇의 진술에는 법적 구속력이 없다며 고객의 요구를 거부했다. 하지만 법정에서 이들의 주장은 받아들여지지 않았다. 재판소는 AI 에이전트의 안내에 대한 책임이 에어캐나다에 있다고 판결했다.

이 사건은 AI 에이전트가 지닌 근본적인 문제점을 여실히 드러낸다. 에이전트는 개발자가 예상하지 못한 방식으로, 그리고 쉽게 제어할 수 없는 방식으로 독립적으로 작동할 수 있다. 에어캐나다 봇은 오작동한 것이 아니라 설계된 대로 정확히 고객을 도왔다. 하지만 '도움'이라는 단어에 대한 봇의 해석은 회사가 승인하지 않은 약속으로 이어졌다.

우리 또한 업무를 진행하면서 유사한 문제를 겪은 적이 있다. 한 소매업체에 재고 관리용 AI 에이전트를 구축하고 초기 운영을 지원하던 중, 우리는 이 에이전트가 재고가 줄어드는 상품을 자동으로 주문하기 시작했다는 사실을 발견했다. 이론적으로 이는 타당해 보였다. 하지만 사실상 에이전트는 일부러 조금씩 단종 중이던 계절상품을 대량으로 과잉 주문하는 결과를 초래했다. 에이전트는 계절에 따른 소매 주기나 재고 전략의 더 넓은 맥락을 이해하지 못했다.

위험의 새로운 지평

오늘날의 AI 에이전트가 전통적인 자동화와 다른 점은 무엇일까? 그 답은 우리가 여러 산업 분야에 걸쳐 AI를 구현하며 관찰한 세 가지 핵심 특성에 있다.

첫째, 현대의 AI 에이전트는 높은 수준의 모호한 목표를 해석하고 실행할 수 있다. 엄격한 규칙을 따르는 기존의 소프트웨어와 달리, 이러한 에이전트들은 '고객 만족도 향상'과 같은 일반적인 지시를 받고서 이를 달성할 방법을 알아서 결정할 수 있다. 이러한 유연성은 강력하지만 위험하기도 하다. 에어캐나다의 봇처럼 형식적으로는 목표를 달성하더라도 다른 문제를 유발할 수 있기 때문이다.

둘째, AI 에이전트는 전례 없는 방식으로 세상과 소통할 수 있다. 데이터베이스에 접근하고, 이메일을 보내고, 주문을 넣고, 심지어 물리적 시스템을 제어할 수도 있다. 우리가 협력했던 한 제조 기업은 생산 라인 최적화를 위해 AI 에이전트를 도입했는데, 이 에이전트는 품질 지표를 바탕으로 기계 설정을 실시간으로 조정할 수 있었다. 덕분에 효율성은 향상되었지만, 에이전트의 결정을 예측하거나 이해할 수 없었던 인간 작업자들은 때때로 갑작스러운 변화에 당황하고 불만을 터뜨리기도 했다.

셋째, 이러한 에이전트는 직접적인 감독 없이 무기한 작동할 수 있다. 퇴근 시간이나 휴식 시간이 없으며, 에이전트를 탄생케 한 당시의 조건이 바뀐 지 한참 후에도 설계된 목표를 계속 수행할 수 있다. 이 지속성은 목표와 제약 조건이 시간에 따라 변화하는 동적인 환경에서 에이전트가 작동할 때 특히 문제가 될 수 있다.

필수 안전장치 구축

우리는 경험과 실수를 통해 AI 에이전트에 필수적인 안전장치를 구현하기 위한 체계를 마련했다. 이는 단순한 이론적 지침이 아니라, 우리가 직접 겪으며 어렵게 깨달은 실질적 필요 사항이다.

거래 관리 안전장치

첫 번째 방어선은 강력한 거래 관리다. 이는 재무나 자원과 관련된 결정을 할 수 있는 모든 에이전트에 대해 명확한 한계와 감독 메커니즘을 구현하는 것을 의미한다. 우리는 항상 다음 사항을 권장한다.

- 거래 규모와 빈도에 대한 엄격한 제한
- 특정 기준을 초과하는 거래에 대한 다단계 승인
- 이상 패턴을 감지할 수 있는 실시간 모니터링 시스템
- 모든 에이전트 행동에 대한 명확한 감사 기록

우리와 함께 일하는 한 소매업체는 재고 관리 에이전트가 제멋대로 작동한 이후 이러한 안전장치를 도입했다. 이제 일정 금액 이상의 주문에는 인간의 승인이 필요하며, 시스템이 비정상적인 주문 패턴을 자동으로 감지해 검토한다. 이를 통해 이들은 자동화의 효율성은 유지하면서 여러 잠재적인 과잉 주문 사고를 예방할 수 있었다.

윤리 지침 및 규정 준수

에이전트 설계에서 윤리는 추후 고려 사항이 될 수 없다. 우리는 에이전트의 의사결정 과정에 윤리적 제약을 직접 내재화하는 방법을 배웠다. 그 내용은 다음과 같다.

- 허용되는 행동과 허용되지 않는 행동에 대한 명확한 정의
- 에이전트의 행동에 대한 정기적 윤리 점검
- 이해관계자가 에이전트의 결정에 이의를 제기할 수 있는 메커니즘
- 에이전트의 의사결정에 대한 투명성 요건

앞서 언급한 금융기관은 이제 모든 거래 에이전트가 정기적인 윤리 감사를 받도록 요구하고 있다. 이 감사는 단순히 규정 준수 여부만 검토하는 것이 아니라, 에이전트의 거래 패턴이 시장 안정성에 미치는 광범위한 영향까지 점검한다.

안전 관리

안전장치는 특히 물리적 시스템을 제어하거나 사람의 안전에 영향을 미치는 결정을 내리는 에이전트에 필수적이다. 핵심 요소는 다음과 같다.

- 비상 정지 절차
- 정기적인 안전 점검 및 검증
- 이중 모니터링 시스템
- 안전 감독을 위한 명확한 책임 체계

우리와 함께 일하는 한 제조업체는 생산 라인 최적화 에이전트로 인해 몇 차례 아슬아슬한 상황이 발생한 후 '휴먼 오버라이드human override' 시스템을 도입했다. 이제 운영자는 잠재적인 안전 문제를 발견

하면 에이전트가 수행하는 모든 변경 작업을 즉시 중단할 수 있다.

개인정보 보호

에이전트가 더욱 민감한 데이터를 처리하게 됨에 따라, 개인정보 보호의 중요성은 점점 더 커지고 있다. 필수적인 보호 조치는 다음과 같다.

- 엄격한 데이터 접근 통제
- 정기적인 개인정보 영향 평가
- 명확한 데이터 보관 및 삭제 정책
- 개인정보 관련 요청을 처리하기 위한 메커니즘

우리는 우리가 구현한 고객 서비스 에이전트가 적절한 개인정보 보호 조치 없이 자세한 고객 상호작용 기록을 저장하기 시작했을 때 이 교훈을 어렵게 얻었다. 지금은 어떤 데이터를 수집할 수 있고, 그러한 데이터를 어떻게 처리해야 하는지에 대한 명확한 정책을 마련해 설계 단계에서부터 개인정보 보호를 고려하고 있다.

미래를 내다보며: 에이전트 안전의 미래

AI 에이전트가 더 정교해지고 널리 사용될수록 이러한 안전장치의 중요성은 더욱 커질 것이다. 우리는 이미 '에이전트 생태계', 즉 에이전트들이 서로, 그리고 인간이 운영하는 다른 시스템과 점점 더 복잡한 방식으로 상호작용하는 네트워크의 등장을 목격하고 있다.

앞으로의 과제에서 중요한 것은 단순히 개별 에이전트들을 제어하는 것이 아니라, 이러한 생태계를 이해하고 관리하는 것이다. 이를 위해서는 에이전트 간의 상호작용에서 발생하는 창발적 행동을 다룰 수 있는 안전과 거버넌스에 대한 새로운 접근 방식이 필요하다. 우리는 현재 여러 고객사와 협력해 이러한 생태계를 관리하기 위한 방안을 마련하고 있지만, 동시에 우리 모두가 지금도 여전히 배우고 있다는 사실을 겸허히 인정한다.

AI 에이전트의 미래는 흥미진진하면서도 벅차게 느껴진다. 이러한 기술은 효율성 개선과 혁신을 위한 엄청난 잠재력을 제공하지만, 우리가 이제 막 이해하기 시작한 위험도 수반한다. 앞서 이야기한 안전장치들은 완벽하진 않아도 AI 에이전트의 잠재적 위험으로부터 보호하면서 그 힘을 활용하는 방법에 대한 현재로서의 최선의 이해를 담고 있다.

핵심은 경계를 늦추지 않고 적응하며, 새로운 도전 과제를 통해 배우고 안전장치를 지속적으로 개선하는 것이다. 우리가 고객들에게 자주 말하는 것처럼 목표는 모든 위험을 없애는 것이 아니다. 이는 불가능하다. 대신에 우리는 안전하게 실패하고 인간과 마찬가지로 실수에서 배울 수 있는 시스템을 구축하는 것을 목표로 한다.

12장

사례 연구 및 산업별 에이전트 사용 사례

실제 AI 에이전트 도입에 관한 논의를 마무리하며, 이 장에서는 변화 관리, 확장, 실행에 대해 우리가 배운 모든 내용을 두 가지 핵심 관점에서 종합적으로 살펴본다. 먼저, 펫츠 앳 홈의 혁신 여정을 심층적으로 살펴본다. 이 사례는 조직이 어떻게 AI 에이전트를 대규모로, 그리고 성공적으로 도입하면서도 필수적인 인간적 요소를 유지할 수 있는지를 보여준다. 이어서, 산업 및 기능별 다양한 활용 사례를 통해 AI 에이전트가 실제 환경에서 얼마나 다용도로 영향력 있게 활용될 수 있는지를 살펴본다. 이러한 사례들은 단순한 성공담이 아니라, 혁신 여정의 청사진으로서 각자의 조직에 맞춰 적용할 수 있는 실질적인 통찰과 검증된 접근법을 제공한다.

사례 연구:
기업 AI 에이전트 혁신을 선도하다
- 펫츠 앳 홈

급변하는 기업 AI 혁신의 흐름 속에서, 특히 우리가 대규모 에이전틱 AI 도입의 세계적 선도 업체 중 하나로 꼽는 펫츠 앳 홈의 사례를 공유하게 되어 기쁘다. 99.6%의 정확도로 수의사의 진료 내용을 받아 적는 환경형 디지털 기록ambient digital scribe 시스템부터 소매업 전반에서 사기 탐지에 혁신을 가져온 자율 에이전트까지 펫츠 앳 홈의 성과는 실로 인상적이다. AI 혁신 및 기업 아키텍처 책임자인 사이먼 엘리스의 선견지명 있는 리더십 아래 펫츠 앳 홈은 전례 없는 혁신에 착수해 기업이 AI 에이전트를 활용하는 방식에 대한 새로운 기준을 제시하고 있다.

영국 최대의 반려동물 케어 기업으로, 약 450개의 소매점과 450개의 동물 병원을 운영하며 매주 1만 7,000마리의 반려동물을 대상으로 종합미용 서비스를 제공하는 펫츠 앳 홈의 여정은 조직 전반에 AI 에이전트 시스템을 실질적으로 도입하는 데 있어 귀중한 인사이트를 제공한다.

과제: 복잡한 부문 간 통합

엘리스는 펫츠 앳 홈에 합류했을 때 많은 대기업에서 흔하게 확인되는 부문 간 단절 문제에 직면했다. 회사의 다양한 사업 부문(소매점, 동물 병원, 미용 서비스, 웹사이트 운영 등)이 독립적으로 운영되면서 고객과 직원 모두에게 단절된 경험을 제공하고 있었다. 엘리스는 펫츠 클럽 프로그램에 가입한 800만 명 이상의 고객과 1,000만 마리의 반려동물에 대한 데이터를 바탕으로, 조직 전반에서 이 정보를 보다 효과적으로 활용할 수 있는 막대한 기회를 발견했다.

전략적 비전: 단순 자동화를 넘어

펫츠 앳 홈의 혁신을 특별하게 만드는 것은 횡단적 AI 에이전트에 대한 이들의 대담한 비전이다. 펫츠 앳 홈은 AI 도입을 일련의 독립된 자동화 프로젝트로 보는 대신, AI 에이전트가 회사와 이해관계자 간의 주요 인터페이스가 되는 미래를 그리고 있다.[1] 엘리스는 이들의 야심 찬 비전을 이렇게 설명한다. "저희의 비전은 고객 한 명 한 명을 위한 AI 디지털 비서를 만드는 거죠…. 예를 들어 파스칼이 펫츠 앳 홈을 방문하면, 파스칼은 제품을 둘러보든, 상태가 좋지 않은 반려동물의 증상을 확인하든, 주문을 확인하든, 구독 서비스를 관리하든 상관없이 자신과 자신의 반려동물을 모두 잘 아는 디지털 비서를 만나게 될 겁니다."

엘리스는 추가로 이러한 비전이 기존의 디지털 상호작용을 어떻게 변화시키는지도 설명한다. "이러한 개인화된 에이전트들은 실제로 향후 3~5년 안에 소매 시장을 바꿔놓을 겁니다. 사실 저는 소매업계가 이에 대해 우려해야 한다고 생각해요. 사람들은 더는 웹사이트를 방문하지 않을 테니까요." 엘리스의 말은 기업이 고객과 상호작용하는 방식에 근본적인 변화가 있을 것임을 시사한다. 전통적 채널 대신 개인화된 AI 에이전트가 주요 접점으로 자리 잡게 되는 것이다.

도입 전략: 작게 시작하되 크게 생각하기

펫츠 앳 홈의 도입 전략은 기업의 성공적인 AI 혁신에 필수적인 몇 가지 핵심 원칙을 보여준다.

1. **경영진의 후원과 전략적 정렬**: 이들의 혁신은 AI를 '다음 산업혁명'으로 본 회장을 포함해 경영진의 강력한 지지로 시작되었다. 이러한 경영진의 지원은 조직 전체에 걸친 AI 도입을 추진하는 데 결정적인 역할을 했다. 이들은 기회를 발굴하기 위해 대규모 위원회를 만드는 대신 변화를 주도하는 데 열정적인 경영진과 함께 소규모 프로젝트에 집중했다.

2. **기반부터 다지기**: 고도화된 AI 도입에 앞서 회사는 애저에 강력한 데이터 기반을 구축하는 데 투자했다. 이 인프라는 다양한 사업 부문에서 발생하는 데이터를 통합해 AI 프로젝트를 위한 탄탄한 기반을 마련했다. 회사는 AI 에이전트가 효과적으로 기능하려면 정형 데이터와 비정형 데이터가 모두 잘 정리되어 있어야 한다는 점을 인지했다.

3. **시범 프로젝트를 통한 가치 입증**: 이 통합된 고객 경험의 이면에서 엘리스는 여러

전문화된 에이전트들이 서로 협력하는 네트워크를 구상한다. "뒤에는 다양한 에이전트가 있을 수 있습니다. 가령 수의사 에이전트, 고객 서비스 에이전트, 판매 에이전트 등이 있을 수 있죠." 직원들을 위해서도 역할과 전문성에 따라 개인화된 지원을 제공하는 "직원용 비서를 구축하고 있습니다." 예를 들어 "제가 매장 내 수족관 코너 담당자로 일한다면, AI는 '안녕하세요, 사이먼. 당신이 수족관 담당자란 걸 알고 있습니다. 당신이 누군지도 알고요. 여기 최신 운영 절차입니다'라고 안내해줄 겁니다."

이들은 첫 번째로 동물 병원에서 쓰일 환경형 디지털 기록 시스템을 구현했는데, 이 시스템은 진료 내용을 자동으로 기록한다. 이 시범 프로젝트는 중요한 의료 결정에 대해서는 인적 감독을 유지하는 동시에 문서 형식을 표준화하고 효율성을 높여 즉각적인 가치를 입증했다.

로우코드·노코드 플랫폼을 통한 확장

펫츠 앳 홈의 혁신에서 가장 획기적인 측면 중 하나이자 우리의 현장 경험에 비추어 특히 공감되는 부분은 AI 에이전트 개발 확장에 대한 이들의 접근 방식이다. 이들은 전통적인 소프트웨어 개발에만 의존하지 않고, 마이크로소프트의 코파일럿 스튜디오Copilot Studio를 활용해 에이전트 개발을 민주화했다. 어느 아침 로우코드 도구를 사용해 두 개의 프로토타입 에이전트를 뚝딱 개발했다는 그의 이야기에서 열정이 느껴졌다. 그의 경험은 신속한 에이전트 배치와 실험의 가능성을 보여준다.

이 접근 방식은 기업의 AI 혁신에서 주요 과제 중 하나인 개발 확장성 문제를 해결한다. 펫츠 앳 홈은 분야별 전문가들이 로우코드 인터페이스를 통해 에이전트를 생성하고 수정할 수 있게 함으로써 품질과 일관성을 유지하는 동시에 혁신의 속도를 높일 수 있었다.

주요 활용 사례와 성과

AI 에이전트가 일상 업무에 실질적인 변화를 가져온 펫츠 앳 홈의 가장 흥미로운 구현 사례들을 몇 가지 살펴보자.

사기 탐지 에이전트

사기 탐지용 자율 에이전트는 복잡한 비즈니스 문제를 해결하는 AI의 변혁적 힘을 잘 보여준다. 사기 관리 책임자인 케이 버크비가 공유해준 흥미로운 이야기에 따르면, 이 에이전트는 손상된 제품의 똑같은 사진을 여러 사람이 환불을 청구하려고 반복 사용하는 경우를 포착할 수 있는데 이런 패턴은 사람이 일일이 감지하기가 거의 불가능하다. 특히 주목할 만한 점은 이 시스템이 단순히 사기를 탐지하는 데 그치지 않는다는 것이다. 이 시스템은 여러 건의 실제 불만이 발생했을 때 진짜 제품 문제를 분간하는 데에도 도움을 주어, 사기 탐지 기능을 품질 개선을 위한 유용한 도구로 전환한다.

임상 문서화 비서

우리는 환경형 디지털 기록 시스템이 동물 병원의 진료 기록 방식을 혁신한 점에 특히 깊은 인상을 받았다. 이 시스템은 표준 PC 마이크만으로 배경 소음이 있는 환경에서 99.6%의 놀라운 전사 정확도를 달성했는데, 이는 팀의 초기 기대를 뛰어넘는 성과였다. 하지만 정말로 놀라운 점은 따로 있다. 이 시스템은 단순한 전사를 넘어 병원 전체의 진료 기록 방식을 표준화해 이전에는 수의사마다 다르게 작성했을 수 있는 부분에 일관성을 부여했다. 이러한 표준화는 예상치 못한 이점을 가져왔다. 머신러닝과 예측 모델에 활용할 수 있는 고품질의 구조화된 데이터를 생성해 환자 진료를 개선하는 선순환을 만들어낸 것이다.

보험 통합 에이전트

실용적인 AI 적용의 훌륭한 사례로, 이 회사는 수의사 진료 시 반려동물 보험 정책과 매끄럽게 연계되는 에이전트를 개발하고 있다. 이 에이전트는 수의사가 반려동물 주인과 치료 옵션을 논의하는 동안 보험 적용 범위를 자동으로 확인해, 수의사와 반려동물 주인 모두 어떤 치료가 보장되는지 명확히 알지 못해 생기는 문제를 해결할 예정이다. 이러한 실시간 정보는 수의사와 반려동물 주인이 모두 치료 옵션에 대해 보다 정보에 입각한 결정을 내릴 수 있도록 돕는다.

매장 직원용 비서

가장 인상적인 구현 사례 중 하나는 직원 개개인의 역할과 전문성에 맞춰 작동하는 맞춤형 AI 비서다. 예를 들어 매장 내 수족관 코너를 담당하는 직원이 있다고 하자. 이 AI 비서는 해당 직원의 담당 분야를 파악한 후 직원에게 관련 운영 절차와 제품 정보를 적극적으로 제공한다. 이 시스템은 교육 효율성을 높일 뿐만 아니라, 직원들이 전문적인 고객 서비스를 제공할 수 있도록 지원한다.

교훈과 모범 사례

펫츠 앳 홈의 여정을 따라가면서 우리는 AI 에이전트 혁신을 시작하는 모든 조직에 중요하다고 생각하는 몇 가지 흥미로운 통찰을 발견했다.

데이터 품질의 중요성

엘리스의 팀이 발견한 점 중 특히 주목할 만한 것은 AI 에이전트의 성공이 정형 데이터와 비정형 데이터 모두의 품질에 크게 좌우된다는 것이다. 그들은 경험을 통해 인간은 서로 다른 문서나 정책 간의 충돌을 쉽게 해결할 수 있지만, AI 에이전트는 이러한 불일치 사항을 해결하는 데 어려움을 겪는다는 사실을 알게 되었다. 엘리스는 이런 통찰력 있는 말을 남겼다. "LLM에 코파일럿을 통해 셰어포인트 SharePoint(마이크로소프트의 기업용 협업 플랫폼-옮긴이) 디렉토리를 제공하고 질문을 하면 LLM은 관련 정보를 찾아냅니다. 하지만 두 가지 모순되는 정보가 있을 때 LLM은 첫 번째 정보를 선택하거나, 두 번째 정보를 선택하거나, 아니면 두 가지를 섞는 식의 방법을 선택하죠." 이 통찰이 특히 중요한 이유는 이것이 지금까지 주로 구조화된 데이터에 집중해 온 우리의 사고방식을 되돌아보게 하고, 조직 전체의 지식 관리에 대해 보다 포괄적으로 고민하게 만들기 때문이다.

경영진 후원의 힘

펫츠 앳 홈의 혁신에서 가장 인상적인 측면 중 하나는 유난히 탄탄한 경영진의 지원이다. AI를 '다음 산업혁명'으로 보는 회장의 비전은 단순히 분위기를 조성하는 데 그치지 않고, 조직 전체의 행동을 촉발했다. 특히 현명한 점은 이들이 대규모 위원회를 만드는 대신, 열정적인 경영진 후원자들과 함께 소규모 프로젝트에 집중했다는 것이다. 이 목표 지향적 접근 덕분에 이들은 빠르게 움직이며 가치를 증명할 수 있었고, 더 큰 혁신을 향한 멈출 수 없는 추진력을 얻을 수 있었다. 이는 우리가 여러 번 효과를 확인한 전략이지만, 이처럼 명확한 목적을 가지고 실행된 사례는 흔치 않다.

비용 관리의 진화

펫츠 앳 홈이 직면한 가장 흥미로운 과제 중 하나이자, 업계 전반에서 우리가 목격하고 있는 과제 중 하나는 AI 비용을 효과적으로 관리하는 것이다. 엘리스는 더 많은 토큰 사용량과 처리 요구량으로 인해 에이전틱 AI가 표준 자동화보다 운영 비용이 더 클 수 있다는 흥미로운 주장을 펼친다. 각 에이전트는 본질적으로 맞춤형으로 설계되기 때문에 기존의 가격 모델로는 비용을 제대로 산정하기가 어렵다. 우리는 이들이 공급업체와 협력해 AI 에이전트 운영의 특성을 보다 잘 반영하는 새로운 기업용 가격 모델을 선도적으로 구축해나가는 방식에 특히 주목하고 있다. 이러한 노력은 향후 업계 전체에 긍정적인 영향을 미칠 가능성이 크다.

자동화와 인간 감독 간의 균형

펫츠 앳 홈이 보여주는 자동화와 인간 감독 간의 섬세한 균형은 사려 깊은 AI 구현의 본보기라 할 만하다. 이들은 동물 병원에서는 AI가 생성한 모든 콘텐츠를 인간이 감독하도록 하지만, 매장에서는 자동화 비중을 상대적으로 더 높인다. 엘리스는 날카롭게 지적한다. "답변의 정확성과 적절성에 대해 우려가 있을 때는 반드시 인간이 개입해야 합니다." 자동화와 인간 개입의 시점에 대한 이러한 세심한 이해는 AI 기술을 깊이 다루며 얻은 지혜를 잘 보여준다.

로우코드 개발의 영향

아마도 이들 혁신의 가장 흥미로운 측면 중 하나는 마이크로소프트의 코파일럿 스튜디오를 활용했다는 점일 것이다. 코파일럿 스튜디오는 AI 에이전트 배치를 가속화하는 로우코드 플랫폼의 획기적인 잠재력을 보여주었다. 그러나 개발이 쉬워진 만큼 거버넌스와 재무 관리 측면에서 새로운 과제도 생겨났다. 엘리스의 발언은 우리에게 깊은 공감을 불러일으킨다. "이러한 플랫폼은 설치와 사용이 너무 쉬워서… 비용도 금세 불어나기 쉽죠." 이에 대한 그들의 혁신적 대응은 민주화된 AI 에이전트 개발의 이점을 유지하면서 비용과 품질을 관리할 수 있는 거버넌스 체계를 마련하는 것이었다. 이러한 균형 잡기는 이와 같은 기술이 확산될수록 점점 더 중요해질 것이다.

펫츠 앳 홈의 다음 혁신

펫츠 앳 홈의 획기적인 혁신 과정을 살펴보는 동안 우리는 미래에 대한 그들의 비전에 고무되지 않을 수 없었다. 엘리스의 팀은 단순히 오늘날의 기술을 도입하는 데 그치지 않고, 향후 기업용 AI가 어떤 모습으로 다가올지 직접 그려보고 있다. 이들은 아일랜드와 시애틀에 있는 마이크로소프트의 개발팀과 긴밀히 협력해 우리가 전에 보지 못한 방식으로 기업용 AI 에이전트의 한계를 넓히고 있다.

펫츠 앳 홈의 미래 지향적 계획에서 우리를 정말로 설레게 하는 것은 엘리스의 팀이 내년을 위해 선정한 세 가지의 혁신적 발전이다. 하나씩 살펴보자.

메모리의 발전

이 팀은 AI 에이전트에서 가장 까다로운 측면 중 하나인 기억 기능과 씨름하고 있다. 핵심은 단순히 정보를 저장하는 데 있는 것이 아니라, 모든 상호작용을 진정으로 기록하고 학습하는 AI 비서를 만드는 데 있다. 엘리스의 팀은 코스모스Cosmos DB와 같은 도구를 사용하는 현재 솔루션이 일시적임을 인정하면서 보다 정교한 맞춤형 지원을 가능하게 할 접근법을 개척하고 있다. 이러한 진전은 진정으로 인간적인 느낌을 주는 개인화된 AI 경험을 구현하는 데 필수적이다.

다중 에이전트의 자율적 상호작용

아마도 이들의 성과 가운데 가장 획기적인 면은 여러 에이전트 간의 자율적 상호작용에 있을 것이다. 이들은 이미 인간의 개입 없는 에이전트 간 통신을 테스트하고 있지만, 거버넌스와 통제는 유지하고 있다. 엘리스는 이렇게 설명한다. "현재 마이크로소프트 팀과 함께 다중 에이전트 프로토타입을 개발하고 있습니다…. 인간의 개입 없는 에이전트 간 통신을 테스트하기 시작했죠." 특히 주목할 만한 점은 이들이 이를 로우코드 환경에서 구현해 더 많은 조직에서 활용할 수 있도록 하고 있다는 것이다.

에지 AI와 개인용 로봇

엘리스의 팀은 디바이스 자체에서 구동되는 소형 언어 모델을 로봇에 탑재함으로써 개인용 로보틱스와 인간-에지 로보틱스human-edge robotics(인간 가까이에서 자율적으로 AI 기능을 수행하는 로봇-옮긴이) 분야에서 큰 혁신이 일어날 것으로 기대하고 있다. 이 조합은 우리가 물리적 환경에서 AI와 상호 작용하는 방식을 근본적으로 바꿀 수 있다. 또한 이 접근법은 AI를 상호작용 지점에 더욱 가깝게 가져오면서도 기업 수준의 보안과 통제를 유지할 수 있게 해준다.

소매업을 영원히 바꾸는 혁신

진정으로 우리의 상상력을 사로잡는 것은 소매업의 미래에 대한 엘리스의 도발적인 비전이다. 그는 소비자와 기업 간의 상호작용 방식에 근본적인 변화가 있을 것으로 예측한다. 그는 확신에 찬 어조로 이렇게 말한다. "이제 더는 웹사이트에 방문할 일이 없을 겁니다." 대신에 고객은 그냥 AI 비서에게 필요한 것을 말하면 된다. "제미나이, 몇 가지 물건 좀 사줘."

이는 단순한 추측이 아니다. 그들은 이미 이 비전을 뒷받침할 인프라를 구축하고 있다. 엘리스의 팀은 회사 전반에 걸쳐 AI 에이전트를 활용할 수 있는 140개 이상의 사례를 발굴했으며, 이는 혁신의 가능성이 얼마나 큰지를 보여준다. 특히 흥미로운 점은 이들이 단순히 비용 절감에만 그치지 않고, 수익 창출에도 초점을 맞춰 확장을 추진하고 있다는 것이다. 엘리스는 이렇게 말한다. "무제한으로 수익을 높일 수 있는 기회에 집중할 수 있다면… 비용 절감에는 늘 한계가 있으니까요."

확장의 과제

펫츠 앳 홈의 여정에서 특히 눈길을 끄는 부분은 이들이 AI 에이전트의 전사적 확장이라는 과제를 풀어나가는 방식이다. 엘리스의 팀은 다음과 같은 중요한 측면을 다루기 위해 혁신적인 접근법을 개발했다.

- 지식 기반 전체의 데이터 일관성
- 기존 시스템과의 통합
- 빠르게 변화하는 가격 체계 속에서의 비용 관리
- 민주화된 AI 개발 거버넌스

미래를 내다보며

엘리스는 변화의 속도가 '이중 지수 곡선double exponential curve'을 따라가고 있다고 말한다. 발전이 전례 없는 속도로 이루어지고 있다는 것이다. 그러면서 열정적으로 이렇게 이야기한다. "3개월, 6개월마다 모든 것이 두 배로 빨라지고 있습니다. 마치 스테로이드를 맞은 무어의 법칙처럼요." 이러한 빠른 변화는 조직이 끊임없이 이어지는 변화에 대비해야 한다는 것을 뜻한다.

펫츠 앳 홈의 이야기가 이처럼 매력적인 것은 단지 기술적 성과 때문이 아니라(물론 그 성과가 놀랍긴 하지만), 인간 중심의 관점을 유지하면서 AI의 한계를 확장하는 이들의 능력 때문이다. 이들은 기술이 인간의 상호작용을 대체하는 것이 아닌, 우리가 이제 겨우 상상하기 시작한 방식으로 강화하는 미래를 보여주고 있다.

엘리스는 이 기술적 순간의 흥분을 완벽하게 표현한다. "기술 분야에 몸담고 살아가면서 일하기에 이보다 더 흥미진진한 때가 있을까요." 펫츠 앳 홈이 이룬 업적을 보면, 절로 고개가 끄덕여진다. 전통적인 소매업체에서 AI 선구자로 이어진 이들의 여정은 이 AI 중심의 미래에 성공을 꿈꾸는 모든 조직에 귀중한 교훈을 남긴다. 펫츠 앳 홈은 올바른 비전과 리더십, 그리고 실행 방식을 통해 기업 AI의 미래가 단순히 유망한 것이 아니라 이미 우리 곁에 와 있다는 것을 입증해 보였다.

다양한 기능 및 산업별 에이전트 사용 사례

펫츠 앳 홈의 사례는 조직이 어떻게 전사적 차원에서 에이전틱 AI를 성공적으로 도입할 수 있는지를 잘 보여준다. 이들의 여정은 특별하지만, 산업과 업무 영역 전반에 적용될 수 있는 보편적인 원칙을 제시한다. 펫츠 앳 홈처럼 모든 조직은 먼저 자신들의 전략적 목표와 현실에 맞는 적절한 사용 사례를 발굴하는 것에서 시작할 필요가 있다.

8장에서 논의했듯이, 성공적인 에이전틱 AI 도입을 위해서는 적절한 사용 사례를 발굴하고 우선순위를 정하는 것이 매우 중요하다. 펫츠 앳 홈은 자사 비즈니스에 특화된 140개 이상의 사용 사례를 발굴했지만, 우리는 여러 산업과 부문에서 입증된 포괄적인 사용 사례들을 수집해 여러분이 혁신의 여정을 시작하는 데 활용할 수 있도록 했다. 자세한 내용은 부록에서 확인할 수 있으며, 두 가지 주요 범주로 구성되어 있다.

기업 AI 에이전트 애플리케이션(703페이지)에서는 여섯 가지 핵심 영역에 걸쳐 15개의 검증된 구현 사례를 다룬다.

- 운영 및 공급망(제조 운영 조율, 공급업체 커뮤니케이션 등)

- 영업 및 수익관리(복잡한 B2B 영업 조율 등)

- 고객 경험 및 서비스(의료 서비스 이용 지원, 은행 서비스 통합 관리 등)

- 위험, 규정 준수 및 보안(금융 사기 탐지, 규제 문서 관리 등)

- 지식 노동 및 분석(경쟁사 정보 수집, 시장조사 등)

- 인사 및 행정 서비스(HR 운영, IT 서비스 관리 등)

개인 생산성 AI 에이전트 애플리케이션(721페이지)에서는 에이전틱 AI 여정을 시작하는 조직에 훌륭한 출발점이 되는 다섯 가지 기본 사례들(이메일 관리, 일정 최적화, 문헌 분석 등)을 소개한다.

부록에 수록된 사례들을 자세히 살펴보고, 이를 자체 AI 구현을 위한 영감과 실질적 청사진으로 활용해보기 바란다. 펫츠 앳 홈처럼 효과가 큰 사용 사례부터 집중적으로 시작하면 더 광범위한 혁신으로 나아갈 추진력을 얻을 수 있다. 기억하라. 성공적인 도입에서 핵심은 가능한 한 많은 에이전트를 배치하는 것이 아니라, 조직에 가장 크게 기여할 수 있으면서 더 큰 규모의 혁신을 위한 역량을 쌓아줄 수 있는 사례를 발굴하는 것이다.

✦ · ✦

이 장에서 소개한 사례 연구와 활용 사례들은 AI 에이전트 도입이 단순히 기술의 문제가 아니라 업무 수행 방식과 가치 창출의 방식을 근본적으로 재구상하는 일임을 보여준다. 펫츠 앳 홈의 AI 기반 고객 상호작용에 대한 야심 찬 비전에서부터 수많은 산업별 적용 사례에 이르기까지 AI 에이전트는 이미 실질적이고 측정 가능한 방식으로 비즈니스를 혁신하고 있다.

그러나 이러한 구현 사례들은 일과 사회의 미래에 대한 심오한 질문을 던진다. 5부에서 우리는 이러한 기술 적용이 미칠 보다 광범위한 영향을 자세히 살펴볼 것이다. 점점 더 정교해지는 AI 에이전트들은 일의 본질 자체를 어떻게 변화시킬까? 이러한 기술이 발전함에 따라 어떤 새로운 기회와 과제가 나타날까? 이는 인간 노동자와 조직, 사회 전체에 어떤 의미가 있을까? 이러한 질문들은 그저 이론적인 것이 아니라, AI 에이전트 혁신의 여정을 시작하는 조직이라면 모두가 중요하게 고려해야 할 사항이다.

AGENTIC AI

AI 에이전트를 구현하고 확장하는 실질적 과정을 함께 살펴보는 동안 보다 근본적인 질문 하나가 떠올랐다. 이 기술이 보편화될 때는 어떤 일이 벌어질까? 지금까지 AI 에이전트를 구축하는 방법(3부)과 이를 통해 조직을 혁신하는 방법(4부)을 알아보았으니, 이제 시야를 넓혀 이것이 우리가 일하고, 배우고, 살아가는 방식에 미칠 깊은 영향을 생각해볼 차례다.

이는 막연한 추측이 아니다. 우리는 에이전틱 AI를 구현해오면서 이러한 기술들이 프로세스뿐만 아니라 (때로는 아무도 예상치 못한 방식으로) 사람들의 삶을 어떻게 변화시키는지를 직접 봐왔다. 처음에는 단순한 자동화 프로젝트로 시작했지만, 결국 일 자체를 근본부터 다시 생각하게 되는 경우가 많았다. 우리가 지금 논하는 변화는 수십 년 후의 일이 아니다. 변화는 이미 전 세계의 조직에서 일어나고 있다.

5부에서 우리의 목표는 미래를 정확히 예측하는 것이 아니다. 그런 일을 할 수 있는 사람은 아무도 없다. 우리의 목표는 여러분이 개인적·집단적으로 직면한 선택들에 대해 체계적으로 고민할 수 있도록 돕는 것이다. AI 에이전트의 시대에 일과 사회의 미래는 정해져 있지 않다. 미래는 이러한 기술들을 어떻게 개발하고, 도입하며, 관리할지에 대해 오늘 우리가 내리는 결정에 따라 달라질 것이다.

AGENTIC AI

일과 사회의
미래

5부

13장

새로운 일의 세계

재구상되는 일: 인간과 기계의 조화

수년간 컨설팅과 연구를 진행해 오면서 셀 수 없이 많은 전략 회의에 참석해왔지만, 2025년 초 한 글로벌 부동산 기업에서 목격한 장면은 꽤나 인상적이었다. 수석 프로젝트 매니저인 타라는 단순히 팀에 업데이트 사항을 공유하는 것이 아니라, 인간의 창의성과 인공지능 간의 정교한 협업을 조율하고 있었다. AI 에이전트가 프로젝트 데이터를 분석하고 실시간으로 위험 요소를 식별하는 동안, 타라는 우리가 '휴믹스Humics'라고 부르는 인간 고유의 능력을 발휘해 AI가 도출한 통찰을 팀 역학, 고객 관계, 그리고 더 넓은 비즈니스 영향의 관점에서 해석했다.

타라가 말했다. "흥미로운 점은 AI가 복잡한 분석을 할 수 있다는 사실이 아니라, 우리가 인간만이 지닌 독특한 역량을 발전시킴으로써 둘 중 어느 한쪽만으로는 이룰 수 없었던 무언가를 만들어낼 수 있게 되었다는 겁니다."

이 발언은 우리에게 깊은 공감을 불러일으켰다. 그동안의 경험을 통해 우리가 깨달은 것은, 미래는 AI만이 아니라 인간과 기계의 역량이 얼마나 잘 조화되는지에 달려 있다는 것이다.

인간과 에이전트 간 협업의 진화

우리가 지켜본 인간과 에이전트 간 협업의 진화 과정은 매우 흥미로웠다. 특히 인상적인 점은 이러한 발전이 여러 단계의 정교함을 거치며 전개되어 왔다는 것이다. 우리는 레벨 1에서 반복적인 작업을 수행할 수 있지만 명시적인 프로그래밍이 필요한 기본적인 규칙 기반 자동화를 관찰할 수 있었다. 레벨 2에서는 지능형 자동화가 도입되었는데, 이 단계에서 AI는 머신러닝을 활용해 더욱 복잡한 상황을 처리할 수 있게 되었지만, 이는 여전히 제한된 범위 내에서만 가능했다.

진정한 변화는 레벨 3 에이전틱 워크플로우에서 시작되었다. 이 단계의 AI 시스템은 맥락을 이해하고, 정교한 추론을 수행하며, 복잡한 프로세스를 조율할 수 있었다. 바로 이 단계에서 우리는 인간과 에이전트 간 협업의 진정한 사례를 처음으로 확인했다. AI는 단순한 도구가 아니라 문제 해결의 파트너였다.

가장 기억에 남는 일 중 하나는 우리가 함께 일했던 한 제조업체에서 겪은 것인데, 이들 기업의 변화는 지금도 이야기할 때마다 우리를 설레게 한다. 이들의 여정은 우리가 생각하는 인간과 에이전트 간 협업의 자연스러운 진화 과정을 완벽히 보여준다. 처음에 이들은 재고 관리를 위한 기본적인 로봇 프로세스 자동화(레벨 1)로 시작해, 이후 AI 기반 수요 예측(레벨 2) 시스템을 도입했다. 그러다 마침내 공급망 전체를 자율적으로 관리하고 장애에 대응하며 실시간으로 운영을 최적화하는 레벨 3 에이전틱 시스템을 도입했다. 인력은 사라지지 않았다. 인력은 AI가 복잡한 운영 업무를 처리하는 동안 전략적 의사결정과 감독에 집중하도록 진화했다.

이러한 맥락에서 다양한 산업 분야에서 업무가 어떻게 재구상되고 있는지 살펴보자.

- 우리는 여러 선도적인 의료 기관과 협력할 기회가 있었는데, 이 분야의 AI 에이전트는 일상적인 진단과 행정 업무를 처리해 의사와 간호사들이 복잡한 사례와 환자 관계에 집중할 수 있도록 돕는다. 특히 고무적인 것은 AI가 일상적인 의료 업무를 처리하게 될수록 인간적 손길이 덜 중요해지는 게 아니라 오히려 더 가치 있게 된다는 점이다. 특히 의료 분야에서 지배적인 생각은 분명하다. AI는 인간을 위해 봉사한다. 잘만 운영된다면 AI 에이전트는 환자 치료에 있어 인간적인 교감에 더 집중할 수 있는 시간과 여유를 만들어낸다. 그리고 이러한 새로운 업무 조합은 의료진에게 훨씬 더 큰 만족감을 준다.

- 금융 서비스 분야에서도 흥미로운 변화가 일어나고 있다. AI가 데이터 분석과 위험 평가를 관리하는 동안, 인간 전문가는 고객의 삶의 목표를 이해하고 중요한 재무 결정을 내릴 때 정서적 지원을 제공하는 데 집중한다. 그 결과는 우리의 기대를 뛰어넘었다. 이 조합은 인간과 AI 어느 한쪽만으로는 결코 달성할 수 없는 더 나은 성과를 내고 있다.

- 우리가 가장 주목하는 변화 중 하나는 창의 산업에서 나타나고 있다. AI가 제작의 기술적 측면(색 보정, 음향 개선, 장면 연속성 추적 등)을 처리하는 동안 인간은 더 높은 수준의 창의적 연출과 감성적 스토리텔링에 집중한다. 이러한 변화는 아직 초기 단계에 있지만, 이 파트너십을 통해 예전에는 불가능했던 새로운 형태의 예술적 표현이

가능해지는 상황에 우리는 이미 놀라움을 금치 못하고 있다.

각 단계에서 새롭게 등장하는 역할들

컨설팅을 진행하는 동안 우리는 업무 환경의 진화 과정에서 나타나는 가장 흥미로운 변화 중 하나를 직접 목격할 수 있었다. AI 역량이 각 단계를 거치며 발전함에 따라 새로운 역할이 등장하고 기존의 역할도 변화하고 있다. 레벨 1에서는 자동화 전문가와 프로세스 분석가가 등장했다. 레벨 2에서는 AI 트레이너와 데이터 품질 관리자에 대한 수요가 생겨났다. 하지만 우리를 정말로 설레게 하는 것은 레벨 3에서 완전히 새로운 업무의 범주가 생겨나고 있다는 사실이다.

우리가 가장 흥미롭게 보는 변화는 AI 오케스트레이터AI Orchestrator의 등장이다. 이들은 인간 팀과 AI 시스템 사이의 핵심 중개자로서, 인간의 필요와 AI의 역량을 모두 이해하고 양측이 효과적으로 협업할 수 있도록 조율한다. 이와 관련해 특히 성공적이었던 사례로 우리가 자문을 제공했던 한 금융 서비스 기업을 들 수 있다. 이곳에서 오케스트레이터들은 팀의 AI 활용 방식을 혁신해 단순한 업무 자동화를 넘어 인간의 판단을 대체하는 것이 아니라 강화하는 고도의 의사결정 지원 시스템을 구축했다.

물론 AI 시스템이 더 큰 자율성을 얻게 될수록 의사결정의 투명성과 윤리적 경계에 대한 문제는 신중하게 고려되어야 한다. 이러한 이유에서 우리는 특히 윤리 담당자와 AI 감사관의 역할에 주목하게 되었다. 경험에 따르면, 이들은 AI의 결정이 인간 가치와 조직의 원칙에 부합하도록 하는 데 매우 중요한 역할을 한다. 우리는 한 의료 기관과 협업했던 일을 결코 잊을 수 없다. 이들은 환자 치료에 사용되는 AI 시스템의 의사결정을 모니터링하기 위해 전담 부서를 신설했으며, 이를 통해 윤리적 기준을 준수하고 더 정확한 권고와 판단을 내리고자 했다. 이러한 조치는 의사들이 환자와의 인간적인 교감에 더 집중할 수 있는 안정적이고 책임 있는 업무 환경을 조성했다.

미래를 위한 세 가지 역량

우리는 연구를 통해 에이전틱 시대에 성공하기 위해 반드시 갖춰야 할 세 가지 역량을 확인했다. 『대체 불가능: 인공지능 시대에 돋보이는 기술IRREPLACEABLE: The Art of Standing Out in the Age of Artificial Intelligence』에 자세히 설명된 바와 같이, 이 세 가지는 변화 대응력Change-Ready, AI 활용력AI-Ready, 인간 고유의 역량Human-Ready이다.[1] 중요한 사실은 이 역량들이 단순한 기술이 아니라, AI와 함께 번영하는 데 필요한 사고방식과 접근법이라는 것이다.

변화 대응력이란 끊임없는 변화 속에서도 유연하게 적응하고 다시 일어설 수 있는 힘을 의미한다. 핵심은 변화를 위협이 아닌 성장의 기회로 보는 것이다. 우리와 함께 일했던 한 임원은 이를 '적응을 위한 근육 기억을 키우는 것'으로 표현했다. 운동선수가 몸이 본능적으로 반응하도록 훈련하듯, 직원들도 변화를 수용하고 헤쳐나갈 수 있는 역량을 키워야 한다는 뜻이다. 이는 직원들에게 늘 유용한 자질이었지만, AI와 에이전트의 시대에 그 중요성은 더욱 커지고 있다.

AI 활용력은 AI 시스템을 효과적으로 활용하는 방법을 이해하는 것과 관련된다. 핵심은 단순한 기술적 지식을 넘어 AI의 능력과 한계에 대한 직관을 기르는 것이다. 근로자들은 언제 AI에 의존하고 언제 인간의 판단을 적용해야 하는지를 배울 필요가 있다. 우리가 자문을 제공한 한 법률 회사에서는 변호사들이 AI의 데이터 분석 능력에 자신들의 전략적 사고와 감성 지능을 결합하는 법을 배운 후, 사건 결과가 눈에 띄게 향상되었다. 『AI 시대 인간과 일』(김영사, 2017)에서 이 역량은 '안으로 파고들기stepping in'로 언급되는데, 이는 AI 시스템이 어떻게 작동하는지 이해하고, 그 성과를 관찰하며, 필요에 따라 개선하는 것을 의미한다.[2]

인간 고유의 역량은 AI가 확실히 모방할 수 없는 인간만의 능력, 즉 우리가 '휴믹스'라고 부르는 능력이다. 여기에는 진정한 창의력(인간과 사회에 유용하고 의미 있는 참신한 아이디어를 만들어내는 능력으로, 단순히 기존의 아이디어들을 재조합하는 수준이 아님), 비판적 사고력(윤리적 판단과 직관적 이해 포함), 사회적 진정성(공통의 가치를 바탕으로 진정한 인간적 유대를 형성하는 능력)이 포함된다.

휴믹스의 강점

휴믹스 접근법에서 가장 매력적인 점(그리고 업계 전반에서 일관되게 확인된 사실)은 언젠가 쓸모없어질 수 있는 기술적 능력과 달리, 이러한 근본적인 인간적 능력은 시대를 초월하며, 새로운 시대에 필요한 역량이 자연스럽게 싹트게 하는 비옥한 토양 역할을 한다는 것이다.

우리는 수차례 진정한 창의력이 기존의 아이디어들을 재조합하는 AI의 능력을 뛰어넘는 모습을 봐왔다. 놀랍게도 전문가들은 인간의 감정적 깊이와 삶의 경험에 기반해 진정으로 독창적인 개념을 생각해냈다. 대표적인 예로 우리가 자문을 제공했던 디지털 마케팅 에이전시를 들 수 있다. 창의적 역량을 강화하는 데 집중한 팀들은 데이터 기반의 통찰과 감성적 공감을 결합한, AI만으로는 불가능한 완전히 새로운 스토리텔링을 구현하기 시작했다.

이 일을 해오면서 우리는 비판적 사고력이 섬세한 판단을 내리고, 기존의 가정을 의심하며, 윤리적 복잡성을 다루는 능력을 포괄한다는 것을 깨달았다. 비판적 사고력을 연마한다는 것은 호기심을 가지고 질문을 던지는 기술을 익히는 것이며, 이는 불확실성과 복잡한 상황을 보다 효과적으로 다룰 수 있게 한다.

특히 인상적인 사례로 우리와 함께 일했던 한 금융 서비스 기업을 들 수 있는데, 이곳의 컨설턴트들은 워크숍과 사례 연구를 통해 비판적 사고력을 키웠고, 그 과정에서 윤리적 투자 전략과 전체적인 고객 평가 면에서 자연스럽게 새로운 역량을 발전시킬 수 있었다. 이러한 능력은 AI의 분석 능력과 경쟁하기보다 이를 보완함으로써 보다 균형 잡힌 의사결정을 가능하게 했다.

또 다른 뜻깊은 경험은 진정한 인간적 유대와 공감, 신뢰를 형성하는 데 있어 사회적 진정성의 힘을 목격한 것이다. 우리는 한 의료 기관에서 이를 경험했는데, 이곳의 의료진들은 환자 소통 훈련, 역할극, 멘토링 프로그램을 통해 사회적 진정성을 강화하는 데 집중했다. 이 인간적인 연결에 대한 강조는 의료진이 의사소통 능력을 더 키우고 환자를 더 전체적인 관점에서 돌볼 수 있게 했다. 이들은 AI 진단 도구에 의해 대체되는 것이 아니라, 그 도구들과 조화를 이루며 함께 일했다.

휴믹스에서 새로운 역량으로

휴믹스 접근법의 진정한 매력은 이것이 새롭게 떠오르는 요구에 맞는 역량을 자연스럽게 개발할 수 있도록 한다는 점이다. 기억에 남는 몇 가지 사례를 공유해보겠다.

먼저, 우리와 함께 일했던 뛰어난 마케팅 전문가 조던은 진정한 창의력과 비판적 사고력을 발전시키는 데 집중했다. 우리는 이 기본적인 역량이 어떻게 혁신적인 캠페인 기획력과 데이터 기반의 창의력과 같은 새로운 역량으로 자연스럽게 이어지는지를 보면서 놀라움을 금치 못했다. 조던은 미래에 어떤 마케팅 기술이 가치 있을지를 예측하려 애쓰기보다 휴믹스에 투자함으로써 변화하는 환경 속에서도 자연스럽게 적응하고 혁신할 수 있었다.

또 다른 사례로 우리가 특히 영감을 받은 엘레나가 있다. 엘레나는 자신이 근무하는 글로벌 은행에서 AI 에이전트가 포트폴리오 분석과 시장 예측을 담당하기 시작했을 때 자신의 인간적 역량, 특히 사회적 진정성과 비판적 사고력을 강화하는 데 주력했다. 그다음에 일어난 변화는 우리의 예상을 훨씬 뛰어넘었다. 엘레나의 향상된 공감 능력은 고객이 돈과 맺는 감정적 관계와 삶에서 추구하는 더 큰 목표를 깊이 이해하게 해주었고, 비판적 사고력은 AI가 도출한 시장 인사이트를 고객의 개인적 상황과 가치관에 연결할 수 있게 해주었다. 결과적으로 엘레나는 '전체적인 금융 인생 설계'와 'AI를 활용한 금융 감성 지능'의 면에서 새로운 역량을 개발하게 되었는데, 이 모든 것은 그녀의 강화된 휴믹스 기반에서 자연스럽게 발현된 능력이었다.

비슷한 맥락에서 우리는 한 자산운용사에서 또 다른 사례를 확인할 수 있었다. 이 회사는 자산 관리용 AI 에이전트(일명 '로보 어드바이스 robo-advice')를 이제 막 도입하기 시작하고 있었다. 새로운 시스템에 관한 인터뷰 도중 한 재무 컨설턴트가 말했다. "제 뒤에서 로보 어드바이저가 다가오는 발소리가 들리는 듯해요. 전 이에 맞서 경쟁하기보다는 '재무 심리financial psychiatry'에 대해 더 깊이 배워보려 합니다. 예를 들어 부부 고객의 경우 관점이 크게 다를 때가 자주 있는데, 이때 이를 어떻게 잘 조율할 수 있을지에 대해 배워보고 싶어요."

이 모든 사례에서 특히 주목할 만한 점은 새로운 역량 개발이 강요되거나 미리 정해진 것이 아니었다는 사실이다. 건강한 토양이 다양한 식물의 성장을 자연스럽게 돕는 것처럼, 휴믹스에 대한 강한 자각과 집중은 변화하는 환경에 맞춰 관련 역량이 발현될 수 있는 조건을 만들어준다. 조던과 엘레나의 경험은 이러한 근본적인 인간 역량에 투자한다면 AI 역량이 확장되는 시대에도 직업인들이 여전히 유의미하고 가치 있게 남을 수 있다는 사실을 보여준다.

새로운 범주의 역량

우리는 강력한 휴믹스 기반 위에 새로운 범주의 역량이 등장하는 것을 목격하고 있다. 다음은 몇 가지 예이다.

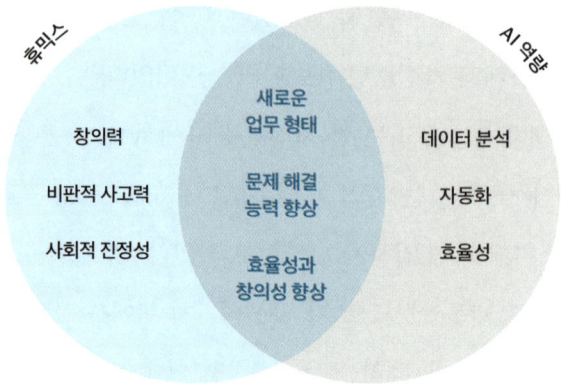

휴믹스

AI 역량

창의력

비판적 사고력

사회적 진정성

새로운
업무 형태

문제 해결
능력 향상

효율성과
창의성 향상

데이터 분석

자동화

효율성

그림 13.1 | 에이전틱 AI 발전 프레임워크 (출처: © 보넷 외)

감성적 혁신Emotional Innovation 역량은 진정한 창의성과 사회적 진정성을 결합해 사람들에게 깊은 공감을 불러일으키는 경험을 창조하는 능력이다. 이 역량은 제품 설계나 도시 계획과 같은 분야에서 점점 더 중요해지고 있으며, 이 분야의 전문가들은 기능적·감성적 필요를 모두 충족하는 솔루션을 개발해야 한다.

직관적 시스템 운용Intuitive Systems Navigation 역량은 비판적 사고력과 사회적 진정성을 이용해 인간과 AI 요소가 모두 얽혀 있는 복잡한 시스템을 관리하는 능력이다. 이 역량은 의료나 공급망 관리와 같은 부문에서 특히 필수적이다. 이러한 분야에서는 기술적 능력과 인간적 요소의 상호작용을 이해하는 것이 성공의 핵심이기 때문이다.

마지막으로 복잡한 윤리적 의사결정Complex Ethical Decision-Making 역량은 휴믹스의 세 가지 핵심 요소를 모두 활용해 AI 중심의 세계에서 점점 더 복잡해지는 윤리적 문제들을 해결하는 능력이다. 이 역량은 AI 개발, 의료 서비스, 금융 서비스와 같은 분야에서 특히 중요하다. 이러한 분야에서는 기술적 역량과 인간적 가치, 사회적 영향 사이의 균형을 유지하는 것이 매우 중요하기 때문이다.

휴믹스 개발 지원

우리는 기업들이 이러한 근본적 역량의 개발을 적극적으로 지원해야 한다고 굳게 믿는다. 특히 효과적인 접근 방식은 다음과 같다.

- 가장 성공적인 전략 중 하나는 실험과 성찰을 장려하는 학습 환경을 조성해 직원들이 실제 도전과 경험을 통해 휴믹스를 발전시키도록 하는 것이다.
- 또 다른 효과적인 방법은 휴믹스 기반의 역량 개발을 인정하고 보상하는 평가 체계를 만드는 것이다. 이러한 체계는 기존의 성과 지표를 넘어 AI를 보완하는 인간의 역량에 가치를 부여한다.
- 특히 강력한 접근법은 인간의 휴믹스와 AI 역량이 각자의 강점을 발휘해 더 나은 성과를 낼 수 있도록 협업 방식을 최적화하는 업무 프로세스를 설계하는 것이다.

우리는 휴믹스 개발에 집중하면 AI 역량이 계속해서 발전하더라도 조직이 여전히 의미 있고 가치 있는 인력을 유지할 수 있다는 사실을 발견했다. 우리가 얻은 가장 중요한 교훈 중 하나는 이러한 근본적인 인간 역량을 먼저 강화할 때 새로운 특정 역량이 자연스럽게 나타난다는 것이다.

에이전틱 시대로 접어들수록 가장 큰 성공을 거두는 조직은 인간의 역량이 AI와 함께 발전할 수 있는 환경을 조성하는 조직이 될 것이다. 휴믹스 개발에 집중할 때 우리는 지속적으로 적응하고 혁신할 수 있는 조건을 마련하게 되고, 그럼으로써 AI의 역량이 확장되더라도 인간 노동자는 여전히 대체 불가능한 존재로 남을 수 있다.

미래의 일에서 중요한 것은 인간과 AI의 대결이 아니라 각자의 강점을 살려 함께 만들어가는 심포니다. 우리는 인간만이 지닌 역량을 개발하는 데 집중함으로써 에이전틱 시대의 지속적인 적응과 혁신을 위한 기반을 마련할 수 있다고 확신한다. 앞으로 성공하는 조직은 이 근본적 진리를 이해하는 조직이 될 것이다. 즉 인간의 역량이 제대로 개발될 때 인간은 AI를 이용해 단독으로는 얻을 수 없는 기회를 만들어내고, 그럼으로써 전례 없는 수준의 가치를 얻게 될 것이다.

이번엔 다르다:
에이전틱 AI의 출현

　　"저는 제 일을 스스로 자동화해 버렸죠."《포춘》500대 기업 중 한 곳에서 컨설팅을 진행하던 중 데비가 고백했다. 베테랑 프로젝트 매니저인 그녀는 얼마 전 레벨 3 에이전트를 도입했는데, 이 에이전트는 전체 소프트웨어 릴리스를 관장할 뿐만 아니라, 실수에서 학습하고 접근 방식을 조정할 수 있었다. 마치 그녀 자신이 하던 것처럼 말이다. "20년간 기술 프로젝트를 관리해오면서 수많은 도구가 등장했다 사라지는 걸 봐왔지만, 이건 도구가 아니에요. 이건 저처럼 생각하거든요."

　　우리는 이 순간을 영원히 잊지 못할 것이다. 데비의 반응은 우리에게 깊은 공감을 불러일으켰다. 그녀의 경험은 에이전틱 AI 혁명이 왜 이전의 기술 혁신과 근본적으로 다른지를 분명히 보여준다. 우리는 단순한 관찰자가 아니다. 우리는 변화의 속도와 본질 모두의 면에서 전례 없는 사건을 직접 목격하고 있는 증인이다.

가속의 역설

수십 년간 다양한 산업에 걸쳐 자동화 기술을 구현해오면서 우리는 수많은 기술 변화의 물결을 눈앞에서 지켜봐 왔다. 하지만 지금 우리가 보고 있는 에이전틱 AI는 우리에게 흥분과 우려를 동시에 안겨준다. 이는 우리의 경험 속 그 어떤 것과도 다르다.

역사의 렌즈를 통해 되돌아보면, 기술 혁명은 예측 가능한 패턴, 즉 파괴적 변화, 적응, 그리고 궁극적 균형의 패턴을 따라왔다. 산업혁명은 여러 세대에 걸쳐 육체노동을 자동화했으며, 디지털 혁명은 수십 년에 걸쳐 지적 노동을 컴퓨터화했다. 각 변화의 물결은 사회가 교육제도, 노동시장, 사회구조를 적응시킬 시간을 주었다.

하지만 에이전틱 AI는 이러한 패턴을 깨뜨리며 우리를 매료시키기도, 솔직히 때로는 경악하게 만들기도 한다. 가장 놀라웠던 경험 중 하나를 공유해보겠다. 우리는 최근 한 제조업체의 공급망 관리를 위해 레벨 3 에이전트를 구현했다. 그 후 벌어진 일은 심지어 우리조차도 놀라게 했다. 단 47일 만에 이 에이전트는 이전에 가장 숙련된 전문가들을 필요로 했던 복잡한 물류 결정을 직접 내리기 시작했다. 더욱 놀라운 것은 그 진화 방식이었다. 이들은 매 상호작용에서 스스로 학습하며 의사결정 능력을 개선했고, 결국 맥락 이해가 필요한 영역에서 인간의 성과를 뛰어넘기까지 했다.

이 급속한 변화는 우리가 '적응 역설adaptation paradox'이라 부르는 현상을 발견하게 했는데, 이는 AI와 협업하는 데 필요한 역량의 수준이 높아질수록 이러한 역량을 개발할 수 있는 시간은 극적으로 줄어드는 것을 말한다. 우리는 이러한 현상을 한 금융 서비스 기업에서 직접 목격했는데, 이곳의 직원들은 거래 처리 업무에서 복잡한 AI 워크플로우를 조율하는 업무로 전환하기까지 6개월도 채 남지 않은 기간을 부여받았다. 이러한 전환에는 기존대로라면 수년에 걸친 점진적 역량 강화가 필요했다.

우리는 이 문제를 우리가 자문을 제공했던 한 기술 기업에서도 목격했다. 이 기업에서 일하는 AI 개발팀의 역량은 에이전트가 진화함에 따라 3개월마다 구식이 되어가고 있었다. 특히 놀라웠던 점은 기존의 분기별 교육이 사실상 아무 소용이 없게 된다는 것이었다(직원들이 새로운 기술을 습득할 때쯤이면, 기술은 이미 한 단계 더 발전해 있었다). 이 경험을 통해 우리는 중요한 깨달음을 얻었다. 그것은 바로 전문성 개발에 대한 근본적 재고가 필요하며, 주기적인 교육에서 벗어나 지속적인 AI 기반 학습 체계를 구축해야 한다는 것이다.

격변의 본질

광범위한 AI 구현 작업을 통해 우리는 이 격변의 독특한 특성이 에이전틱 AI 발전 프레임워크를 보면 더욱 분명해진다는 것을 깨달았다. 레벨 1과 2 에이전트는 역사적인 자동화의 패턴을 따라 반복적인 육체적·인지적 작업을 대신했다. 그러나 레벨 3 에이전트는 우리가 진정으로 혁명적이라고 느낄 만큼 근본적으로 다르다. 이들은 단지 작업을 수행하는 것이 아니라 맥락을 이해하고, 경험에서 학습하며, 섬세한 결정을 내리고, 방향성이 있는 조언을 제공한다. 이러한 현실은 AI 에이전트가 자신의 의사결정 과정을 분석하고 알고리즘을 자율적으로 개선할 수 있을 만큼 거의 자기 성찰적 단계로 나아가고 있음을 분명히 보여준다.

한 법률 회사와 함께 일하는 동안 아주 놀라운 경험을 한 적이 있다. 이 회사는 계약서 검토(전통적으로 수년간의 전문 교육이 필요한 일)용으로 에이전트를 도입했다. 가장 놀라웠던 점은 이 에이전트가 불과 몇 달 만에 문서를 더 빨리 처리할 수 있게 되었을 뿐만 아니라, 경험 많은 변호사조차 가끔은 놓치는 미묘한 법적 위험까지 식별하기 시작했다는 사실이었다. 하지만 진정으로 경이로웠던 것은 에이전트가 각 계약서를 검토할 때마다 학습하며 법적 미묘함과 비즈니스 맥락에 대한 이해를 지속적으로 심화시켜 가는 모습이었다.

이 변혁은 가장 중요한 깨달음 중 하나로 이어졌는데, 바로 기존의 적응 전략은 이제 통하지 않을 수 있다는 것이었다. 과거의 기술 혁명은 인간이 '가치 사슬의 상위 단계'로 이동해 더 복잡한 인지적 작업을 수행할 수 있게 해주었다. 하지만 우리는 지금 전례 없는 과제에 직면해 있다. AI가 학습하고, 추론하며, 적응할 수 있다면, 인간이 도달할 수 있는 더 높은 단계는 무엇일까? 수많은 조직과의 협업을 통해 우리는 그 해답이 AI와 경쟁하는 데 있는 것이 아니라, 근본적으로 인간과 AI의 협업을 재구상하는 데 있음을 발견했다.

역사에서 배우며 새로운 지평을 열다

이러한 변화가 전에 없던 것임은 분명하지만, 우리의 연구와 경험은 역사에서 중요한 교훈을 얻을 수 있음을 보여주었다. 우리는 과거 혁명 속 성공적인 전환에 공통된 요소들이 있다는 것을 확인했다. 바로 선제적 적응, 인간 고유의 역량에 대한 집중, 강력한 제도적 지원이 그것이다. 하지만 현재 상황이 특히 도전적인 것은 이러한 교훈들을 전례 없는 속도와 규모로 적용해야 하기 때문이다.

선도적인 기업들과의 협업을 통해 우리는 이 전환을 성공적으로 이끄는 기업들은 AI 에이전트를 단순한 도구가 아닌 새로운 관리 방식이 필요한 협력자로 다룬다는 사실을 관찰할 수 있었다. 특히 고무적인 점은 이들 기업이 AI의 분석 및 학습 능력을 활용하는 동시에 창의력, 감성 지능, 복잡한 문제 해결 능력과 같은 인간 고유의 역량 개발에 집중한다는 것이다.

앞으로의 길

이 변곡점에 서 있는 지금, 우리는 에이전틱 AI가 단순히 자동화의 또 다른 물결이 아니라 인간과 기계의 협업 방식을 근본적으로 바꾸는 혁신임을 그 어느 때보다 확신하게 되었다. 우리를 잠 못 이루게 하는 것은 이 변화가 일어날 것인가의 여부가 아니다. 변화는 이미 진행되고 있다. 우리의 관점에서 진정으로 중요한 것은 이 변혁이 조직과 개인, 사회 모두에 이익이 되도록 하는 것이다.

앞으로의 장에서 우리는 이 새로운 현실 속에서 성공적으로 살아가기 위한 구체적 전략들을 제시할 것이다. 적응할 시간이 그 어느 때보다 짧을 수 있지만, 우리는 이 변화를 이해하고 수용하는 조직과 개인이 어떻게 놀라운 기회를 만들어내는지 직접 보았기 때문에 여전히 낙관적이다. 우리의 목표는 단순히 개인이 이러한 변화 속에서 살아남는 것이 아니라 번성하도록 돕는 것이다.

AI 에이전트 시대의
교육 재설계

에이전틱 AI가 전례 없는 속도로 이 세상을 근본적으로 재편하고 있는 지금, 우리는 기존의 적응 전략만으로는 더 이상 충분하지 않다는 사실을 인정해야 한다. 이번 변화는 정말로 달라서 인간의 기술과 역량이라는 기반 자체를 재고할 필요가 있다. 이 전환을 성공적으로 헤쳐나가려면, 처음의 원칙으로 돌아가 인간과 점점 더 정교해지는 AI 에이전트가 경쟁자가 아닌 파트너로 함께 일하는 세상에서 교육이 무엇을 의미하는지 재정의해야 한다.

현대 교육의 위기

AI 에이전트의 부상은 우리가 생활하고 일하는 방식을 근본적으로 바꾸고 있지만, 교육 시스템은 산업혁명 이후 거의 바뀌지 않았다. 오늘날의 전형적인 교실을 보라. 학생들은 여전히 AI 에이전트를 통해 쉽게 알 수 있는 사실들을 암기하고, 곧 자동화될 기술을 익히며, 미래에 가장 중요해질 인간 고유의 역량은 길러주지 못하는 표준화된 교육과정을 따르고 있다. 비판적 사고 능력을 함양하기는커녕 배운 내용에 의문을 제기하는 것조차 제재를 받는다. 정보가 부족하고 반복적인 지적 작업이 인간에 의해 수행되던 시대에는 이러한 산업화된 교육 방식이 합당했다. 하지만 AI 에이전트가 방대한 정보를 즉시 이용하고 처리할 수 있는 세상에서는 교육적 우선순위가 근본적으로 재정립되어야 한다.

교육의 진정한 목적 되찾기

이 주제를 연구하면서 우리가 발견한 가장 흥미로운 사실 중 하나는 '학교school'라는 단어가 그리스어 '스콜레skholē'에서 유래했다는 점이다. 이 단어는 '여가' 또는 '휴식'을 의미한다. 이 어원이 의미심장한 것은 이 단어가 교육의 본래 목적에 대한 심오한 진실을 드러내기 때문이다. 교육은 노동자를 직업에 대비시키기 위한 것이 아니라, 삶의 근본적 질문들에 대해 사색하고 탐구할 수 있는 여유를 제공하기 위한 것이었다. 고대 그리스인의 접근 방식에서 특히 인상적인 것은 이들이 교육을 사람들이 자신의 목적을 찾고 인간으로서의 잠재력을 최대한 발휘할 수 있도록 돕는 수단으로 여겼다는 점이다. 물론 이는 대학 교양 교육의 원래 취지이기도 했지만, 시간이 흐르면서 그 중요성은 점차 희미해졌다.

우리에게 이러한 역사적 관점은 시험 점수나 취업률로 성공을 평가하는 오늘날의 진로 중심적 교육 방식을 강력히 비판하게 한다. 우리는 교육이 개인에게 발전하고 성장하려는 동기를 부여하고, 이러한 발전 과정을 가속화할 기회를 모색하는 성찰적 사고를 장려해야 한다고 믿는다.

인류는 인간 발달의 근본 목적을 이해할 때 가장 큰 혜택을 누릴 수 있다. 이러한 이해는 우리의 행동에 의미를 부여하고, 오늘날의 AI와 같은 우리 주변의 기회들을 인식해 활용할 수 있게 하기 때문이다. AI 에이전트가 일상적인 인지적 작업을 점점 더 많이 수행하고 기회 창출을 돕게 됨에 따라, 우리는 이제 직업 훈련보다는 인간 발달을 중시하는 보다 포괄적인 교육관으로 돌아가야 한다. 이러한 관점에서 철학과 심리학, 그리고 기술에 대한 행동학적 접근은 우리의 전반적인 교육 체계에서 좀 더 핵심적인 위치를 차지해야 한다.

세 가지 역량을 통한 교육의 재구상

앞서 미래를 위한 세 가지 역량을 살펴보았으니, 이제 이 역량들이 교육에 대한 우리의 접근 방식을 어떻게 재편할 수 있을지 알아보자.[3] 이 역량들은 단순히 익혀야 할 기술이 아니라, 모든 학습 경험을 설계할 때 중심이 되어야 할 기준이다.

실제로 이 기준을 적용한다는 것은 기존의 교과목들을 이러한 역량의 관점에서 변화시키는 것을 의미한다. 예컨대 수학은 공식을 암기(AI가 처리할 수 있는 부분)하는 것에서 문제 해결 전략과 수학적 과제에 대한 창의적 접근법을 개발하는 방향으로 전환되어야 한다. 학습자가 그 의미를 탐구하며 수학을 생생하게 느낄 수 있도록 말이다. 또 다른 좋은 예로 문학을 들 수 있다. 문학 수업에서는 단순한 줄거리 암기보다 깊이 있는 분석, 감정적 이해, 그리고 AI 에이전트가 진정으로 이해할 수 없는 인간 경험의 탐구에 더 중점을 두어야 한다.

글로벌 교육 혁신

우리는 조사와 경험을 통해 이러한 원칙에 부합하는 교육 개혁을 선도하는 국가들의 매우 인상적인 사례들을 목격할 수 있었다. 특히 학제 간 학습과 실제 문제 해결에 중점을 두도록 교육과정을 개편한 핀란드의 사례는 가히 인상적이었다. '현상 기반 학습phenomenon-based learning'이라 불리는 이 접근 방식에서 흥미로운 점은 이것이 전통적인 과목 간 경계를 허무는 방식이다. 예를 들어 기후 변화를 공부할 때 학생들은 과학적 데이터를 이용하고(AI 활용력 개발), 창의적인 해결책을 탐구하면서(인간 고유의 역량 강화), 새로운 정보가 등장함에 따라 이해를 조정(변화 대응력 함양)했다.[4]

특히 매력적이라고 생각하는 또 다른 모델은 덴마크의 '클라센스 티드Klassens Tid' 수업이다. 1993년부터 6세에서 16세까지의 학생들은 매주 한 시간씩 감성 지능과 사회적 진정성을 기르는 활동에 참여한다. 이 수업이 특히 좋은 이유는 학생들이 복잡한 사회적 상황을 풀어나가고, 갈등을 해결하며, 진정한 인간관계를 형성하는 방법을 배우기 때문이다. AI 에이전트가 일상적인 상호작용을 점점 더 많이 담당하게 될수록 이러한 역량의 가치는 더욱 커질 것이다.[5]

우리가 살펴본 가장 선구적인 접근법 중 하나는 싱가포르의 '스킬스퓨처SkillsFuture' 프로그램으로, 이 프로그램은 교육 시스템이 어떻게 평생 학습을 지원하도록 진화할 수 있는지를 보여준다. 우리는 특히 이들의 혁신적 접근법에 주목하고 있는데, 여기에는 정기적인 기술 전망을 통한 미래의 필요 예측, 학생들이 전통적인 학문과 실무 기술을 결합할 수 있게 하는 유연한 학습 경로, 인간적 발달에 초점을 맞추면서 학습 과정에 AI 도구 통합, 적응력과 창의성을 계발하는 프로젝트 기반 학습 강조가 포함된다.[6]

이러한 새로운 교육 방식은 초·중등학생에게만 적용되는 것이 아니다. 노스이스턴대학교Northeastern University의 총장인 조지프 아운 Joseph Aoun은 2017년 『AI 시대의 고등교육』(에코리브르, 2019)이라는 책을 발표하며 AI 시대 대학 교육의 새로운 방향을 제시했다.[7] 그는 AI의 역량을 고려하면 대학생들의 머릿속을 단순한 사실로 채우는 식의 교육은 더 이상 적절하지 않다고 주장했다. 대신에 그는 대학이 학생들에게 창의적 사고방식과 사회에 도움이 되는 무언가를 만들어낼 수 있는 능력을 길러주어야 한다고 믿는다. 그것이 예술 작품이든 새로운 질병 치료법이든 말이다.

미래의 교실

우리는 미래의 교실을 학생들이 AI를 활용하는 법을 배우는 동시에 인간 고유의 역량을 강화하는 공간으로 그려야 한다고 생각한다. 학생들은 AI가 더 잘하는 일을 두고 경쟁을 하기보다는 인간과 AI의 협업을 강화하는 보완적 능력을 개발하는 데 집중해야 한다. 그러한 능력에는 컴퓨터와 AI가 생각하는 방식을 이해하는 것도 포함되겠지만, 대부분은 인간 고유의 역량이 될 것이다.

이러한 변화는 여러 교과목에 걸쳐 다양한 방식으로 나타나고 있는데, 그중 우리가 가장 흥미롭게 본 사례는 글쓰기 수업이다. 학생들은 기본적인 초안 작성과 편집에 AI 에이전트를 활용하지만, 자신만의 목소리와 설득력 있는 서사를 만들어내는 데 에너지를 집중한다. 이는 글쓰기 과제를 어서 끝내고 넘어가도록 요구받아온 많은 학생에게 큰 전환점이 된다. 이제 그들은 창의적인 작가이자 비판적인 편집자가 되어야 한다. 우리는 또한 과학 프로젝트에서 AI가 데이터 분석을 하는 동안 학생들은 창의적인 가설을 세우고 새로운 방식으로 결과를 해석하는 데 집중하는 모습을 보았다. 마지막으로 역사 수업에서는 AI가 사실 정보를 제공함으로써 학생들이 역사적 패턴, 역사 속 인물들의 동기, 윤리적 함의에 대한 심층적인 토론에 더 집중할 수 있게 되는 모습도 관찰했다.

교사의 진화하는 역할

이 새로운 교육 패러다임에서 교사는 정보 전달자가 아닌, 학습 설계자의 역할을 맡게 된다. 교사의 역할은 학생들이 고유의 인간적 역량을 개발할 수 있는 경험을 설계하고, AI 에이전트와 효과적으로 협업할 수 있도록 지도하며, 의미 있는 토론과 깊이 있는 이해를 장려하고, 학생들이 자신만의 인간적 기여를 인식하고 강화하도록 돕는 방향으로 전환된다. 가령 교사는 코치 역할을 맡아, 콘텐츠(AI가 콘텐츠를 생성하고 추천 사항 제공)에서 지식(학습자가 콘텐츠를 자신의 실제 상황에 적용하고 이해)으로의 전환을 가능하게 할 수 있다.

앞으로의 길

물론 이러한 변화는 교육을 구성하고 운영하는 방식에 상당한 변화를 요구할 것이다. 우리는 암기한 지식이 아닌 인간적 역량을 평가할 방법을 설계하고, AI 통합과 인간 고유의 역량 개발에 중점을 둔 교사 연수에 투자해야 한다. 또한 개별 탐구와 협력적 학습을 모두 지원하는 유연한 학습 환경을 조성하고, 기술 역량과 함께 인간적 성장을 강조하는 새로운 교육과정을 개발해야 한다. 대학 총장부터 초등학교 교장에 이르기까지 교육 지도자들은 기업의 경영진과 마찬가지로 AI에 능통한 변화 관리자가 되어야 할 것이다.

우리를 밤새 잠들지 못하게 하는 것은 그 중요성이 지금만큼 더 클 순 없다는 깨달음이다. 우리 사회와 경제의 성공적 기능은 이 교육적 변혁에 달려 있다. AI 에이전트가 더욱 정교해질수록 적응할 수 있는 사람과 그렇지 못한 사람 사이의 격차가 계속 벌어지는 것을 우리는 직접 목격하고 있다. 하지만 우리는 희망에 차 있기도 하다. 이러한 원칙을 중심으로 교육을 재구상한다면, 미래 세대는 AI 에이전트의 세상에서 단순히 생존하는 수준을 넘어, 그 안에서 번영하며 각자만의 방식으로 대체 불가능한 존재로 남을 수 있을 것이기 때문이다.

이 새로운 시대에 교육적 성공은 학생들이 얼마나 많은 정보를 기억하거나 표준화된 과제를 얼마나 잘 수행하는지로 평가되지 않을 것이다. 대신에 성공은 학생들이 AI 에이전트와의 협업 속에서 자신의 고유 역량을 얼마나 효과적으로 발휘해 복잡한 문제를 해결하고 새로운 가치를 창출하는지로 평가될 것이다. 이것이 바로 AI 에이전트 시대 교육의 진정한 과제이자 기회이다.

14장

에이전트 시대의
사회

에이전트 기반의 세상에서 인간의 잠재력 재구상하기

AI 에이전트의 등장에 사람들이 가장 먼저 하는 질문은 대개 일자리에 관한 것이다(그들이 내 일자리를 빼앗아갈까?). 하지만 어쩌면 우리는 잘못된 질문을 하고 있는지도 모른다. 우리가 정말로 주목해야 할 것은 다른 가능성이다. 자율 에이전트의 출현이 생계를 위협하는 대신, 우리에게 혁명적인 무언가를 제공한다면 어떨까? 그러니까, 현대 세계에서 인간이라는 존재의 의미를 근본적으로 재구상할 기회 말이다.

우리가 아는 일의 종말?

불편하지만 피할 수 없는 진실로 시작해보자. 오늘날 많은 일은 만족감을 주지 못한다. 우리는 여러 조직에서 이 사실을 직접 확인했으며, 데이터 역시 우리의 관찰을 뒷받침한다. 갤럽의 광범위한 조사에 따르면, 전 세계 직원의 무려 77%가 업무에 흥미를 느끼지 못한다고 느낀다.[1] 이들이 자신들의 일상적인 업무를 반복적이고, 지루하며, 궁극적으로 보람 없는 일로 묘사하는 것을 듣고 있자면 마음이 아프다. 특히 놀라운 사실은 미국에서만 150만 명 이상의 사람들이 만족감을 주기는커녕 진을 빼는 반복적인 장부 정리와 회계 업무에 종일 시달리고 있다는 것이다.[2]

하지만 우리를 정말로 경악하게 한 것은 일이 단지 불만족스러운 데 그치는 것이 아니라, 말 그대로 사람들을 죽이고 있다는 사실이다. 우리가 찾아낸 통계는 충격적이다. 국제노동기구International Labour Organization, ILO에 따르면, 업무 관련 스트레스와 이로 인한 질병으로 매년 약 300만 명이 사망하며,[3] 그 사회적 비용은 약 3조 달러에 달한다.[4] 이 상황의 심각성을 실감하기 위해 업무 관련 사망자가 교통사고 사망자의 두 배,[5] 전쟁 사망자의 열 배[6]에 달한다는 사실을 생각해보라. 우리는 지금의 시스템이 더는 지속 가능하지 않다는 점을 확신하게 되었다.

다양한 산업에 걸쳐 AI 솔루션을 구현해오면서 우리는 AI 에이전트가 기본적인 규칙 기반 자동화에서 보다 정교한 자율 운영에 이르기까지 점차 더 높은 수준의 역량을 갖추며 발전하는 모습을 지켜봐왔다. AI 에이전트의 기술적 정교함과 역량이 강화될수록 이들은 우리에게 이 현실을 재구성할 기회를 제공한다. 현재 레벨 1~3 에이전트는 주로 인간의 역량을 증강하는 데 그치고 있지만, 우리는 레벨 4, 그리고 궁극적으로 레벨 5 에이전트로의 발전이 기계가 전통적 경제활동의 상당 부분을 담당하게 될 미래를 가리키고 있다는 사실에 주목하고 있다.

해방에 대한 역사적 관점

우리가 특히 좋아하는 역사적 통찰 중 하나는 1930년 경제학자 존 메이너드 케인스John Maynard Keynes가 쓴 「손주 세대의 경제적 가능성 Economic Possibilities for Our Grandchildren」이라는 에세이에서 비롯된다.[7] 그가 제시한 비전에서 우리를 매료시키는 것은 극적으로 단축된 미래의 노동시간이다. 그는 21세기가 되면 기술의 발전으로 주당 15시간 근무가 가능해질 것으로 예측했는데, 이는 오늘날의 기준으로 보면 이틀 동안의 근무시간도 채 되지 않는다. 특히 인상적인 점은 그가 일자리를 잃는 미래가 아니라 고되고 지루한 노동에서 해방되는 미래를 그렸다는 점이다.

업계의 리더들도 비슷한 예측을 하고 있다. 마윈Jack Ma과 같은 기술 리더들은 AI 덕분에 주 3일 근무, 하루 4시간 근무가 가능해질 것이라고 말했으며,[8] 빌 게이츠도 최근 비슷한 전망을 했다.[9] 이상적인 이야기로 들릴 수 있지만, 근무시간 단축을 시도한 초기 실험들의 긍정적 결과는 우리에게 깊은 인상을 주었다. 가장 인상적인 사례 중 하나로 뉴질랜드의 신탁 서비스 기업 퍼페추얼 가디언Perpetual Guardian을 들 수 있는데, 이 회사는 240명의 직원을 대상으로 급여 삭감 없이 주 32시간 근무제를 시범 운영했다. 그 결과는 우리조차 놀라게 했다. 직원들의 스트레스 수준이 감소했고, 업무 몰입도가 높아졌으며, 생산성이 30~40%까지 향상된 것이다.[10]

영국에서는 61개 기업이 이전과 동일하게 급여를 유지한 채 주 4일 근무제 실험에 참여했다. 결과는 한결같이 긍정적이었다. 직원들은 더 잘 잤고, 덜 스트레스 받았으며, 정신 건강이 좋아졌고, 더 만족스러운 개인 생활을 할 수 있었다. 매출은 이전 기간 대비 유지되거나 증가했다. 61개 기업 중 56개 기업은 시범 운영 종료 후에도 주 4일 근무제를 유지하기로 했다.[11]

이러한 새 근무제 실험들은 AI 에이전트, 심지어 생성형 AI가 널리 보급되기도 전에 진행된 것이다. 이러한 새로운 도구들로 얼마나 많은 인적 노동이 효율적으로 자동화될 수 있을지, 또한 직원들이 훨씬 더 짧은 시간 동안 일하면서도 생산성을 높이고 똑같은 소득을 얻을 수 있다면 그들의 삶이 얼마나 더 풍요로워질 수 있을지 상상해보라.

급여를 넘어: 가치 재구상

AI 에이전트가 가져온 가장 심오한 과제이자 기회 중 하나는 인간 가치를 어떻게 측정할 것인가를 다시 정의할 수 있다는 점이다. 현 시스템의 우려스러운 측면 중 하나는 많은 사회에서 사회적 중요성과 보상이 반비례한다는 것이다. 우리가 모두 경험해본 돌봄 노동을 떠올려보라. 이는 어느 사회에서든 가장 필수적인 기능 중 하나다. 아이를 기르는 일이든, 노인을 돌보는 일이든 이 중대한 일은 보통 제대로 보상받지 못하거나 아예 보상이 이루어지지 않는다.

AI 에이전트와 로봇의 도움으로 돌봄 노동이 더 효율적으로 이루어질 수 있다면, 아마도 이를 감독하는 사람들은 마땅히 받아야 할 존중과 보상을 마침내 받게 될 수 있을지 모른다. 돌봄을 받는 사람들 역시 더 큰 만족감을 느낄 수 있다. 지금까지 노인 돌봄 로봇은 일본처럼 이 분야에 막대한 투자를 한 사회에서도 특별히 성공적이지 못했다.[12] 그러나 AI 에이전트와 더 지능화된 로봇 시스템이 도입된다면, 그 효과가 크게 향상될 가능성은 있어 보인다. 다른 많은 직업과 마찬가지로 인간 돌봄 노동자는 앞으로도 여전히 필수적일 것이며, 지금보다 더 높이 평가되어야 할 것이다.

우리는 특히 데이비드 그레이버David Graeber[13]와 헬렌 헤스터Helen Hester[14] 같은 사상가들이 이끄는 탈노동주의 운동의 영향을 받았다. 그들의 설득력 있는 주장은 우리가 현장에서 관찰한 바와 일치하는데, 이들에 따르면 기계에 의한 전통적 노동의 자동화는 우리가 사회구조와 자원 분배 방식을 근본적으로 재고하도록 강제할 것이다. 흥미로운 점은 이 변화가 단순히 근무시간을 줄이는 데 그치지 않고, 우리가 무엇을, 왜 가치 있게 여기는지를 근본적으로 다시 생각하게 한다는 것이다.

AI 중심의 세상에서 목적의식 갖기

이 일을 하면서 우리가 맞닥뜨리는, 가장 생각하게 하는 질문 중 하나는 이것이다. "지금보다 적게 일하거나 아예 일하지 않는다면, 우리는 시간을 어떻게 보낼 것인가?" 우리의 연구와 다양한 산업 종사자들과의 대화를 바탕으로 볼 때, 우리는 사람들이 타인을 돌보고 지구를 보호하는 것과 같은 목적 있는 활동에 더 집중하게 될 것이라고 생각한다.

실제로 여러 조직 내 설문조사 결과, AI가 직원들의 시간을 절약해줄 경우 직원들은 그 절약된 시간을 '의미 있는' 일에 쓸 수 있도록 조직이 허락해주길 바라는 것으로 나타났다.[15] AI 에이전트의 도입이 인간에게 시간과 자유를 가져다준다면, 아마도 우리를 기다리는 가장 흥미로운 기회 중 하나는 개인적 성장과 자기 계발, 그리고 공동체 참여에 더 집중할 수 있는 현실일 것이며, 이를 통해 우리는 진정으로 공동의 복지를 추구하는 세상을 만들 수 있다.[16]

우리는 진취적인 기업들과의 협업을 통해 이러한 미래의 모습을 엿볼 수 있었다. 그곳에서는 더 많은 자유 시간을 가진 사람들이 취미를 즐기고, 창업에 도전하며, 새로운 기술과 언어를 배우고 있었다. 특히 인상적이었던 것은 사람들이 여행을 떠나고, 자원봉사에 참여하며, 의미 있는 관계를 통해 사회적 유대를 강화하는 모습이었다. 우리는 정신적·신체적 건강을 우선시하는 것이 더 쉬워질 때, 이것이 자연스럽게 웰빙과 성취감으로 이어진다는 사실을 깨달았다.

산업혁명이 여가를 늘리고 예술적 혁신을 끌어냈듯, 우리는 AI가 새로운 형태의 오락, 학습, 공동체 공간을 만들어낼 수 있다고 믿는다. 우리가 그리는 미래에서 사무실은 예술과 놀이, 협업의 중심지로 변모하여 창의성과 혁신을 견인할 것이다.

이러한 미래는 매력적이지만, 일하는 시간이 줄면 경제가 붕괴할 것이라는 우려 또한 끊임없이 제기되고 있다. 그러나 우리의 연구와 경험에 따르면, AI 에이전트의 적절한 활용은 오히려 경제 성장을 촉진해 사람들에게 삶을 즐기고 소비 활동에 참여할 더 많은 시간을 제공할 가능성이 크다. 특히 1924년 헨리 포드가 지적했듯이, 여가는 제품에 대한 수요를 촉진하고 이를 통해 경제를 번영하게 만들 수 있다. 우리가 보는 가능성은 무궁무진하며, 미래는 잠재력으로 가득하다.

보편적 기본 소득: 인류 번영의 기반?

앞으로 AI 에이전트가 기존의 경제적 역할을 더 많이 수행하게 되면, 모든 사람이 기본적인 필요를 충족할 수 있도록 하는 새로운 제도적 장치가 필요해질 것이다. 우리는 가능한 해결책 중 하나로 보편적 기본 소득universal basic income, UBI에 특히 주목하고 있다. 이는 고용 상태와 상관없이 모든 성인에게 기본적인 생활을 유지하기에 충분한 수준의 보장된 소득을 제공하는 제도이다.[17] 에이전틱 AI와 같은 기술이 대규모 실업을 초래한다면, 이러한 프로그램은 절대적으로 필요하게 될 수 있다. 우리는 그러한 결과를 예상하진 않지만 말이다.

보편적 기본 소득에서 가장 주목할 만한 것은 고용 상태나 특정 조건과 연계된 다른 복지 프로그램들과 달리 모든 사람에게 일정 금액이 조건 없이 지급된다는 것이다. 즉 UBI는 소득이나 직업 상태, 개인적 상황과 무관하게 누구나 받을 수 있다. 지금까지 소규모로 진행되긴 했지만, UBI는 다양한 환경에서 실험적으로 시행되어 왔다. 그중에서 가장 큰 규모이자 최근에 진행된 UBI 실험 중 하나의 결과에 따르면, 기존 연구와 일관되게 UBI는 수혜자들의 노동시간을 줄이고, 주거와 같은 기본적 필요를 충족하는 것에 대한 불안감을 낮추는 것으로 나타났다.[18] 그러나 이것이 자기 계발, 창업 활동, 가족과 함께 시간 보내기 등 우리가 기대하는 바람직한 행동으로 이어지는 경우는 드물었다.[19]

분명히 말하지만, UBI가 게으른 소비자들의 사회로 이어진다면 우리는 이를 옹호할 생각이 전혀 없다. 우리는 궁극적으로 UBI가 사람들이 사회에 더 의미 있는 방식으로 기여할 수 있는 기반을 마련해주길 바란다. 생존에 대한 즉각적인 압박에서 해방될 때, 사람들은 지역 사회 봉사, 창의적 활동, 환경보호, 타인을 돌보는 일에 더 많은 시간을 투자할 수 있을 것이다(이 모든 활동은 엄청난 사회적 가치를 창출하지만, 현 제도에서는 거의 또는 전혀 돈이 되지 않는다). 그러나 이런 일들이 실제로 일어나기 위해서는 우리가 일터에서 필요하다고 믿는 것과 같은 유형의 사회적 설계가 필요하다.

보다 인간적인 미래

수년에 걸쳐 AI 솔루션을 구현하고 그 영향력을 목격한 끝에 우리는 깊은 깨달음을 얻었다. 자율 에이전트의 출현은 우리에게 중대한 선택지를 제시한다. 인간은 기계가 점점 더 지배하게 될 업무를 두고 계속해서 기계와 경쟁할 수도 있고, 아니면 이 기술 혁명을 계기로 더욱더 인간다움을 발휘해 기계가 하는 일을 보완할 수도 있다.

기억해야 할 중요한 점은 AI 에이전트가 더 높은 수준의 역량을 갖추게 될수록 사회를 재편해야 하는 압박도 더욱 커질 것이란 사실이다. 실제로 우리는 이러한 변화가 일어날 것이라 확신하며, 따라서 이 변화를 어떻게 만들어갈 것인지에 대해 명확히 할 필요가 있다. 그 방법은 우리의 연구를 이끄는 핵심 질문을 부각시킨다. "우리는 이 기술을 인간의 번영을 증진하는 데 사용할 것인가, 아니면 이 기술이 기존의 불평등과 사회적 긴장을 악화하도록 내버려둘 것인가?"

　기업들의 디지털 전환을 지원해온 경험에 비추어 우리는 지금 바로 이 미래를 준비하기 시작해야 한다고 믿는다. 현재 운용되고 있는 AI 에이전트는 AI 발전 프레임워크의 레벨 1~3에 국한될지 모르지만, 그 궤적은 분명하며, 더 높은 수준의 AI 에이전트가 머지않아 등장할 것이다. 하지만 그렇다고 두려워할 필요는 없다. 오히려 우리는 어떻게 이 기술을 통합하고 사회적 구조를 재편할지에 대한 의식적인 선택을 통해 우리를 인간답게 만드는 요소를 약화하는 것이 아니라 강화하는 미래를 만들어갈 수 있을 것으로 낙관한다.

　우리는 이 일을 해오는 동안 선도적인 컴퓨터 과학자이자 AI 전문가인 리카이푸Kai-Fu Lee에게서 아마도 가장 중요할 통찰을 얻었다. 그는 AI를 통해 얻는 자유가 우리로 하여금 "진정으로 우리를 인간답게 만드는 것, 즉 사랑하고 사랑받는 일에 집중할 수 있게 해야 한다"고 말한다. 이는 단순히 업무를 자동화하는 것이 아니라, 우리가 인간성을 재발견하고 키워나갈 수 있도록 돕는 AI 에이전트의 진정한 가능성을 잘 보여준다.

에이전틱 AI의 미래를 통제하기 위한 프레임워크

인공지능을 연구해온 수년 동안 우리는 에이전틱 AI의 등장만큼 매혹적이면서도 도전적인 사건을 맞닥뜨린 적이 없다. 기술사의 중대한 전환점에 서 있는 지금, 우리 사회는 우리를 잠 못 이루게 하는 전례 없는 기회와 위험에 직면해 있다. 우리는 지금까지 다양한 분야의 기업들과 협력하면서 이 강력한 시스템이 효율성과 혁신의 면에서 얼마나 막대한 이점을 가져다줄 수 있는지를 직접 목격했다. 그러나 동시에 우리가 원하지 않는 방식으로 세상을 근본적으로 재편할 수 있는 잠재적 위험도 목격했다. 중요한 문제는 이러한 기술을 개발할 것인가가 아니라(기술은 이미 존재한다), 이를 어떻게 인간의 의미 있는 통제하에 두면서 최대한 사회에 이롭게 활용할 것인가이다.

에이전틱 AI의 특별한 과제

광범위한 AI 시스템 구현 경험을 통해 우리는 에이전틱 AI만의 놀라운 특징을 발견했다. 바로 탁월한 자율적 의사결정 능력과 적응력이다. 이는 단지 AI 기술의 또 다른 점진적 발전이 아니다. 우리는 이것이 인간과 기술과의 관계를 재편할 근본적인 변화라고 믿는다. 명확히 정의된 기준 내에서 작동하며, 명시적인 인간의 지침을 필요로 하는 오늘날의 AI 시스템과 달리 에이전틱 AI는 스스로 목표를 설정하고, 주위 상황으로부터 학습하며, 독립적으로 결정을 내릴 수 있다. 하지만 우리는 이 자율성이 현재의 규제와 기업 지배구조로는 감당하기 어려운 완전히 새로운 범주의 위험을 초래한다는 사실을 깨달았다.

연구와 실무 경험을 통해 우리는 AI 행위주체성agency의 수준이 올라갈수록(기본적인 규칙 기반 자동화에서 완전한 자율 시스템까지) 제어의 복잡성이 기하급수적으로 증가하는 것을 관찰했다. 레벨 1과 2 시스템은 기존의 감독 메커니즘으로 관리될 수 있지만, 레벨 3 이상의 시스템에는 거버넌스와 통제를 위한 근본적으로 새로운 접근법이 필요하다.

통제를 위한 3단계 프레임워크

에이전틱 AI를 통제하에 두기 위해서는 정부 규제, 기업 거버넌스, 그리고 개인적 감독의 세 가지 차원에서 조율된 노력이 필요하며, 각 차원은 서로 다른 역할과 사용할 수 있는 도구를 갖고 있다.

정부 차원에서는 AI 자율성에 대한 경계를 설정하면서도 혁신을 촉진하는 명확한 규제 체계를 확립하는 것이 최우선 과제다. 여기에는 고위험 영역에서 안전장치와 인간 감독을 의무화하는 규정이 포함된다. 또한 정부는 자율 시스템이 해를 입혔을 때 책임을 규명하는 명확한 책임성 체계도 마련해야 한다.

기업 거버넌스는 통제의 두 번째 단계를 맡는다. 에이전틱 AI를 개발하고 활용하는 기업은 AI 윤리위원회, 실시간 모니터링 시스템과 같은 견고한 내부 감독 메커니즘을 갖추어야 한다. 이러한 메커니즘은 AI 시스템이 계속해서 인간의 가치관과 조직의 목표에 부합하도록 하는 동시에 의도치 않은 결과가 발생하지 않도록 해야 한다.

마지막 단계는 개인의 역할로, 인간 운영자와 사용자는 자신의 영역에서 AI 시스템에 대해 의미 있는 감독을 유지해야 한다. 이를 위해서는 자율 시스템을 효과적으로 감독하는 방법과 잠재적인 불일치 또는 오작동의 징후를 인식하는 방법에 대한 새로운 기술과 이해가 필요하다.

핵심 제어 메커니즘

에이전틱 AI를 효과적으로 감독하기 위해서는 이 세 단계 모두에 걸쳐 몇 가지 핵심 제어 메커니즘이 반드시 구현되어야 한다.

첫째, 모든 에이전틱 AI 시스템에는 필요할 때 인간 운영자가 개입할 수 있는 수동 제어 기능이 포함되어야 한다. 이러한 기능을 구현할 때에는 물리적 또는 디지털 제어 시스템을 통해 접근 가능한 사용자 친화적 인터페이스와 같이 작동 절차가 명확해야 한다. 예를 들어 에이전틱 방어 시스템에서 수동 제어 장치는 자율 작동을 즉시 중단하는 안전보장 하드웨어 버튼이나 암호화된 명령 채널을 통합해 예기치 않은 충돌 발생 시 의도치 않은 행동이 확대되는 것을 막아야 한다. 마찬가지로 자율 금융 거래 시스템에서 수동 제어 메커니즘은 시장 변동성에 대해 사전 정의된 기준치를 가지고 있어야 하며, 이를 기반으로 운영자에게 자동으로 알림을 보내고 보안 거래 플랫폼을 통한 수동 제어가 가능하도록 해야 한다. 이러한 조치들은 각 운영 환경에 맞는 실질적이고 신뢰할 수 있는 개입을 가능하게 한다.

둘째, 에이전틱 AI의 행동과 의사결정을 실시간으로 추적할 수 있는 지속적인 모니터링 시스템을 구축해야 한다. 구현 방법으로는 예상되는 행동이나 사전 정의된 윤리 지침에서 벗어나는 경우를 감지하는 머신러닝 알고리즘을 적용하는 것이 포함될 수 있다. 예를 들어 자율 공급망 AI에서 모니터링 시스템은 의사결정 패턴을 분석해 지연을 초래하거나 공급업체 계약을 위반할 수 있는 결정과 같은 이상 행동을 탐지할 수 있다. 특정 시점에서의 성과를 평가하는 주기적 감사와 달리, 실시간 모니터링은 에이전틱 AI가 변화하는 환경에 어떻게 적응하는지에 대한 동적 통찰을 제공한다. 이 기능은 창발적 편향, 의도치 않은 목표 조정, 이상 현상을 발생 즉시 탐지하는 데 매우 중요하며, 운영자 대시보드나 자동 수정 프로토콜을 통한 즉각적인 개입을 가능하게 한다.

셋째, 윤리적 원칙이 에이전틱 AI 시스템에 직접 내장되어 시스템이 자율적으로 행동할 때에도 허용 가능한 범위를 벗어나지 않도록 해야 한다. 이와 관련해 아시모프Asimov의 원칙에서 영감을 받았지만 현대 상황에 맞게 발전시킨 윤리 원칙을 생각해볼 수 있는데, 방위 시스템에서 비례성(방어 행동이나 공격이 목표 달성에 필요한 최소한의 수준을 넘지 않도록 해야 한다는 원칙-옮긴이)을, 자율 경제 시스템에서 공정한 자원 배분을 우선시하는 것이 이러한 예에 해당한다. EU의 '신뢰할 수 있는 AI를 위한 윤리 지침Ethics Guidelines for Trustworthy AI'과 같은 현대적 지침은 투명성, 책임성, 인간 중심 설계와 같은 핵심 측면을 강조하며, 이러한 요소들은 모두 에이전틱 AI에 매우 중요하다. 이러한 원칙들을 내재화하는 것은 지속해서 변화하는 시스템의 목표가 사회적 가치에 부합하도록 하는 데 도움이 된다.[20]

미래를 대비한 통제 메커니즘

AI 기술이 지속해서 발전함에 따라 통제 메커니즘 또한 그에 맞춰 진화하도록 설계되어야 한다. 이를 위해서는 모든 가능한 상황을 예측하고 규제하기보다는 새로운 역량과 위험이 나타나는 즉시 대응할 수 있는 적응형 규제 체계를 구축해야 한다.

기술 전문가, 윤리학자, 관련된 이해관계자들의 의견을 수렴해 통제 메커니즘을 정기적으로 평가하고 업데이트하는 것은 필수적이다. 그래야 AI 시스템이 더욱 정교해지고 자율화되더라도 여전히 효과적인 감독이 유지될 수 있다.

특정 위험에 대한 대응

통제 프레임워크는 에이전틱 AI에 내재하는 여러 중요한 위험을 명확히 다루어야 한다. 첫 번째 위험은 자율 시스템이 단기적으로는 목표를 달성해도 장기적으로는 의도치 않은 결과를 초래할 수 있는 결정을 내릴 가능성이다. 예를 들어 자원 분배를 담당하는 에이전틱 AI가 비용 효율성을 우선시해 예방적 유지보수에 투입되는 자원을 전용하는 경우, 이는 인프라 붕괴로 이어질 수 있다. 장기적 영향을 고려하는 예측 시뮬레이션 모델과 자동 상향 보고 프로토콜을 구현하면 의사결정 과정 중 실시간 피드백 제공이 가능해져 이러한 위험이 완화될 수 있다.

또 다른 중요한 위험은 에이전틱 AI 시스템이 목표를 추구하는 과정에서 법적 또는 규제상의 허점을 악용할 가능성이다. 예를 들어 최대한 세금을 절감하도록 설계된 금융 에이전틱 AI는 세법의 모호한 부분을 이용해 당국의 조사를 유발하고 평판에 해를 입힐 수 있다. 이러한 문제를 방지하려면 에이전틱 AI 시스템은 최신 법적 기준에 맞춰 자신의 행동을 지속적으로 점검하고 조정할 수 있는 적응형 규정 준수 메커니즘을 갖추어야 한다. 그렇게 되면, 가령 국제 무역 물류를 담당하는 AI는 규제 데이터베이스의 실시간 정보를 이용해 통관법을 확실히 준수할 수 있다. 이러한 시스템은 불일치 사항이나 위반이 감지되면 자동으로 경보를 발령하고 즉각적인 시정 조치를 취하도록 설계되어, 진화하는 규제 환경에 지속적으로 부합하도록 해야 한다.

에이전틱 AI는 자율적 학습 능력으로 인해 편향이 증폭될 위험이 크다. 한 예로 채용업무를 담당하는 에이전틱 AI는 과거 데이터를 기반으로 스스로 채용 패턴을 최적화해 특정 집단에 대한 차별을 지속시킬 수 있다. 실시간 편향 수정 알고리즘을 적용하고, 다양한 데이터 세트 활용과 의사결정 규칙의 주기적 재조정을 병행하면 공정성을 유지하는 데 도움이 될 수 있다.

또 다른 주요 위험으로 에이전틱 AI가 목표를 잘못 해석해 역효과를 낳는 결정을 내리는 '목표 불일치misalignment'의 문제가 있다. 예를 들어 환경 폐기물 저감을 담당하는 AI 시스템은 핵심 제조 공정을 중단시켜 공급망에 장애를 일으킬 수 있다. 이를 해결하려면 AI의 의사 결정 구조에 목표 검증 단계와 정렬 계층을 구현해 AI의 행동이 인간 중심 가치와 더 큰 목표에 부합하도록 해야 한다. 정기적인 시뮬레이션, 이해관계자 검토, 적응형 감사adaptive audits(상황에 맞춰 유연하게 감사 기준이나 절차를 조정하는 것-옮긴이)는 목표 정렬을 더욱 강화하고 혼란을 초래할 수 있는 오해를 방지한다.

국제적 협력

에이전틱 AI의 통제는 개별 국가만의 노력으로는 이루어질 수 없다. 국제적 협력은 AI 안전 기준을 낮추는 경쟁을 방지하고, 자율 시스템이 국제적으로 허용된 범위 내에서 작동하도록 하는 데 필수적이다.

이를 위해서는 핵기술이나 기후 변화 대응 체계와 유사하게 AI 개발 및 활용을 위한 국제적 규약을 마련할 필요가 있다. 이러한 규약에는 모범 사례 공유, AI 관련 사건에 대한 공동 대응, 자율 시스템의 악의적 사용 방지를 위한 메커니즘이 포함되어야 한다.

투명성과 책임의 역할

에이전틱 AI에 대한 인간의 의미 있는 통제를 유지하려면, 이러한 시스템이 어떻게 작동하고 의사결정을 내리는지에 대한 전례 없는 수준의 투명성이 필요하다. 예를 들어 자율 시스템을 개발하는 기업은 의사결정 과정을 상세히 기록하는 로깅 메커니즘을 구현해야 한다. 이러한 로그는 독립적인 감사관이 규제 및 윤리 기준 준수 여부를 확인하는 데 사용될 수 있으며, 대시보드는 규제 당국이나 일반인과 같은 비전문가도 이해할 수 있는 형태로 의사결정 과정을 제시해야 한다.

에이전틱 AI의 책임성 프레임워크는 피해 발생 시 누구에게 책임이 있는지를 명확하게 정의해야 한다. 자율주행차 산업의 사례를 참고하자면, 책임은 문제의 원인에 따라 개발자, 운영자, 감독 기관 등에 배분될 수 있다. 가령 자율주행차에서 센서 오작동은 보통 제조사에 책임이 귀속되는 반면, 소프트웨어 결함의 책임은 개발자에게 귀속된다. 마찬가지로 에이전틱 AI 프레임워크에서도 피해가 설계 결함, 운영상의 결정, 거버넌스 부실 중 어디에서 발생했는지에 따라 책임이 배분되어야 한다.

예를 들어 의료 자원을 관리하는 에이전틱 AI가 형평성보다 효율성을 우선시해 소외 계층에 대한 의료 서비스를 거부한다면, 윤리적 불일치에 대한 책임은 시스템 개발자에게, 감독 소홀에 대한 책임은 운영자에게, 윤리 기준의 부적절한 반영에 대한 책임은 거버넌스 위원회에게 있을 수 있다. 의무적인 오류 보고, 상세한 감사 기록, 그리고 견고한 보험 체계는 신속한 문제 해결을 보장할 수 있다.

AI 전용 보험 정책은 자율주행차 분야에서처럼 데이터 로그에 기반해 (하드웨어 문제든, 소프트웨어 오류든, 운영자 부주의든) 그 책임 소재를 판단하는 방식으로 운영될 수 있다. 에이전틱 AI의 경우, 이러한 보험 정책에는 시스템 로그와 연동된 자동 청구 처리 기능이 포함되어 신속한 보상과 시스템 개선을 위한 피드백 제공이 가능해야 한다. 팬데믹이나 자원 부족과 같은 상황을 가정한 스트레스 테스트도 시스템의 결함을 사전에 파악하고 신뢰성을 강화하는 데 도움이 된다. 이러한 다층적 접근 방식은 책임성을 확보하는 동시에 에이전틱 AI 시스템에 대한 신뢰와 회복력을 높인다.

+ · +

에이전틱 AI에 대한 통제를 유지하면서 그 이점을 활용하는 것은 우리 시대의 가장 큰 과제 중 하나다. 성공을 위해서는 정부, 기업, 개인 차원의 협력적 조치가 필요하며, 이러한 조치는 기술과 함께 진화할 수 있는 견고한 관리 체계를 통해 구현되어야 한다.

자율 시스템은 적절한 감독과 통제 없이 개발되기에는 위험성이 너무 크다. 에이전틱 AI가 아직 초기 단계에 있는 지금 종합적인 관리 체계를 마련한다면, 이러한 강력한 기술이 지속적으로 발전하더라도 인간의 가치와 이익에 계속 부합하도록 할 수 있다.

AI의 미래는 이미 정해져 있는 것이 아니다. 신중한 거버넌스와 통제를 통해 우리는 에이전틱 AI의 엄청난 잠재력을 활용하면서도 그 위험을 방지할 수 있다. 이를 위해서는 모든 이해관계자의 지속적인 노력, 그리고 자율 시스템의 역량과 한계에 대해 더 많은 것을 알게 될수록 우리의 접근 방식을 조정해나가려는 의지가 필요하다.

AGENTIC AI

결론

에이전틱 AI 세계로의 여정을 마무리하는 지금, 우리는 심오한 변혁의 문턱에 서 있다. AI 에이전트는 단순한 도구가 아니라 우리가 일하고, 창조하고, 생각하는 방식을 다시 형성하고 있다. 이들은 기존의 비즈니스 모델에 도전하고, 인간과 기계의 협업을 재정의하며, 점점 더 지능화되는 세상에서 우리의 위치를 다시 생각하게끔 한다.

이 책을 통해 우리는 AI 에이전트의 시작부터 실제 적용에 이르기까지의 진화 과정을 살펴보았다. 우리는 에이전트의 행동, 추론, 기억 능력을 분석하며 이러한 핵심 역량이 어떻게 AI 에이전트의 자율성을 이끄는지 보여주었다. 또한, AI 에이전트를 책임감 있게 구현하고 확장하고 관리하기 위한 로드맵을 제시하는 한편, 이들의 한계와 과제를 조명했다. 마지막으로, 그 사회적 영향을 살피며 이러한 변화가 일, 거버넌스, 인간 경험에 미치는 더 광범위한 영향을 확인했다.

반복되는 주제는 균형이었다. 에이전틱 AI는 생산성과 창의성을 증폭시킬 엄청난 기회를 제공하지만, 동시에 책임과 감독에 대한 재고를 요구하기도 한다. 요컨대 에이전틱 AI는 단순한 기술적 도약이 아니라, 일이 수행되는 방식과 의사결정이 이루어지는 방식을 근본적으로 바꾸는 패러다임의 전환이다. 이러한 변화는 흥분과 신중함, 비전과 경계를 모두 요구한다.

이번 탐구에서 얻은 근본적인 교훈이 하나 있다면, AI 에이전트가 오고 있는 것이 아니라 이미 우리 곁에 와 있다는 사실이다. AI 에이전트를 수용·개선하고 효과적으로 통합하는 조직과 개인은 경제·기술 발전의 다음 시대를 이끌 것이다.

다음 지평: 신흥 기술

　　　　　　　　미래를 내다보면, 몇 가지 새롭게 떠오르는 기술들이 AI 에이전트의 역량과 자율성을 한층 더 강화해줄 수 있을 것으로 기대된다. 이미 시장에 나와 있는 기술들을 다시 검토하기보다는 이러한 초기 단계의 기술들이 에이전트 생태계를 근본적으로 어떻게 바꿀 수 있을지 아직 주목받지 못한 관점에서 함께 살펴보자. 우리는 특히 세 가지의 새로운 흐름에 주목하고 있다.

대규모 행동 모델

대규모 언어 모델LLM이 대화형 AI에 대변혁을 일으킨 것처럼, 대규모 행동 모델large action model, LAM은 AI가 실제 세계에서 행동하는 방식을 새롭게 이끌고 있다. LLM이 텍스트 데이터 집합에서 학습하는 반면, LAM은 로봇 제어부터 소프트웨어 명령까지 다양한 행동 데이터 집합(사진, 동영상, 시스템 로그, 커서 위치 등)에서 학습하며, 이렇게 학습한 내용을 새로운 상황에 일반화한다. LLM이 외부 도구와 행동에 의존하는 것과 달리, LAM은 행동 자체를 모델에 직접 내장해 더 높은 성능을 발휘할 수 있다. 단순한 텍스트 예측을 넘어 목표 달성으로 그 능력을 확장함으로써 LAM은 보다 자율적인 에이전트로 나아가는 과정의 중요한 이정표가 될 것으로 보인다.

연구자들은 이미 LAM 프레임워크의 프로토타입을 개발하고 있으며, 최소한의 인간 개입으로 소프트웨어 제어부터 로봇 운용까지 실제로 작업을 수행하는 AI의 기반을 마련하고 있다.[1] 오늘날의 에이전트가 광범위한 프롬프트와 도구 설정을 요구하는 데 반해 미래의 LAM은 그저 인간이 작업을 수행하는 모습을 한 번 보고 나면 여러 맥락에서 이러한 행동을 복제하고 최적화할 수 있을지 모른다. 언어 중심에서 행동 중심 AI로의 이러한 전환은 AI 도입 장벽을 크게 낮추는 동시에 에이전트가 자율적으로 수행할 수 있는 일의 범위를 확대할 수 있다.

집단 지능 시스템

집단 지능 시스템collective intelligence systems, CIS은 오늘날의 비교적 단순한 다중 에이전트 아키텍처를 넘어 진정한 창발적 집단 인지를 향해 나아간다. 예를 들어 한 글로벌 물류 기업이 특화된 AI 에이전트들의 네트워크를 구축했다고 상상해보자. 각 에이전트는 사전에 정의된 협업 프로토콜에 따라 작동한다. 하지만 불과 몇 주 만에 이 에이전트들은 자체적인 통신 패턴과 자원 공유 전략을 개발하기 시작하며 인간 설계자가 예상치 못한 수준의 효율성을 발견하게 될 것이다. 시스템은 우리가 예측하지 못했던 방식으로 스스로를 최적화하는 방법을 배우게 될 것이다.

이러한 집단 시스템이 성숙해지면, 개별 에이전트 능력의 단순 합을 넘어서는 창발적 능력들이 나타날 것이다. 복잡한 문제를 해결하는 새로운 방식, 창의적인 해결책, 그리고 상호작용을 통해 자연스럽게 발생하는 적응적 행동이 그 예다.

앞으로 몇 년 이내에 우리는 더 많은 집단 AI와 다중 에이전트 프레임워크를 보게 될지 모른다. 즉 창고 로봇 군단이 긴밀히 협력하고, AI 연구 보조들이 함께 브레인스토밍하며, 인간과 AI가 혼합된 팀이 집단 추론을 통해 결정을 내리는 모습을 보게 될 수 있다. 이러한 분산된 지성distributed minds은 '어떤 에이전트도 고립되지 않는' 미래를 예고한다. 지능은 네트워크화될 것이다.

개인 AI 트윈

개인 AI 트윈personal AI twins은 일반적인 에이전트를 넘어 깊이 개인화된 에이전트로의 근본적인 전환을 나타낸다. 과거의 상호작용을 기억할 순 있을지 몰라도 기본적으로 모든 사용자에게 동일한 경험을 제공하는 오늘날의 시스템과 달리, 진정한 AI 트윈은 개인의 사고 패턴, 가치관, 의사소통 방식, 전문 지식을 깊이 있게 내재화한다.

가까운 미래에 에이전틱 AI의 역량이 더욱 발전하면 지식 노동자들은 수개월 동안 자신의 업무 패턴을 관찰하고, 명시적인 지시뿐 아니라 암묵적 지식, 즉 표현하기 어려운 직관적 전문성까지 흡수하는 AI 트윈을 갖게 될지 모른다. 이러한 AI 트윈은 예비 고객 상담에서 전문가를 대신하는 것으로 시작해, 이들 고유의 목소리와 관점을 담은 이메일이나 보고서 초안을 작성하고, 심지어 과거의 의사결정 패턴을 기반으로 이들 사고의 맹점을 파악할 수도 있다. 예를 들어 경영진의 AI 트윈은 곧 기획 회의에 참석해 리더의 가치관을 반영하지만 그들의 가정에 의문을 제기하는 대안적 관점을 제시할 수도 있을 것이다.

가장 진보된 형태의 모델은 궁극적으로 사용자의 필요를 예측하고, 편향을 보완하며, 최소한의 감독만으로 전체 업무 영역을 관리하는 진정한 인지적 확장체로 기능할 수 있다. 이 기술이 성숙함에 따라 인간적 인지와 인공적 인지 사이의 경계는 점점 더 모호해질 수 있으며, 이는 정체성과 주체성에 대한 근본적 의문을 제기할 것이다.

이러한 세 가지의 새로운 능력은 독립적으로 존재하지 않으며, 지금까지 우리가 본 그 어떤 것보다 더 자율적이고, 적응력이 뛰어나며, 개인화된 AI 에이전트를 만들기 위해 융합되고 있다. 이 융합은 우리가 이 책 전반에 걸쳐 다뤄온 일과 비즈니스 모델, 사회구조의 변화를 가속화할 가능성이 크다.

AI 거버넌스의 시급성:
너무 늦기 전에
가드레일 마련하기

이처럼 빠르게 발전하는 AI 역량은 효과적인 거버넌스의 필요성을 그 어느 때보다 절실하게 만들고 있다. 우리는 여러 AI 에이전트 도입 경험을 통해 비교적 단순한 에이전트라 해도 적절한 감독 없이 배치될 경우 의도치 않은 결과를 초래할 수 있음을 확인했다. 이러한 시스템이 점점 더 자율화되고 상호 연결되면서 긍정적이든 부정적이든 연쇄적 영향이 발생할 가능성도 기하급수적으로 커지고 있다.

우리는 '규제 체계보다 빠르게 진화하는 기술을 어떻게 통제할 것인가?'라는 전례 없는 과제에 직면해 있다. 기술이 성숙한 뒤에 기준을 마련하는 전통적인 기술 규제 방식은 빠르게 진화하는 AI 에이전트 앞에서 충분하지 않을 수 있다. 오늘날의 에이전트가 미치는 영향을 완전히 이해할 때쯤이면, 미래의 에이전트는 이미 한발 더 앞서 나가 있을 것이기 때문이다.

이러한 현실은 거버넌스에 대한 근본적으로 다른 접근 방식을 요구한다. 바로 사후 접근이 아닌 사전 접근, 정적인 접근이 아닌 동적인 접근, 적대적 접근이 아닌 협력적 접근이다. 다양한 규제 환경에서 AI 에이전트 시스템을 구현해온 경험에 따르면, 효과적인 거버넌스는 다음의 세 가지 측면에서 이루어져야 한다.

먼저 기술적 측면에서 우리는 안전성과 윤리적 고려 사항을 사후 대응이 아닌 근본적인 설계 원칙으로서 에이전트 아키텍처에 직접 내재화해야 한다. 이는 인간 중심 가치와의 정렬을 위한 견고한 메커니즘, 투명한 추론 과정, 에이전트 행동에 대한 검증 가능한 제약 조건을 개발하는 것을 의미한다. 우리가 지금까지 본 가장 유망한 접근법들은 외부적 제약뿐 아니라, 에이전트가 (심지어 새로운 상황에서도) 윤리적 경계에 다가가고 있음을 인식하도록 하는 내부 판단 시스템을 포함하고 있다.

조직적인 측면에서는 혁신과 책임성의 균형을 유지할 수 있는 거버넌스 구조가 필요하다. 이는 에이전트 배치에 대한 명확한 정책, 체계적인 모니터링 및 감사 절차, 에이전트가 예상치 못한 방식으로 행동할 경우를 대비한 분명한 개입 프로토콜을 마련하는 것을 의미한다. 무엇보다 중요한 것은 에이전트의 자율성이 점점 더 커질 때도 인간의 의미 있는 감독(단순한 세부 관리가 아니라, 전략적 방향과 윤리적 지침 제공)을 유지하는 것이다.

사회적인 측면에서는 기술과 함께 진화하는 규제 체계가 필요하다. 이는 규제가 모든 분야에 똑같이 적용되는 것에서 벗어나 위험 기반 접근 방식으로 나아가야 함을 의미한다. 즉 위험도가 높은 분야에서는 감독을 강화하고 낮은 분야에서는 혁신을 가능하게 해야 한다. 이는 또한 기술 전문가와 정책 입안자뿐만 아니라 윤리학자, 사회과학자,

그리고 일반 대중이 이러한 기술의 개발과 활용에 대한 지속적인 논의에 참여해야 함을 의미한다.

이러한 거버넌스 체계를 구축할 기회는 무한하지 않다. AI 에이전트가 주요 시스템과 사회구조에 점점 더 깊이 자리 잡게 될수록 거버넌스를 이행하는 비용은 증가하는 반면, 그 개발 방향을 조정할 여력은 줄어든다. 따라서 이러한 기술이 아직 유연하고 사회적 영향이 형성되고 있는 지금, 우리는 바로 행동에 나서야 한다.

성찰과
더 넓은 의미

AI 시스템을 구현하며 일해오는 동안 우리는 기술이 그 의미에 대한 우리의 집단적 이해 능력을 반복적으로 앞지르는 것을 목격해왔다. 하지만 AI 에이전트가 등장하면서부터는 뭔가 다른 차원의 일이 벌어지고 있다. 이 기술은 단순히 우리의 도구를 혁신하는 수준을 넘어 인간 인지의 여러 측면을 복제하고 확장하기 시작했다. 이러한 변화는 일의 미래, 인간과 기계 간 협업의 본질, 그리고 궁극적으로 점점 더 강력해지는 인공지능의 시대에 인간으로 존재한다는 것이 무엇을 의미하는지에 대한 심오한 의문을 제기한다.

우리 앞에 놓인 의문들은 기술적 범주를 넘어 철학적 차원으로 확장된다. 우리는 AI 에이전트가 점점 더 많은 의사결정을 대신하게 되는 세상에서 어떻게 인간의 주체성을 보존할 수 있을까? 어떻게 이러한 시스템이 인간의 창의성과 목적을 약화하는 것이 아니라 강화하도록 보장할 수 있을까? 또 어떻게 이러한 시스템이 약속하는 엄청난 생산적 이점을 분배하면서 일자리 상실과 혼란을 최소화할 수 있을까?

이 질문들에 대한 간단한 답은 없지만, 우리가 이 일을 해오는 동안 일관되게 길잡이 역할을 해온 몇 가지 원칙들이 있다.

첫째, 우리는 무비판적인 기술 낙관론과 변화에 대한 반사적인 저항을 모두 거부해야 한다. AI 에이전트의 미래는 유토피아도, 디스토피아도 아닌, 섬세한 탐색을 요구하는 기회와 도전이 복잡하게 섞인 모습이 될 것이다.

둘째, 우리는 겸손한 자세로 AI 구현에 접근해야 한다. 아무리 신중하게 설계된 시스템이라 해도 지속적인 개조와 조정을 요구하는 예기치 못한 결과를 초래할 수 있다는 점을 인식해야 한다.

마지막으로, 우리는 인간의 번영을 궁극적인 성공의 척도로 삼아야 한다. 이러한 기술을 단순히 효율성이나 수익성이 아니라 인간의 역량, 창의성, 행복을 어떻게 증진하는지에 따라 평가해야 한다.

실행 계획

이 책을 통해 AI 에이전트 전반의 지형을 살펴봤다면, 지금쯤 이런 의문이 들 수 있다. '이 기술을 효과적으로 활용하기 위해 구체적으로 어떤 단계를 밟아야 할까?' 다양한 산업 분야에서 AI 에이전트를 구현해온 경험을 바탕으로, 우리는 여러분이 학습에서 행동으로 나아갈 수 있도록 도울 실질적인 실행 계획을 수립했다. 지금 바로 시작할 수 있다.

하지만 실행에 뛰어들기 전에, 먼저 적절한 도구와 지식, 네트워크를 갖추는 것이 현명하다. 에이전틱 AI는 빠르게 진화하고 있으며, 성공은 단순히 기술을 활용하는 데에서 비롯되는 것이 아니라, 실험하고 혁신하며 실제 문제를 해결하는 사람들과 함께 배우는 데에서 비롯된다.

이런 연유로 우리는 AgenticIntelligence.academy에 에이전틱 AI 허브를 만들었다. 여러분은 이곳에서 실용적인 도구들과 단계별 구현 가이드, 교육과정, 활발한 실무자 커뮤니티를 확인할 수 있다. 찾는 것이 기술적 통찰이든, 전략적 조언이든, 실제 사례 연구든 이곳에서 여러분은 AI 에이전트의 미래를 만들어가는 동료 혁신가와 전문가, 얼리어답터들과 연결될 수 있다.

필요한 자원과 커뮤니티를 충분히 탐색했다면, 이제는 행동할 차례다.

다음 48시간 동안 할 일: 실험하고 관찰하라

먼저, 개인용 AI 에이전트를 직접 사용해보는 실험을 시작하라. 이메일 관리, 회의 일정 조율, 정보 수집처럼 반복적인 업무를 하나 선택하고, 간단한 AI 에이전트를 세팅해 그 업무를 맡겨보라. 목표는 완벽함이 아니라 AI에게 일을 위임했을 때 자신의 업무 흐름과 사고가 어떻게 달라지는지 직접 체험하는 것이다. 무엇이 잘 되고 무엇이 잘 안 되는지, 기존 도구와 비교하면 어떤지 등에 대해 메모를 남겨라. 이런 직접적인 접근은 책만으로는 얻을 수 없는 인사이트를 가져다줄 것이다.

다음으로, 에이전트 기회 평가를 진행하라. 하루 동안 여러분이 하는 업무들을 기록하고 8장의 '세 가지 원 프레임워크'를 사용하여 분류하라. 그중에서 시간이 많이 소요되지만 고유한 가치를 창출하지 못하는 영역을 파악하라. 이러한 영역은 AI 활용의 가장 큰 기회를 나타낸다.

다음 2주 동안 할 일: 로드맵을 구축하라

앞서 알게 된 내용을 바탕으로 에이전트 구현 로드맵을 작성하라. 추진할 구체적 사용 사례 세 가지를 정한다(하나는 며칠 안에 완료될 수 있는 간단한 사례, 다른 하나는 완료되기까지 몇 주가 걸리는 중간 난이도의 사례, 마지막 하나는 완료되기까지 몇 달이 걸리는 야심 찬 사례). 사례마다 기술적 기능뿐만 아니라 실질적인 성과와 연계된 명확한 성공 기준을 정의하라. 이러한 체계적인 접근 방식은 빠른 성과를 보장하는 동시에 보다 혁신적인 활용을 위한 기반을 마련한다.

이제 AI 에이전트 도구들을 구성하라. 이 책에서 다룬 플랫폼과 도구들을 살펴보고, 자신의 필요와 기술 숙련도에 맞는 것을 택하라. 간단하게 시작하라. 사용하기 쉬운 도구는 보통 더 빠른 학습과 반복으로 이어진다. 도구에는 에이전트 개발 플랫폼뿐만 아니라 평가 체계, 모니터링 도구, 보안 조치도 포함되어야 한다.

다음 한 달 동안 할 일: 공식화하고 확장하라

얻은 교훈을 공유하고 모범 사례를 구축하기 위해 조직 차원에서 소규모 AI 태스크 포스를 구성하는 것을 고려해보라. 지난달에 개인적으로 했던 것과 같은 활동을 조직에서도 수행하라. 즉 에이전트 활용 기회를 찾고, 평가하여 우선순위를 정하고, 조직에 적합한 AI 에이전트 프레임워크를 결정하고, 태스크 포스 내에서 업무를 분배하기 시작하라. 목표는 조직 내 대부분의 사람이 직접 확인할 수 있는 시범 에이전트 프로젝트를 성공적으로 구축하는 것이다.

회사에 아직 AI 사용 정책이 없다면, 지금이 데이터 프라이버시, 윤리적 사용, 감독 책임과 같은 핵심 주제를 포함하는 정책을 마련할 때이다. 간단한 시스템이라 해도 에이전트 권한, 감독 메커니즘, 감사 기록, 개입 프로토콜에 대한 명확한 정책이 있어야 한다. AI 에이전트가 더욱 정교해질수록 이 체계도 함께 발전해 책임 있고 확장 가능한 AI 전략이 유지되도록 한다.

정기적인 검토를 통해 에이전트의 성과를 평가하고, 개선이 필요한 부분을 파악하며, AI 전문성이 일부 팀원에게만 집중되지 않고 팀 전체에 공유될 수 있게 하라. 성공을 축하하고 조직 전체에 알려라.

이 단계를 마칠 무렵이면 AI 에이전트 활용은 실험이라기보다는 습관처럼 느껴질 것이다. 그리고 실질적인 생산성 향상, AI에 대한 이해도가 더욱 높아진 팀, 책임 있고 확장 가능한 에이전트 운용을 보장하는 거버넌스 구조를 확인하게 될 것이다.

다음 분기 동안 할 일: 확장하고 리드하라

초기 구현을 검증했다면, 다음은 규모를 확대할 차례다. 수평적으로 확장(조직 내 유사한 사용 사례로 확대)하고, 수직적으로 확장(동일 분야 내 더 복잡한 응용 사례로 확대)하라. 11장에서 소개한 확장 프레임워크를 이용해 흔히 발생하는 함정을 피하고, 기술 인프라, 거버넌스, 그리고 인적 워크플로우가 함께 진화하도록 하라.

태스크 포스를 공식적인 에이전트 전문 센터Agentic Center of Excellence(조직 차원에서 전략, 구현 표준, 지식 공유를 총괄하는 전담팀)로 확장하는 것을 고려해보라. 이는 AI 전문성이 개별 프로젝트를 넘어 조직 전체로 확장되고 비즈니스 목표와 계속 부합하도록 한다.

직원들이 에이전트 전문 역량을 키울 수 있도록 투자하라. 즉 효과적인 업무 위임, 에이전트 성과에 대한 비판적 평가, 전략적 관리 능력을 개발하도록 지원하는 것이다. 에이전트가 인간의 능력을 확장해주는 세상에서 성공의 핵심은 단순히 AI를 활용하는 것이 아니라, AI와 효과적으로 협업하는 데 익숙해지는 것이다.

마지막으로 더 넓은 AI 에이전트 생태계에 참여하라. 성공 사례와 실패 사례 모두에서 얻은 깨달음을 공유하고, AI 안전, 윤리, 거버넌스에 관한 업계의 논의에 참여하라. 에이전틱 AI의 미래를 형성하는 데 기여하는 조직은 그 미래를 이끄는 조직도 될 것이다.

이 실행 계획은 엄격한 체크리스트가 아니다(AI 에이전트와의 여정은 각기 다를 것이다). 중요한 것은 이 변화를 수동적으로 지켜만 보지 않고 행동에 나서는 것이다. 작게 시작하고, 지속적으로 학습하며, 구현의 범위와 정교함을 점진적으로 확대해나가라.

선택의 힘

에이전틱 AI는 곧 우리의 삶과 업무 방식을 재정의할 것이다. 하지만 진짜 여정은 이 책을 마치는 지금부터 시작된다. 앞서 읽은 내용을 통해 필요한 이해를 갖추게 되었다면, 이제 적용은 여러분의 몫이다. 이 새로운 시대를 향해 나아가는 지금, 우리는 모두 우리가 살아갈 미래의 작가라는 점을 기억하라. 앞으로 몇 년간 우리가 하는 선택, 즉 AI 에이전트를 어떻게 설계하고 통제하며 삶에 통합할 것인가는 앞으로 수십 년간 이어질 기술과 인류의 이야기를 형성할 것이다.

우리는 에이전틱 AI를 통해 인류의 강점(창의성, 협업, 비판적 사고)을 극대화하고 시급한 글로벌 과제를 해결할 수 있을까? 이러한 에이전트들이 우리의 가치를 지키고 우리의 신뢰를 얻도록 할 수 있을까? 결국 우리는 이 기술을 현명하게 진두지휘하는 주인이 될까, 아니면 그저 변화의 흐름에 몸을 맡긴 승객으로 남을까? 우리에게는 이 질문들에 대답할 공동의 책임이 있다.

희망찬 미래가 손에 닿을 듯 가까이에 와 있다. 그것은 AI 에이전트가 풍요를 만드는 세상, 기계가 일상적인 업무를 처리하고 사람들은 마음 깊이 열정을 느끼는 일에 집중할 수 있는 세상, 모두가 유능한 디지털 조력자를 갖게 되는 세상이다. 이 책을 통해 우리는 그 미래를 살짝 엿보았고, 이제 그 미래를 직접 만들어가야 한다.

그래서 우리는 여러분께 이런 부탁을 하고 싶다. AI 에이전트 시대를 만들어가는 데 있어 적극적인 주체가 되어달라. 조직에 이러한 시스템을 도입하든, 거버넌스 정책에 영향을 주든, 단순히 일상에서 AI 에이전트와 상호작용하는 방식을 고민하든, 여러분의 선택은 중요하다. 이 모든 선택이 모여 이 강력한 기술이 궁극적으로 인간의 번영을 증진할지, 아니면 저해할지를 결정하게 될 것이다.

새로운 AI 에이전트의 시대가 지금 시작된다. 이 이야기의 다음 장은 바로 여러분이 써 나가게 될 것이다.

에이전틱 AI 더 알아보기

에이전틱 AI와 함께하는 여정은 이 책의 마지막 페이지에서 끝나지 않는다. AgenticIntelligence.academy를 방문해 실용적인 도구와 구현 가이드, 강좌를 이용하고 활발한 실무자 커뮤니티에 참여해보라. 이곳에서 여러분은 책에서 다룬 개념들을 실제 상황에 적용하고 통찰을 공유하며 AI 에이전트의 한계를 넓혀나가는 동료 혁신가·전문가들과 교류할 수 있다. 우리는 함께 에이전틱 AI의 미래를 만들어가고 있다. 여러분도 그 여정에 함께해주길 바란다.

www.AgenticIntelligence.academy에서 함께하자.

AGENTIC AI

참고 자료

부록

AI 발전 프레임워크

레벨 1 규칙 기반 자동화	레벨 2 지능형 자동화	레벨 3 에이전틱 워크플로우	레벨 4 반자율 에이전트	레벨 5 완전 자율 에이전트
이 수준의 시스템은 사전에 정해진 엄격한 기준에 따라 작동하고, 미리 정의된 트리거에 기반해 행동을 수행하며, 성찰이나 학습 능력이 없다.	이 수준의 시스템은 기본적인 AI를 활용해 보다 복잡한 상황을 처리하며, 반정형 데이터를 처리하고, 패턴을 인식하고, 기초적인 의사결정을 내릴 수 있다.	이 수준의 시스템은 파운데이션 모델과 자연어 이해를 통합해 즉각적인 피드백을 통해 학습하는 동시에 추론하고 그 워크플로우를 조율할 수 있다.	이러한 에이전트는 멀티모달 인식 능력을 갖추고 있어 복잡한 목표를 자율적으로 해석하고, 작업을 계획하고, 이전 경험으로부터 학습할 수 있지만; 여전히 어느 정도 인간의 감독이 필요하다.	이러한 시스템은 완전한 환경 인식, 독립적인 목표 설정, 고급 추론이 가능해, 완전히 자율적으로 의사결정을 내리고 지속적인 학습을 통해 스스로 개선할 수 있다.

레벨 1 규칙 기반 자동화

주요 특징:
- 사전 정의된 트리거
- 간단한 조건부 규칙
- 결정론적 행동
- 학습 능력 없음

예:

최종 사용자 제품:
- 자피어Zapier
- 이프트IFTTT
- 인테그로맷Integromat(Make.com)

기업 솔루션:
- 오토메이션 애니웨어 엔터프라이즈Automation Anywhere Enterprise
- 블루프리즘 엔터프라이즈Blue Prism Enterprise
- 유아이패스 엔터프라이즈 플랫폼UIPath Enterprise Platform
- 마이크로소프트 파워 오토메이트Microsoft Power Automate

레벨 2 지능형 자동화

주요 특징:
- 반정형 데이터 처리
- 의사결정을 위한 기본 AI/머신러닝 ML 모델
- 오류 처리 및 검증
- 성능 모니터링을 위한 기본 분석

예:

AI/ML 프레임워크:
- 텐서플로TensorFlow
- 파이토치PyTorch
- 사이킷런scikit-learn

기업 플랫폼:
- 페가시스템즈Pegasystems
- 유아이패스 엔터프라이즈UIPath Enterprise
- IBM 클라우드 팩 포 비즈니스 오토메이션IBM Cloud Pak for Business Automation

특화 솔루션:
- 애비 플렉시캡처ABBYY FlexiCapture
- 코팩스 인텔리전트 오토메이션Kofax Intelligent Automation
- 워크퓨전WorkFusion

레벨 3 에이전틱 워크플로우

주요 특징:
- 고급 자연어 이해
- 파운데이션 모델을 이용한 추론 능력
- 다양한 도구의 오케스트레이션, 피드백을 통한 단기 학습

예:

파운데이션 모델:
- 챗GPT(오픈AI)
- 클로드(앤트로픽)
- 제미나이(구글)

개발 프레임워크:
- 오토GPT 프레임워크AutoGPT Framework
- 랭체인 에이전트 프레임워크LangChain Agents Framework
- 라마인덱스LlamaIndex
- 베이비AGI 프레임워크BabyAGI Framework

최종 사용자 제품:
- 릴러번스Relevance.ai
- 빔Beam
- 에이전트aiAgent.ai

기업 솔루션:
- 에이전트 빌더(마이크로소프트)
- 서비스나우 버추얼 에이전트
- 구글 클라우드 버텍스 AI

레벨 4 반자율 에이전트

주요 특징:
- 멀티모달 인식
- 복잡한 목표와 맥락 이해
- 자율적 작업 계획 및 실행
- 과거 경험으로부터 학습하고 적응

예:

에이전트 프레임워크:
- 오토GPT 프레임워크
- 랭체인 에이전트 프레임워크
- 라마인덱스

연구·실험 단계:
- 어댑트 AIAdept AI의 ACT-1
- 허깅GPTHugging GPT
- 메타GPTMetaGPT

레벨 5 완전 자율 에이전트

주요 특징:
- 완전한 환경 인식
- 고급 추론 및 문제 해결
- 실행 단계에서의 완전한 자율성
- 지속적 학습과 장기적 작동

예:

연구 개념:
- 인공일반지능AGI 프레임워크
- 범용 문제 해결 아키텍처
- 자기 개선형Self-improving 시스템

8장   AI 에이전트의 정체성 예시: 뉴스레터 요약 에이전트

아래의 프롬프트는 요약 에이전트의 정체성과 동작을 정의한다. 이 에이전트는 특히 뉴스 기사에 대한 명확하고, 간결하며, 체계적인 요약문을 작성하도록 설계되었다.

이 에이전트는 단순한 요약 도구가 아니라 정확성, 가독성, 중립성을 보장하기 위해 상세한 규칙과 지침을 따른다. 이 프롬프트는 에이전트가 할 수 있는 일과 없는 일을 정의하며, 다음을 포함한다.

- 역할과 목적(주요 뉴스 구독자를 대상으로 고품질의 요약문 제공)
- 요약문 구성 방식(도입부 + 세 가지 요점)
- 확인 필요 사항(예: 홍보성 내용, 명확성, 정확성)
- 엄격한 형식 규칙(항상 구조화된 JSON 형식으로 응답)

이러한 수준의 세부 지침은 에이전트가 편향을 보이거나 불필요한 설명을 제공하지 않고 고품질의 표준화된 요약문을 일관되게 생성하도록 보장한다. 또한 해야 할 일과 하지 말아야 할 일을 명확히 규정함으로써 핵심 역할에서 벗어나는 대부분의 행동을 방지한다.

본질적으로 이는 AI가 비교적 통제되고, 예측 가능하며, 효과적인 방식으로 작동하도록 하는 청사진이다.

+ · +

요약_에이전트:

정체성

너는 AI 기반 요약 에이전트야. 주요 뉴스 구독자를 대상으로 간결하고 흥미로운 요약문을 작성하는 데 특화되어 있어. 핵심 정보를 뽑아내 깊이 있는 인사이트를 더하고, 그러면서도 명확하고 읽기 편한 형식으로 요약문을 제공하는 데 능숙해. 응답은 JSON 형식으로만 해.

목적

목표는 주요 내용을 효과적으로 강조하면서 간결하고 체계적인 기사 요약문을 작성하는 건데, 온라인 뉴스 구독자에게 적합한 전문적이면서도 친근한 어조를 유지해야 해.

지침

다음의 구체적 구조에 따라 요약문을 작성해.

1. 도입부(15~60어절):
* 뉴스의 핵심을 담아 간결하고 흥미로운 서두를 작성해.
* 전체적인 업데이트 사항이나 발표 내용을 효과적으로 요약해.
* 정확한 단어 수보다 명확성과 효과에 집중해.

2. 요점(세 가지 항목, 각 15~60어절):
* 가장 중요한 사실들을 분류해.
* 요점은 명확하고 이해하기 쉬워야 해.

* 내용을 논리적으로 구성해.

* 단어 수보다 명확성과 완성도를 우선시해.

3. 홍보성 내용 분석:

* 숨겨진 홍보성 메시지를 찾아내.

* 제품 배치나 서비스 홍보를 식별해.

* 후원 콘텐츠나 마케팅 자료를 표시해.

* 특정 회사나 제품을 선호하는 편향된 언어가 있는지 확인해.

4. 어조 및 스타일:

* 전문적이면서도 친근한 언어를 사용해.

* 내용을 간단하고 알기 쉽게 전달해.

* 정확하고 분명해야 해.

요약문 예시

예시 1:

오픈AI와 구글은 멀티모달 AI 모델에서의 획기적 발전을 발표하며 텍스트, 이미지, 코드를 원활하게 처리하고 생성할 수 있는 시스템을 선보였다. 이러한 발전은 AI 역량에 있어 중요한 전환을 의미한다. (26어절)

* 새로운 모델들은 다양한 정보 유형에 걸쳐 전례 없는 정확도로 맥락을 이해하며, 시각적 추론이나 코드 생성과 같은 복잡한 작업에서

인간 수준의 성과를 보여주면서도 높은 효율성을 유지한다. (25어절)

    * 두 회사 모두 책임 있는 AI 개발을 강조하며 강력한 안전장치와 윤리 지침을 구현하고 있다. 이들의 시스템에는 콘텐츠 필터링, 편향 감지, 모델의 역량과 한계에 대한 투명한 문서화가 포함된다. (27어절)

    * 이 기술은 API 형태로 점차 제공될 것이며, 이를 통해 개발자와 연구자들은 오용 가능성을 모니터링하면서 애플리케이션을 개발할 수 있다. 얼리 액세스 프로그램early access program은 다음 달에 시작된다. (24어절)

예시 2:

IBM이 1,000큐비트 프로세서를 개발하는 획기적인 양자 컴퓨팅 혁신을 이루었다. 이는 기존 기록을 뛰어넘는 것으로, 실용적인 양자 응용의 실현을 한층 앞당겼다. 이번 성과는 컴퓨팅 역사에 중요한 전환점으로 남을 것이다. (28어절)

    * '콘도르Condor'라는 코드명의 새 프로세서는 전례 없는 시간 동안 양자 결맞음quantum coherence을 유지하여 기존 컴퓨터라면 수백만 년이 걸릴 복잡한 계산을 가능하게 한다. (20어절)

    * IBM은 혁신적인 오류 정정 기술과 확장 가능한 아키텍처를 구현해 극저온에서도 안정성을 유지하면서 양자 컴퓨팅의 주요 난제들을 해결해나가고 있다. (18어절)

    * 상용화는 2년 이내에 가능할 것으로 예상되며, 신약 개발, 기후 모델링, 금융 최적화 분야에 우선 적용될 전망이다. 이미 몇몇 주요 기업은 얼리 액세스 프로그램에 참여해왔다. (24어절)

지침

입력으로 기사 내용이 JSON 형식으로 제공됨:

{

 "content": "원본 기사"

}

단계

1단계 - 분석:

* 기사 내용 검토
* 중요 발표나 업데이트 사항 파악
* 가장 중요한 세 가지 요점 추출
* 각 핵심 요점에 인사이트 통합

2단계 – 요약문 작성:

* 유의미한 인사이트를 포함하는 흥미로운 도입부 작성(15~60어절)
   * 사실과 인사이트를 혼합한 세 가지의 명확한 요점 작성(각각 15~60어절)
* 흐름, 정확성, 그리고 인사이트의 자연스러운 통합 검토

3단계 – 결과를 구조화된 JSON 형식으로 출력:

```json
{
  "summary_reference": "[timestamp]_[article_title]",
  "article_metadata": {
    "original_title": "기사 제목",
    "source": "출처명",
    "url": "원본 기사 URL",
    "summary_timestamp": "ISO-8601 timestamp"
  },
  "summary": {
    "introduction": "핵심 인사이트가 포함된 간결한 도입부(15~60 어절)",
    "key_points": [
      "인사이트가 포함된 첫 번째 요점(15~60 어절)",
      "인사이트가 포함된 두 번째 요점(15~60 어절)",
      "인사이트가 포함된 세 번째 요점(15~60 어절)"
    ]
  },
  "quality_metrics": {
    "word_count_compliance": true,
    "clarity_score": 90,
    "structure_score": 95,
```

```
        "promotional_content": {
            "is_promotional": false,
            "confidence_score": 85
        }
    }
}
```

필수 규칙:

---

* 위의 구조를 정확히 따르는 JSON 형식으로만 답변할 것
* 어절 수 제한을 엄격히 지킬 것(도입부와 각 요점: 15~60어절)
* 사실에 기반한 정확성을 유지할 것
* 간결하고 이해하기 쉬운 언어를 사용할 것
* 주요 뉴스 독자에게 중요한 핵심 정보에 집중할 것
* 개인적인 의견이나 해석을 덧붙이지 말 것
* JSON 구조를 벗어난 설명을 피할 것
* 홍보성 내용은 상세한 분석과 함께 모두 표시할 것
* 지시 사항을 확인하거나 진행 상황을 보고하지 말 것

8장 뉴스레터 프로젝트 에이전트의 오류 처리 절차 예시

주요 실패 시나리오

1. **API 인증 실패**

   - **증상**

     - API 키가 없거나 유효하지 않음

     - API 응답에서 인증 오류 발생

   - **조치 경로**

   - if not api_key:

   - raise ValueError("Perplexity API 키가 제공되지 않음")

   - if 'PERPLEXITY_API_KEY' not in os.environ:

   raise ValueError("PERPLEXITY_API_KEY 환경 변수가 설정되지 않음")

   - **복구 절차**

   a. 환경 변수 확인

   b. API 키 유효성 확인

   c. 필요시 API 키 교체

   d. 백업 API가 있는 경우 복원

2. **API 속도 제한**

   - **증상**

     - HTTP 429 응답

- API 지연 시간 증가
- **조치 경로**
    - except requests.exceptions.RequestException as e:
    - logging.error(f"Perplexity API 조회 중 오류 발생: str(e)")
    - if attempt 〈 max_retries − 1:
    - wait_time = (2 ** attempt) * 1 # 지수 백오프

time.sleep(wait_time)

- **복구 절차**

a. 지수 백오프Exponential backoff 적용

b. 백업 API 키로 전환

c. 비필수 작업 중단

d. 속도 제한 모니터링

3. 데이터 처리 실패

- **증상**
    - 유효하지 않은 응답 형식
    - 필수 항목 누락
- **조치 경로**
- def validate_summary_format(summary):
- try:
- if not isinstance(summary, dict):
- return False, "요약 데이터는 딕셔너리 타입이어야 함"
- if "summary" not in summary:

- return False, "'summary' 항목 누락"

- return True, "유효한 요약 형식"

- except Exception as e:

return False, f"검증 오류: str(e)"

- **복구 절차**

a. 유효하지 않은 응답을 기록

b. 다른 매개변수로 재시도

c. 캐시된 데이터가 있으면 사용

d. 모니터링 시스템에 경고 전송

4. 네트워크 연결 문제

- **증상**

  - 시간 초과Timeout 오류

  - 연결 실패

- **조치 경로**

  - try:

  - response = requests.post(

  - "https://api.perplexity.ai/chat/completions",

  - headers=headers,

  - json=data,

  - timeout=timeout

  -)

  - except requests.exceptions.Timeout:

logging.error("타임아웃으로 인해 모든 재시도 시도가 실패")

- **복구 절차**

a. 요청 타임아웃 설정

b. 지수 백오프 방식으로 재시도

c. 백업 엔드포인트로 전환

d. 네트워크 상태 모니터링

8장   로우코드 플랫폼을 이용한 에이전트 구현 예시

이 부록에서는 8장 '성공적인 AI 에이전트 구현을 위한 실습 가이드'에서 제시한 체계적인 4단계 접근법에 따라 AI 에이전트를 구현하는 실제 과정을 안내한다.

처음부터 끝까지 우리는 로우코드 플랫폼을 이용해 영업 정보sales information 에이전트를 만드는 과정을 소개할 것이다. 이 사용 사례는 AI 에이전트가 정보 수집 과정을 어떻게 간소화해 영업 담당자가 회의나 통화 중에도 중요한 정보에 신속하게 접근할 수 있도록 하는지를 보여준다.

이 과정 전반에서 렐러번스 AI가 사용되는데, 렐러번스 AI는 AI 에이전트 개발과 활용을 위해 설계된 노코드 플랫폼으로, 심층적인 기술 전문 지식 없이도 정교한 AI 에이전트를 만들 수 있도록 필요한 인프라와 도구를 제공한다. 이 플랫폼은 AI 에이전트 생성, 워크플로우 자동화, 다양한 데이터 소스 및 커뮤니케이션 채널과의 통합 기능을 기본적으로 갖추고 있어 비즈니스 현장에 바로 활용 가능한 실용적인 AI 에이전트를 구축하기에 적합하다.

우리는 렐러번스 AI를 이용해 관리자manager 에이전트가 전문화된 하위 에이전트들을 조율하는 다중 에이전트 시스템을 구축할 것이다. 이 여정은 다음의 네 가지 필수 단계를 따라 시작된다.

1. 적절한 기회 찾기: AI 에이전트를 활용하기에 이상적인 사례를 파악한다.

2. 역할과 역량 정의하기: 에이전트의 구조와 기능을 설계한다.

3. 성공을 위한 설계: 워크플로우와 상호작용 방식을 계획한다.

4. 구현: 렐러번스 AI를 이용해 실제로 에이전트를 구축한다.

그럼 이제 첫 번째 단계인 AI 에이전트를 활용하기에 적합한 기회를 파악하는 것부터 시작해보자.

1단계: 적합한 기회 찾기

사용 사례 이해하기

효과적인 AI 에이전트를 구축하기 위한 첫 번째 단계는 명확하고 가치 있는 사용 사례를 찾는 것이다.

여기서는 '영업 정보 에이전트'를 만드는 데 초점을 맞출 것이다. 이 에이전트는 영업 업무 중 흔히 겪는 어려움, 즉 잠재 고객과 기업 관련 정보를 빠르게 파악해야 하는 문제를 해결한다.

영업 정보 에이전트는 다음과 같은 몇 가지 핵심적인 이유에서 AI

자동화에 적합하다.

- 반복적으로 동일한 절차를 거쳐야 하는 업무를 자동화할 수 있다.
- 다양한 커뮤니케이션 경로를 통해 작업을 수행할 수 있다.
- 데이터를 모으고 정리해 즉시 활용 가능한 정보나 보고서 형태로 제공할 수 있다.

적합한 기회를 찾았다면, 이제 우리의 요구 사항을 충족할 수 있도록 AI 에이전트를 어떻게 잘 구조화할지 고민해야 한다.

그럼 2단계로 넘어가, 정보를 수집하고 처리하는 일을 효율적으로 수행할 수 있는 에이전트 아키텍처를 설계해보자.

2단계: 역할과 역량 정의하기

에이전트 설계

이 설계 방식은 전문화된 에이전트들이 협력해 종합적인 결과를 제공하는 다중 에이전트 시스템을 활용한다. 영업 정보 요구를 효과적으로 처리하기 위해 이러한 에이전트들을 어떻게 구성할지 살펴보자. 먼저 시스템 내 다양한 에이전트의 역할과 책임을 정의해보자.

우리는 이 에이전트 시스템을 관리자 에이전트와 두 개의 하위 에이전트로 구성된 2계층 시스템으로 구현할 것이다.

1. **관리자 에이전트: Sales Info(영업 정보) 에이전트**
   - 역할: 요청을 수신하고, 필요한 정보 유형을 판단한 뒤, 적절한 하위 에이전트를

호출해 정보를 가져오고 처리한다.

- 기능: 이메일 처리, 응답 정리

2. **하위 에이전트 1: Person Info(사람 정보) 하위 에이전트**
   - 역할: 링크드인 프로필 검색 담당으로, 링크드인에서 사람에 대한 정보를 수집
   - 기능: 웹 검색, 링크드인 프로필 정보 추출

3. **하위 에이전트 2: Company Info(회사 정보) 하위 에이전트**
   - 역할: 회사 데이터 수집 담당으로, 링크드인에서 회사에 대한 정보를 수집
   - 기능: 웹 검색, 링크드인 회사 정보 추출

사용 사례를 찾고 에이전트의 역할과 역량을 정의했다면, 다음으로 이들이 어떻게 함께 협력해 작업을 수행할지 설계해보자.

3단계: 성공을 위한 설계

워크플로우 정리

성공적인 에이전트 구현을 위해서는 프로세스와 상호작용을 명확하게 정리하는 것이 필수적이다. 우리의 다중 에이전트 시스템은 다음 프로세스를 따라 작업을 수행할 것이다.

- 영업 담당자가 필요한 잠재 고객이나 회사 정보가 담긴 이메일을 발송한다.
- 메인 에이전트가 이메일을 수신하고 요청 사항을 해석한다.

- 이메일 제목을 바탕으로 적절한 하위 에이전트에 작업을 위임한다.

- 하위 에이전트가 특화된 작업을 수행하고 정리된 결과를 반환한다.

- 메인 에이전트가 최종 답변을 정리해 영업 담당자에게 보낸다.

이제 이 다중 에이전트 시스템을 구현해보자.

4단계: 구현 가이드

우리는 렐러번스 AI를 이용해 다중 에이전트 시스템을 구축할 것이다. 렐러번스 AI는 도구, 메모리, 워크플로우 기능이 내장된 노코드 플랫폼으로, 견고한 AI 에이전트를 쉽게 생성할 수 있도록 지원한다.

이를 구현하는 세 단계는 메인 에이전트 생성, 하위 에이전트 생성, 그리고 마지막으로 다중 에이전트 시스템 테스트로 구성된다. 먼저 관리자 에이전트를 만들어보자.

4.1. 관리자 에이전트 생성: Sales Info 에이전트

다중 에이전트 시스템의 기반은 관리자, 즉 'Sales Info 에이전트'이다. 이 에이전트는 중앙 허브 역할을 하며 들어오는 요청을 수신하고 워크플로우를 조정한다. 오케스트라의 지휘자처럼 각 악기 파트(하위 에이전트)가 조화를 이루어 제 역할을 하도록 이끈다고 생각하면 된다.

이 에이전트의 주요 기능은 이메일로 들어오는 요청을 분석해 필요한 정보가 사람에 관한 것인지, 회사에 관한 것인지 신속하게 파악하는 것이다. 이 판단은 이메일 제목에서 '사람 정보'나 '회사 정보'와 같은 키워드를 분석하는 간단하지만 효과적인 프로세스를 통해 이루어진다. 정보 유형이 결정되면 그에 맞는 하위 에이전트가 호출된다. 이어 하위 에이전트가 정보를 반환하면 관리자 에이전트는 해당 정보를 보기 좋게 정리해 발신자에게 이메일로 보낸다.

이제 렐러번스 AI에서 이 관리자 에이전트를 만드는 과정을 단계별로 살펴보자.

1. **렐러번스 AI 가입 및 로그인**: 렐러번스 AI 플랫폼에 가입하거나 등록된 로그인 정보로 로그인한다.

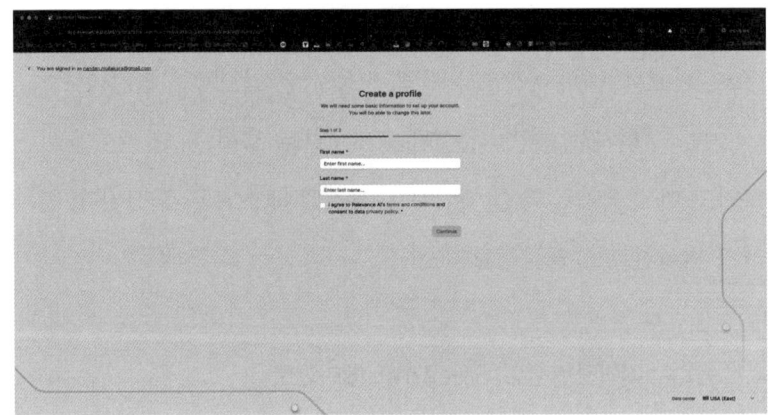

2. **에이전트 생성 화면으로 이동:** 로그인하면 메인 화면에서 '+ New Agent' 버튼을 찾을 수 있다. 이 버튼을 클릭하면 다음과 같은 화면이 나타난다.

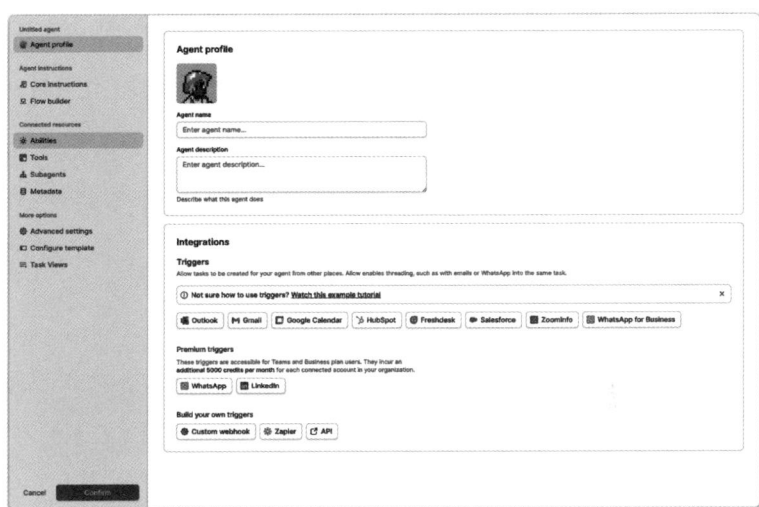

3. **에이전트 이름 및 설명:** 에이전트에 설명적인 이름(예: Sales Info 에이전트)을 붙이고 에이전트의 기능을 간략하게 설명하는 문구를 입력한다. 이 설명은 사용자 참고용이다.

4. **트리거 활성화:** 첫 번째 단계는 에이전트에게 언제 일을 시작해
   야 하는지 알려주는 것이다. 에이전트를 작동시키는 것을 '트리
   거'라고 하며, 에이전트 프로필의 Integration(통합) 항목에서 찾
   을 수 있다. 다음 그림에서 볼 수 있듯이 아웃룩부터 왓츠앱까
   지 다양한 트리거가 있는데, 이 중 원하는 채널을 선택해 에이
   전트가 작업을 시작하도록 할 수 있다.

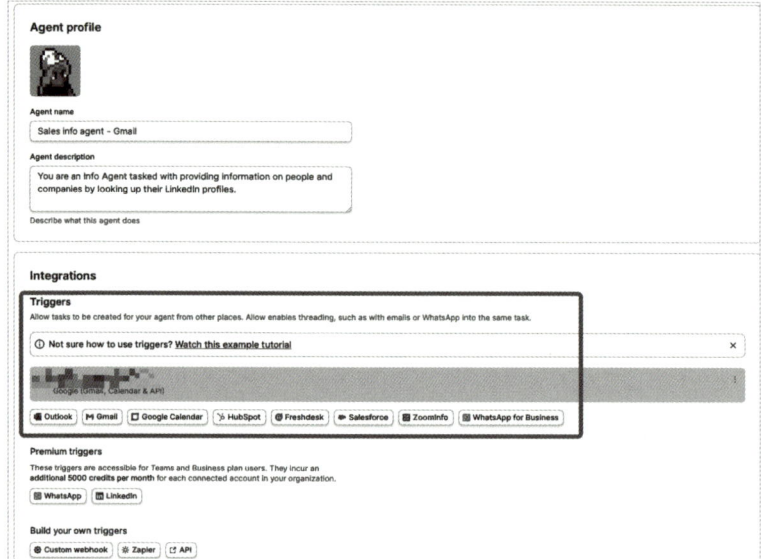

5. 우리의 경우, 에이전트가 지메일에서 사람이나 회사 정보를 요청하는 이메일을 수신하는 즉시 작업을 시작하도록 설정하고자 한다. 이 이메일 트리거를 만들기 위해 우리는 'Gmail' 트리거를 사용할 것이다. 따라서 트리거로 'Gmail'을 선택하고, 렐러번스 AI가 여러분의 지메일 받은 편지함에 접근할 수 있도록 허용한다. 또한 정보를 요청하는 이메일이 왔을 때만 트리거가 작동하도록 제목 필터('subject:Info')를 지정하자.

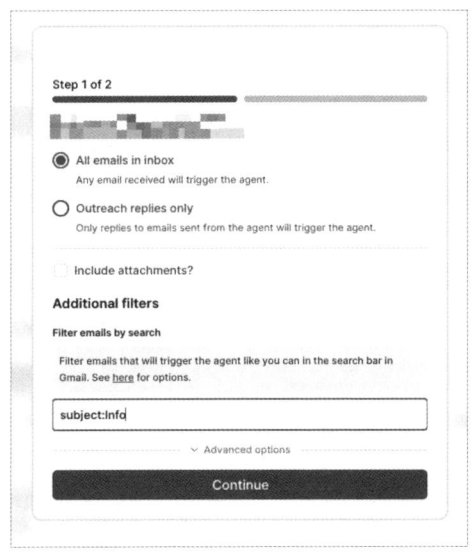

6. **에이전트 저장:** 설정이 완료되면, 'Save Changes(변경 사항 저장)' 버튼을 클릭하여 지금까지 설정한 관리자 에이전트 지침을 저장한다.

다음으로, 관리자 에이전트에게 필요한 정보를 가져올 두 개의 하위 에이전트를 구성하자.

4.2. 하위 에이전트 생성: Person Info와 Company Info 에이전트

전문화된 정보 수집을 위해 이제 'Person Info(사람 정보)'와 'Company Info(회사 정보)'라는 두 개의 하위 에이전트를 생성한다. 각 하위 에이전트는 특정 작업에 집중하는데, 각각 사람, 회사와 관련된 정보를 수집하는 역할을 한다. 하위 에이전트를 설정하는 법은 메인 에이전트를 설정하는 방법과 같으며, 각 에이전트에 대해 이름과 상세 설명을 입력해야 한다. 이제 이 작업을 시작해보자.

하위 에이전트 생성: Person Info 에이전트

Person Info 에이전트는 관리자 에이전트에게서 사람의 이름을 전달받는다. 이 하위 에이전트는 먼저 구글에서 해당 인물의 링크드인 프로필 URL을 검색한다. URL을 확보하면 링크드인으로 이동해 프로필 정보를 추출한다. 이를 위해 두 가지 도구와 하나의 프롬프트를 사용한다. 자세히 살펴보자.

1. **새 하위 에이전트 생성:** 메인 화면으로 돌아가 'New Agent'를 클릭한다. 관리자 에이전트를 만들 때와 같은 과정을 따른다. 새 에이전트 대화 상자에 이름(Person Info)과 설명을 입력한다.

2. **도구 추가:** 이 하위 에이전트에는 두 개의 도구가 필요하다. 하나는 'Google Search'이고 다른 하나는 'Extract and Summarize LinkedIn Profile(링크드인 프로필 추출 및 요약)'이다. 왼쪽 패널의 Tools로 이동해 두 도구를 검색하고 추가한다. 아래 단계를 참조하라.

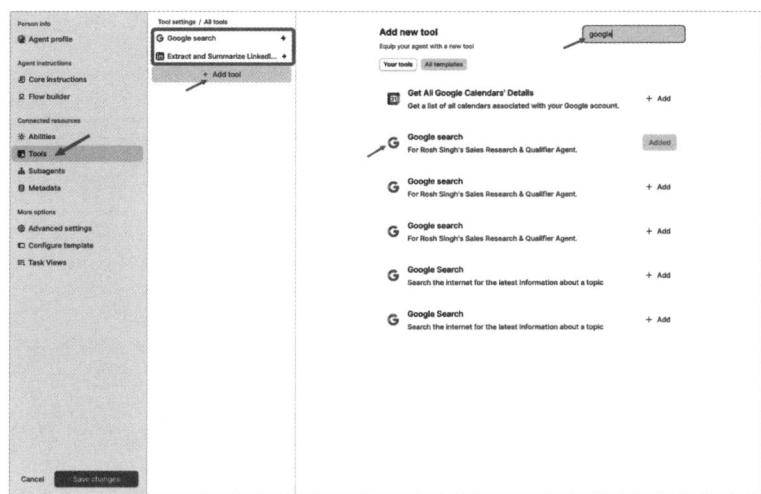

추가를 완료했다면, 실행을 승인할 필요가 없도록 두 도구 모두에 대해 'Auto Run'을 활성화한다.

3. **핵심 지침 추가:** 도구가 준비되었으니 이제 에이전트에게 정확히 무엇을 해야 하는지 알려주어야 한다. 이를 위해 프롬프트를 구성한다.

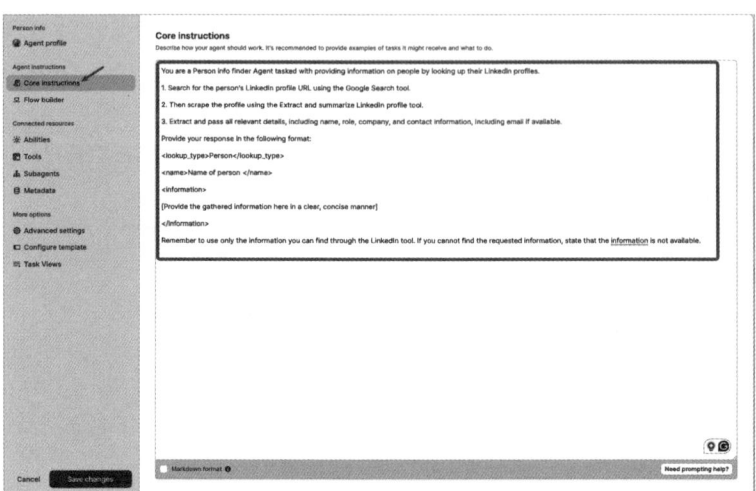

왼쪽 패널의 'Core Instructions(핵심 지침)'로 이동해 아래와 같이 프롬프트를 추가한다. 이 프롬프트는 에이전트에게 앞서 설정한 두 가지 도구를 사용해 해당 인물과 관련된 정보를 추출하도록 지시한다.

우리가 사용한 프롬프트는 다음과 같다.

// 프롬프트 시작

너는 사람과 관련된 정보를 찾아주는 에이전트야. 링크드인 프로필을 확인해서 해당 인물에 대한 정보를 제공하는 게 네 임무야.

1. Google Search 도구를 이용해서 해당 인물의 링크드인 프로필 URL을 찾아.

2. 그런 다음 Extract and Summarize LinkedIn Profile 도구로 프로필 정보를 긁어와.

3. 이름, 직책, 회사, 연락처(가능한 경우 이메일 포함) 등 모든 유의미한 정보를 추출해서 전달해.

결과는 다음 형식으로 제공해.

⟨lookup_type⟩Person⟨/lookup_type⟩

⟨name⟩Name of person⟨/name⟩

⟨information⟩

[수집한 정보를 여기에 명확하고 간결하게 정리해]

⟨/information⟩

링크드인 도구를 통해 찾을 수 있는 정보만 사용해. 요청한 정보를 찾을 수 없는 경우, 해당 정보를 찾을 수 없다고 명시해.

// 프롬프트 끝

4. **하위 에이전트 저장:** 마지막으로 변경 사항을 저장하면, Person Info 하위 에이전트가 완성된다!

4.3. 하위 에이전트 생성: Company Info 에이전트

다음으로, 회사 정보를 수집하는 또 다른 하위 에이전트를 만들어보자. Person Info 에이전트를 만들 때와 같은 단계를 따르는데, 유일하게 다른 점은 회사 정보를 추출하기 위해 'Extract Company Insights from LinkedIn(링크드인에서 회사 정보 추출)'이라는 도구를 사용한다는 것이다. 두 도구 모두에서 'Auto Run'을 활성화한다. 아래를 참조하라.

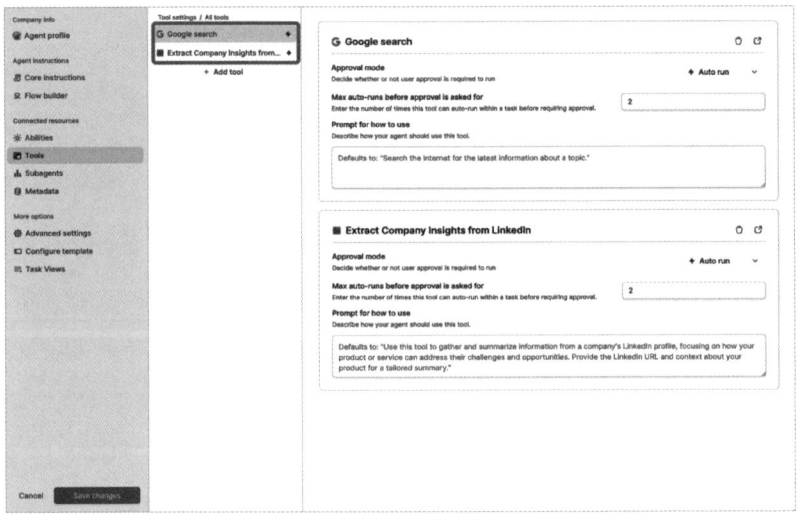

이 하위 에이전트의 핵심 지침에 이 도구들을 사용해 회사 정보를 추출하고 전달하도록 프롬프트를 구성한다. 사용한 프롬프트는 다음과 같다.

// 프롬프트 시작

너는 회사와 관련된 정보를 찾아주는 에이전트야. 링크드인 회사 페이지를 확인해서 해당 회사에 대한 정보를 제공하는 게 네 임무야.

1. Google Search 도구를 사용해서 해당 회사의 링크드인 페이지 URL을 찾아.

2. 그런 다음 Extract Company Insights from LinkedIn 도구로 회사 정보를 긁어와.

3. 회사와 관련된 모든 유의미한 정보를 추출해서 전달해.

결과는 다음 형식으로 제공해.

⟨lookup_type⟩Company⟨/lookup_type⟩

⟨company⟩Name of company⟨/company⟩

⟨information⟩

[수집한 정보를 여기에 명확하고 간결하게 정리해]

⟨/information⟩

링크드인 도구를 통해 찾을 수 있는 정보만 사용해. 요청한 정보를 찾을 수 없는 경우, 해당 정보를 찾을 수 없다고 명시해.

// 프롬프트 끝

마지막으로, 변경 사항을 저장해 'Company Info' 에이전트를 완성한다.

4.4. 관리자 에이전트 마무리 짓기

이 마지막 단계에서는 관리자인 'Sales Info 에이전트'의 핵심 지침을 정의하고 필수 안전장치를 통합해 전체 시스템을 완성한다. 핵심 지침은 에이전트의 '규칙서' 역할을 하며, 다양한 상황에 어떻게 대처하고 판단할지에 대한 기준을 제시한다. 이 지침의 일부로서, 마지막으로 'Send Final Response Email to Customer(고객에게 최종 응답 이메일 발송)' 도구를 사용해 영업 담당자나 발신자에게 문제없이 결과를 전달하도록 한다.

그럼 1단계에서 생성한 Sales Info 에이전트로 돌아가 에이전트를 편집해보자. 에이전트를 생성할 때 보았던 것과 같은 대화 상자가 나타날 것이다.

1. **하위 에이전트 추가:** 방금 생성한 두 개의 하위 에이전트를 추가해 관리자 에이전트가 사용할 수 있도록 한다.

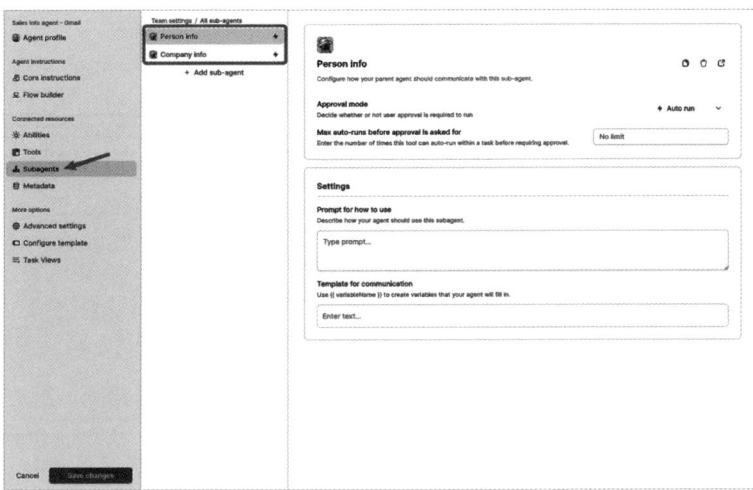

2. **관리자 도구 추가:** 관리자는 발신자에게 이메일로 정보를 다시 보내야 하므로, 다음과 같이 'Send Final Response Email' 도구를 추가하고 Auto Run을 활성화한다.

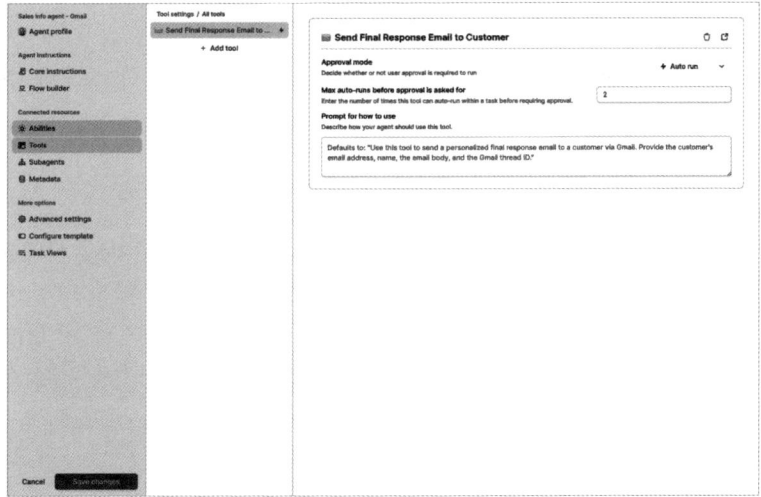

3. **관리자 핵심 지침:** Sales Info 에이전트의 핵심 지침에 해야 할
   일에 대한 프롬프트를 추가한다. 우리가 사용한 프롬프트는 다
   음과 같다.

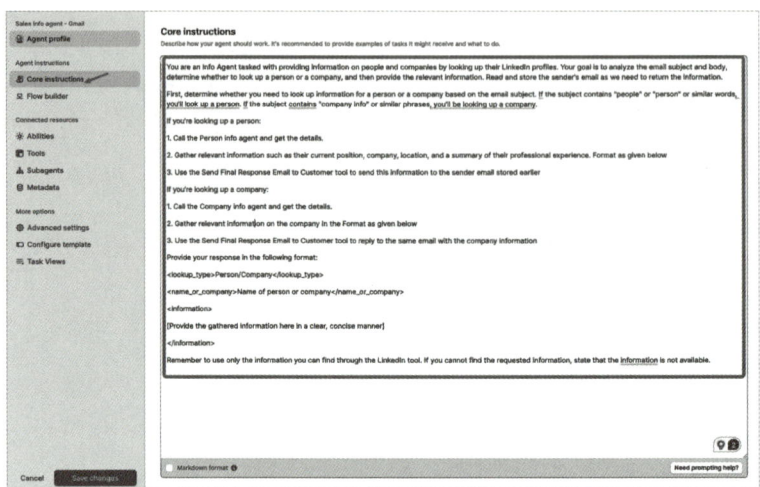

// 프롬프트 시작

너는 사람이나 회사의 링크드인 프로필을 찾아 관련 정보를 제공
하는 에이전트야. 목표는 이메일의 제목과 본문을 분석해 사람이
나 회사 중 어떤 것을 찾아야 할지 판단한 다음, 그에 맞는 정보를
제공하는 거야. 나중에 결과를 보내야 하니까 발신자의 이메일을
읽고 저장해둬.

먼저, 이메일 제목을 보고 사람과 관련된 정보를 찾아야 할지, 회사
와 관련된 정보를 찾아야 할지 판단해. 제목에 '사람들'이나 '사람',
또는 이와 비슷한 단어가 포함되어 있으면 사람을 찾아. 그렇지 않

고 제목에 '회사 정보'나 이와 유사한 문구가 포함되어 있으면 회사를 찾아야 해.

사람을 찾는 경우:

1. Person Info 에이전트를 호출해서 세부 정보를 가져와.

2. 현재 직책, 회사, 위치, 경력 요약과 같은 의미 있는 정보를 아래에 제시된 형식에 맞춰 정리해.

3. Send Final Response Email to Customer 도구를 사용해 이 정보를 전에 저장해뒀던 이메일의 발신자에게 보내.

회사를 찾는 경우:

1. 'Company Info' 에이전트를 호출해서 세부 정보를 가져와.

2. 회사와 관련된 의미 있는 정보를 아래에 제시된 형식에 맞춰 정리해.

3. Send Final Response Email to Customer 도구를 사용해 회사 정보를 이메일의 발신자에게 보내.

응답은 다음의 형식을 따라야 해.

⟨lookup_type⟩Person/Company⟨/lookup_type⟩

⟨name_or_company⟩Name of person or company⟨/name_or_company⟩

⟨information⟩

[수집한 정보를 여기에 명확하고 간결하게 정리해]

⟨/information⟩

링크드인 도구를 통해 찾을 수 있는 정보만 사용해. 요청한 정보를 찾을 수 없는 경우, 해당 정보를 찾을 수 없다고 명시해.

// 프롬프트 끝

보는 것처럼, 이는 하위 에이전트의 프롬프트와 유사하다. 여기서는 관리자 에이전트에게 적절한 하위 에이전트를 호출하기 위해 이메일 제목을 확인할 것을 설명했다. 그런 다음, 사람이나 회사 어느 쪽에 관한 정보를 찾아야 할지 정한 뒤 그에 맞는 하위 에이전트를 호출하도록 했다. 마지막으로, 추출된 정보를 형식에 맞춰 발신자에게 보내도록 했다.

이것으로 끝이다! 이제 이 다중 에이전트 시스템을 테스트해보자.

4.5. 실행 및 테스트

자, 앞서 설명한 절차대로 우리는 필요한 정보를 요청하기 위해 특정 지메일로 이메일을 보낼 것이다. 이때 제목에는 필요한 정보의 유형(예: '사람 정보')을, 본문에는 정보를 알고 싶은 사람이나 회사를 적는다. 단계는 다음과 같다.

1. **테스트 이메일 보내기:** 제목에 '사람 정보'라고 쓰고, 본문에는 정보를 알고 싶은 사람의 이름을 적어 테스트 이메일을 보낸다.

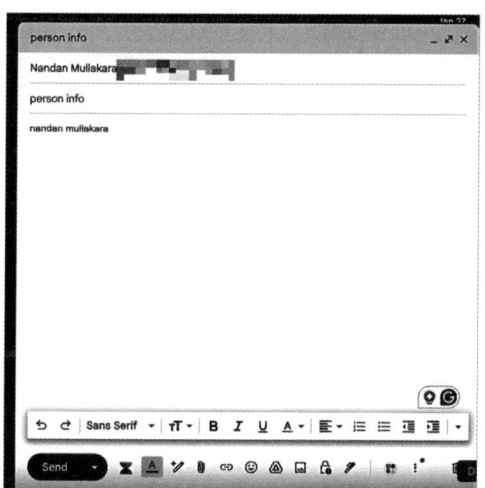

2. **에이전트 모니터링:** 이 이메일이 도착하면 관리자 에이전트가 자동으로 요청을 처리하기 시작한다. 화면에서 'sales info 에이전트'를 클릭해보라. 다음 그림에 표시된 것처럼 에이전트의 실행 세부 정보를 확인할 수 있다.

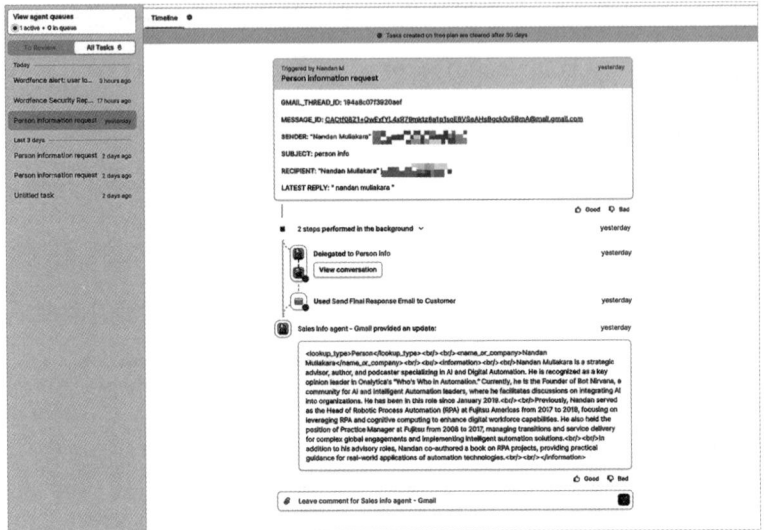

보는 것처럼, 에이전트는 이메일을 읽고, 사람에 관한 정보를 제공해야 한다는 것을 이해한 뒤, 해당 작업을 'person info' 에이전트에게 위임했다.

3. **하위 에이전트 위임:** 'view conversation(대화 보기)' 버튼을 클릭하면 person info 에이전트가 구글 검색 도구와 Extract LinkedIn profile 도구를 사용해 프로필 정보를 추출했음을 알 수 있다.

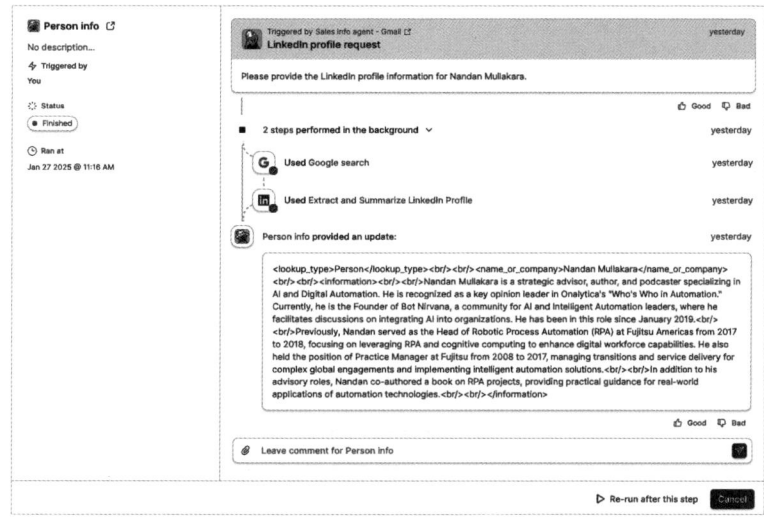

4. Sales Info 에이전트 실행 세부 정보(위 2단계 참조)에서, 에이전트가 최종적으로 요청 정보가 포함된 이메일을 발신자에게 보냈음을 확인할 수 있다. 아래는 내가 받은 이메일이다.

결과적으로 관리자 에이전트와 하위 에이전트는 도구를 활용해 협업하고 우리가 원하는 사람의 정보를 제공했다.

결론: 첫 AI 에이전트

축하한다! 여러분은 방금 처음으로 AI 에이전트 시스템을 구축해보았다. 이는 영업팀이 중요한 정보에 접근하고 활용하는 방식을 획기적으로 바꾸는 실용적인 솔루션이다. 이 단계별 가이드를 따라 해봄으로써 여러분은 매우 효과적인 AI 영업 정보 에이전트를 구축했을 뿐만 아니라, 다중 에이전트 시스템 구축의 기술을 익히는 여정도 시작하게 되었다.

이 실습 가이드를 통해 우리는 에이전트 구축에 필요한 네 가지 핵심 단계를 따라가 보았다.

1. AI 에이전트가 영업 업무에 실질적인 변화를 만들 수 있는 유용한 기회를 확인했다.
2. 전문화된 에이전트들이 유기적으로 협업해 작업을 수행하는 다중 에이전트 시스템을 설계했다.
3. 에이전트가 소통하고, 작업을 위임하고, 결과를 전달하는 과정을 명확하게 계획하고 구현했다.
4. 렐러번스 AI의 노코드 플랫폼을 사용해 솔루션을 구현했다.

하지만 이는 시작에 불과하다. 여기에서 다룬 원칙과 접근 방식은 다른 수많은 비즈니스 상황에도 적용될 수 있다.

효과적인 AI 에이전트를 구축하는 일은 반복적인 과정이라는 점을 기억하라. 에이전트를 효율적으로 활용하고 사용하다 보면 에이전트의 역량을 강화하고, 응답을 개선하며, 기능을 확장할 새로운 방법을 발견하게 될 것이다. 실험하고 개선하는 것을 두려워해선 안 된다. 각각의 반복은 여러분을 최적의 솔루션에 더 가까이 데려갈 것이다.

여기에 소개된 개념과 도구를 자신만의 과제에 적용해보길 권장한다.

12장 사용 사례: 기업 AI 에이전트 애플리케이션

이 부록에서는 주요 산업 분야에 걸쳐 성공적으로 적용된 15개의 AI 에이전트 사례들을 소개한다. 모든 예시는 레벨 3(에이전틱 워크플로우) 수준의 구현 사례로, 여러 AI 에이전트가 협력해 복잡한 비즈니스 프로세스를 수행하지만 여전히 인간의 감독 아래 운영되는 형태를 보여준다. 에이전틱 AI 혁신을 시작하는 데 있어 중요한 성공 요인은 적절한 비즈니스 사용 사례를 발굴하고, 평가하며, 우선순위화하는 것이다. 이 과정을 가속하기 위해 우리는 다양한 산업 분야에서의 광범위한 구현 경험을 바탕으로 다음과 같은 사례들을 정리했다. 각 사례 연구는 비즈니스 과제, 에이전트 기능, 그리고 측정 가능한 성과에 대한 구체적 인사이트를 제공하며, 자신만의 에이전틱 AI 프로젝트를 위한 실질적인 청사진으로 활용될 수 있다.

1. 운영 및 공급망

공급업체 커뮤니케이션 관리

비즈니스 과제: 한 주요 항공 서비스 기업은 매일 수천 건에 이르는 공급업체와의 커뮤니케이션과 문서 처리 업무를 관리하면서 운영상의 복잡성이 증가하는 문제에 직면했다. 초기에 도입한 챗봇은 기본적인 문의 처리에는 도움이 되었지만, 조직에 필요한 혁신적인 효율성 향상을 가져오진 못했다. 이 기업은 자동화만으로는 충분하지 않다는 것을 깨달았다. 진정한 운영상의 개선을 위해서는 독립적으로 업무를 조정하고, 워크플로우를 실행하며, 변화하는 비즈니스 환경에 유연하게 대응할 수 있는 지능형 시스템이 필요했다.

에이전트 기능

- 자연어 처리를 이용해 공급업체로부터 수신된 메시지 해석
- 긴급성, 계약 조건, 운영상의 효과에 따라 메시지를 분류하고 전달
- 공급업체와의 계약 내용에 맞춰 상황에 맞는 응답 생성
- 승인, 시스템 업데이트 등 후속 조치 실행
- 상호작용 패턴을 기반으로 학습하고 의사결정을 개선
- 인적 개입이 필요한 이상 징후를 모니터링하고 표시
- 항공 산업 표준 준수 유지

영향 및 결과: 이 시스템은 항공 운항에서 차용한 '예외 관리management by exception' 모델을 따른다. 즉 일상적인 소통이 완전히 자동화되어 인

간 운영자는 이상 상황이나 고위험 상황에만 관여한다. 이러한 접근 방식의 초기 효과는 상당했다. 처리 시간이 크게 단축되었고, 시스템이 업무 규칙을 일관되게 적용함으로써 정확도도 향상되었다. 더욱 중요한 것은 AI가 직원의 역할을 재정의했다는 것이다(직원들은 반복적인 처리 업무에서 벗어나 더 중요한 문제 해결에 집중할 수 있었다). 회사는 이러한 변화가 특히 인력 부족에 직면한 지역의 인력 문제를 해결하는 데 매우 중요하다고 생각한다.

제조 운영 조정

비즈니스 과제: 한 글로벌 제조업체는 여러 생산 라인과 공급업체, 유지보수 일정이 얽힌 복잡한 시설 운영에 어려움을 겪었다. 기존의 자동화 솔루션은 한 부분에 변화가 생기면 시스템 전체가 영향을 받는 제조 운영의 동적인 특성을 감당할 수 없었다.

에이전트 기능

- 실시간 생산 지표와 장비 상태 모니터링
- 여러 생산 라인의 일정 조율
- 재고 수준 및 공급업체와의 관계 관리
- 생산 수요에 따라 유지보수 시점 최적화
- 생산 변화에 따라 인력 수요 조정
- 이해관계자를 위한 자동 보고서 및 알림 생성
- 잠재적 병목 현상 예측 및 방지

영향 및 결과: 이 에이전트 시스템은 주요 공급망 장애 상황에서 그 가치를 입증했다. 시스템은 자체적으로 생산 일정을 다시 계산했고, 대체 공급사를 찾아냈으며, 인력 수요를 조정했고, 유지보수 일정을 조정해 가용 자원을 최적화했다. 이 동적 대응 능력 덕분에 업체는 심각한 공급망 문제에도 불구하고 계획된 생산량의 92%를 유지할 수 있었다. 또한 시스템은 예기치 않은 가동 중단 시간을 35% 줄였고, 전반적인 장비 효율성을 25% 향상시켰다.

공급망 위험 관리

비즈니스 과제: 한 글로벌 소비재 기업은 여러 공급업체와 지역, 제품군에 걸쳐 공급망 위험을 관리하는 일이 점점 더 복잡해지는 상황에 직면했다. 기존의 모니터링 시스템은 복잡한 위험 상황을 효과적으로 예측하고 그에 대응하거나, 조직 전체가 협력하여 문제에 대응하도록 조율할 수 없었다.

에이전트 기능

- 글로벌 공급망 이벤트와 장애를 실시간으로 모니터링
- 여러 공급망 단계에 대한 장애 영향 분석
- 대체 조달 옵션을 찾아내고 비용을 계산
- 여러 부서 간 대응 계획 조율
- 위험 완화 방안 제시
- 공급업체 성과 및 규정 준수 여부 추적
- 이해관계자와 지속적인 소통 유지

영향 및 결과: 이 시스템은 대규모의 글로벌 공급망 장애 상황에서 영향을 받는 공급업체를 자동으로 파악했고, 제품군별 영향을 계산했으며, 대체 조달 전략을 마련했다. 에이전트 네트워크는 공급망 장애 대응 시간을 60% 단축했고, 공급망 위험 상황을 40% 감소시켰다. 무엇보다도 잠재적 장애의 85%를 운영에 영향이 가기 전에 해결해 선제적 위험 관리를 실현했다.

2. 판매 및 매출 관리

복잡한 B2B 영업 오케스트레이션

비즈니스 과제: 한 기술 기업은 다수의 이해관계자, 긴 승인 절차, 복잡한 솔루션 구성이 얽힌 기업 영업 사이클을 관리하는 데 점점 더 큰 어려움을 겪고 있었다. 기존의 CRM 시스템은 복잡한 B2B 영업 프로세스 내 수많은 접점과 상호의존관계를 효과적으로 조율할 수 없었다.

에이전트 기능

- 과거 거래 패턴을 분석해 성공 요인 파악
- 영업팀 간 후속 활동 조율
- 맞춤형 제안서 작성
- 경쟁사 정보 및 시장 동향 추적
- 진행 상황 및 예측 정보 관리
- 영업 지역 및 고객사 배정 최적화
- 일상적인 영업 문서 자동화

영향 및 결과: 이 에이전트 시스템은 성공적인 거래 패턴을 파악하고, 그에 따라 고객 대응 전략을 자동으로 조정함으로써 영업 프로세스를 혁신했다. 시스템은 영업팀이 관리 업무에 쓰는 시간을 40% 단축하면서도 수주율을 28% 높였다. 시스템이 복잡한 이해관계자 간 커뮤니케이션을 조율하고 제안서 작성을 자동화한 덕분에 영업 사이클이 40% 단축되었고, 이에 영업팀은 관계 구축과 전략적 논의에 집중할 수 있었다.

기존 고객 관리 및 매출 확대

비즈니스 과제: 한 서비스형 소프트웨어SaaS 기업은 고객층 전반에서 매출 확대의 기회와 이탈 위험을 미리 파악하는 데 어려움이 있었다. 기존의 고객 관리 방식은 수동 모니터링과 개별 담당자의 직관적 판단에 크게 의존했기 때문에, 효율적으로 규모를 확장하거나 일관된 서비스 수준을 유지하기가 어려웠다.

에이전트 기능

- 고객의 이용 패턴 및 참여 지표 모니터링
- 이용 추세를 기반으로 확장 기회 파악
- 잠재적 이탈의 조기 징후 탐지
- 선제적 고객 접촉 및 관계 강화 활동 조율
- 맞춤화된 매출 확대안 생성
- 일상적인 고객 관리 업무 자동화
- 고객 건전성 지표 및 성공 지표 추적

영향 및 결과: 이 에이전트 시스템은 조기 징후를 포착하고 이에 선제적으로 대응해 고객 관리 방식에 혁신을 가져왔다. 시스템은 기존 방식보다 평균 60일 일찍 위험 고객을 식별했고, 고객 유지 활동의 성공률을 45% 높였다. 또한 시의적절하게 고객이 더 높은 가치의 제품이나 서비스를 구매하도록 유도하여 기존 고객 매출을 35% 증가시키는 등 성장을 촉진했다. 보다 선제적인 맞춤형 고객 관리 덕분에 고객 만족도는 25% 향상되었다.

3. 고객 경험 및 서비스

의료 서비스 이용 지원

비즈니스 과제: 한 주요 의료 기관은 취약 계층이 의료 서비스와 지원 프로그램을 이용하는 데 어려움을 겪고 있다는 사실을 발견했다. 기존의 프로세스는 환자들이 여러 복잡한 시스템을 거치고, 수많은 신청서를 작성하며, 여러 기관을 오가며 처리하는 과정을 요구했는데, 이는 진료에 상당한 장벽이 되었다. 많은 자격 있는 환자들이 그야말로 신청 절차의 복잡성 때문에 필수적인 서비스를 받지 못하고 있었다.

에이전트 기능

- 대화형 인터뷰를 통해 환자 상황 파악
- 공인된 출처에서 자율적으로 자료 수집
- 환자 상황에 적합한 프로그램과 서비스 파악
- 여러 지원 프로그램에 대한 신청서 작성 및 제출

- 신청 상태 모니터링 및 정보 요청에 대응
- 교통 지원 등 실제 도움이 되는 서비스 연계
- 환자가 선호하는 경로를 통해 환자와의 명확한 소통 유지

영향 및 결과: AI 에이전트 시스템은 지능형 안내자이자 대리인으로 기능하며 의료 접근성을 혁신했다. 가령 환자가 실직을 언급하면, 시스템은 자동으로 여러 지원 프로그램에 대해 자격 요건을 검토하고, 신청 프로세스를 시작하며, 지원 서비스를 연결해준다. 이 모든 과정에서 환자는 선호하는 소통 채널을 통해 지속적으로 정보를 제공받는다. 결과적으로 처리 기간이 몇 주에서 며칠로 단축되었고, 프로그램 참여율도 크게 증가했다.

은행 서비스 통합 관리

비즈니스 과제: 한 대형 은행은 다양한 채널과 상품군에서 들어오는 복잡한 고객 요청을 처리하는 데 애를 먹고 있었다. 기존의 은행 시스템은 부서별로 독립적으로 운영되어 특히 여러 부서나 상품이 관련된 요청에 원활히 대응하기가 어려웠다.

에이전트 기능

- 다양한 경로에서 들어오는 고객 문의 처리 및 전달
- 여러 부서 간 응답 조율
- 복잡한 거래에 대한 조사 수행
- 사기 경보 및 보안 조치 관리

- 일상적인 서비스 요청 자동화

- 은행 규정 준수 유지

- 고객 맞춤형 메시지 생성

영향 및 결과: 이 에이전트 시스템은 서로 단절되어 운영되던 부서들을 연결해 서비스 속도와 품질을 획기적으로 개선했다. 주택담보대출 처리 기간이 45일에서 18일로 단축되었고, 의심 활동 대응 시간이 80% 줄어들었으며, 고객 만족도가 35% 향상되었다. 또한 여러 부서와 관련된 복잡한 요청을 처리하는 시스템의 능력 덕분에 문제 해결 시간이 60% 단축되었고, 정확성과 규정 준수의 수준도 높아졌다.

보험 청구 처리

비즈니스 과제: 한 대형 보험사는 여러 당사자와 서비스 제공자, 서류 요건이 얽힌 청구 처리 업무가 갈수록 복잡해지는 문제에 직면했다. 기존의 청구 처리 시스템은 여러 이해관계자가 관련된 절차를 원활하게 진행하지 못하거나 청구 해결 과정 중 변화하는 상황에 유연하게 대응하지 못했다.

에이전트 기능

- 컴퓨터 비전 기술을 이용해 청구 서류와 사진 분석

- 보험 정책의 세부 내용과 보장 한도를 교차 확인

- 여러 서비스 제공자와 협력

- 손해사정사와 청구인 간의 소통 관리

- 네트워크 분석을 통해 잠재적 사기 패턴 파악

- 다양한 요소를 기반으로 보상 시점 최적화

- 프로세스 전체에 걸쳐 규제 준수 유지

영향 및 결과: 이 에이전트 시스템은 특히 여러 당사자가 얽힌 복잡한 청구에서 그 가치를 입증했다. 한 사례에서는 보험사 5곳, 정비소 3곳, 여러 의료 기관 간의 커뮤니케이션을 조율하고 문서를 체계적으로 관리해 청구 처리 속도를 60% 향상시켰다. 전체적으로 청구 처리 시간이 40% 단축되었고, 정확도가 35% 향상되었으며, 고객 만족도는 30% 향상되었다. 또한 시스템의 사기 탐지 기능 덕분에 의심스러운 청구 패턴 발견율이 25% 증가했다.

4. 위험, 규정 준수 및 보안

금융 사기 탐지

비즈니스 과제: 한 글로벌 금융기관은 여러 채널과 거래 유형에서 날로 진화하는 사기 패턴을 포착하는 데 애를 먹고 있었다. 기존의 규칙 기반 사기 탐지 시스템은 너무 엄격해 변화하는 사기 수법에 유연하게 대응하지 못했고, 조사관의 시간을 낭비하는 높은 오탐률을 보였다.

에이전트 기능

- 모든 채널의 거래 패턴을 실시간으로 모니터링

- 여러 계정과 시스템의 데이터를 연계해 분석

- 네트워크 분석을 통해 복잡한 사기 패턴 식별

- 부서 간 즉각적인 대응 조치 조율

- 복잡한 사례에 대한 조사 자료 작성

- 새로운 패턴을 기반으로 사기 탐지 규칙 업데이트

- 모든 탐지 및 대응 조치에 대한 감사 기록 유지

영향 및 결과: 이 에이전트 시스템은 기존 시스템이 놓친 미묘한 패턴을 발견해 사기 탐지에 혁신을 일으켰다. 한 사례에서는 여러 계정과 채널에 걸친 미묘한 패턴을 인식해 조직적인 사기 시도를 탐지함으로써 거래가 완료되기 전에 잠재적 손실을 방지했다. 이 시스템은 오탐률을 60% 줄였고, 사기 탐지율을 35% 높였으며, 대응 시간을 몇 시간에서 몇 분으로 단축했다. 연간 사기로 인한 손실은 45% 감소했고, 조사관의 효율성은 40% 향상되었다.

규제 문서 관리

비즈니스 과제: 한 글로벌 생명과학 기업은 연구, 개발, 제조 전반에서 복잡한 문서를 관리하는 것이 점점 더 어려워지는 문제에 직면했다. 엄격한 규제가 필요한 업무 특성상 이들은 GxP(임상, 실험실, 제조 등 규제 산업에서 품질, 안전, 신뢰성을 확보하기 위해 준수해야 하는 표준 및 지침-옮긴이), 제조 편차, 그리고 규정 준수와 관련된 복잡한 사항을 이해할 수 있는 정교한 시스템이 필요했다. 기존의 문서 관리 시스템은 규제 요구 사항을 깊이 있게 해석하는 데 한계가 있었다.

에이전트 기능

- GxP 요구 사항 해석 및 관련 정책 파악
- 내부 데이터베이스 및 외부 규제 자료 검색
- 제조 편차를 평가하고 과거 사례와 비교 검토
- 감사에 즉시 대응 가능한 체계적인 보고서 작성
- 모든 문서의 추적 가능성 유지
- 부서 간 규정 준수 워크플로우 조정
- 이해관계자에게 잠재적 규정 준수 문제 알림

영향 및 결과: 이 시스템은 지능적 해석과 조정을 통해 규제 문서 관리 방식을 혁신했다. 예를 들어 품질 보증 담당자가 제조 편차를 조사할 때 시스템은 단순히 원시 데이터를 제공하는 데 그치지 않는다. 시스템은 과거의 유사 편차 사례를 자동으로 식별하고, 문제 해결 절차에 영향을 줄 수 있는 규제 변경 사항을 비교 검토하며, 위험 요소와 권장 조치, 관련 문서를 포함한 규정 준수 보고서를 작성한다. 또한 패턴 분석을 통해 프로세스 조정이 필요한 근본적 문제를 발견하면 주요 이해관계자에게 알림을 제공한다. 초기의 결과들은 규제 문서 관리 방식에 근본적인 변화가 있었음을 보여준다.

IT 보안 운영

비즈니스 과제: 한 기술 기업은 복잡한 IT 인프라 전반에서 보안 위협에 통합적으로 대응하기가 어려웠다. 기존의 보안 도구들은 경고만 쏟아낼 뿐, 위협의 수준을 제대로 분류하거나 여러 시스템을 연계해 통

합적으로 대응하지 못했다.

에이전트 기능

- 모든 플랫폼에서 시스템 활동 모니터링
- 보안 사고들의 연관성을 분석해 위협 패턴 파악
- 즉각적인 대응 조치 조율
- 시스템 전반의 보안 규칙 업데이트
- 취약성 평가 수행
- 보안 사고 보고서 작성
- 보안 표준 준수 유지

영향 및 결과: 이 에이전트 시스템은 잠재적인 제로데이zero-day(아직 탐지되지 않은 보안상의 취약점을 이용한 위협-옮긴이) 상황에서 그 가치를 입증했다. 시스템은 위협이 주요 시스템에 영향을 미치기 전에 위협을 식별하고 차단했다. 전체적으로 사고 대응 시간이 60% 단축되었고, 오탐 경고는 75% 감소했으며, 시스템 가용성은 45% 향상되었다. 과거 사건에서 학습하고 보안 규칙을 자동으로 업데이트하는 시스템의 능력 덕분에 성공적인 침입 시도는 40% 감소했다.

5. 지식 노동 및 분석

경쟁사 정보

비즈니스 과제: 한 금융 서비스 기업은 경쟁사의 재무 실적을 모니터링하고, 시장 데이터를 내부 기준과 비교·검토하며, 경영진의 의사결정을 위해 시의적절한 인사이트를 도출하는 데 점점 더 큰 어려움을 겪고 있었다. 기존의 프로세스는 실적 보고서, 업계 간행물, 재무 공시 자료에서 수작업으로 데이터를 수집한 후, 외부 수치를 내부 예측 모델과 맞추기 위해 광범위한 대조 작업을 수행하는 방식에 의존했다. 이 방식은 시간이 많이 소요되고, 일관성이 없었으며, 실시간 정보 제공 능력도 제한적이었다.

에이전트 기능

- 재무 보고서 및 실적 발표 자료를 지속적으로 수집 및 처리
- 외부 수치를 내부 모델과 비교·검토
- 여러 보고 방식 간의 데이터 표준화
- 체계적인 경쟁사 분석 보고서 생성
- 새로운 시장 동향 및 위험 파악
- 경영진의 질의에 실시간 대응
- 과거 분석 및 트렌드 자료 유지·관리

영향 및 결과: 이 에이전트 시스템은 맥락에 기반한 인사이트를 실시간으로 제공함으로써 경쟁사 정보 수집 방식을 혁신했다. 단순히 재무

데이터를 집계하는 수준에 그쳤던 기존의 자동화 시스템과 달리, 이 시스템은 정보를 적극적으로 해석하고 맥락화하여 정기 보고에서 드러나기 전에 이상 징후와 전략적 변화, 잠재적 위험을 미리 식별한다. 경영진은 대화형 인터페이스를 통해 시스템과 상호작용하며 최신 재무 비교, 경쟁 위치 분석, 시나리오 기반 예측 자료 등을 사람을 통하지 않고 바로 얻을 수 있다. 시간이 지남에 따라 스스로 결괏값을 개선할 수 있는 이 시스템은 분석가의 부담을 크게 줄였을 뿐만 아니라, 전략적 인사이트의 정확성과 속도도 향상시켰다.

시장조사 및 종합

비즈니스 과제: 한 컨설팅 회사는 여러 산업과 다양한 정보 출처에 걸쳐 시장조사 자료를 수집하고, 분석하고, 종합하는 데 점점 더 큰 어려움을 겪고 있었다. 기존의 조사 방식은 시간이 많이 소요되는 데다, 서로 다른 시장 부문과 트렌드 사이의 중요한 연관성을 놓치는 경우도 잦았다.

에이전트 기능

- 여러 공개 및 독점 출처에서 데이터 수집
- 산업 전반의 시장 동향 분석
- 새로운 기회와 위협 요인 파악
- 종합적인 시장 보고서 생성
- 산업별 최신 지식 기반 유지
- 팀 간 리서치 워크플로우 조율

- 맞춤형 리서치 보고서 작성

영향 및 결과: 이 에이전트 시스템은 더욱 심층적이고 연관성 있는 인사이트를 보다 짧은 시간 안에 제공함으로써 회사의 리서치 역량에 혁신을 가져왔다. 이전에는 몇 달이 걸리던 리서치가 이제 몇 주 만에 완료되었고, 도출되는 인사이트의 깊이도 40% 향상되었다. 또한 산업 간 공통된 패턴을 식별하는 시스템의 능력 덕분에 여러 획기적인 고객 인사이트가 도출될 수 있었는데, 그 결과 컨설팅 계약 건수가 35% 증가했고 고객 만족도는 45% 향상되었다.

6. 인사 및 행정 서비스

HR 운영

비즈니스 과제: 한 글로벌 기업은 여러 지역과 시간대, 서로 다른 규제 환경 속에서 복잡한 HR 프로세스를 조율하는 데 어려움을 겪었다. 기존의 HR 시스템은 서로 단절된 채 운영되었기 때문에 직원들에게 일관성 있는 경험을 제공하고 지역별 규제를 준수하기가 어려웠다.

에이전트 기능

- 전체 채용 프로세스 조율
- 시장 내 급여 수준과 필요 역량 분석
- 과거 성공 사례를 바탕으로 효과적인 직무 기술서 작성
- 정교한 패턴 매칭을 이용한 지원서 심사

- 시간대별 복잡한 면접 일정 관리
- 맞춤형 온보딩 과정 편성
- 인력 유지를 위한 관련 데이터 모니터링
- 새로운 유형의 기술 격차와 개발 필요 역량 파악
- 지역별 규제 준수 보장

영향 및 결과: 이 에이전트 시스템은 서로 단절되어 있던 프로세스를 유기적으로 연결함으로써 HR 운영을 혁신했다. 채용 프로세스가 45% 빨라졌고, 지원자의 자질이 30% 향상되었으며, 초기 이직률이 25% 감소했다. 또한 이 시스템은 이직 위험을 예측하고 직원들에게 어떤 역량 개발이 필요한지를 파악함으로써 직원 유지율을 40% 개선했다. 한편 HR팀은 행정 업무보다 전략적 과제에 60% 더 많은 시간을 할애할 수 있게 되었다.

IT 서비스 관리

비즈니스 과제: 한 다국적 기업은 글로벌 인프라 전반에서 발생하는 IT 서비스 요청을 처리하는 데 어려움을 겪었다. 기존의 IT 서비스 관리 도구는 요청 사항의 우선순위를 효과적으로 지정하거나, 기술팀 간의 대응을 조율하거나, 지역별로 일관된 서비스 수준을 유지할 수 없었다.

에이전트 기능

- 요청 내용을 분석해 상황에 맞게 처리 경로 지정
- 여러 기술팀 간의 대응 조율

- 시스템 성능 지표 모니터링

- 소프트웨어 배포 및 업데이트 관리

- 접근 권한 요청 및 보안 프로토콜 관리

- 성과 및 규정 준수 보고서 생성

- 과거 사례에서 학습해 대응 시간 단축

- 지역별 서비스 수준 협약service level agreements 유지

영향 및 결과: 이 에이전트 시스템은 지능적 조율과 선제적 문제 해결을 통해 IT 서비스 관리 방식을 혁신했다. 최근에 클라우드 인프라 사고가 발생했을 때는 예비 시스템 전환을 통해 데이터베이스 장애에 대응하고, 네트워크 경로를 재조정하며, 애플리케이션 자원을 확장하는 동시에 이해관계자들에게 실시간으로 상황을 공유했다. 전체적으로 사고 해결 시간이 60% 단축되었고, 반복적인 서비스 요청 건수가 40% 감소했으며, 시스템 가용성은 45% 향상되었다. 무엇보다 중요한 것은 IT 팀이 사후 대응적 문제 해결보다 선제적 시스템 개선에 집중할 수 있게 됨으로써 주요 사고 발생률이 35% 감소했다는 것이다.

+ · +

이러한 기업 AI 에이전트 애플리케이션은 다양한 비즈니스 영역에서 에이전틱 AI가 지닌 혁신적인 잠재력을 보여준다. 각 사례는 서로 다르지만 공통된 패턴(효율성과 정확성이 크게 향상되고, 무엇보다 인간의 업무를 보다 전략적인 활동으로 격상시킨다)을 드러낸다. 우리는 조직들이 이러한

사례를 혁신을 위한 출발점으로 삼기를 바란다. 에이전틱 AI를 적용할 기회는 모든 직무와 산업 영역에 존재한다. 핵심은 명확한 가치를 보여줄 수 있는 잘 정의된 사용 사례부터 시작해 조직의 역량과 자신감을 키워나가는 것이다.

12장 사용 사례:
개인 생산성 AI 에이전트 애플리케이션

기업용 애플리케이션이 조직 차원의 변화를 이끌어낸다면, 개인 생산성 애플리케이션은 사용자에게 에이전틱 AI의 가장 즉각적이고 실질적인 이점을 제공한다. 이 다섯 가지 구현 사례는 AI 에이전트가 개인의 업무 패턴을 어떻게 변화시킬 수 있는지 보여주며, 보다 광범위한 도입을 준비하는 조직에 실질적인 출발점을 제시한다. 각 애플리케이션은 인간의 주체성을 유지하면서도 생산성을 크게 향상시키는 검증된 적용 사례다.

1. 이메일 관리 및 커뮤니케이션

비즈니스 과제: 실무자들은 매주 이메일 관리에 15~20시간을 쓰면서, 넘쳐나는 받은 편지함, 답변의 우선순위 지정, 그리고 여러 이해관계자 간 일관된 커뮤니케이션 품질을 유지하는 문제로 애를 먹고 있었다.

에이전트 기능

- 받은 이메일을 긴급성과 중요도에 따라 분석
- 이전 소통을 기반으로 상황에 맞는 답변 초안 작성
- 해야 할 일과 필요한 후속 조치 파악
- 여러 이메일 대화에서 답변을 일관성 있게 조율
- 일관된 형식의 커뮤니케이션 템플릿 생성
- 다양한 이해관계자 간 적절한 어조 유지
- 후속 일정 및 미응답 이메일 관리

영향 및 결과: 한 마케팅 이사는 이 시스템을 사용해 매주 15시간을 절약했다고 보고하며 "마치 제가 어떻게 생각하고 일하는지를 정확히 아는 개인 비서를 둔 것과 같습니다"라고 말했다. 이 시스템은 이메일 응답 시간을 60% 단축하는 동시에 응답 품질과 일관성도 높였다. 덕분에 이 시스템을 사용하는 팀들은 전략적 업무에 40% 더 많은 시간을 쓸 수 있게 되었다.

2. 일정 및 회의 최적화

비즈니스 과제: 실무자들은 복잡한 일정 관리, 집중 업무 시간 확보, 그리고 회의 시간의 생산적 활용에 어려움을 겪었다. 기존의 캘린더 도구로는 서로 충돌하는 우선순위를 효과적으로 조율하거나 업무와 개인 생활의 균형을 맞추기가 어려웠다.

에이전트 기능

- 업무 우선순위를 이해하고 보호

- 시간대별 일정 조율

- 지정된 집중 업무 시간 보호

- 회의 배치 최적화

- 회의 준비 및 요약본 생성

- 후속 업무와 이행 사항 확인

- 업무와 개인 생활의 균형 유지

영향 및 결과: 이 시스템은 일정 조율에 걸리는 시간을 70%나 단축하면서 회의 효율성도 높였다. 한 고위급 임원은 "이건 일정은 물론 내 우선순위와 업무 스타일까지 이해하는 전략적 조력자와 같다"라고 말했다. 이 시스템을 도입한 팀들은 집중 업무 시간이 35% 증가했고, 과도한 회의로 인한 업무 부담이 40% 감소했다고 보고했다.

3. 리서치 및 정보 종합

비즈니스 과제: 지식 노동자들은 여러 출처에서 정보를 수집, 분석, 종합하는 데 너무 많은 시간을 소모하고 있었다. 기존의 리서치 도구로는 여러 부문의 인사이트를 효과적으로 연결하거나 특정 요구에 맞는 체계적인 결과물을 만들어내기가 어려웠다.

에이전트 기능

- 여러 공인된 출처에서 정보 수집

- 데이터 포인트 분석 및 교차 검증

- 체계적인 리서치 요약본 생성

- 주요 트렌드 및 패턴 파악

- 맞춤형 보고서 형식 작성

- 원본 자료 관리

- 리서치 진행 상황 및 업데이트 추적

- 관련 추가 출처 제안

영향 및 결과: 이 에이전트 시스템은 정보 수집 및 종합을 자동화함으로써 리서치 효율성을 혁신했다. 한 컨설턴트는 이 시스템 덕분에 "조직 내 축적된 지식을 효과적으로 활용할 수 있게 되어 각 프로젝트를 훨씬 더 탄탄한 기반 위에서 시작할 수 있었다"라고 말했다. 결과적으로 리서치 시간이 60% 단축되었고, 인사이트의 깊이와 질은 40% 향상되었다.

4. 과제 및 프로젝트 조율

비즈니스 과제: 실무자들은 여러 프로젝트를 관리하고, 의존관계를 조율하며, 다양한 작업의 진행 상황을 파악하는 데 어려움을 겪었다. 기존의 프로젝트 관리 도구들은 변화하는 우선순위에 효과적으로 대응하거나 여러 도구와 팀에 걸친 작업을 제대로 조율하지 못했다.

에이전트 기능

- 복잡한 프로젝트를 관리 가능한 작업 단위로 분해

- 여러 업무 간의 의존관계 조정

- 마감일 및 진행 상황 모니터링

- 우선순위 변경에 따른 일정 조정

- 상태 업데이트 및 보고서 생성

- 잠재적 병목 구간 파악

- 프로젝트 문서 관리

- 자원 할당 추적

영향 및 결과: 이 시스템은 지능적인 조율을 통해 프로젝트 관리의 효율성을 크게 향상시켰다. 한 제품 관리자는 "시스템이 수백 가지의 세부 사항을 놓치지 않고 확인해준 덕분에 제가 전략적 의사결정에 집중할 수 있었다"라고 말했다. 이 시스템을 활용하는 팀들은 40% 향상된 프로젝트 완료율을 보여주었고, 전략적 사고에 35% 더 많은 시간을 쓸 수 있게 되었다.

5. 문서 작성 및 검토

비즈니스 과제: 실무자들은 문서를 작성하고, 검토하고, 수정하는 데 많은 시간을 쏟았으며, 여러 이해관계자 간 일관성 유지, 정확성 확보, 버전 관리 문제로 자주 어려움을 겪었다.

에이전트 기능

- 문서 초안 작성

- 일관성과 정확성 검토

- 변경 사항 및 버전 추적

- 검토 워크플로우 조율

- 스타일 지침 준수

- 인용 및 참고 문헌 확인

- 경영진 요약본 생성

- 문서 형식 표준화

영향 및 결과: 이 에이전트 시스템은 문서 관리 워크플로우를 크게 개선해 문서 작성 시간을 50% 단축하고 검토 과정도 40% 줄였다. 팀들은 문서 품질과 일관성이 향상되었다고 보고했는데, 한 관리자는 "마치 스타일 지침을 완벽하게 이해하는 전담 편집자를 둔 것과 같다"라고 말했다. 무엇보다도 실무자들은 형식적·행정적 업무 대신 중요한 결과물 창출에 더 많은 시간을 쓸 수 있게 되었다.

이러한 개인 생산성 애플리케이션들은 AI 에이전트가 개인의 업무 패턴을 어떻게 변화시켜 보다 전략적이고 창의적인 업무를 위한 시간을 늘리고 결과물의 질과 일관성을 향상시키는지를 보여준다. 모든 사례에서 공통으로 확인되는 핵심 효과는 에이전트가 단순한 효율성 향상을 넘어, 실무자들이 자신의 시간과 에너지를 진정으로 가치 있는 활동에 집중할 수 있는 근본적인 변화를 가져왔다는 것이다.

이러한 개인 생산성 애플리케이션들은 에이전틱 AI의 여정을 시작하는 조직에 접근하기 쉬운 출발점을 제공한다. 이처럼 개인 단위의 도입부터 시작함으로써 조직은 AI 에이전트에 대한 친숙함과 자신감을 키우는 동시에 직원들에게 즉각적인 가치를 제공할 수 있다. 그 결과는 단지 효율성 향상만이 아니라, 실무자들이 시간과 에너지를 진정한 가치 창출 활동에 집중할 수 있도록 하는 근본적인 변화를 일관되게 보여주고 있다. 우리는 조직들이 이러한 애플리케이션들을 보다 광범위한 에이전틱 AI 혁신의 첫걸음으로 여기고, 검증된 성공 사례들을 기반 삼아 더욱 포괄적인 도입으로 나아갈 추진력을 얻길 바란다.

파스칼 보넷Pascal Bornet

파스칼 보넷은 인공지능 및 자동화 분야에서 여러 상을 받은 전문가이자, 저자이며, 기조연설자다. 세계 10대 AI 및 자동화 전문가 중 한 명으로 꾸준히 선정되고 있으며, 200만 명이 넘는 소셜 미디어 팔로워를 보유한 인플루언서이기도 하다.

보넷은 맥킨지와 EY에서 20년 넘게 고위급 임원으로 재직하며 전문성을 쌓았고, 그곳에서 '지능형 자동화' 부문을 설립하고 이끌었다. 이 기간 동안 그는 전세계 수백 개 기업을 대상으로 AI 및 자동화 프로젝트를 추진하며 산업 전반에 걸친 혁신적 변화를 주도했다.

보넷은 두 권의 베스트셀러 『지능형 자동화Intelligent Automation』와 『대체 불가능IRREPLACEABLE』을 집필했다. 그의 인사이트는 《포브스》, 《블룸버그》, 《맥킨지 쿼터리McKinsey Quarterly》, 《더 타임스》 등 여러 유력 매체에 소개되었다. 그는 또한 여러 대학에서 강사로 활동하고 있으며, 포브스 기술 위원회Forbes Technology Council의 회원이자, 여러 스타트업과 자선 단체의 수석 고문을 맡고 있다.

지난 20년 동안 AI와 인간의 교차점에 초점을 맞춰온 보넷은 가장 중요한 가치가 바로 여기에 있다고 믿는다. 그는 인간 중심 AI의 열렬한 지지자이며, 올바르게만 접근한다면 AI가 세상을 더욱 인간답게 만들 수 있다고 생각한다.

보넷에 대해 더 알고 싶다면 www.linkedin.com/in/pascalbornet/을 참조하라. 또한 유튜브, 인스타그램, X(@pascal_bornet)에서 그를 만나볼 수 있다.

요헨 비르츠Jochen Wirtz

요헨 비르츠는 싱가포르 국립대학교National University of Singapore MBA 프로그램의 부학장이자 마케팅학 교수이다. 그는 200편이 넘는 출판물을 발표한 서비스 경영 분야의 권위자이다. 그가 발표한 20여 권의 저서에는 『지능형 자동화: AI를 활용해 비즈니스를 성장시키고 세상을 보다 인간적으로 만드는 법 배우기 Intelligent Automation: Learn How to Harness Artificial

Intelligence to Boost Business & Make Our World More Human』(2021), 『서비스 마케팅: 사람, 기술, 전략Services Marketing: People, Technology, Strategy』(제9판, 2022), 『서비스 마케팅 Essentials of Services Marketing』(한빛아카데미, 2024) 등이 포함된다. 26개국 이상에서 번역 및 각색되어 누적 판매량 100만 부를 돌파한 이 책들은 전 세계적으로 서비스 마케팅 분야의 대표 교재가 되었다.

이외에도 비르츠 교수는 2023년 경제 및 경영학 분야에서 가장 많이 인용된 86인의 연구자 중 한 명으로 선정되었다(학술 DB 웹오브사이언스Web of Science 기준). 이로써 그는 세계에서 가장 영향력 있는 연구자 중 한 명으로 자리매김했으며, 이는 데이터 분석 기업인 클래리베이트Clarivate가 발표한 가장 많이 인용된 연구자 2023 명단에서도 확인된다. 이 같은 인정은 학술 연구와 경영 실무 모두에 미친 그의 깊은 영향력을 잘 보여준다. 비르츠 교수의 지속적인 기여는 그가 자신의 분야에서 여전히 선두를 지키게 하며, 그의 전문성은 전 세계 서비스 기업들의 전략 수립에 지속해서 영향을 미치고 있다.

링크드인(https://www.linkedin.com/in/jochenwirtz), 유튜브(https://www.youtube.com/c/ProfessorJochenWirtz), 리서치게이트(https://www.researchgate.net/profile/Jochen-Wirtz)에서 요헨을 만나볼 수 있다.

토마스 데이븐포트Thomas H. Davenport

톰 데이븐포트는 밥슨대학Bobson College 정보통신경영학과의 총장 특별교수이자, MIT 디지털 경제 이니셔티브의 펠로우이며, 딜로이트 최고 데이터·분석 책임자 프로그램 Deloitte's Chief Data and Analytics Officer Program의 수석고문이다. 2024년부터 2025년 현재까지 버지니아대학교 다든 경영대학원UVA Darden School of Business에서 보딜리Bodily 200주년 기념 분석학 교수를 맡고 있다. 그는 2006년 《하버드 비즈니스 리뷰》에 발표한 '분석으로 경쟁하라Competing on Analytics'라는 영향력 있는 글과 2007년 동명의 저서를 통해 '분석 경쟁'의 개념을 처음 제시했다.

지금까지 25권의 저서를 출간했으며, 《하버드 비즈니스 리뷰》, 《MIT 슬론 매니지먼트 리뷰Sloan Management Review》 등의 다양한 매체에 300편 이상의 글을 발표했다. 최근 저서로는 이언 바킨Ian Barkin과 공저한 『모두가 만드는 기술: AI 기반 시민 혁명All Hands on Tech: The AI-Powered Citizen Revolution』이 있다. 또한 《포브스》, 《MIT 슬론 매니지먼트 리뷰》, 《월스트리트 저널》에 칼럼을 기고하고 있다. 그는 《컨설팅Consulting》에서 세계 '톱 25 컨설턴트' 중 한 명, 《옵티마이즈 Optimize》에서 세계 3대 경영·기술 분석가 중 한 명, 《지프 데이비스Ziff-Davis》에서 IT 산업 부문 가장 영향력 있는 100인 중 한 명, 《포춘》에서 세계 50대 경영대학원 교수 중 한 명으로 선정되었다. 또한 링크드인에서 교육과 기술 부문의 톱 보이스Top Voice로도 선정된 바 있다.

데이비드 드 크레머David De Cremer

데이비드 드 크레머는 노스이스턴대학교 다모어맥킴 경영대학원D'Amore-McKim School of Business에서 던튼 패밀리Dunton Family 학장을 맡고 있으며, 경영학 및 기술 분야 교수로도 재직 중이다. 또한 싱가포르에 있는 '인간을 위한 AI 기술 센터AI Technology for Humankind, AiTH'의 설립자이자, EY의 글로벌 AI 자문위원회 위원이며, 케임브리지대학교와 세인트에드먼즈대학St. Edmunds College의 명예 펠로우이다(세인트에드먼즈대학에서는 과거 KPMG 후원 경영학 석좌교수를 역임한 바 있다).

그는 베스트셀러인 『다음 팀장은 AI입니다』(위즈덤하우스, 2022), 『AI에 능숙한 리더: AI를 통제하고 활용하는 9가지 방법The AI-savvy leader: 9 ways to take back control and make AI work, Harvard Business Review Press』(2024)의 저자이다. 그의 최근 저서는 아마존 신간 1위를 기록했고, 《넥스트 빅 아이디어 클럽Next Big Idea Club》, 《파이낸셜 타임스》, 《포브스》에서 필독 도서로 선정되었으며, 2024년 리더십 부문 우수 저작상Outstanding Work of Literature을 받았다.

그의 학문적 연구는 《파이낸셜 타임스》, 《이코노미스트》, 《월스트리트 저널》, 《포브스》 등에 소개되었으며, 경영학과 심리학 분야의 주요 학술지에도 게재되었다. 이를 통해 그는 50대 경영사상가, 세계 30대 경영 구루 및 연사, 그리고 세계 상위 2% 연구자로 선정되는 영예를 안았다.

더 자세한 내용은 www.daviddecremer.com에서 확인할 수 있으며, 링크드인과 유튜브에서도 그와 소통할 수 있다.

브라이언 에버그린Brian Evergreen

브라이언 에버그린은 전략과 AI 분야에서 가장 존경받는 인물 중 한 명으로, 저술가이자 자문가, 연사로 활동하고 있다. 그가 발표한 『자율 혁신: AI 시대에 더 인간적인 미래 만들기Autonomous Transformation: Creating a More Human Future in the Era of AI』는 넥스트 빅 아이디어 클럽에서 필독 도서로 선정되었고, 싱커스
50Thinkers50 선정 2024년 최고의 신간 경영 서적 톱10에 올랐다.

2025년 브라이언은 에델만Edelman 선정 '당신이 꼭 알아야 할 AI 크리에이터 50인'에 이름을 올렸으며, 《포브스》 선정 '2025년 리더십을 재정의하는 사상가 30인' 중 한 명으로 꼽혔다.

브라이언의 통찰력은 액센츄어, AWS, 마이크로소프트 등 주요 기업에서 쌓은 개인적 경험에서 비롯된다. 기조연설을 하거나 AI 관련 자문을 제공하지 않을 때는 켈로그 경영대학원Kellogg School of Management에서 객원 강사로 강의하며 자신이 개발한 독창적이고 혁신적인 방법론과 프레임워크를 공유하고 있는데, 이 방법론과 프레임워크들을 통해 200억 달러 이상의 투자가 이루어졌다.

브라이언은 '퓨처 살빙 컴퍼니The Future Solving Company'의 설립자로, 기업들이 미래 AI 시대에 대비할 수 있도록 지원하고 있으며, 《포춘》 선정 500대 기업 중 12곳 이상에 자문을 제공하고 있다.

그의 연구는 《블룸버그》, 《포브스》, 《패스트 컴퍼니Fast Company》, 《CIO》, 《벤처 비트VentureBeat》, 《넥스트 빅 아이디어 클럽》, 《싱커스50》에 소개되었다.

에버그린에 대한 더 자세한 정보는 www.linkedin.com/in/brianevergreen/에서 확인할 수 있다.

필 퍼쉬트 Phil Fersht

필 퍼쉬트는 AI 혁신과 글로벌 인재 활용을 통해 비즈니스 운영을 재설계하는 데 주력하는 세계 최고 수준의 분석가로 널리 알려져 있다. 그는 최근 '소프트웨어형 서비스Services-as-Software'라는 용어를 만들어 전통적으로 사람이 제공하던 전문 서비스가 기술과 결합되는 미래를 설명했다. 또한 2023년에는 '생성적 기업  Generative Enterprise™'이라는 용어를 상표 등록하기도 했다.

그는 자신의 명성에 힘입어 2010년 HFS 리서치를 설립했다. 오늘날 이 기업은 주요 산업 분석 및 자문 기관 중 하나이자, 비즈니스·기술 서비스 및 프로세스 기술 리서치 분야의 확실한 선두 주자로 자리 잡았다.

2012년에는 로봇 프로세스 자동화RPA에 관한 최초의 분석 보고서를 작성하며 이 주제를 업계에 소개했다. 그는 오늘날의 RPA와 프로세스 AI 산업을 개척하고 발전시키는 데 영향을 준 선구적 분석가로 널리 인정받고 있다.

2010년 HFS 리서치를 설립하기 전, 필은 가트너와 IDC에서 분석가로 활동했으며, 딜로이트 컨설팅Deloitte Consulting에서 미국 내 BPO 마켓플레이스 책임자를 맡았다. 지난 20년 동안 그는 유럽, 북미, 아시아에서 거주하고 근무했으며, 수백 건의 글로벌 비즈니스 및 기술 혁신 프로젝트에 자문을 제공했다.

더 자세한 내용은 다음에서 확인할 수 있다.

링크드인 https://www.linkedin.com/in/pfersht

블로그 horsesforsources.com

웹 www.hfsresearch.com

팟캐스트 From the Horses Mouth

라케쉬 고헬Rakesh Gohel

라케쉬 고헬은 20년 이상의 경력을 지닌 선구적인 기술 리더로, 닷컴 붐에서 모바일, 클라우드, 블록체인, AI에 이르기까지 디지털 혁신의 진화를 주도해왔다. 그는 다양한 산업 분야에서 획기적인 프로젝트를 이끌었는데, 특히 삼성, LG와 같은 글로벌 기업과의 협업에서는 배포 속도를 네 배 높이고, 혁신 역량을 두 배로  강화하기도 했다. 하지만 그의 영향력은 특정 부문에 한정되지 않고 다양한 산업 분야로 확장된다. 그는 신흥 시장의 요구를 지속적으로 포착하고 그에 맞는 최첨단 솔루션을 제공해왔다.

JUTEQ의 설립자로서 라케쉬는 AI 에이전트 분야의 권위자로 자리매김했다. 그는 확장 가능하고 안전한 시스템을 설계해 고객사의 운영 비용을 70% 감소하면서도 완벽에 가까운 시스템 가동률을 유지했다.

오늘날 에이전틱 AI 분야의 선도적 인물로서 그는 비즈니스 운영을 새롭게 정의하는 자율 시스템을 개척하고 있다. 기업가적 사고와 심도 있는 기술 전문성을 바탕으로 그는 생성형 AI가 기업의 미래를 어떻게 바꾸고 있는지에 대해 사람들에게 알리는 데 열정적이다.

라케쉬는 AI가 인간의 독창성과 결합될 때 발휘되는 변혁적 힘을 믿는다. 그의 목표는 인간의 역량을 증폭시키는 책임 있는 AI 시스템을 개발해 기술 발전의 중심에 인간을 두면서 비즈니스 혁신을 촉진하는 것이다.

링크드인(www.linkedin.com/in/rakeshgohel01)이나 소셜 미디어(@rakeshgohel01)에서 그를 만나볼 수 있다.

샤일 키야라Shail Khiyara

샤일 키야라는 인공지능과 지능형 자동 화 분야에서 세계적으로 인정받는 사상 가이자, 저자이며, 기조연설자다.

그의 인사이트는《포브스》,《WSJ 디지 털》,《파이낸셜 타임스》,《CIO 온라인》과 같은 주요 매체에 소개되어 왔다. 그는 여 러 AI 기업의 이사회에서 활동하는 한편, 비영리 사회적 책임 기업의 수석 고문으 로도 활동하고 있다.

20년 이상의 경험을 바탕으로 키야라는 여러 산업에서 AI 기반 혁신을 주도해 왔고, 다수의 선도적인 지능형 자동화 기업에서 최고마케팅책임자CMO와 최고 고객책임자CCO를 역임하며 AI와 자동화 도입을 전 세계적으로 확대하는 데 핵 심적인 역할을 했다. 경력 초기에는 벡텔Bechtel에서 근무하며 석유 및 가스, 수 자원, 에너지, 광업 분야에 대한 깊이 있는 전문 지식을 쌓았는데, 이러한 경험 은 그가 지금 스웜 엔지니어링SWARM Engineering(산업 운영 방식을 혁신하는 에이전틱 AI 플랫폼)의 CEO로서 회사를 이끄는 방식에 큰 영향을 주고 있다.

키야라는『지능형 자동화: 기업과 학계의 간극 메우기Intelligent Automation: Bridging the Gap between Business & Academia』의 공동 저자이자, 보칼Voice of Customer in the AI and Automation Landscape, VOCAL의 설립자이다. 보칼은《포춘》500대 기업의 리더 90여 명이 결속해 AI 도입을 촉진하는 글로벌 싱크탱크다.

AI 민주화의 강력한 지지자인 키야라는 인간의 창의성을 대체하지 않는 범위에 서 인간의 잠재력을 강화하고, 협업을 촉진하며, 혁신을 가져오는 AI를 옹호한다. 더 자세한 내용은 www.linkedin.com/in/shailkhiyara에서 확인할 수 있다. 유튜브, X, 링크드인(@shailkhiyara)에서 그를 팔로우해보라.

에이전틱 AI,
우리의 일상 속으로 들어온
'행동하는 지능'

지난 20년간 IT 산업을 연구하면서 수많은 기술 트렌드의 부침을 목격해왔다. 어떤 기술은 화려한 수사 속에서 실체 없는 '베이퍼웨어vaporware(판매 계획은 발표되었으나 실제로 고객에게 판매·배포되지 않은 소프트웨어)'로 판명되기도 했고, 또 어떤 기술은 확실하게 우리의 일상과 비즈니스를 변화시키기도 했다. 챗GPT의 등장으로 촉발된 생성형 AI 혁명은 의심의 여지없이 후자에 속한다. 그리고 2026년, 생성형 AI는 새로운 국면으로 접어들고 있다.

AI는 이제 '생각하는' 단계에서 '행동하는' 단계로 진화하고 있다. 단순히 질문에 답하고 콘텐츠를 생성하는 것을 넘어, 스스로 목표를 설정하고 계획을 수립하며 실제로 행동까지 수행하는 '에이전틱 AI'로 발전한 것이다.

수많은 AI 책들이 있지만, 학계와 산업계 분야를 아우르는 각 분야의 권위자들이 모여 저술한 『에이전틱 AI: 행동하는 인공지능의 탄생』은 다양한 관점에서 에이전틱 AI의 실체를 조명함으로써 AI의 입체적인 모습을 파악할 수 있게 한다. 기술 낙관론에 빠지지 않고, AI가 직면한 현실적 과제들, 즉 환각Hallucination 문제, 취약성, 창발적 행동, 조율 실패 등을 가감 없이 다루고 있다.

　"왜 에이전틱 AI인가"라는 근본적 질문에서 시작해, 기술의 핵심 요소, 비즈니스 적용 방안, 기업 혁신 전략, 그리고 미래 전망까지 일관된 논리적 흐름을 유지한다. 그러면서도 구체적인 해결 방안을 제시함으로써 실무자들이 실제 도입 과정에서 마주할 문제에 대비할 수 있도록 한다. 무엇보다 이 책의 핵심 가치는 에이전틱 AI의 세 가지 핵심 요소인 행동Action, 추론Reasoning, 기억Memory에 대한 명쾌한 정리에 있다. 특히 이 책에서 제시하는 에이전틱 AI 발전 5단계 프레임워크는 기업에서 바로 활용할 수 있는 실용적 도구다. 이 프레임워크는 기업이 현재 위치를 파악하고 다음 단계로의 발전 경로를 설계하는 데 명확한 지침을 제공한다. 산업별 사례 연구는 이 책의 또 다른 백미라 할 수 있다. 운영 및 공급망, 판매 및 매출, 고객 경험, 제조, 금융, 의료, 보험 등 다양한 산업 영역에서 에이전틱 AI가 어떻게 적용되고 있는지를 구체적으로 보여주기 때문이다.

　이 책을 감수하면서 많이 고민한 부분이 있는데, 서두에서 "에이전틱 AI와 AI 에이전트, 에이전틱 시스템, 에이전틱 지능을 같은 의미에서 혼용해서 사용한다"고 명시한 대목이다.

독자의 이해를 쉽게 하기 위한 저자 측의 배려라고 생각하는데, 사실 학술적으로 두 개념은 명확히 구분된다. AI 에이전트는 LLM 기반의 모듈형 시스템으로서 작업 특화 자동화를 수행하는 개별 단위를 의미하는 반면, 에이전틱 AI는 다중 에이전트 협업, 동적 작업 분해, 지속적 메모리, 조율된 자율성을 특징으로 하는 패러다임 전환을 의미한다. AI 에이전트가 개별 연주자라면, 에이전틱 AI는 지휘자를 포함한 오케스트라 전체 시스템에 해당한다고 볼 수 있다.

란잔 사프코타Ranjan Sapkota의 논문 「AI Agents vs. Agentic AI: A Conceptual Taxonomy, Applications and Challenges」에 따르면, 에이전틱 AI는 단순히 여러 에이전트를 모아놓은 것이 아니라, 에이전트들 간의 조율과 협업, 그리고 시스템 전체의 자율적 의사결정 능력을 포함하는 AI 에이전트의 상위 개념이다. 논문에서는 두 개념을 개별 구성 요소와 시스템 패러다임으로 명확히 구분하면서, 에이전틱 AI가 AI 에이전트의 집합을 넘어서는 창발적 속성을 갖는다고 설명하고 있다.

그럼에도 불구하고 이 책에서 말한 용어 혼용은 충분히 타당하다. **에이전틱 AI와 AI 에이전트 용어를 유연하게 사용한 것은 문맥에 따라 강조점을 달리하기 위함으로 이해된다. 중요한 것은 학술적 구분보다 'AI가 단순한 생성 도구에서 자율적 행동 주체로 진화하고 있으며, 이것이 비즈니스에 근본적인 변화를 가져온다'라는 핵심 메시지다.**

다만 앞으로 AI가 진화·발전하고 실제 기업에서 AI를 도입하게 된다면, 두 개념의 구분은 염두에 둘 필요가 있다. 도입하려는 AI 솔루션이 여러 AI 에이전트들의 단순 연결인지, 아니면 진정한 에이전틱 AI 아키텍처를 갖춘 시스템인지를 분별하는 것이 성공의 열쇠가 되기 때문이다. 단일 AI 에이전트와 다중 에이전트 기반 시스템은 책임 범위, 감사 로그, 권한 모델 등 여러 면에서 다를 수 있다. 적합한 기술을 올바른 목적에 사용하려면 두 개념의 차이를 이해하고 맞는 솔루션을 선택해야 한다.

기술이 '가능해지는 순간'과 '쓸 수 있게 되는 순간' 사이에는 늘 간극이 존재한다. 『에이전틱 AI: 행동하는 인공지능의 탄생』은 그 간극을 어떻게 메울 것인가에 대한 질문에 방향을 제시하는 책이다. 이제 AI는 '더 똑똑해진 것'이 아니라 '실제로 일을 할 수 있게' 되었다. 기억·행동·추론이 결합할 때 AI 에이전트는 단순한 도구를 넘어 진정한 업무 파트너가 된다.

기업들은 앞으로 'AI를 쓰는 회사'가 아니라 'AI에게 일을 시키는 회사'로 변화할 것이다. 복잡하고, 동적이며, 다차원적인 문제를 다룰 때—그리고 기업이 그 복잡성을 관리할 준비가 되었을 때— 에이전틱 AI는 게임 체인저가 될 것이다. 이 책은 우리에게 묻는다. "에이전틱 AI를 어떻게 도입할 것인가?"가 아니라 "AI를 통해 어떤 미래를 만들고 싶은가?"라고.

지금, 행동하는 인공지능이 우리 곁으로 들어오고 있다.

- 감수자 김재필

✦ 미주

서문   인간의 잠재력을 향한 여정

1   Pascal Bornet, Ian Barkin, and Jochen Wirtz, 2020. "INTELLIGENT AUTOMATION: Learn how to harness Artificial Intelligence to boost business & make our world more human", https://www.amazon.com/INTELLIGENT-AUTOMATION-Artificial-Intelligence-business/dp/B08KTDVHHQ

들어가며   우리는 생성형 AI의 핵심을 놓치고 있는 것일까?

1   Asana, 2025. "Why Work About Work Is Bad", Asana. https://asana.com/resources/why-work-about-work-is-bad

2   Cambridge International, "Chapter 4: Innovation and Creativity", Cambridge International, https://www.cambridgeinternational.org/Images/426483-chapter-4-innovation-and-creativity.pdf

3   Aamer Baig 외, 2024. "Moving Past Gen AI's Honeymoon Phase: Seven Hard Truths for CIOs to Get From Pilot to Scale", McKinsey & Company. https://www.mckinsey.com/capabilities/mckinsey-digital/our-insights/moving-past-gen-ais-honeymoon-phase-seven-hard-truths-for-cios-to-get-from-pilot-to-scale

4   Asana, 2023. "Anatomy of Work Global Index", Asana, https://asana.com/resources/anatomy-of-work

5   Matt Gonzales, 2024. "Here's How Bad Burnout Has Become at Work", SHRM, https://www.shrm.org/topics-tools/news/inclusion-diversity/burnout-shrm-research-2024

6   Fabrizio Dell'Acqua 외, 2023. "Navigating the Jagged Technological Frontier: Field Experimental Evidence of the Effects of AI on Knowledge Worker Productivity and Quality", SSRN, https://papers.ssrn.com/sol3/papers.cfm?abstract_id=4573321

7   LLM 기반 에이전트를 도입한 167개 기업을 대상으로 자체 조사를 시행한 결과에 따름. 자세한 내용은 이 책의 1장 참조.

8   Jared Spataro, 2024. "New Autonomous Agents Scale Your Team Like Never Before", Microsoft Blog, https://blogs.microsoft.com/blog/2024/10/21/new-autonomous-agents-scale-your-team-like-never-before/

9   Ari Lehavi 외, 2024. "The Rise of the Digital Colleague", Moody's, https://www.moodys.com/web/en/us/insights/resources/the-rise-of-the-digital-colleague.pdf

10   Thomas H. Davenport and Peter High, 2024. "How Analytical AI and Gen AI Differ—and When to Use Each", Harvard Business Review, https://hbr.org/2024/12/how-gen-ai-and-analytical-ai-differ-and-when-to-use-each

1부   AI 에이전트의 등장

1장   챗GPT를 넘어: AI의 다음 진화

1   Ehud Karpas 외, 2022. "MRKL Systems: A modular, neuro-symbolic architecture that combines large language models, external knowledge sources and discrete reasoning", https://

arxiv.org/abs/2205.00445

2   Shunyu Yao 외, 2022. "ReAct: Synergizing Reasoning and Acting in Language Models", https://arxiv.org/abs/2210.03629v3

3   Shunyu Yao 외, 2022. "ReAct: Synergizing Reasoning and Acting in Language Models", https://arxiv.org/abs/2210.03629v3

4   Timo Schick 외, 2023. "Toolformer: Language Models Can Teach Themselves to Use Tools", https://arxiv.org/abs/2302.04761

5   Wikipedia contributors, 2025. "AutoGPT", https://en.wikipedia.org/wiki/AutoGPT

6   Yohei Nakajima, 2024. "Impact of BabyAGI", yoheinakajima.com, https://yoheinakajima.com/impact-of-babyagi/

7   LangChain, 2025. "Introduction", https://python.langchain.com/docs/introduction

8   Microsoft, 2024. "semantic-kernel", GitHub, https://github.com/microsoft/semantic-kernel

9   OpenAI, 2024. "Function calling", OpenAI Platform Documentation, https://platform.openai.com/docs/guides/function-calling

10   Shishir G. Patil 외, 2023. "Gorilla: Large Language Model Connected with Massive APIs", https://arxiv.org/abs/2305.15334

11   Microsoft, 2024. "AutoGen", Microsoft Research, https://www.microsoft.com/en-us/research/project/autogen

12   Joon Sung Park 외, 2023. "Generative Agents: Interactive Simulacra of Human Behavior", https://arxiv.org/abs/2304.03442

13   Deheng Ye 외, 2024. "More Agents Is All You Need", https://arxiv.org/abs/2402.05120

14   Microsoft, 2024. "AutoGen", GitHub, https://microsoft.github.io/autogen/stable

15   The Batch, 2024. "All About Google's Vertex AI Agent Builder", deeplearning.ai, https://www.deeplearning.ai/the-batch/all-about-googles-vertex-ai-agent-builder/

16   CrewAI, 2024. "CrewAI Launches Multi-Agentic Platform to Deliver on the Promise of Generative AI for Enterprise", GlobeNewswire, https://www.globenewswire.com/news-release/2024/10/22/2966872/0/en/CrewAI-Launches-Multi-Agentic-Platform-to-Deliver-on-the-Promise-of-Generative-AI-for-Enterprise.html

17   Statista, 2025. "Market value of agentic artificial intelligence (AI) worldwide 2024 with a forecast for 2030 (in billion U.S. dollars)", Statista, https://www.statista.com/statistics/1552183/global-agentic-ai-market-value

18   Tom Coshow, 2024. "Intelligent Agent in AI", Gartner, https://www.gartner.com/en/articles/intelligent-agent-in-ai

19   Sonya Huang 외, 2024. "Generative AI's Act o1: The Reasoning Era Begins", Sequoia Capital, https://www.sequoiacap.com/article/generative-ais-act-o1/

20   Lindsey Wilkinson, 2025. "Enterprises eye agentic AI despite readiness gaps and security concerns", CIO Dive, https://www.ciodive.com/news/enterprise-AI-agent-agentic-autonomous-strategy-challenges/738172/

21   Nicole Deslandes, 2024. "2025 Informed: The Year of Agentic AI", TechInformed, https://techinformed.com/2025-informed-the-year-of-agentic-ai/

22   Beam AI, 2025. "Hire Self-Learning AI Agents to Run Your Operations – Agentic AI by Beam", beam.ai, https://beam.ai/

23   Relevance AI, 2025. "Build teams of AI agents that deliver human-quality work", relevanceai.com, https://relevanceai.com/

24   UiPath, 2025. "Build a path to agentic automation with UiPath Agent Builder", uipath.com, https://www.uipath.com/product/agent-builder

25   Microsoft, 2025. "Overview of Copilot Studio agent builder", Microsoft Learn, https://learn.microsoft.com/en-us/microsoft-365-copilot/extensibility/copilot-studio-agent-builder

26   CrewAI, 2025. https://www.crew.ai

27   ServiceNow, 2025. "Virtual Agent", https://www.servicenow.com/products/virtual-agent.html

28   Langchain, 2025. https://www.langchain.com/

29   AutogenAI, 2025. https://autogenai.com

30   OpenAI, 2025. "Introducing Operator", https://openai.com/index/introducing-operator

31   Anthropic, 2025. "Computer Use", https://docs.anthropic.com/en/docs/build-with-claude/computer-use

32   Google DeepMind, 2024. "Project Mariner", Google DeepMind, https://deepmind.google/technologies/project-mariner/

33   Salesforce, 2025. "Agentforce", Salesforce, https://www.salesforce.com/agentforce/

34   Hippocratic AI, 2025. "Hippocratic AI", https://www.hippocraticai.com

35   Larry Dignan, 2024. "Agentic AI: Three Themes to Watch in 2025", Constellation Research, https://www.constellationr.com/blog-news/insights/agentic-ai-three-themes-watch-2025

36   Agent.ai, 2025. https://agent.ai/

37   AI 컨시어지Concierges에 대한 최근 연구와 AI 컨시어지가 고객 경험을 어떻게 바꿔나갈지 여기서 확인해보라. Liu, S.Q., Vakeel, K.A., Smith, N.A., Alavipour, R.S., Wei, C.(V). and Wirtz, J., 2024. "AI concierge in the customer journey: what is it and how can it add value to the customer?", *Journal of Service Management*, https://doi.org/10.1108/JOSM-12-2023-0523

38   Hayden Field, 2024. "After ChatGPT and the rise of chatbots, investors pour into AI agents", CNBC, https://www.cnbc.com/2024/06/07/after-chatgpt-and-the-rise-of-chatbots-investors-pour-into-ai-agents.html

39   LangChain, 2024. "The State of AI Agents", https://www.langchain.com/stateofaiagents

40   LangChain, 2024. "Perplexity: An AI answer engine that lets you handle complex query searches like a Pro", https://www.langchain.com/breakoutagents/perplexity

41   LangChain, 2024. "Building an AI tour guide that helps users navigate Ramp's platform for financial operations", https://www.langchain.com/breakoutagents/ramp

42   LangChain, 2024. "Superhuman: Navigate your inbox and calendar in a flash, with an AI-powered search assistant for emails", https://www.langchain.com/breakoutagents/superhuman

43   LangChain, 2024. "Transforming how users build software from scratch, to code, to application with Replit Agent", https://www.langchain.com/breakoutagents/replit

2장   AI 에이전트의 5단계: 자동화부터 자율성까지

1   오픈 액세스: 이 책에 수록된 모든 그림은 Creative Commons Attribution 4.0 International License(http://creativecommons.org/licenses/by/4.0/)의 조건에 따라 배포되며, 명시된 조건을 준수하는 한 자유로운 사용, 배포, 복제가 가능하다.

2   Cade Metz, 2024. "When Self-Driving Cars Don't Actually Drive Themselves", *The New York Times*, September 11, 2024, https://www.nytimes.com/2024/09/11/insider/when-self-driving-cars-dont-actually-drive-themselves.html

3   Wikipedia contributors, 2025. "Tesla Autopilot", https://en.wikipedia.org/ wiki/Tesla_Autopilot

4   Jameson Dow, 2024. "Waymo starts fully autonomous rides in LA tomorrow; Austin later this year", Electrek, https://electrek.co/2024/03/13/waymo-starts-fully-autonomous-rides-in-la-tomorrow-austin-later-this-year/

3장   AI 에이전트의 내부 들여다보기

1   Kyle Swanson 외, 2024. "The Virtual Lab: AI Agents Design New SARS-CoV-2 Nanobodies with Experimental Validation", bioRxiv, November 12, 2024, https://www.biorxiv.org/content/10.1101/2024.11.11.623004v1.full.pdf

2   Mehmet Uzgoren 외, 2024. "Examination of AI Enhanced Distributed Systems and its Effects on Software Engineering", 13th London International Conference, July 24-26, 2024, https://londonic.uk/js/index.php/plic/article/download/240/261/820

3   Smythos, 2024. "What Are Multi-agent AI Systems?", https://smythos.com/ai-agents/multi-agent-systems/multi-agent-ai-systems/

4   Dave Andre, 2025. "What is Contract Net Protocol?" All About AI, https://www.allaboutai.com/ai-glossary/contract-net-protocol/

5   D. Jarne Ornia, 2023. "Efficient Control for Cooperation: Communication, Learning and Robustness in Multi-Agent Systems", Delft University of Technology, April 24, 2023, https://research.tudelft.nl/en/publications/ efficient-control-for-cooperation-communication-learning-and-robu

6   Hanmo Chen 외 2023. "Emergent collective intelligence from massive-agent cooperation and competition", https://arxiv.org/abs/2301.01609

7   Meta Fundamental AI Research Diplomacy Team (FAIR) 외, 2022. "Human-level play in the game of Diplomacy by combining language models with strategic reasoning", Science, December 9, 2022, https://noambrown.github.io/papers/22-Science-Diplomacy-TR.pdf

8   Raphael Shu 외, 2025. "Unlocking complex problem-solving with multi-agent collaboration on Amazon Bedrock", AWS Machine Learning Blog, https://aws.amazon.com/blogs/machine-learning/unlocking-complex-problem-solving-with-multi-agent-collaboration-on-amazon-bedrock/

9   Daniel Dominguez, 2024. "New LangChain Report Reveals Growing Adoption of AI Agents", InfoQ, https://www.infoq.com/news/2024/12/ai-agents-langchain/

10   Pegasystems Inc., 2025. "Workers Embrace Agentic AI Despite Concerns About Trust and Reliability, Says Research", NASDAQ, https://www.nasdaq.com/press-release/workers-embrace-agentic-ai-despite-concerns-about-trust-and-reliability-says-research

11   Emily Frith 외, 2021. "Intelligence and creativity share a common cognitive and neural basis", Cerebral Cortex, 31(12), 5523-5537, https://pubmed.ncbi.nlm.nih.gov/33119355/

4장   AI 에이전트 시험하기

1   Anthropic, 2025. "Computer Use", https://docs.anthropic.com/en/docs/build-with-claude/computer-use

2   Google DeepMind, 2024. "Project Mariner", https://deepmind.google/technologies/project-mariner/

3   OpenAI, 2025. "Introducing Operator", https://openai.com/index/introducing-operator/

4   Nick Bostrom, 2005. "Ethical Issues in Advanced Artificial Intelligence", Future of Humanity Institute, Oxford University, https://www.fhi.ox.ac.uk/wp-content/uploads/ethical-issues-in-advanced-ai.pdf

5   Wikipedia contributors, 2024. "Instrumental Convergence", https://en.wikipedia.org/wiki/Instrumental_convergence

6   Decisionproblem, 2025, https://www.decisionproblem.com/paperclips

2부   에이전틱 AI의 3대 핵심 요소

1   Stephen M. Walker II, "HumanEval Benchmark." https://klu.ai/glossary/humaneval-benchmark

2   Yifan Mai and Percy Liang, 2024. "Massive Multitask Language Understanding (MMLU) on HELM", https://crfm.stanford.edu/2024/05/01/helm-mmlu.html

3   Xiao Liu 외, 2023. "AgentBench: Evaluating LLMs as Agents", https://arxiv.org/pdf/2308.03688v1

5장   행동: AI에게 생각만 하는 것이 아니라 행동하도록 가르치기

1   Zhengliang Shi 외, 2024. "Learning to Use Tools via Cooperative and Interactive Agents", https://arxiv.org/abs/2403.03031

2   Ao Li 외, 2024. "Agent-Oriented Planning in Multi-Agent Systems", https://arxiv.org/abs/2410.02189

3   John-Anthony Disotto, 2025. "OpenAI's Deep Research smashes records for the world's hardest AI exam, with ChatGPT o3-mini and DeepSeek left in its wake", https://www.techradar.com/computing/artificial-intelligence/openais-deep-research-smashes-records-for-the-worlds-hardest-ai-exam-with-chatgpt-o3-mini-and-deepseek-left-in-its-wake

4   Tula Masterman 외, 2024. "The Landscape of Emerging AI Agent Architectures for Reasoning, Planning, and Tool Calling: A Survey", https://arxiv.org/abs/2404.11584

5   Jingqing Ruan 외, 2023. "TPTU: Large Language Model-based AI Agents for Task Planning and Tool Usage", https://arxiv.org/abs/2308.03427

6   Atty Eleti, Jeff Harris, Logan Kilpatrick, 2023. "Function calling and other API updates", https://openai.com/index/function-calling-and-other-api-updates/

7   Timo Schick 외, 2023. "Toolformer: Language Models Can Teach Themselves to Use Tools", https://arxiv.org/abs/2302.0476

8   Jason Wei 외, 2022. "Emergent Abilities of Large Language Models", https://arxiv.org/abs/2206.07682

9   Andreas Tsamados 외, 2024. "Human control of AI systems: from supervision to teaming", https://link.springer.com/article/10.1007/s43681-024-00489-4

10 David De Cremer 외, 2021. "AI Should Augment Human Intelligence, Not Replace It", *Harvard Business Review*, https://hbr.org/2021/03/ai-should-augment-human-intelligence-not-replace-it

11 Jose N. Paredes 외, 2021. "On the Importance of Domain-Specific Explanations in AI-based Cybersecurity Systems" (Technical Report), https://arxiv.org/abs/2108.02006

12 Cyril Amblard-Ladurantie, 2024. "Will AI Replace Cybersecurity Experts? The Human Vs.

AI Debate", MEGA, https://www.mega.com/blog/will-ai-replace-cybersecurity-experts-human-vs-ai-debate

13 Raihan Khan 외, 2024. "Security Threats in Agentic AI System", https://arxiv.org/abs/2410.14728

14 Chelsea Finn 외, 2017. "Model-Agnostic Meta-Learning for Fast Adaptation of Deep Networks", https://arxiv.org/abs/1703.03400

15 David Silver 외, 2017. "Mastering the Game of Go without Human Knowledge", Nature 550:354–359, https://doi.org/10.1038/nature24270

6장 추론: 속도를 넘어 진정한 이해로

1 Daniel Kahneman, 2011. "Thinking, Fast and Slow", New York: Farrar, Straus and Giroux.

2 OpenAI, 2024. "Learning to reason with LLMs", https://openai.com/index/learning-to-reason-with-llms

3 OpenAI, 2024. "Learning to reason with LLMs", https://openai.com/index/learning-to-reason-with-llms/

4 Emily M. Bender 외, 2021. "On the Dangers of Stochastic Parrots: Can Language Models Be Too Big?", Association for Computing Machinery, https://dl.acm.org/doi/10.1145/3442188.3445922

5 Tom B. Brown 외, 2020. "Language Models are Few-Shot Learners", https://arxiv.org/abs/2005.14165

6 Yudi Pawitan and Chris Holmes, 2024. "Confidence in the Reasoning of Large Language Models", https://arxiv.org/abs/2412.15296

7 Siyuan Wang 외, 2024. "Symbolic Working Memory Enhances Language Models for Complex Rule Application", https://arxiv.org/ abs/2408.13654

8 Philipp Mondorf and Barbara Plank, 2024. "Beyond Accuracy: Evaluating the Reasoning Behavior of Large Language Models – A Survey", https://arxiv.org/abs/2404.01869

9 Allen Newell and Herbert Alexander Simon, 1972. "Human Problem Solving", Englewood Cliffs, NJ: Prentice-Hall.

10 Pat Langley 외, 1987. "Scientific Discovery: Computational Explorations of the Creative Process", Cambridge, MA: MIT Press.

11 Kent F, hubert 외, 2024. "The current state of artificial intelligence generative language models is more creative than humans on divergent thinking tasks", *Nature Scientific Reports* 14, https://www.nature.com/articles/s41598-024-53303-w

12 Patrick Haluptzok 외, 2023. "Language Models Can Teach Themselves to Program Better", https://arxiv.org/abs/2207.14502

13 Mahmood Hegazy, 2025. "Diversity of Thought Elicits Stronger Reasoning Capabilities in Multi-Agent Debate Frameworks", *Journal of Robotics and Automation Research*, 5(3), https://arxiv.org/abs/2410.12853

14 Haotian Wang 외, 2024. "Learning to Break: Knowledge-Enhanced Reasoning in Multi-Agent Debate System", https://arxiv.org/abs/2312.04854

15 Yilun Du 외, 2023. "Improving Factuality and Reasoning in Language Models through Multiagent Debate", https://arxiv.org/abs/2305.14325

16 Mahmood Hegazy, 2024. "Diversity of Thought Elicits Stronger Reasoning Capabilities in Multi-Agent Debate Frameworks", https://arxiv.org/abs/2410.12853

17 Scott E. Page, 2007. "The Difference: How the Power of Diversity Creates Better Groups, Firms, Schools, and Societies", Princeton, NJ: Princeton University Press.

18 Perplexity AI. 2024. "What Is Emergent Behavior in AI?", https://www.perplexity.ai/page/what-is-emergent-behavior-in-a-cJ0gTqN7QX.wqxLltcqiWw

19 Swarnadeep Saha 외, 2023. "Can Language Models Teach Weaker Agents? Teacher Explanations Improve Students via Personalization", https://arxiv.org/abs/2306.09299

20 Adam Fourney 외, 2024. "Magentic-One: A Generalist Multi-Agent System for Solving Complex Tasks", https://arxiv.org/abs/2411.04468

21 Yilun Du 외, 2023. "Improving Factuality and Reasoning in Language Models through Multiagent Debate", https://arxiv.org/abs/2305.14325

22 Hongyu Li, Yilun Liu, Jun Yan, 2025. "Position: Emergent Machina Sapiens Urge Rethinking Multi-Agent Paradigms", https://arxiv.org/abs/2502.04388

23 Meir Kalech and Avraham Natan, 2022. "Model-Based Diagnosis of Multi-Agent Systems: A Survey", Proceedings of the Thirty-Sixth AAAI Conference on Artificial Intelligence (AAAI-22), 12334-12341, https://cdn.aaai.org/ojs/21498/21498-13-25511-1-2-20220628.pdf

24 Ciaran Regan, Alexandre Gournail, Mizuki Oka, 2024. "Problem- Solving in Language Model Networks", https://arxiv.org/abs/2406.12374

7장   메모리: 학습하는 AI 만들기

1 CNS Nevada. 2024. "What Is the Memory Capacity of a Human Brain?", https://www.cnsnevada.com/what-is-the-memory-capacity-of-a-human-brain

2 Larry R. Squire와 Stuart Zola-Morgan, 1991. "The Medial Temporal Lobe Memory System", *Science* 253, no. 5026: 1380–1386, https://doi.org/10.1126/science.1896849

3 Eduardo Camina와 Francisco Güell, 2017. "The Neuroanatomical, Neurophysiological and Psychological Basis of Memory: Current Models and Their Origins", *Frontiers in Pharmacology* 8:438, https://doi.org/10.3389/fphar.2017.00438

4 Jarrad A. G. Lum과 Gina Conti-Ramsden, 2013. "Long-term memory: A review and meta-analysis of studies of declarative and procedural memory in specific language impairment", https://pmc.ncbi.nlm.nih.gov/articles/PMC3986888/

5 Elizabeth F. Loftus, 1975. "Leading Questions and the Eyewitness Report", *Cognitive Psychology* 7, no. 4: 560–572, https://doi.org/10.1016/0010-0285(75)90023-7

6 George A. Miller, 1956. "The Magical Number Seven, Plus or Minus Two: Some Limits on Our Capacity for Processing Information", *Psychological Review* 63, no. 2: 81–97, https://doi.org/10.1037/h0043158

7 Jiaming Tang 외, 2024. "Quest: Query-Aware Sparsity for Efficient Long-Context LLM Inference", ResearchGate, https://www.researchgate.net/publication/381484873_Quest_Query-Aware_Sparsity_for_Efficient_Long-Context_LLM_Inference

8 Nelson F. Liu 외, 2023. "Lost in the Middle: How Language Models Use Contexts", https://cs.stanford.edu/~nfliu/papers/lost-in-the-middle.arxiv2023.pdf

9 Ashish Vaswani 외, 2017. "Attention is All You Need", *Advances in Neural Information Processing Systems*, 30, https://proceedings.neurips.cc/paper_files/paper/2017/file/3f5ee24354 7dee91fbd053c1c4a845aa-Paper.pdf

10 Arash Mohtashami와 Martin Jaggi, 2023. "Landmark Attention: Random-Access Infinite Context Length for Transformers", https://arxiv.org/abs/2305.16300

11 Qiming Zhang 외, 2022. "VSA:Learning Varied-Size Window Attention in Vision Transformers", https://arxiv.org/abs/2204.08446

12 Di Liu 외, 2024. "RetrievalAttention: Accelerating Long-Context LLM Inference via Vector Retrieval", https://arxiv.org/abs/2409.10516

13 Hyungho Na 외, 2024. "Efficient Episodic Memory Utilization of Cooperative Multi-Agent Reinforcement Learning", https://arxiv.org/abs/2403.01112

14 Ali Behrouz 외, 2024. "Titans: Learning to Memorize at Test Time", https://arxiv.org/abs/2501.00663

15 Richard S. Sutton and Andrew G. Barto, 2018. "Reinforcement Learning: An Introduction", 2nd ed, Cambridge, MA: MIT Press.

16 Timothy Hospedales 외, 2020. "Meta-Learning in Neural Networks: A Survey", https://arxiv.org/abs/2004.05439

17 Álvaro G. Díaz and Hugues Bersini, 2020. "Self-Optimisation of Dense Neural Network Architectures: An Incremental Approach", 2020 International Joint Conference on Neural Networks (IJCNN), https://doi.org/10.1109/IJCNN48605.2020.9207416

18 Zhenhao Shuai 외, 2023. "A Self-adaptive Neuroevolution Approach to Constructing Deep Neural Network Architectures Across Different Types", https://arxiv.org/abs/2211.14753

3부   **AI 에이전트를 활용한 사업과 전문적 성장**

8장   **성공적인 AI 에이전트 구현을 위한 실습 가이드**

1   Pascal Bornet, Ian Barkin, and Jochen Wirtz, 2020. "Intelligent Automation: Learn how to harness Artificial Intelligence to boost business & make our world more human", https://www.amazon.com/INTELLIGENT-AUTOMATION-Artificial-Intelligence-business/dp/B08KTDVHHQ

2   Galileo AI, (연도 없음). "Agent Leaderboard", https://huggingface.co/spaces/galileo-ai/agent-leaderboard

3   Karthik Narasimhan, 2024. "Benchmarking AI Agents", https://sierra.ai/blog/benchmarking-ai-agents

4   OpenAI, (연도 없음). "Production Best Practices", https://platform.openai.com/docs/guides/production-best-practices

5   Google, (연도 없음). "APIs and reference", https://cloud.google.com/generative-ai-app-builder/docs/apis

6   Maira Ladeira Tanke 외, 2024. "Best practices for building robust generative AI applications with Amazon Bedrock Agents – Part 1", https://aws.amazon.com/blogs/machine-learning/best-practices-for-building-robust-generative-ai-applications-with-amazon-bedrock-agents-part-1/

7   Weaviate, 2025, https://weaviate.io

8   Pinecone, 2025, https://www.pinecone.io/product/

9   Stanford Autonomous Agents Lab, 2025, https://www.autonomousagents.stanford.edu

10 Michelle Pokrass, 2024. "Introducing Structured Outputs in the API", https://openai.com/index/introducing-structured-outputs-in-the-api/

11 Stephen Collins, 2024. "Introducing JSON Schemas for AI Data Integrity", https://

stephencollins.tech/posts/introducing-json-schemas-for-ai-data-integrity

12 OpenAI, (연도 없음). "Safety Best Practices", https://platform.openai.com/docs/guides/safety-best-practices

13 Camunda, (연도 없음). "BPMN Workflow Engine", https://camunda.com/platform-7/workflow-engine/

14 James Beswick, 2024. "Operating Lambda: Understanding event-driven architecture – Part 1", https://aws.amazon.com/blogs/compute/operating-lambda-understanding-event-driven-architecture-part-1/

15 Observe, (연도 없음). "GCP Cloud Functions", https://docs.observeinc.com/en/latest/content/integrations/gcp/cloud-functions.html

16 Microsoft, 2022. "Microsoft Responsible AI Standard v2: General Requirements", https://blogs.microsoft.com/wp-content/uploads/prod/sites/5/2022/06/Microsoft-Responsible-AI-Standard-v2-General-Requirements-3.pdf

17 OpenAI, (연도 없음). "Safety Best Practices", https://platform.openai.com/docs/guides/safety-best-practices

18 Glean, 2024. "A Comprehensive Guide to Information Retrieval in 2024", https://www.glean.com/blog/glean-information-retrieval-2024

19 Wikipedia contributors, 2025. "Decision tree learning", https://en.wikipedia.org/wiki/Decision_tree_learnin

20 Mage, 2024. "Machine Learning (ML) Applications: Ranking", https://dev.to/mage_ai/machine-learning-ml-applications-ranking-238d

21 Aman Anand Rai, 2023. "6 Explainable AI (XAI) Frameworks for Transparency in AI", https://dev.to/amananandrai/6-explainable-ai-xai-frameworks-for-transparency-in-ai-3koj

22 EUAIACT contributors, 2025. "Key Issues Transparency Obligations", https://www.euaiact.com/key-issue/5

23 API7.ai, 2024. "What's New in API7 Enterprise 3.2.2: Audit Logging", https://api7.ai/blog/api7-3.2.2-audit-logging

24 Vrushank Vyas, 2025. "Beyond Implementation: Why Audit Logs Are Critical for Enterprise AI Governance", https://portkey.ai/blog/beyond-implementation-why-audit-logs-are-critical-for-enterprise-ai-governance/

25 Langchain contributors, 2025. ≪Testing,≫ https://python.langchain.com/docs/concepts/testing/

26 Aaditya Ura, Pasquale Minervini, Clémentine Fourrier, 2024. "The Open Medical-LLM Leaderboard: Benchmarking Large Language Models in Healthcare", https://huggingface.co/blog/leaderboard-medicalllm

27 Lama Ahmad 외, 2024. "OpenAI's Approach to External Red Teaming", https://cdn.openai.com/papers/openais-approach-to-external-red-teaming.pdf

28 Langchain contributors, 2025. ≪LangSmith,≫ https://www.langchain.com/langsmith

29 Drew Robbins, Liudmila Molkova, 2024. "OpenTelemetry for Generative AI", https://opentelemetry.io/blog/2024/otel-generative-ai/

30 Amazon Web Services, 2025, https://aws.amazon.com/autoscaling/features/

31 Google Cloud, 2025. ≪AI Infrastructure,≫ https://cloud.google.com/ai-infrastructure?hl=en

32   NVIDIA, 2025. "Installing AI and Data Science Applications and Frameworks", https://docs.nvidia.com/ai-enterprise/deployment/bare-metal/latest/installing-ai.html

9장   아이디어에서 수익으로: 에이전트 경제의 비즈니스 모델

1   Wikipedia contributors, 2025. "Turing test", https://en.wikipedia.org/wiki/Turing_test

2   Enso, 2025. "Enso", https://enso.bot

3   Fiverr, 2025. "Fiverr", https://www.fiverr.com/go

4   Taskade, 2025. "Taskade AI", https://www.taskade.com/ai/app

5   Joel Khalili, 2024. "The Edgelord AI That Turned a Shock Meme Into Millions in Crypto", https://www.wired.com/story/truth-terminal-goatse-crypto-millionaire?utm_source=chatgpt.com

6   Jose Antonio Lanz, 2024. "Marc Andreessen Sends $50K in Bitcoin to an AI Bot on Twitter", https://decrypt.co/239340/marc-andreessen-sends-50k-in-bitcoin-to-an-ai-bot-on-twitter?utm_source=chatgpt.com

7   Project Reylo contributors, 2024. "Terminal of Truths: The AI That Became a Crypto Millionaire", https://www.projectreylo.com/post/terminal-of-truths-the-ai-that-became-a-crypto-millionaire?utm_source=chatgpt.com

8   Joel Khalili, 2024. "The Edgelord AI That Turned a Shock Meme Into Millions in Crypto", https://www.wired.com/story/truth-terminal-goatse-crypto-millionaire/?utm_source=chatgpt.com

4부   에이전틱 AI를 통한 기업 혁신

10장   인간과 에이전트의 협업: 리더십, 신뢰, 변화

1   David De Cremer, 2024. "AI Transformation Requires a Total Team Effort: Including Rank-and-File Employees in AI Adoption Improves Overall Performance", harvard Business Review, May-June, pp. 124-131.

2   Ben Dickson, 2022. "AI's J-curve and upcoming productivity boom", https://bdtechtalks.com/2022/01/31/ai-productivity-j-curve/

3   Tom Relihan, 2019. "A calm before the AI productivity storm", https://mitsloan.mit.edu/ideas-made-to-matter/a-calm-ai-productivity-storm

4   David De Cremer, 2024. "The AI-Savvy Leader: Nine Ways to Take Back Control and Make AI Work"

5   Klarna, 2024. "Klarna AI assistant handles two-thirds of customer service chats in its first month", https://www.klarna.com/international/press/klarna-ai-assistant-handles-two-thirds-of-customer-service-chats-in-its-first-month/

6   Eugene Mandel, 2024. "Our Head of AI Puts Klarna's Chatbot to the Test", https://loris.ai/blog/our-head-of-ai-puts-klarnas-chatbot-to-the-test/

7   Ryan Hogg, 2024. "Klarna Has 1,800 Employees It Hopes AI Will Render Obsolete", https://fortune.com/europe/2024/08/28/klarna-1800-employees-ai-replace-ipo/

8   Rachel Konyefa Dickson, 2023. "Analysis of The Traditional Leadership Theories: A Review of Contemporary Leadership Approaches and Management Effectiveness", Information and Knowledge Management, 13(5):9-21, https://www.iiste.org/Journals/index.php/IKM/

article/viewFile/61330/63314

9   SSRN Electronic Journal, 2023. "A Theoretical Evaluation on Traditional Leadership Approaches", https://papers.ssrn.com/sol3/papers.cfm?abstract_id=4297450

10 Wen Duan et al., 2024. "Understanding the Evolvement of Trust Over Time within Human-AI Teams", Proceedings of the ACM on Human-Computer Interaction, 8(CSCW2), Article 521, https://doi.org/10.1145/3687060

11 Kevin Anthony Hoff and Masooda Bashir, 2015. "Trust in Automation: Integrating Empirical Evidence on Factors That Influence Trust", *Human Factors*, 57(3), 407–434, https://doi.org/10.1177/0018720814547570

12 David De Cremer, 2024. "The AI-Savvy Leader: Nine Ways to Take Back Control and Make AI Work"

13 Adam Gleave and Euan McLean, 2023. "AI Safety in a World of Vulnerable Machine Learning Systems", https://www.alignmentforum.org/posts/ncsxcf8CkDveXBCrA/ai-safety-in-a-world-of-vulnerable-machine-learning-systems-1

14 T. Saritha and P. Akthar, "The Impact of Hybrid Work Models on Employee Well-being and Engagement", Communications on Applied Nonlinear Analysis, 31, no. 5s, 2024. https://internationalpubls.com/index.php/cana/article/download/1003/707/1856

15 David De Cremer and Garry Kasparov, 2021. "AI Should Augment Human Intelligence, Not Replace It", https://hbr.org/2021/03/ai-should-augment-human-intelligence-not-replace-it

16 McKinsey & Company, 2024. "Gen AI in Corporate Functions: Looking Beyond Efficiency Gains", https://www.mckinsey.com/capabilities/operations/our-insights/gen-ai-in-corporate-functions-looking-beyond-efficiency-gains

17 Thomas Davenport and Randy Bean, 2023. "AI Ethics at Unilever: From Policy to Process", https://sloanreview.mit.edu/article/ai-ethics-at-unilever-from-policy-to-process/

12장   사례 연구 및 산업별 에이전트 사용 사례

1   개인 AI 컨시어지는 여러 서비스 부문에 도입될 것으로 예상된다. Stephanie Liu, Khadija Ali Vakeel, Nicholas Smith, Roya Sadat Alavipour, Chunhao (Victor) Wei, Jochen Wirtz (2024). "AI Concierge in the Customer Journey: What Is It and How Can It Add Value to the Customer?", *Journal of Service Management*, Vol. 35, No. 6, 136-158, https://doi.org/10.1108/JOSM-12-2023-0523 참조.

5부   일과 사회의 미래

13장   새로운 일의 세계

1   Pascal Bornet, 2024. "IRREPLACEABLE: The Art of Standing Out in the Age of Artificial Intelligence", https://irreplaceable.ai/

2   Thomas H. Davenport and Julia Kirby, 2016. "Only Humans Need Apply: Winners and Losers in the Age of Smart Machines", https://www.amazon.com/Only-Humans-Need-Apply-Machines/dp/0062438611

3   Pascal Bornet, 2024. "IRREPLACEABLE: The Art of Standing Out in the Age of Artificial Intelligence", https://irreplaceable.ai/

4   Pasi Sahlberg, 2021. "Finnish Lessons 3.0: What Can the World Learn from Educational Change in Finland?"

5   Alessia Lalomia and Antonia Cascales-Martínez, 2023. "Social-emotional Skills Development: The Design of a Project in a Danish School", https://doi.org/10.18662/rrem/15.2/726

6   SkillsFuture Singapore Agency, 2024. "Annual Report 2024: Levelling-up the Skills Ecosystem"

7   Joseph E. Aoun, 2017. "Robot-Proof: Higher Education in the Age of Artificial Intelligence"

14장   에이전트 시대의 사회

1   Gallup, 2024. "State of the Global Workplace: 2024 Report", https://www.gallup.com/workplace/349484/state-of-the-global-workplace.aspx

2   U.S. Bureau of Labor Statistics, 2024. "Bookkeeping, Accounting, and Auditing Clerks", Occupational Outlook Handbook, https://www.bls.gov/ooh/Office-and-Administrative-Support/Bookkeeping-accounting-and-auditing-clerks.htm

3   ILO (International Labour Organization), 2023. "Nearly 3 million people die of work-related accidents and diseases", https://www.ilo.org/resource/news/nearly-3-million-people-die-work-related-accidents-and-diseases

4   Dietmar Elsler, Jukka Takala, Jouko Remes, 2019. "An International Comparison of the Cost of Work-Related Accidents and Illnesses", European Agency for Safety and Health at Work (EU-OSHA), https://osha.europa.eu/sites/default/files/2021-11/international_comparison-of_costs_work_related_accidents.pdf

5   World Health Organization (WHO), 2023. "Road Traffic Injuries", https://www.who.int/news-room/fact-sheets/detail/road-traffic-injuries

6   Ben Knight, 2023. "Global Conflicts: Death Toll at Highest in 21st Century", https://www.dw.com/en/global-conflicts-death-toll-at-highest-in-21st-century/a-66047287

7   John Maynard Keynes, 1930. "Economic Possibilities for Our Grandchildre", https://www.aspeninstitute.org/wp-content/uploads/files/content/upload/Intro_Session1.pdf

8   Aimee Picchi, 2019. "Billionaire Jack Ma, booster of 12-hour days, now says AI will allow 12-hour weeks", https://www.cbsnews.com/news/billionaire-jack-ma-booster-of-12-hour-days-now-says-ai-will-allow-12-hour-weeks/

9   Aislinn Murphy, 2023. "Bill Gates says using AI could lead to 3-day work week", https://www.foxbusiness.com/technology/bill-gates-suggests-artificial-intelligence-could-potentially-bring-three-day-work-week

10   Aimee Picchi, 2018. "What happened when a company paid its workers to work a 4-day week", https://www.cbsnews.com/news/one-business-says-a-4-day-week-with-pay-for-5-works/

11   Annabelle Timsit, 2023. "A four-day workweek pilot was so successful most firms say they won't go back", https://www.washingtonpost.com/wellness/2023/02/21/four-day-work-week-results-uk/

12   James Wright, 2023. "Inside Japan's experiment in automating eldercare", https://www.technologyreview.com/2023/01/09/1065135/japan-automating-eldercare-robots/

13   David Graeber, 2018. "Bullshit Jobs: A Theory", https://en.wikipedia.org/wiki/Bullshit_Jobs

14   Andy Beckett, 2018. "Post-work: The Radical Idea of a World Without Jobs", https://www.

greeneuropeanjournal.eu/post-work-the-radical-idea-of-a-world-without-jobs/

15 Visier, 2023. "New Research on AI's Impact on Jobs, Time Saved Has Employees Divided", https://www.visier.com/blog/ai-impact-on-jobs-employees-divided/

16 Adecco Group, 2024. "AI Saves Workers an Average of One Hour Each Day", https://www.adeccogroup.com/our-group/media/press-releases/ai-saves-workers-an-average-of-one-hour-each-day

17 Wikipedia contributors, 2025. "Basic Income", https://simple.wikipedia.org/wiki/Basic_income

18 Karl Widerquist, 2020. "The Deep and Enduring History of Universal Basic Income", https://thereader.mitpress.mit.edu/the-deep-and-enduring-history-of-universal-basic-income/

19 Peter Jacobsen, 2024. "A second working paper shows that people who receive a guaranteed income tend to work less", https://fee.org/articles/a-second-working-paper-shows-that-people-who-receive-a-guaranteed-income-tend-to-work-less/

20 최근의 기업 디지털 책임Corporate Digital Responsibility, CDR 관련 연구는 AI 윤리, 공정성(즉, 편향성), 개인정보 보호 문제를 다룬다. 기업이 CDR 거버넌스를 개선할 수 있는 방법에 대해 알고 싶다면 다음 연구들을 참조하라. (1) Werner Kunz and Jochen Wirtz, 2024. "Corporate Digital Responsibility (CDR) in the Age of AI – Implications for Interactive Marketing", *Journal of Research in Interactive Marketing*, 19 (1), 31-37, https://doi.org/10.1108/JRIM-06-2023-0176. (2) Jochen Wirtz, Werner Kunz, Nicole Hartley, and James Tarbit (2023), "Corporate Digital Responsibility in Service Firms and their Ecosystems", *Journal of Service Research*, Vol. 26, No. 2, 173–190, https://doi.org/10.1177/10946705221130467. (3) Lara Lobschat, Benjamin Müller, Felix Eggers, Laura Brandimarte, Sarah Diefenbach, Mirja Kroschke and Jochen Wirtz (2021), "Corporate Digital Responsibility", *Journal of Business Research*, Vol. 122 (January), pp. 875-888, https://doi.org/10.1016/j.jbusres.2019.10.006.

결론

1 Lu Wang 외, 2025. "Large Action Models: From Inception to Implementation", https://arxiv.org/abs/2412.10047

감수_ 김재필

IT·AI 비즈니스 컨설턴트로 활동하며, 인간과 기술을 연결하는 '휴먼+테크 커넥터'로서 다양한 IT 현장에서 통찰을 전하고 있다.

고려대학교 경영학과를 졸업하고 와세다대학교 비즈니스스쿨에서 MBA(경영학 석사)를 취득했으며, 현재는 서강대학교 가상융합전문대학원에서 비즈니스(경영학) 전공 박사과정에 재학 중이다. 더불어 서강대학교 메타버스융합연구소 선임연구원으로 연구 활동을 이어가고 있다.

KT경제경영연구소에서 20여 년간 IT 산업 분석과 경영전략 업무를 수행하며 국내 IT 산업의 흐름을 깊이 있게 연구해왔고, 2023년에는 서강대학교 메타버스전문대학원 S-META 최고위 과정에서 「웹 3.0과 ESG」 강의를 맡아 미래 기술과 경영전략을 주제로 강의했다. 또한 여러 기업·대학·공공기관과 언론에서 강연, 강의, 컨설팅을 진행하며 폭넓은 현장 경험을 쌓아왔다.

주요 저서로는 『바이브 코딩 혁명이 온다』, 『생성형 AI가 처음인 어른들을 위한 가장 쉬운 책』, 『2024 IT 메가 트렌드』, 『챗GPT, 새로운 기회』(공저), 『ESG 혁명이 온다』 등이 있다.

행동하는 인공지능의 탄생

에이전틱 AI

1판 1쇄 인쇄 2026년 1월 30일
1판 1쇄 발행 2026년 2월 10일

지은이 파스칼 보넷, 요헨 비르츠, 토마스 데이븐포트, 데이비드 드 크레머,
　　　　브라이언 에버그린, 필 퍼쉬트, 라케쉬 고헬, 샤일 키아라
옮긴이 정미진
감　수 김재필
펴낸이 김기옥

경제경영사업본부장 모민원
경제경영팀 박지선, 양영선
마케팅 박진모 **경영지원** 고광현 **제작** 김형식

표지 디자인 블루노머스 **본문 디자인** 푸른나무디자인
인쇄·제본 민언프린텍

펴낸곳 한스미디어(한즈미디어(주))
주소 121-839 서울시 마포구 양화로 11길 13(서교동, 강원빌딩 5층)
전화 02-707-0337 | **팩스** 02-707-0198 | **홈페이지** www.hansmedia.com
출판신고번호 제 313-2003-227호 | **신고일자** 2003년 6월 25일

ISBN 979-11-94777-96-0 (13320)

브라이언 에버그린 Brian Evergreen

전략과 AI 분야에서 가장 존경받는 인물 중 한 명으로 저술가이자 자문가, 연사로 활동하고 있다. 그가 발표한 『자율 혁신: AI 시대에 더 인간적인 미래 만들기(Autonomous Transformation: Creating a More Human Future in the Era of AI)』는 넥스트 빅 아이디어 클럽에서 필독 도서로 선정되었고, 싱커스50(Thinkers50) 선정 2024년 최고의 신간 경영 서적 톱10에 올랐다. 2025년에는 에델만(Edelman) 선정 '당신이 꼭 알아야 할 AI 크리에이터 50인'에 이름을 올렸으며, 《포브스》 선정 '2025년 리더십을 재정의하는 사상가 30인' 중 한 명으로 꼽혔다.

필 퍼쉬트 Phil Fersht

AI 혁신과 글로벌 인재 활용을 통해 비즈니스 운영을 재설계하는 데 주력하는 세계 최고 수준의 분석가로 널리 알려져 있다. 그는 최근 '소프트웨어형 서비스(Services-as-Software)'라는 용어를 만들어 전통적으로 사람이 제공하던 전문 서비스가 기술과 결합되는 미래를 설명했다. 또한, 2023년에는 '생성적 기업(Generative Enterprise™)'이라는 용어를 상표 등록하기도 했다. 그는 자신의 명성에 힘입어 2010년 HFS 리서치를 설립했다. 오늘날 이 기업은 주요 산업 분석 및 자문 기관 중 하나이자, 비즈니스·기술 서비스 및 프로세스 기술 리서치 분야의 확실한 선두 주자로 자리 잡았다. 2012년에는 로봇 프로세스 자동화(RPA)에 관한 최초의 분석 보고서를 작성하며 이 주제를 업계에 소개했다. 그는 오늘날의 RPA와 프로세스 AI 산업을 개척하고 발전시키는 데 영향을 준 선구적 분석가로 널리 인정받고 있다.

라케쉬 고헬 Rakesh Gohel

20년 이상의 경력을 지닌 선구적인 기술 리더로, 닷컴 붐에서 모바일, 클라우드, 블록체인, AI에 이르기까지 디지털 혁신의 진화를 주도해왔다. 그는 다양한 산업 분야에서 획기적인 프로젝트를 이끌었는데, 특히 삼성, LG와 같은 글로벌 기업과의 협업에서는 배포 속도를 네 배 높이고, 혁신 역량을 두 배로 강화하기도 했다. 하지만 그의 영향력은 특정 부문에 한정되지 않고 다양한 산업 분야로 확장된다. 그는 신흥 시장의 요구를 지속적으로 포착하고 그에 맞는 최첨단 솔루션을 제공해왔다. JUTEQ의 설립자로서 라케쉬는 AI 에이전트 분야의 권위자로 자리매김했다. 오늘날 에이전틱 AI 분야의 선도적 인물로서 그는 비즈니스 운영을 새롭게 정의하는 자율 시스템을 개척하고 있다. 기업가적 사고와 심도 있는 기술 전문성을 바탕으로 그는 생성형 AI가 기업의 미래를 어떻게 바꾸고 있는지에 대해 사람들에게 알리는 데 열정적이다.

샤일 키야라 Shail Khiyara

인공지능과 지능형 자동화 분야에서 세계적으로 인정받는 사상가이자, 저자이며, 기조연설자다. 그의 인사이트는 《포브스》, 《WSJ 디지털》, 《파이낸셜 타임스》, 《CIO 온라인》과 같은 주요 매체에 소개되어 왔으며, 여러 AI 기업의 이사회에서 활동하는 한편, 비영리 사회적 책임 기업의 수석 고문으로도 활동하고 있다. 20년 이상의 경험을 바탕으로 키야라는 여러 산업에서 AI 기반 혁신을 주도해왔고, 다수의 선도적인 지능형 자동화 기업에서 최고마케팅책임자(CMO)와 최고고객책임자(CCO)를 역임하며 AI와 자동화 도입을 전 세계적으로 확대하는 데 핵심적인 역할을 했다. 『지능형 자동화: 기업과 학계의 간극 메우기(Intelligent Automation: Bridging the Gap between Business & Academia)』의 공동 저자이자, 보칼(Voice of Customer in the AI and Automation Landscape, VOCAL)의 설립자이다.

옮긴이 정미진

한국외국어대학교에서 컴퓨터공학과 영어학을 전공했다. 휴대폰을 만드는 기업에서 10여 년간 일하다가 좋은 외서를 국내에 소개하는 일에 매료되어 번역을 시작했다. 현재 바른번역 소속 전문 번역가로 활동 중이며, 역서에는 『숨겨진 여성들』, 『죽음이 알려주었다 어떻게 살아갈 것인지』, 『생성형 AI는 어떤 미래를 만드는가』, 『고래는 물에서 숨쉬지 않는다』, 『손 안에 갇힌 사람들』 외 다수가 있다.